TÜRKİYE'DE ŞEHİRLER VE İÇKALELER:
DEMİR ÇAĞINDAN SELÇUKLULARA

KOÇ ÜNİVERSİTESİ YAYINLARI: 89   ARKEOLOJİ–TARİH

Türkiye'de Şehirler ve İçkaleler: Demir Çağından Selçuklulara
Derleyenler: Scott Redford, Nina Ergin

İngilizceden çeviren: A. Ezgi Dikici
Yayına hazırlayan: Emre Ayvaz
Düzelti: Nihal Boztekin
Mizanpaj uygulama: Kâmuran Ok
Kapak tasarım ve uygulama: Gökçen Ergüven

Ön iç kapak: Tekfur Sarayı'nın kalıntıları, İstanbul. (Kaynak: Ruth Macrides'in fotoğrafı.)
Arka iç kapak: Asur kralı II. Asurnasirpal solda elinde ok ve yay, sağda da yay ve ritüel kabı tutarken. (Nimrud'daki Kuzeybatı Sarayı'ndan rölyef, şimdi Londra'da, British Museum'da bulunmaktadır. Kaynak: Mehmet-Ali Ataç'ın fotoğrafı.)

Cities and Citadels in Turkey: From the Iron Age to the Seljuks
©2013 Scott Redford ve Nina Ergin
Bu kitabın İngilizce orijinali Peeters Publishers tarafından yayımlanmıştır.
© Türkçe yayın hakları: Koç Üniversitesi Yayınları, 2016
1. Baskı: İstanbul, Haziran 2016

Bu kitabın yazarları, eserin kendi orijinal yaratımları olduğunu ve eserde dile getirilen tüm görüşlerin kendilerine ait olduğunu, bunlardan dolayı kendilerinden başka kimsenin sorumlu tutulamayacağını, eserde üçüncü şahısların haklarını ihlal edebilecek kısımlar olmadığını kabul ederler.

Baskı: 12.matbaa   Sertifika no: 33094
Nato Caddesi 14/1 Seyrantepe Kâğıthane/İstanbul +90 212 284 0226

Koç Üniversitesi Yayınları
İstiklal Caddesi No:181 Merkez Han Beyoğlu/İstanbul   +90 212 393 6000
kup@ku.edu.tr • www.kocuniversitypress.com • www.kocuniversitesiyayinlari.com

Koç University Suna Kıraç Library Cataloging-in-Publication Data
Türkiye'de şehirler ve içkaleler : demir çağından Selçuklulara / Derleyenler Scott Redford, Nina Ergin ; İngilizceden çeviren A. Ezgi Dikici ; yayına hazırlayan Emre Ayvaz.--İstanbul : Koç Üniversitesi, 2016.
    390 pages ; cm. --Koç Üniversitesi Yayınları ; 89. Arkeoloji-Tarih
    Includes bibliographical references.
    ISBN 978-605-5250-98-0

    1. Excavations (Archaeology)--Turkey. 2. Seljuks--Turkey. 3. Archaeology, Medieval--Turkey. 4. Archaeology--Turkey. 5. Turkey--Antiquities. 6. Citadel--Turkey. 7. Castles--Turkey. I. Redford, Scott. II. Ergin, Nina. III. Dikici, Ayşe Ezgi. IV. Ayvaz, Emre. V. Title.
    DR431.C5820 2016

Türkiye'de Şehirler ve İçkaleler:

Demir Çağından Selçuklulara

DERLEYENLER: SCOTT REDFORD, NİNA ERGİN

KÜY

İçindekiler

Teşekkür	7
Giriş SCOTT REDFORD	9
Geç Tunç Çağından Roma Dönemine Troya'da Şehir ve İçkale CAROLYN CHABOT ASLAN VE CHARLES BRIAN ROSE	17
Yeni Asur Emperyalizminin Görsel Temsilinde Bir Tema Olarak İçkaleli ve Surlarla Çevrili Şehir Motifi MEHMET-ALİ ATAÇ	51
Şehirleşmemiş Çevrede Bir Ara Dönem: Doğu Anadolu'da Demir Çağı Şehirleri ÖZLEM ÇEVİK	79
Ayanis Urartu Kalesi ve Dış Şehri: Bir Karşılıklı Bağımlılık Örneği ALTAN ÇİLİNGİROĞLU	95
İktidar Peyzajları: Karşılaştırmalı Perspektiften Geç Hitit İçkaleleri TIMOTHY P. HARRISON	113
Duvardaki Yazı: Demir Çağı İçkalesi Azativataya'nın (Karatepe-Aslantaş) Kapılarında Bulunan Yontu ve Yazıtları Yeniden İncelemek ASLI ÖZYAR	133
Kerkenes Dağı İçkalesi: Orta Anadolu'da Bir Demir Çağı Başkenti GEOFFREY D. SUMMERS VE FRANÇOISE SUMMERS	157
İçkale ve Şehir Olarak Gordion MARY M. VOIGT	181
Sinope ve Karadeniz'deki Bizans İçkale ve Kaleleri JAMES CROW	257
Blakhernai Sarayı ve Savunması NESLİHAN ASUTAY-EFFENBERGER	285
Bizans Döneminde Konstantinopolis İçkalesi RUTH MACRIDES	311
Memâlik ve Memâlîk: Anadolu Selçuklu İçkalelerinin Süsleme ve Kitabe Programları SCOTT REDFORD	341

Yazarlar 387

Dizin 389

Teşekkür

Yayına hazırlayanlar, bu kitaba katkıda bulunan ve hepsi 5-6 Aralık 2009'da Koç Üniversitesi Anadolu Medeniyetleri Araştırma Merkezi'nde (ANAMED) düzenlenen "Demir Çağından Osmanlılara Türkiye'de Şehirler ve İçkaleler" başlıklı sempozyumda bildiri sunan katılımcılara teşekkür eder. Makaleleri burada derlenenlerin yanı sıra, Suna Çağaptay, Osman Eravşar ve Çiğdem Kafescioğlu da sempozyuma katılmış ve bildiri sunmuşlardır.

Koç Üniversitesi rektörü Prof. Dr. Umran İnan'a ve İnsani Bilimler ve Edebiyat Fakültesi eski dekanı Prof. Dr. Sami Gülgöz'e de destekleri için teşekkür etmek isteriz.

Kitabı yayına hazırlayanlar, ayrıca, sempozyumun düzenlenmesindeki önemli lojistik ve teknik yardımları için Esra Erol ve Tayfun Şenel'e de teşekkür borçludur. Bu cildin hazırlanmasında Paul Magdalino ve Adrian Saunders çok ihtiyaç duyduğumuz dil desteğini sağlarken, hazırlık sürecinin daha ileri bir aşamasında Will Harper da görsel malzemeler konusunda çok yardımcı oldu. Kitabın İngilizce baskısını hazırlayan Peeters Yayınevi ANES Supplement Series editörü Antonio Sagona da, önerilerini ve desteğini bize her zaman olduğu gibi sabırla sundu.

Giriş

SCOTT REDFORD

İçkaleler ikircikli yapılardır. Bir yandan şehre ait, ama öbür yandan da şehirden ayrıdırlar. Bu ikirciklilik, kendini içkaleyi şehirden ayıran surlarla, yani içeriden gösterdiği gibi, dışarıdan da gösterir. Şöyle ki: İçkalelerin büyük çoğunluğu şehirlerin kenarında yer alır ve yönetici seçkinlerin dışarı çıkmasına veya takviye edilmesine imkân veren, dışarı açılan kapıları vardır. İçeri açılan kapılar da benzer şekilde ikirciklidir; gündelik işlerden törenlere kadar her şey için kullanılan bu kapılar dışlayıcı ve savunmaya müsaittir. İçkaleler ayrıca çoğunlukla yüksek mevkilerde bulunur; iktidar, kontrol ve denetim mekanizmalarının ana üssünü meydana getirirler. Ve ister garnizon, ister hükümdar sarayı olarak kullanılsın, içkaleler yalnızca yönetici seçkinlerin ikamet yerleri olmak üzere yapılmamışlardır. Örneğin, Konya içkalesi duvarlarının 1220'lerde yeniden inşa edilmesinin bir sebebi, mevsimsel sellerin önüne geçmekti.[1]

Şehir surları ise, ister tarihöncesi, ister tunç çağı, demir çağı, klasik antikçağ, ortaçağ, hatta isterse modern zamanlarda yapılmış olsun, bir şehrin değerinin ve kıvancının ifadesidir. Demir çağı ve klasik antikçağ uygarlıklarında, şehirlerin insan suretindeki simgeleri, duvar biçiminde taçlar takmakta; Yeni Asur kabartmalarında görülen mazgallı duvarlar ise bizatihi şehri sembolize etmektedir. Tahkimat yapıları, savunma özelliklerinin yanı sıra atölye, konut, depo ve ibadethane olarak da kullanılır, bunun gibi başka bazı askerlik dışı işlevler de görürlerdi.[2]

Şehir surlarının "geçit vermezliği" ve kadın suretindeki simgeleri, onlara aynı zamanda fetihteki şiddet unsuruyla da bağdaştırılan bir cinsel boyut katmaktadır. Bu noktayı açıklamak için, ortaçağ İslam dünyasından her biri bu cinsel denklemin iki yanından birine tekabül eden iki örnek vereceğim, ama şüphesiz başka dönem-

---

[1] Redford 2000, s. 61-2.
[2] Bu olgunun tüm dünya ölçeğinde ele alındığı bir çalışma için bkz. Tracy 2000.

lerde de benzer örnekler vardır. Birincisinde, Selçuklu tarihçisi İbn Bîbî, Sultan İzzeddin Keykâvus'un Mengücüklü prensesi Selçuk Hatun ile evlenmesini askeri bir imgeyle tasvir eder: Düğün gecesi, sultan "sancağını zevk şehrine dikmiştir" – muzaffer orduların sultanın sancağını fethedilen bir şehrin surlarına dikmelerine dair aynı vakayinamede bulunan tasvirlerle sıkı sıkıya ilintili bir metafordur bu. İkinci örnekte ise, Eyyûbî kraliçesi Dayfe Hatun'un Halep'teki bir kitabesi ondan "azametli peçe, delinmez hicâb" diye bahseder; bu sıfatlar o dönemde daha çok tahkimat yapılarını tasvir etmek için kullanılmıştır. İçkaleler hükümdar saraylarını içerir ve hükümdarların haremleri vardır; duvarlarsa Dayfe Hatun'un kitabesinde ima edilen şehvetli erkek bakışını savuşturur.³

Şehirlerin ve içkalelerin surları, gerek yiyecek fiyatları gibi gündelik meselelere dair, gerekse dini ithaf metinleri gibi kritik öneme sahip buyrukların, ganimetlerin veya ritüel ve inanç sistemlerindeki kalıcı dönüşümlerin yazıldığı taştan kitabelerin sürekli veya geçici olarak sergilendiği yerlerdi. Bazen de, Side surlarındaki bu Helenistik taş rölyefte olduğu gibi, gelip geçici olan ebedileştirilirdi – çoğu zaman şehir surlarını süsleyen savaş ganimetleri burada adeta taşa çevrilmiştir (**RESİM 1**).⁴

Çok-işlevli oluşlarına karşın, şehir ve içkale surlarına mimarlık tarihlerinde genelde pek kıymet verilmez. Apaçık olan askeri işlevleri ihmal edilmemeli ise de, şehir surları ile içkaleler ne yazık ki çoğu zaman askeri mimarlığın bir alt dalına indirgenmiş, saray mimarisi ile dini mimarinin yanında çok daha değersiz görülmüştür. Bu yapılar çoğu kez (değişik kuşatma silahlarının geliştirilmesi ile ilgili olarak) teknoloji ve savaş tarihi ile ilişkilendirilmektedir.

---

3 İbn Bîbî 1956, s. 181: *'alem-i sultân be şehr-i zevk be-ferâşt*. Eyyûbî kraliçesi Dayfe Hatun'un kendisinden *es-sitr er-refî' ve'l-hicâb el-menî'*, yani azametli peçe ve delinmez hicâb (iki tabir kafiyelidir ve esasen aynı fikri tekrar etmektedir) diye bahsettiği Firdevs Medresesi'nin (1236) inşa kitabesinin metni için bkz. Herzfeld 1954-6, c. 1, 2. Bölüm, s. 297-8. Herzfeld bu ifadeyi "le voile vertueux, la voilée chaste" [izzetli peçe, iffetli mütesettir] olarak tercüme eder, ancak s. 298'de *menî'* kelimesinin sözlük anlamını iffetli olarak verdikten sonra şöyle yazar: "Mais il faut savoir que n'a ce sens qu'en figuré, de même que *refî'*. Les deux termes sont des termes de fortification" ["Ama tıpkı *refî'* gibi bu terimin de ancak mecazi olarak bu anlama geldiğini bilmek gerekiyor. İki tabir de tahkimat yapıları için kullanılan tabirlerdir"]. Dayfe Hatun, Halep içkalesinde doğmuş ve bu içkalenin duvar ve kulelerinin başlıca banisi olan kuzeni Zâhir Gazi'yle evlenmişti, o nedenle bu tabirler muhtemelen hem genel anlamda gözlerden uzak yaşayan bir saray kadını olduğu için, hem de özel olarak kocasının dön emindeki inşaat faaliyeti nedeniyle, onun hayatını betimliyor olmalıdır. Başka meselelerin yanı sıra, *seraglio*'yu, yani haremi, erkek bakışının hem objesi hem de ürünü olarak inceleyen bir çalışma için bkz. Grosrichard 1998, s. 55-70 ("The Gaze and the Letter").

4 Mansel 1978, s. 62-5. Mansel bu kabartmaların başlangıçta şehrin doğu kapısının yanındaki kulelerde bulunduğunu düşünmektedir.

RESİM 1 Side surlarından bir Helenistik kabartma, Side Müzesi, Side, Türkiye. Kaynak: T. Karasu'nun fotoğrafı.

Gelgelelim saraylar çoğunlukla tahkimat yapılarıyla iç içe yapılmıştır – özellikle ortaçağda Konstantinopolis'te, Konya'da, Şam'da, Yeni Asur Mezopotamya'sında ve daha nice yerlerde kulelerin ikametgâh ve cihannüma olarak kullanılmasında olduğu gibi. Ayrıca, duvarların dini işlevi vardır, tıpkı Bizans kulelerinde gördüğümüz sayısız şapel ile demir çağından kalma içkale ve şehir kapılarındaki rölyef, yazıt ve yekpare taş anıtların gösterdiği gibi. O halde bu kitabın bir amacı da, şehir ve içkale surlarına, gördükleri birçok önemli işleve uygun bir şekilde, şehir mimarisinin başlıca unsurları; sınırları belirleyen ve koruyan, statü, hâkimiyet, teşhir ve ritüeli simgeleyen yapılar olarak iade-i itibarda bulunmaktır. Şehir manzarasındaki anıtsal varlıkları ve içlerinde bulunan dini, askeri ve diğer elit işlevlere sahip yapılarla içkale duvarları, hükümdar veya hanedanın meşruiyet kaynaklarının yahut nevrozlarının, taş oymaları aracılığıyla –yani kitabelerle, kabartmalarla veya her ikisiyle birden– teşhir edilebileceği başlıca yerdi.[5]

Yine de, içkaleler her zaman sarayları, dini yapıları ve hâkim ideolojinin diğer yansımalarını içinde barındıran, şehrin olmazsa olmaz parçaları olarak işlev görmezler. Örneğin Medler ve Ahamenişler zamanında, hâkimiyet göstergeleri ve yönetim merkezleri ya bütünüyle şehrin dışında ya da şehrin müstahkem köşelerinin oluşturduğu koruyucu kalkanın haricinde yer alırdı. Bununla birlikte, diğer birçok medeniyette de buna benzer dönemler olmuştur. Akdeniz'in başka yerlerinde olduğu gibi Anadolu'da da şehrin içindeki yüksek yerlerle alçak yerler arasındaki ilişkiyi incelemek büyüleyicidir; bu bölgede, güvenlik avantajı yüksek alanlarda yerleşime imkân vererek buraların kutsallık, bazen de cebre dayalı hükümranlık

---

[5] Rykwert 1976, s. 188, "The City as Curable Disease: Ritual and Histeria" [İyileştirilebilir Bir Hastalık Olarak Şehir: Ritüel ve Histeri] başlıklı bölümde, Sigmund Freud'un Londra'daki anıtsal yapılarla ilgili olarak Clark Üniversitesi'nde verdiği psikanaliz derslerinden bir alıntı yapar: "Bu anıtlar anımsatıcı simgeler olmaları hasebiyle histeri semptomlarına benzerler." Freud, her gün bu anıtların önünden geçen Londralıların onların anlamlarını düşünerek hayallere dalmalarını histeri ve nevroz hastalarının davranışına benzetmiştir. Şehir ve içkale surlarında sergilenen anma amaçlı eserlerin, zaferi olduğu kadar nevroz ve travmayı da ifade ettiği söylenebilir.

merkezleri olmasına yol açarken, yerleşimlerin alçak alanlara yayılması sadece Helenistik çağda ve Roma döneminde mümkün olabilmiş, ortaçağa gelindiğinde tekrar yüksekerdeki *kastron*'a çekilmiştir.

İçkalenin kökeni meselesi, bildirileri bu kitabın içeriğini oluşturan sempozyumun kapsamı dışında kalmıştır. Söz konusu sempozyum 5-6 Aralık 2009'da İstanbul'da, Koç Üniversitesi'ne bağlı Anadolu Medeniyetleri Araştırma Merkezi'nde gerçekleştirildi. Asıl odaklandığı dönem MÖ ve MS birinci binyıllar olmakla birlikte, başta İstanbul/Konstantinopolis'teki Blakhernai Sarayı ile Anadolu'dakiler de dahil olmak üzere Bizans içkalelerini ve ayrıca Anadolu ve Suriye'de ortaçağ İslam devletlerine ait içkaleleri ele alan makaleler nedeniyle MS ikinci binyılın ilk yarısına da ciddi anlamda "yayılmış" bulunuyor. İstanbul'la ve Kuzey Mezopotamya'daki Yeni Asur şehirleriyle ilgili yukarıda bahsettiğim makaleler düşünüldüğünde, Anadolu'nun iki tarafına doğru coğrafi bir "yayılma"dan da bahsedilebilir.

Geniş bir zaman dilimini kapsamanın yanı sıra, sempozyum konuyla ilgili çeşitli metodolojileri de bir araya getirmeyi amaçlamıştır. Bu bağlamda, yöneten ile yönetilen, kutsal ile dünyevi arasındaki çelişkili ve karmaşık ilişki, tarihçilerce şehir ve içkale güzergâhındaki resmigeçit ritüellerini anlatan metinler üzerinden incelenebilir yahut sanat tarihçilerince şehir, içkale veya içkale içindeki sarayın duvar ve kapılarında bulunan –ve mimari mekânda sabitlenen ritüeli resmeden– rölyefler üzerinden analiz edilebilir. Teşhir ve teslimiyet noktaları olan kapılardaki kabartma ve kitabe programları, bize geçit alayları, kurban törenleri ve artık yitip gitmiş olan diğer tören ve ritüeller hakkında ipuçları sunar. Yapay tepeler üzerinde inşa edilen Troya gibi içkaleler ise, aşağısında yaşayan şehri duvarları arasında bulunan geçmişin anıtlarına bağlamak suretiyle, hatıra mekânları olarak işlev görür.

Burada her şeyden önce içkalelerin değişik işlevleri ele alınmıştır. Bunlar arasında kitaptaki birçok makalenin sözünü ettiği bir tanesi, içkalenin sembolik işlevidir – içkaleler, askeri meselelerden ziyade, hatta kimi zaman onlarla çelişecek şekilde, hükümdarın veya rejimin gücünü ifade ederler. Sinop içkalesindeki Selçuklu kitabeleri, ne kadar başlarına buyruk da olsalar, yeni muzaffer devletin getirdiği düzeni temsil ederken, bu kitabelerden birçoğunun yerleştirildiği Bizans duvarları, Konstantinopolis'teki Altın Kapı'yı çağrıştırmaları sebebiyle sembolik olarak Bizans İmparatorluğu'nun gücünü ortaya koymaktaydı. Geç Hitit içkalesinin heykel ve kabartma programıyla eski Hitit geleneklerine atıfta bulunması, içkalenin bizatihi kendisini bir meşrulaştırma aracı haline getirmiştir. Bağımlı Frig beylerinin yaptırdığı Gordion'daki içkale duvarlarının da sembolik bir anlamı olsa gerektir. 13. yüzyıl başlarında, Sultan Âdil'i birçok bağımlı hanedan mensubunun "katkılarıyla" Şam içkalesini yeniden yaptırmaya iten, başka faktörlerin yanı sıra, Eyyûbî sultanlığının zar zor kurulmuş birliği olmuştur.

İçkale aynı zamanda fani âlemle ilahi âlemin yan yana geldiği bir mekândır da: Geç Hitit içkalelerinin ortostatlarında olduğu gibi, Yeni Asur şehirlerinde de ruhban sembolizmiyle kraliyet sembolizmi birbirine karışmıştır. Kerkenes içkalesi şehrin ortasında yükselen görkemli bir yapıdır ve içinde kült unsurları barındırmış olabilir – bu içkale, her halükârda, şehrin sokak planıyla bağdaşmamaktaydı. Urartu içkalelerinin içerisinde kocaman tapınak-saray kompleksleri mevcuttu. Konstantinopolis'teki Blakhernai Sarayı'nda büyük kiliseler yok idiyse de, orada uygulanan törensel sembolizm bu muhteşem mimariyi muhteşem bir imparatorla açıkça ilişkilendirerek, imparatorun Hz. İsa'ya benzetildiği Bizans geleneğini sürdürmüştür.

Şehir manzarasının başat unsurları olsalar da, içkaleler, yukarıda belirtildiği gibi, çoğunlukla şehirlerin kenarında yer almışlardır. Bu nedenle de doğayla şaşırtıcı bir ilişkileri vardır ki bu, Dicle'den Karadeniz'e su kütlelerinden tutun da, şehir dışındaki saraylar, av köşkleri ve bahçelere kadar manzaralar biçiminde kendini gösterir. Bu noktada, insan yapısı olanla doğal olanı basitçe karşı karşıya getirmek yerine, ülkenin dört bir yanından getirilmiş bitkilerin ekildiği Yeni Asur bahçelerinden Gordion'un içkale kapılarının insan yapısı bir tümülüse bakacak şekilde hizalandırılmasına kadar birçok örnekte görülen doğanın insan eliyle şekillendirilmesi olgusuna vurgu yapmak önemlidir. Yakın zamanda, Harmanşah, şehirlerin kuruluşu ile kayalara oyulan kabartma anıtların yapımı arasında ilişki kurarak, her ikisinin de mekân oluşturma ve anma etkinliğinin birer veçhesi olduğunu öne sürmüştür.[6]

Bu sempozyumdan çıkan katkıları kronolojik olarak bölümlere ayırabiliriz. Makalelerin çoğu, MÖ birinci binyıl boyunca Anadolu, Mezopotamya ve Kuzey Suriye'deki şehir manzaralarına Geç Hitit, Urartu, Frig ve Yeni Asur içkalelerinin hâkim olduğu demir çağı ile ilgilidir. Burada derlenen makaleler, genel anlamda içkale olgusunu olduğu kadar, tekil yerleri de ele almaktadır.

Kitabın ikinci bölümü ise Bizans'ın "karanlık çağlarında" ortaya çıkıp Bizans İmparatorluğu'nun sonuna dek devam eden ortaçağ içkalesi olgusunu ele almaktadır. Buradaki makaleler, Sinop içkalesinin bir, Konstantinopolis'teki Blakhernai Sarayı'nın ise –biri bir mimarlık tarihçisi, diğeri de bir tarihçi tarafından yapılan–

---

[6] Harmanşah 2011, s. 58'de, yazar, içkalelerin yeni şehirlerin kuruluşunun bir unsuru olduğunu belirtmektedir: "Bu kültür ağının maddi tezahürlerinden biri, üretim, depolama, ticaret ve şölen işlevlerini yerine getirmek üzere, bölgesel merkezler olarak yeni içkalelerin yapılmasıdır."

iki farklı değerlendirmesiyle, benim Anadolu'daki İslam devletlerine ait 13. yüzyıl içkaleleri hakkındaki çalışmamdan oluşmaktadır.

Umarız ki bu kitabı okuyanlar, makalelerde ele alınan bütün bu zaman dilimi boyunca içkalenin ritüel, sanatsal ve işlevsel kullanımlarında süreklilikler görür, böylece iyi bilinen, ama nadiren başlı başına bir çalışma konusu olan bir olguya karşılaştırmalı bir yaklaşımın getirdiği zenginlikten yararlanabilirler.

Kaynakça

Grosrichard, A. (1998) *The Sultan's Court: European Fantasies of the East.* Londra: Verso. [*Sultan'ın Sarayı: Avrupalıların Doğu Fantezileri*, Tr. çev. Ali Çakıroğlu. İstanbul: Aykırı Yayınları, 2004.]

Harmanşah, Ö. (2011) "Moving landscapes, making place: Cities, monuments and commemoration at Malizi/Melid," *Journal of Mediterranean Archaeology* 24: 55-83.

Herzfeld, E. (1954-6) *Matériaux pour un Corpus Inscriptionum Arabicarum, deuxième partie, Syrie du nord: inscriptions et monuments d'Alep.* Kahire: IFAO.

İbn Bîbî (1956) *El-Evâmirül-'Alâ'iyye fî'l-umûri'l-'Alâ'iyye.* Ankara: Türk Tarih Kurumu.

Mansel, A. M. (1978) *Side: 1947-1966 Yılları Kazıları ve Araştırmalarının Sonuçları.* Ankara: Türk Tarih Kurumu.

Redford, S. (2000) *Landscape and the State in Medieval Anatolia: Seljuk Gardens and Pavilions of Alanya, Turkey.* Oxford: British Archaeological Reports.

Rykwert, J. (1976) *The Idea of a Town: The Anthropology of Urban Form in Rome, Italy, and the Ancient World.* Princeton: Princeton University Press.

Tracy, J., der. (2000) *City Walls: The Urban Enceinte in Global Perspective.* Cambridge: Cambridge University Press.

Geç Tunç Çağından Roma Dönemine Troya'da Şehir ve İçkale

CAROLYN CHABOT ASLAN VE CHARLES BRIAN ROSE

Geç tunç çağından kalma içkale, savunma görevini yerine getiremeyecek kadar hasar gördükten çok sonra bile, İlion şehrinde simgesel bir güç olmaya devam etmiştir. Bu içkale, bir prestij kaynağı ve ideolojik iletişim aracı, yerleşim için bir cazibe merkezi, kutsal alanı ve dini ritüelleri çerçeveleyen bir yapı olarak işlev görmekteydi. İçkale surlarının çeşitli kısımları, Nora'nın terimiyle *lieux de mémoire*, yani hafıza mekânları olarak varlıklarını sürdürmüştür.[1] Bu makale, Troya'daki geç tunç çağı içkalesinin tunç çağı sonrası dönemlerde de devam eden önemini ve sürekli onunla ilişkilendirilen Homeros efsanelerinin etkisini tartışmaktadır.

Erken tunç çağında yerleşimin başladığı ilk zamanlardan beri, Troya hep müstahkem bir yer olmuştur. MÖ 15. yüzyılda Troyalılar yeni ve genişletilmiş bir istihkâm sistemi kurdu (Troya VI. evre, **RESİM 1**). Merkezi içkaleyi çevreleyen ve kalınlığı üç metreyi geçen geç tunç çağı surlarının dokuz metre yüksekliğe kadar olan kısmı halen ayaktadır; yapının özgün şeklinde, kerpiç bir üstyapı bu yüksekliği daha da artırmaktaydı.[2] Büyük bir ihtimalle Hitit metinlerinde Wilusa adıyla geçen yer olan[3] Troya'nın çoğu sakini, içkalenin güneyindeki Aşağı Şehir'de yaşıyordu. Yine MÖ 15. yüzyılda, Aşağı Şehir'in 25 ila 35 hektar büyüklüğünde bir parçasını çevreleyecek şekilde, üç ila dört metre genişliğinde bir hendek ile bariyerden oluşan bir savunma sistemi yapıldı.[4] 15. yüzyıldaki bu savunma projesi, Hititlerin üyeleri arasında Wilusa'yı da gösterdiği Assuwa birliğinin çıkardığı isyanla ilgili olabilir.[5]

---

1 Nora 1989.
2 Geç tunç çağı içkale duvarını sistematik olarak belgeleyip inceleyen bir çalışma için, bkz. Klinkott 2004; ayrıca bkz. Klinkott ve Becks 2001; Becks 2005; daha önceki kazılar için bkz. Dörpfeld 1902, s. 107-82; Blegen vd 1953.
3 Troya'nın Wilusa ile aynı yer olduğuna dair son yıllardaki tartışmalar ve bibliyografya için bkz. Easton vd 2002, s. 94-101; Latacz 2004, s. 75-100; Bryce 2006, s. 107-21.
4 Aşağı Şehir'in savunma sistemine dair tartışmalar için bkz. Jablonka 2010; Jablonka ve Pernicka 2009, s. 12-26; Kolb'un (2004, s. 599-605) alternatif görüşünü reddeden Jablonka ve Rose 2004, s. 616-23; Easton vd 2002, s. 77-94.
5 Latacz 2004, s. 93-6; Bryce 2006, s. 108-9.

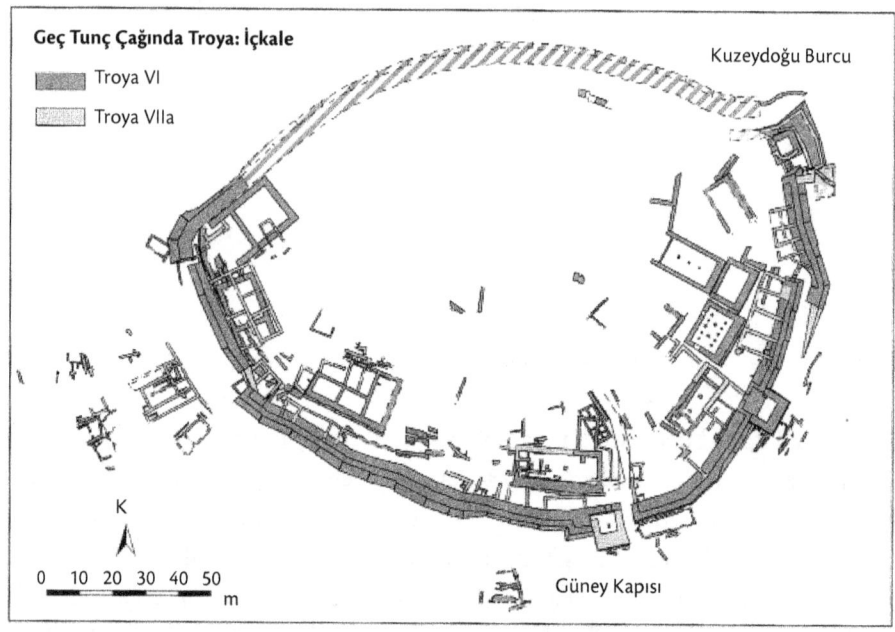

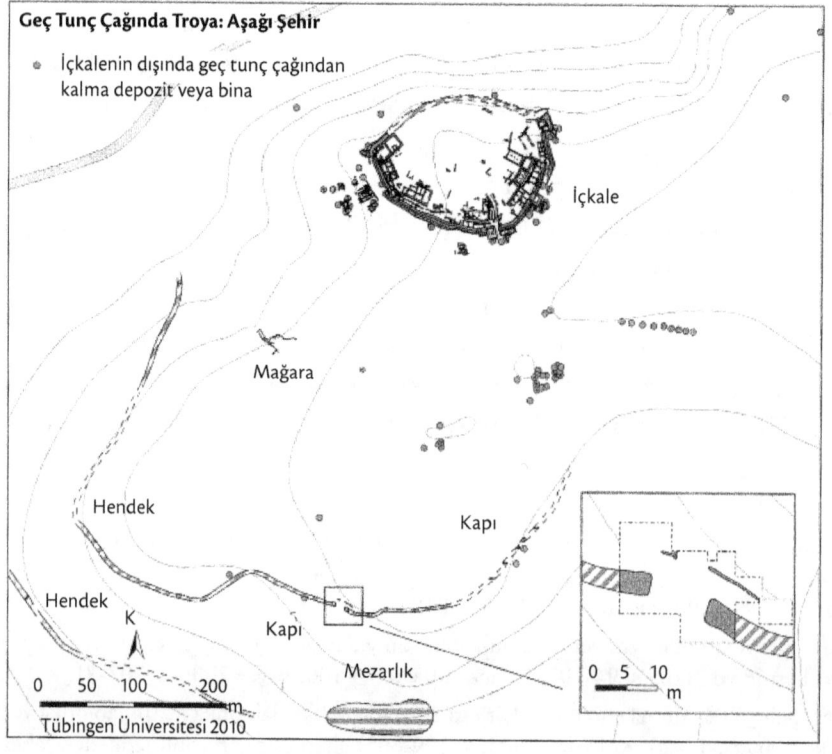

RESİM 1 Troya'nın geç tunç çağındaki planı. Kaynak: P. Jablonka, Troya Projesi.

Merkezi içkale, savunma amacının yanı sıra, yönetici seçkinlerin iktidarını simgeleyen bir anıt olarak insanları etkileme amacı da taşımaktaydı. Aslında içkalenin savunma açısından ne kadar etkili olduğu tartışmaya açıktır. Örneğin, görkemli Kuzeydoğu Burcu, içinde bulunan su kaynağıyla sarnıcı koruyor, ancak öte yandan dışarıya açılan giriş kapısı –Aşağı Şehir'den buraya erişimi muhakkak kolaylaştırıyor idiyse de– göründüğü kadarıyla bu kocaman yapının savunmadaki yararlılığını boşa çıkarıyordu.[6]

Burcun bu girişi ile içkalenin doğu tarafındaki başka bir kapı sonraları kapatılmıştır (Troya VIIa evresi). İçkale sakinleri muhtemelen giderek artan askeri tehditler karşısında orijinal tasarımdaki kusurları fark etmişlerdi. İçkale içerisindeki korunaklı alan iki ila üç hektar arasındadır ve çoğu insanın dışarıda, Aşağı Şehir'de yaşadığını düşünürsek, bu nispeten küçük alanın başlangıçta mevcut olan beş ayrı girişi gereksiz görünmektedir. Bu kapılar muhtemelen hem giriş yeri olarak, hem de sembolik noktalar ve yönetici elitin ritüel yerleri olarak işlev görmüştü. Bir ritüel yeri olması mümkün olan Güney Kapısı'nın dışında steller bulunması da bu kanıyı güçlendirmektedir.[7]

Sonunda, tahkimatlar geç tunç çağının sonlarına doğru meydana gelen bir saldırıya dayanamadı ve yerleşme yerle bir edildi (Troya VIIa evresi). Bu yıkım tabakası ile onun *İlyada*'da geçen olayların tarihselliğiyle olan ilişkisi, elbette pek çok tartışma ve karışıklığa neden olmuştur.[8] Sonraki dönemde İlion'da meydana gelen gelişmelerde önem taşıyacak olan husus, Yunanlılar ile Romalıların Homeros'un hikâyesine gerçekten inanmış veya en azından bu hikâyeyi çeşitli siyasi ve ekonomik çıkarları için kullanmayı uygun görmüş olmalarıdır.

Yıkımı takip eden dönemde şehir, Trakya, Balkanlar ve Aşağı Tuna bölgesinden gelen ve beraberlerinde el yapımı çömlekçilik geleneklerini getiren insanların göçüne sahne oldu. Nüfusu artık ciddi ölçüde azalmış olan şehre onlar yerleşti (Troya VIIb2 evresi). İçkale duvarlarının hemen dışında birkaç bina yapıldıysa da, yerleşenler çoğunlukla yine geç tunç çağından kalma merkez içkalenin sınırları içinde yaşadılar (**RESİM 2**).[9] İçkale duvarlarını belgeleyip inceleyen Klinkott, çok ağır hasar gördükleri için duvarların bu dönemde artık savunma işlevini yerine getiremediğini

---

6   Dışarıya açılan giriş kapısını içkalenin dışında insanların yaşadığına dair ilave bir kanıt olarak gören Jablonka ve Rose da (2004, s. 619) bu noktaya değinmiştir.

7   Korfmann 1998.

8   Bu konuda geniş bir araştırma birikimi mevcuttur. Yakın dönemde yazılan makaleler ve bibliyografya için bkz. Morris ve Laffineur 2007, Latacz 2004.

9   Troya'daki VIIb2 evresi için bkz. Hnila 2009, s. 90-171; Becks, Hnila ve Pieniążek-Sikora 2006; Becks 2006; Blegen vd 1958, s. 182-243; Koppenhöfer 1997.

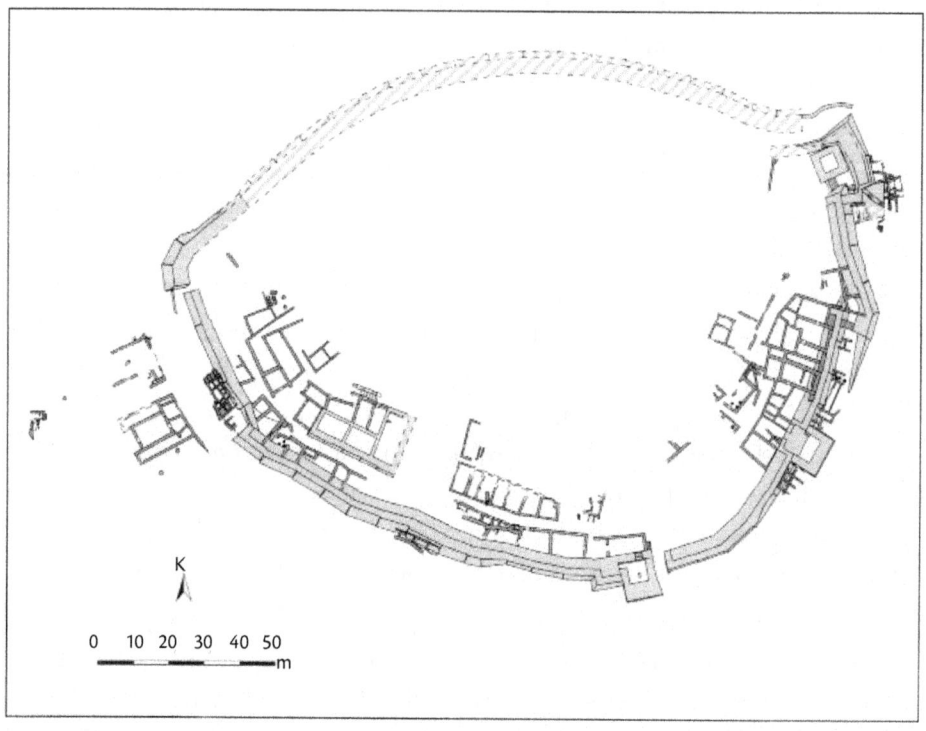

RESİM 2 Troya'nın VIIb evresindeki planı. Kaynak: P. Jablonka, Troya Projesi.

ve onarılmışa da benzemediklerini ileri sürmüştür.[10] Örneğin, Kuzeydoğu Burcu içerisindeki sarnıcın üstüne tavan çökmüştü. Bunun bir zamanlar önem verilip korunan bir su kaynağı olmasına ve burcun hemen dışında bu dönemde yapılmış evler bulunmasına karşın, kimse enkazı temizleyip hasarı onarmaya yeltenmemiş gibi görünüyor.[11]

Bu dönem itibarıyla, şehir muhtemelen coğrafi açıdan stratejik önemini de büyük oranda yitirmiş bulunmaktaydı. Kayan'ın gösterdiği gibi, Dümrek (Simois) ve Kara Menderes (Skamandros) çaylarının taşıdığı alüvyonlar nedeniyle, arkaik dönemde Troya artık deniz kıyısından uzaklaşmıştı.[12] Sonunda, Troya'nın jeopolitik önemini arkaik dönemde kıyıya yakın yerlerde kurulan Sigeion, Akhilleion

---

10 Klinkott 2004, s. 81.
11 Hnila 2009, s. 113-28, 136-51.
12 Kayan 1995; Kayan vd 2003, resim 7.

ve Abydos gibi yeni şehirler üstlendi (**RESİM 3**).[13] Tüm bu faktörlere rağmen, demir çağının başlarından Roma dönemine değin içkale yerleşim için bir cazibe merkezi olma özelliğini korudu ve yerleşmenin ana çekirdeğini oluşturmaya devam etti. Bir ihtimal, yüksekliği ve çevre araziyi gözleme imkânı vermesi sayesinde içkalenin hâlâ bir ölçüde koruma sağlamaya devam etmiş olmasıdır. İkinci ve daha muhtemel bir faktör ise, şehrin efsanevi geçmişiyle özdeşleştirilmeleri sebebiyle içkale duvarlarının yerleşmeye bir antikite havası ve prestij katıyor oluşudur.

Geç proto-geometrik dönemden arkaik dönemin başlarına (yani MÖ 10. yüzyıldan 7. yüzyıl ortalarına) kadar belirgin olan da işte bu ikinci faktördür. Eskiden bu dönemin büyük bir bölümünde Troya'nın terk edilmiş olduğu sanılıyordu, ama artık biliyoruz ki şehir o dönemde hâlâ muhtemelen içkalenin merkezinde yoğunlaşan küçük bir nüfusa sahipti.[14] Şehir sakinlerinin proto-geometrik dönemde içkale duvarının batı cephesinin yanında icra etmeye başladığı ritüeller, MÖ 8. yüzyıl sonlarından 7. yüzyıl ortalarına kadar olan dönemde giderek gelişerek daha ayrıntılı bir hale geldi. En olası açıklama bu duvarın bir *hafıza mekânı* olarak kullanılıyor, icra edilen ritüelin de şehrin mevcut sakinleri ile destansı kadim geçmişi arasında bir bağ kurmayı sağlıyor oluşudur.

Bu olguya dair en iyi kanıt, güneybatı tarafında, içkalenin hemen dışında bulunan ve Batı Kutsal Alanı olarak bilinen alandan gelmektedir (**RESİM 4**). Batı Kutsal Alanı'nın Roma dönemine kadar giden uzun bir dini kullanım tarihi vardır.[15] Geç tunç çağı içkale duvarı Batı Kutsal Alanı'nın doğu sınırını oluşturarak, bu kutsal mekân için bir çerçeve ve arkaplan işlevi görmektedir.

Duvarın bu kesiminin hemen önünde ve daha önce kapatılmış olan VI U kapısının yanı başında, daha önceki binaların yıkıntıları kullanılarak inşa edilmiş bir platform bulunmaktadır (791., 792., 850. evler). 1937'de, Blegen'in kazı ekibinden

---

13 Sigeion bir Atina kolonisi, Abydos ise bir Miletos kolonisiydi (Herodotos 5.94.1; Strabon 13.1.22, 28, 38-9; Thukydides 8.62.1). Ayrıca bkz. Bieg ve Aslan 2006; Leaf 1923, s. 187-8; Rose 2008, s. 418.

14 Aslan 2002, s. 82-5; 2009a; Catling 1998; Lenz vd 1998; Hertel 2008a, s. 9-10, 125-60. Schliemann'ın kazısı sırasında bulduğu proto-geometrik dönemden kalma parçalar için bkz. Hertel 2008b, no. 1-4, 7, 14, 16-21, 116; Basedow 2007, 2009.

15 Batı Kutsal Alanı'na ilişkin ön incelemeler için bkz. Rose 1993, s. 98-101; 1994, 76-80; 1995, s. 82-97; 1997, s. 74-92; 1998, s. 73-92; 1999, s. 49-52; 2000, s. 54-8. Daha önceki kazılar için bkz. Blegen vd 1958, s. 259-79, 303-7. Son kazılara ilişkin sonuç raporları yakında çıkacaktır. Batı Kutsal Alanı'nın demir çağındaki durumuna dair bildiklerimizin çoğu Maureen Basedow'un yaptığı ve Troya Projesi'ne yönelik yayımlanmamış bir metinde sonuçlarını açıkladığı araştırmaya dayanmaktadır. Ayrıca bkz. Basedow 2007, s. 49-52; 2009, s. 131, 135, 139.

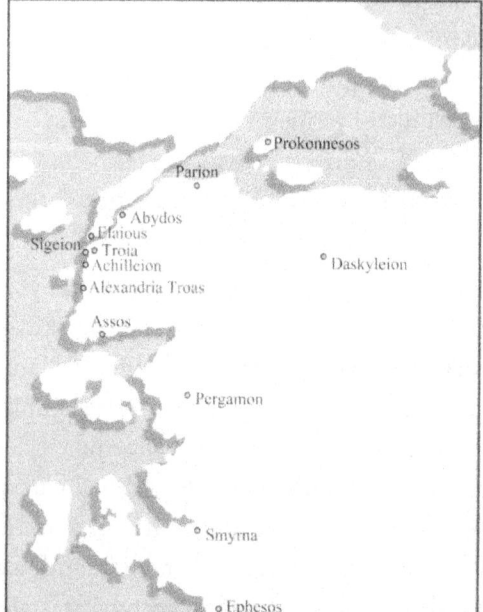
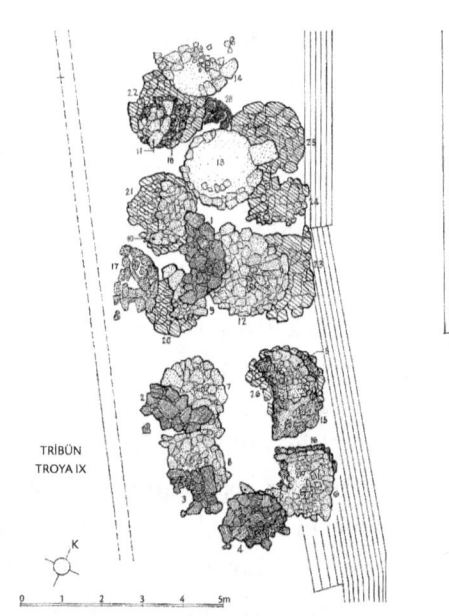

RESİM 3 Troas haritası. Kaynak: J. Wallrodt.

RESİM 5 Taş Daireler'in planı. Kaynak: Blegen vd 1958, resim 369. Cincinnati Üniversitesi Eski Yunan ve Latin Çalışmaları Bölümü'nün izniyle.

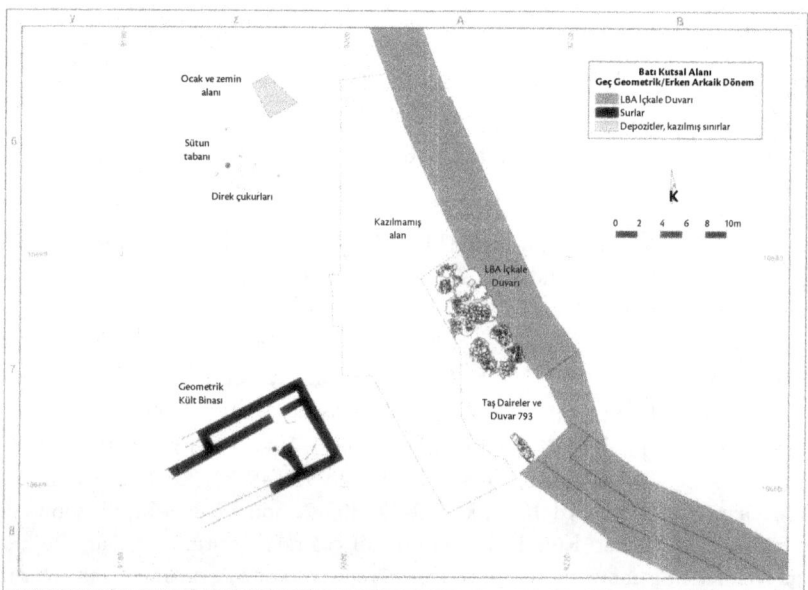

RESİM 4 Geç geometrik/erken arkaik dönemde Batı Kutsal Alanı'nın planı. Kaynak: P. Hnila, Troya Projesi.

RESİM 6 Taş Daireler'in bir görünümü. Kaynak: Blegen'in kazılarından kalan Troya fotoğraf arşivi, T.37.6.7. Cincinnati Üniversitesi Eski Yunan ve Latin Çalışmaları Bölümü'nün izniyle.

Rawson bu platformun üzerine kurulmuş birbirine paralel iki dizi alçak daire keşfetti (**RESİM 4, 5, 6**).[16] Düz taşlardan oluşturulmuş ve bazıları birbirinin üzerine bina edilmiş en az 28 daire vardı ve öyle görünüyor ki belirli aralıklarla eski bir dairenin yerine yenisi yapılmaktaydı. Bazı daireler siyah külle, onların aralarındakilerse kum tabakalarıyla kaplı olarak bulunmuştu. Dairelerde ele geçen ve yayımlanan çömlek parçaları arasında, çoğu geç geometrik ila erken arkaik dönemlere (MÖ 750-650) tarihlendirilen ve bir içki takımının parçalarını oluşturan şekiller bulunmaktadır.[17] Çömleklerden yalnızca bazı seçme parçalar yayımlanmış olmakla birlikte, seçilen

---

16 Blegen vd 1958, s. 274-9, resim 156-68; Blegen 1937, s. 586-8. D. Rawson, yayınlanmamış Kutsal Alan defterleri 1936-7, c. 5, s. 55, 58-9, 90, c. 6, s. 47, 59 (Blegen Arşivi, Cincinnati Üniversitesi). Taş Daireler ve Troya VI içkale duvarının yakınındaki bu alana ilişkin bilgiler için, Rawson'ın defterleri üzerinde çalışan Maureen Basedow'a minnettarız (Basedow, Troya Projesi için yazdığı yayımlanmamış metin).

17 Blegen vd 1958, resim 300-3. Yayımlanan çanak çömlek örneklerinin içinde daha geç tarihli birkaç arkaik dönem parçası bulunmakla birlikte, incelenen defterler bunların çoğunun ya yukarı tabakalardan ya da Roma tribününün yakınlarından geldiğini göstermektedir.

örnekler arasında en az 15 adet büyük şarap karıştırma kabı (krater veya dinos) bulunması, her bir dairenin muhtemelen kendi büyük karıştırma kabına sahip bir grup insan tarafından kullanıldığını ima etmektedir. Sürahi ve fincan parçaları da içki takımını tamamlar. Asine, Nichoria, Kyme, Mykenai, Lefkandi ve Naksos gibi sitlerde bulunan benzer taş daireler de atalar kültü veya cenaze yemekleriyle ilgili ritüellerin gerçekleştirildiği yerler olarak yorumlanmıştır.[18] Blegen'in yayımladığı çalışmada bu alanda hayvan kemikleri bulunduğundan söz edilmediği için, içki içilmesinin yanı sıra kurban eti veya başka yiyeceklerin pişirilip yenmesinin de söz konusu olup olmadığı bilinmemektedir.

Platformun kendisi 5x12 m ebadındadır ve üstü iki sıra daireyle tıka basa doludur. Çok sayıda insanın aynı anda toplanması zor olduğundan, büyük çaplı bir toplu ziyafet için burası pek uygun ve rahat bir yere benzemiyor. Küçük gruplar veya aileler daireleri farklı zamanlarda kullanıyor veya birkaç kişi burada ritüelleri icra ederken diğerleri olan biteni aşağıdan izliyor olmalıydı. Bu platform, Batı Kutsal Alanı'nın üzerinde yükseltilmiş bir tür performans sahnesi izlenimi vermektedir.

Batı Kutsal Alanı'ndaki taş dairelerin hemen altında, MÖ 9. yüzyıl ile 8. yüzyılın ortaları arasında inşa edilmiş ve sonraları, herhalde taş dairelerin yapıldığı dönem civarında (MÖ 750-650) yenilenmiş bir tapınak bulunur (**RESİM 4**). Platform, bu tapınağın arkasında ve onun güneyine doğru, yerden 3 m kadar yukarıda, insanların toplanabileceği bir alanın bulunduğu yerde yapılmıştır. Dairelerin yüksekliği ve duvarın yanındaki konumları, ritüelleri spesifik ve biraz sıra dışı bir yere hapsetmiş olsa da, bunlar yine de geç tunç çağı içkale duvarıyla doğrudan bağlantılıydı. Ritüellerde muhtemelen ateş yakılması, büyük ve epeyce süslü karıştırma kapları kullanılması, içki içilmesi, belki libasyon veya başka ritüel eylemler (dualar, şarkı söyleme) söz konusu olmakla birlikte, bunlar herhangi bir arkeolojik iz bırakmış değildir. Platformun konumu ve yüksekliği ise ritüel performansının etkileyiciliğini artırıyor olmalıydı.

Duvarın bu bölümünün yanında birtakım ritüel faaliyetlerin proto-geometrik dönem kadar erken bir zamanda gerçekleştirilmeye başladığına dair kanıtlar mevcuttur. Taş dairelerin altında bulunan 850. Ev adlı küçük binanın dışında Dorothy Rawson bir seramik depoziti bulmuştu (**RESİM 7**).[19] Seramik depoziti ile 850. Ev arasındaki stratigrafik ilişki defter ve yayınlardan kesin olarak anlaşılamamaktadır; bunlar ya birbirinin çağdaşıdır ya da seramiklerin tarihi 850. Ev'den öncesine

---

18 Hägg 1983; Antonaccio 1995, s. 199-207, 250, 256; Lambrinoudakis 1988, s. 238; Sapouna-Sakellaraki 1998, s. 69-70; Lemos 2008.

19 Blegen vd 1958, s. 273-4.

dayanmaktadır. Bu depozitte bir içki takımı daha bulunmuştur: büyük ve süslemeli gri bir krater, bir fincan, bir sürahi ve pişirme kaplarının içinde iki kupa.[20] Bu kaplar, proto-geometrik dönemin ortaları ile sonları arasına tarihlendirilen parçalarla benzerlik göstermektedir.[21] Bu grup ilk anda dikkate değer görülmeyebilir, ancak taş dairelerden önceki bir döneme ait bir içki takımının varlığı, geç proto-geometrik evrede bile içkale duvarının yanı başında içki içme veya başka ritüellerin gerçekleştirilmiş olduğuna işaret eder. Basedow 850. Ev'in aslında bir ev değil, erken tarihli bir kült binası olduğunu ileri sürmüştür.[22] Bu, epeyce dikkate değer bir yerde bulunan tek odalı küçük (3,8x4 m) bir binadır. 850. Ev'den çıkan ve buranın kutsal bir yer olduğu fikrini destekleyen veya çürüten yayımlanmış hiçbir bulgu bulunmamaktadır.

İçkale duvarının yanındaki faaliyetlerin bilinen destan kahramanlarıyla spesifik olarak ilintili olup olmadığı kesin değildir; ancak eldeki bulgular, ritüelleri kadim içkale duvarıyla ilişkilendirme arzusuna kesin olarak işaret etmektedir. Ritüellerin geç geometrik/erken arkaik dönemde yoğunlaşmasının bu çağda Troas'ta meydana gelen değişimlere ve belki zorlayıcı koşullara bir tepki niteliğinde olması muhtemeldir. Ege Denizi'nin kuzeydoğusunda, MÖ 8. yüzyıl sonları ile 7. yüzyıl başlarında nüfus artmaktaydı. Bu nüfus artışı, birçoğunda G2/3 adı verilen belli bir çömlek tipine rastlanılan Semadirek, Tenedos (Bozcaada), Lesbos (Midilli), Lemnos (Limni), Thasos (Taşoz) ve muhtemelen Abydos[23] gibi yakın yerleşmelerin çoğalmasıyla kendini göstermiştir.[24] Bölgedeki yeni yerleşmelerin yarattığı baskı, Troya sakinlerini sözde ataları ile şehirlerinin kadim geçmişine daha fazla vurgu yapmaya itmiş olabilir.[25] Böylece, içkale duvarları ile diğer tunç çağı kalıntıları

---

20 Blegen vd 1958, resim 300, 302, no. 37.971, 37.1070, 37.968. İki pişirme sürahisi nihai yayına dahil edilmemişti, ancak Rawson'ın kazı defterinde bunlardan bahsedilmektedir, 1937, c. 7, s. 82, ve Blegen'in fotoğraf arşivinde de bir fotoğrafları vardır (Cincinnati Üniversitesi, Troya Arşivi). Bu kapların numaraları 37.1018 ve 37.1019'dur.
21 Karşılaştırılabilir parçalar için bkz. Lemos 2002, no. 35.1, 35.2, 74.1, 75.1.
22 Basedow 2007, s. 52; 2009, s. 135.
23 Bernard 1964; Graham 1978 (Taşoz); Moore 1982 (Semadirek); Messineo 2001; Beschi 2003a, 2003b; Greco 2003, 2005, 2006; Danile 2008, 2011 (Limni); Lamb 1931-2 (Midilli); Arslan ve Sevinç 2003 (Bozcaada). Strabon (13.1.22) Lidya kralı Gyges zamanında Miletosluların Abydos'ta bir koloni kurduğunu yazmışsa da, bu henüz arkeolojik verilerle doğrulanmamıştır.
24 G2/3 tipi çömlekler için bkz. Blegen vd 1958, s. 253-5; Fisher 1996; Aslan 2002, s. 92-3; 2009b, s. 41-2; 2011, s. 388-91; Ilieva 2009.
25 Ata ve kahraman kültleri hakkında bkz. Coldstream 1976; Deoudi 1999; Whitley 1988, 1994; Snodgrass 1980, s. 37-40; de Polignac 1995, s. 128-40. Troya'daki kahraman veya ata kültünü daha ayrıntılı ele alan bir çalışma için bkz. Aslan 2011, s. 420-3.

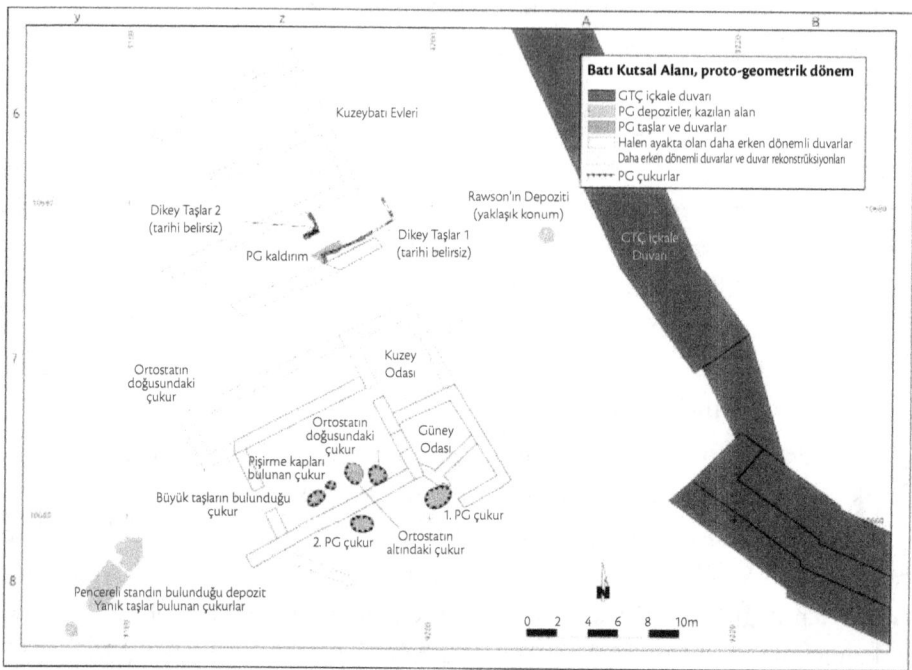

RESİM 7 Batı Kutsal Alanı'nın proto-geometrik dönemdeki planı. Kaynak: P. Hnila, Troya Projesi.

RESİM 8 Troya höyüğünün havadan görünümü, kuzeye doğru. Kaynak: Troya Projesi.

hafıza mekânları olarak işlev görmüş ve Troya'nın efsanevi geçmişine yapılan atıflar ile ritüellerin iktidar ve kimliğin inşa edilip sürdürülmesi amacıyla kullanıldığı somut yerleri teşkil etmiş olabilirler.

Troya'nın yerle bir edilmesi bu süreci aniden sekteye uğrattı. Buna dair kanıtlar arasında, kısmen geç tunç çağı tahkimatlarının daha da yıkılmasıyla oluşmuş moloz tabakalarını sayabiliriz. Yıkımın kesin sebepleri bilinmemekle beraber, muhtemelen ya bir deprem ya da bir saldırı söz konusuydu.[26] MÖ 7. yüzyıl sonlarında şehre geri dönen insanlar Batı Kutsal Alanı'nı yeniden yaptılar, ama bu kez binalarla sunakları başka bir şekilde düzenleyerek.[27] Önceki devirden kalma tapınak ile taş daireler kullanılmaz oldu. Yeni bir kült binası inşa edildi ve B Sunağı denen bir yapının etrafı bir tanrıçaya sunulmuş adaklarla doldu. Bu tanrıçanın adına dair hiçbir kanıt bulunmamakla birlikte, sunulan adaklar onun kuğular, vahşi hayvanlar ve suyla bağlantılı olduğuna işaret etmektedir. Aphrodite, Artemis veya Kybele'nin yöresel bir versiyonu olması muhtemeldir.[28]

Batı Kutsal Alanı'nı yeniden inşa edenler, geç tunç çağı surlarına veya öteki geç tunç çağı kalıntılarına pek itibar etmişe benzemiyorlar. Bu biraz şaşırtıcı, çünkü Batı Kutsal Alanı'nın yapımına yol açan yeni saik ve belki de mali desteğin kısmen Troya'nın sadece birkaç kilometre ötesinde Sigeion kolonisini yeni kurmuş olan Atinalılardan gelmiş olması muhtemeldir.[29] Strabon'dan (13.1.22) öğrendiğimize göre, en azından ileriki dönemlerde insanlar Patroklos, Akhilleus ve Aias'ın mezarları olduğuna inanılan yakındaki tümülüslerde tapınıyorlardı ki aynı hürmetin harap durumdaki Troya içkalesine de gösterildiğini tahmin edebiliriz.[30] İlion sakinlerinin dikkatlerini bu dönemde muhtemelen bir Athena tapınağının yapıldığı veya yeniden yapıldığı içkalenin iç kısmına yoğunlaştırmış olması mümkündür. Ne var ki arkaik döneme ait Athena tapınağı, belki daha sonra üzerine yeni yapıların yapılması, belki de Athena'ya adanan Helenistik dönem tapınağı ile temenosunun yapımı sırasında parçalanması nedeniyle arkeolojik açıdan meçhul kalmıştır.

Herodotos'a göre (7.43), Pers kralı Kserkses Yunanistan'a saldırmak üzere ordusuyla Troas'a kadar gelerek İlion'da durmuş ve Athena'ya bin öküz kurban etmek suretiyle sembolik bir jest yapmıştı. Pers hükümdarı Kserkses'in gerçekten de Homeros efsaneleri bağlamında İlion'a yüklenen anlam ve öneme ilgi duyup

---

26 Aslan 2009b.
27 Rose 1995, s. 82-9; 1997, s. 76-86; 1998, s. 72-4.
28 Aslan 2009c.
29 Sigeion'da yakın zamanda yüzey araştırması ve kazılara başlanmıştır (Schäfer 2008). Ayrıca bkz. Bieg ve Aslan 2006.
30 Ayrıca bkz. Rose 2008, s. 418.

duymadığı tartışılabilir; ancak Troas'tan geçmekte olan büyük Pers ordusunun yiyecek stoklarının ciddi ölçüde tükenmiş olduğunu, bunun da pek çok başka soruna yol açtığını varsayabiliriz. Batı Kutsal Alanı'nda bulunan adak çömleği depozitleri tarihin bu noktasında aniden kesintiye uğruyor ve Klasik dönemin büyük bir kısmı boyunca, ta MÖ 4. yüzyılın başlarına kadar sitte bu açıdan bir süreksizlik olduğu görülüyor.

4. yüzyılın büyük bir kısmında İlion'da yerleşime dair kanıtlar sınırlı olmakla birlikte, tunç çağı içkalesinin yıkıntıları arasında bir yerde bulunan Athena Tapınağı'nda tanrıçaya adaklar sunulmaya devam edildi (**RESİM 8**).[31] Bu içkale artık Athena kültüne hasredilmiş bir akropolis olarak görülüyordu, halbuki tanrıçanın Helenistik dönem öncesi tapınağı mimari açıdan pek etkileyici sayılmazdı. Strabon onun küçük ve mütevazı olduğunu belirtir; büyük bir ihtimalle yerleşmenin çoğu yerinden de görülemiyordu.[32] Öte yandan, muhtemelen hem Yunan hem de Troyalı kahramanlarla ilişkilendirilen Troya Savaşı yadigârlarından oluşan bir hazinenin bu tapınakta tutulduğuna dair yazılı kaynaklar mevcuttur.[33] Bu hazinenin ne zaman bir araya getirildiği net olarak bilinmese de, parçalardan bazıları tahminen tunç çağı tarihlidir ve arkaik dönemdeki inşaat esnasında keşfedilmiş olmalıdır.

Şehrin kendi efsanevi mirasından yararlanmaya çoktan başlamış olduğunu göz önünde bulundurduğumuzda, böyle bir koleksiyonun meydana getirilmesi ne şaşırtıcıdır ne de emsalsiz: Lindos'taki Athena Tapınağı'nın da Pandaros'un sadağı, Paris'in deri miğferi ve Helena'nın bilezikleri de dahil olmak üzere Troya Savaşı yadigârlarından oluşan buna benzer bir hazinesi vardı; Likya'nın Phaselis şehrinde bulunan Athena Tapınağı'nın ise Akhilleus'un tunç mızrağına sahip olduğu söylenir.[34] Üstelik, Athena Tapınağı'nda ele geçen seramik depozitlerinin gösterdiğine göre, 4. yüzyılda Sigeion'daki Atinalılar kadar bölgesel satraplık başkenti Daskyleion'daki Persler de tanrıçaya adaklar sunmaktaydı; şüphe yok ki her iki grup da alanın Homerik mirasını kendi amaçları doğrultusunda sahiplenmenin peşindeydi.[35]

4. yüzyılın sonuna gelindiğinde, İlion, merkezi Athena İlias Tapınağı olan ve Troas şehirlerinden oluşan yeni bir konfederasyonun (Koinon) başkenti olarak yeni

---

31 Rose 2003; Goethert ve Schleif 1962.
32 Strabon 13.1.26; Rose 2003, s. 31-4.
33 Arrhionos 1.11.7-8; Diodoros 17.17.6-7; 17.18.1; Plutarkhos *Alexander* 15.7.
34 Lindos için bkz. Blinkenberg 1912, s. 73, 118, B70; s. 74-5, B83; Higbie 2001, s. 119-21; Higbie 2003; Shaya 2005; Phaselis için bkz. Pausanias 3.3.8.
35 Berlin 2002, s. 140-7.

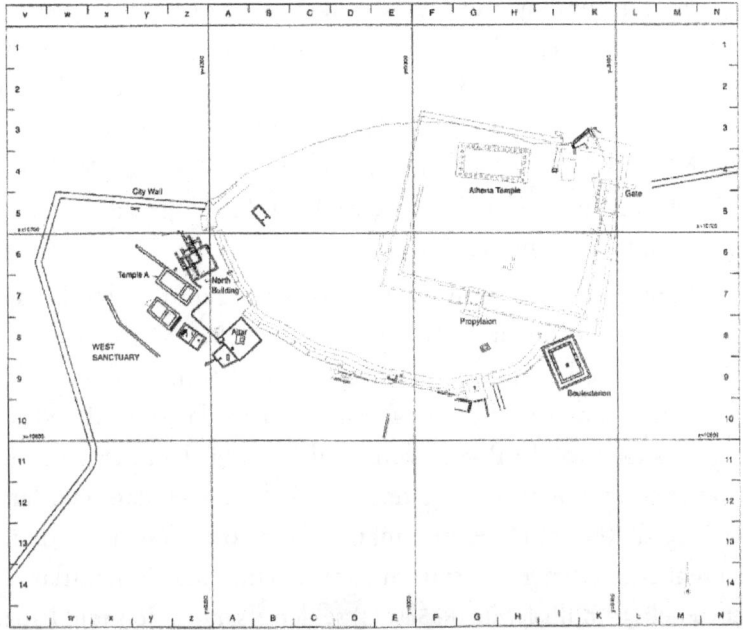

RESİM 9 Troya VIII'in planı (Helenistik dönem). Kaynak: E. Riorden.

RESİM 10 Athena İlias Tapınağı'nın rekonstrüksiyonu. Kaynak: E. Riorden.

bir önem kazanmış bulunuyordu (**RESİM 9, 10**).[36] En az on iki şehirden meydana gelen bu birlik muhtemelen I. Antigonos tarafından MÖ 310'da yakınlardaki Alexandreia Troas şehrini kurduğu sırada oluşturulmuştu. Athena İlias kültünün birleştirici etken olarak kullanılması alanın Homerik mirasının bütün üye şehirlere kendiliğinden sirayet etmesine yol açtı ve derhal yeni Koinon ile kurucusunun itibarını yükseltti. Muhtemelen geç tunç çağında da olduğu gibi, içkale yeniden Troas'ın siyasi merkezi haline geldi.

Koinon, kamusal kimliğinin başlıca görsel tezahürü olarak, doğrudan Atina'dakini örnek alarak yaptığı Panathenaea festivalini benimsedi. Bu festivalde atletik ve müzikal etkinliklere ek olarak, Troya VI surlarının önünde yer alan şehrin agorasında ozanlar (*rhapsodoi*) *İlyada*'dan parçalar seslendirirdi (**RESİM 9, 11**).[37] Bu surlar şüphe yok ki Priamos'un içkalesinin bir kalıntısı gibi sunuluyor, Bouleuterion yakınında ve tiyatroya giden yoldaki kimi kısımları onarılarak seyircilere gösteriliyordu (**RESİM 12**). Aynı zamanda da, bu özdeşleştirmeyi desteklemek üzere, yerel rehberler Homeros destanının kahramanlarına ait mezarlar olduğuna inanılan çevredeki tümülüsler ile (**RESİM 13**) şeklen efsanevi Homerik Palladion'un taklidi olan tapınağın kült heykelini işaret edebilirdi (**RESİM 14**).[38]

Helenistik dönemin başlarında Koinon karargâhı olarak kullanılmak üzere yeni bir Athenaion yapıldı (**RESİM 9, 10, 15**). Kompleksin inşası için neredeyse 100 metrekareyi bulan kocaman bir teras yapılması gerekti; temenos'un doğu kenarı da muhtemelen 20 metre kadar uzatıldı. Platform doğu, güney ve batıda portiklerle çevrelenmişti, ama Çanakkale Boğazı ile Troya düzlüklerinin engin manzarasını kapatmamak için kuzey kenarı açık bırakıldı.[39]

Tapınak, yan cephelerinde on ikişer sütun bulunan heksastil ve peripteral bir yapı olup yaklaşık 50x100 Dorik kaide (16,3x32,6 metre) ebadındaydı. Teras dolgusunda yapılan kazılar, inşaatın en erken MÖ 240'tan sonra başladığına işaret ediyor. Aşağı Şehir'in tamamını kuşatan ve geç tunç çağı hendeği ile aşağı yukarı aynı doğrultuyu takip eden şehir surunun inşaatı için de aynı tarihlendirme geçerlidir (**RESİM 9**).[40] Bir başka deyişle, Athena Tapınağı ile şehir surları aynı büyük inşaat programının birer parçası gibi görünüyor, tıpkı geç tunç çağındaki içkale duvarları ile savunma hendeği örneğinde olduğu gibi.

---

36 Bellinger 1961; Rose 2003, muhtelif yerlerde; Verkinderen 1987.
37 Preuner 1926; Rose 2003, s. 61; Palladion için bkz. Mannsperger ve Mannsperger 2002; Atina'daki Panathenaea için bkz. Shapiro 1992.
38 Rose 2000, s. 65-6.
39 Rose 2003; Goethert ve Schleif 1962.
40 Tekkök 2000.

RESİM 11 İlion'daki agoranın batı yönüne doğru havadan görünümü, Odeion'un arkasında yeniden yapılmış geç tunç çağı surları (Troya VI) görülüyor. Kaynak: Troya Projesi.

RESİM 12 Troya'nın Kuzeydoğu Burcu. Sağdaki basamaklar arkaik, soldaki istinat duvarı Helenistik dönemden, ikisinin arasındaki açılı duvar ise geç tunç çağından kalmadır. Kaynak: B. Rose'un fotoğrafı.

RESİM 13 İlkçağda Akhilleus'un mezarı olarak görülen Sivritepe. Kaynak: Troya Projesi.

RESİM 14 Üzerinde Athena'nın kült heykelinin sureti bulunan İlion parası. Kaynak: Dörpfeld 1902'ye dayanarak.

RESİM 15 Athena İlias Tapınağı'nın sunak ve kuyu ile birlikte rekonstrüksiyonu. Kaynak: E. Riorden.

RESİM 16 Helios rölyefli metop. Kaynak: Goethert ve Schleif 1962'ye dayanarak.

RESİM 17 Atina'daki Propylaion'da geç tunç çağı surunun kalıntıları. Kaynak: Hurwit 1999'a dayanarak.

RESİM 18 Athenaion'un kuyusuna giden yeraltı geçidi, güneye bakarken. Kaynak: Troya Projesi.

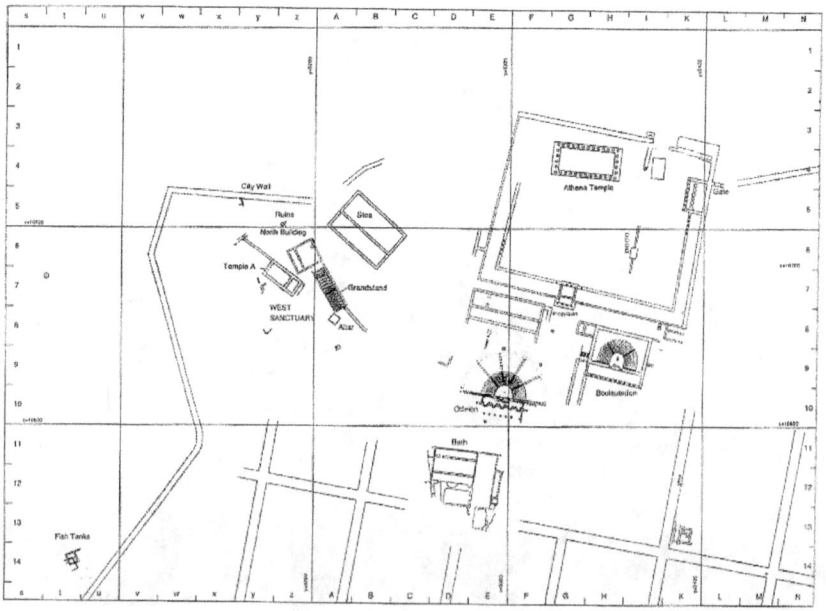

RESİM 19 Troya IX'un planı (Roma dönemi). Kaynak: E. Riorden.

Bu inşaat programının sponsoru olması en muhtemel kişi II. Selevkos'un küçük kardeşi Antiokhos Hieraks'tır.[41] MÖ 241 ve 228 yılları arasında Troas, Hieraks'ın krallığının siyasi ve mali merkezi olarak işlev gördü. Hieraks, kuzey Troas şehirlerini birbirine bağlayan esas birliğin, merkezi İlion'da bulunan Athena İlias Koinonu olduğunun farkındaydı. Hieraks'ın Koinon'un tapınağını genişletmekteki niyeti bu ittifakı güçlendirmek olabilir, ama bu eylem aynı zamanda kendi yeni krallığı ile Homerik gelenek arasında daha güçlü bir bağ da kurmuştu; nitekim bölgenin daha sonraki hükümdarları da bu bağdan yararlanmaya çalışacaktı.

Tapınağın en sık sözü edilen unsuru hep yontu süslemeleri olagelmiştir. Bunun temel sebebi Helenistik dönemde oyma metopların çok nadir oluşudur. Metop süslemeleri dört farklı temayı içermektedir: Devler Savaşı (Gigantomakhia), kentaurlar ile Lapithler arasındaki savaş (Kentauromakhia), Amazonlar ile Yunanlılar arasındaki savaş (Amazonomakhia) ve bir İliouepersis ("Troya'nın Yağmalanması"), yani Yunanlılar ile Troyalılar arasındaki savaş.[42] Bunların pek çoğu Schliemann tarafından gün yüzüne çıkarıldığında oldukça parçalanmış durumdaydı, ama tapınağın kuzey kenarının doğu ucunda yer alan Helios metopu hâlâ bütün haldedir (**RESİM 16**). Aynı temalar Parthenon'da da kullanıldığından, tapınak tasarlanırken Troas Koinonu'nun Atina'yı örnek almadığına inanmak güçtür. Helenistik dönemin başlarında kurulduğu andan itibaren Troas Koinonu kendisini Atina modeli üzerinden tanımlamış, Panathenaea gösterilerini kendi öz şenliği ve kamusal kimliğinin başlıca göstergesi olarak benimsemişti.

İlion'un kadim içkalesi kısmen de olsa Atina akropolisine artık gerçekten benziyordu ve bu iki yer birçok bakımdan birbiriyle kıyaslanabilir durumdaydı. Her ikisi de geç tunç çağı boyunca heybetli taş duvarlara sahip müstahkem içkaleler olarak varlıklarını sürdürmüş ve daha sonra Athena'ya adanmış kutsal alanlar olarak yeniden düzenlenmişlerdi. Ziyaretçiler her iki akropolisin giriş yerlerinde kullanılan tasarım stratejilerinden herhalde çok etkileniyordu. İlion Athenaionu'nun propylaion'una giden rampayı çıkarken, ziyaretçi görkemli geç tunç çağı surlarının yanından geçerdi (**RESİM 12**). Bir tunç çağı içkale duvarının kalıntılarına yaslanarak onlardan seyirlik unsur olarak yararlanan Atina akropolisindeki Propylaion'da da benzer bir durum söz konusuydu (**RESİM 17**).[43] Her iki tasarım da şehrin şanlı geçmişinin reklamını yapıyor, bu reklamın meşru olduğuna dair kanıtı da sunu-

---

41 Aylward ve Wallrodt 2003; Rose 2003, s. 37, 42-3; Tekkök 2000; Aylward 1999, s. 174-6; Berlin 1999, s. 146; Boehringer 1993.
42 Rose 2003; Webb 1996, s. 47-51; Schmidt-Dounas 1991; Ridgway 1990, s. 150-4 (3. yüzyıl başları); Holden 1964; Goethert ve Schleif 1962.
43 Hurwit 1999, s. 75-6, 158-9, 194.

yordu.⁴⁴ İlion'da bu strateji daha da ileri götürülerek, akropolisin ana girişi geç tunç çağı içkalesinin güney kapısının tam üstüne inşa edilmişti.⁴⁵

İlion Tapınağı'nda bir de, alanın Homerik referanslarını etkili biçimde güçlendirip somutlaştıran bir ritüel icra edilmekteydi. Söz konusu âdet, en azından kamusal şekliyle, Orta Yunanistan'daki Lokris yöresini de işin içine katan bir anma eylemiydi: Her yıl Lokris'ten İlion'a Athena İlias'a hizmet etmek üzere iki aristokrat bakire kız gönderilir, böylece Lokrisliler Troya Savaşı sırasında Athena Tapınağı'nda Kassandra'ya tecavüz eden efsanevi ataları Aias'ın suçunun kefaretini ödemiş olurlardı. İki bakirenin temel görevi Athena Tapınağı'nı temizlemekti ve eğer kutsal alanın sınırları dışında bulunacak olurlarsa İlionlular tarafından saldırıya uğrayabilir, hatta öldürülebilirlerdi.⁴⁶

Genişletilmiş Athena temenos'unda, kapalı alanın kuzey kenarından tapınağın merkezi ekseni üzerinde yer alan kuyuya giden bir yeraltı tüneli bulunmaktaydı (**RESİM 15, 18**). Başka hiçbir antik tapınakta benzerini görmediğimiz bu tasarım unsuru muhtemelen Lokrisli bakireler geleneğini vurgulama amacı taşımaktadır, çünkü kurallara göre bakirelerin kült heykelinin huzurunda açıkta dolaşması yasaktı. Pratikte bu âdet biraz Atina akropolisindeki *arrhephoroi* geleneğine benziyor olabilir, gerçi Atina'daki kızların Athena'nın kült heykelinin çevresinde görünmemek gibi bir mecburiyetleri yoktu.⁴⁷

Yukarıda bahsi geçen kanıtlar Helenistik dönem içkalesi ile onun ritüellerinde halen incelenip anlaşılmaya muhtaç pek çok şeyin olduğunu gösteriyor ki aynı durum içkalenin yakın çevresi için de geçerlidir (**RESİM 9**): Güneybatıda, başlangıçta adandığı yerel tanrıça sonradan başka bileşenlerle birlikte Kybele'ye dönüşen Batı Kutsal Alanı vardı; güneydoğuda Bouleuterion, kuzeydoğuda ise tiyatro yer alıyor ve bu ikisi Panathenaea şenliği sırasında Athena Tapınağı ile birlikte kullanılıyordu.⁴⁸

Helenistik dönem şehrinin kalan kısmının ne şekilde düzenlendiğini anlamak çok daha güçtür. Aşağı Şehir'deki konut alanının yüzde ikiden az bir kısmında kazı

---

44 MÖ 5. yüzyılda Troya'nın Atina propagandasına dahil edildiğine ilişkin başka kanıtlar da bulunmaktadır; Erechtheus oğlu Akamas'ın yaptıkları ile İon soyunun şeceresine dair bilgiler, Atina'nın Troas ve İonya'daki siyasi ve askeri varlığına meşruiyet sağlama amacıyla bu dönemde revize edilmişti (Erskine 2001, s. 107-8).

45 Korfmann 2003, s. 14-7.

46 Huxley 1966, s. 147-64; Walbank 1979, s. 335-6 (Polybios 12.5.7 hakkındaki yorumları); Hughes 1991, s. 166-84.

47 Robertson 1983.

48 Batı Kutsal Alanı için bkz. Rose 1998, s. 76-92; Bouleuterion için bkz. Rose 1999, s. 46-9; tiyatro için bkz. Rose 1991.

yapılmıştır ve Helenistik dönem evlerinden devşirilen taşların Roma dönemi binalarında sıklıkla yeniden kullanılmış olması nedeniyle arkeolojik kalıntılar arasında bu evlerin izine çoğu zaman rastlanmaz.[49] Öyle görülüyor ki bu dönemde şehir esas olarak Troas Koinonu'nun dini ve idari merkeziydi ve yoğun bir nüfusa sahip değildi. Bunun sonucunda da, muhtemelen Aşağı Şehir'de Athena Tapınağı'nın görünmesini engelleyecek pek az bina bulunmaktaydı (RESİM 10).

Komşularının birçoğu gibi, İlion da Mithradates Savaşları zamanında, özellikle de Gaius Flavius Fimbria'nın MÖ 85'teki taarruzu sırasında hasar gördü.[50] Strabon, Fimbria'nın şehri alana kadar on bir gün boyunca hücum ettiğini ve şehrin bu saldırı yüzünden önceki sefil ve yoksul haline döndüğünü belirtir.[51] MS 2. yüzyılda yazan Appianos ise, Fimbria'nın tapınak da dahil olmak üzere bütün şehri yakıp surları yıktığını, ayakta kalan tek bir ev veya heykel bile bırakmadığını yazar.[52] Ondan önce Livius da aynı noktayı vurgulamış, ancak Palladion'un mucizevi bir şekilde ayakta kaldığını iddia etmişti. Augustinus'un tek söylediği ise Fimbria'nın şehri dev bir yangın yerine çevirdiği olmuştu.[53]

Bu tarihsel anlatıların çoğunu okurken, Homerik Troya'nın yakılıp yıkılmasının ilkçağ edebiyatının en önde gelen motiflerinden biri olduğunu ve İlion'a yapılan sonraki saldırılara dair anlatıları önemli ölçüde etkilediğini akılda tutmakta fayda var. Homerik şehir ile tarihsel şehir arasındaki bağı güçlendirmek amacıyla gerçekte meydana gelen yıkım abartılmıştır.[54] Augustinus'un Fimbria'nın Troya'ya saldırısını anlatırken Homerik Troya Savaşı ile Mithradates Savaşları'nı sürekli karşılaştırmasında olduğu kadar, Fimbria'yı Agamemnon'a benzeten Appianos'un anlatısında da bunu görmekteyiz. Gün yüzüne çıkardığımız kanıtlar ise yalnızca Batı Kutsal Alanı'nda yıkım olduğuna işaret ediyor; ne var ki bundan sonraki otuz yıl, İlion da dahil olmak üzere Batı Anadolu'nun büyük bir kısmı için bir ekonomik çöküntü dönemi olmuştu.[55]

---

49 Jablonka ve Rose 2004.
50 Rose 2003, s. 43-5, 63.
51 Strabon 13.1.27.
52 Appianos 12.53.
53 Augustinus, *De Civ. Dei* III.7.
54 Fimbria'dan sonraki dönemde Julius Caesar'ın İlion'a gerçekleştirdiği ziyareti anlatan Lucanus da aynı abartma eğiliminden nasibini almıştır (Pharsalia 9.964-79, 999). Çanakkale Savaşı sırasında bile, İngiliz askerleri Çanakkale Boğazı'na giderken *İlyada*'yı okuyorlardı (Wood 1998, s. 34-5).
55 Frisch 1975, no. 10.

İlion tarihinin bir sonraki dönemine, ortak kahramanları Aineias nedeniyle şehrin Romalıların anayurdu olarak kabul edilmesi damga vurmuştur. İlk olarak MÖ 3. yüzyılda işlenmeye başlayan Roma ile Troya arasındaki bu nesep bağı, şehre bol miktarda ekonomik yardım akmasını sağladı.[56] Sırf MS 1. yüzyılda yapılanlar arasında, yeni bir odeionun inşa edilmesi, agoranın taşla döşenmesi ve tiyatronun onarılması vardı; nihayet, muhtemelen Vespasianus zamanında, Batı Kutsal Alanı da yeniden yapıldı; gerçi duvarlarla çevrili sunak alanları gömülmüş ve sadece bir tapınak ile bir sunak yeniden yapılmıştı (**RESİM 19**).[57]

Hadrianus doğu seyahati sırasında MS 124'te geldiği Troya'da Aias'ın mezarını restore ettirdi; üzerinde bu imparatorun zırhlı bir heykeli bulunan Odeion'un yeniden şekillendirilen sahne yapısı da ona adanmış olabilir (**RESİM 20**).[58] Kimi Homeros destanı kahramanları bu dönemde şehrin sikkelerinde yer almaya başladı (**RESİM 21**); bu sikkeler muhtemelen günümüzde Troya'da satılan hediyeliklerden farksız olarak şehirde bulunabilecek başlıca hatıra eşyalarını oluşturuyordu.[59]

Roma dönemindeki inşa faaliyetleri içkale ve çevresine yoğunlaşmış olsa da, Aşağı Şehir'deki büyük konut bölgesinde de kayda değer miktarda inşaat yapılmaktaydı. Manyetik incelemeler bu bölgenin Agora'dan güney suruna kadar yaklaşık 400 metrelik bir mesafeyi kapladığını ve MS 2. ve 3. yüzyıllarda buradaki ev sayısının çarpıcı ölçüde arttığını ortaya koymuştur (**RESİM 22**).[60]

Evlerin pek çoğu, özellikle de Çanakkale Boğazı'na yakın olanlar, yer mozaikleri ve boyalı tavanları olan, itinayla süslenmiş konutlardı ve Severus hanedanı döneminde bunlara yaklaşık 5 metre eninde taş döşeli geniş sokaklardan oluşan bir ağ eklendi (**RESİM 22, 23**).[61] Şehre kuzeyden yaklaşırken içkale/akropolis hâlâ ufukta göze çarpan en dikkat çekici unsurdu, ancak batı, doğu ve güneydeki yoğun yapılaşma yüzünden tapınak alanı Roma öncesi dönemdeki gibi şehir merkezinden görülemiyordu artık.

---

56 Sage 2000, s. 213-4; Rose 2002.
57 Odeion için bkz. Rose 1994, s. 88-93; Rose 1998, s. 92-7; Bouleuterion için bkz. Rose 1999, s. 46-9; Rose 2000, s. 58-61; Batı Kutsal Alanı için bkz. Lawall 2003. Batı Kutsal Alanı'nda Roma döneminde yapılan yeni inşaat daha önceki yayınlarda genellikle Augustus veya Julio-Claudian hanedanı dönemine tarihlendirilirdi, ancak Tekkök seramikler üzerinde yapılan yeni değerlendirmelere dayanarak, inşaatı artık Flavius hanedanı döneminin başlarına tarihlendirmekten yanadır. Odeion ve Bouleuterion ise, Aylward'ın İlion Agorası hakkında yakında çıkacak olan kitabında ayrıntılı olarak ele alınacaktır.
58 Philostratus *Heroicus* 8.1; Rose 1994, s. 88-93; Rose 1998, s. 92-7.
59 Bellinger 1961; Rose 1993, s. 104-5; Mannsperger 2001.
60 Blindow vd 2000; Jansen 2006.
61 Rose 1994, s. 93-4; Rose 1999, s. 53-4.

Erken Hıristiyanlık döneminde de tapınak kullanılmaya devam etti ve en azından kimi imparatorların zaman zaman İlion'u ziyaret ettikleri oldu. Konstantinos'un 4. yüzyılın başlarında buraya geldiği ve başkentini ya buraya ya da Alexandria Troas'a taşımayı düşündüğü rivayet edilir. Müstakbel imparator Iulianus ise bizzat MS 354'te İlion'a gelişini anlatan bir mektup kaleme almıştır; bu mektuptan öğrendiğimize göre, açık havada kendisine mahsus bir alanda duran Akhilleus'un tunç heykeli gibi Hektor'un heroon'u da o vakitte hâlâ yerindeymiş.[62] Tapınağın daha sonra kiliseye çevrildiğine veya akropoliste herhangi bir kilise yapıldığına dair hiçbir kanıt bulunmamaktadır.

5. yüzyılın ikinci yarısında ise işler ciddi şekilde değişti: Agora mezarlık olarak kullanılmaya başlarken, Aşağı Şehir'in konut alanında giderek daha fazla dükkân peyda oldu.[63] Burada iskân MS 500 civarında meydana gelen bir dizi yıkıcı depremin ardından sona ermişe benziyor; depremler işe yarar durumdaki su yollarını hızla bataklığa çevirince sıtma ve hıyarcıklı vebaya da davetiye çıkarmış oldu.[64]

Tıpkı geç tunç çağındaki gibi, şehrin kalan sakinleri bir kez daha akropolise sığındılar. Şehrin kuzeydoğu kapısı düşmüş mimari elemanlardan oluşan bir duvarla tamamen kapatılırken, sağ kalan İlionlular akropolisin güney kenarında devşirme mimari parçalar kullanarak sert harçla ördükleri yeni bir savunma duvarı meydana getirdiler (**RESİM 24**). Bunların ikisi de yeni bir güvenlik sisteminin parçaları gibi görünmektedir ve bu yeni düzen uyarınca akropolisin yalnızca bir girişi açık kalabilirdi.[65]

Buradaki iskânın ne kadar sürdüğü net olarak bilinmiyor. Blegen akropolisin güney kenarında 6. yüzyıl sonlarından kalma birkaç sikke bulduysa da, bunlar sitte ele geçmiş erken dönem Bizans paralarının en geç tarihli olanlarıdır. Akropolisin deprem sonrası dönemde İlion'daki son faaliyet merkezi olması muhtemel gözüküyor.[66] Sonraki altı yüzyıl boyunca, yani ta MS 1200'e değin sitin iskân tarihinde

---

62 Zosimus 2.23.1; Sozomenos 2.3.2; Iulianus, *Mektuplar* 19; Sage 2000.

63 Rose 1993, s. 110.

64 Rose 1997, s. 98-101; Allen 1979; Little 2007.

65 Rose 1997, s. 99-100; Rose 2003, s. 64-5.

66 Aşağı Şehir'in merkezinde, H17'de Iustinianos'a (MS 527-65) ait iki sikke (C55, 58); Bouleuterion'un bloklarından birinin altında da göründüğü kadarıyla yine Iustinianos'a ait olan bir nummus (C143) bulunmuştur (Rose 1992, s. 53). Mavrikios, II. Tiberios, Iustinos ve Herakleios'un sikkeleri Bellinger'ın Troya sikkeleri üzerine yazdığı monografide kataloglanmamışsa da, Blegen'in sikke envanterinde yer almaktadır: s. 12, no. 144 (Iustinos); no. 146 (Mavrikios); no. 152 (II. Tiberios); s. 18, no. 224 (Herakleios).

RESİM 20 İlion'un onarılmış Roma dönemi Odeion'u, güneye bakarken. Kaynak: Troya Projesi.

RESİM 21 Hektor'u Yunan gemilerine yanan ok atarken gösteren İlion baskısı sikke. Kaynak: Troya Projesi.

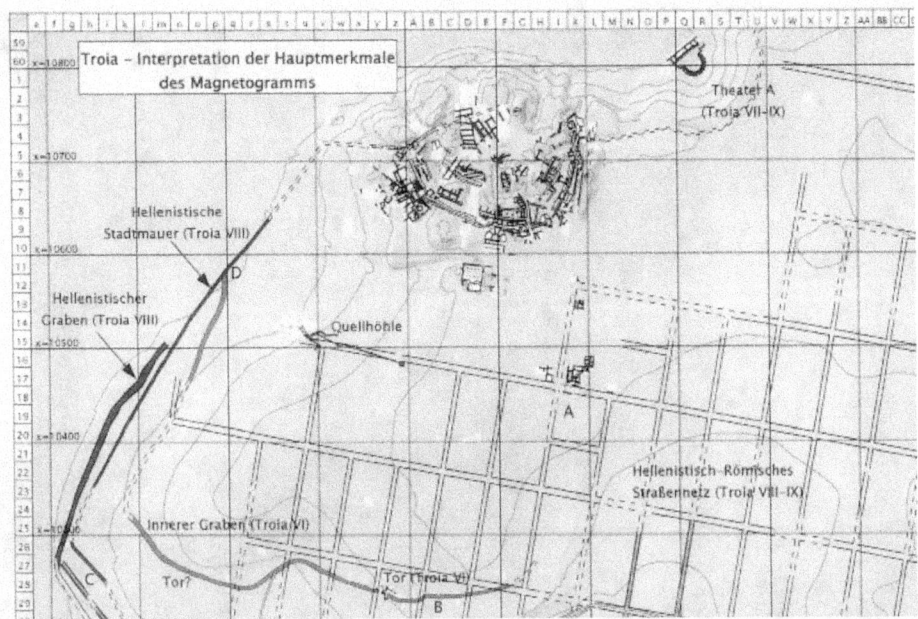

RESİM 22 İlion Aşağı Şehir'inin Roma döneminde yenilenen planı, manyetik incelemelere dayanarak. Kaynak: Troya Projesi.

görülen kopukluk ancak İznik İmparatorluğu'nun kurulmasıyla sona ermiştir.[67] İçkalenin yerleşmenin ana çekirdeğini teşkil etmediği ilk dönem buydu, ama bu ancak Aşağı Şehir'in kuzeybatı köşesindeki Pınar Mağarası'nın başlıca su kaynağı olarak şehir sakinlerinin ihtiyacını karşılaması sayesinde mümkün olabilmişti.[68]

Halbuki böylesi bir süreksizlik Troya'nın yaklaşık beş binyıllık yerleşim tarihinde ciddi bir anomali teşkil ediyordu. Erken tunç çağından geç Roma dönemine kadar, şehir ve içkale, Troas'ta cari olan siyasi ve dini şartlardan bağımsız olarak, tek bir tasarım düzeninin iki bileşeni olarak görülmüştür. Şehrin terk edilmesinden sonra bile içkale, şehir etrafında sürekli olarak örülegelmiş efsanelerin bir andacı olarak işlev görmüştür. 1462'de Fatih Sultan Mehmed akrabaları olarak gördüğü Troyalılara saygılarını sunmak istediğinde geldiği yer muhtemelen harabe halindeki içkale olmuştu. Rivayete göre, o vesileyle yaptığı konuşmada Konstantinopolis'te kazandığı zafer sayesinde 2600 yıl önce Yunanlılara yenilen Troyalıların intikamını aldığının altını çizmişti.[69] Onun kurduğu bu bağ, bu şehir özelinde hafızanın

---

67 Kiesewetter 1999, Böhlendorf 1997.
68 Rose 1998, s. 102-3; 1999, s. 55-61; 2000, s. 61-5; Korfmann 2002, s. 20-3.
69 Kritovulos 1.11.5; Sage 2000, s. 211-3.

RESİM 23 D20 plan-karesindeki Roma evinde bulunan MS 4. yüzyıl sonlarından kalma mozaik. Kaynak: Troya Projesi.

RESİM 24 İlion akropolisinin L4 plan-karesinde bulunan kapatılmış girişi, geç Roma döneminden kalma deprem enkazıyla çevrelenmiş durumda. Kaynak: Troya Projesi.

gücünü gösterdiği kadar, içkalenin bu hafızanın lokomotifi olarak oynadığı rolü de özlü biçimde ortaya koymaktadır.

Kaynakça

Allen, P. (1979) "The 'Justinianic' Plague," *Byzantion* 49: 5-20.

Antonaccio, C.M. (1995) *An Archaeology of Ancestors: Tomb Cult and Hero Cult in Early Greece*. Londra: Rowman & Littlefield.

Arslan, N. ve Sevinç, N. (2003) "Die eisenzeitlichen Gräber von Tenedos," *Istanbuler Mitteilungen* 53: 223-50.

Aslan, C.C. (2002) "Ilion before Alexander: Protogeometric, Geometric and Archaic pottery from D9," *Studia Troica* 12: 81-129.

_____ (2009a) "End or beginning? The Late Bronze Age to Early Iron Age transition at Troia," *Forces of Transformation: The End of the Bronze Age in the Eastern Mediterranean* (Themes from the Ancient Near East, Banea Publication Series Volume 1) içinde, der. C. Bachhuber ve R.G. Roberts, s. 144-51. Oxford: Oxbow.

_____ (2009b) "New evidence for a destruction at Troia in the mid-7th century B.C.," *Studia Troica* 18: 33-58.

_____ (2009c) "Swan imagery at the West Sanctuary at Troia," *Studies on Mediterranean Archaeology (SOMA) 2007: Proceedings of the XI Symposium on Mediterranean Archaeology, Istanbul Technical University 24-29 April 2007* (BAR series 1900) içinde, der. C.O. Aygun, s. 54-60. Oxford: Archaeopress.

_____ (2011) "A place of burning: Hero or Ancestor Cult at Troy," *Hesperia* 80: 381-429.

Aylward, W. (1999) "Studies in Hellenistic Ilion: The houses in the Lower City," *Studia Troica* 9: 159-87.

Aylward, W. ve Wallrodt, J. (2003) "The other walls of Troia: A revised trace for Ilion's Hellenistic fortifications," *Studia Troica* 13: 89-112.

Basedow, M. (2007) "Troy Without Homer: The Bronze Age-Iron Age Transition in the Troad," *EPOS: Reconsidering Greek Epic and Aegean Bronze Age Archaeology* (Aegaeum 28) içinde, der. S. Morris ve R. Laffineur, s. 49-58. Liège: Université de Liège ve University of Texas at Austin.

_____ (2009) "The Iron Age Transition at Troy," *Forces of Transformation: The End of the Bronze Age in the Eastern Mediterranean* (Themes from the Ancient Near East, Banea Publication Series 1) içinde, der. C. Bachhuber ve R.G. Roberts, s. 131-42. Oxford: Oxbow.

Becks, R. (2005) "Die nördliche Burgmauer von Troia VI," *Studia Troica* 15: 99-120.

_____ (2006) *Die Unterstadt von Troia VII/VII im 2. Jahrtausend v. Chr., unter besonderer Berücksichtigung des westlichen Unterstadtviertels: Stratigraphie, Architektur, Befunde und Funde*. Yayımlanmamış doktora tezi. Tübingen Üniversitesi.

Becks, R. Hnila, P. ve Pieniążek-Sikora, M. (2006) "Troia in der frühen Eisenzeit: Troia VIIb1-VIIb3," *Troia: Archäologie eines Siedlungshügels und seiner Landschaft* içinde, der. M. Korfmann, s. 181-8. Mainz: Philipp von Zabern.

Bellinger, A.R. (1961) *Troy: The Coins* (Troy Supplement 2). Princeton: Princeton University Press.

Berlin, A.M. (1999) "Studies in Hellenistic Ilion: The Lower City, stratified assemblages and chronology," *Studia Troica* 9: 73-157.

_____ (2002) "Ilion before Alexander: A fourth century B.C. ritual deposit," *Studia Troica* 12: 131-66.

Bernard, P. (1964) "Céramiques de la première moitié du VIIe siècle à Thasos," *Bulletin de Correspondance Hellénique* 88: 77-146.

Beschi, L. (2003a) "Il primitivo telesterio des Cabirio di Lemno (Campagne di Scava 1990-1991)," *Annuario della Scuola archeologica di Atene e delle missioni italiane in Oriente* 81: 963-1022.

_____ (2003b) "Ceramiche arcaiche di Lemno: Alcuni problemi," *Annuario della Scuola archeologica di Atene e delle missioni italiane in Oriente* 81: 303-49.

Bieg, G. ve Aslan, R. (2006) "Eine Quellhöhle in Spratt's Plateau (Subaşı Tepe) – Wo lag Sigeion?" *Studia Troica* 16: 133-46.

Blegen, C. (1937) "Excavations at Troy, 1937," *American Journal of Archaeology* 42: 553-97.

Blegen, C.W., Caskey, J.L. ve Rawson, M. (1953) *Troy, Volume III: The Sixth Settlement*. Princeton: Princeton University Press.

Blegen, C., Boutler, C.G., Caskey, J.L. ve Rawson, M. (1958) *Troy IV: Settlements VIIa, VIIb and VIII*. Princeton: Princeton University Press.

Blindow, N., Jansen, H.G. ve Schröer, K. (2000) "Geophysikalische Prospektion 1998/99 in der Unterstadt von Troia," *Studia Troica* 10: 123-33.

Blinkenberg, C. (1912) *La chronique du temple lindien*. Kopenhag: Bulletin de l'Académie Royale des Sciences et des Lettres de Danemark.

Böhlendorf, B. (1997) "Ein byzantinisches Gräberfeld in Troia/Ilion," *Studia Troica* 7: 263-73.

Boehringer, C. (1993) "Antiochos Hierax am Hellespont," *Essays in Honor of Robert Carson and Kenneth Jenkins* içinde, der. M. Price, A. Burnett ve R. Bland, s. 37-47. Londra: Spink.

Bryce, T. (2006) *The Trojans and Their Neighbours*. New York: Routledge.

Catling, R. (1998) "The typology of the Protogeometric and Sub-Protogeometric pottery from Troia and its Aegean context," *Studia Troica* 8: 151-87.

Coldstream, J.N. (1976) "Hero-cults in the age of Homer," *Journal of the Hellenic Society* 96: 8-17.

Danile, L. (2008) "La cultura materiale tra la fine dell'età del Bronzo e gli inizi dell'età del Ferro," *Hephaestia 2000-2006* içinde, der. E. Greco ve E. Papi, s. 39-54. Atina: Scuola Archeologica Italiana di Athene.

_____ (2011) *Le Ceramica Griga di Efestia Dagli Inizi Dell'età del Ferro All'età alto-Archica. Lemno, 2. Scavi ad Efestia 1. Monografie della Scuola Archeologica di Athene e Delle Missioni Italiane in Oriente XX, 2/1*. Atina: Scuola Archeologica di Athene.

Deoudi, M. (1999) *Heroenkulte in Homerischer Zeit* (BAR International Series 806). Oxford: Archaeopress.

De Polignac, F. (1995) *Cults, Territory and the Origins of the Greek City-State*. İng. çev. J. Lloyd. Chicago: University of Chicago Press.

Dörpfeld, W. (1902) *Troja und Ilion: Ergebnisse der Ausgrabungen in den vorhistorischen und historischen Schichten von Ilion, 1870-1894*. Atina: Beck ve Barth.

Easton, D.F., Hawkins, J.D., Sherratt, A.G. ve Sherratt, E.S. (2002) "Troy in recent perspective," *Anatolian Studies* 52: 75-109.

Erskine, A. (2001) *Troy Between Greece and Rome*. Oxford: Oxford University Press.

Fisher, S.M. (1996) "Troian 'G2/3 Ware' revisited," *Studia Troica* 6: 119-32.

Frisch, P. (1975) *Die Inschriften von Ilion* (Inschriften griechischer Städte aus Kleinasien 3). Bonn: Habelt.

Goethert, F. ve Schleif, H. (1962) *Der Athenatempel von Ilion* (Denkmäler antiker Architektur 10). Berlin: de Gruyter.

Graham, A.J. (1978) "The foundation of Thasos," *Bulletin of the School of Classical Studies at Athens* 73: 61-98.

Greco, E. (2003) "Hephaestia 2003," *Annuario della Scuola archeologica di Atene e delle missioni italiane in Oriente* 81: 1023-99.

_____ (2005) "Hephaestia 2005," *Annuario della Scuola archeologica di Atene e delle missioni italiane in Oriente* 83: 929-1000.

_____ (2006) "Hephaestia 2006," *Annuario della Scuola archeologica di Atene e delle missioni italiane in Oriente* 84: 963-1024.

Hägg, R. (1983) "Funerary meals in the geometric necropolis at Asine?", *The Greek Renaissance of the Eighth Century BC: Tradition and Innovation* içinde, der. R. Hägg, s. 189-94. Stockholm: Svenska Institutet i Athen.

Hertel, D. (2008a) *Das frühe Ilion: Die Besiedlung Troias durch die Griechen (1020-650/625 v. Chr.)*. Münih: C.H. Beck.

_____ (2008b) "Die frühe griechische Keramik in der Berliner Sammlung (1020-650/625 bzw. 600/550)," *Berliner Beiträge zur Vor- und Frühgeschichte, neue Folge Band 14* içinde, der. M. Wemhoff, D. Hertel ve A. Hansel, s. 93-174. Berlin: Staatliche Museen zu Berlin.

Higbie, C. (2001) "Homeric Athena in the Chronicle of Lindos," *Athena in the Classical World* içinde, der. S. Deacy ve A. Villing, s. 105-25. Leiden: Brill.

_____ (2003) *The Lindian Chronicle and the Greek Creation of their Past*. Oxford: Oxford University Press.

Hnila, P. (2009) *The Pottery of Troy VIIb: Chronology, Classification, Context and Implications of Trojan Ceramic Assemblages in the Late Bronze Age/Early Iron Age Transition.* Yayımlanmamış doktora tezi. Tübingen Üniversitesi.

Holden, B. (1964) *The Metopes of the Temple of Athena at Ilion.* Northampton: Smith College.

Hughes, D. (1991) *Human Sacrifice in Ancient Greece.* Londra, New York: Routledge.

Hurwit, J. (1999) *The Athenian Acropolis: History, Mythology, and Archaeology from the Neolithic Era to the Present.* New York: Cambridge University Press.

Huxley, G. (1966) "Troy VIII and the Lokrian Maidens," *Ancient Society and Institutions: Studies presented to Victor Ehrenberg on his 75th Birthday* içinde, s. 147-64. Oxford: Blackwell.

Ilieva, P. (2009) "'G 2-3 Ware' and the non-Greek populations on the North Aegean coast (Some preliminary notes on its distribution patterns and contextual characteristics)," *Greeks and Thracians in Coastal and Inland Thrace During the Years Before and After the Great Colonization: Proceedings of the International Symposium, Thasos, 26-27 September 2008* içinde, der. Z.I. Bonias ve J.Y. Perreault, s. 109-22. Thasos: [yayıncı bilinmiyor].

Jablonka, P. (2010) "Troy," *The Oxford Handbook of the Bronze Age Aegean (ca. 3000-1000 BC)* içinde, der. E.H. Cline, s. 849-61. Oxford, New York: Oxford University Press.

Jablonka, P. ve Pernicka, E. (2009) "Vorbericht zu den Arbeiten in Troia 2007 und 2008," *Studia Troia* 18: 3-32.

Jablonka, P. ve Rose, C.B. (2004) "Late Bronze Age Troy: A response to Frank Kolb," *American Journal of Archaeology* 108: 615-30.

Jansen, H.G. (2006) "Das unsichtbare Troia sichtbar gemacht: Chancen und Ergebnisse der Anwendung neuer Prospektionsmethoden," *Troia: Archäologie eines Siedlungshügels und seiner Landschaft* içinde, der. M. Korfmann, s. 309-16. Mainz: Phillip von Zabern.

Kayan, I. (1995) "The Troia Bay and supposed harbour sites in the Bronze Age," *Studia Troica* 5: 211-36.

Kayan, I., Öner, E., Uncu, L., Hocaoğlu, B. ve Vardar, S. (2003) "Geoarchaeological interpretations of the 'Troian' Bay," *Troia and the Troad: Scientific Approaches* içinde, der. G.A. Wagner, E. Pernicka ve H.-P. Uerpmann, s. 379-402. Heidelberg: Springer.

Kiesewetter, H. (1999) "Spätbyzantinische Gräber bei der Quellhöhle in der Unterstadt von Troia/Ilion," *Studia Troica* 9: 411-35.

Klinkott, M. (2004) "Die Wehrmauern von Troia VI: Bauaufnahme und Auswertung," *Studia Troica* 14: 33-85.

Klinkott, M. ve Becks, R. (2001) "Wehrmauern, Türme und Tore: Bauform und Konstruktion der troianischen Burgbefestigung in der VI. und VII. Siedlungsperiode," *Troia: Traum und Wirklichkeit* içinde, der. Archäologisches Landesmuseum Baden-Württemberg, s. 407-14. Stuttgart: Theiss Verlag.

Kolb, F. (2004) "Troy VI: A trading center and commercial city?" *American Journal of Archaeology* 108: 577-614.

Koppenhöfer, D. (1997) "Troia VII: Versuch einer Zusammenschau, einschießlich der Ergebnisse des Jahres 1995," *Studia Troica* 7: 295-354.

Korfmann, M. (1998) "Stelen vor den Toren Troias: Apaliunas, Apollon in Truisa, Wilusa?" *Light on Top of the Black Hill: Studies Presented to Halet Çambel* içinde, der. G. Arsebük, M. Mellink ve W. Schirmer, s. 471-88. İstanbul: Ege Yayınları.

_____ (2002) "Die Arbeiten in Troia/Wilusa 2001 – Work in Troia/Wilusa," *Studia Troica* 12: 1-33.

_____ (2003) "Die Arbeiten in Troia/Wilusa 2002 – Work in Troia/Wilusa," *Studia Troica* 13: 3-25.

Lamb, W. (1931-2) "Antissa," *Bulletin of the School of Classical Studies at Athens* 31: 41-67.

Lambrinoudakis, V.K. (1988) "Veneration of ancestors in Geometric Naxos," *Early Greek Cult Practice* içinde, der. R. Hägg, N. Marinatos ve G.C. Nordquist, s. 234-46. Stockholm: Åströms.

Latacz, J. (2004) *Troy and Homer:Towards a Solution of an Old Mystery*, İng. çev. K. Windle ve R. Ireland. Oxford: Oxford University Press.

Lawall, M.L. (2003) "Myth, politics, and mystery cult at Ilion," *Greek Mysteries: The Archaeology and Ritual of Ancient Greek Secret Cults* içinde, der. M. Cosmopoulos, s. 79-111. Londra: Routledge.

Leaf, W. (1923) *Strabo on the Troad*. Cambridge: Cambridge University Press.

Lemos, I. (2002) *The Protogeometric Aegean*. Oxford: Oxford University Press.

_____ (2008) Lefkandi-Xeropolis 2008 Season. Region II. http://lefkandi.classics.ox.ac.uk/2008regionII.html (23 Aralık 2010)

Lenz, D., Ruppenstein, F., Baumann, M. ve Catling, R. (1998) "Protogeometric pottery at Troia," *Studia Troica* 8: 189-222.

Little, L., der. (2007) *Plague and the End of Antiquity: The Pandemic of 541-750*. Cambridge: Cambridge University Press.

Mannsperger, D. (2001) "Mythen, Machtpolitik und Münzpropaganda," *Troia: Traum und Wirklichkeit* içinde, der. Archäologisches Landesmuseum Baden-Württemberg, s. 103-7. Stuttgart: Theiss Verlag.

Mannsperger, B. ve Mannsperger, D. (2002) "Die Ilias ist ein Heldenepos: Ilosgrab und Athena Ilias," *Mauerschau: Festschrift für Manfred Korfmann* içinde, der. R. Aslan, S. Blum, G. Kastl, F. Schweitzer ve D. Thumm, s. 1075-87. Remschalden-Grunbach: B.A. Greiner.

Messineo, G. (2001) *Efestia: Scavi Adriani 1928-1930* (Monografie della Scuola Archeologica di Athene e delle Missioni Italiane in Oriente XIII). Padova: Scuola Archeologica di Athene.

Moore, M.B. (1982) "The fill of the Temenos and the Terrace: Ceramics," *Samothrace: The Temenos* içinde, der. P.W. Lehman, P. Williams ve D. Spittle, s. 317-82. Princeton: Princeton University Press.

Morris, S.P. ve Laffineur, R., der. (2007) *Epos: Reconsidering Greek Epic and Aegean Bronze Age Archaeology* (Aegaeum 28). Leuven: Peeters.

Nora, P. (1989) "Between memory and history: Les lieux de mémoire," *Representations* 26: 7-24.

Preuner, E. (1926) "Panegyris des Athena Ilias," *Hermes* 61: 113-33.

Ridgway, B. (1990) *Hellenistic Sculpture I*. Madison: University of Wisconsin Press.

Robertson, N. (1983) "The riddle of the Arrhephoroi at Athens," *Harvard Studies in Classical Philology* 87: 241-88.

Rose, C.B. (1991) "The theater of Ilion," *Studia Troica* 1: 69-77.

_____ (1992) "The 1991 Post-Bronze Age excavations at Troy," *Studia Troica* 2: 43-60.

_____ (1993) "The 1992 Post-Bronze Age excavations at Troy," *Studia Troica* 3: 98-116.

_____ (1994) "The 1993 Post-Bronze Age excavations at Troy," *Studia Troica* 4: 75-104.

_____ (1995) "The 1994 Post-Bronze Age excavations at Troy," *Studia Troica* 5: 81-105.

_____ (1996) "The 1995 Post-Bronze Age excavations at Troy," *Studia Troica* 6: 97-102.

_____ (1997) "The 1996 Post-Bronze Age excavations at Troy," *Studia Troica* 7: 73-110.

_____ (1998) "The 1997 Post-Bronze Age excavations at Troy," *Studia Troica* 8: 71-113.

_____ (1999) "The 1998 Post-Bronze Age excavations at Troy," *Studia Troica* 9: 35-71.

_____ (2000) "Post-Bronze Age research at Troia, 1999," *Studia Troica* 10: 53-71.

_____ (2002) "Ilion in the Early Empire," *Patris und Imperium: Kulturelle und politische Identität in den Städten der römischen Provinzen Kleinasiens in der frühen Kaiserzeit, Proceedings of a Conference held in November 1998 at the University of Cologne, November, 1998* içinde, der. C. Berns, H. von Hesberg, L. Vandeput ve M. Waelkens, s. 33-47. Leuven: Peeters.

_____ (2003) "The Temple of Athena at Ilion," *Studia Troica* 13: 27-88.

_____ (2008) "Separating fact from fiction in the Aeolian Migration," *Hesperia* 77: 399-430.

Sage, M.M. (2000) "Roman visitors to Ilium in the Roman Imperial and Late Antique Period: The symbolic functions of a landscape," *Studia Troica* 10: 211-31.

Sapouna-Sakellaraki, E. (1998) "Geometric Kyme: The excavation at Viglatouri, Kyme, on Euboea," *Euboica: L'Eubea e la presenza euboica in Calcidica e in Occidente* içinde, der. M. Bats ve B. d'Agostino, s. 59-104. Napoli: Istituto Universitario Orientale.

Schäfer, T. (2008) Sigeion. http://www.klassarch.uni-tuebingen.de/forschung/sigeion.html (22 Aralık 2010).

Schmidt-Dounas, B. (1991) "Zur Datierung der Metopen des Athena-Tempels von Ilion," *Istanbuler Mitteilungen* 41: 363-415.

Shapiro, H.A. (1992) "Mousikoi Agones: Music and poetry at the Panathenaia," *Goddess and Polis: The Panathenaic Festival in Ancient Athens* içinde, der. H. Neils, s. 53-75. Princeton: Princeton University Press.

Shaya, J. (2005) "The Greek Temple as Museum: The case of the legendary treasure of Athena from Lindos," *American Journal of Archaeology* 109: 423-42.

Snodgrass, A. (1980) *Archaic Greece: The Age of Experiment.* Berkeley: University of California Press.

Tekkök, B. (2000) "The city wall of Ilion," *Studia Troica* 10: 85-96.

Verkinderen, F. (1987) "The honorary decree for Malousios of Gargara," *Tyche* 2: 247-69.

Walbank, F. (1979) *A Historical Commentary on Polybius II. Commentary on Books XIX-XL.* Oxford: Clarendon.

Webb, P. (1996) *Hellenistic Architectural Sculpture: Figural Motifs in Western Anatolia and the Aegean Islands.* Madison: University of Wisconsin Press.

Whitley, J. (1988) "Early states and hero cults: A re-appraisal," *Journal of the Hellenic Society* 108: 173-82.

_____ (1994) "The monuments that stood before Marathon: Tomb cult and hero cult in Archaic Attica," *American Journal of Archaeology* 98: 213-30.

Wood, M. (1998) *In Search of the Trojan War.* Berkeley: University of California Press.

Yeni Asur Emperyalizminin Görsel Temsilinde Bir Tema Olarak İçkaleli ve Surlarla Çevrili Şehir Motifi

MEHMET-ALİ ATAÇ

Yeni Asur şehri, büyük oranda askeri nitelikte bir yapılanmayı ruhban sınıfına ilişkin unsurlarla birleştiren nevi şahsına münhasır bir şehir tasarımıdır. Kabaca dikdörtgen biçimindeki şehir, aşağı şehre nispetle yüksek bir alanda bulunan içkale modeliyle şehir surlarıyla bütünleşmiş içkale modelinin kaynaşmasından oluşur (RESİM 1-3).[1] İçkaleye sadece aşağı şehirden erişim imkânı vardır.[2] Bu konfigürasyon, idari yapılarla tapınağın şehir merkezinin etrafında daha dağınık biçimde düzenlendiği Güney Mezopotamya veya Babil şehir geleneklerine yabancıdır.[3] Tapınak ve saraydan oluşan kentsel birimin ya merkezi ve yüksek bir konumda bulunması ya da şehir surlarının bir parçası olması olgusunu daha ziyade Kuzey Mezopotamya, Anadolu ve Suriye şehir planlamacılığında görmekteyiz.[4]

Başlıca örnekleri Nimrud (RESİM 1), Horsâbad (RESİM 2) ve Ninive (RESİM 3) başkentleri olan tipik Yeni Asur imparatorluk şehrinde, şehrin dış surlarına bitişik olan içkale, surların paralelinde akan nehre de yukarıdan bakar.[5] İçkale ile şehir

---

1 Planlanmış Yeni Asur şehirlerinin fiziksel özellikleri için bkz. van de Mieroop 2004, s. 91-3. Özellikle planlı Yeni Asur şehirlerinin en mükemmel iki örneği olan Kar Tukulti-Ninurta ile Horsâbad neredeyse tam birer kare biçimindeyken, Nimrud ile Ninive çok daha küçük olan ve daha eskiden kurulmuş başka şehirlerin üzerine bina edildikleri ve o şehirlerin unsurlarını devraldıkları için o kadar düzgün bir kare şekline sahip değildirler (van de Mieroop 2004, s. 91). Oppenheim'a göre (1977, s. 134), "[k]are, dikdörtgen ve daire biçimli şehirler genellikle yeni kurulmuş şehirlerdir; zira açık ki bu formlar ancak planlanmış şehirlerde olabilecek soyutlamaları temsil eder." Hem Kar Tukulti-Ninurta hem de Horsâbad yeni kurulmuş şehirlerdir.
2 Bunnens 1996, s. 125.
3 Oppenheim 1977, s. 130'a referans veren Bunnens 1996, s. 119-20.
4 Özellikle bkz. Oppenheim 1977, s. 130; Bunnens 1996, s. 120; van de Mieroop 2004, s. 93.
5 Bkz. Bunnens 1996, s. 114-7; Novák 1996, s. 343; Bunnens 1997, s. 175-82; 2002, s. 446.

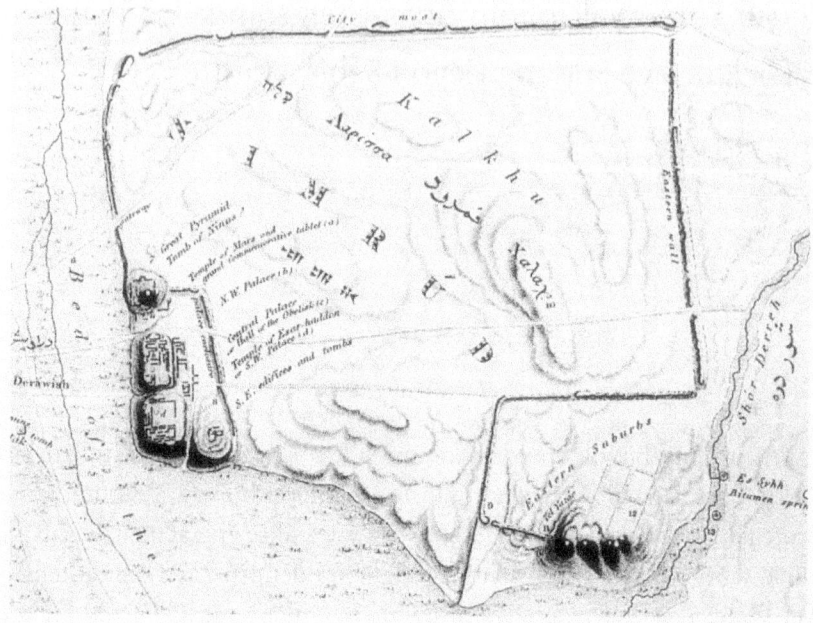

RESİM 1 Nimrud (antik Kalhu) şehir planı. "Felix Jones'un 1852'deki incelemesine dayanılarak yapılan planda, sol orta alanda içkale ve aşağıda sağda Şalmanezer Kalesi görülmektedir."
Kaynak: Curtis 1982'ye dayanarak.

surlarının çoğu kez taş temeller üzerinde yükselen kerpiçten yapılmış mazgallı duvarları,[6] dışarıya karşı Asurluların emperyal emellerini yansıtan gösterişli bir askeri imaj çizer. Boyut ve planları düşünüldüğünde, şehir surları şehir ile açık arazi arasında bir sınır çizgisi olmaktan öte, şehrin nasıl da kudretli olduğunun kentsel ve mimari bir ifadesiydi. Tanrıların koruması altında olduğuna inanılan giriş kapıları, ziyaretçileri etkileyip düşmanları uzak tutma amacını taşıyordu.[7]

Yeni Asur şehrinin esas itibarıyla askeri nitelikte oluşu, şehir surlarına bitişik, ama içkaleden çok daha küçük olan ikinci bir müstahkem birimin varlığından da anlaşılabilir: En iyi bilinen örneği, III. Şalmanezer'in (MÖ 858-824) Nimrud şehrinde yaptırdığı ve Akad dilinde *ekal mašarti* denen saray cephaneliğidir

---

6 Oates ve Oates'in (2004, s. 28) belirttiği gibi, Nimrud şehir surları "şehrin kara tarafındaki yüksek ve sağlam zeminli kısımlarında muhtemelen taş temellerden yoksun olarak yalnızca kerpiçten yapılmıştı; görünen o ki, yalnızca zeminin o kadar sağlam olmadığı, veya içkalenin batısında olduğu gibi, sur yüzeyinin suyun aşındırıcı etkisine maruz kaldığı yerlerde taş temeller kullanılmıştı."

7 Oppenheim 1997, s. 128. Şehir surlarının ilkçağ Mezopotamya'sında şehrin imgesini belirleyen temel unsur oluşlarına dair bkz. van de Mieroop 2004, s. 73-6.

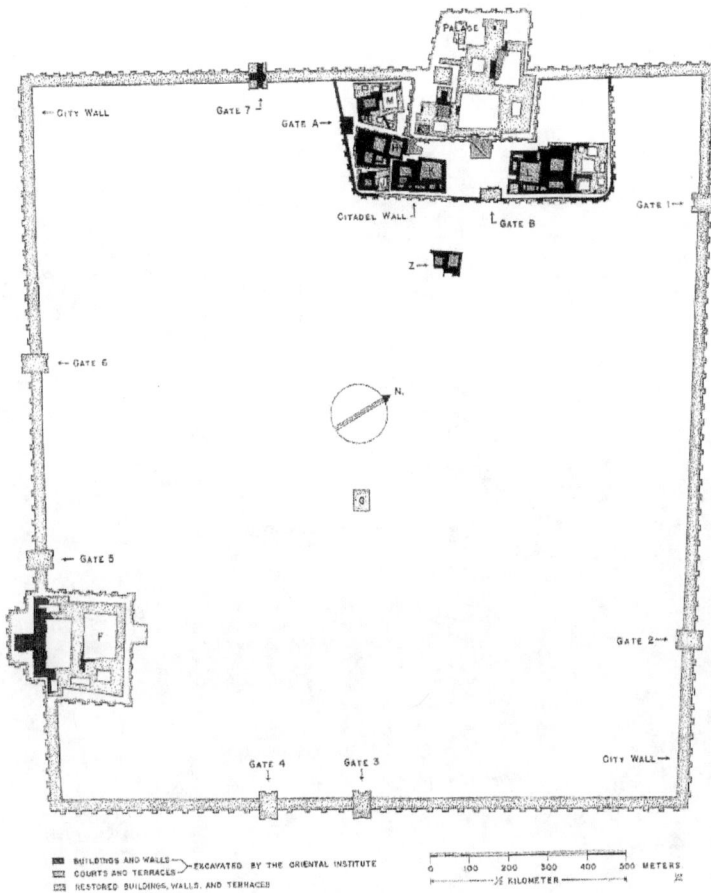

RESİM 2 Horsâbad (antik Dur Şarrukin) şehir planı, "Şarkiyat Enstitüsü kazılarının tamamlanmasından sonra." Kaynak: Loud ve Altman 1938'e dayanarak.

(**RESİM 1**).[8] Askeri imgeler ayrıca Yeni Asur saraylarının iç mekânlarını süsleyen ortostat kabartma panellerin de başlıca konusudur (**RESİM 4**). Ben bu makalede, hem Yeni Asur başkentinin hem de saray rölyeflerinin esas itibarıyla askeri nitelikte oluşunun, MÖ 18. yüzyılda Kuzey Mezopotamya'da I. Şamşi-Adad (MÖ 1808 civarı-1776) krallığının kurulmasından itibaren geniş Asur devletinin özünü

---

8   Mallowan 1966, s. 377-83. Bu binanın *ekal mašarti* olduğunun saptanması ve işlevlerine dair bir tartışma için bkz. Oates ve Oates 2004, s. 144. Müstahkem Yeni Asur başkentlerindeki bu ikinci müstahkem birim için ayrıca bkz. Barnett 1976, s. 2; van de Mieroop 2004, s. 91-2; Novák 1997, s. 178; 2002, s. 446.

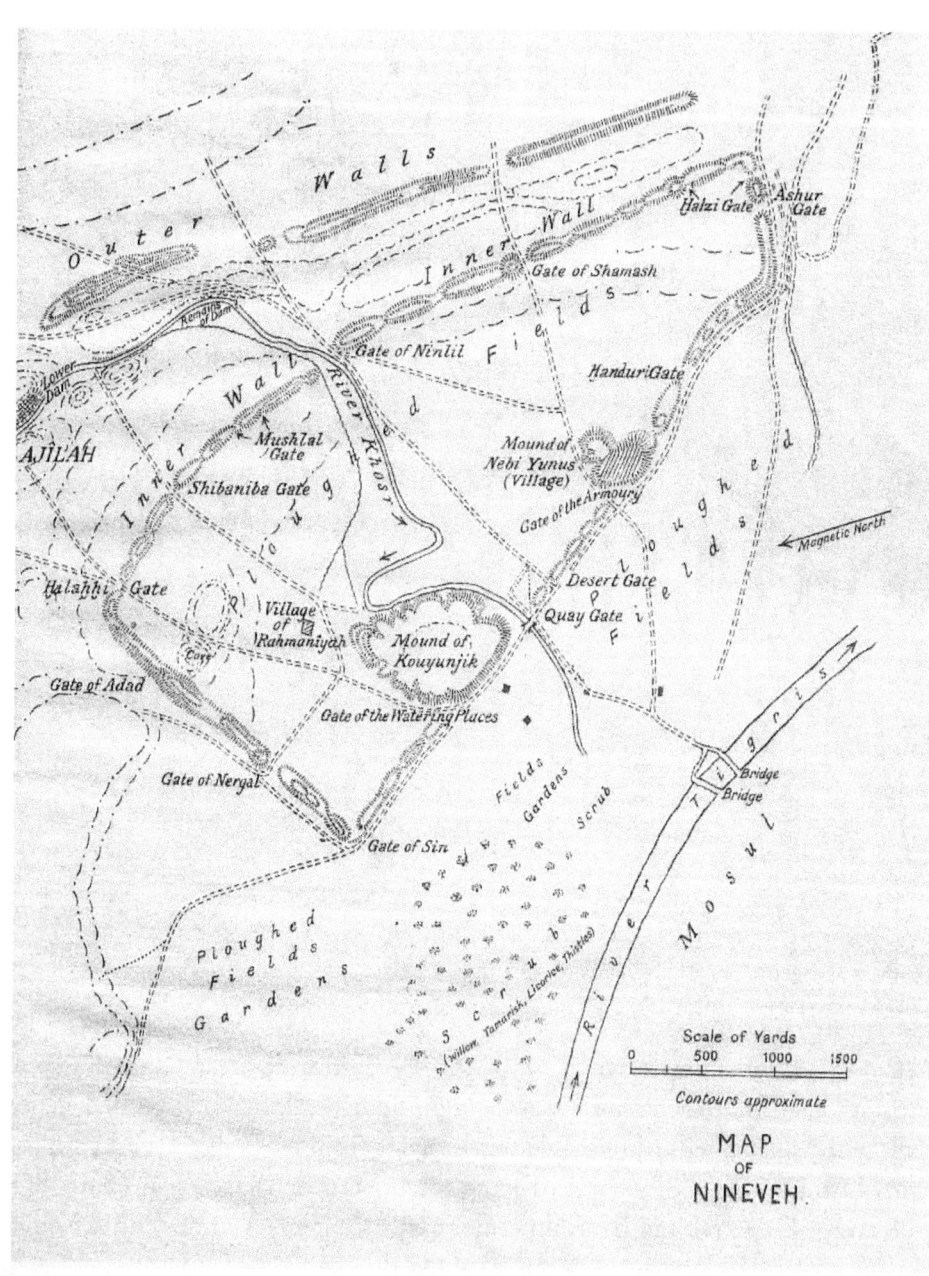

RESİM 3 Ninive şehir planı. Kaynak: Hutchinson 1929'a dayanarak.

RESİM 4 II. Asurnasirpal arabada ok atarken, B Odası, panel 11a, Nimrud'daki Kuzeybatı Sarayı, şimdi Londra'da, British Museum'da bulunmaktadır. Kaynak: Yazarın fotoğrafı.

RESİM 5 Asur saldırısına uğrayan yabancı bir şehir, B Odası, panel 3a, Nimrud'daki Kuzeybatı Sarayı, şimdi Londra'da, British Museum'da bulunmaktadır. Kaynak: Yazarın fotoğrafı.

oluşturan militarizm nosyonunun bir yansıması olduğunu savunacağım.[9] Bu askeri nosyonların öz itibarıyla dini nitelikler taşıdığını öne sürüyorum; ancak, öyle görünüyor ki bunlar zamanla, özellikle de MÖ ikinci ve birinci binyıllar boyunca Asur üzerinde Babil etkisinin artmasıyla birlikte, gelişkin bir ruhban üslubunun etkisi altında kalarak değişikliğe uğramıştır.[10]

Mazgallı duvarlara iliştirilen din ve uğur sembolleri ile bunların görsel sanatlardaki temsili konusuna Porada, 1967'de yayımladığı "Askeri Mimaride ve İlkçağ Yakın Doğu Sembolizminde Tahkimat Duvarları" başlıklı bir makalesinde dikkati çekmişti.[11] Ancak Porada bu makalede, böyle bir sembolizmin varlığını göstermenin ötesine geçmemiş, şehir, içkale ve mazgallı duvarların semantik potansiyeli ile bunların görsel sanatlardaki temsilinin incelemesine girişmemişti.

Asur görsel kayıtlarında etrafı surlarla çevrili şehirlerin görüldüğüne değinen Marc van de Mieroop şöyle yazmıştır:

> Nispeten az sayıdaki Mezopotamya şehir tasvirleri arasında Asur saray rölyefleri en iyi kayıtları oluşturur. Tipik bir şehir imgesi, çok sayıda burcun düzenli aralıklarla sıralandığı bir veya daha fazla sur halkasından meydana gelir ki bunların surlarla çevrili bir içkaleyi yahut bir veya daha fazla sayıda şehir surunu ifade ettiği sanılmaktadır. [...] Aynı fikrin tek duvarlı versiyonuna, bir teslimiyet ifadesi olarak Asur krallarına takdim edilen şehir maketlerinde ve ayrıca ilginç bir şekilde, Asur ordu kamplarının tasvirlerinde de rastlanır.[12]

Saray rölyeflerinde temsil edildiği şekliyle Yeni Asur şehri imgesi ile yine onun gibi mazgallı duvarlar ve burçlarla gösterilen yabancı şehirlerin tasvirleri ikonik, temsili ve sembolik özellikler taşımaktadır (**RESİM 5**). Gerek Asur sanatında gerekse başka kültürlerin sanatlarında görülen surlarla çevrili şehir imgeleri, rölyeflerin gösterdiği tarihi olayların meydana geldiği fiziki ve kentsel ortamı resmetme çabasının ötesine geçer. Ben bu makalede, belli başlı Asur şehirleri olan Asur, Kar Tukulti-Ninurta, Nimrud, Horsâbad ve Ninive'nin başlıca özelliklerini kısaca sıralamanın yanı sıra, hem içkaleli Asur şehrinin hem de Asur görsel kayıtlarında bulunan Asur olsun olmasın surlarla çevrili şehir tasvirlerinin askeri ve dini sembolizmini tartışacağım.

---

9   I. Şamşi-Adad krallığına ilişkin bkz. Villard 1995; van de Mieroop 2007, s. 107-11.
10 Orta ve Yeni Asur dönemlerinde Asur üzerindeki Babil etkisine ilişkin sırasıyla bkz. Machinist 1976 ve 1984/5.
11 Porada 1967.
12 Van de Mieroop 2004, s. 73.

Asur

Asur devleti, MÖ ikinci binyılın başlarında, Kuzey Mezopotamya'da, Dicle Nehri'ne bakan yüksek bir burunda yer alan Asur ticaret şehrinde ortaya çıktı. Bu şehir, Asur devlet tanrısı Asur'un kült merkezi ve bütün Asur krallarının gömüldüğü yer olarak varlığını sürdürdü. Tüm Asur şehirlerinin en güneydeki örneği olan Asur, esas olarak bir içkalesi olmayışı nedeniyle, Nimrud ve Horsâbad gibi MÖ birinci binyıla tarihlenen daha sonraki imparatorluk başkentlerinden epeyce farklıdır.[13] Bu şehrin, Asur tapınağının etrafına sonradan başka tanrılara ait tapınakların, sarayların ve evlerin eklenmesiyle büyüyüp geliştiği anlaşılmaktadır.[14] Yine de, burada, kraliyet sarayıyla Asur tapınağının birbirine ve şehir surlarına yakın olduğu gözlemlenir; sarayın muhtemelen Dicle'ye bakan bir manzarası vardı ki bu özelliğin daha geç tarihli pek çok Yeni Asur sarayında da var olduğu bilinmektedir.[15]

Asur'daki kraliyet sarayının temelleri veya en eski seviyesi muhtemelen Akad dönemine uzanır (MÖ yaklaşık 2334-2054), çünkü "bir Akad kil tableti temel çukurları doldurulduktan sonra burada bulunmuştur."[16] Bazen "saray" olarak nitelendirilen dik açılı ve düzgün planlı bir bina türünü Yukarı Babil ve Suriye-Mezopotamya arkeolojik kalıntılarında bulmaya başlamamız da bu döneme ve ondan önceki Erken Hanedan Dönemi'ne (MÖ yaklaşık 2900-2334) rastlar.[17] Birden fazla aşamada inşa edilen ve zaman içinde organik olarak gelişen Güney Mezopotamya'nın idari ve dini yapılarından farklı olarak, bu binalar, eşzamanlı bir şekilde anıtsal boyutta uygulanmış tek bir mimari tasarımın tezahürleri gibi görünmektedir.[18] Kuzey'deki bu tür sağlam ve dik açılı binaların en iyi bilinen örneği, Kuzey Suriye'de Akad döneminden kalan Tell Brak'taki Naram-Sin sarayı veya hisarı denen yapıdır.[19] Üzerine Naram-Sin adı damgalanmış tuğlaları nedeniyle bina bu şekilde adlandırılmıştır.

Günümüzde araştırmacılar bu binaları sırf kralın ikametgâhı anlamında birer saray olarak görmekten ziyade, içlerinde önemli askeri unsurlar barındıran

---

13 Bunnens 1996, s. 118. Asur şehrinin bir planı için bkz. Roaf 1996, s. 149.
14 Roaf 1996, s. 149.
15 Novák 1997, s. 175.
16 Moortgat 1969, s. 46.
17 Bu binaların kronolojik sırayla gözden geçirildiği bir çalışma için bkz. Winter 1993, s. 28-9.
18 Moortgat 1969, s. 46.
19 Bu yapının şematik bir planı için bkz. Moortgat 1969, s. 46, resim 36.

idari yapılar olarak düşünme eğilimindedir.[20] Örneğin Jacobsen, üçüncü binyıl Mezopotamya'sında saray kavramını, bir hane halkını içine alacak şekilde yapılandırılmış, başında bir kumandan bulunan, esasen askeri bir kurum olarak tanımlamıştır.[21] Oligarşik devlet sistemi Güney Mezopotamya veya Babil'in "tapınak şehir" ya da "tapınak devlet" sisteminden ziyade Kuzey'deki gelişmelerle uygunluk gösteren Asur, askeri anlayışa göre şekillenmiş bu saray kurumunun gelişerek dini sembolizmle yoğrulmuş bir emperyal içkale şehrine dönüşebilmesi için müsait bir ortam sunmaktaydı.

Van de Mieroop "şehrin bir kült merkezi olarak önemini tarih boyunca koruduğu Babil'e kıyasla, Asur'da askeri ve dindışı konuların daha büyük önem taşıdığına" dikkat çeker.[22] Oysa Asur'da askeriyenin kendine özgü dini anlamları vardı; bunlar, ordunun, başlangıçta Babil'den çıkmış, ama Asurlular tarafından bir dünya imparatorluğu olma hedeflerinin bir parçası olarak ithal edilmiş son derece âlimane bir retorikle olan "evliliği" sebebiyle daha da vurgulanmıştı. Oppenheim da aynı şekilde şunu sorar: "Tapınak ile sarayın birikinti ovasındaki şehirlerde birbirinden ayrı olmasına karşılık, içkale şehirlerinde birleşerek tek bir birim oluşturmasının anlamı nedir? Acaba bu, ülkenin esas tanrısının kültü bağlamında kralın oynadığı yüksek rahip rolünün bir ifadesi olarak anlaşılabilir mi?"[23] Yakın zamanda Bahrani de, sözgelimi saraydan tapınağa geçerek "kâtiplerin işyeri değiştirdiği" Yeni Babil döneminin (MÖ 625-539) aksine, Yeni Asur döneminde saray âlimlerinin tapınak yerine saraya bağlı olduğuna dikkati çekmiştir.[24]

Kar Tukulti-Ninurta

Kuzey Mezopotamya'daki Mitanni krallığının MÖ 1350 civarında yıkılmasının ardından Asur devletinin önünün açılmasıyla birlikte, Orta Asur imparatorluğu geç tunç çağının büyük siyasi güçlerinden biri olarak sahneye çıktı. Bu devletin en kudretli hükümdarı olan I. Tukulti-Ninurta (MÖ 1243-1207) MÖ 13. yüzyılda, Asur'un birkaç kilometre kuzeyinde, Dicle'nin öte yakasında Kar Tukulti-Ninurta adlı yeni bir şehir kurdu. Horsâbad'ın yanı sıra, Kar Tukulti-Ninurta da planlı ideal Asur şehrinin bir örneği olarak görülebilir. Ancak bu şehirde dini ve idari binaların şehir surlarına yapışık bir içkalede bir araya geldiğini görmeyiz henüz; yine de, her

---

20 Winter 1993, s. 29; Crawford 2004, s. 100.
21 Jacobsen 1957, s. 119.
22 Van de Mieroop 2004, s. 94.
23 Oppenheim 1977, s. 132. Bu bağlamda, ayrıca bkz. Novák 1997, s. 185.
24 Bahrani 2008, s. 200.

iki saray da şehrin ucunda yer alarak, şehrin batı kenarı boyunca doğal bir sınır oluşturan Dicle Nehri'ne bakmaktadır.[25]

Tipik Yeni Asur içkale şehirlerinden farklı oluşuna rağmen, yeni kurulan Kar Tukulti-Ninurta şehri, askeri karakterin ruhbanlıkla yoğrulduğu kraliyet şehirlerinin iyi bir örneği olarak görülebilir. Özellikle Babil'e yaptığı seferlerden sonra, Tukulti-Ninurta'nın Babil kültürünün birtakım unsurlarını Asur kültürüne aktarma çabaları iyi bilinmektedir. *Tukulti-Ninurta Destanı* olarak bilinen uzun şiir, Babil şiir formları ile Asur kraliyet yazıtlarının ihtişamını sentezleyen bu kültürel atılımın örneğidir.[26] Belki de kral, geleneksel Asur elitinin incitici bulmuş olabileceği ve sonuçta suikaste uğramasına yol açmış olması mümkün Asur ve Babil kültürlerinin ideal bir sentezine ulaşma çabasını bu müstahkem kraliyet yerleşmesinde hayata geçirmiş olabilir.[27]

Mimari açıdan bu sentezin şehirde en belirgin olduğu yer, kuzeyli Asur ziggurat stilini güneyli Babil geleneğinin geniş *cella*'lı tapınak tipiyle birleştiren Asur Tapınağı'dır.[28] Görsel sanatlar açısından ise, bu sentez, Asur kralının yüksek rahip olarak tasvirinde gözlemlenebilir. Bu tip bir tasvir ilk kez Asur'daki İştar Tapınağı'nda bulunan I. Tukulti-Ninurta sunağında günümüze kalmış Asur anıtlarında görülmüştür.[29] Sunaktaki rölyefte kral, vücuduna dolanmış bir giysi ve elinde yuvarlak başlı asası ile ibadet ederken görülmektedir. Asur kralının yüksek rahip suretinde betimlenişi, krallık stellerindekiler ve Nimrud'daki Kuzeybatı Sarayı'nda bulunan II. Asurnasirpal'in ünlü "kutsal ağaç" rölyefi başta olmak üzere Yeni Asur döneminden kalma pek çok tasvirden bilinmektedir (**RESİM 6**).

Nimrud

Geç tunç çağının sonundaki çalkantının ardından, Asur devleti 9. yüzyılda II. Asurnasirpal döneminden (MÖ 883-859) başlayarak zamanla çağın en büyük ve en kozmopolit imparatorluğu haline geldi. Yeni Asur içkale şehrinin ilk örneği

---

25 Bunnens 1996, s. 118; Eickhoff 1985, s. 15-6. Ayrıca bkz. Novák (1997, s. 175) Kar Tukulti-Ninurta'nın planını, dini merkez olarak şehrin merkezinde yer alan tapınağın, şehrin kuzeybatısında bir teras üzerinde bulunan kraliyet ikametgâhından ayrıldığı bir örnek olarak ele alır.

26 Bkz. Moortgat 1969, s. 117, ve Machinist 1976. *Tukulti-Ninurta Destanı*'nın bir çevirisi için bkz. Foster 2005, s. 298-317.

27 Machinist 1976, s. 476.

28 Moortgat 1969, s. 116-7.

29 Bu sanat eserinin bir fotoğrafı ve yakın tarihli bir yorumu için bkz. The Metropolitan Museum of Art 2008, s. 209-10.

olan II. Asurnasirpal'in yeni başkenti Nimrud'da, yerleşmenin ortasında değil kale bedenlerinin yanı başında inşa edilmiş yüksek bir içkale bulunuyor, kralın Kuzeybatı Sarayı, Ninurta ve İştar tapınakları ve onların yakınındaki ziggurat da burada yer alıyordu (**RESİM 1**).[30] Şehrin güneybatısındaki ikinci müstahkem mevki olan *ekal mašarti* veya Şalmanezer Kalesi ile birlikte Nimrud şehir planı, Yeni Asur İmparatorluğu'nun sonradan kurulan şehirleri Horsâbad ve Ninive'nin planlaması için de bir paradigma teşkil etti.

Bu özgün Yeni Asur şehir tasarımının kaynaklarını araştıran Bunnens, iki paradigmanın birleştirildiği Suriye-Anadolu geleneğine dikkat çekmiştir. Bunlardan ilki, saray yapılarının bulunduğu bir yukarı şehrin yerleşmenin kenarında yer aldığı ve en iyi örneği başkent Hattuşa olan Hitit modelidir. İkincisi ise bir saray, bir tapınak ve birkaç başka binanın korunaklı bir alan içerisinde ve şehir kapılarından birinin yakınında bulunduğu, en iyi örnekleri Alalah ve Ugarit olan Suriye modelidir.[31] Bu iki paradigmanın birleştirilmesi sonucu, "üzerinde saraya ait ve dini birkaç yapının kümelendiği, şehir ucunda yer alan [bir içkalesi] ile, etrafı genellikle dört köşeli ve düzgün biçimli bir surla çevrenmiş basit veya iki parçalı bir aşağı şehri" olan Karkamış gibi şehirler ortaya çıktı.[32] Bunnens ayrıca, Oppenheim'ın izinden giderek, Yeni Asur şehrinin bu Suriye-Anadolu sentezinin körü körüne bir taklidi olmadığını da vurgular. Örneğin, giriş kapısı doğrudan dışarıya açılan Karkamış içkalesinin aksine, Yeni Asur içkalesine yalnızca aşağı şehirden girilebilmekteydi.[33]

Nimrud içkalesinde bulunan II. Asurnasirpal'e ait Kuzeybatı Sarayı'nın ortostat rölyeflerinden oluşan süsleme programı, esas olarak askeri nitelikteki temaların ruhbanlık kurumu tarafından revize edilmesi olarak tanımladığım olgunun herhalde en iyi göstergeleridir. Tamamen ruhban karakteri taşıyan unsurlara örnek olarak, her ikisi de yitip gitmiş ezeli bir kozmosa atıfta bulunan iki imgeyi, Asur kutsal ağacı denen ağaç motifi ile tufan öncesi dönemin bilgelerini gösteren tasvirleri sayabiliriz (**RESİM 6**).[34]

Kralı kâh askeri önder kâh yüksek rahip kılığında gösteren kalıplaşmış tasvirler ise daha karmaşık yapıdadır. Askeri önderlik fikri ok, yay ve kılıçla verilirken (**RESİM 7**), ruhbanlık yetkisi ise muhtemelen libasyon kabı ile ifade edilmiştir (**RESİM 8-9**).[35]

---

30 Novák 1997, s. 178.
31 Novák 1997, s. 128.
32 Novák 1997, s. 128.
33 Novák 1997, s. 128'de Oppenheim 1977, s. 133'e referans verilmiştir.
34 II. Asurnasirpal'in rölyef programında tufan öncesi dönemin bilgeleri ve onların Asur "kutsal ağacı" ile ilişkisinin semantiğine dair bkz. Ataç 2006, 2010a ve 2010b.
35 Brandes 1970, s. 151.

Bu iki vasıf çoğu kez tek bir hükümdar imgesinde bir arada veya iç içe geçmiş halde görülür; bu da askeri unsurun bizatihi taşıdığı kutsallık çağrışımlarının artık dört başı mamur bir ruhban retoriğine eklemlendiğini gösteriyor olmalı (**RESİM 9**).[36] Bu kalıplaşmış tasvirlerde hükümdarın yanında yalnızca tufan öncesi dönemin bilgeleri ile hadım görevlilere yer verilerek, kabartmaların süslediği iç mekânlarda son derece seçkin ve ideal bir ortam yaratılmıştır.

Asurnasirpal'in taht odasını süsleyen rölyeflerin anlatısı da yine askeri temalı olmakla birlikte, burada da yine, özellikle krala savaşta eşlik ve yardım eden Asur devlet tanrısı Asur'un kanatlı güneş kursu şeklindeki tasviri ile ifade edilen, askerliğe yüklenen dini niteliği görmekteyiz (**RESİM 4**).[37] Tıpkı kökleri Orta Asur dönemine uzanan Asur tarih (annal) yazıcılığı geleneği gibi, bu tasvirlerin de destansı bir niteliği vardır. Bu askeri sahneler yabancı şehri çoğu kez Asur ordusunun saldırısı altında surlarla çevrili kapalı bir alan olarak resmeder (**RESİM 5**).[38]

Bu anlamda, Mısır Yeni Krallık döneminde Ramsesler devri hükümdarlık yazıtları ve özellikle I. Seti (MÖ 1290-1279) ve II. Ramses (MÖ 1279-1213) devirlerinin tarihsel rölyefleri ile bir kültürel benzerlik söz konusudur.[39] Mısır emperyalizminin görsel temsilinde de surlarla çevrili şehir temsili ve ikonik bir karakter taşır; özellikle I. Seti'nin Filistin'e yaptığı seferleri resmeden Karnak rölyeflerinde, surlarla çevrili şehir gayet basmakalıp bir biçimde, bir tepenin üzerinde ve üstünde adı yazılı olarak gösterilmiştir.[40] MÖ 13. yüzyılda Mısırlılar ile Hititler arasında gerçekleşen Kadeş Savaşı'nın II. Ramses dönemi anıtlarındaki rölyeflerde görülen ünlü temsillerinde de, etrafında çatışmaların cereyan ettiği surlarla çevrili şehir motifi belirgin bir

---

36 Brandes 1970, s. 151; ayrıca bkz. konuyu teorik bir bakış açısından ele alan Coomaraswamy 1942, s. 19.

37 Asur kanatlı güneş kursu ile temsil edilen tanrının Asur olduğu hiçbir şekilde kesin değildir; güneş tanrısı Şamaş veya kahraman tanrı Ninurta da olabilir. İlkçağ Yakındoğu'sunda kanatlı güneş kursunun semantiği için bkz. Ornan 2005.

38 "Şehir motifinin kullanıldığı önemli Asur anlatı örnekleri, 11. yüzyılın sonlarındaki Beyaz Obelisk'ten 7. yüzyıldaki Asurbanipal rölyeflerine kadar geniş bir zaman yelpazesinde görülmektedir" (Childs 1978, s. 49).

39 Eski Mısır'da Ramsesler dönemi görsel sanatlarındaki tarihsel anlatı geleneğinin Orta Asur Dönemi'nde özgün bir Asur görsel dilinin gelişimine kaynaklık etmiş olma ihtimaline ilişkin bkz. Pittman 1996, s. 348-50.

40 Örneğin, bkz. Epigrafik Araştırma 1986, resim 2, 9 ve 23. Aslında, Childs'a göre (1978, s. 48), görsel sanatlarda şehir teması, özellikle savaş ve kuşatma bağlamlarında, ilk kez Mısır'da Eski Krallık döneminde (MÖ 2649-2134) ortaya çıkmıştır. Eski Mısır ve Asur sanatında resmedilen surlarla çevrili şehirler ve istihkâm duvarlarının fiziksel özelliklerine ilişkin bkz. Naumann 1955, s. 290-8.

RESİM 6 Asur "kutsal ağacı", B Odası, panel 23, Nimrud'daki Kuzeybatı Sarayı, şimdi Londra'da, British Museum'da bulunmaktadır. Kaynak: Yazarın fotoğrafı.

RESİM 7 II. Asurnasirpal elinde ok ve yay ile, G Odası, panel 11-12, Nimrud'daki Kuzeybatı Sarayı, şimdi Londra'da, British Museum'da bulunmaktadır. Kaynak: Yazarın fotoğrafı.

SURLARLA ÇEVRİLİ ŞEHİR MOTİFİ | 63

RESİM 8 II. Asurnasirpal elinde ritüel kabı ile oturur halde, G Odası, panel 2-3, Nimrud'daki Kuzeybatı Sarayı, şimdi Londra'da, British Museum'da bulunmaktadır. Kaynak: Yazarın fotoğrafı.

RESİM 9 II. Asurnasirpal solda elinde ok ve yay, sağda da yay ve ritüel kabı tutarken görülüyor, G Odası, panel 11-13, Nimrud'daki Kuzeybatı Sarayı, şimdi Londra'da, British Museum'da bulunmaktadır. Kaynak: Yazarın fotoğrafı.

biçimde yer alır.[41] Asur sanatında emperyalizmin görsel temsili geç tunç çağına kadar da geri götürülebilir ve bu bakımdan özellikle Mısır ve Asur'da gördüğümüz, hem annal metinlerinde hem de tarihsel anlatılarda ortak olarak karşımıza çıkan bir emperyalizm retoriğidir.[42] Her iki görsel gelenekte de, surlarla çevrili şehrin ya saldırının hedefi ya da çatışmanın arka fonu olması fikri ortak bir motiftir.

Hem Ramsesler dönemi Mısır'ından hem de Asur'dan kalma annal yazıtları, savaşları ve askeri nitelikli kahramanlık öykülerini uzun uzun anlatmaları sebebiyle Homeros destanlarına benzetilmiştir.[43] İşin ilginç yanı şu ki, Bryce'ın ileri sürdüğüne göre, "Uzaklarda kuzeyde gerçekleşen Troya Savaşı –eğer gerçekten olduysa– tam da Ramses'in ülkesinin tahtında oturduğu döneme rastlamış olmalıdır."[44] Çeşitli ilkçağ kaynaklarının Troya Savaşı için 13. yüzyıl ortalarına ait tarihler vermesiyle de desteklenen bir görüş olan Troya sitinin geç tunç çağından kalma VI. katmanının Priamos'un şehriyle ilişkilendirilebileceği düşüncesine hiç de aykırı olmayacak bir şekilde, Bryce Troya'nın VI. evresinin son yıllarının Mısır firavunu II. Ramses ve Hitit kralı II. Muvatalli (MÖ 1320-1294) arasındaki Kadeş Savaşı (yaklaşık 1274) ile aynı zamana rastladığını öne sürmüştür.[45] Belki bu sadece ilginç bir tesadüften ibarettir; fakat yine de bu eşzamanlılık, bu dönemin Doğu Akdeniz ve Yakındoğu'da tarih sahnesine köklü değişimler getiren bir dönem olarak taşıdığı öneme işaret edebilir. Bu değişimlerin sonuçları, farklı yerlerde birbirine paralel olarak görülen, "yiğitlik" öykülerini metin ve imge yoluyla kayda geçirme pratiklerine hammadde sağlamış olabilir. Söz konusu kayıtlar, geç tunç çağından demir çağına kadar uzanan döneme ilişkin tarih algısını etkilemiştir.

Klasik destan geleneği de, iki arketipsel şehir olan Troya ve Teb'in kuşatılması ve düşüşü ana fikri etrafında gelişmiştir. Hem *İlyada*'da hem de *Aeneis*'te Troya surlarının güçlü bir motif teşkil etmesi belki de çözülüp dağılan, başka ve yeni bir düzen tarafından alt edilip yutulmak üzere olan kozmolojik bir düzene göndermedir. Nagy'nin Homeros destanlarıyla arasındaki benzerliklere dikkat çektiği kadim Hint destan geleneğinde de, insanlar ve olaylardan bahseden ve tamamen kahramanca bir karakter taşıyan sözlü kompozisyonlar zamanla *brahmanik*, yani ruhban ürünü bir üstyapıyla örtülmüş ve ortaya devasa boyuttaki *Mahabharata* ve

---

41 Kadeş Savaşı'nın tasvirlerine ilişkin bkz. Kantor 1957, s. 50-1; Tefnin 1981; Murnane 1985; Pittman 1996, s. 349.
42 Bkz. Pittman 1996, s. 349-53.
43 Burkert 1992, s. 118-20; West 1997, s. 375-6, 380.
44 Bryce 2006, s. 70.
45 Bryce 2006, s. 64 (Herodotos 2.145'e referans verilmektedir) ve 72.

Ramayana destanları çıkmıştı.[46] Aynı şekilde, gerek Asur annal geleneği gerekse onun görsel versiyonunda, anlatılan konunun esas olarak kahramanlık ve askerliğe dayandığını, ancak sonuçta entelektüel ve ruhbanca bir iletişim sistemine entegre edildiğini düşünebiliriz.

Yeni Asur saray rölyeflerinin anlamını irdelemeye çalışan Bachelot, levhalarda görülen pek çok savaş ve kuşatma sahnesinin, yakın geçmişteki başarılarını rölyeflerde görüp gururlanan savaşçı sınıfın arasındaki birlik ve beraberliği pekiştirmiş olabileceğine dikkat çekmiştir.[47] Bachelot'nun tespitinde, Hint geleneğinde *Kshatriya* denen savaşçı elitin arasında dostluk ve kardeşlik bağlarını perçinlemek amacıyla rölyeflerde askerliğe ilişkin konuların işlendiği fikrinin bir yansımasını görmekteyiz. Ancak Bachelot argümanını bir adım ötesine taşımamış, Hint geleneğindeki Brahmanlara tekabül eden Asur saray âlimlerine ait bir dini ve entelektüel retoriğin askerlere yönelik bu çabayla bütünleşerek onun yerini aldığını söylememiştir.

Demek ki surlarla çevrili şehir teması ile onun bir saldırı hedefi olarak temsilinin böylesi bir entelektüel söyleme hizmet ettiği düşünülebilir. Belirli bir saltanat dönemi veya rejimin vadesi dolup da sona ermesi veya tükenmesiyle bağlantılı olarak bir şehrin düşmesi fikri, ilkçağ Mezopotamya'sının tarih anlayışına nüfuz etmiş bir düşüncedir. Bu özellikle, şehir ağıtları denen metinlerin yanı sıra, MÖ ikinci binyılın başlarındaki Eski Babil Dönemi'nde son şeklini alan *Sümer Kralları Listesi*'nde görülmektedir.[48] Bu metin, krallığı Babil'deki bir dizi şehir-devletin üzerine kurulu tekil bir kurum olarak tarif eder. *Sümer Kralları Listesi*'nin tufan sonrasına ilişkin bölümünde, belirli bir şehir-devletin hükümranlık dönemi bitince şehrin silahlarla vurularak yıkıldığı belirtilir.[49]

Eski Babil metinlerinden de bilinen şehir ağıtları da yine ilkçağ Mezopotamya'sında böyle bir anlayış olduğuna tanıklık eder. Bu türün en iyi örnekleri, üçüncü binyılın sonlarında Babil'in Elamlılarca işgali sonucu Sümer'in en büyük şehirlerinin

---

46 Nagy 1996, s. 45-6.
47 Bachelot 1991, s. 116. Nigro 1998, s. 99'da da Akad döneminden kalma Şarrukin Stelleri için benzer bir izleyici kitlesi olabileceği öne sürülmektedir.
48 *Sümer ve Ur'un Yıkımına Ağıt*'ta şu satırlar göze çarpar: "(Önceden belirlenmiş) vakti iptal etmek, (önceden yapılmış) planları bozmak için, / Fırtınalar toplanıp [başlar] bir sel gibi vurmaya" (II. 1-2; Michalowski 1989, s. 36-7); "Ezelden beri, dünya kurulduğundan bu yana, nüfus çoğalıncaya kadar, / (Sonsuza dek) sürüp giden bir saltanatı kim görmüş? / Saltanat dönemi uzun oldu gerçekten, ama artık mecburen sona erdi" (II. 366-9; Michalowski 1989, s. 58-9). Bu konuda ayrıca bkz. Cooper 1983, s. 29. *Sümer Kralları Listesi*'nin metni için bkz. Jacobsen 1939.
49 Jacobsen 1939, s. 76-127.

düşüşünü anlatmaktadır.⁵⁰ Bu kompozisyonların ana teması her ne kadar yıkım ve dağılma ise de, semantik açıdan restorasyonu ve düzenin yeniden kurulmasını ima ettikleri anlaşılır.⁵¹ Şehir surları teması bu tür kompozisyonlarda sıklıkla yıkıcı karışıklığı betimleyen fırtına ve sel imgeleriyle yan yana geçer.⁵²

Kozmolojik düzenin surlarla çevrili şehirle özdeşleştirilmesi görsel kayıtlarda daha da açık biçimde görülebilir. Örneğin Orta Babil, yani Kassit döneminden kalma iki *kudurru*'da, bu yuvarlak anıtların alt yarılarını çevreleyen mazgallı duvarlarıyla bir şehir suru betimlenmiştir (**RESİM 10**).⁵³ Tanrıların sembollerini kullanarak tanrısal hiyerarşileri gösteren üst kısımlarıyla birlikte, bu anıtların üzerindeki imgelerin bir kozmos modeli oluşturduğu düşünülebilir.

Horsâbad

İkinci en önemli Yeni Asur içkalesi, II. Şarrukin (Sargon) tarafından bakir bir alanda kurulmuş olan Horsâbad şehrininkidir. Şarrukin III. Tiglat-pileser'in oğlu olabilir; gerçi adının "meşru kral" anlamına gelmesine bakılırsa tahtı gasp etmiş biri olması da mümkündür.⁵⁴ Nimrud'u terk edip yeni başkenti olarak Horsâbad'ı kurma sebepleri tamamıyla net değildir. Prensipte Nimrud örnek alınarak yapılmış olmakla birlikte, Şarrukin'in yeni şehrinin planı, daha düzgün bir kare biçiminde

---

50 Özellikle bkz. Michalowski 1989.

51 Bkz. Cooper 1983, s. 8, 21; van de Mieroop 2007, s. 77. Öte yandan, bu tür "eserlerin restorasyonu anmak için değil, restorasyondan önce, eski yapıların ortadan kaldırılması sırasında okunduğu"na da dikkat çekilmiştir (Cohen 1988, s. 38).

52 *Sümer ve Ur'un Yıkımına Ağıt* bu tür imgeler açısından bilhassa zengindir: "(Önceden belirlenmiş) vakti iptal etmek, (önceden yapılmış) planları bozmak için, / Fırtınalar toplanıp [başlar] bir sel gibi vurmaya" (II. 1-2; Michalowski 1989, s. 36-7); "İlerleyişleri kimsenin önünde duramadığı Enlil'in seli gibiydi, / Düzlüğün büyük fırtınası düzlüğe yayıldı, onların önünde ilerledi" (II. 76-7; Michalowski 1989, s. 40-1); "Fırtına yukarıdan gelen bir tırpandı, şehre (adeta) çapa vuruldu" (I. 80ß; Michalowski 1989, s. 40-1); "Yıkıcı sel (her şeyi) dümdüz ediyordu, / Büyük bir fırtına gibi yeryüzünde gürledi, ondan kim kaçabilirdi?" (II. 107-8; Michalowski 1989, s. 43-4); "Onun (şehir surunun) arkasına *sığınırlar*, (korkuda) birleşmişlerdi" (II. 403; Michalowski 1989, s. 60-1); "Yerle bir edilen şehir, büyük duvar, bedenleri yıkık surlar: Bütün bunlar (önceden tayin edilen) saltanat devrinin bir parçası" (I. 462; Michalowski 1989, s. 66-7); "Ey şiddetli fırtına, geri çekil ey fırtına, evine dön fırtına! / Ey şehirleri yıkan fırtına, geri çekil ey fırtına, evine dön fırtına! / Ey tapınakları yıkan fırtına, geri çekil ey fırtına, evine dön fırtına!" (Michalowski 1989, s. 66-7).

53 Üzerinde onu çepeçevre saran surlarla çevrili bir şehir kabartması olan bu ünlü *kudurru*'nun bir illüstrasyonu için bkz. Moortgat 1967, resim 231-2.

54 Oates ve Oates 2004, s. 20.

SURLARLA ÇEVRİLİ ŞEHİR MOTİFİ | 67

RESİM 10 Üzerinde şehir surlarını gösteren bir kabartma bulunan Orta Babil (Kassit) döneminden kalma *kudurru*, British Museum, Londra. Kaynak: Yazarın fotoğrafı.

olması nedeniyle, daha ziyade Kar Tukulti-Ninurta'nın planını andırır.[55] Şehrin içinde surlarla çevrili iki tane kapalı alan olması olgusu burada da görülmektedir; her ikisi de merkezden uzakta, şehir surlarının yanında olan alanlardan içkale kuzey duvarına, cephanelik ise batı duvarına bitişiktir (**RESİM 2**). Her iki içkale de surların dışına doğru birer çıkıntı oluşturarak bahçelere bakan manzaralar sunuyor, asıl içkale aynı zamanda nehre de bakıyordu. İçkalede sarayın yanı sıra, en önemlileri Nabu Tapınağı olan bir dizi tapınak da bulunmaktaydı.[56]

---

55 Bkz. Bunnens 1996, s. 114-6; Novák 1997, s. 178-80.
56 Horsâbad, Şarrukin'in sarayı ve içkaledeki tapınaklar için bkz. Loud ve Altman 1938.

RESİM 11 "F Sarayı'nın dış terasına bakan locanın girişindeki bazalt sütun kaideleri, terastan bakıldığında kuzeydoğu istikametinde görülmektedir," Horsâbad. Kaynak: Loud ve Altman 1938.

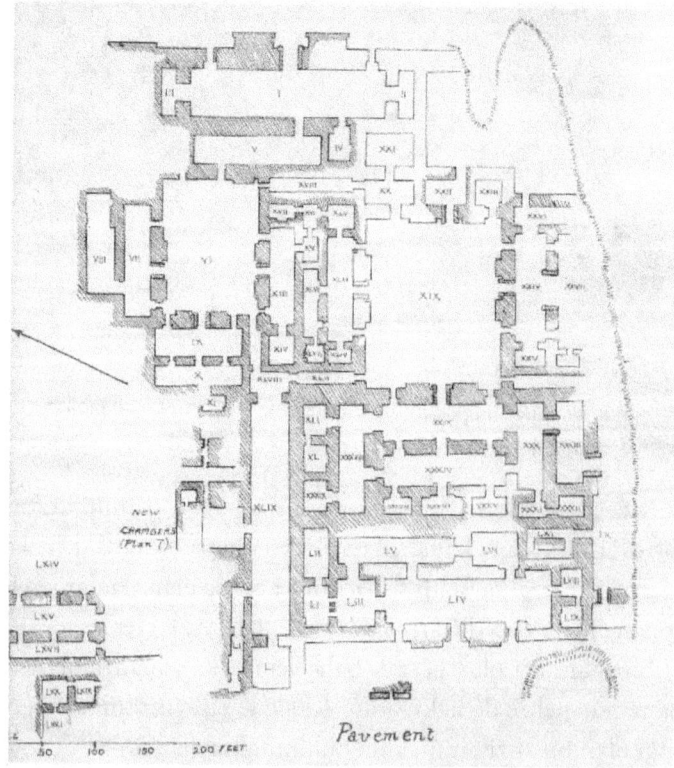

RESİM 12 Sinahheriba'nın Ninive'deki Güneybatı Sarayı'nın planı. Kaynak: Hutchinson 1929'a dayanarak.

Şarrukin'in Horsâbad'daki mimari eserlerinde görülen sütunlu portikler bir ihtimal orta ve geç tunç çağı Suriye'sinde saray komplekslerindeki bazı önemli girişleri *in antis* sütunlarla belirginleştirme geleneğinden esinlenmiş olabilir (**RESİM 11**).[57] Asur kraliyet yazıtları *bīt-ḫilāni* denen Hitit üslubunda bir portik türünden bahseder; araştırmacılar da bu tip sütunlu portikler ile onların saray rölyeflerindeki tasvirlerini çoğu zaman bu adla nitelendirmişlerdir.[58]

Egzotik bitki ve hayvanlarla dolu lüks bahçelerle birlikte, Asur hükümdarlarının faydacı olmayan amaçlarla yaptırdığı bu tür yabancı mimari unsurlar da imparatorluğun kozmopolit yapısını simgeliyor, ayrıca Suriye peyzajına ve Amanos Dağları'nın sembolizmine atıfta bulunan özel bir laytmotif de içeriyordu.[59] Bu sembolik bahçeler aynı zamanda, büyük ölçüde askeri nitelikli Yeni Asur içkalesinde artık iyiden iyiye yer etmiş olan ruhban nosyonlarını da simgelemek üzere oluşturulmuş ideal peyzajlar olarak anlaşılmalıdır.[60]

Ninive

Yeni Asur imparatorluk başkentlerinin en büyük ve en görkemlisi, Şarrukin'in oğlu Sinahheriba tarafından yaptırılmış surlarının çevresi 12,5 kilometreyi bulan Ninive'dir (**RESİM 3**).[61] Şarrukin'in MÖ 705'te savaş meydanında ölmesi ve cesedinin bulunup gömülememiş olması haleflerinin gözünde uğursuzluk işaretiydi; Horsâbad terk edilerek kadim Ninive şehrine yerleşilmesi bir ölçüde bu anormal durumdan kaynaklanmış olabilir.[62] Ninive de, dikdörtgen biçimi, surlarla çevrelenmiş iki kapalı alanı olması ve nehirle olan ilişkisiyle, tipik Yeni Asur içkale tasarımına uyuyordu.[63]

Ninive içkalesinde, biri Sinahheriba'nın "eşsiz saray" denen Güneybatı Sarayı, biri de Asurbanipal'in Kuzey Sarayı olmak üzere iki önemli saray bulunmaktaydı. Sinahheriba'nın sarayının süsleme programında, surlarla çevrili bir şehrin düşüşünü

---

57 F Sarayı ve L Konutu'nun sütunlu ve payandalı portikleri için sırasıyla bkz. Loud ve Altman 1938, s. 30-1, resim 38, 41.
58 Örneğin bkz. Winter 1993, s. 33-4; Novák 2002, s. 447. Sinahheriba'nın kraliyet yazıtlarında *bīt-ḫilāni* ve Amanos Dağları'ndan bahseden yerler için mesela bkz. Luckenbill 1989, no. 366, 368, 399.
59 Novák 2002, s. 446-7; Ataç 2013. Asurluların Suriye peyzajını kendi kraliyet bahçelerinde yeniden oluşturmaları hakkında bkz. Thomason 2001.
60 Ataç 2013.
61 Barnett 1976, s. 1.
62 Oates ve Oates 2004, s. 22-3.
63 Bunnens 1996, s. 114-6.

RESİM 13 Lakiş'in Düşüşü, XXXVI. Oda, panel 6b, Sinahheriba'nın Ninive'deki Güneybatı Sarayı; şimdi Londra'da, British Museum'da bulunmaktadır. Kaynak: Yazarın fotoğrafı.

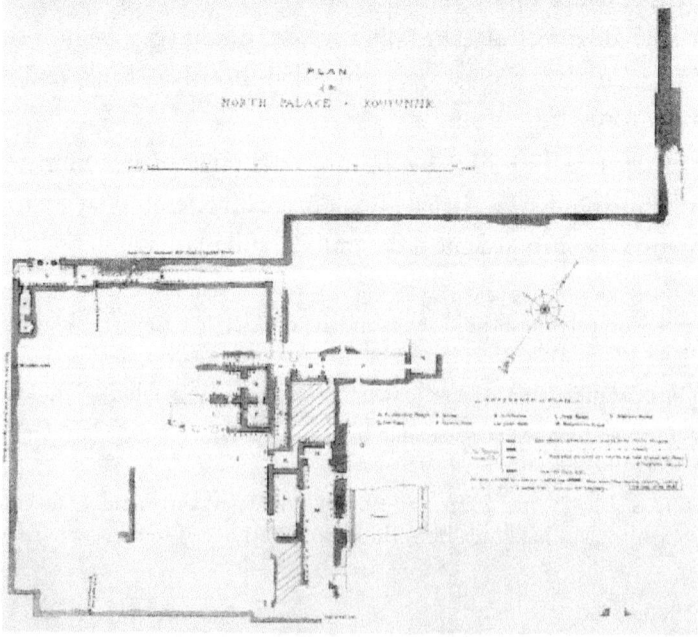

RESİM 14 Asurbanipal'in Ninive'deki Kuzey Sarayı'nın planı. Kaynak: Gadd 1936'ya dayanarak.

gösteren tasvirlerin herhalde en etkileyici örneklerinden birini, bütün bir odayı (XXXVI. Oda) kaplayan İsrail şehri Lakiş'in Düşüşü rölyefini görüyoruz (**RESİM 12**).[64] Odaya girişte ziyaretçinin hemen karşısında gördüğü tasvir tam da surlarla çevrili Lakiş şehrinin saldırıya uğraması sahnesidir (**RESİM 13**). Burada da, taarruza uğrayan veya düşmek üzere olan surlarla çevrili şehir fikri ikonik ve temsili bir boyut kazanarak, belki de yine, ilkçağ Mezopotamya'sında hep olduğu gibi, şehir biçiminde tasavvur edilen düzenin dağılması kavramını çağrıştırmaktadır.[65]

Asurbanipal'in Ninive'deki Kuzey Sarayı'nın mimarisini tam olarak anlamak mümkün olmamıştır, çünkü binanın rölyeflerle süslenen bölümünün, yani "nispeten daha önemli olan odalar ile devlet dairelerinin" ötesinde, Ninive içkalesinin bu kısmında kapsamlı arkeolojik araştırmalar yapılmamıştır.[66] Ancak, Yeni Asur döneminden bilinen diğer tüm saraylar gibi o da bir taht odası ile birbirinden ayrılan iki avlu etrafında düzenlenmiş olmalıdır (**RESİM 14**). Kuzey Sarayı'nın en dikkat çekici özelliklerinden biri, ana girişinde *bīt-ḫilāni* olduğu öne sürülen portik türünün yer almasıdır.[67] Dik açılı bir dönemeci olan rampalı uzun bir geçit (A-R) bu girişten C Odası'na gider; A, C, E, R ve S Odaları hep Asurbanipal'in ünlü aslan avı sahneleriyle süslenmiştir.[68]

Asurbanipal Sarayı'ndaki bir kabartma paneli, yalnızca büyük ihtimalle Ninive olan surlarla çevrili bir şehri değil, aynı zamanda sütunları aslan heykelli kaidelerin üzerine oturan *bīt-ḫilāni* tipi sütunlu bir yapıyı da gösterdiği için özellikle açıklayıcıdır.[69] Belki de burada gördüğümüz, aşağıda Ninive şehrinin çifte dış surları, ortada içkale veya sarayın duvarları, yukarıda da sütunlu bir portiği olan bir seyir terasından meydana gelen, nesnelerin perspektife göre kısaltılmadan resmedildiği, kavramsal perspektife dayalı bir tasvirdir.[70] Bu rölyef parçasının Sinahheriba'nın Ninive'deki sarayının bir bölümünü gösteriyor olması muhtemeldir.[71]

Anlattığım temel noktalardan bazılarını belki de en iyi özetleyen, Ninive'deki Kuzey Sarayı'nın giriş portiğinin üst kısmından düşmüş olabileceği düşünülen

---

64 Bkz. Barnett, Bleibtreu ve Turner 1998, s. 101-5, resim 322-52.
65 Bu açıdan antik Mezopotamya ile Mısır arasındaki fark için bkz. Baines 2003, özellikle s. 33, 51.
66 Barnett 1976, s. 28; ayrıca bkz. Matthiae 1999, s. 132.
67 Albenda 1976, özellikle s. 49-55; Barnett 1976, s. 19.
68 Barnett 1976, s. 31-2.
69 Bkz. Barnett 1976, resim XXIII, s. 41, bu şehir resminden "herhalde Ninive veya Arbela" diye bahseder.
70 Novák 1997, s. 187.
71 Novák 1997, s. 187.

RESİM 15 Asurbanipal'in "Bahçe Sahnesi"nin kısmi bir görünümü, S¹ Odası, B-D panelleri, Nimrud'daki Kuzeybatı Sarayı; şimdi Londra'da, British Museum'da bulunmaktadır. Kaynak: Yazarın fotoğrafı.

RESİM 16 Resim 15'ten detay.

RESİM 17 Asurbanipal'in "Bahçe Sahnesi"nden (Resim 15) detay, Teumman'ın ağaçtan sarkan kesik başını göstermektedir. Kaynak: Yazarın fotoğrafı.

"Asurbanipal'in Bahçe Sahnesi" denen tasvirdir (**RESİM 15**). Bu hakikaten bilmecemsi kompozisyonda, esas olarak askeri nitelikli bir fetih ve bozgun retoriğine ruhban kültürüne ait unsurların karışması olarak adlandırdığım olgunun ikircikli bir tezahürünü görüyoruz.[72]

Askeriye burada, ziyafetin yakınındaki bir masanın üstüne konmuş olan Asurbanipal'in silahları (**RESİM 16**) ve muhtemelen yenilgiye uğratılmış Elam kralı Teumman'ın bir ağaçtan sarkan kesik başıyla (**RESİM 17**) temsil edilmiştir.[73] Askeriyeye bir başka atıf da, Asurbanipal'in eşi kraliçe Liballi-şarrat'ın taktığı ve muhtemelen burada Ninive şehrini sembolize eden, mazgallarla belirginleştirilmiş sur biçimindeki taç olabilir. Yine bir Asur şehri olan Arbela'nın surları da Kuzey Sarayı'ndaki bir diğer rölyef levhasında görülmektedir. Bu panel Asurbanipal'i

---

72 İlkçağ Yakındoğu sanatı araştırmalarında bu sahneye ilişkin yakın zamanda yapılmış tartışmalar için bkz. Collins 2003; Bahrani 2008, s. 23-55; Ataç 2012.

73 Asurbanipal'in "Bahçe Sahnesi"ndeki silah tasvirlerinin bir analizi için bkz. Albenda 1977, s. 36-44.

muhtemelen Teumman'ın kesik başı olması gereken bir şeye libasyon dökerken gösterir.[74]

Bahçe sahnesini gösteren rölyefteki ruhban kültürüne ait unsura gelince, bu esas olarak bizatihi ziyafetle ifade edilmiştir; çünkü kralla kraliçenin ellerindeki yayvan kapların II. Asurnasirpal'in yüksek rahip olarak gösterildiği rölyeflerde elinde tuttuğu kaplarla aynı olması nedeniyle (RESİM 8-9), ziyafetin törensel veya ritüel anlamda anlaşılması gerekir.[75] Birbirlerini takip ederek sahneye ideal bir bahçe görünümü veren hurma ağaçları ve kozalaklı ağaçlar ile altında ziyafet yapılan asma gölgelik, bu ruhban bileşenini bereket ve yenilenmeye dair bitkisel semboller yardımıyla vurgulamaktadır.[76]

Sonuç

Sonuç olarak, Yeni Asur içkale şehri, kökleri hem Suriye-Anadolu hem de Mezopotamya geleneklerine dayanmakla birlikte, Yeni Asur kültürünün özgün bir tasarımıdır. Gerek müstahkem oluşu, gerekse fetih ve yayılma yoluyla işleyen emperyal bir sistemin yönetim merkezi olarak işlev görmesi sebebiyle, büyük ölçüde askeri karaktere sahiptir. Hint kültüründeki *kshatriya*'ların dini geleneğine analojiyle, bu askeri unsurun öz itibarıyla dini bir niteliği olduğu düşünülebilir. Hem şehir ve içkale surlarının mazgallı mimarisi hem de askeri seferlerin resmedildiği saray rölyefleri bu askeri niteliğin tezahürleridir. Ancak, bu her iki unsurun bir de dini nitelikli katmanı vardır ki bu, Hint geleneğindeki Brahmanlara analojiyle anlaşılan, tam anlamıyla ruhban kültürünün özelliğini taşıyan bir öğedir. Şehir ile içkalesinin muhtemelen kozmik düzenin simgesi olarak formüle edilmesi ve görsel sanatlarda bu şekilde temsil edilmesinden de özellikle bu ruhban unsuru sorumluydu. İlkçağ Mezopotamya kültüründe şehirlerin düşüşüyle simgelenen kozmostaki düzenin çöküşüne ilişkin retoriğin muhtemelen saray rölyeflerindeki savaş ve kuşatma sahnelerine yansımasını sağlayan da aynı ruhban otoritesiydi. Böylece, bu retorik, rölyeflerin askeri elit arasında bağlılık ve dayanışmayı güçlendirme niteliğini baskılayan ve onun altında yatan daha derin bir semantik katman oluşturmuştur.

---

74 Barnett 1976, s. 15, 43.

75 II. Asurnasirpal'in saltanatıyla Asurbanipal'in saltanatı arasındaki dönemde (yelpaze, omuz havlusu ve kâse gibi) ritüel unsurların tasvirinde –tarihsel özgüllük bu süreç içinde tedrici olarak artmış olmakla birlikte– görülen devamlılığa ilişkin bir tartışma için bkz. Collins 2010.

76 Bu konuda özellikle bkz. Collins 2003 ve 2006.

Kaynakça

Albenda, P. (1976) "Landscape Bas-reliefs in the *Bīt-ḫilāni* of Ashurbanipal," *Bulletin of the American Schools of Oriental Research* 224: 49-72.

_____ (1977) "Landscape Bas-reliefs in the *Bīt-ḫilāni* of Ashurbanipal," *Bulletin of the American Schools of Oriental Research* 225: 29-48.

Ataç, M.A. (2010a) *The Mythology of Kingship in Neo-Assyrian Art*. Cambridge, New York: Cambridge University Press.

_____ (2010b) "'Time and Eternity' in the Northwest Palace of Ashurnasirpal II at Nimrud," *Assyrian Reliefs from the Palace of Ashurnasirpal II: A Cultural Biography* içinde, der. A. Cohen ve S. Kangas, s. 159-80. Hanover: Hood Museum of Art, Darmouth College; Hanover ve Londra: University Press of New England.

_____ (2012) "'The Charms of Tyranny': Conceptions of Power in the 'Garden Scene' of Ashurbanipal Reconsidered," *Organization, Representation and Symbols of Power in the Ancient Near East: Proceedings of the 54e Rencontre Assyriologique Internationale, Würzburg* içinde, der. G. Wilhelm, s. 411-28. Winona Lake: Eisenbrauns.

_____ (2013) "'Imaginal' Landscapes in Neo-Assyrian Imperial Monuments," *Experiencing Power, Generating Authority: Cosmos, Politics, and the Ideology of Kingship in Ancient Egypt and Mesopotamia* içinde, der. J. Hill, P. Jones ve A. Morales. Philadelphia: University of Pennsylvania Museum of Archaeology and Anthropology.

Bachelot, L. (1991) "La fonction politique des reliefs néo-assyriens," *Marchands, diplomats et empereurs: Etudes sur la civilisation mésopotamienne offertes à Paul Garelli* içinde, der. D. Charpin ve F. Joannès, s. 109-23. Paris: éditions Recherche sur les Civilisations.

Bahrani, Z. (2008) *Rituals of War: The Body and Violence in Mesopotamia*. New York: Zone Books.

Baines, J. (2003) "Early Definitions of the Egyptian World and Its Surroundings," *Culture Through Objects: Ancient Near Eastern Studies in Honour of P.R.S. Moorey* içinde, der. T. Potts, M. Roaf ve D. Stein, s. 27-57. Oxford: Griffith Institute.

Barnett, R.D. (1976) *Sculptures from the North Palace of Ashurbanipal at Nineveh (668-627 BCE)*. Londra: British Museum.

Barnett, R.D., Bleibtreu, E. ve Turner, G. (1998) *Sculptures from the Southwest Palace of Sennacherib at Nineveh*. Londra: British Museum Press.

Brandes, M.A. (1970) "La salle dite 'G' du palais d'Assurnasirpal II à Kalakh, lieu de cérémonie rituelle," *Actes de la XVIIe Rencontre assyriologique international, Université libre de Bruxelles, 30 juin-4 juillet, 1969* içinde, der. A. Finet, s. 147-54. Hamsur-Heure: Comité belge de recherches en Mésopotamie.

Bryce, T. (2008) *The Trojans and Their Neighbours*. Londra: Routledge.

Bunnens, G. (1996) "Syro-Anatolian Influence on Neo-Assyrian Town Planning," *Cultural Interactions and the Ancient Near East: Papers Read at a Symposium Held at the*

University of Melbourne, Department of Classics and Archaeology (29-30 September 1994) içinde, der. G. Bunnens, s. 113-28. Louvain: Peeters.

Burkert, W. (1992) *The Orientalizing Revolution: Near Eastern Influence on Greek Culture in the Early Archaic Age*, çev. M.E. Pinder ve W. Burkert. Cambridge: Harvard University Press.

Childs, W.A.P. (1978) *The City-Reliefs of Lycia*. Princeton: Princeton University Press.

Cohen, M.E. (1988) *The Canonical Lamentations of Ancient Mesopotamia*. Potomac: Capital Decisions.

Collins, P. (2004) "The Symbolic Landscape of Ashurbanipal," *Source: Notes in the History of Art* 23/3: 1-6.

_____ (2006) "Trees and Gender in Assyrian Art," *Iraq* 68: 99-107.

_____ (2010) "Attending the King in the Assyrian Reliefs," *Assyrian Reliefs from the Palace of Ashurnasirpal II: A Cultural Biography* içinde, der. A. Cohen ve S. Kangas, s. 181-97. Hanover: Hood Museum of Art, Dartmouth College; Hanover ve Londra: University Press of New England.

Coomaraswamy, A.K. (1942) *Spiritual Authority and Temporal Power in the Indian Theory of Government*. New Haven: American Oriental Society.

Cooper, J.S. (1983) *The Curse of Agade*. Baltimore, Londra: The Johns Hopkins Press.

Crawford, H. (2006) *Sumer and the Sumerians*. Cambridge: Cambridge University Press.

Curtis, J., der. (1982) *Fifty Years of Mesopotamian Discovery: The Work of the British School of Archaeology in Iraq, 1932-1982*. Londra: The School.

Eickhoff, T. (1985) *Kār Tukulti Ninurta: Eine mittelassyrische Kult- und Residenzstadt*. Berlin: Gebr. Mann.

Epigrafik Araştırma (1986) *The Battle Reliefs of King Sety I*. Chicago: The University of Chicago Press.

Foster, B.R. (2005) *Before the Muses: An Anthology of Akkadian Literature*. Bethesda: CDL Press.

Gadd, C.J. (1936) *The Stones of Assyria: The Surviving Remains of Assyrian Sculpture and Their Discovery and Their Original Positions*. Londra: Chatto and Windus.

Jacobsen, T. (1939) *The Sumerian King List*. Chicago: The University of Chicago Press.

_____ (1957) "Early Political Development in Mesopotamia," *Zeitschrift für Assyriologie und vorderasiatische Archäologie* 18: 91-140.

Kantor, H.J. (1957) "Narration in Egyptian Art," *American Journal of Archaeology* 61: 44-54.

Loud, G., ve Altman, C.B. (1938) *Khorsabad, Part 2: The Citadel and the Town*. Chicago: The University of Chicago Press.

Luckenbill, D.D. (1989) *Ancient Records of Assyria and Babylonia 2: Historical Records of Assyria*. Londra: Histories and Mysteries of Man.

Machinist, P. (1976) "Literature as Politics: The Tukulti-Ninurta Epic and the Bible," *Catholic Biblical Quarterly* 38: 455-82.

_____ (1984/5) "The Assyrians and Their Babylonian Problem: Some Reflections," *Wissenschaftskolleg –Institute for Advanced Study– zu Berlin*: 353-64.

Mallowan, M.E.L. (1966) *Nimrud and Its Remains*. Londra: Collins.

Matthiae, P. (1999) *Ninive: Glanzvolle Hauptstadt Assyriens*. Münich: Hirmer Verlag.

The Metropolitan Museum of Art (2008) *Beyond Babylon: Art, Trade, and Diplomacy in the Second Millenium B.C.* New York: The Metropolitan Museum of Art; New Haven, Londra: Yale University Press.

Michalowski, P. (1989) *The Lamentation over the Destruction of Sumer and Ur*. Winona Lake: Eisenbrauns.

van de Mieroop, M. (2004) *The Ancient Mesopotamian City*. Oxford: Oxford University Press.

_____ (2007) *A History of the Ancient Near East, ca. 3000-323 BC*. Malden: Blackwell.

Moortgat, A. (1968) *The Art of Ancient Mesopotamia*. Londra, New York: Phaidon.

Murnane, W.J. (1985) *The Road to Kadesh: A Historical Interpretation of the Battle Reliefs of King Sety I at Karnak*. Chicago: The Oriental Institute of the University of Chicago.

Nagy, G. (1996) *Homeric Questions*. Austin: The University of Texas Press.

Naumann, R. (1955) *Architektur Kleinasiens: Von ihren Anfängen bis zum Ende der hethitischen Zeit*. Tübingen: Verlag Ernst Wasmuth.

Nigro, L. (1998) "The Two Steles of Sargon: Iconolgy and Visual Propaganda at the Beginning of Royal Akkadian Relief," *Iraq* 60: 85-102.

Novák, M. (1996) "Der Landschaftsbezug in der orientalischen Palastarchitektur," *Altorientalische Forschungen* 23: 335-79.

_____ (1997) "Die orientalische Residenzstadt: Funktion, Entwicklung und Form," *Die Orientalische Stadt: Kontinuität, Wandel, Bruch: 1. Internationales Colloquium der Deutschen Orient-Gesellschaft 9.-10. Mai 1996 in Halle/Saale* içinde. Saarbrücken: SDV Saarbrücker Druckerei und Verlag.

_____ (2002) "The Artificial Paradise: Programme and Ideology of Royal Gardens," *Sex and Gender in the Ancient Near East* içinde, der. S. Parpola ve R.M. Whiting, s. 443-60. Helsinki: The Neo-Assyrian Text Corpus Project.

Oppenheim, A.L. (1977) *Ancient Mesopotamia: Portrait of a Dead Civilization*. Chicago: The University of Chicago Press.

Ornan, T. (2005) "A Complex System of Religious Symbols: The Case of the Winged Disc in Near Eastern Imagery of the First Millennium BCE," *Crafts and Images in Contact: Studies on Eastern Mediterranean Art of the First Millennium BCE* içinde, der. C.E. Suter ve C. Uehlinger, s. 207-41. Fribourg: Academic Press Fribourg.

Pittman, H. (1996) "The White Obelisk and the Problem of Historical Narrative in the Art of Assyria," *The Art Bulletin* 78: 334-55.

Porada, E. (1967) "Battlements in the Military Architecture and in the Symbolism of the Ancient Near East," *Essays in the History of Architecture Presented to Rudolf Wittkower* içinde, der. D. Fraser, H. Hibbard ve M.J. Lewine, s. 1-12. Londra: Phaidon.

Tefnin, R. (1981) "Image, écriture, récit: A propos des representations de la bataille de Qadesh," *Göttinger Miszellen* 47: 55-75.

Thomason, A.K. (2001) "Representations of the North Syrian Landscape in Neo-Assyrian Art," *Bulletin of the American School of Oriental Research* 323: 3-26.

Thompson, R.C. ve Hutchinson, R.W. (1929) *A Century of Exploration at Nineveh*. Londra: Luzac.

Villard, P. (1995) "Shamshi-Adad and Sons: The Rise and Fall of an Upper Mesopotamian Empire," *Civilizations of the Ancient Near East*, 2. cilt içinde, der. J. Sasson, s 873-83. New York: Charles Scribner's Sons.

West, M.L. (1997) *The East Face of Helicon: West Asiatic Elements in Greek Poetry and Myth*. Oxford: Clarendon Press; New York: Oxford University Press.

Winter, I.J. (1993) "'Seat of Kingship' / 'A Wonder to Behold': The Palace as Construct in the Ancient Near East," *Ars Orientalis* 23: 27-55.

Şehirleşmemiş Çevrede Bir Ara Dönem: Doğu Anadolu'da Demir Çağı Şehirleri

ÖZLEM ÇEVİK

Doğu Anadolu, kabaca kuzeyde Kuzey Anadolu Dağları, batıda Fırat Nehri ve güneyde Toros Dağları'nın güneydoğu koluyla sınırlanır. Oysa doğu ve güneydoğu sınırları morfolojik olarak günümüz Türkiye'sini aşarak Urmiye Platosu ile Kura Çöküntüsü'ne kadar uzanmaktadır. Bölgenin en karakteristik özelliği, çoğu 2000 metrenin üzerinde bir rakıma sahip olan ve bütün bu alanda zorlu engeller meydana getiren yüksek dağ sıralarıdır. Bir yandan bölgedeki tarım faaliyetleri dağlar arasındaki küçük ekilebilir vadilerle sınırlıyken, diğer yandan arazi özellikle hayvancılığa uygun, geniş, verimli otlaklar sunar. Bu geniş vadilerin dip kısımlarında drenajın yetersizliği ile çoğu zaman yoğun kar yağışlı geçen, altı ay süren uzun kışların yanı sıra, tarım faaliyetlerinin miktarını ve çeşitliliğini etkileyen başka faktörler de vardır. Bu bağlamda, toprağın yalnızca çok küçük bir bölümünde, belki topu topu yüzde onu kadar küçük bir kısmında yoğun olarak ekim yapıldığını vurgulamak anlamlı olacaktır. Uzun, zorlu kışlar aynı zamanda iletişimde de mevsimsel dalgalanmalara sebep olur; zira hem geçmişte hem de günümüzde, insanların ve malların dolaşımı ancak nehir vadileri boyunca gerçekleşebilmiştir.[1]

Bu kısa coğrafi tasvirden, bu doğal çevrenin insan yerleşimi için ideal bir ortam oluşturmadığı sonucu çıkarılabilir. Bu elverişsiz doğal ortam bölgede şehirlerin ortaya çıkışını tamamen engellememişse de, öyle sanıyorum ki bu süreci demir çağına kadar ciddi anlamda geciktirmiştir. Anadolu'nun diğer yörelerinin aksine, bu bölge şehirleşme sürecini MÖ üçüncü veya ikinci binyılda yaşamadı. Aslına bakılırsa, bu bölgede MÖ ikinci binyıl sonlarından önce herhangi bir toplumsal karmaşıklık düzeyinden bahsetmek güçtür.[2]

---

1 Zimansky 1985, s. 15; ayrıca bkz. Yakar 1985, s. 247.
2 Çevik 2005.

Demir çağı şehirlerinin esasını ve bu bölge bağlamındaki kırılganlıklarını anlamak için, demir çağı öncesi dönemden kalan arkeolojik kanıtları ana hatlarıyla gözden geçirmek gerekiyor. Doğu Anadolu'da, erken tunç çağı olarak da bilinen MÖ üçüncü binyıla, Kafkasya'nın güney kesimlerinde ortaya çıkmış olan erken Transkafkas kültürü damga vurmuştur.[3] Bu dönemde, dağınık köyler ile yalnızca birkaç hektardan oluşan mezraya benzer yerleşmeler manzaranın tipik unsurlarını oluşturmaktaydı.[4] Genel olarak bu bölgede yoğun bir iskân faaliyeti olduğuna dair hiçbir kanıt yoktur; örneğin, Van Gölü Havzası'nda sadece on altı erken tunç çağı siti keşfedilmiştir. Pekâlâ havzada yoğun yüzey araştırmalarının yapılmayışından kaynaklanıyor olabilir bu ya da belki de birçok sitin Van Gölü'nün suları altında kalmış olması yüzündendir. Ne var ki, gerçekte var olan sit sayısının şimdilik bildiğimizin iki katı olduğunu farz etsek bile, bu yine de üçüncü binyılda havzanın toplam nüfusunun 5000'den az olduğu anlamına gelir. Modern verilerle karşılaştırmaların da gösterdiği gibi, bu yoğunluk havzanın taşıma kapasitesinin fazlasıyla altındadır. 20. yüzyıl başlarında Van vilayeti nüfusunun 7000 hane civarında olduğu, bunun da 35.000 ila 40.000 arası bir nüfusa tekabül ettiği tahmin edilmektedir. O dönemde ekilebilir toprakların büyük bir kısmının işgücü eksikliği nedeniyle işlenmediği bildirilmiştir.[5] Bölgenin erken tunç çağındaki yalıtılmışlığı, ayrıca, ithal edilmiş objelerin çok nadiren görülmesiyle de doğrulanmaktadır.[6]

Orta ve geç tunç çağında yerleşik yaşama dair kanıtlar hâlâ Doğu Anadolu'da resmin tümünü değerlendirebilmemize imkân vermeyecek kadar bölük pörçüktür. Bu konuda en temel, ufuk açıcı bulgu, Güney Kafkasya ve Kuzeybatı İran'da da görülen bir boyalı çömlekçilik geleneğidir.[7] Ova yerleşmelerinde ele geçen tek tük yüzey buluntuları bir yana, bu çömlek grubu esas olarak mezarlarda bulunmuştur. Boyalı çömleklerin çıktığı mezarlıkların ortak noktası, yer yer 2000 metreyi aşan yüksek rakımlı mevkilerde bulunmalarıdır.[8] Gerçekten de, Doğu Anadolu'daki höyük yerleşmelerini ziyaret eden biri, yüzeylerinin bir erken tunç çağından bir de

---

3   Sagona 1984, s. 15.
4   Burney 1958; ayrıca bkz. Russell 1980; Çilingiroğlu 1988, 1993; Özfırat 2001; Marro ve Özfırat 2005; Tarhan ve Sevin 1976-7.
5   Yakar 2000, s. 399.
6   İthal objeler arasında, Erzurum'daki Sos Höyük'ten çıkan, Suriye'den gelme, çömlekçi çarkıyla yapılmış bir şişe (Sagona, Erkmen ve Sagona 1997, s. 140) ile Van'daki Dilkaya Höyüğü'nden çıkan, Ninive yapımı V tipi bir çömlek de vardır (Altan Çilingiroğlu ile kişisel görüşmemden).
7   Özfırat 2001, s. 408; ayrıca bkz. Çilingiroğlu 1990, s. 171-3; Çilingiroğlu 1998, s. 28; Rubinson 2004.
8   Özfırat 2001, s. 67-82; Marro ve Özfırat 2003, s. 391-3.

orta demir çağından, yani Urartulardan kalma seramik parçalarıyla kaplı olduğunu görecektir; sanki bu iki dönem arasında bölge iskân edilmemiş gibi. Düşük rakımlı düzlüklerde yerleşmelerin olmayışı ile mezarlıkların yaygın olarak yüksek yerlerde görülmesi, orta ve geç tunç çağında hayvancılığa dayalı göçebe bir hayat tarzının etkin olduğunu akla getirmektedir. Dahası, ikinci binyılın ilk yarısına boyalı çömlek stillerinin değil, Kura-Aras kültürel geleneğinin devamının damga vurduğu Erzurum yöresindeki Sos Höyük'te elde edilen arkeolojik kanıtlar da bu dönemde yerleşiklikle göçebelik arasında gelip giden bir hayat tarzını yansıtıyor gibidir.[9]

Özetle, demir çağına gelene kadar Doğu Anadolu'da ya kendi kendine yeten küçük çiftçi gruplarının ya da hareket halindeki göçebe toplulukların yaşadığı açıktır. Bölgede ilk formel siyasi sistemlerin ortaya çıkışı halen epeyce karanlıkta kalan bir konudur. Asur kralı I. Şalmanezer, Van Gölü çevresindeki topraklara yaptığı seferi kaydettiği yıllıklarında "sıkı sıkıya tahkim edilmiş, görkemli dağ kaleleri"nin varlığından söz etmiştir.[10] Ne var ki, MÖ 13. yüzyıla ait kaleler henüz arkeolojik bulgularda şüphe götürmez biçimde saptanamamıştır. Urartu öncesi döneme, yani erken demir çağına atfedilen kaleleri tarihlendirme kriterleri halen sağlam temellere oturtulmuş değildir.[11] Kahverengimsi sarıdan koyu kahverengi ve griye uzanan tonlarda sırlanmış ağızlı çömlekler genel olarak erken demir çağının alametifarikası kabul edilir. Tıpkı önceki dönemlerde görülen boyalı çömlek stilleri gibi, bu ağızlı kaplar da höyük yerleşmelerinde ele geçmemiştir. Bu seramik geleneğine, kalelerin yanı sıra, yerleşmelerin yakınındaki mezar alanlarında, önemli sayıda demir objeyle bir arada rastlanır.[12] Ne var ki, ağızlı kapların bulunduğu kalelerin çoğu, ardından gelen Urartu döneminde de kullanılmıştır ve bilinen Urartu kontekstlerinde erken demir çağındakilere benzer bir miktar ağızlı kap bulunduğundan söz ederken Doğu Anadolu'da erken demir çağı kalelerinin varlığını kesin olarak ortaya koymanın güç olduğu açıktır.

Bu kalelerin tarihlendirilmesine yönelik arkeolojik kanıtlar biraz zayıf olmakla birlikte, ben birbirleriyle gevşek biçimde bağlantılı kale merkezli beyliklerin MÖ 9. yüzyıldan birkaç yüzyıl önce yavaş yavaş güç kazanmaya başladığı fikrini kabul ediyorum. Zira bu önerme reddedilecek olursa, Urartu devletinin bir anda ortaya çıkıverdiğine hükmetmek durumunda kalırız. Büyük popülasyonlarla çevrelenmemiş içkale merkezli küçük siyasi yapılanmaların MÖ üçüncü binyıldan itibaren

---

9 Sagona ve Sagona 2000, s. 64-7.
10 Çilingiroğlu 2001, s. 376.
11 Çevik 2008, s. 8-11.
12 Sevin ve Özfırat 2000a, s. 168; ayrıca bkz. Sevin ve Kavaklı 1996, s. 335-8; Çilingiroğlu 1993, s. 487; Belli 2000, s. 179-80; Belli ve Konyar 2003, s. 68-71.

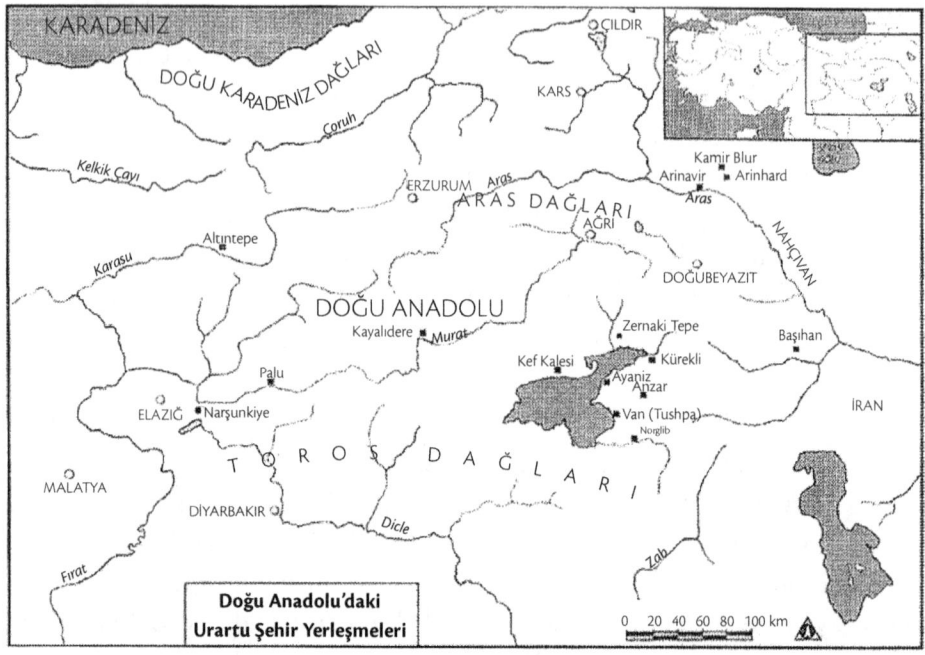

RESİM 1 Doğu Anadolu'daki Urartu şehir yerleşmeleri. Kaynak: Köroğlu 2009'a dayanarak.

bütün Anadolu'da görülen bir olgu olduğu anlaşılıyor.[13] Doğu Anadolu'da olduğu gibi, bu kalelere yerleşen seçkinlerin bu erken dönem içkalelerin şehir-devletlere veya ülkesel devletlere dönüşmesinden evvel iktidarlarını ne şekilde kullandıkları ise halen bilinmemektedir.

MÖ 9. yüzyılın ortalarından 6. yüzyılın ilk çeyreğine kadar, Doğu Anadolu'daki yapılaşmaya Urartu kalelerinin oluşturduğu ağ damgasını vurdu. Yeni kurulan yerleşmelerin yanı sıra, bilinen bütün höyük yerleşmeleri de Urartu döneminde iskân edildi. Urartu kalelerinin bir ortak noktası, kolaylıkla savunulabilmelerine imkân veren sarp, kayalık tepe doruklarında yapılmış olmalarıdır. Bu kaleler çeşitli bölgeleri Van'daki başkentleri Tuşpa'ya bağlayan yollar üzerinde yer alıyordu.[14] Askeri fonksiyonlarının yanı sıra, bazı kaleler aynı zamanda idari merkezler olarak da işlev görmekteydi. Bu idari merkezler, büyüklükleri, yerleri ve içlerinde tapınak, saray ve depo gibi geniş kamusal binaların bulunması bakımından diğer kalelerden farklıydı. Tarım ürünleri çoğu zaman bu merkezlerde depolandığı için, bunlar

---

13 Çevik 2007.
14 Burney 1957; ayrıca bkz. Burney ve Lawson 1960; Çilingiroğlu 1993; Tarhan ve Sevin 1976-7; Belli 2000, 2003; Rothman 1994; Çevik 2005.

ŞEHİRLEŞMEMİŞ ÇEVREDE BİR ARA DÖNEM: DOĞU ANADOLU'DA DEMİR ÇAĞI ŞEHİRLERİ | 83

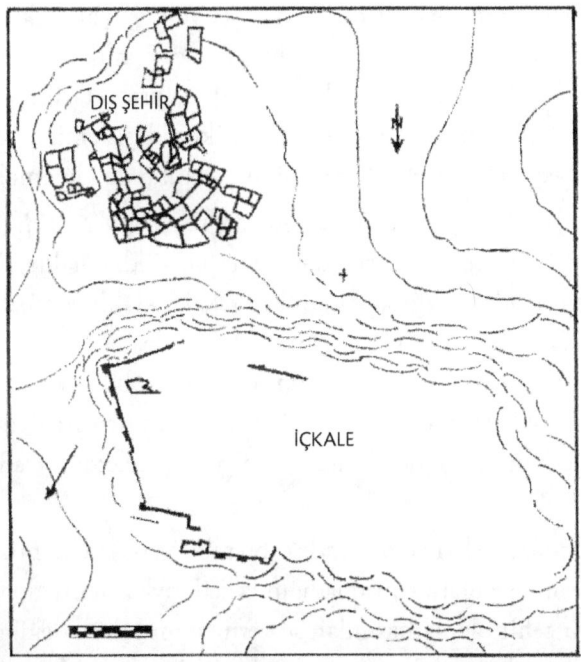

RESİM 2 Muradiye Ovası'ndaki Körzüt içkalesinin planı. Kaynak: Tarhan ve Sevin 1976-7'ye dayanarak.

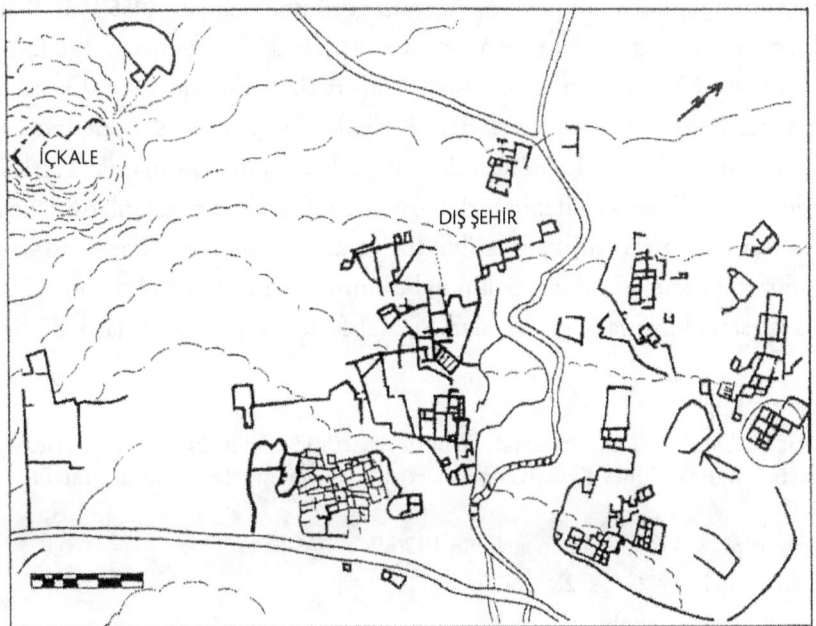

RESİM 3 Norgüh içkalesinin planı. Kaynak: Tarhan ve Sevin 1976-7'ye dayanarak.

genelde alçak düzlüklerde yer alırdı. Zimansky'ye göre, bu çok-merkezli sistem, yerleşim noktaları arasındaki iletişimin mevsimsel olarak kesintiye uğramasına sebep olan uzun, sert kışlardan kaynaklanmıştır.[15] Ayrıca, tarım ürünlerini birkaç değişik yerde depolamak, bir saldırı durumunda iktisadi sistemin tümden çökmesini önlemeye imkân vererek devlete ekonomik bir avantaj da sağlamaktaydı.

İdari işlevli kalelerin çoğunun çevresinde dış şehirler yer alırdı (RESİM 1). Doğu Anadolu'nun dört bir yanında Urartu kaleleri tespit edildiği halde, şimdiye dek Van Gölü havzasının dışında varlığı saptanan böyle kale odaklı popülasyon merkezleri yoktur. O nedenle, sıfırdan kurulmuş bu şehir yerleşmelerinin sırf Urartuların anavatanına, yani Van yöresine özgü olup olmadığını bilemiyoruz. Eğer öyleyse, Urartu devletinin egemenliği altındaki nüfusun çoğunun orta demir çağı gibi geç bir dönemde bile hâlâ köylerde ve mezra tipi yerleşmelerde yaşadığını söylemek mümkündür.[16]

Ayanis'in dışında, kalelerin çevresindeki bu şehir yerleşmelerinin hiçbirinde kazı yapılmamıştır. Zemin planlarından anladığımız kadarıyla, Urartu döneminde düzgün ve bütünlüklü bir şehir planlamasından söz etmek mümkün değil gibi görünüyor. On hektardan biraz daha ufak olan en küçük iskân alanı Muradiye Ovası'ndaki Körzüt içkalesinin çevresinde bulunmuştur (RESİM 2).[17] Yüzeyden göründüğü şekilde kaydedilen konut planlarında düzgün bir şehir planlamasına dair hiçbir emare yoktur. Ayrıca, Norgüh içkalesinin gölgesindeki dış şehir yirmi hektar civarında bir alanı kapladığı halde, onun planı da düzgün görünmemektedir (RESİM 3).[18] Bu iki yerleşim de müstahkem değildi ve magnetometrik inceleme sonuçları Ayanis'in dış şehrinin de istihkâm edilmediğini düşündürmektedir.[19] Yine de, Erçek Ovası'ndaki Yukarı Anzaf (RESİM 4) ile Adilcevaz'daki Kef kalelerinin (RESİM 5) çevresindeki yerleşmeler, surlarla çevrili yerleşim birimlerinin varlığını yabana atmamak gerektiğini açıkça gösteriyor.[20] Bu iki kalenin surları dışında kalan yerleşme alanlarının kısmen mi yoksa tamamen mi istihkâm edildiğini ya da içlerinde sokaklarla birbirinden ayrılan düzenli iskân adacıkları bulunup bulunmadığını henüz bilmiyoruz. Yukarı Anzaf çevresindeki surlarla çevrili alan 14, Kef Kalesi'ndeki ise yaklaşık 30 hektar

---

15 Zimansky 1985.
16 Ne var ki, Doğu Anadolu haricinde, Urartu devletinin egemenliği altındaki alanlar olan Kuzeybatı İran ve Güney Kafkasya'da da Urartu şehir yerleşmeleri bulunduğunu belirtmek gerekir.
17 Burney 1957, s. 47, 53; Tarhan ve Sevin 1976-7, s. 276-87.
18 Tarhan ve Sevin 1976-7, s. 289-94.
19 Stone ve Zimansky 2004, s. 239-40.
20 Belli ve Ceylan 2001, s. 389; Burney ve Lawson 1960.

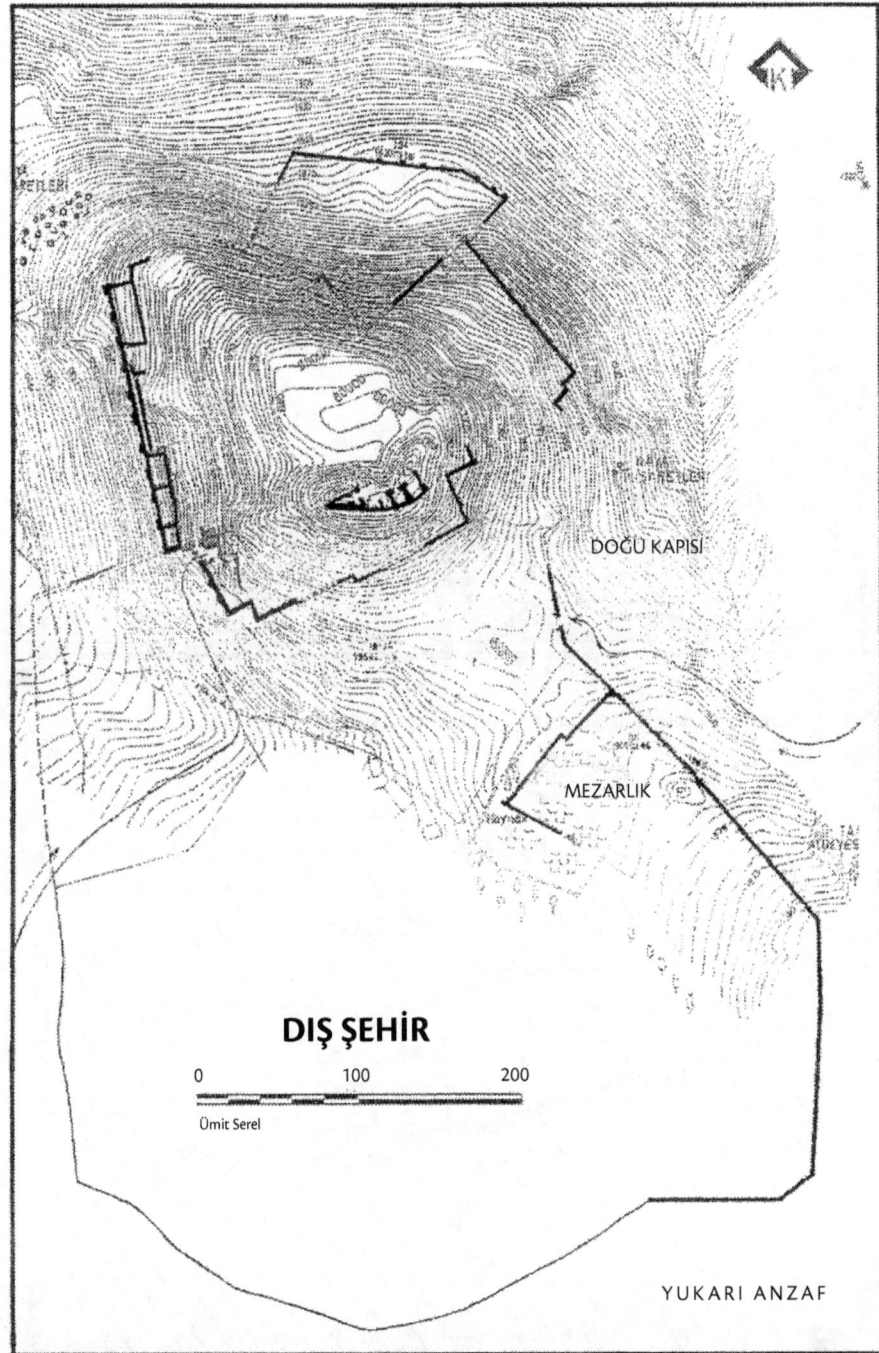

RESİM 4 Erçek Ovası'nda, Yukarı Anzaf Kalesi'nin çevresindeki yerleşmelerin planı. Kaynak: Belli ve Ceylan 2001'e dayanarak.

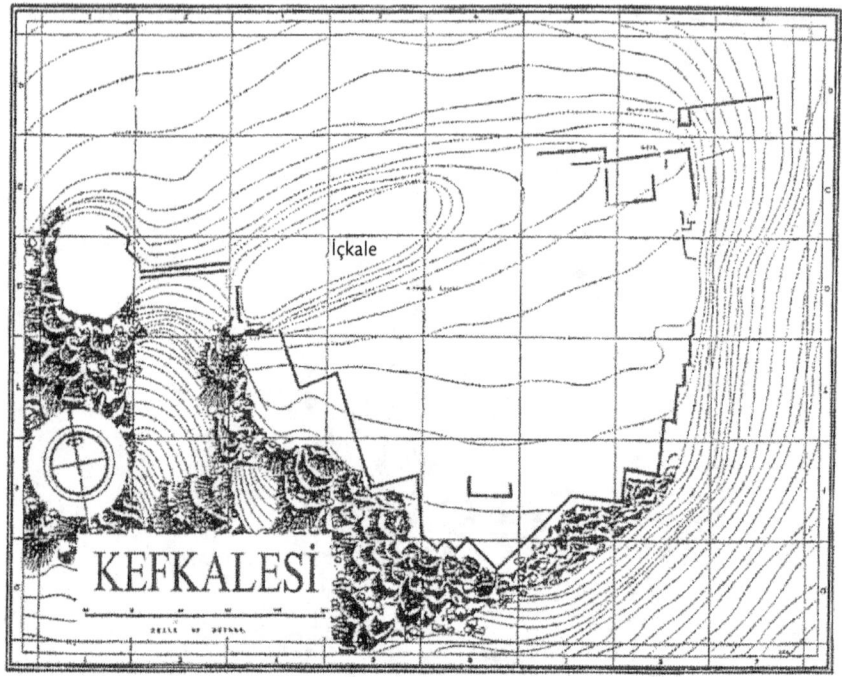

RESİM 5 Adilcevaz'da, Kef Kalesi'nin çevresindeki yerleşmelerin planı. Kaynak: Burney ve Lawson 1960'a dayanarak.

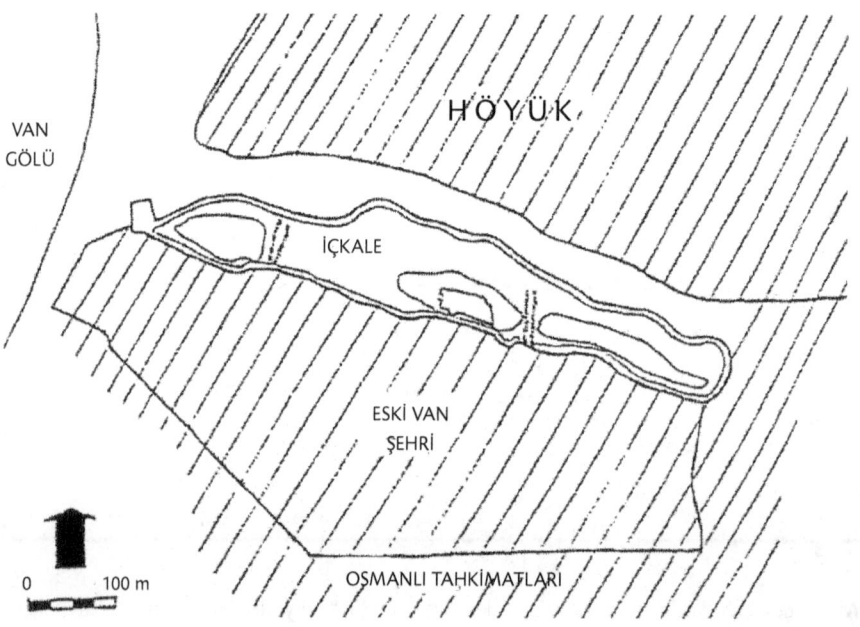

RESİM 6 Tuşpa şehri ve çevresi, Van. Kaynak: Tarhan 1994'e dayanarak.

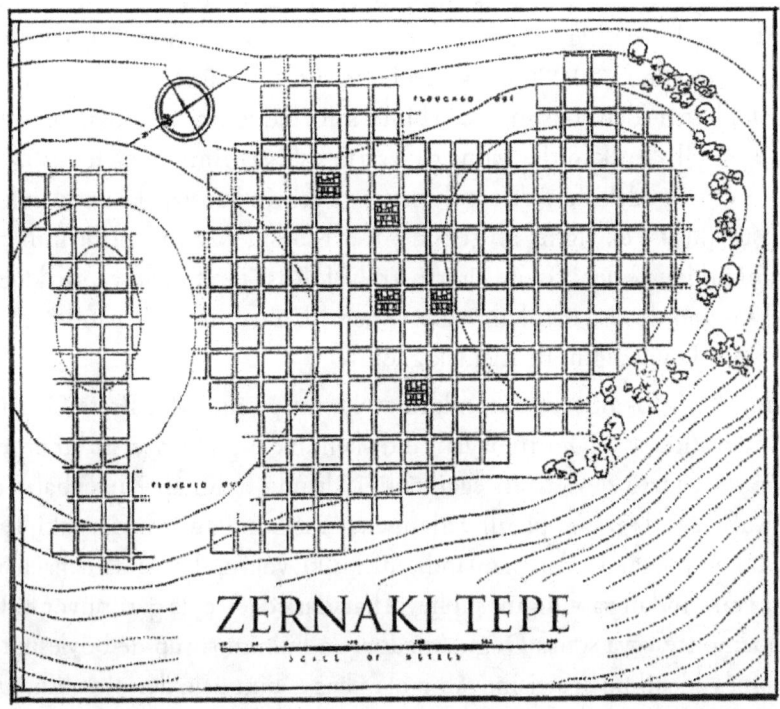

RESİM 7 Erciş Ovası'ndaki Zernaki Tepe'nin planı. Kaynak: Burney ve Lawson 1960'a dayanarak.

RESİM 8 Ayanis'in bir görünümü. Kaynak: Yazarın fotoğrafı.

büyüklüğündedir. Yerleşim alanlarının nispeten küçük oluşuna bakarak, her iki sitin de birkaç bini aşmayan bir nüfusa sahip olduğu tahmin edilirken, başkent Tuşpa'nın nüfusunun 50.000 olabileceği öne sürülmüştür.[21] Tabii bunun sağlam bir arkeolojik temelden yoksun, geçici bir tahmin olduğunu vurgulamak gerekiyor; zira yerleşime ilişkin kanıtlar yalnızca Van'ın eski şehrinin hemen altı ile Tuşpa Kalesi'nin çevresindeki höyükte bulunmuş ve şehrin sınırları kesin olarak saptanamamıştır (RESİM 6). İlginç bir şekilde, Kef Kalesi ile Ayanis birbirinin çağdaşı sitler olduğundan ve her ikisi de Urartu kralı II. Rusa tarafından yaptırıldığından, bir şehri kısmen de olsa istihkâm edip etmeme kararının alınmasında ne gibi dinamiklerin rol oynadığını belirlemek güçtür.

Izgara planlı sokakları ve standardize konut planlarıyla, Erciş Ovası'ndaki Zernaki Tepe (RESİM 7) Urartu bağlamında kendine özgü, benzersiz bir örnektir.[22] Her ikisi de Urartu devletinin egemenliği altında bulunan Kuzeybatı İran ile Güney Kafkasya'da ızgara planlı yerleşmelere rastlanmamıştır. Zernaki Tepe'nin merkezi bir otorite tarafından planlandığına kuşku yoktur. Bazı araştırmacılar onun Urartular tarafından yapıldığını şüpheyle karşılasa da,[23] öyle görünüyor ki Urartu devletinden önce veya sonra Doğu Anadolu'da hüküm sürüp de böylesine planlı bir şehri inşa edebilme becerisine sahip olan başka bir güçlü devlet yoktu. Üstelik, yukarıda da açıkladığım gibi, kalıplaşmış bir Urartu şehir planlama sisteminden söz edemeyeceğimiz için, Zernaki Tepe'nin ızgara planını Urartuların şehircilik alanındaki yeniliklerinden biri olarak görmek en iyisi olacaktır.

Kalelerin etrafında surlarla çevrili olsun olmasın dış şehirlerin bulunması, Doğu Anadolu peyzajına Urartuların yaptığı benzersiz bir katkı gibi görünüyor. Nitekim bu olgunun ortadan kaybolmasının Urartu devletinin yıkılışıyla aynı zamana denk gelmesi, bunların zaman içinde köylerin doğal biçimde genişlemesiyle değil, devlet buyruğuyla yapay bir şekilde kurulmuş birimler olduğu yolunda en ufak bir kuşkuya yer bırakmamaktadır. Urartulara atfedilen seramikler de dahil olmak üzere maddi kültürün yönetim sisteminin çöküşüyle beraber yok olması, bizi birbirinden ayrı kentsel ve kırsal sektörlerden oluşan iki katmanlı bir ekonominin var olduğu fikrine götürüyor. Daha net ifade etmek gerekirse, Ayanis dış şehri kazılana değin, bu iktisadi sistemde kırsal alandaki çiftçilerin kendi aletleri ile hanelerine ait malları sadece bulundukları yörede mevcut olan hammaddeleri kullanarak kendilerinin ürettiği, dış şehir halkının ise toplumun tamamı yerine

---

21 Burney 1972, s. 182; ayrıca bkz. Tarhan 1994, s. 39.
22 Burney 1957, s. 49-50; ayrıca bkz. Burney ve Lawson 1960, s. 185-8.
23 Sevin 1997.

muhtemelen yalnızca seçkinler sınıfının ihtiyaçlarına ve devlete yönelik üretim faaliyetlerinde bulunduğu sanılmaktaydı. Ayanis dış şehrinden yakın zamanda elde edilen arkeolojik kanıtlar bu resmi değiştirmeye başlasa da, bu araştırmalar yapılmadan önce bile, bu güzel ve durumu son derece basite indirgeyen kurguyu zayıflatacak arkeolojik çıkarımların var olduğunu vurgulamak gerekiyor.[24] Bu bulgular arasında, Dilkaya gibi küçük höyük yerleşmelerinde büyük miktarlarda bulunan ve saray işi denen kırmızı cilalı çömlekler ile kamusal mezar yerlerinde yüzlercesi ele geçen ve yerel ürünler olmadığı anlaşılan tunç objeleri sayabiliriz.[25]

Van'ın 35 km kadar kuzeyinde yer alan Ayanis, Urartu şehir yerleşmelerinin yerleşim planı ve sosyal yapısı hakkında bize ayrıntılı bilgi veren tek sittir. Ayanis'teki kazıları Altan Çilingiroğlu yürütmüş, dış şehir ise bir alt proje olarak Elizabeth Stone ve Paul Zimansky tarafından incelenmiştir. Dış şehrin kapsamı kesin olarak saptanamamakla birlikte, seramiklerin dağılımı 80 hektarlık bir alana işaret etmektedir (**RESİM 8**).[26] Batı yönü dışında, Ayanis Kalesi'nin her tarafında sur dışı yapılar bulunmuştur. Zernaki Tepe'deki gibi sıkı sıkıya uygulanmış ızgara tipi bir şehir planlamasına rastlanmamıştır ve dış şehirde kazılan evlerde görülen değişiklik ve eklemeler yerleşmenin zaman içinde genişleyerek başlangıçtaki temel yapısından farklı bir hale geldiğini göstermektedir. İçlerinde ev araç gereçleri olmayan, payandalı duvarlara sahip muazzam yapıların keşfedilmiş olması, kale surlarının dışında kamusal yapıların bulunduğunu düşündürmektedir.[27]

Yine de, en az 12 hektarlık bir alanın konut yapılarına tahsis edildiğini kesin olarak biliyoruz. Yerleşim mekânlarının yoğunlaştığı alan, kalenin doğu eteğinden başlayıp Güneytepe olarak bilinen bir yükseltinin yamacı boyunca 1 km kadar uzanan eğimli bir arazidir. Ayanis'teki evler kabaca iki kategoriye ayrılabilir. Birinci kategori, belirgin biçimde düz çizgili planlar üzerine inşa edilmiş ve temellerinde gayet büyük taşlar bulunan müstakil binalardan oluşur. İkinci kategorideki evlerin planları o kadar düz çizgili olmayıp, taşları daha küçük ve sınır duvarları çoğunlukla ortaktır. Stratigrafik kanıtlar, büyük ve daha resmi evlerin önce yapıldığını, küçük olanların ise zamanla onların aralarındaki boşlukları doldurduğunu apaçık biçimde göstermektedir. Daha resmi olan evlerin alanı 250 ila 500 m² arasındayken, diğerleri çoğunlukla 100 m² civarındadır. Stone ve Zimansky nispeten büyük olan

---

24 Trigger'ın ülkesel devlet modelinden ilhamla (1996), Urartu'da iki katmanlı bir iktisadi sistemin var olmuş olabileceğini öne sürmekle birlikte (Çevik 2005, s. 89-90), bu resme uymayan arkeolojik kanıtlara da değinmiştim.
25 Sevin ve Özfırat 2000b, s. 182; ayrıca bkz. Çilingiroğlu 1993.
26 Stone ve Zimansky 2004, s. 236-7.
27 Stone ve Zimansky 2004, s. 237-8.

yapıların Urartu devlet mimarları tarafından, diğerlerinin ise içlerinde oturanlarca yapılmış olabileceğini ileri sürmüştür. Burada çok fazla ayrıntıya girmeden şunu belirtelim ki, yiyecek maddelerinin işlenmesi, pişirilmesi ve saklanması ile çiftlik hayvanlarının bakımı, bu evlerden elde edilen arkeolojik verilerde izlerini bırakmış ev içi faaliyetlerdendi.[28] Doğrusu, Ayanis ekibinin yakındaki çağdaş köyde yaptığı etno-arkeolojik araştırma, ahır, ekmek fırını ve yalak gibi eve ait unsurlarda bir derece süreklilik olduğunu kanıtlıyor.

Pratik yararı bulunmayan veya lüks olarak sınıflandırılabilecek nesnelere tüm konut alanlarında rastlanmış olması ilginçtir. Bu tür pratik anlamda yararsız nesneler arasında kırmızı cilalı kaplar, silahlar, ziynet eşyaları, boya maddeleri (çoğunlukla Mısır mavisi) ve tunç objeler sayılabilir. Bunlardan başka, bir damga ile üzerinde çiviyazılı bir yazıt bulunan bir mühür de bu evlerle ilişkili olarak bulunmuştur. Bunlar, içkaledeki buluntularla kıyaslandığında daha düşük kaliteli ve sayıca az olmakla birlikte, ister içkalede ister dış şehirde olsun toplumun tüm kesimlerinin lüks nesnelere erişimi olduğuna dair güçlü göstergeler teşkil etmektedirler. İçkaledeki tapınak yazıtları, dış şehir sakinlerinin Asur, Hate ve Muşki gibi uzak yerlerden getirilmiş sürgünlerden oluştuğunu ifade ediyor. Gerçekten de, Ayanis'te iki ev, içlerinde Asur malı ithal seramiklerin bulunması ve farklı beslenme pratiklerine işaret etmeleri bakımından diğer evlerden belirgin şekilde ayrılmaktadır. Eğer şehir sakinleri kısmen de olsa sürgün edilmiş kişilerden oluşuyor idiyse, bu sürgünlerin mazlum, alt sınıf ve devlet tarafından zorla işgücü olarak kullanılan insanlar olduğu yolundaki yaygın varsayım gerçeği yansıtmıyor olmalıdır.[29]

Sonuç olarak, şehirlerin Doğu Anadolu peyzajının başlıca bir unsuru gibi görünmediği açıktır. Belirttiğim gibi, içkaleleri çevreleyen Urartu şehir yerleşmelerinin ne önceli ne de ardılı olmuştu; bu nedenle de bizzat devlet eliyle oluşturulmuşa benzemektedirler. Daha önce ortaya çıkmalarını veya sonraki devirlerde varlıklarını sürdürmelerini ne gibi etmenlerin engellediği bilinmiyor. Tarım sektörü yerine hayvancılığa dayalı ekonomiyi teşvik etmiş olabilecek çevresel koşullar dikkate alınmalı ise de Urartular barajlar, sulama kanalları ve yapay göller oluşturarak ekonomi üzerindeki bu çevresel kısıtlamaları aşmışa benziyor. Buna ek olarak, görünüşe bakılırsa, tunç ve erken demir çağı yerleşmeleri de Urartu devletinin ortaya çıkışından önce bölgenin yoğun olarak iskân edilmediğini gösteriyor. Urartu metinleri sıklıkla, erkekler ve kadınlardan oluşan çok sayıda savaş esirinin düşman

---

28 Stone 2012, s. 104-10.
29 Stone 2012, s. 110-113; Ayanis tapınak yazıtı için ayrıca bkz. Salvini 2001, s. 251-61.

topraklarından Urartu ülkesine getirildiğinden söz eder.[30] Hem Ayanis'teki tapınak yazıtı hem de dış şehirden elde edilen arkeolojik kanıtlar, bu "yabancı" nüfusun inşaat faaliyetlerinde işgücü olarak kullanılmakla kalmayıp, kısa süre içinde şehrin sakinleri haline geldiğini göstermektedir. Eğer gerçekten Urartu dönemi öncesinde ve muhtemelen Urartular zamanında da bölgede nüfus yoğunluğu düşük idiyse, devletin şehirleri meydana getirebilmesi için gereken nüfus kısmen de olsa ele geçirilen topraklardan sağlanmış olabilir.

---

30 Payne 2006.

Kaynakça

Belli, O. (2000) "Van Bölgesi'nde bir Erken Demir Çağ Mezarlığı: Ernis-Evditepe," *Türkiye Arkeolojisi ve İstanbul Üniversitesi (1932-2000)*, der. O. Belli, s. 175-80. Ankara: İstanbul Üniversitesi.

Belli, O. ve Konyar, E. (2003) *Doğu Anadolu Bölgesi'nde Erken Demir Çağı Kale ve Nekropolleri/Early Iron Age Fortresses and Necropolises in East Anatolia.* İstanbul: Arkeoloji ve Sanat Yayınları.

Belli, O. ve Ceylan, A. (2001) "1999 Yılı Anzaf Kaleleri Kazısı ve Onarım Çalışmaları," *Kazı Sonuçları Toplantısı* 22: 385-98.

Burney, C. (1957) "Urartian fortresses and towns in the Van region," *Anatolian Studies* 7: 37-53.

_____ (1958) "Eastern Anatolia in the Chalcolithic and Early Bronze Age," *Anatolian Studies* 8: 157-209.

Burney, C. ve Lawson, G.R.J. (1960) "Measured plans of Urartian fortresses," *Anatolian Studies* 10: 177-96.

Çevik, Ö. (2005) "The change of settlement patterns in Lake Van basin: Ecological constraints caused by highland landscapes," *Altorientalische Forschungen* 32: 74-96.

_____ (2007) "The emergence of different social systems in Early Bronze Age Anatolia: urbanisation versus centralisation," *Anatolian Studies* 57: 131-40.

_____ (2008) "Periodisation criteria for Iron Age chronology in Eastern Anatolia and neighbouring regions," *Ancient Near Eastern Studies* 45: 1-20.

Çilingiroğlu, A. (1988) "Van Bölgesi Yüzey Araştırması," *Araştırma Sonuçları Toplantısı* 5: 119-21.

_____ (1990) "Van-Urmiye Bölgeleri Arasındaki Kültürel İlişkinin Van-Urmiye Boyalıları Işığında Değerlendirilmesi," *Türk Tarih Kongresi* 10/1: 135-69.

_____ (1993) "Van-Dilkaya Höyüğü Kazıları: Kapanış," *Kazı Sonuçları Toplantısı* 14: 469-91.

_____ (2001) "Migration in the Lake Van basin: East Anatolia in the 2nd millennium BC and the foundation of a kingdom," *Migration und Kulturtransfer: Der Wandel vorder- und zentralasiatischer Kulturen im Umbruch vom 2. zum 1. vorchristlichen Jahrtausend, Akten des Internationalen Kolloquiums Berlin, 23. bis 26. November 1999*, der. R. Eichmann ve H. Parzinger, s. 371-81. Bonn: Habelt.

Köroğlu, K. (2009) "Urartu Dönemi Bey Konakları," *Altan Çilingiroğlu'na Armağan: Yukarı Deniz'in Kıyısında Urartu Krallığına Adanmış Bir Hayat*, der. H. Sağlamtimur, E. Abay, Z. Derin, A. Erdem, A. Batmaz, F. Dedeoğlu, M. Erdalkıran, M. Baştürk ve E. Konakçı, s. 383-94. İstanbul: Arkeoloji ve Sanat Yayınları.

Marro, C. ve Özfırat, A. (2003) "Pre-classical survey in Eastern Turkey, first preliminary report: The Ağrı Dağ (Mount Ararat) region," *Anatolia Antiqua* 11: 385-422.

_____ (2005) "Pre-classical survey in Eastern Turkey, third preliminary report: Doğubayazıt and the eastern shore of Lake Van," *Anatolia Antiqua* 13: 319-56.

Özfırat, A. (2001) *Doğu Anadolu Yayla Kültürleri*. İstanbul: Arkeoloji ve Sanat Yayınları.

Payne, M.R. (2006) *Urartu Çivi Yazılı Belgeler Kataloğu*. İstanbul: Arkeoloji ve Sanat Yayınları.

Rothman, M.S. (1994) "The pottery of the Muş Plain and the evolving place of a high border land," *Araştırma Sonuçları Toplantısı* 10: 281-94.

Rubinson, K.S. (2004) "Dinkha, Iran, and so-called Urmia Ware," *A View from the Highlands: Archaeological Studies in Honour of Charles Burney* (Ancient Near Eastern Studies Supplement 12) içinde, der. A. Sagona, s. 661-76. Leuven: Peeters.

Sagona, A. (1984) *The Caucasian Region in the Early Bronze Age* (BAR International Series 214). Oxford: B.A.R.

Sagona, A., Erkmen, M. ve Sagona, C. (1996) "Excavations at Sos Höyük, 1995," *Kazı Sonuçları Toplantısı* 18: 137-43.

Sagona, A. ve Sagona, C. (2000) "Excavations at Sos Höyük, 1998-2000: Fifth preliminary report," *Ancient Near Eastern Studies* 37: 56-127.

Salvini, M. (2001) "The inscriptions of Ayanis (Rusahinili Eiduru-kai): Cuneiform and hieroglyphic," *Ayanis I: Ten Years' Excavations at Rusahinili Eiduru-kai 1989-1998* (Documenta Asiana VI) içinde, der. A. Çilingiroğlu ve M. Salvini, s. 251-70. Roma: CNR Istituto per gli Studi Micenei ed Egeo-Anatolici.

Sevin, V. (1997) "Van-Zernaki Tepe: On the Urartian grid plan once again," *Anatolica* 23: 173-80.

Sevin, V. ve Kavaklı, E. (1996) "Karagündüz Höyüğü ve Nekropolü 1994 Yılı Kurtarma Kazıları," *Kazı Sonuçları Toplantısı* 17: 337-61.

Sevin, V. ve Özfırat, A. (2000a) "Van-Karagündüz Kazıları," *Türkiye Arkeolojisi ve İstanbul Üniversitesi (1932-2000)* içinde, der. O. Belli, s. 168-74. Ankara: İstanbul Üniversitesi.

_____ (2000b) "Van-Altıntepe excavations," *Istanbul University's Contributions to Archaeology in Turkey (1932-2000)* içinde, der. O. Belli, s. 179-83. İstanbul: İstanbul Üniversitesi. [*Türkiye Arkeolojisi ve İstanbul Üniversitesi (1932-2000)* içinde, der. O. Belli, s. 217-22. Ankara: İstanbul Üniversitesi.]

Stone, E.C. (2012) "Social differentiation within Urartian settlements," *Bianili-Urartu: The Proceedings of the Symposium held in Munich 12-14 October 2007* (Acta Iranica 51) içinde, der. S. Kroll, C. Gruber, U. Hellwag, M. Roaf ve P. Zimansky, s. 101-13. Leuven: Peeters.

Stone, E.C. ve Zimansky, P. (2004) "Urartian city planning at Ayanis," *A View from the Highlands: Archaeological Studies in Honour of Charles Burney* (Ancient Near Eastern Studies Supplement 12) içinde, der. A. Sagona, s. 233-43. Leuven: Peeters.

Tarhan, M.T. (1994) "Recent research at the Urartian capital Tushpa," *Tel Aviv* 21: 22-57.

Tarhan, T. ve Sevin, V. (1976-7) "Van Bölgesindeki Urartu Araştırmaları I: Askeri ve Sivil Mimariye Ait Yeni Gözlemler," *Anadolu Araştırmaları* 4-5: 273-347.

Trigger, B.G. (1996) *Early Civilizations: Ancient Egypt in Context.* Kahire: American University in Cairo Press.

Yakar, J. (1985) *The Later Prehistory of Anatolia: The Late Chalcolithic and Early Bronze Age* (BAR International Series 286). Oxford: B.A.R.

_____ (2000) *Ethnoarchaeology of Anatolia: Rural Socio-Economy in the Bronze and Iron Ages* (Emery and Claire Yass Publications in Archaeology 17). Tel Aviv: Emery and Claire Yass Publications in Archaeology. [*Anadolu'nun Etnoarkeolojisi: Tunç ve Demir Çağlarında Kırsal Kesimin Sosyo-Ekonomik Yapısı*, çev. Selen Hırçın Riegel. İstanbul: Homer, 2007.]

Zimansky, P. (1985) *Ecology and Empire: The Structure of the Urartian State.* Chicago: Oriental Institute.

Ayanis Urartu Kalesi ve Dış Şehri: Bir Karşılıklı Bağımlılık Örneği

ALTAN ÇİLİNGİROĞLU

Urartu Krallığı içinde yapılan birçok arkeolojik kazı, Urartu kültürü ve tarihi ile ilgili bilgilerimizin her geçen gün artmasına, ekonomik, siyasi, kültürel ve dini yapılaşmaların nasıl şekillendiğini daha etraflı incelememize olanak sağlamaktadır. 1989 yılında başlayan ve hâlâ devam eden Ayanis Kalesi kazısı (**RESİM 1**), Urartu ile alakalı birçok konuda şimdiye kadar yanıtlanamayan "bilinmezler"e de yanıt verecek veriler sunmuştur. Böyle bir olanağın ortaya çıkmasındaki temel neden, kalenin yağma edilmeden günümüze kalmış olmasıdır. Kalenin MS 10.-11. yüzyıllarda Bizans Krallığı tarafından iskân edilmesi bile Urartu katları fazla bir zarar görmeden gerçekleşmiştir. Ayanis Kalesi'nin büyük olasılıkla bir deprem sonucunda tahribata uğraması anıtsal kerpiç yapıların yıkıntıları altında kalan yapılara ve burada var olan eserlere ulaşılmasını ve buna bağlı olarak yağmalanmalarını engellemiştir. Yıllar boyunca süren kazılar kaleden binlerce eserin *in situ* olarak bulunmasını sağlamıştır. Silahlar, evsel ve her türlü çanak çömlek buluntuları, bullalar, mühürler gibi eserler ait oldukları mimari mekânlar içinde bulunabilmiş ve işlevleri ve mekânlarla olası ilişkileri açıklanabilmiştir.

Ayanis Kalesi başkent Tuşpa'nın (Van Kalesi) 38 km kuzeyinde, Ağartı (eski adı Ayanis) adlı köyün 500 m uzağında inşa edilmiştir (**RESİM 2**). Kale göle uzanan bir tepe üzerinde kurulmuş ve etrafı sur duvarlarıyla çevrilmiştir. Kale sınırları içinde bir tapınak alanı, payeli bir salon, evsel mekânlar, saray ve bu yapıların bodrum katlarında depo alanları ortaya çıkarılmıştır. Kalenin güney tarafında inşa edilmiş olan anıtsal kapı yapısının önünde bulunan çiviyazılı bir inşa kitabesi (**RESİM 3 ve 4**), kalenin Argişti oğlu Rusa (II. Rusa) tarafından MÖ 673/672 yılları civarında inşa edildiğini ve adının da Rusahinili Eiduru-kai olduğunu bildirmektedir. Eiduru, Ayanis Kalesi'nin karşısında, gölün kuzey kıyısındaki Süphan Dağı olmalıdır. Eiduru Dağı tapınak ön cephesinde bulunan 8 m uzunluğundaki tapınak yazıtında bir tanrı (Tanrı Eiduru) olarak da geçmektedir. II. Rusa tarafından Urartu

RESİM 1 Dış şehir ve kale, Ayanis. Kaynak: Yazarın fotoğrafı.

RESİM 2 Kale ve köy, Ayanis. Kaynak: Yazarın fotoğrafı.

tanrılar âlemine ilave edilen bu yeni tanrı kaleye de adını (Süphan Dağı önündeki Rusa şehri) vermiştir.

Kalenin inşa edildiği tepenin etrafında ve özellikle doğu yönde yer alan Güney Tepe'de, büyüklüğü 80 hektarı bulan bir dış şehir inşa edilmiştir (**RESİM 1**). Güney Tepe'deki evler ve resmi binalar arazinin eğimine bağlı olarak yamaca yapılan teraslar üzerindedir. Evlerin aralarındaki yollar, kalenin güneyinde bulunanların aksine, düzensiz olarak inşa edilmiştir. Kalenin ve etrafındaki dış şehrin inşa edilmesiyle

RESİM 3 Kale kapısından yazıt, Ayanis. Kaynak: Yazarın fotoğrafı.

RESİM 4 Anıtsal kapı yapısı, Ayanis. Kaynak: Yazarın fotoğrafı.

ilgili bilgiler kapı ve tapınak yazıtından elde edilebilmektedir. Kapı yazıtında kalenin ve şehrin daha önce "hiçbir şeyin inşa edilmediği" bir yere yapıldığı belirtilmektedir. II. Rusa buraya bir kutsal alan (E.BARA) ve kale (E.GAL) yaptırdığını, yeni bir şehir, bağlar ve bahçeler tesis ettiğini ifade etmektedir.[1] Kale ve dış şehrin yapımıyla ilgili daha fazla bilgi tapınak yazıtından gelmektedir. Kral, tanrı Haldi için bir "susi" inşa ettiğini, tepenin "vahşi" olduğunu, arazinin boş ve kurak olduğunu söylemektedir.[2] Yazıttaki bilgilerden anlaşıldığı kadarıyla kale ve halk arasındaki karşılıklı bağımlılığın ilk örnekleri kale ve dış şehrin inşa aşamasında karşımıza çıkmaktadır. Yazıtta (**RESİM 5**) kralın "düşman ülkeleri" olarak nitelediği Asur, Targuni, Etiuni, Tablani, Qainaru, Hate, Muşki ve Şiluqini'den erkek, kadın ve hayvan getirdiğinden söz edilmektedir.[3] Devamında da, kralın bu şehri ve kaleyi kendisinin planlayarak ve bu halkların yardımıyla inşa ettiği ve bu başarısından dolayı tanrı Haldi'ye minnettar olduğu ifade edilmektedir.

Bir Urartu kalesinin inşa edilebilmesi yoğun bir zaman ve insan gücü gerektirir.[4] Sur duvarlarının ve kale içinde yer alacak yapıların önceden planlanması ve bunların kayalık bir tepe üzerine yapılabilmesi için kayalığın yontularak düzeltilmesi gereklidir. Atık su ve kurban kanalları, temeller, sur duvarlarının oturacağı yataklar bu aşamada yapılmalıdır. İnşaatın yapılabilmesi için gerekli taş malzeme taşocaklarından çıkarılarak kale civarına getirilmeli ve taş yontma işlemi başlamalıdır.[5] Taş temeller üzerinde yükselen ve bazı yerlerde iki kat olan yapıların üst bedenleri kerpiç bloklarla örülmüştür. Yapılan kaba bir hesaplama, Ayanis Kalesi'nde en az sekiz milyon kerpicin kullanılmış olduğunu göstermiştir. Bu kadar kerpicin hazırlanarak kesilmesi uzun bir zamana ve insan gücüne ihtiyaç duyar. Kale inşaatında gerekli olan bir başka temel malzeme de ahşaptır. Çatıların kurulması, kerpiçlerin inşa edilebilmesi ve diğer birçok iş için ahşap malzeme kaçınılmazdır. Ayanis tapınak alanının güneyini çeviren 30x10 m ölçülerindeki bir alanın sadece tabanını yapabilmek için 20 hektarlık bir ormana ihtiyaç duyulmaktadır.[6] Bunun için gerekli insan gücünün karşılanması, tapınak yazıtında açıkça belirtildiği gibi, II. Rusa tarafından askeri seferler sonucunda Ayanis'e getirilen "yabancılar" ile olanaklı hale gelmiştir. Kalenin ve dış şehrin kaba inşaatından sonra başlayan tapınak süslemeleri

---

1 Çilingiroğlu ve Salvini 1995, s. 11-120; Çilingiroğlu ve Salvini 2001, s. 251-252.
2 Çilingiroğlu ve Salvini 2001, s. 260-261.
3 Çilingiroğlu ve Salvini 2001, s. 261.
4 Çilingiroğlu 2004, s. 211.
5 Sur duvarlarında kullanılan andezit taş blokları Ayanis'e 30 km uzaklıktaki Timar'dan getirilmiştir.
6 Çilingiroğlu 2004, s. 214.

RESİM 5 Tapınak yazıtı, Ayanis. Kaynak: Yazarın fotoğrafı.

RESİM 6 Tapınak cella süslemesi, Ayanis. Kaynak: Yazarın fotoğrafı.

RESİM 7 Batı depo odaları, Ayanis. Kaynak: Yazarın fotoğrafı.

(**RESİM 6**), dekorasyon işlemleri, depo odalarına koyulacak küplerin imalatı (**RESİM 7**), kale içinde farklı işlemler için kullanılacak eşyaların üretimi ve diğer işler, halkın ve halk arasındaki usta ve zanaatkârların katkılarıyla yapılmak zorundadır. Özellikle tapınak alanında bulunan yüzlerce adak silahının (**RESİM 8**) üretimi, madenin ocaktan çıkarılıp işlenmesi ve son ürün olarak üretilmesi yoğun bir insan gücünü ve gelişmiş bir organizasyonu gerektirir. Madencilik ve üretimle alakalı insan gücünün kaynağı halk, organizasyonun temeli ise krallık olmalıdır. Urartu

RESİM 8 Adak silahı bir kılıç. Kaynak: Yazarın fotoğrafı.

RESİM 9 Dış şehirde resmi yapılar (Pınarbaşı), Ayanis. Kaynak: Yazarın fotoğrafı.

kazılarında ortaya çıkan binlerce çanak çömleğin kimler tarafından üretildiği, bu üretimin krali atölyelerde yapılmış olabileceği konusunda öneriler vardır. Ancak Ayanis Kalesi'nden elde edilen bir mühür baskısı üzerinde görülen bir çömlekçi çarkı ile çömlek üreten usta, mühür baskılı seramiklerin üretildiği ve olasılıkla halkın sahip olduğu atölyelerin varlığı konusunda bilgi vermektedir. Seramikler üzerinde tespit edilen farklı türdeki bazı işaretlerin çömlekçi atölye işareti olduğu kabul edilirse halkın bu konuda da önemli bir görev üstlendiği benimsenebilir. Yukarıda belirtilen tüm bu uygulamaların gerçekleştirilebilmesi krallığın halka duyduğu ihtiyacı ifade eder.

Ayanis'teki Urartu yerleşmesi sadece kaleden ibaret değildir. Nüfus aktarımıyla bölgeye getirilen halkların yaşamlarını sürdüreceği bir şehirde, şehir etrafında bağlara ve bahçelere olan ihtiyaç kaçınılmazdır ve bu durum tapınak yazıtında belirtilmiştir. Güney Tepe başta olmak üzere kale etrafında kurulan şehrin inşa faaliyetlerinde halkın fiziksel gücü kullanılmış olsa da, ekonomik katkı ve planlama krallık tarafından sağlanmış olmalıdır. Dış şehirde inşa edilen sivil evlerin yanında resmi nitelikli yapılar da krallığın katkılarıyla gerçekleştirilmiş olmalıdır. Dış şehirde devlet ahırları, idari yapılar, askerlerin ikametine ayrılmış binaların (**RESİM 9**) var olması halkın yaşadığı alanların sadece halk için yapılmadığını, krallık organizasyonunun ve yönetiminin şehir içinde de var olduğunu göstermektedir. Bu uygulama şekli, halkın yaşadığı şehrin ihtiyaçlarının belli oranda krallık tarafından temin edildiğini de ifade etmektedir. Kale, dış şehir ve ekonomik girdiler için gerekli tarla, bağ ve bahçeleri de içeren bu bütünün yaşatılabilesi ve devamlığında halkın ve krallığın ortak sorumluluğu olmalıdır.

Urartu kalelerinin yakın çevresinde bulunan tarımsal araziler kalenin ve halkın yiyecek gereksinimini karşılamak için kullanılmıştır. Birçok Urartu yazıtında olduğu gibi Ayanis tapınak yazıtında da krallığın ekilebilir tarımsal araziler tesis ettiği ve bunların sulanabilmesi için göletler, barajlar ve sulama kanalları kurduğu ifade edilmiştir. Ayanis örneğinde kalenin ve dış şehrin su ihtiyacı birkaç farklı kaynaktan elde edilmiştir. Kale yakınında var olan doğal kaynaklar taş borularla kaleye yönlendirilmiştir. Dış şehir civarında bugün bile modern örneklerini görebildiğimiz kerhizlerin Urartu krallık döneminde de kullanılmış olması mümkündür. Bu konudaki yazılı veriler Asur belgelerine de yansımıştır.[7] Kalenin kuzeyindeki tepede 2002 m yükseklikte yer alan bir baraj (**RESİM 10**), kale ve dış şehrin temel su ihtiyacını karşılamış olmalıdır. Bir su kaynağının önüne inşa edilen barajın önündeki taş duvar suyun toplanmasını sağlanmaktadır. Kalenin karşısında toprağın altında

---

7 Luckenbill 1968, s. 160.

ortaya çıkarılan ve üzeri taş plakalarla örtülü su taşıma kanalları barajdan temin edilen suyun dağıtımıyla ilgili olmalıdır. Farklı su kaynakları kullanılarak elde edilen sulama sistemi krallık mali desteği ve organizasyonuyla gerçekleştirilmiştir. Temin edilen su kalede kullanıldığı gibi dış şehirde yaşayan insanlar tarafından da kullanılmıştır. Halk yaşam için gerekli olan su temini gibi konularda krallık yardımına bağlıdır ve bu yardım birçok Urartu yazıtına yansıdığı gibi[8] krallık tarafından her zaman yerine getirilmiştir.

Ayanis Kalesi'nin tarımsal üretim alanının büyüklüğü hakkında kesin bilgi yoktur. Kale etrafında yer alan geniş tarımsal alanlar bu üretim alanı içine girmiş olabilir. Ancak kalenin depo odalarında bulunan yazıtlı bullalar kaleye çok uzak yörelerden farklı türdeki malların gönderildiğini belirtmektedir. Bu nedenle Ayanis Kalesi'nin tarımsal veya diğer ihtiyaçları sadece yakın çevreden karşılanmamaktadır. Ancak Ayanis dış şehrinde oturan bazı insanlar yakın çevredeki tarımsal alanları kullanarak ürün elde etmiş olmalıdır. Özellikle dış şehir evleri içinde bulunan anıtsal boyuttaki depolama küpleri insanların üretim yapabildiğini ve ürünlerini kendi evlerinde depolayabildiklerini kanıtlamaktadır. Evler içinde bulanan öğütme taşları, mutfaklar ve pişirme kapları insanların kendileri için mal üretebildiklerini ve pişirdiklerini, sonuçta kaleden gelecek günlük yiyecek yardımına ihtiyaçlarının olmadığını göstermektedir (**RESİM 11**). Bu durumda dış şehirde yaşayan insanların ekip biçebilecekleri tarlalara sahip olmaları gerekmektedir. Üretim yapılabilecek tarlaların mülkiyetinin halka ait olup olmadığını bilmiyoruz, ancak krallığın halka tarımsal etkinlikler için kullanabileceği araziler tahsis etmiş olması çok mümkündür. Tapınağın mülkleri arasında olan arazilerin de bu amaçla halk tarafından kullanılmış ve ürünün belli koşullar altında krallık ve/veya tapınakla bölüşülmüş olması çok olasıdır.[9] İster krallığın malı ister tapınak mülkü olsun, her iki durumda da halk ile krallık birbirine bağımlıdır. Krallığın ve halkın tarımsal ürüne, halkın da bu ürünü üretmek için araziye ihtiyacı vardır. Ürüne ihtiyacı olan krallık araziyi, araziye ihtiyacı olan halk da ürünü sağlamaktadır. Bu karşılıklı ihtiyaç krallıkta sulama sistemlerinin olağanüstü gelişmesini sağlamış ve tarımsal ürünlerin Van Gölü Havzası gibi zor iklim koşullarına sahip bir bölgede önemli ölçüde üretilebilmesini olanaklı kılmıştır.

---

8 "...Tanrı Haldi'nin gücü ile Işpuini oğlu Menua bu kanalı inşa etti. Kanalın adı 'Menua kanalı'dır..." (Semiramis Kanalı, Van; Melikishvili 1960, s. 43); "...Argiştihinili şehrini kurdum. Nehirden Aza ülkesine giden bir kanal inşa ettim..." (Melikishvili 1960, s. 128); "...Buradan Rusahinili şehrine bir kanal kurdum..." (Keşiş Gölü; Melikishvili 1960, s. 268).

9 Çilingiroğlu 2007, s. 41-45.

RESİM 10 Baraj, Ayanis. Kaynak: Yazarın fotoğrafı.

RESİM 11 Dış şehirde evler, Ayanis. Kaynak: Yazarın fotoğrafı.

RESİM 12 Kalede evsel mekânlar, Ayanis. Kaynak: Yazarın fotoğrafı.

Ayanis Kalesi'nde olduğu gibi birçok Urartu kalesinde tarımsal ürünlerin ve bunlardan elde edilen yağ ve şarap gibi mamullerin depo edildiği mekânlar vardır. Depo odaları içinde bulunan yüzlerce büyük küp, ürünlerin saklanması için kullanılmıştır (**RESİM 12**). Bazı kalelerde ortaya çıkarılan ve içinde küp olmayan ambarlar da tahılların depolanma ihtiyacını karşılamıştır.[10] Depo odaları içinde ele geçen birçok küp üzerinde çoğunlukla çiviyazılı (**RESİM 13**), bazı durumlarda ise resim yazısı[11] ile yazılmış ölçü ifadeleri vardır. Ayanis Kalesi depo odalarında küplerin yanlarına düşmüş veya küplerin ağızlarına örtülmüş olan kumaşlara bağlı halde yazıtlı bullalar (**RESİM 14**) ele geçmiştir.[12] Küplerin üzerlerindeki yazıtların küplerin ne kadar mal aldığını gösterdiği konusunda uzun yıllardan beri devam eden iddialar vardır. Bu iddialar küpler üzerinde var olan "akarki", "terusi" ve

---

10 2010 yılında Ayanis Kalesi'nde bulunan ve henüz tamamı açılamayan tahıl ambarının (şimdilik) boyutları 9,60x5,50 m'dir.
11 Klein 1974, s. 80, 82-84 (Altıntepe); Piotrovsky 1969, s. 140 (Karmir-blur).
12 Salvini 2001, s. 279-293.

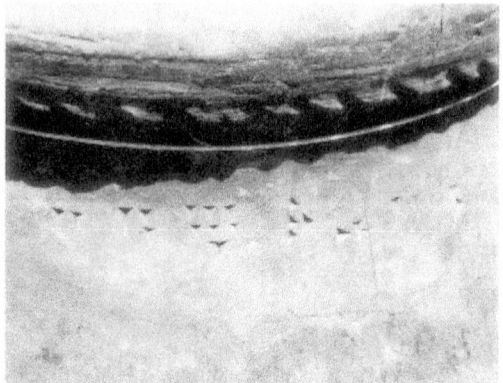

RESİM 13 Ölçü yazıtlı küp. Kaynak: Yazarın fotoğrafı.

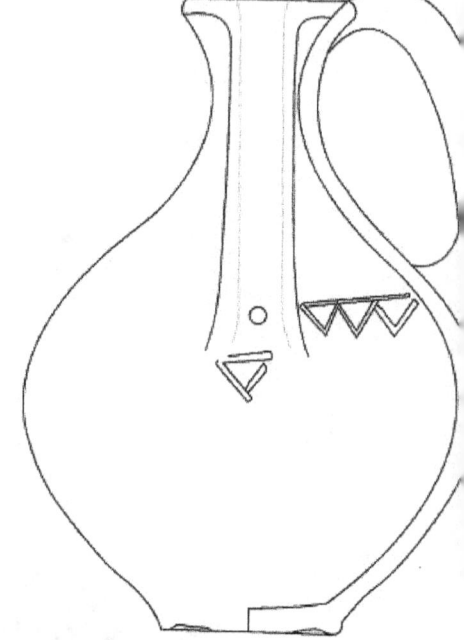

RESİM 15 Ölçü işaretli testi. Kaynak: Yazarın fotoğrafı.

RESİM 14 Pişmiş topraktan *bulla*. Kaynak: Yazarın fotoğrafı.

"LIS" ölçü birimlerinin ne kadar hacme sahip olduğunu da tartışmaktadır.[13] Bu makalede ölçü birimlerinin miktarlarının ne olabileceği konusu etraflı olarak ele alınmayacaktır.[14] Ancak Ayanis Kalesi'nden elde edilen verilerin, küplerin üzerlerine yazılmış ölçü birimlerinin küplerin ne kadar aldığına değil, içlerine ne kadar mal koyulduğuna dair bilgi verdiğini gösterdiğinin vurgulanması gereklidir.[15] Ayanis Kalesi'nde ortaya çıkarılan küplerden bazılarının ne kadar hacme sahip olduğu saptanmış ve alınan ölçüler ile küpler üzerinde var olan ölçü birimlerinin birbirini tutmadığı anlaşılmıştır. Bu tutarsızlığın nedeni, en küçük ölçü birimi olan 1 LIS'in ne kadar olduğu konusundaki belirsizliktir. 1 LIS'in 1 terusinin 1/24'ü olduğu konusunda, kanımızca doğru olabilecek iddialar vardır.[16] Ayanis Kalesi'nde 2009 ve 2010 yıllarında yüzlerce kırmızı perdahlı kabın ele geçtiği 11 No'lu Alan'da bulunan yonca ağızlı bir testi, 1 LIS'in ne kadar olabileceğini kanıtlamıştır. Kırmızı perdahlı kabın kulbu altında kabın ölçüsünü gösteren işaretler vardır (**RESİM 15**). Anlaşıldığı kadarıyla yonca ağızlı testi bir ölçü kabıdır ve 1 LIS hacmine sahiptir. Sağlam olan kabın ölçüsü 1,05 litredir. Bu durumda 1 terusi 25,20 litre ve terusinin 10 katı olan akarki ise 252,0 litre olmalıdır. Bu önerimiz doğru ise Ayanis'te üzerlerinde ölçü birimleri yer alan küplere belirtilen bu ölçüler kadar mal koyulmuştur, bir başka deyişle ölçüler küplerin ne kadar mal aldığını göstermemektedir. Küplerin içlerine önceden saptanmış miktarda mal koyulması beraberinde krallık ile halk arasındaki bir tür paylaşımı veya vergilendirmeyi getirmektedir. Paylaşım veya vergilendirme ise yönetenler ile yönetilenler arasındaki karşılıklı bağımlılığın varlığını ifade eder.

Küplerin yanlarında bulunan onlarca bulla, Ayanis Kalesi'ne gönderilen çeşitli mallar ve bunların hangi ülkeden ve kim tarafından gönderildiğine ilişkin yazılı bilgiler içermektedir. Üzerlerinde şehir adı, gönderen kişi veya gönderilen mal cinsinin belirtildiği bazı bullalar aşağıda örneklenmiştir:[17]

    Rusahinili Eidurukai. 6 kapi tahıl. Bay Bilimaduri… Bay İşpilipri, hizmetkâr

    Krali şehir Tuşpa. Bay Kipa

    Minuahinili Şehri. Bay Zigui

    Fırtına Tanrısı şehrinden (Teişeba), Urigu ülkesinden Bay Nulagi

---

13 Bu konudaki farklı öneriler için bkz. Klein 1974, s. 85-86; Mileto-Salvini 2010, s. 38-40; Sağlamtimur 2005, s. 140-141; Payne 2005.
14 Çilingiroğlu 2012.
15 Çilingiroğlu 2008, s. 192-193.
16 20 LIS = 1 terusi; Mileto ve Salvini 2010, s. 39. Daha önceden bir yazımızda yaptığımız 1 terusi'nin 12 LIS'e eşit olabileceğine dair öneri yanlıştır; Çilingiroğlu 2008, s. 191.
17 Çilingiroğlu ve Salvini 2001, s. 281-291.

Na-sa şehrinden Süphan Dağı önündeki Rusa şehrine atlar için 5 buçuk LIS hipuni (arpa?)

Süphan Dağı önündeki Rusa şehrine atlar için 6 LIS arpa

Artar ülkesinden Bay Argişti. Arpa ve hububat

2 akarki 1 terusi halzi (susam yağı?)

Bullalar üzerindeki yazıtlardan, Ayanis'e yakın bölgelerden (Tuşpa) olduğu gibi, Gökçe Göl (Aza ülkesi) civarındaki şehirlerden de mal gönderildiği anlaşılmaktadır. Bazı şehir veya bölgelerin nerede yer aldığını bilmememize karşın, bunların Ayanis Kalesi yakınında olmaları muhtemeldir. Bullalar yanlarındaki küplere konan malları, bu malların miktarlarını, kim tarafından ve hangi şehir veya bölgeden gönderildiklerini açıklamaktadır. Bullalar üzerinde belirtilen kişiler "bay" sıfatıyla tanımlanmıştır ve krali kişiler değildir. Bu durumda Ayanis Kalesi'ne gönderilen bu mallar, kendilerine toprak verilen ve ürün elde eden kişilerin kaleye vermekle yükümlü olduğu vergilere karşılık gelmektedir. Hangi miktarlarda gönderilecekleri de ait oldukları küplerin üzerine çiviyazısıyla kaydedilmiştir. Kalenin başta yiyecek gibi temel gereksinimleri bu şekilde elde edildiğine göre, kale bu mallara, sonuçta da malı üreten kişilere bağımlıdır. Doğal olarak araziyi daha verimli hale getirmek, sulama kanalları açmak, göletler inşa etmek ve tehlikelere karşı halkı korumak da krallığın görevidir. Bu noktada da üreten kişi, sürekli ve güvenlik içinde yürütülen üretim için krallığa muhtaçtır.

Urartu Krallığı'nda tarımsal ürünlerin yanında hayvancılıktan elde edilen ürünler de çok önemli bir paya sahipti. Doğu Anadolu'nun hayvancılık için çok uygun olan iklimi geniş çaplı hayvancılık yapma şansını desteklemiştir. Urartu dini merasimlerinde kurban edilen hayvanların sayısı dikkate alınırsa[18] ne kadar fazla sayıda hayvana ihtiyaç olduğu anlaşılabilir. Dini törenlerde hayvan kurban edilmesinin, dini inanışların yerine getirilmesindeki rolünün yanı sıra, kale veya etrafındaki halka et dağıtılmasını içermesi de çok muhtemeldir.[19] Urartu Krallığı'nın hayvana olan ihtiyacı ve elde edilen hayvan sayıları yazılı kaynaklara yansımıştır. Birçok kralın farklı bölgelere düzenlediği askeri seferlerin sonunda, ganimet olarak

---

18 Meher Kapı ile ilgili olarak bkz. Melikishvili 1960, s. 27; Yeşilalıç ile ilgili olarak bkz. Melikishvili 1960, s. 25; Ayanis içkalesi ile ilgili olarak bkz. Çilingiroğlu ve Salvini 2001, s. 259-260.

19 Elazığ Kaleköy'e yakın bir tepede (Abdülvahap) gerçekleştirilen dini merasimlerde tanrı için kurban edilen hayvanın büyük bölümü merasimden sonra halka dağıtılmakta, geri kalanı ise köy muhtarı tarafından alıkonmaktadır. Bu uygulama günümüzde de devam etmektedir.

alınan malların içinde çok sayıda insanın yanı sıra farklı türlerde hayvanlar da büyük yer tutmaktadır:

> ...1120 at, 12.000 büyük boynuzlu koyun, 1065 deve, 15.000 küçük boynuzlu koyuna el koydum...[20]

> ...2500 at, 12.300 büyük boynuzlu koyun, 32.100 küçük boynuzlu koyun. Bunları kral aldı, ancak savaşçılar ayrıca kendi hesaplarına hayvanlara el koydu...[21]

> ...500 at, 8560 büyük boynuzlu koyun, 25.170 küçük boynuzlu koyun; bunlar kral için yeterli idi, savaşçılarım ise kendi hesaplarına hayvanlara el koydular...[22]

> ...Bazılarını öldürdüm, diğerlerini canlı olarak naklettim; bunların içinden bazılarını orduya gönderdim...[23]

> ...Sarduri der ki: Kadın ve erkekleri savaşçılarıma verdim...[24]

Seferler sonunda ganimet olarak elde edilen çeşitli hayvanların bir bölümü kral tarafından sahiplenilirken bir bölümü de savaşçılar arasında bölüştürülmüştür. Hatta ganimet listesi içinde yer alan kadın ve erkeklerin bir bölümü asker olarak ordu için ayrılmış olsa da, yine savaşa katılan askerler tarafından ganimet olarak alıkonmuşlardır. Urartu yazıtlarında diğer tür malların da askerler tarafından yağmalandığı bilinmektedir. Sonuçta askeri seferler sırasında kral asker ihtiyacı için halka, halk da sefer sırasında insan, hayvan ve diğer eşyaları elde edebilmek için kralın iznine ihtiyaç duymaktadır.

Askeri seferlerle elde edilen hayvan sayısının çok büyük rakamlara ulaşması Urartu toprakları içinde hayvancılığın göz ardı edilmesine neden olmamıştır. Tarımsal açıdan daha az verimli olan Urartu topraklarında hayvansal ürünlere ihtiyaç kaçınılmazdır. Kaldı ki, yukarıda da belirtildiği gibi, dini merasimlerde de çok sayıda hayvanın kurban edilmesinin gerekli olduğu Meher Kapı, Yeşilalıç ve Ayanis yazıtlarına yansımıştır.[25] Hayvancılığın daha verimli bir şekilde devam ettirilmesi için krallığın çok farklı bölgelere göletler yaptığı bilinmektedir. Günümüze kalmış göletler genellikle deniz seviyesinden yüksekteki yaylalarda yer alır. Bunların önemli bir bölümü Urartu yapımı olmasa da birçok örnek Urartu olarak kabul

---

20 "Ben" zamiriyle kastedilen Menua'dır; Melikishvili 1960, s. 24.
21 "Kral", II. Sarduri'dir; Melikishvili 1960, s. 155.
22 "Kral", II. Sarduri'dir; Melikishvili 1960, s. 155.
23 "Ben" zamiriyle kastedilen Menua'dır; Melikishvili 1960, s. 28.
24 "Ben" zamiriyle kastedilen II. Sarduri'dir; Melikishvili 1960, s. 155.
25 Bkz. dipnot 18.

edilmelidir. Önemli işgücü ve ekonomik maliyet içeren göletler krallık tarafından tarımsal amaçlar için değil, hayvancılığın daha verimli bir şekilde yürütülmesi için inşa edilmiş olmalıdırlar. Krallığın kendine ait hayvanlarının var olduğu ve bunlar için özel ahırlar[26] yapıldığı bilinmektedir. Ancak özellikle Ayanis dış şehrinde yapılan kazılarda farklı türde (koyun, keçi, sığır, domuz ve köpek) binlerce hayvan kemiği bulunmuştur. Bu buluntular dış şehirde yaşayan ve olasılıkla farklı coğrafi bölgelerden Ayanis'e nakledilen insanların hayvan ürünlerine bol miktarda ulaşabildiğini göstermektedir. Halkın hayvansal ürünlere ulaşmasının kaleden yapılan günlük bir yiyecek dağıtımına bağlı olduğunu düşünmek kanımızca hatalıdır. Bu miktarda hayvansal ürüne ulaşabilen halkın kendine ait hayvanlarının olması gerekir. Olasılıkla halk seferler sonunda elde ettiği ganimetlerden sağladığı veya krallığın kendilerine belli bir bölüşme karşılığında verdiği hayvanları beslemekteydi. Hayvancılığın koşullarının iyileştirilmesi ve daha fazla ürün alınması sonuçta krallığı mutlu edecek bir uygulamadır. Krallığın kanallar, göletler inşa etmesi ve otlaklar kurması bu nedene bağlı olmalıdır.

Urartu ordusunun oluşmasında yerel halkın katkısının önemli olduğunun bilinmesine karşın, askeri seferlerde ele geçirilen halkların da orduya aktarıldığı farklı yazıtlardan bilinmektedir.[27] Sefere çıkan kral, ordusunu ülkesinin halklarından oluşturduğu gibi kendisine bağlı eyaletlerden asker temin etme yolunu da seçmiştir.[28] Krala bağlı olan ve tüm yıl boyunca kralı ve kaleleri koruyan belli bir asker grubunun var olmasına karşın, orduyu oluşturan insanların tüm yıl boyunca görev yapmaları gereksizdir. Bu insanların orduda görev almadıkları dönemlerde ekonomiye katkı sağlayacak diğer üretim sahalarında çalışmaları doğaldır. Urartu'da ordu, sayısı ve görev süresi ne olursa olsun, Urartulu halklardan ve "düşman ülkelerinden" nakledilen insanlardan oluşmaktadır. Krallığın halka duyduğu ihtiyacın bir başka temel ve önemli nedeni de bu olmalıdır.

---

26 "Işpuini oğlu Menua bu şirşine'yi [hayvan ahırı] inşa etti" (Melikishvili 1960, s. 63).
27 Bkz. dipnot 23.
28 I. Argişti: "…Savaşçılar topladım, onları kendi ülkemden aldım…" (Melikishvili 1960, s. 127); II. Sarduri: "…Uitiruhi ülkesine sefere çıktım. Üç eyalet valisini yanıma çağırdım…" (Melikishvili 1960, s. 155).

Kaynakça

Çilingiroğlu, A. (2004) "How was an Urartian fortress built?" *A View from the Highlands: Archaeological Studies in Honour of Charles Burney* içinde, der. A. Sagona, s. 205-231. Leuven: Peeters.

_____ (2007) "Properties of the Urartian temple of Ayanis," *Anatolian Iron Ages 6* içinde, der. A. Çilingiroğlu ve A. Sagona, s. 41-46. Leuven: Peeters.

_____ (2008) "Ayanis Kalesi Depo Odaları ile İlgili Bazı Öneriler," *Muhibbe Darga Armağanı* içinde, der. T. Tarhan, A. Tibet, E. Konyar, s. 187-196. İstanbul: Sadberk Hanım Müzesi Yayınları.

_____ (2012) "New contributions to Urartian archaeology from the Ayanis Fortress (Mirjo Salvini'nin yazdığı bir ekle)," *Anatolian Iron Ages 7* içinde, der. A. Çilingiroğlu ve A. Sagona, s. 99-112. Leuven: Peeters.

Çilingiroğlu, A. ve Salvini, M. (1995) "Rusahinili in front of Mount Eiduru: The Urartian fortress of Ayanis (7th century B.C.)," *Studi Micenei ed Egeo-Anatolici* 35: 111-120.

Çilingiroğlu, A. ve Salvini, M., der. (2001) *Ayanis I: Ten Years' Excavations at Rusahinili Eiduru-kai, 1989–1998*. Roma: Istituto per gli studi micenei ed egeo-anatolici CNR.

Klein, J.J. (1974) "Urartian hieroglyphic inscriptions from Altıntepe," *Anatolian Studies* 24: 77-94.

Luckenbill, D.D. (1968) *Ancient Records of Assyria and Babylonia II*. New York: Greenwood Press.

Melikishvili, G.A. (1960) *Urartian Cuneiform Inscriptions (Urartskie klinoobraznye nadpisi)*. Moskova: Izdatel'stvo Akademii Nauk SSSR.

Mileto-Salvini, F. (2010) "On the estimation of the volumes of some Urartian pithoi," *Ancient West and East* 9: 21-42.

Payne, M. (2005) *Urartian Measures of Volumes* (Ancient Near Eastern Studies Supplement Series 16). Leuven: Peeters.

Piotrovsky, B.B. (1969) *Urartu*. Londra: Barrie & Rickliff.

Sağlamtimur, H. (2005) "The volumes of Urartian pithoi," *Anatolian Iron Ages 5* içinde, der. A. Çilingiroğlu ve G. Darbyshire, s. 139-143. Ankara: The British Institute at Ankara.

Salvini, M. (2001) "Inscription on Clay," *Ayanis I: Ten Years' Excavations at Rusahinili Eiduru-kai, 1989-1998* içinde, der. A. Çilingiroğlu ve M. Salvini, s. 279-291. Roma: Istituto per gli studi micenei ed egeo-anatolici CNR.

İktidar Peyzajlari: Karşılaştırmalı Perspektiften Geç Hitit İçkaleleri

TIMOTHY P. HARRISON

Giriş

Tunç çağının büyük bölgesel güçlerinin çökmesiyle birlikte, MÖ ikinci binyılın sonlarında bütün Doğu Akdeniz'de yıkıcı bir tarihi ve kültürel ara dönemin, yani bir "Karanlık Çağ"ın başladığı yaygın olarak kabul görmektedir. Öte yandan, hemen ardından gelen demir çağı kültürlerinin önceki dönemin pek çok gelenek ve kurumunu devam ettirdiği de giderek daha fazla fark ediliyor. Demir çağında Güneydoğu Anadolu ve Kuzeybatı Suriye'de kurulan Geç Hitit devletlerinin mimarlık ve yontu gelenekleri üzerinde tunç çağı Hitit kültürünün etkili olmaya devam ettiğinin araştırmacılar tarafından uzun zamandır kabul edildiği Anadolu'da kültürel devamlılığa ilişkin kanıtlar bilhassa dikkat çekicidir. Yakın dönemde yapılan epigrafik keşifler de, siyasi düzen ciddi şekilde dönüşüme uğramış olduğu halde, bir siyasi kültürel olduğuna dair yazılı kanıtlar sunmaya başlamıştır.[1]

Giderek çoğalan yazılı kanıtlar gösteriyor ki, Hattuşa'daki imparatorluk merkezinin çöküşünden hemen sonra, Karkamış'taki Hitit valilerinin elinde Malatya'dan

---

1 Yazarın notu: Tayinat Arkeoloji Projesi'ne verdikleri araştırma desteği için, Kanada Beşeri ve Sosyal Bilimler Araştırma Kurulu, Ege Prehistorya Enstitüsü (INSTAP), Brennan Derneği ve Toronto Üniversitesi'ne gönülden minnettarız. Ayrıca, her bir kazı sezonunda araştırmalarımızı yürütebilmemiz için gerekli izinleri veren T.C. Kültür Varlıkları ve Müzeler Genel Müdürlüğü'ne, arazilerinde çalışmamıza cömertçe izin veren toprak sahiplerine, Antakya Arkeoloji Müzesi çalışanlarına ve canla başla çalışarak her kazı sezonunda başarılı sonuçlar almamızı sağlayan proje görevlilerimize de teşekkürü bir borç bilirim. Reyhanlı Yatılı Bölge Ortaokulu Müdürü Mehmet Kılıç ile okul görevlilerine de, binalarını kullanmamıza cömertçe izin verdikleri ve her kazı dönemimizde gösterdikleri sıcak konukseverlikleri için teşekkür ve minnettarlığımı özellikle ifade etmek isterim.

Yakın zamanda yapılan bu keşifler ile geniş tarihsel bağlamlarına ilişkin bir araştırma için bkz. Hawkins 2002, 2009; ve Harrison 2009a.

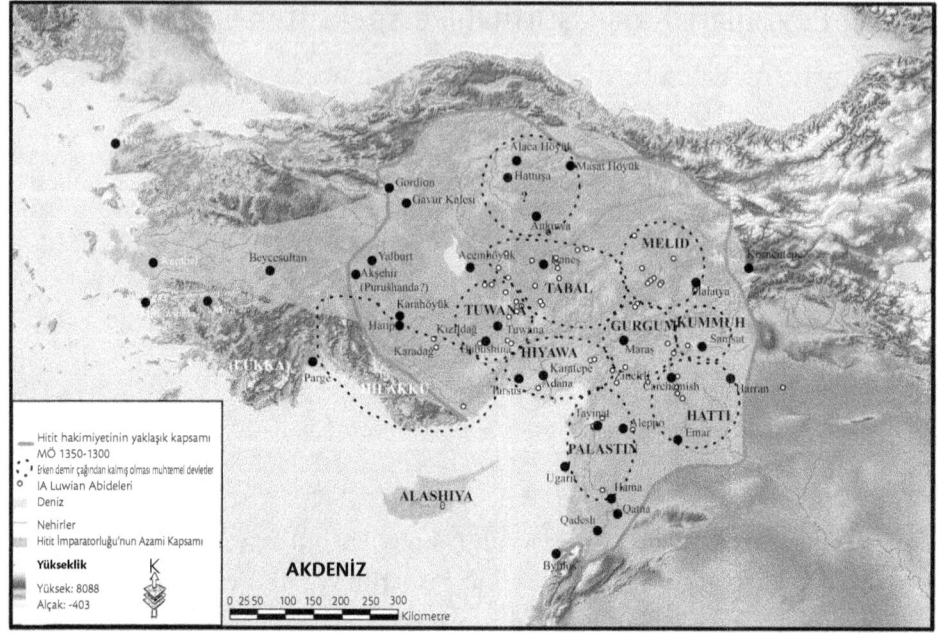

RESİM 1 MÖ birinci binyıl başlarındaki belli başlı Geç Hitit yerleşmelerini gösteren Güneydoğu Anadolu ve Kuzeybatı Suriye haritası. Kaynak: S. Batiuk.

Fırat'ın güneydoğudaki büyük kıvrımına kadar uzanan son derece küçülmüş bir "bakiye" devlet kalmıştı. Zamanla, bu varlık daha da parçalanarak, Karkamış, Melid, Kummuh ve batıda Gurgum ile belki Palistin'de kurulan küçük krallıklara bölünmüş gibi görünüyor.[2] Hitit etkisinin görüldüğü bu kapalı dar alanların arasında ise –herhalde en önemlileri Zincirli (antik Sam'al) ile Tel Rifa'at (antik Arpad) olan– rakip siyasi merkezler belirmeye, yeni yeni oluşan kültürel ve dilsel geleneklerini ortaya koymaya başlamıştı. Sonuçta, kültürel ve etnik çeşitliliğin büyüyüp gelişebildiği son derece parçalanmış veya "balkanlaşmış" bir siyasi manzara ortaya çıktı. Bölgede demir çağı uygarlığına damgasını vuran küçük ve canlı Geç Hitit devletlerinin oluşmasını tetikleyen de bu kültürel ve siyasi mayalanma oldu.

Geç tunç çağının güçlü merkezi devletlerinin aksine, bu Geç Hitit krallıkları, etno-lengüistik çeşitlilikleri, dağınık siyasi kültürleri ve bölgesel etkilerinin inişli çıkışlı oluşuyla dikkati çeker. Çok iyi korunan içkalelere sahip, etkileyici saray kompleksleri, dini yapılar ve anıtsal yontularla bezeli büyük kraliyet şehirlerinin inşası, bu minik bölgesel krallıkların ayırt edici özelliğidir. "Yeni yerleşmeler" olan bu krallık merkezleri dönemin parçalanmış siyasi coğrafyası içinde yerel yönetici

---

2 Hawkins 2002, s. 148; 2009; Harrison 2009a ve b.

hanedanların otoritesini güçlendirirken, içkaleleri de, iktidarın görsel tezahürleri olarak, tunç çağındaki Anadolulu öncüllerinin saygıdeğer mimari ve yontu gelenekleriyle kurulan bağlantılar sayesinde meşruiyet devşirmeye yarıyordu. Bu makale, bu Geç Hitit içkalelerini karşılaştırmalı bağlamda inceleyerek, tunç ve demir çağı Anadolu'sunun değişen siyasi coğrafyasında iktidar peyzajları olarak oynadıkları rolü araştıracaktır.

Geç Hitit Döneminin Yeni Yerleşmeleri

Epigrafik ve İkonografik Kanıtlar

Yerli yazılı kaynaklar, MÖ birinci binyıl başlarında pek çok Geç Hitit devletinin ortaya çıkışıyla bağlantılı olarak krallıkların iddialı inşaat programlarına giriştiğine dair ipuçları sunmaktadır. Mazzoni öngörülü bir çalışmasında, MÖ 12. yüzyıl gibi erken bir tarihte kraliyet beyannameleriyle yeni yerleşmelerin kurulduğunu kaydeden bu çarpıcı metinlere dikkat çekmiştir.[3]

Bunların en iyi bilinen örneği elbette, MÖ 8. yüzyılda Adanava Krallığı hükümdarı Azativatas tarafından yaptırılmış ve günümüzde Karatepe olarak bilinen Azativataya sınır kalesinde (**RESİM 1**) bulunan Hiyeroglif Luvi ve Fenike dillerinde yazılmış çift dilli yazıttır.[4] Kralın beyanı uzun uzun okunmayı hak ediyor:

> Ben Azativatas, Güneşin Kutsadığı (?) adam, Tarhunzas'ın hizmetkârı, (1-6)
>
> Beni Adanava kralı Avarikus destekledi. (7-11)
>
> Tarhunzas beni Adanava'nın ana babası yaptı, (12-17)
>
> Ve ben Adanava'nın zenginleşmesini sağladım, (18-20)
>
> Ve ben Adanava *ovasını* hem batıya hem doğuya doğru *genişlettim*, (21-29)
>
> Ve benim zamanımda, bütün güzel şeyler, *bolluk* ve *lüks* [...] Adanava'nın oldu (30-37)
>
> [Malikâneler yaptırdım] efendimin ailesi için, (69-73)
>
> Soyuma refah getirdim, (74-80)
>
> [Ve ben babamın tahtında oturdum] [...] (81-84)
>
> Ve sınır boylarında [...] sağlam kaleler [...] yaptırdım (98-101)
>
> Ve bu [içkaleyi] yaptırdım ve ona Azativataya adını verdim. (201-208)

---

3 Mazzoni 1994 ve 1995.
4 Azativataya'ya dair daha geniş bir tartışma için bkz. Özyar'ın bu kitaptaki makalesi.

Tarhunzas ve Runzas bu [içkaleyi] yaptırmam için benim peşim-deydi, (209-216)

[Adana Ovası'nı ve Mopsos Hanedanı'nı ... korusun diye]

Ve eğer [varsa] krallar arasında bir kral veya prensler arasında bir prens [veya tanınmış bir kimse]

[Şunu diyen]: "Azativatas'ın adını [bu] kapı[lar]dan sileceğim, (338-45)

ve kendi adımı yazacağım," (346-50)

Veya [eğer] bu [içkale]ye *göz koymuş* ise ve bu kapıları kapatırsa [?], (351-59)

Azativatas'ın yaptırdığı [kapıları], (360-62)

Ve şunu ilan ederse: "Kapıları kendimin yapacağım, (363-68)

ve kendi adımı kendim yazacağım" [...] (369-72)

[O zaman] kutsal Tarhunzas, kutsal Güneş, Ea ve bütün tanrılar

o krallığı ve o kralı ve o adamı yok etsin! (385-400)[5]

Bu dikkate değer metin, kralın yeni bir şehir ile içkalesini kurduğuna dair apaçık bir iddia içermekte ve bu eylemin siyasi ve dini gerekçelerini de belirtmektedir. Ayrıca şehir kapısının kutsal önemi de açık bir biçimde ifade edilmiştir.

Ne var ki, Karatepe'deki çift dilli bildirge, kökleri MÖ 12. yüzyıla ve demir çağının başlangıcına kadar giden bir geleneğin en geç örneğidir sadece. 12. yüzyıldan kalma bu tür bir metin Karahöyük yakınlarındaki Elbistan Steli'nde (**RESİM 1**) yer alır; burada, yöredeki şehir ve binaların restorasyonunu kutlamak üzere, İr-Teşup'un ağzından Fırtına Tanrısı'na hitaben yazılmış bir ithaf metni kaydedilmiştir.[6] Erken tarihli bir başka örnek olan 11. yüzyıldan kalma Izgın Steli'nde de, Malatya (antik Melid) kralı Taras yeni bir şehir kurduğunu ilan eder.[7] Yeni yerleşmeler kurulduğuna dair başka, daha geç tarihli atıflar arasında, II. Suhi ile Katuvas'ın Karkamış'taki krallık yazıtları (MÖ yaklaşık 975-870), Hamat kralı Urhilina (MÖ yak. 853-845) ile oğlu Uratamis'in ve Sam'al kralı I. Panamuva'nın (MÖ yak. 790-770) yazıtları

---

5 Bu çeviri, Hiyeroglif Luvi ve Fenike dillerinde yazılmış yazıtların birleşik halini Hawkins 2000, 1. cilt, 1. kısım, s. 48-58'de sunulduğu şekliyle göstermektedir; ayrıca bkz. Çambel 1999.

6 Hawkins 1993, s. 273-9; 2000, 1. cilt, 1. kısım, s. 288-95.

7 Hawkins 2000, s. 277-9.

ile Hazrek'i (günümüzde adı Tel Afis) kurduğunu iddia eden Arami hükümdarı Zakkur'un (MÖ yak. 810-775) yazıtları sayılabilir.[8]

Mazzoni'nin belirttiği gibi,[9] bu yeni yerleşmelerin kurulmasındaki temel motivasyon, krallık otoritesini meşrulaştırmanın bir aracı olarak, içkaleyle donatılmış bir kraliyet şehri yaratmaktı. Ancak, basitçe apaçık siyasi meşrulaştırma girişimleri olmanın ötesinde, bu kraliyet şehirleri demir çağı toplumunun hiyerarşik iktidar yapısı ile siyasi düzeninin simgesi ve cisimleşmiş hali olmuş ve böylelikle, hükümran hanedana tanrısal güçler tarafından verilmiş otoriteyi yansıtan iktidar peyzajları oluşturmuşlardır. Bu dikey iktidar yapısı, çok iyi tahkim edilmiş içkalelerin yapılması ve gösterişli biçimde bezenmiş anıtsal giriş kapıları ile saray komplekslerinin inşa edilmesiyle de görsel olarak desteklenmiştir.

Mevcut ikonografik kanıtlar, tarihlendirme problemleriyle malul olmakla birlikte, epigrafik kayıtlarda yansıtılan manzarayı destekler. Örneğin, muhtemelen MÖ 12. yüzyıl sonu veya 11. yüzyıl başından kalma Malatya Aslanlı Kapı'daki oyma rölyefler,[10] bir anıtsal yontu geleneğinin mevcut olduğuna dair şu an için en erken tarihli kanıtları sunmaktadır. Zincirli yakınlarında, Yesemek ve Sıkızlar'daki bazalt taş ocaklarında bulunan bitmemiş sfenksler muhtemelen 11. yüzyıldan kalmadır; Zincirli'de ele geçen benzer şekilde oyulmuş sfenksler ise, aynı atölyede yapılmamışlarsa bile, şüphesiz diğerleriyle çağdaştır.[11] Karkamış ve Zincirli Şehir Kapısı'ndaki dikkat çekici yontu kabartmalar, daha geç tarihli olmakla birlikte (muhtemelen MÖ 11. yüzyıl sonu veya 10. yüzyıl başı), bu ideolojik programın olgunluk dönemini temsil etmektedir.

MÖ 12./11. yüzyılların rölyefleri ile daha geç tarihli, 10. ve 9. yüzyılların rölyefleri arasında açık bir tematik fark vardır. Geç tunç çağı Hitit ikonografik gelenekleri Malatya ve Yesemek yontularında hâlâ etkiliyken (mesela, geyik üzerinde resmedilen tanrı ve kanatlı güneş kursunu tutan dağ tanrıları), daha geç tarihli rölyeflerde bunların yerini yeni temalar ve motifler almıştır.[12] 'Ain Dara ve Halep tapınak rölyeflerinde de Hitit ikonografisi görülmekte, bu da onları kazılarda ele geçiren araştırmacılar tarafından MÖ 12. yüzyıla yapılan tarihlendirmeyi desteklemektedir.[13]

---

8   Bu konuyla ilgili tarih özetleri ve çeviriler için bkz. Hawkins 2000; Mazzoni 1994, s. 319-20; 1995, s. 181-2.
9   Mazzoni 1994, s. 319-21.
10 Hawkins 1993, s. 276; 1995; Mazzoni 1995, s. 182; 1997, s. 310-1.
11 Bkz. Mazzoni 1995, s. 182; n. 7'de başka çalışmalara atıf vardır.
12 Mazzoni 1995, s. 182-3.
13 Abu-Assaf 1990; Orthmann 1993; Gonnella vd 2005; Kohlmeyer 2009.

Arkeolojik Kanıtlar

Yazılı ve ikonografik kanıtlar, birlikte ele alındıklarında, bir zamanlar Hitit İmparatorluğu'nun Suriye topraklarını oluşturan –ve esas olarak Toros Dağları ile Suriye düzlüğünün batı ucu arasında kalan– bölgenin geçirdiği dönüşüme işaret ederler (**RESİM 1**). Arkeolojik bulgular da bu değişimi yansıtmakta, etrafları giderek yerleşikleşen kırsal bir hinterlantla çevrili hâkim merkezi yerleşmelerin ortaya çıktığı bir şehirleşme sürecini belgelemektedir.

Mazzoni yeni yerleşmelerin dört ayrı tipte olduğunu tespit ederek kullanışlı bir sınıflandırma yapmıştır:[14]

(1) *Hem arkeolojik hem epigrafik bulgularla belgelenen yeni yerleşmeler*: Bunlardan biri olan Sam'al/Zincirli ilk olarak MÖ 10. yüzyılda veya daha önce kurulmuş, 10. ve 8. yüzyıllar arasında da en az üç inşa evresi geçirmiş olmalıdır;[15] yeni bir yerleşmenin kurulduğuna dair beyannameyle uyumlu olarak 8. yüzyıl sonlarında inşa edilen Azativataya/Karatepe ise, daha önce mimari evreler geçirdiğine ve yakınlardaki Domuztepe'den buraya bir yerleşmenin nakledilmiş olabileceğine dair kanıtlar sunar.[16]

(2) *Sadece arkeolojik bulgularla belgelenen yeni yerleşmeler*: Bu tür yerleşmelerden biri olan Gozan/Tel Halaf, MÖ yaklaşık 9. ve 8. yüzyıllarda olmak üzere, demir çağına ait en az dört inşa evresi geçirmiş, tunç çağının sonunda yakınlardaki Tel Fekhariyah'tan buraya olan göçün ardından, en erken tarihli demir çağı yerleşmesi doğrudan doğruya tarihöncesi yerleşmenin üzerine inşa edilmiştir;[17] bir diğer örnek olan Sakçagözü/Lutibu'da (?) 8. yüzyıl tarihli kalıntılar kalkolitik/tunç çağı yerleşmesinin hemen üzerindedir; Kunulua/Tel Tayinat ise, MÖ 9. ila 7. yüzyıllar arasına yayılan beş inşa evresinden oluşmakta, geç tunç çağının sonunda yakınlardaki Tel Açana'dan (antik Alalah) buraya olan göçten sonra şehrin 11./10. yüzyıllarda kurulduğuna işaret eden mimari kalıntılar bulunmaktadır; daha fazla bilgi için aşağıya bakınız.[18]

(3) *Önceden mevcut başkentlerin/şehir merkezlerinin yeniden kurulması*: Bunların arasında, en azından 10./9. yüzyıllara ve daha sonrasına tarihlenen çok sayıda kalıntıya sahip olan Karkamış'ı; anıtsal bir giriş kapısı, geniş bir idari kompleks ve muhtemelen bir tapınak (veya tapınaklar) da dahil olmak üzere, 9. ve 8. yüzyıllardan

---

14 Mazzoni 1994, s. 321-3; 1995.
15 Bkz. Pucci 2008; ve daha başka çalışmalara atıflar içeren Schloen ve Fink 2009.
16 Çambel ve Özyar 2003; ayrıca bkz. Harrison 2009c.
17 Naumann 1950; ayrıca bkz. Pucci 2008.
18 Haines 1971, s. 64-6; daha başka çalışmalara atıflar içeren Harrison 2009b.

kalma bol miktarda kalıntının bulunduğu Hamat'ı ve Bit Adini'nin başkenti olan Musavari/Til Barsip/Tel Ahmar'ı sayabiliriz.

(4) *Köy yerleşmelerinin başkentlere/şehir merkezlerine dönüşmesi*: Bunlara örnek olarak, Halep'i ikinci sınıf bir yerleşme olarak gölgede bırakan, iyi donatılmış bir şehir kapısı ve istihkâmlara sahip Arpad/Tel Rifa'at[19] ve geç tunç çağından demir çağına aralıksız bir yerleşim tarihi olan, anıtsal bir tapınak ile başka kamusal binaların ve istihkâmların inşa edildiği Hazrek/Tel Afis sayılabilir.[20]

Kralların kurduğu bu yeni yerleşmeler genellikle 20 ila 50 hektar büyüklüğünde olup, konut ve sanayi alanlarından oluşan geniş aşağı yerleşmelerle çevrelenmiş, anıtsal giriş kapılarından ulaşılan çok iyi tahkim edilmiş içkalelere sahipti.

Mazzoni tanımladığı dört yerleşme tipini ayrıca üç ayrı kentsel büyüme ve dönüşüm modeline göre de gruplamıştır:[21] (1) *yakın mesafedeki bir başkentin nakledilmesi* (örneğin, Domuztepe'nin Azativataya/Karatepe'ye, Alalah/Tel Açana'nın Kunulua/Tel Tayinat'a, Sikani/Tel Fekhariyah'ın Gozan/Tel Halaf'a ve Tilmen Höyük'ün Sam'al/Zincirli'ye nakli); (2) *yakın mesafede ikinci bir yerleşmenin kurulması/duplikasyon* (örneğin, Sakçagözü'nün yanında Sam'al/Zincirli'nin ve Hadatu/Aslantaş'ın yanında Musavari/Til Barsip'in kurulması); ve (3) *uzak mesafedeki bir başkentin nakledilmesi* (örneğin, Hamat'ın Hazrek/Tel Afis'e ve Arne/Tel Aarane veya Halep'in (?) Arpad/Tel Rifa'at'a nakli). Burada ilginç olan, bir, nehirlerin veya su kütlelerinin bu yerleşme nakillerinde oynadığı rol, bir de, herhalde en iyi örneği Azativataya/Karatepe olan, özellikle savunma amacıyla kurulmuş ikincil yerleşmelerin çoğunlukta olması olgusudur.

Yazılı kanıtlar yerleşme tipleri arasında daha resmi bir sınıflandırmaya dair de ipucu sunmaktadır; Zincirli yakınlarındaki Gerçin'de bulunan (MÖ yaklaşık 8. yüzyıl ortalarından kalan) Panamuva yazıtı, üç basamaklı bir yerleşme hiyerarşisinin mevcut olduğuna üstü kapalı bir atıfta bulunur.[22] Yeni Asur kaynakları da benzer şekilde, temas ettikleri Geç Hitit krallıklarına ait yerleşmelerin işlevlerine dayalı olarak sınıflandırıldığı sonucuna vararak, en az üç ayrı yerleşme türü saptar: kraliyet şehirleri (*āl šarrūti*), müstahkem şehirler (*ālāni dannūti*) ve bölgesel şehirler (*ālāni ša limēti*).[23] II. Asurnasirpal dokuzuncu seferi sırasında (MÖ yaklaşık

---

19 Seton-Williams 1967, s. 19-21.
20 Mazzoni 1998; Soldi 2009.
21 Soldi 2009, s. 324-5.
22 Özellikle yazıtın 10. satırı; bkz. Gibson 1975, s. 67. Bu atfa dikkatimi çektiği için J. Osborne'a teşekkür ederim.
23 Ikeda 1979, s. 75-8; Liverani 1992, s. 125; Mazzoni 1994, s. 326.

870'te) Patina Krallığı'na karşı savaşırken (daha fazla bilgi için aşağıya bakınız), her üç yerleşme türünden de bahseder ve Kunulua'yı (Tel Tayinat) kraliyet şehri, Aribua'yı (muhtemelen günümüzde Cisrüş-Şugur) müstahkem şehir, Hazazu'yu (muhtemelen Tel 'Azaz) ise bölgesel şehir olarak zikreder.[24]

Sembolik Sınır Alanları Olarak Giriş Kapıları

Malatya'daki Aslanlı Kapı, 12.-11. yüzyıldan kalma rölyefleriyle, özenle süslenmiş Geç Hitit giriş kapılarının en erken tarihli örneğidir. Rölyeflerde geyik ve aslan avı ile tanrılara sıvı sunma (libasyon) sahneleri resmedilmiştir.[25] İkonografi, Alaca Höyük'teki Sfenksli Kapı'da yer alan, biraz daha erken tarihli, 13. yüzyıl Hitit rölyeflerine çok benzer[26] ve açıkça Hitit krallığına ilişkin kutsal ritüelleri çağrıştırır. Böylelikle rölyefler giriş kapısını kutsal bir alan, vahşi ve kaotik doğa düzeni ile tanrılar tarafından korunan medeni dünya arasındaki sınır bölgesi olarak tanımlarken,[27] kutsal ritüeller de halkın tanrısal güçler tarafından atanmış koruyucusu veya "kapı bekçisi" olarak kralın oynadığı rolün altını çizer.

Hama, Karatepe, Karkamış, Malatya ve Zincirli gibi birçok Geç Hitit kraliyet şehrinin içkale kapılarında sfenksler veya aslanların bulunmasının, tunç çağı Hitit geleneğinin devam ettiği (veya yeniden canlandırıldığı) anlamına geldiği açıktır;[28] bu heykeller aynı zamanda, yönetici elite erişim yolunu koruyan sınır bölgeleri olarak kapıların oynadığı sembolik rolü de vurgular. Bu kapılarda (örneğin Karatepe, Karkamış, Tayinat ve Zincirli'dekilerde) dikilen devasa heykeller, genellikle iki yanında aslanlar bulunan, bacaklarını iki yana açmış bir figür –yani düzenin kaosa, medeni dünyanın doğaya hâkim olmasını simgeleyen klasik "efendi ile hayvanlar" motifi– biçiminde olup kral ile kapı alanı arasında apaçık bir bağlantı kurarken, orada icra edilen tören ritüelleri ile krallık görevlerine de vurgu yapar.[29]

İçkale giriş kapılarının sonraları, 10. ve 9. yüzyıllarda daha da gelişerek aldığı şekil, tanrıların lütfuna mazhar olan (ve onlar tarafından korunan) yönetici eliti tebaalarından ayıran bir sınır bölgesi olarak giriş kapısının temsil ettiği ideolojik mesajı daha da vurgular olmuştu. Üstelik, bu özenle bezenmiş giriş kapıları, süslü oyma rölyefleriyle birlikte, hanedanın teşhir yeri olarak işlev görmüş ve Azativatas'ın Karatepe'deki beyannamesinde de görüldüğü gibi, 8. yüzyılda kraliyet propagan-

---

24 Grayson 1991, s. 216-9, metin A.0.101.1, sütun iii, satır 55-92a.
25 Delaporte 1940; özellikle bkz. resim XIXb, XXIV, XXXII.
26 Güterbock 1956.
27 Mazzoni 1997, s. 310-5.
28 Mazzoni 1994, s. 331; 1997, s. 316-8.
29 Ussishkin 1989; Mazzoni 1997, s. 330-1.

dasının resmi bir parçası haline gelmişti. Kapı rölyefleri ayrıca lineer anlatılar oluşturarak, izleyici kitlesini kralın arada bir bağlantı noktası olduğu insani ve tanrısal dünyalar arasında gezdirirdi.[30]

Geç Hitit içkalelerinin zirvelerini süsleyen sarayların portikli giriş kapıları da, yine bir bakıma koruyucu ve törensel giriş yerleri veya sınır bölgeleri gibi bir işleve sahipti. Herhalde buna en iyi örnek, Tel Halaf'taki Kapara Sarayı'nın önünde bulunan ve MÖ 9. yüzyılın ikinci yarısına tarihlenen rölyeflerdir. Bunların repertuvarında, geyik ve aslan avı sahneleri, mitolojik dövüşler, koruyucu tanrı ve canavarlar gibi, içkale kapılarındaki tören alayı rölyeflerinde bulunan birçok imgenin aynen yer alması şaşırtıcı değildir.[31]

Örnek Vaka İncelemesi Olarak Tel Tayinat ve Palistin/Patina Krallığı

Mevcut arkeolojik kanıtlar, hem devamlılık hem değişim olduğu görüşünü destekleyerek, Kuzey Orontes (Asi Nehri) Vadisi'nde, Hitit İmparatorluğu dönemiyle arasında tarihsel bağlar bulunan ve merkezi Tel Tayinat'taki büyük demir çağı yerleşmesi olan güçlü bir bölgesel krallığın ortaya çıktığını belgeler.

Yüzey araştırması verileri geç tunç çağı süresince bölgede yerleşimin nispeten düşüşe geçtiğini göstermekte, bu da bu dönemde ilkçağ Yakındoğu'sunun tamamında görülen genel düşüşe paralel bir görünüm sunmaktadır.[32] Bölgedeki sit sayısının neredeyse ikiye katlandığı demir çağında bu trend tersine dönmüştür. Ancak, yüzey araştırması verileri daha yakından incelendiğinde, durumu daha da aydınlatan bir dizi patern ortaya çıkıyor.[33] Özellikle, tespit edilen geç tunç çağı sitlerinin neredeyse üçte ikisinin erken demir çağında da (Amuk N Evresi) iskân edilmiş olması, iki dönem arasında önemli ölçüde yerleşim sürekliliği olduğunu gösteriyor. Ne var ki bu yerleşmeler kaydedilen tüm erken demir çağı sitlerinin toplam sayısının yalnızca üçte birine tekabül etmektedir. 47 erken demir çağı (yani Demir I) sitinin 30'u, yani tamı tamına %74'ü, yeni yerleşmelerdi. Buna karşılık, Demir I ile sonraki Demir II (Amuk O Evresi) dönemleri arasında yerleşim sürekliliğine ilişkin çok güçlü kanıtlar vardır. Bilinen 47 Amuk N sitinin 35'i, yani %75'lik dikkate değer bir bölümü, O Evresi'nde de iskân edilmişti.[34]

---

30 Mazzoni 1997, s. 318-24.
31 Mazzoni 1997, s. 329.
32 McClellan 1992; Yener vd 2000, s. 187-9.
33 Söz konusu yüzey araştırması verilerinin daha derinlemesine bir incelemesi için bkz. Harrison 2001, s. 122-4.
34 Biraz farklı yüzey araştırması verilerine dayanmakla birlikte, Amuk'taki yerleşme trendlerine ilişkin benzer bir değerlendirme için bkz. Pruss 2002, s. 162-4.

Sit büyüklüklerine ilişkin veriler tüm sit sayılarında görülen yerleşim yoğunlaşması olgusunu daha da netleştiriyor. İskân edilen toplam alan da artmış olmakla birlikte, daha açıklayıcı olan sitlerin ortalama büyüklüğüdür; bu ortalama, geç tunç çağında (Amuk M Evresi) 4,76 hektarken, gerileyerek N Evresi'nde 3,61, O Evresi'nde ise 3,63 hektar olmuştur. Casana ve Wilkinson'ın belirttiği gibi,[35] Amuk yüzey araştırması verileri, demir çağında yerleşmelerin kesin olarak yer değiştirdiğini veya daha spesifik olarak söylemek gerekirse, nüfusun küçük kırsal yerleşmelere dağıldığını belgelemektedir. İkinci binyılın ikinci yarısında (Amuk M ve N Evreleri), sitlerin yaklaşık üçte biri orta büyüklük kategorisinde (5-15 ha), üçte ikisi de küçük boyutta (<5 ha) olmak üzere, sit büyüklüğü dağılımları nispeten sabit kalmışken, O Evresi'nde sitlerin yüzde 80'den fazlası (n=26) küçük yerleşmelerdi.

Bu yerleşme trendlerine paralel bir gelişme de, Tel Tayinat'ın bölgenin başlıca yerleşmesi haline gelmesidir. Demir II (veya O Evresi) döneminde, 35-40 hektar büyüklüğündeki Tel Tayinat, bilinen tüm iskân edilmiş alanın tamı tamına %30'unu oluşturur olmuştu ve bölgesel sit büyüklüğü hiyerarşisinde ikinci en büyük yerleşme olan Çatalhöyük'ten (AS 167) üç kat daha büyüktü. Tel Tayinat'ın baskın niteliği O Evresi sitlerinin mekânsal dağılımına da yansımıştır, zira yerleşmeler ovanın güney ucunda, Tel Tayinat'ın etrafında yoğunlaşmıştı (**RESİM 2**). Böylece, yüzey araştırması verileri geç tunç çağından erken demir çağına geçişte önemli ölçüde yerleşim sürekliliği olduğunu gösterirken, bu erken demir çağı yerleşme ağının sonradan Tel Tayinat merkezli, entegre, şehirleşmiş, bölgesel bir oluşuma dönüştüğüne dair kanıtlar da bir o kadar aydınlatıcıdır.

Değişime ilişkin kanıtlar da gayet açıktır ve bunları herhalde en açıklayıcı olarak, vadideki başlıca yerleşmenin Tel Açana'dan (antik Alalah) yakındaki Tel Tayinat'a kayması olgusunda görmekteyiz. Alalah'taki son geç tunç çağı yerleşmesi yıkıldığı mı, yoksa terk mi edildiği sorusunun halen net bir cevabı yoktur, ama Tayinat'ta yeniden başlayan kazılar şimdi kesin olarak gösteriyor ki sit Alalah'ın hâkimiyet devriyle örtüşen sekiz yüzyıllık bir aradan sonra Erken Demir I döneminde (MÖ yaklaşık 12. yüzyılda) yeniden iskân edilmişti. Öte yandan, biraz beklenmedik bir şekilde, Tayinat'taki Erken Demir I tabakalarında, yabancı yerleşimcilerin varlığını doğrudan kanıtlamasa da, bir Ege etkisinin varlığını ele veren maddi kültür izleri gün yüzüne çıkmıştır.

Bu kendine özgü erken demir çağı kalıntılarının üzerinde ise Birinci Mimari Evre'nin anıtsal yapıları bulunmakta, bunların başında da Bina XIII (28 x 35 m) ile kazıyı yapanların en az 49x95 m ebadında olduğunu tahmin ettikleri, iyi ko-

---

35 Casana ve Wilkinson 2005, s. 39-40.

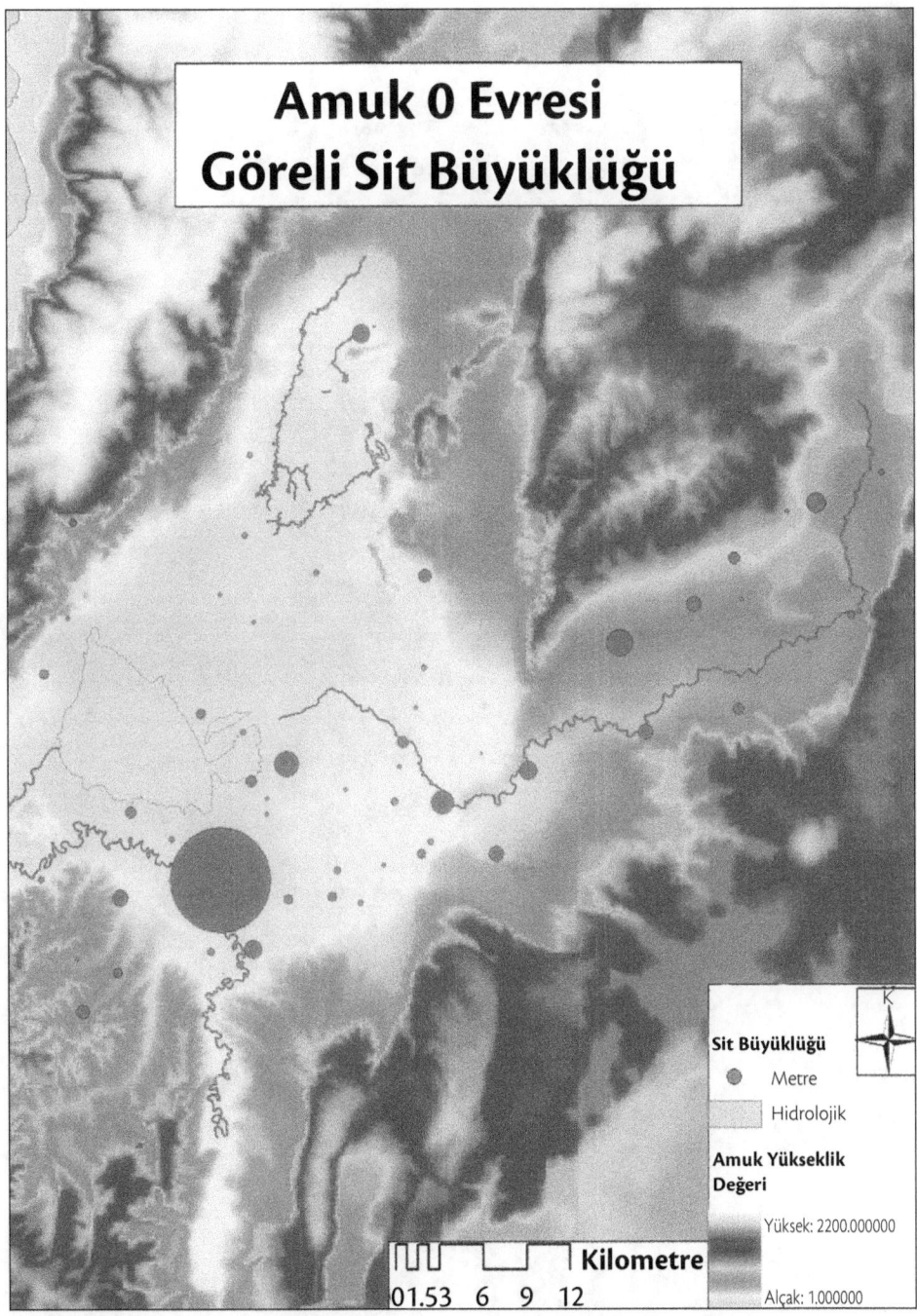

RESİM 2 Sitlerin büyüklükleriyle orantılı olarak gösterildiği Amuk O Evresi yerleşme paternleri.
Kaynak: S. Batiuk.

RESİM 3 İkinci Mimari Evre kompleksinin planı. Kaynak: S. Batiuk.

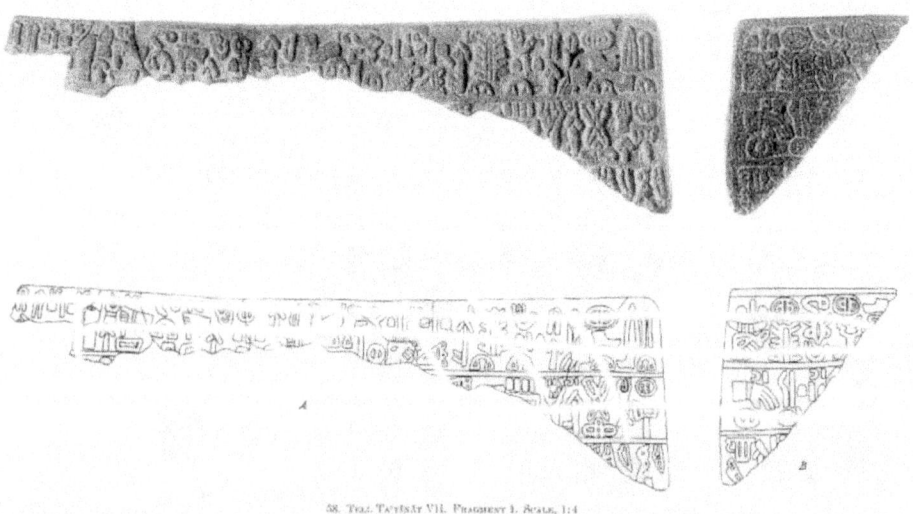

RESİM 4 Hiyeroglif Luvi dilinde yazılmış 2 no'lu Tel Tayinat yazıtının bir parçası. Kaynak: Gelb 1939'a dayanarak.

runmamış ama gerçekten kocaman bir yapı olan Bina XIV gelmektedir. Bu iki yapı merkezi bir avlunun çevresinde yer almış gibi görünüyor.[36] Yine Birinci Mimari Evre'de yapılmışa benzeyen bir dizi münferit mimari buluntu da, bu erken devrin verdiği büyüklük ve ihtişam izlenimine katkıda bulunmaktadır.[37] Örneğin, çapları 1,3 ila 1,4 m arasında değişen, benzer şekilde oyulmuş iki bazalt sütun kaidesi, aslında ya XIII ya da XIV no'lu yapıdan alındıklarını ima eden kontekstlerde ele geçmiştir. Birkaç başka sütun kaidesi ile iki oyma aslan başlı ortostat da[38] yine Birinci Mimari Evre'ye ait kompleksin birer parçası olduklarını akla getiren ikincil veya üçüncül kontekstlerde bulunmuştur.

Birinci Mimari Evre'deki kompleksin yerini İkinci Mimari Evre'nin geç 9. ve 8. yüzyıl tarihli saray kompleksi aldı. Bu kompleks en çok, büyük portikli Bina I ve onun yanında bulunan, zarifçe oyulmuş çift aslanlı sütun kaidesiyle *megaron* tarzı bir tapınak olan Bina II'yle ilişkilendirilir (**RESİM 3**).[39] 2008'de, Tayinat Arkeoloji Projesi (TAP) kazıları, daha önce kazılan yapıyla aynı taş döşeli merkezi avluya bakan ikinci bir tapınağın (Bina XVI) kalıntılarını gün yüzüne çıkardı.[40] Hiyeroglif Luvi dilinde yazılmış, herhalde bir zamanlar avluda duran dikili anıt veya stellerin parçası olan, parçalanmış, kırıntı halinde yazıt parçaları (**RESİM 4**) zemine saçılı halde bulunmuştur. Merdivenle çıkılan, portikli anıtsal giriş kapılarıyla Geç Hitit tapınaklarının klasik planını muhafaza eden iki bina, belli ki kapalı bir kutsal alanın bir bölümünü oluşturmaktaydı (**RESİM 5**). Yeni kazılan tapınağın iç harimi, yani "kutsalların kutsalı" olan bölümünde, daha eski bir Geç Hitit tapınak kompleksinin Yeni Asur dönemindeki renovasyonundan kaldığı anlaşılan altın, tunç ve demir aletler, libasyon kapları ve süslerle bezenmiş ritüel objeleri gibi çok sayıda kült eşyası ile çiviyazılı tabletler bulunmuştur.

Kutsal alanın kuzeybatısında, Bina I, kuzey tarafındaki bir eklenti (Bina VI) ve ikinci bir sarayla (Bina IV) beraber, ikinci bir taş döşeli avluya bakar (Avlu VIII; **RESİM 3**). İkinci Mimari Evre süresince[41] bu merkezi avluya güneybatı yönündeki taş döşeli bir sokaktan girilebiliyor, bu sokağın bir ucu da yukarı şehre veya içkaleye güneyden erişim sağlayan büyük bir kapıya (Kapı XII) çıkıyordu. Yukarı höyüğün

---

36 Haines 1971, s. 38-40.
37 Bu malzemenin daha derinlemesine bir incelemesi için bkz. Harrison 2009a, s. 177-8.
38 Mazzoni bu aslan figürlerinden birini (T-3270) kullanarak, demir çağı şehrinin MÖ 11. veya 10. yüzyılda kurulduğunu savunmuştur; Mazzoni 1994, s. 322, n. 20; 1995, s. 188, n. 45.
39 Bu kalıntıların daha kapsamlı bir tasviri için bkz. Haines 1971, s. 44-58.
40 Bkz. Harrison 2009b, s. 183-7.
41 Haines 1971, s. 64-5.

RESİM 5 "Kutsal Alan"ın izometrik rekonstrüksiyonu. Kaynak: S. Batiuk.

RESİM 6 Kapı VII yakınlarında bulunan devasa heykel başı. Kaynak: B. Janeway'in fotoğrafı.

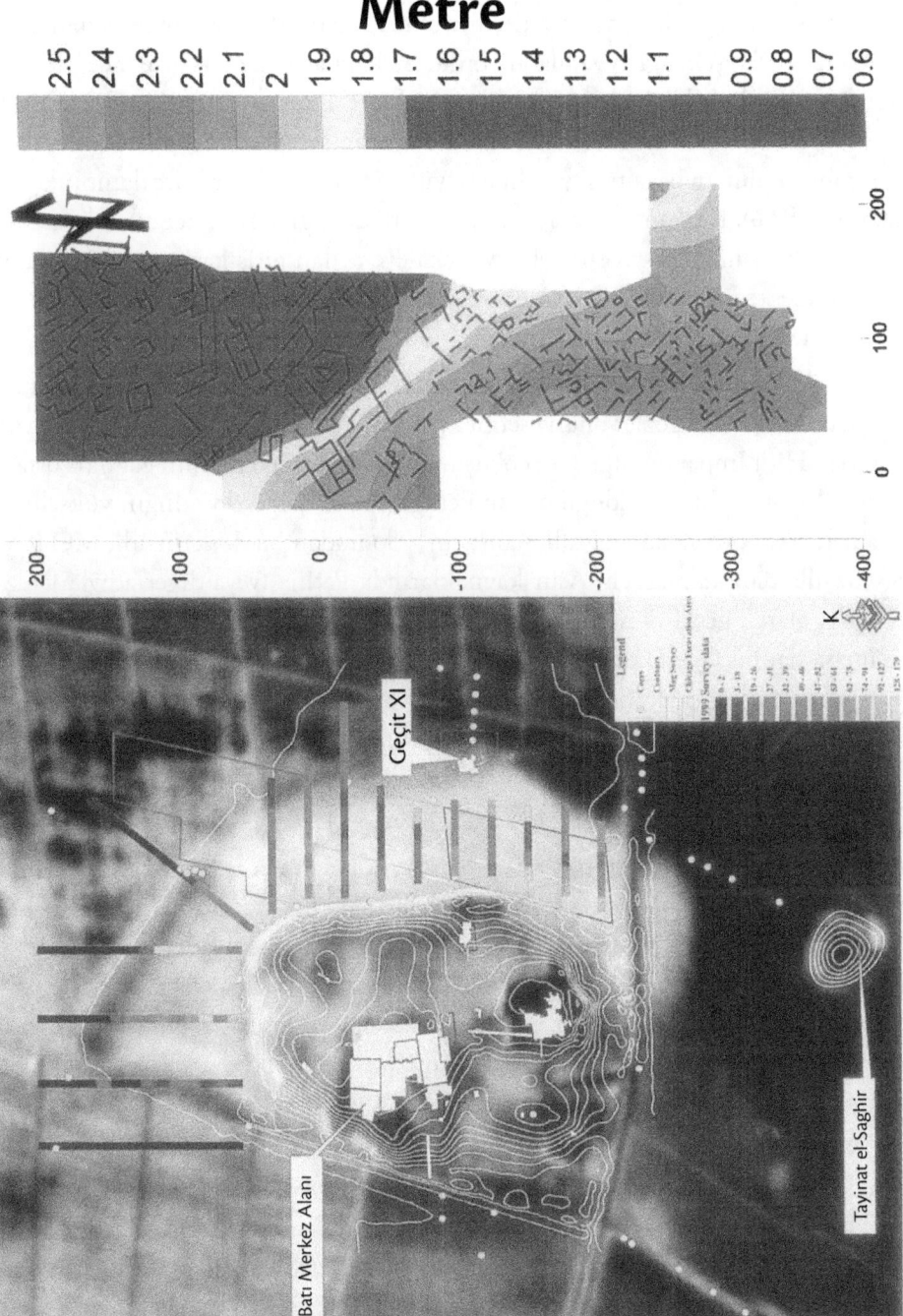

RESİM 7 Jeomanyetik yüzey araştırması sonuçlarını gösteren Tel Tayinat planı. Kaynak: S. Batiuk.

en doğu ucunda yer alan ikinci bir kapı (Kapı VII) aşağı ve yukarı yerleşmeler arasında geçişi sağlarken, aşağı yerleşmenin dış surlarında bulunan iki kapıdan da (Kapı III ve XI) şehre giriş yapılabiliyordu. Bu kapıların her biri ince ince işlenmiş bazalt ortostatlarla kaplı olmakla birlikte, hiçbiri Karkamış, Karatepe, Zincirli gibi yerlerde olduğu gibi oyma kabartmalarla süslenmiş değildi. Ancak Kapı VII'nin yakınında bulunan bazalttan yapılma büyük bir insan başının parçalanmış kalıntıları (**RESİM 6**), Karkamış, Karatepe ve Zincirli'deki gibi Tayinat'ta da, devasa bir heykelin bir zamanlar yukarı şehir ve içkaleye açılan giriş kapısını koruduğuna işaret etmektedir. Aşağı höyükte yapılan bir manyetometrik inceleme, geniş bir aşağı yerleşmenin varlığını doğrulamıştır (**RESİM 7**).[42]

Özetle, Tel Tayinat'taki arkeolojik kalıntılar tipik bir Geç Hitit içkalesinin başlıca özelliklerini gözler önüne sermektedir. Bir yandan da, giderek artan yazılı kanıtlar, Hitit İmparatorluğu'nun çöküşünün ardından erken demir çağında ortaya çıkan "Palistin Ülkesi" olduğu düşünülen güçlü bir bölgesel krallığın yükselişini ana hatlarıyla ortaya koymaya başlamıştır.[43] Sonradan bu devletin adı, MÖ 9. ve 8. yüzyıllardan kalma Yeni Asur kaynaklarında Patina (veya diğer adıyla Unki) Krallığı olarak geçer olmuştu.[44] Spesifik tarihsel şartlar henüz tam olarak anlaşılamasa da, bu Geç Hitit devletinin kültürel imzası ve zenginliği, bir zamanlar Tayinat'ın kadim içkalesini oluşturan yukarı höyüğü taçlandıran etkileyici binalar ile halen ayakta duran anıtlara yansımış durumdadır.

Sonuç

Makalemi özet niteliğinde bir dizi gözlemle noktalamak isterim. Gördüğümüz gibi, MÖ 12. yüzyıl gibi erken bir tarihten itibaren kurulduğu gözlenen Geç Hitit kraliyet şehirleri, demir çağının genel yerleşme trendlerine uygun şehirler olarak, MÖ birinci binyıl başlarında Doğu Akdeniz kıyı şeridinde küçük bölgesel devletlerin ortaya çıkmasıyla sonuçlanan bir şehirleşme sürecini yansıtmaktaydı. İstikrarsız ama son derece rekabetçi siyasi kültürleri, dağınık, *heterarşik* iktidar yapıları ve sürekli değişen kara sınırları, bu krallıkları tanımlayan temel özelliklerdi.

İktisadi açıdan bu devletler, bölgelerarası ve bölge içi geniş ticaret ağları ile son derece yerelleşmiş zanaat endüstrilerinin geliştiği yerler oldu; bu olgu, fildişi, taş kaplar, çanak çömlek ve dokuma üretimi yapan kendine özgü bölgesel zanaat endüstrilerinin ortaya çıkışına yansımıştır. Demografik açıdan, bu Geç Hitit dev-

---

42 Batiuk vd 2005, s. 175-6.
43 Bkz. Hawkins 2009; Harrison 2009a ve b.
44 Bu daha sonraki dönemin tarihi için bkz. Harrison 2001.

letlerinin nüfusları çok-etnili bir karakter taşıyor gibidir; tüm bölgeye hâkim olan tek bir etnik grubun bulunmayışı, bir etnisiteler mozaiğine benzeyen dinamik bir sosyal manzaraya yol açmıştır.

Biraz paradoksal olarak, bu küçücük devletlere, hem etkileyici büyüklükleri hem de görsel ihtişamlarıyla kraliyet şehirleri hâkimdi. Bu yeni kurulmuş şehirler, ya dairesel (örneğin, Aslantaş, Tel Ahmar, Tel Rifa'at ve Zincirli) ya da dikdörtgen biçimli (mesela Halaf ve Sakçagözü) katı bir geometrik plana göre inşa edilmiş planlı yerleşmeler gibi görünmektedir. Kendilerini çevreleyen kentsel yerleşmeden fiziksel ve görsel olarak ayrılan, çok iyi tahkim edilmiş içkaleler, bu kraliyet şehirlerini tanımlayan herhalde en temel unsurdu. Bu içkalelerin girişini oluşturan anıtsal kapılar, erişimi kısıtlayarak sembolik sınır alanları olarak işlev görmekte, kralın tanrılar tarafından verilmiş otoritesini, tebaasını doğa düzeninin kaotik güçlerinden koruyarak ve tanrıların medeni dünyasına bir köprü oluşturarak oynadığı hayati rolü vurgulamaktaydı. Yeni kurulmuş yerleşmeler olarak bu Geç Hitit krallık merkezleri, MÖ birinci binyıl başlarının parçalanmış siyasi coğrafyası içinde yerel hükümran hanedanların otoritesini güçlendirmeye hizmet ederken, içkaleleri de iktidarın görsel tezahürlerini temsil ediyor, tunç çağında hüküm sürmüş Anadolulu öncüllerinin saygıdeğer mimari ve yontu gelenekleriyle kurulan bağlantılar sayesinde meşruiyet devşiriyordu.

Kaynakça

Abu-Assaf, A. (1990) *Der Tempel von 'Ain Dara*. Mainz: Philipp von Zabern.

Batiuk, S., Harrison, T.P. ve Pavlish, L. (2005) "The Ta'yinat Survey, 1999-2002," *The Amuq Valley Regional Projects, Vol. I: Surveys in the Plain of Antioch and Orontes Delta, Turkey: 1995-2002* (Oriental Institute Publications 131) içinde, der. K.A. Yener, s. 171-92. Chicago: Oriental Institute of the University of Chicago.

Çambel, H. (1999) *Corpus of Hieroglyphic Luwian Inscriptions, Vol. II: Karatepe-Aslantaş: The Inscriptions*. Berlin: Walter de Gruyter.

Çambel, H. ve Özyar, A. (2003) *Karatepe-Aslantaş: Azatiwataya: Die Bildwerke*. Mainz: Philipp von Zabern.

Casana, J.J. ve Winkinson, T.J. (2005) "Settlement and Landscapes in the Amuq Region," *The Amuq Valley Regional Projects, Vol. I: Surveys in the Plain of Antioch and Orontes Delta, Turkey, 1995-2002* (Oriental Institute Publications 131) içinde, der. K.A. Yener, s. 25-65. Chicago: Oriental Institute of the University of Chicago.

Delaporte, L. (1940) *Malatya: Arslantepe I: La Porte des Lions*. Paris: E. de Boccard.

Gibson, J.C. (1975) *Textbook of Syrian Semitic Inscriptions, Vol. II: Aramaic Inscriptions Including Inscriptions in the Dialect of Zenjirli*. Oxford: Clarendon Press.

Gelb, I.J. (1939) *Hittite Hieroglyphic Monuments* (Oriental Institute Publications 45). Chicago: University of Chicago Press.

Gonnella, J., Khayyata, W. ve Kohlmeyer, K. (2005) *Die Zitadelle von Aleppo und der Tempel des Wettergottes*. Münster: Rhema.

Grayson, A.K. (1991) *Assyrian Rulers of the Early First Millenium BC, I (1114-859 BC): The Royal Inscriptions of Mesopotamia, Assyrian Periods, Cilt 2*. Toronto: University of Toronto Press.

Güterbock, H.G. (1956) "Notes on Some Hittite Monuments," *Anatolian Studies* 6: 53-6.

Haines, R.C. (1971) *Excavations in the Plain of Antioch II: The Structural Remains of the Later Phases: Chatal Hoyuk, Tell al-Judaidah, and Tell Ta'yinat* (Oriental Institute Publications 92). Chicago: University of Chicago Press.

Harrison, T.P. (2001) "Tell Ta'yinat and the Kingdom of Unqi," *The World of the Aramaeans II: Studies in History and Archaeology in Honour of Paul-Eugène Dion* içinde, der. P.M.M. Daviau, J.W. Wevers ve M. Weigl, s. 115-32. Sheffield: Sheffield Academic Press.

_____ (2009a) "Lifting the Veil on a 'Dark Age': Ta'yinat and the North Orontes Valley during the Early Iron Age," *Exploring the Longue Durée: Essays in Honor of Lawrence E. Stager* içinde, der. J.D. Schloen, s. 171-84. Winona Lake: Eisenbrauns.

_____ (2009b) "Neo-Hittites in the 'Land of Palistin': Renewed Investigations at Tell Ta'yinat on the Plain of Antioch," *Near Eastern Archaeology* 72: 174-89.

_____ (2009c) "Review of *Karatepe-Aslantaş: Azatiwataya: Die Bildwerke*," *Journal of Near Eastern Studies* 68: 47-50.

Hawkins, J.D. (1993) "The Historical Significance of the Karahöyük (Elbistan) Stele," *Aspects of Art and Iconography: Anatolia and Its Neighbors, Studies in Honor of N. Özgüç* içinde, der. M. Mellink, E. Porada ve T. Özgüç, s. 273-9. Ankara: Türk Tarih Kurumu Basımevi.

_____ (1995) "Great Kings' and 'Country-Lords' at Malatya and Karkamiš," *Studio Historiae Ardens: Ancient Near Eastern Studies Presented to Philo H.J. Houwink ten Cate on the Occasion of his 65th Birthday* içinde, der. T. van den Hout ve J. de Roos, s. 73-85. İstanbul: Nederlands Historisch-Archaeologisch Instituut.

_____ (2000) *Corpus of Hieroglyphic Luwian Inscriptions.* Berlin: Walter de Gruyter.

_____ (2002) "Anatolia: The End of the Hittite Empire and After," *Die nahöstlichen Kulturen und Griechenland an der Wende vom 2. zum 1. Jahrtausend v. Chr.: Kontinuität und Wandel von Strukturen und Mechanismen kultureller Interaktion* içinde, der. E. Braun-Holzinger ve H. Matthäus, s. 143-51. Möhnesee: Bibliopolis.

_____ (2009) "Cilicia, the Amuq, and Aleppo: New Light in a Dark Age," *Near Eastern Archaeology* 72: 164-73.

Ikeda, Y. (1979) "Royal Cities and Fortified Cities," *Iraq* 41: 75-87.

Kohlmeyer, K. (2009) "The Temple of the Storm God in Aleppo during the Late Bronze and Early Iron Ages," *Near Eastern Archaeology* 72: 190-202.

Liverani, M. (1992) *Studies on the Annals of Ashurnasirpal II, 2: Topographical Analysis* (Quaderni di Geografia Storica 4). Roma: Roma "La Sapienza" Üniversitesi.

Mazzoni, S. (1994) "Aramaean and Luwian New Foundations," *Nuove Fondazioni nel Vicino Oriente Antico: Realta e Ideologia* içinde, der. S. Mazzoni, s. 319-40. Pisa: Giardini Editori e Stampatori.

_____ (1995) "Settlement Pattern and New Urbanization in Syria at the Time of the Assyrian Conquest," *Neo-Assyrian Geography* (Quaderni di Geografia Storica 5) içinde, der. M. Liverani, s. 181-91. Roma: Roma "La Sapienza" Üniversitesi.

_____ (1997) "The Gate and the City: Change and Continuity in Syro-Hittite Urban Ideology," *Die Orientalische Stadt: Kontinuität, Wandel, Bruch* içinde, der. G. Wilhelm, s. 307-38. Saarbrücken: Saarbrücker Druckerei und Verlag.

_____ (1998) *The Italian Excavations of Tell Afis (Syria): From Chiefdom to an Aramaean State.* Pisa: Edizioni ETS.

McClellan, T.L. (1992) "Twelfth Century B.C. Syria: Comments on H. Sader's Paper," *The Crisis Years: The 12th Century B.C. From Beyond the Danube to the Tigris* içinde, der. W.A. Ward ve M.S. Joukowsky, s. 164-73. Dubuque: Kendall/Hunt.

Naumann, R. (1950) *Tell Halaf II: Die Bauwerke.* Berlin: Walter de Gruyter.

Orthmann, W. (1993) "Zur Datierung der Ištar-Reliefs aus Tell 'Ain Dara," *Istanbuler Mitteilungen* 43: 245-51.

Pruss, A. (2002) "Ein Licht in der Nacht? Die Amuq-Ebene während der *Dark Ages*," *Die nahöstlichen Kulturen und Griechenland an der Wende vom 2. zum 1. Jahrtausend v.*

Chr.: *Kontinuität und Wandel von Strukturen und Mechanismen kultureller Interaktion* içinde, der. E. Braun-Holzinger ve H. Matthäus, s. 161-76. Möhnesee: Bibliopolis.

Pucci, M. (2008) *Functional Analysis of Space in Syro-Hittite Architecture* (BAR International Series 1738). Oxford: British Archaeological Reports.

Schloen, J.D. ve Fink, A.S. (2009) "Searching for Ancient Sam'al: New Excavations at Zincirli in Turkey," *Near Eastern Archaeology* 72: 203-19.

Seton-Williams, M.V. (1967) "The Excavations at Tell Rifa'at, 1964," *Iraq* 29: 16-33.

Soldi, S. (2009) "Aramaeans and Assyrians in North-western Syria: Material Evidence from Tell Afis," *Syria* 86: 97-118.

Ussishkin, D. (1989) "The Erection of Royal Monuments in City-gates," *Anatolia and the Ancient Near East: Studies in Honor of Tahsin Özgüç* içinde, der. K. Emre, M. Milling, B. Hrouda ve N. Özgüç, s. 485-96. Ankara: Türk Tarih Kurumu Basımevi.

Yener, A., Edens, C., Harrison, T., Versterate, J. ve Wilkinson, T.J. (2000) "The Amuq Valley Regional Project, 1995-1998," *American Journal of Archaeology* 104: 163-220.

Duvardaki Yazı: Demir Çağı İçkalesi Azativataya'nın (Karatepe-Aslantaş) Kapılarında Bulunan Yontu ve Yazıtları Yeniden İncelemek

ASLI ÖZYAR

Gösterişli kapı ve burçlara sahip, güçlü tahkimatlarıyla dikkat çeken içkaleler, MÖ üçüncü binyıldan itibaren ilkçağ Anadolu peyzajının olağan bir unsuru olmaya başladı. Troya'dan çok iyi bilindiği gibi, bu askeri anıtların resim ve tasvir içermeyen düz ve boş yapılar oluşu, bizatihi istihkâmın kendisini iktidar ve prestijin görsel bir simgesi haline getirmekteydi. MÖ ikinci binyıl süresince, Alişar ve Kuşaklı/Sarissa gibi yerlerde görüldüğü gibi, Anadolu içkaleleri giderek şehir merkezlerine dönüştü. Orta tunç çağındaki Kaneş veya Hitit Hattuşa'sı gibi bazıları da, iki veya hatta üç parçalı bir yapı biçiminde gelişti: Merkezdeki içkale ile iç şehir ve dış şehrin her biri ayrı ayrı tahkim edilerek, sitin iç hiyerarşi paternleri belirgin şekilde görünür hale geldi. Bu ayrıca, tahkim edilmiş şehirlerdeki seçme yapı ve yüzeylerin çarpıcı ikonografik tasvirlerle bezenmeye başladığı dönemdir – örneğin, kapılarda bulunan aslan formundaki heykeller, iyiliksever melez varlıklar ve koruyucu tanrılar ile Alaca Höyük'teki Sfenksli Kapı'nın iki yanındaki ünlü kabartmalarda olduğu gibi, bazen bütünlüklü sahnelerin oluşturulmasına kadar varan tasvir geleneği. MÖ birinci binyılda, hem tek başlarına müstahkem içkalelerin hem de iki veya üç parçalı yerleşmelerin Anadolu'da çoğalması, temsil ve iletişime yönelik giderek artan talebi gözler önüne serer. Bu makale, Türkiye'nin güney orta bölümünde yer alan, kamusal mesajların içkale kapılarının mimari unsurları üzerine resim ve yazıyla nakşedildiği bir demir çağı istihkâmının çeşitli yönlerine odaklanmaktadır.

Bu sit ve kalıntılarına ilişkin inceleme ve yayın süreci yarım yüzyıldan fazla süredir devam etmekte olduğundan, kapılardaki yontu ve yazıtları incelemeye geçmeden önce, araştırmanın kısa bir özetini vermek yerinde olacaktır. Azativataya (diğer adıyla Karatepe-Aslantaş) içkalesi Bossert ve Çambel tarafından 1946'da keşfedildi.[1] Ertesi yıl, Alkım ve Bossert, sırasıyla Türk Tarih Kurumu ve İstanbul Üniversitesi'nin himayesinde sistematik kazıları başlatıp yönettiler.[2] Toroslar yöresindeki Hitit kalıntılarının yerlerini saptamak amacıyla yapılan bir yüzey araştırması sırasında keşfedilen sitin Hitit sonrası döneme ait olduğu yapılan incelemelerle kanıtlandı.[3] Yine de, harabeler çok kısa sürede dünya çapında üne kavuştu: Bir içkaleye açılan kısmen korunmuş iki giriş kapısında, bazalt bloklara oyulmuş bir rölyef programı ile çift dilli bir kitabe yan yana yer almıştı. Hiyeroglif Luvi ve Fenike dillerinde yazılmış uzun bir tarihsel anlatı olduğu ortaya çıkan çift dilli yazıt, Hiyeroglif yazısının çözülmesini kolaylaştırdı ve bugüne kadar erken dönem Fenike dilinde yazılmış ve günümüze ulaşmış en uzun metin olarak kaldı. Tüm dünyadan geniş bir izleyici topluluğunun katılımıyla bilimsel bir tartışma başladı ve çok sayıda yayın yapıldı.[4]

1951'de, Bossert'in kazıların bittiğini ilan edip bölgenin başkentini bulmak amacıyla yakınlardaki Misis'te çalışmaya başlamasının ardından, Çambel siti devralarak araştırmayı yeniden başlattı; bu, o zamana kadar eşi görülmemiş ve sitlerin korunmasına dair uluslararası standartları belirleyen uzun vadeli bir koruma/restorasyon girişimiyle eşzamanlı olarak gerçekleşti.[5] Bu sitin kısmen bir baraj gölünün suları altında kalmaktan kurtarılıp Türkiye'nin ilk açık hava müzesi olarak kendi doğal ortamında muhafaza edilmesi, yalnız ve yalnız Çambel'in becerisi ve olağanüstü gayreti sayesinde oldu.[6] Nihayet, yeni ekip binlerce ufacık dağınık parçayı bir araya getirerek daha pek çok rölyefli bloğu yeniden oluşturmayı başardı ve böylece ikonografik külliyat daha da genişledi. Şimdiye kadar, iki ciltlik nihai yayın yapıldı: Yazıtların bir tıpkıbasımı[7] ile ele geçen tüm yontuları tanıtan bir monograf.[8] Mimari kalıntıların nihai yayını hazırlık aşamasındadır.[9]

---

1 Bossert ve Çambel 1946.
2 Bossert ve Alkım 1947.
3 Sitin keşfi ve ilk incelemelere ilişkin Çambel'in renkli anlatımı için bkz. Çambel 1999, s. 1-2; ve Çambel ve Özyar 2003, s. 1-4.
4 Kapsamlı bir bibliyografya için bkz. Çambel 1999, s. xviii-xxiii; Hawkins 2000, s. 28-71; ve Çambel ve Özyar 2003, s. x-xx.
5 Çambel ve Özyar 2003, s. 4-6.
6 Çambel 1993.
7 Çambel 1999; bu kitap, Fenike dilindeki yazıtların Wolfgang Röllig tarafından yapılmış transliterasyon, çeviri ve yorumunu içermektedir. Hiyeroglif yazıtların tam bir incelemesi Hawkins 2000, s. 47-70'te yayımlanmıştır.
8 Çambel ve Özyar 2003.
9 Sicker-Akman (yayına hazırlanıyor).

Ortam

Azativataya içkalesi harabeleri, Kuzeydoğu Kilikya'da, Toros Dağları'nın eteklerinde yer alır (**RESİM 1**). Doğal bir tepe olan Ayrıca Tepesi'nde (deniz seviyesinden yüksekliği 224 m) stratejik şekilde konuşlanmış olan[10] ve Ceyhan/Pyramos'un batı yakasında bulunan müstahkem mevki, her ikisi de Orta Anadolu Platosu'nu Akdeniz'e bağlayan nehirle batısındaki eski kervan yolundaki (Akyol/Ağyol/Kocayol) mal taşımacılığı trafiğini bir zamanlar şüphesiz kontrol etmiş ve onlardan gelir elde etmiş olmalıdır.[11] Burada yaşayanların gelip geçenlerden gümrük vergisi alıp karşılığında Toros Dağları'ndan elde edilebilen kereste ile değerli sedir tomrukları ve çeşitli metaller gibi ticaret mallarının güvenli bir şekilde geçmesini sağladıkları düşünülebilir.[12]

Tepedeki içkale, güneyindeki Kilikya ovasında bulunan şehir merkezlerinin oluşturduğu hinterlanda yukarıdan bakar. Diğer bir deyişle, içkale çok-parçalı bir kentsel sistemin merkezinde yer almaz. Karatepe-Aslantaş müstahkem mevkii, tek başına duran bir birim, anıtsal istihkâmlarla kendini belli eden bölgesel bir gücün tezahürü ve kır peyzajının göze çarpan bir unsurudur. Yaklaşık 5 ha, yani 50.000 m² büyüklüğünde bir alanı (dik yamaçtaki uzantısı hariç) kaplayan kale çok sayıda insanı barındırmaktaydı. Kale sakinlerinin, muhtemelen sitin çevresindeki engebeli araziyi oluşturan küçük vadiler ile dağ içi ovalarına serpiştirilmiş köy, mezra ve çiftliklerle iletişim halinde olduklarını tahmin edebiliriz. Çift dilli yazıtta ifade edildiği gibi,[13] kaleye tahıl ve şarap gibi tarım ürünleri ile koyun ve sığır sağlayan da bu köyler olmalıdır; bunun karşılığında da kale onlara tehlike durumunda koruma sağlamaktaydı. Ürünler herhalde nehirden aşağı bırakılıyor veya nehir yoluyla taşınıyordu; kapı kitabesi açıkça Pahar tahıl ambarlarını doldurmaktan bahseder[14] ki Bossert bu yerin devasa Misis/antik Mopsuhestia höyüğünde olabileceğini öne sürmüştü.[15] Misis, Adana'nın doğusunda, Pyramos/Ceyhan Nehri'nin batı yakasında yer alır (**RESİM 2**).

Şehir merkezlerinin dışında, nispeten izole bir noktada yer alması, içkalenin bağımsız bir siyasi yapı olduğunu göstermez. Tam tersine, güneyindeki ovada

---

10 Çambel ve Özyar 2003, levha 1a, 1b.
11 Çambel ve Özyar 2003, levha 3.
12 Çambel 1999, s. 1; Çambel ve Özyar 2003, s. 9-10.
13 Çambel 1999, s. 65, Phu/AIII satır 7-11; Hawkins 2000, s. 55-6, HL §LIII-LVIII, satır 303-30.
14 Çambel 1999, s. 51, Phu/AI satır 6.
15 Bossert 1950, s. 290-4.

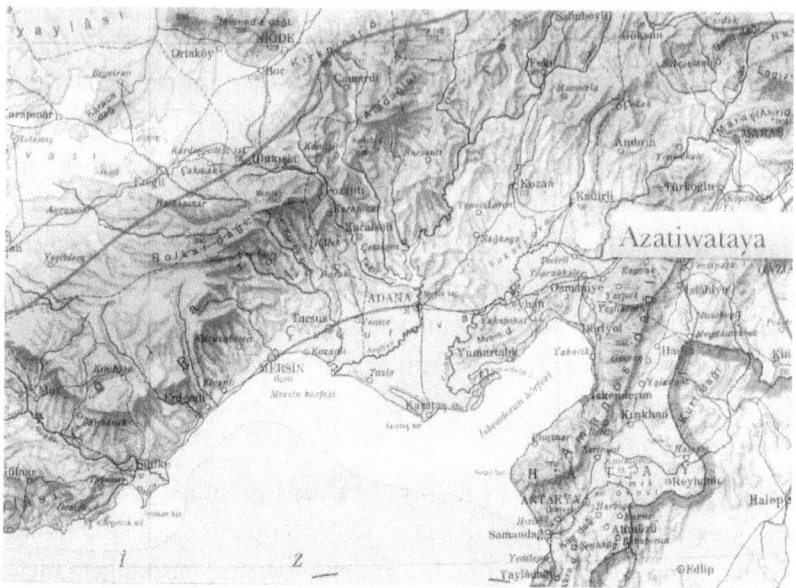

RESİM 1 Kuzeydoğu Kilikya/Çukurova'da, Toros Dağları'nın eteklerinde Azativataya'nın konumu. Kaynak: Duran 1970'e dayanarak.

RESİM 2 Saros/Seyhan Nehri'nin batı yakasında Adanava'nın ve Pyramos/Ceyhan Nehri'nin batı yakasında Misis/Pahar ile Azativataya'nın konumları. Kaynak: Çambel ve Özyar 2003'e dayanarak.

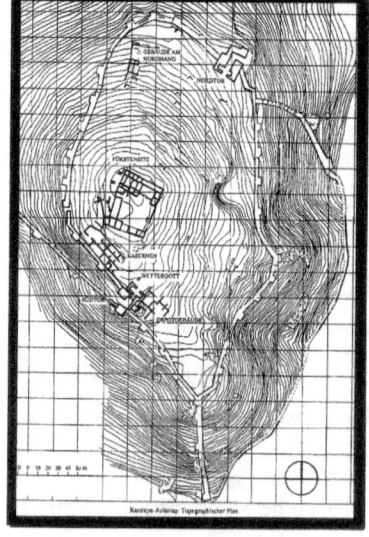

RESİM 3 Karatepe-Aslantaş/Azativataya'nın M. Sicker-Akman tarafından İ. Süzen'e dayanarak hazırlanan topografik haritası. Kaynak: Çambel ve Özyar 2003'e dayanarak.

bulunan en büyük merkeze bağlıydı; bu siyasi bağ, kapı yazıtlarında birbirine destek olma ve karşılıklı sadakat şeklinde açıklanmıştır.[16] Bu kale, Fenike dilinde 'mq 'dn, Hiyeroglif Luvi dilinde ise Adanava veya Hiyava adlarıyla anılan Kilikya veya Adana ovasının başkenti olan Adanava (Hiyeroglif Luvi dilinde) veya 'dn (Fenike dilinde) şehrinin sınır boyundaki müstahkem mevkilerinden biriydi.[17] Adanava'nın kalıntıları, Azativataya'nın 135 km güneybatısında, Saros/Seyhan nehrinin batı yakasında bulunan ve antik ismini muhafaza eden modern Adana şehrinin merkezindeki henüz kazılmamış büyük Tepebağ höyüğünde olmalıdır. Çağdaş Asur kaynakları, bölgede, MÖ 8. yüzyılda (II. Şarrukin dönemi) Harrua ve Uşnanis, MÖ 7. yüzyılda da (Esarhaddon dönemi) Sissu ve Kundi gibi bir dizi sınır kalesi olduğuna tanıklık ediyor olmakla birlikte, tespit edilen isimlerle mevcut kalıntılar arasında kurulan korelasyonlar birer tahminden ibarettir.[18] Bu içkalenin, giriş kapılarında yer alan yazıtlarda geçen adı Azativataya, bildiğimiz Asur kaynaklarında yer almaz.

İçkale

Üzerinde düzenli aralıklarla sıralanmış burçlar bulunan içkale istihkâm duvarı, önceden planlanmış geometrik bir düzene sahip olmayıp, Hititlerin topografyaya uyma geleneğini ele verecek şekilde arazi eğrilerini izlemektedir;[19] Sur, hükümdarın konutu olduğu düşünülen büyük bir yapının bulunduğu tepenin zirvesini çevreler (**RESİM 3**).[20] Tahkimat sistemi nehir tarafına yönelirken, hükümdarın konutu batı ucunda kalmıştır. Bugün büyük ölçüde baraj gölünün suları altında kalan ek bir duvar, nehre giden doğu yamacını korumaktaydı. İstihkâm duvarlarını bölen iki büyük kapı Kuzey Kapısı ve Güney Kapısı olarak bilinir; bunlar, nehirle kervan yolunun doğrultularına uygun olarak kuzeydoğu-güneybatı ekseninde yer almıştır. Kapılar iki yanlarında bulunan kulelerle korunuyordu. Hattuşa'daki Kral Kapısı'nda da olduğu gibi, surların dış tarafında, girişin karşısında inşa edilmiş ek bir kule, her iki kapıya da doğrudan girilmesini engelleyerek dolambaçlı bir geçişe imkân vermekteydi.[21] İç tarafta, her iki kapının da çaprazlarında bulunan birer

---

16 Hawkins 2000, s. 48-9, §I-§VI.
17 Adanava'nın konumu ve ona eşdeğer şehirler ile daha geniş bir kaynakça için bkz. Hawkins 2008, s. 191.
18 Hawkins 2008, s. 192-3.
19 Schirmer 2002, s. 214.
20 Çambel ve Özyar 2003, levha 4.
21 Schirmer 2002, s. 207, resim 4 ve s. 213, resim 13-14'te yer alan Hattuşa'daki Kral Kapısı ile her iki Karatepe kapısının rekonstrüksiyon çizimlerini karşılaştırabilirsiniz.

kapı odasına eklemlenmesi, Hitit mimari gramerinden farklılaşarak Kuzey Suriye geleneğini yansıtan ve en iyi örneğini Zincirli'de gördüğümüz bir olgudur.[22] Sitin batısındaki kervan yolundan Güney Kapısı'na çıkan rampanın yanında, güneybatı yamacının güvenliğini sağlayan koruyucu bir duvar vardı. İstihkâm duvarının batı segmentinde, hükümdara ait yapının karşısında da üçüncü bir geçiş kapısı bulunuyordu.[23] Ana eksende yer alan iki ana kapının aksine, surların batı bölümündeki bu geçit anıtsal bir yapıyla vurgulanmamıştı.

İçkalenin iç kısmı kısmen incelenmiştir: Yukarıda belirtilen, hükümdara ait bina içkaleye hâkim olan yapıdır ve belirttiğim gibi en yüksek noktada yer alır. Sicker-Akman bu binanın dört aşamada inşa edildiğini belirlemiştir:[24] İlk yapılan kısım dikdörtgen biçiminde ve 20x40 m (800 m²) ebadında olup, iki yanında odalar bulunan geniş bir ana salondan oluşmaktadır. Girişinde bir veranda olan geniş salon, Kuzey Suriye Hilani tipi denen yapı türünün bir örneği gibi görünmektedir.[25] Sonradan, hafif bir yön kaymasıyla yapının güney tarafına açık bir avlu ile bir sıra oda eklenmiştir. Son olarak, binanın kuzey cephesi bir sıra oda daha yapılarak genişletilmiştir. Bu binadan başka, Güney Kapısı'nın her iki yanında, herhalde bazıları depo amaçlı olarak kullanılan bir dizi yapı da gün yüzüne çıkarılmıştır.

Hükümdara ait binaya Güney Kapısı'ndan erişilmektedir. Kapıdan geçilerek içkaleye girildiğinde, üzerinde hiçbir yapı olmayan geniş açık bir alana gelinir. Bu alanın hemen kuzeyinde, hükümdarın konutuna giden yolda, bir çift boğanın üzerinde duran bir hava tanrısının insan boyundan büyük, yazıtlı, bazalt heykeli dikilmişti.[26] Kült ve ritüel faaliyetlerinin yöneltildiği heykel bir odak nokta oluşturarak açık alanı besbelli bir tören mekânı olarak belirliyordu.[27] Bu alandan binaya doğru bir rampa çıkıyor ve yapıya güneydoğudan erişim sağlıyordu. Bu yol üzerinde, şüphesiz anikonik bir sembol olan koni biçimli bazalt bir kaya, taştan

---

22 Schirmer 2002, s. 214.
23 Sicker-Akman ve Akman 2000, s. 141.
24 Sicker-Akman ve Akman 2000, s. 135-9; ayrıca bkz. Çambel ve Özyar 2003, s. 7, resim 11a, 11b'deki planlar.
25 Yakındoğu mimarisinde kullanılan *bīt-ḫilāni* terimi, geniş ana salonunun önünde sütunlu bir veranda bulunan bir saray yapısını ifade eder. Terim ilk olarak ilkçağda, hamilikleri altında yürütülen saray inşa faaliyetlerini kaydeden Yeni Asur hükümdarları tarafından kullanılmıştır.
26 Heykelin konumu ve tasviri için bkz. Çambel ve Özyar 2003, s. 47-8, resim 56, 69 ve levha 5, 218-20.
27 Geç Hitit kentsel mekânında tören alanının detaylı bir incelemesi için bkz. Denel 2007, s. 179-201.

bir kaidenin oyuğu üzerine oturtulmuştu.[28] 3. Evre'sinde binaya güney taraftan giriliyordu. Güney Kapısı, hükümdarın konutu, kült heykeli ve anikonik kayanın birbirlerine mekânsal olarak yakın oluşu, bu bölgenin içkalenin kült ve tören merkezi olduğunu ortaya koymaktadır.

Yapısal Özellikler

Kaleye giriş çıkışı sağlayan her iki ana kapıda da, giriş yerlerinin iç kısmında kerpiç duvarın en alt kısmı bir dizi taş ortostatla kaplanmıştır. Yukarıda da belirttiğim gibi, bu mimari bloklarda, bir rölyef programı ile çift dilli bir anlatı içeren bir yazıt yer alır. Anıtsal şehir yapılarının dış cephelerine yerleştirilen mimari taş bloklar üzerine oyulmuş bu tür tasvir programları, demir çağında Güneydoğu Anadolu ve Kuzey Suriye'de rekabet halinde olan beyliklerin alametifarikasıdır.[29] Mimariye eklemlenmiş yontu ve yazıt kombinasyonlarını, ideal olarak malzeme, ikonografi ve metin özelliklerini bir arada ele alan bütüncül bir yaklaşımla incelemek gerekir. Diğer bir deyişle, bu eserleri anlamak, yapısal, mimari ve teknik özellikleri incelemekle mümkündür; bu da zaten, sanat tarihi ve filoloji perspektiflerinin yanı sıra, arkeolojik yöntemde olağan bir uygulamadır. Yirmi yıl kadar önce, bölgedeki üç önemli sit için böyle bir analiz denenmişti.[30] Harmanşah da yakın tarihli bir makalesinde, demir çağında Kuzey Suriye'deki kentsel inşaat pratiğinde ortostat kabartma programlarının yaygınlaşmasını incelerken, mimari bağlam ile sanat-tarihsel algıyı, yani kendi deyişiyle tektonik ve skenografik unsurları birlikte ele alan benzer bir yaklaşımı incelikli bir biçimde geliştirmiştir.[31]

Azativataya'da bulunan kabartmalı ve yazıtlı blokların bazı yapısal özelliklerini ele almadan önce, bu mimari teamülü kısaca inceleyeceğim. Yunancada "dik duran" anlamına gelen ortostat terimi, çoğu arkeolojik çalışmada, hem yapısal olarak bir duvar tabanının parçası olan mimari blokları, hem de taban kısmının üzerinde kaplama olarak kullanılan taş levhaları ifade edecek şekilde bol keseden kullanılmaktadır. Anadolu mimari geleneğinde, bir duvarın yer seviyesinin üzerindeki tabanına ağırlığı taşıyacak çok büyük kaya parçalarını eklemenin nev'i şahsına münhasır bir usulü geliştirilmiştir.[32] Devasa kaya bloklarının yanlarındaki bloklara uyacak şekilde yontulması suretiyle, parçaların sıkı sıkıya birbirine kenetlenmesi

---

28 Kayanın konumu için bkz. Sicker-Akman 2000, s. 141; bir fotoğrafı ve incelemesi için bkz. Çambel ve Özyar 2003, s. 6, resim 10, s. 115.

29 Özyar 2003, s. 108.

30 Özyar 1992.

31 Harmanşah 2007, s. 69-72.

32 Özyar 2006, s. 129; Mellink 1974, s. 203, 205-6; Mellink 1970, s. 15-27.

sağlanır. Kasten özgün doğal görünümünde bırakılan bu taş bloklar böylece çivi kullanılmadan, sırf kendi ağırlıkları sayesinde yerlerinde dururlar. Hitit şehir mimarisi bu tercihin birçok örneğini sunar. Hattuşa'daki Büyük Tapınak veya Tapınak I'in sembolik değere sahip *cella*'sındaki duvar tabanında olduğu gibi, yekpare yapı blokları çoğu zaman süslemesizdir (**RESİM 4A, B**).[33] Bazı durumlarda, bu tür büyük taban blokları tasvirli yontular için uygun bir yüzey oluşturur; bunun en iyi örneği, bir rölyef programının anıtsal şehir yapılarının parçası olarak kullanıldığı erken tarihli bir örnek olan Alaca Höyük'teki Sfenksli Kapı'dır. Bu inşaat pratiğini Hitit yayılmasının etkisinin hissedildiği bölgelerde de saptamak mümkündür: Örneğin, Hititlerin Kuzey Suriye valisine ait Fırat üzerinde Karkamış'ta bulunan merkez, en çok demir çağı şehir yerleşim planının kalıntılarıyla tanınmaktadır. Ancak, yayımlanmış kalıntılar arasında, ikinci binyıl yapılarının, yani yukarıda anlattığım Hititlere özgü niteliği taşıyan büyük yekpare mimari unsurların izleri görülebilir.[34]

Suriye geleneğinde ise, kaideye benzer taş tabanlara oturtulmuş dikdörtgen biçimli kesme taş levhalar tercih edilmiştir. Bu levhaların anıtsal duvarların kerpiç örgüsüne yaslanır şekilde yerleştirilmesinden, bunların hava şartlarının yıpratıcı etkisine karşı koruma işlevi gören kaplamalar olduğu anlaşılıyor.[35] Tel Açana, Tilmen Höyük (**RESİM 5**) ve Ebla gibi sitler ile artık Halep'teki Hava Tanrısı Tapınağı'nda da bu pratiğe dair iyi bilinen kanıtlar mevcuttur. Duvarın kerpiç üstyapısı ile levhalar arasına yatay kirişler yerleştirilirdi (**RESİM 6**). Bu kirişlerin levhalara raptedilmesi, mekanik olarak açılmış deliklere çivi gibi sokulan tahta mıhlar yardımıyla oluyordu; bu delikler, çoğu zaman çürüyüp gitmiş ahşap kısımlara ilişkin günümüze ulaşan tek ipucudur.[36] Halep'te ele geçen yeniden kullanılmış kabartmalı bir levhanın[37] veya Tel Halaf'ta gün yüzüne çıkarılan ve ikinci binyıl ikonografisini yansıtan yeniden kullanılmış bazı levhaların gösterdiği gibi,[38] üzerlerinde rölyef programı olan bu tür kaplama levhalarının ikinci binyıldan kalma örneklerine rastlanmaktadır.

Karatepe-Aslantaş'ta, Azativataya içkalesinde bulunan iki ana kapının yapılış şekli bu site özgüdür ve hem Anadolu hem de Suriye mimari pratiklerini ele vermektedir. Çambel'in açıkladığı gibi, her iki kapı da eğimli arazi üzerine yerleştirilmişti

---

33 Neve 1995/6.
34 Özyar 1998, s. 635-6.
35 Ortostatların mimari fonksiyonunun ayrıntılı bir incelemesi için bkz. Naumann 1971, s. 75-86.
36 Naumann 1971, s. 110-4; Karkamış'taki bir ortostat bloğunda bulunan bir çivi deliğinin yakın plan fotoğrafı için bkz. Özyar 1998, s. 636, s. 640, resim 9.
37 Gonnella, Khayyata ve Kohlmeyer 2005, s. 111, resim 155.
38 Özyar 2008.

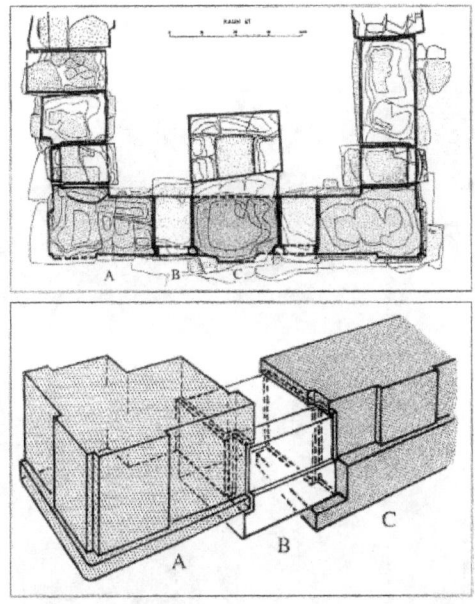

RESİM 4a Boğazköy'deki Tapınak I'in *cella*'sının kuzey duvarında taban bloklarının bağlanma sisteminin planı ve izometrik rekonstrüksiyonu. Kaynak: Neve 1995/6'ya dayanarak.

RESİM 4b Boğazköy Tapınak I'in *cella*'sının kuzey duvarı. Kaynak: Neve 1995/6'ya dayanarak.

RESİM 5 A binasının küçük ortostatları, Tilmen Höyük'teki saray kompleksinin ilk evresi, Islahiye, Gaziantep. Kaynak: Duru 2003'e dayanarak.

RESİM 6 Ankara içkalesindeki tarihi bir evde, taban bloklarını kerpiç üstyapıdan ayıran ahşap kiriş. Kaynak: Woolley 1952'ye dayanarak.

(RESİM 7).³⁹ İlkçağ zanaatkârları, kaya zeminde teraslar oluşturarak değil, değişen yüksekliklere bir rampa sistemiyle uyum sağlamak ve gerektiğinde temelleri yükseltmek suretiyle bu eğimin üstesinden gelmişlerdi (RESİM 8). Kapı yapısının duvarları hep aynı yer seviyesine oturmayıp artan yükseltiye göre ayarlanmıştır. Surlarda da görüldüğü gibi, topografyaya bu şekilde uyum sağlanması Hitit mimari pratiğini yansıtmaktadır. Kesme taş kaidelere oturtulmuş dikdörtgen biçimli düzgün dik taş levhaların (yani ortostatların) kullanılması ise Suriye geleneğini ele verir, ancak bir değişiklikle beraber: Düzgünce sıralanmış levhaların aralarına, duvar yapısının epeyce içine giren eğik açılı bloklar düzensiz aralıklarla sokulmuştur (RESİM 9). Bu kenetleme biçimi yerel bir pratik gibi görünüyor.

Ortostatların üzerine oturtulduğu yassı taş kaidelerin giriş yoluna bakan dış yüzleri düzeltilerek ortostatlarla aynı hizaya getirilmiştir. Dikine duran rölyef levhalarının arka yüzleri gibi, bu kaidelerin de arka kısımları işlenmeden bırakılmış olduğundan duvar tabanının içine doğru düzensiz çıkıntılar yapar (RESİM 9). Moloz taş bir örgüden oluşan bu taban yer yer ortostatların tepe hizasına kadar çıkmış, böylece kerpiç üstyapı ortostatların seviyesinin üzerinden başlamıştır. Başka yerlerde ise, duvarın kerpiç kısmı daha aşağı bir seviyeden başlayarak ortostatların arkasına ulaşır ve böylece buralarda ortostatlar kerpiç bölüme yaslanır. Hiçbiri günümüze kalmamış ahşap kirişler, hem ortostatların tepesine hem de kaide taşlarının altına yerleştirilmiş olduğundan, ortostatlar ile kaidelerin ağırlığını alttaki taş temele dengeli bir şekilde dağıtmaktaydı. Öte yandan, hiçbir levhada çivi deliği bulunmaması sıradışıdır. Aralıklı olarak dik açıyla yerleştirilmiş taş levhalar yardımıyla duvar tabanına gelişigüzel raptedilen kaplama levhalar/ortostatlar üzerine tasvirli sahneler oyulmuştur. Kapı pervazlarına ve köşelere yerleştirilmiş, hepsi de aslan ve sfenks tasvirleri içeren levhalar arasında yapısal bir fark yoktur. Bunlar yalnızca yürüyen bir kedigilin oranlarına uygun olarak yatay uzunluk açısından farklılık gösterirler.

Malzeme Özellikleri

Volkanik kökenli magmatik bir kayaç olan bazaltın mimari bağlamda kullanımı, ağırlıklı olarak Güneydoğu Anadolu da dahil olmak üzere Kuzey Suriye bölgesinde görülür. İç Anadolu'da inşaat amacıyla kullanımı nadirdir; Naumann sadece Gavurkale'de bu şekilde bir kullanımın bilindiğine dikkat çeker.⁴⁰ Sağlam, dayanıklı bir taş olduğundan, yapıların hava şartlarına ve rutubete maruz kalan dış kısımlarında kullanılması tercih edilmiştir. Azativataya'da, yapısal olarak tek

---

39 Çambel ve Özyar 2003, s. 24.
40 Naumann 1971, s. 34, n. 7.

RESİM 7 Kuzey Kapısı'ndan kuzey yönüne bakarken, ortada görülen sağ kapı odası, kuzeyindeki (resimde sağda görülen) giriş avlusundan daha yüksek bir seviyededir. Kaynak: Çambel ve Özyar 2003'e dayanarak.

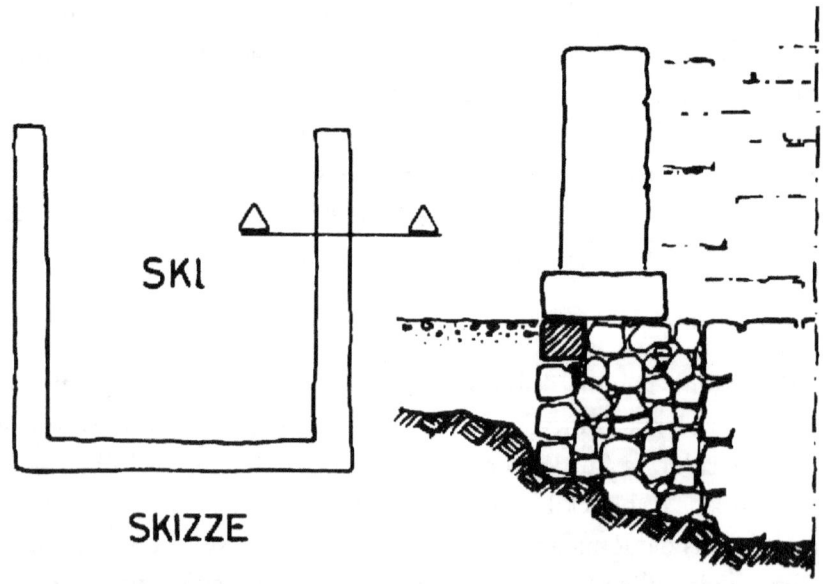

RESİM 8 Güney Kapısı'ndaki sol kapı odasının sol duvarının temelini gösteren bu kesitte, temelin eğimli araziye nasıl uydurulduğu ve taban taşının altında tahta kirişin konumu görülmektedir. Kaynak: Çambel ve Özyar 2003'e dayanarak.

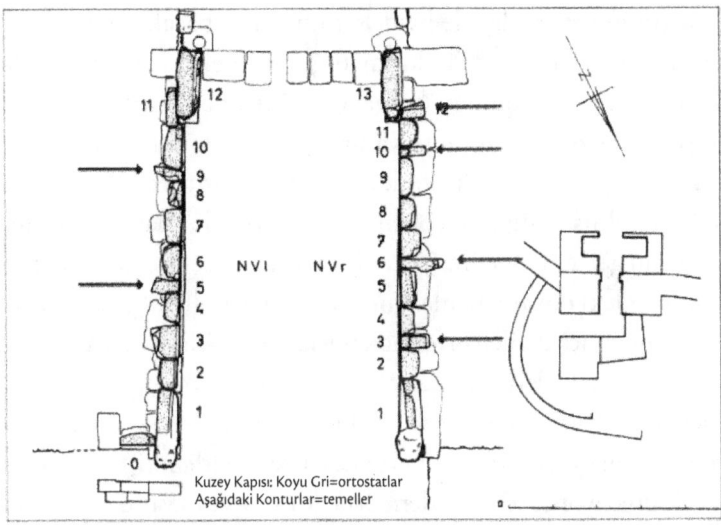

RESİM 9 Kuzey Kapısı'ndaki ortostatlar ile kaide taşlarının restorasyondan sonraki planı; oklar dik açıyla yerleştirilmiş taşları göstermektedir. Kaynak: Çambel ve Özyar 2003'e dayanarak.

RESİM 10 Restorasyondan sonra kuzeyden bakıldığında, Kuzey Kapısı'nda, girişin sol köşesinde görülen, yan yana konmuş bazalt ve kireçtaşı blokları. Kaynak: Çambel ve Özyar 2003'e dayanarak

bir birim oluşturan ortostatlar ile kaidelerinin tümü bazalttan yapılmıştı. Bazalt sitte veya sitin hemen yakınında bulunmadığı için, nehrin öte yakasından, birçok kaya çıkıntısında mevcut olduğu bölgeden getirilmek zorundaydı.[41] İçkalenin bulunduğu yerin taş zeminin yüzeye yaklaştığı ve hatta yer yer apaçık ortaya çıktığı kireçtaşı bir tepe olduğu düşünüldüğünde, bazaltın özellikle seçilmiş belirli noktalarda kullanılması, şüphesiz önem taşıyan, planlı, maksatlı bir tercihin söz konusu olduğunu göstermektedir. Çevrede mevcut kireçtaşı, duvar temellerinin ve yer seviyesi üzerindeki duvar tabanlarının yapımında kullanılmıştır. Ortostat şeridi ile duvar kenarı boyunca dizilen ortostat kaideleri ise istisnasız bazalttan yapılmıştır. Tüm ortostatlar ile kaidelerinde bazaltın kullanılması, mimari yapının geri kalan kısımlarıyla belirgin bir tezat oluşturur. Diğer bir deyişle, tasvirlerle metin, sırf bu amaç için kullanılan özel bir inşaat malzemesi üzerine işlenmiştir (**RESİM 10**). Bazalt tercihinin sırf fonksiyonel sebeplerden, örneğin sert ve dayanıklı bir taş kullanma ihtiyacından kaynaklanmamış olabileceğini düşünmek zorlama bir fikir sayılmaz. İnsan boyundan büyük olan tanrı heykeli ve kaidesi ile yine onun gibi kült değeri taşıyan, hükümdarın konutuna giden yolda bulunan anikonik kaya da bazalttan oyulmuştur. Demek ki bazalt görsel olarak, hatta kelimenin tam anlamıyla sahneyi kuran unsurdu.

İmgeler

İçkalenin sözünü ettiğimiz iki kapısında günümüze kalan yaklaşık yüz adet rölyefli levha bulunmaktadır. Bazıları *in situ* vaziyette bulunmuş, bazıları ise en küçük parçaları dahi birleştirilerek restore edilmiştir. Bir araya getirilemeyen rölyef parçaları da dahil olmak üzere bunların hepsi, sitin nihai yayını kapsamında, yorumlarla birlikte bir katalogda toplanmış ve nasıl bir program dahilinde yapıldıkları tartışılmıştır.[42] Aşağıdaki gözlemler, içkale kapılarında bulunan kabartma imgelerin seçilmiş bazı özelliklerini ele almaktadır.

Oyma imgelerin hiçbiri açıklayıcı yazı veya yaftalarla tamamlanmamıştır. Aşağıda üzerinde duracağım yazıt da doğrudan ve tartışmasız bir şekilde tasvirlere atıfta bulunmamaktadır. O halde, bütün imgelerin çağdaş izleyicileri açısından açık, net ve aşikâr olduğunu varsaymakta sakınca yoktur. Hedeflenen izleyici kitlesinin içkalenin içine girip çıkan herkes olduğunu, yani seçilmiş belirli bir grubun var olmadığını varsaymak durumundayız. Tasvirlerin anlamı maalesef biz modern izleyiciler açısından o kadar da kolay anlaşılır değildir. Formel kom-

---

41 Çambel ve Özyar 2003, s. 13-4, resim 19.
42 Çambel ve Özyar 2003, s. 57-115, 123-40.

pozisyonları, tek bir levhada yer alan tek başına figürler ve bağımsız sahnelerden, iki veya daha fazla ortostata yayılan sahnelere kadar çeşitlilik gösterir. Bunların tümünden edinilen izlenim, imgelerin sırayla okunabileceği, anlamlı bir şekilde sıralandıkları ve düzenleniş biçimlerinin insanların kapıdaki ilerleyişine paralel bir ritim ve istikamet takip ettiği yönündedir.[43] Formel kompozisyonun ikinci bir özelliği de, figürlerin tasvirinde esas olarak iki ölçeğin kullanılmasıdır: Levhanın tümünü kaplayan büyük ölçek ile onun en az yarısı kadar olan daha küçük bir ölçek (**RESİM 11**). İkonografik analize dayanarak, büyük figürlerin tanrı olduğu ve simgeleri ile eşyalarından kimliklerinin anlaşılabileceği öne sürülmüştür. Yerel panteonun üyeleri, kalabalık kompozisyonlar içine yerleştirilen ve kült faaliyetleri veya başka önemli eylemlerde bulunan, en az yarı boyuttaki ölümlü tasvirleriyle yan yanadır.[44] Ayrıca mitoloji dünyasından figürler, hatta belki destan geleneklerinin kahramanları dahi tasvir programına dahil edilmiştir.

İmgelerin büyük bir kısmı doğrudan Yakındoğu ikonografisinin bilinen repertuvarına tekabül eder; aslan ve sfenksler, kuş başlı cinler veya kanatlı güneş kursları gibi. Öte yandan, Yakın Doğu dünyasında eşi benzeri olmayan tema ve figürlerin bulunduğu levhalar da mevcuttur. Tüm figürler yerel tarzda resmedilmiştir; görünüşleri daha ziyade demir çağındaki Yakın Doğu imgelerine yakındır. Stilleri bir kenara bırakıldığında, bazı figürlerle sahneleri Ege bağlamında düşünmek daha anlamlıdır, zira daha ziyade Ege dünyasına ait gibi görünüyorlar (**RESİM 12**).[45] Yazıt, uzak diyarlarla böylesi bir ortak semantiği açıklamaya yarayacak ipuçları sunmaktadır; bu konuyu aşağıda ele alacağım. O halde, tasvir düzenini dikkate alacak olursak, kale yerel panteon ile mitolojik figürler tarafından korunmakta ve kabul görmektedir (**RESİM 13**). Tarihi veya başka açıdan önemli olayların anıldığı tasvirler vardır (**RESİM 14**). Son olarak, atalara tapınmaya atıfta bulunuyor olması mümkün spesifik veya genel tören ve kült sahneleri bulunmaktadır (**RESİM 15**). Dolayısıyla bu imgeler ritüel pratikler ile kültürel geleneği ortaya koymakta ve idame ettirmektedir.

Öte yandan, nelerin resmedilmediğini dikkate almak da öğretici olabilir: Hiçbir mimari yapı veya ortam tasvir edilmemiştir; bir bakıma kapının kendisi bu sahnelerin mimari çerçevesini oluşturmuştur. Hiçbir peyzaj belirtilmemiş, ara sıra görülen sembolik ağacın dışında hiçbir bitkiye yer verilmemiştir. Resmedilen

---

43 Çambel ve Özyar 2003, s. 123-7.
44 Çambel ve Özyar 2003, s. 131.
45 Bu batı bağlantıları zaten Bossert tarafından ilk seri raporlarında incelenmişti. Grek dünyasıyla olası ilişkilerin daha incelikli bir incelemesi için bkz. Mellink 1950; ayrıca bkz. Çambel ve Özyar 2003, s. 138-40.

RESİM 11 Ölümlüleri (solda) ve bir tanrıyı (sağda) gösteren sahneler, 7 ve 8 no'lu levhalardaki rölyeflerden alınmıştır (Kuzey Kapısı'ndaki giriş avlusunun sol tarafı). Kaynak: Çambel ve Özyar 2003'e dayanarak, B. Kılıçbeyli'nin çizimleri.

RESİM 12a Karşı karşıya gelmiş iki çift savaşçı, başlarında miğferler ve ellerinde kalkanlarla, alt alta iki sahnede görülmektedir; Kuzey Kapısı'ndaki giriş avlusunun dış sol köşesindeki 0 no'lu levhada yer alan rölyef. Kaynak: Çambel ve Özyar 2003'e dayanarak, B. Kılıçbeyli'nin çizimleri.
RESİM 12b Lykurgos ile Amphiaraos Adrastos'un önünde dövüşürken; bir demir kalkan sapında görülen sahnenin çizimi, Olympia B 1654. Kaynak: Schefold 1993'e dayanarak; ayrıca bkz. Çambel ve Özyar 2003.

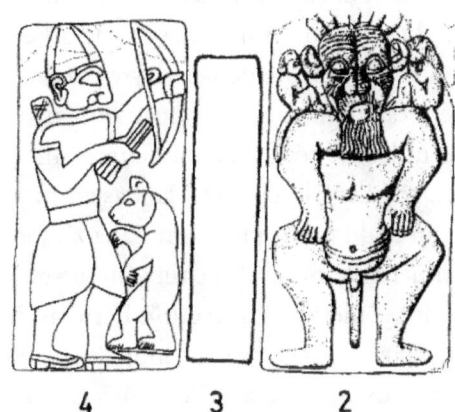

RESİM 13 Bir tanrı ve Bes figürleri; Kuzey Kapısı'ndaki giriş avlusunun sağ tarafında yer alan 4 ve 2 no'lu levhalardaki rölyefler. Kaynak: Çambel ve Özyar 2003'e dayanarak, B. Kılıçbeyli'nin çizimleri.

RESİM 14 Bir deniz savaşının ardından zafer sahnesi (?); Kuzey Kapısı'nda sağdaki odanın sol tarafında yer alan 19 no'lu levhadaki rölyef. Kaynak: Çambel ve Özyar 2003'e dayanarak, B. Kılıçbeyli'nin çizimi.

RESİM 15 Cenaze (?) ziyafeti sahnesi; Güney Kapısı'ndaki giriş avlusunun sol tarafında yer alan 3 no'lu levhadaki rölyef. Kaynak: Çambel ve Özyar 2003'e dayanarak, B. Kılıçbeyli'nin çizimi.

sahnelerde, hiçbir tarımsal faaliyet, gündelik iş veya çalışan zanaatkâr görülmez. Savaş ve kuşatma sahneleri de bulunmamaktadır; doğrusu, nihayetinde askeri bir yapı olan içkalenin kapılarında bulunan oyma tasvirlerde neredeyse savaştan eser yoktur. Tek istisna, birkaç tane teke tek dövüş sahnesidir; ancak bunlar da Grek imgeler dünyasında sıklıkla resmedilen destan veya mitoloji kahramanları ile yiğitçe davranışları hatırlatır. Bu açıdan, söz konusu tasvirler çağdaşları olan Asur imgeleriyle tam bir tezat teşkil eder. Buradaki tasvir programı daha ziyade, yönetici elit tarafından yaptırılan imgelerin ritüel mekânı belirlemenin yanı sıra kült faaliyetlerini ve bu faaliyetlere katılanları çeşitli yönleriyle temsil ettiği Hitit tasvir geleneklerine yakındır. Azativataya kapılarındaki bunca imge arasında, kitabede kendisinden birinci tekil şahısla söz eden yerel hükümdarın açık ve tartışmasız bir tasvirinin bulunmayışı bir muamma olarak kalmıştır. Hükümdar kült faaliyetlerini gösteren kalabalık sahnelerdeki katılımcılardan biri olabilir de, olmayabilir de; hepsi bu kadardır.

Özetlemek gerekirse, bu yontma imgeler, sırf figürlerle sahnelerin gücünden etkilenebilecek ve tahminen okuryazar olmayan bir izleyici kitlesiyle iletişim kurmak amacıyla tasarlanmıştır. Öte yandan, bu imgelerin kapılara bilerek eklenen özel bir inşaat malzemesine oyulmuş olduğu düşünüldüğünde, tasvirlerin yalnızca iletişim amaçlı olmayıp, aynı zamanda yapının özüne ait, binayla imgeyi bütünleştiren bir parça olduğu fikrini reddetmek zordur.

Metinler

İki dilli uzun bir yazıt Kuzey Kapısı ile Güney Kapısı'ndaki ortostat ve kaidelerin bazalt blokları üzerine oyulmuştur. Aynı metin küçük farklarla dört kere yazılmış, tek dilli beşinci bir versiyonu da hava tanrısına ait kült heykelinin giysisi üzerine işlenmiştir.[46] Kabartma dizisine eşlik eden metin, yerel hükümdar Azativatas tarafından ısmarlanmış ve birinci tekil şahıs ağzından yazılmış tarihi ve siyasi bir anlatıdan ibarettir. Hükümdar metinde atalarından, siyasi bağlarından, yaptığı işlerden ve kendi adını verdiği bu içkalenin yapımından bahsetmekte, koruyucu tanrıları hoşnut etmek için neyin ne zaman kurban edilmesi gerektiğini belirterek, gelecekteki rakiplerini adını silmekten men ettiği bir uyarıyla metni noktalamaktadır. Yontu programında kendisini öne çıkarmayan hükümdar burada doğrudan konuşur; metin hükümdarın ağzından yazılmıştır. İmgesel mesajda eksik olan temalar —mesela tahıl ve şarap gibi tarımsal ürünler, boğa ve koyun sürüleri, at

---

46 Yazıtlar, ilk okundukları şekliyle pek çok kez yayımlanmış ve nihai yayında ayrıntılı filolojik notlarla birlikte sunulmuştur; bkz. n. 7.

yetiştiriciliği ve savaş– yazıda net bir biçimde konu edilmiştir. Demek ki tasvirler ile yazıt, hükümdarın kendine biçtiği iktidar ve düzen imgesinin birbirinden farklı ama birbirini tamamlayıcı unsurlarını uzlaştırmaktadır.

Yazıt çift dillidir. İki ayrı yazı türünü kullanan Hiyeroglif Luvi dili ile Alfabetik Fenike dilinde kaleme alınmıştır. İki dilli yazıtlar bu dönemde bölgenin karakteristik bir özelliğidir ve yeni keşifler külliyata yeni örnekler eklemeye devam etmektedir.[47] Hiyeroglif Luvi dili tunç çağı Anadolu'sundan kalma bir dil ve yazı türüdür. Alfabetik Fenike dilinin kullanılması ise, icat edildiği Levant (Doğu Akdeniz) bölgesinin ötesinde de alfabetik yazının benimsenerek yayıldığına ve kısa zamanda dost düşman herkes tarafından çeşitli dilleri yazmak için kullanıldığına tanıklık eder. Metnin iki versiyonu her iki kapıya da birbirlerinden ayrı tutularak yazılmıştır: Fenike dilinde olanı kapıdan girerken solda, Luvi dilinde olanı ise sağdadır.[48] Fenikece metin, bu amaç için ayrılmış bir dizi levha üzerinde derli toplu ve tutarlı bir halde sunulmuştur. Hiyeroglif Luvi dilindeki metin ise anlatının akışı göz ardı edilerek parçalara bölünmüştür. Parçaları kimi zaman kabartma sahnelerin arasındaki eğik açılı bloklarda karşımıza çıkan metin, levhadan tabana atlar, hatta bazı rölyef levhalarını işgal eder ve nedeni anlaşılmaz bir gelişigüzellik içinde giriş yoluyla kapı odaları arasında bir o yanda bir bu yanda ilerler.[49] Kuşaklar boyu araştırmacılar bu düzensizliği mimari unsurların ikincil olarak kullanıldığı zannı ve yeniden inşa faaliyetleri olduğu varsayımıyla açıklama eğilimde oldular. Çambel'in ayrıntılı olarak izah ettiği gibi, arkeolojik kalıntılar bu tarz çözümleri desteklememektedir.[50] Hawkins bu gelişigüzel düzenleme için hiçbir makul açıklama önermez.[51] O bu tarihte yazının iletişim amacıyla kullanımının giderek azaldığını ve adeta Kilise Latincesi gibi –yani sadece kült ve ritüellerde kullanılan bir dil olarak– işlev görmüş olabileceğini öne sürmüştür. Bu yazıtın bilinen en geç tarihli günümüze kalmış Hiyeroglif Luvice metin olması bu yorumu destekler.[52] Anlaşılan o ki, MÖ yaklaşık 700'e tarihlenen kalenin yapımı sırasında, metnin Fenike dilinin yanı sıra Hiyeroglif Luvi dilinde de kaleme alınıp anıtsal kapılara yazılması hâlâ gerekli görülüyordu; gelişigüzel düzenlenme biçimi anlatıyı okumayı engellese bile. Demek ki, metnin öneminin okunabilirliğine pek de bağlı olmadığını varsaymak yanlış olmaz; metnin anıta işlenmesi daha ziyade bir tasdik işareti gibi

---

47 Mellink 1998.
48 Kuzey Kapısı'nda Hiyeroglif Luvi dilindeki yazıt sol kapı odasına atlayarak devam eder.
49 Yazıtların düzeni için bkz. Çambel 1999, levha 52, 89.
50 Çambel 1999, s. 8-11.
51 Hawkins 2000, s. 45.
52 Hawkins 2000, s. 45.

işlev görüyor, bir mühür baskısına benzer şekilde, özel bazalt levhalarını iktidar ve otoriteyi simgeleyen işaretlerle damgalama anlamı taşıyordu.

Metnin içeriğine gelince, yazıtı ve içkaleyi yaptıran yerel muktedir Azativatas'ın verdiği soyağacı bilgileri birçok araştırmacı tarafından Ege bağlantılarını ortaya çıkarma amacıyla incelenmiştir. Hükümdar bu makama Muksas/Mopsos hanedanından Adanava kralı Varikas/Uriki tarafından getirildiğini açıklar.[53] Bir Yunan söylencesine göre Anadolu'nun Ege kıyılarından Kilikya'ya göçen ve Mopsukrene ile Mopsuhestia (Misis/Pahar?) şehirlerini kurduğu söylenen Batı Anadolulu efsanevi kâhin Mopsos'un, MÖ 12. yüzyılda Doğu Akdeniz'de yerlerinden edilerek yeni yurtlar arayan halkların geçmişte kalmış göçlerinin bir yankısı olması akla yakındır.[54] Mopsos hanedanı olarak anılan tarihi hanedan, sonradan Kilikya yerel geleneğine intibak eden bu tür bir klan olabilir.[55] Kilikya içlerindeki Azativataya'da yer alan tasvirlerde neden Ege esintilerinin varlığını sürdürdüğünün açıklaması bu olabilir. İleri sürülen bu Ege bağlantısını yakın zamanda destekleyen bir gelişme de, Çine kült heykeli denen ve iki boğanın çektiği bir araba üzerinde hava tanrısını gösteren bir heykelin kaidesine oyulmuş başka bir çift dilli yazıtın keşfedilmesi oldu. Bu kitabenin yazarı Hiyeroglif Luvi dilinde Hiyava hükümdarı olarak anılan Varikas'tır; Fenike dilinde Hiyava Adana şehri olarak geçmektedir. Filologlar Asur diline Kue olarak çevrilen Hiyava'nın muhtemelen Ahhiyava'dan geldiğini, bunun da herhalde daha sonra Homeros Grekçesinde Akhaia terimiyle adlandırılan memleketin tunç çağı Hitit metinlerindeki adı olduğunu açıklamışlardır.

Özetlemek gerekirse, kodlanmış işaretlerden oluşan metin, profesyonel kâtipler, yüksek rütbeli görevliler, kâhinler ve rahipler gibi uzman kişilere hitap ediyor ve yalnız onlar tarafından deşifre edilebiliyordu. Bu okuryazar kitleye böylece siyasi ve kültürel meselelere ilişkin açık ve spesifik bilgiler aktarılmakta, aynı zamanda ritüelle ve sadakatle ilgili ayrıntılı talimatlar verilmekteydi. Konu hakkında bilgili bir uzman açısından bakıldığında, anlatı hem bu devleti tarihsel, sosyal ve bölgesel düzlemde belirli bir konuma oturtmakta, hem de muktedirin devamlı ve kalıcı olma ihtirasını açığa vurmaktadır. Okuryazar olmayan halk açısından ise, yazıt, sunulan görsel imgeleri tasdik etme işlevi görmüş olabilir. Tasvirlerle yan yana konmuş yazıtlar da özel bir inşaat malzemesi olan bazalt üzerine işlenmişti. Dolayısıyla, kült imgelerinin içkalenin yapısal unsurlarıyla oluşturduğu bileşimin bir işaretler rejimi sayesinde pekiştirilerek hepsinin birlikte etkili bir bütün meydana getirmesi

---

53 Hawkins 2000, s. 51, §XXI; s. 54, §XLII; s. 56, §LVIII.
54 Muksas/Mopsos'a ilişkin bir tartışma için bkz. Hawkins 1995.
55 Bu Ege bağlantılarının izini ilk süren Bossert (1949, 1950) olmuş, hemen sonra da Mellink 1950, s. 148-9'da konuyla ilgili yorumlarda bulunmuştur.

akla yakın görünüyor. Demek ki, farklı anlamlar yüklenen Azativataya'nın anıtsal kapıları, gerek pragmatik, gerek dini ve gerekse propaganda amaçlı pek çok işlev görmüştür.

Sonuç olarak, Güneydoğu Anadolu ve Kuzey Suriye'de bulunan demir çağına ait müstahkem kale ve şehirler, kapıları ile anıtsal yapılarında görülmemiş miktarda imge ve metin sergilemişlerdir. Genel halk kitlesinin görebileceği kapı yapıları üzerinde çok sayıda imge ve mesajın teşhir edilmesi, son derece çekişmeli bir siyasi arenanın varlığına işaret eder. Bölgesel güç sahipleri Hitit-sonrası dönemin otorite boşluğunda varlık gösterebilmek, söz sahibi olabilmek ve iktidar elde edebilmek için birbirleriyle yarışırken, hem paylaştıkları kültürel gelenekleri ortak bir ikonografi havuzu yardımıyla ön plana çıkararak, hem de geçmişte yaptıkları ve o sırada yapmakta oldukları işleri yazı yoluyla ilan ederek bu rekabeti yürüttüler. Bu hükümdarlardan birinin ihtirasları Azativataya içkalesinin anıtsal kapılarında yazıt ve yontu biçiminde somutlaşmıştır. Kil tabletlere yazılan çiviyazısı belgelerin azalması nedeniyle bölgenin demir çağındaki durumuna ilişkin arşiv materyallerinden yoksun olan bizler, dikkat çekici tasvir programları ve anlatımlı yazıtlar yaptıran bu yerel muktedirlere, bize üzerinde düşünülecek malzemeler sundukları ve zihnimizi meşgul etmeye devam ettikleri için müteşekkiriz.

Kaynakça

Bossert, H.Th. (1948-9) "Sur quelques problèmes historiques des inscriptions de Karatepe," *Revue Hittite et Asianique* 9: 1-25.

Bossert, H.Th. ve Çambel, H. (1946) *Karatepe: Yeni Bir Eti Harabesi: A Preliminary Report on a New Hittite Site. İstanbul Üniversitesi Edebiyat Fakültesi Eski Önasya Kültürlerini Araştırma Enstitüsü Yayınları 1 = Publications of the University of Istanbul, Institute for Research in Ancient Oriental Civilizations 1.* İstanbul: İstanbul Üniversitesi Basımevi.

Çambel, H. (1993) "Das Freilichtmuseum von Karatepe-Aslantaş," *Istanbuler Mitteilungen* 43: 495-509.

_____ (1999) *Corpus of Hieroglyphic Luwian Inscriptions II: Karatepe-Aslantaş: The Inscriptions, Facsimile Edition.* Berlin: Walter de Gruyter.

Çambel, H. ve Özyar, A. (2003) *Karatepe-Aslantaş/Azatiwataya: Die Bildwerke.* Mainz: Philipp von Zabern.

Duran, F.S. (1970) *Büyük Atlas.* İstanbul: Kanaat Yayınları.

Duru, R. (2003) *Tilmen: A Forgotten Capital City.* İstanbul: Türsab Publications.

Harmanşah, Ö. (2007) "Upright Stones and Building Narratives: Formation of a Shared Architectural Practice in the Ancient Near East," *Ancient Near Eastern Art in Context: Studies in Honor of Irene J. Winter by Her Students* içinde, der. J. Cheng ve M.H. Feldman, s. 69-99. Leiden, Boston: Brill.

Hawkins, J.D. (1995) "Muksas," *Reallexikon der Assyriologie und Vorderasiatischen Archäologie 8* içinde, der. D.O. Edzard, s. 413. Berlin: Walter de Gruyter.

_____ (2000) *Corpus of Hieroglyphic Luwian Inscriptions I: Inscriptions of the Iron Age.* Berlin: Walter de Gruyter.

_____ (2008) "Que.A," *Reallexikon der Assyriologie und Vorderasiatischen Archäologie 11* içinde, der. M.P. Streck, s. 191-5. Berlin: Walter de Gruyter.

Gonnella, J., Khayyata, W. ve Kohlmeyer, K. (2005) *Die Zitadelle von Aleppo und der Tempel des Wettergottes.* Münster: Rhema-Verlag.

Mellink, M.J. (1950) "More Light on the Dark Ages," *Bibliotheca Orientalis* 7: 141-50.

_____ (1970) "Observations on the Sculptures of Alaca Höyük," *Anadolu (Anatolia)* 14: 5-27.

_____ (1974) "Hittite Friezes and Gate Sculptures," *Anatolian Studies Presented to Hans Gustav Güterbock* içinde, der. K. Bittel, Ph.H.J. Houwink ten Cate ve E. Reiner, s. 201-14. İstanbul: Nederlands Historisch-Archaeologisch Instituut in Het Nabije Oosten.

_____ (1998) "Bilinguals and the Alphabet in Cilicia, Tabal and Phrygia," *Light on Top of the Black Hill: Studies Presented to Halet Çambel* içinde, der. G. Arsebük, M.J. Mellink ve W. Schirmer, s. 495-8. İstanbul: Ege Yayınları.

Naumann, R. (1971) *Architektur Kleinasiens*, 2. baskı, Tübingen: Ernst Wasmuth.

Neve, P. (1995/6) "Der Große Tempel (Tempel 1) in Boğazköy-Hattusa," *Nürnberger Blätter zur Archäologie* 12: 41-62.

Özyar, A. (1992) *Architectural Relief Sculpture at Karkamish, Malatya, and Tell Halaf: A Technical and Iconographical Study*. Yayımlanmamış doktora tezi. Bryn Mawr College.

_____ (1998) "The Use and Abuse of Re-use at Karkamish," *Light on Top of the Black Hill: Studies Presented to Halet Çambel* içinde, der. G. Arsebük, M.J. Mellink ve W. Schirmer, s. 633-40. İstanbul: Ege Yayınları.

_____ (2003) "Architectural Relief in Anatolia Through Time: Contextualizing the Gate Sculptures of Karatepe-Aslantaş/Azatiwataya," *Identifying Changes: The Transition from Bronze to Iron Ages in Anatolia and its Neighbouring Regions* içinde, der. B. Fischer, H. Genz, E. Jean ve K. Köroğlu, s. 107-17. İstanbul: Türk Eskiçağ Bilimleri Enstitüsü.

_____ (2008) "Einige Untersuchungen zu den kleinen Orthostaten aus Tell Halaf: Späthethitische Kunst oder hurritisches Erbe?" *Hattusa-Boğazköy: Das Hethiterreich im Spannungsfeld des Alten Orients, 6. Internationales Colloquium der Deutschen Orient-Gesellschaft, Würzburg 22.-24.3. 2006* içinde, der. G. Wilhem, s. 397-420. Wiesbaden: Otto Harrassowitz.

Sicker-Akman, M. ve Akman, M. (1999) "Untersuchungen zur Architektur der späthethitischen Burganlage Karatepe-Aslantaş," *Istanbuler Mitteilungen* 50: 131-42.

Woolley, C.L. (1952) *Carchemish, Report on the Excavations at Djerablus on Behalf of the British Museum III. The Excavations in the Inner Town*, C.L. Woolley, ve *The Hittite Inscriptions*, R.D. Barnett. Londra: British Museum.

Kerkenes Dağı İçkalesi: Orta Anadolu'da Bir Demir Çağı Başkenti

GEOFFREY D. SUMMERS VE FRANÇOISE SUMMERS

Giriş

Türkiye'nin orta bölümünde düşük granitli bir dağ olan Kerkenes Dağı, MÖ 7. yüzyıl sonlarında yeni bir demir çağı başkentinin kurulması için seçilen yerdi (**RESİM 1**). Söz konusu şehir büyük bir ihtimalle antik Pteria'dan başkası değildir.[1] Son zamanlarda yapılan çalışmalar şehrin tümüyle Frig karakteri taşıdığını ortaya koymuştur; bu kanıyı pekiştiren bulgular arasında Eski Frigce yazıtlar ve grafiti; içlerinden biri basamaklı bir anıtsal yapının üzerine konmuş olan, iyi bilinen Frig tarzında büyük yarı ikonik idoller şeklindeki kült imgeleri; eğimli ve sazla örtülü damlara sahip iki odalı müstakil yapıları içeren mimari gelenekler ve çok çeşitli maddi kültür örnekleri sayılabilir.[2] Muhtemelen MÖ 540'larda Lidya kralı Kroisos ile nihayetinde Anadolu'yu fethetmeyi başaran Pers imparatoru Büyük Kyros arasındaki ihtilaf döneminde meydana gelen olaylar sırasında şehrin yağmalandığına ve kasten yakılıp yıkıldığına ilişkin çarpıcı kanıtlar bulunmuştur. Demek ki Kerkenes'te şiddetli bir yıkıma uğrayıp terk edilmeden önce en fazla yüz yıl gelişip büyüyebilmiş, Frig kültürüne ait yeni bir geç orta demir çağı başkenti vardı.[3] O halde, burası bir geç orta Frig "ideal şehri" olabilir. Şehrin altyapı düzeni, önemli ölçüde merkezi planlama yapıldığına ilişkin açık göstergeler sunmaktadır. Yerel tarım arazilerine geçit vermek yerine şehre girip çıkan ana yollar gözetilerek konumlandırılmış yedi kapıyla bölünen yedi kilometrelik sağlam şehir surları, dağın kenarı boyunca dolanan doğal topografik ayrımı takip eder (**RESİM 2, 3**).

---

1 Summers 2006, s. 166-7, referanslar oradadır.
2 Brixhe ve Summers 2006; Draycott vd 2008; Summers 1997, 2006; Summers ve Summers 2007.
3 Terminoloji ve dönemlendirme tutarsızlıklarla doludur; bir görüş için bkz. Summers 2008.

RESİM 1 Kerkenes'in yerini gösteren harita. Kaynak: Kerkenes Arşivi.

Burada şaşırtıcı olan üç şey vardır: İlki, bu yeni başkent için seçilen yüksek, görkemli ve korunaksız şekilde açık olan konum; ikincisi, Helenistik dönem öncesi Anadolu'sunda daha büyüğü bilinmeyen taş surlarla çevrili şehrin boyutu (**RESİM 4, 5**); üçüncüsü ise, jeofizik incelemenin gösterdiği, savunma surlarının içinde kalan alandaki iskân yoğunluğudur.[4] Sonraki dönemlerde, şehrin sadece nispeten küçük olan iki bölgesi yeniden iskân edilmiştir: Kale adıyla bilinen içkale veya akropolis ile şehrin yüksek olan güneybatı ucunda yer alan, "Seramikli Yer" anlamındaki ismiyle müsemma Kiremitlik (**RESİM 3**).[5]

Başlangıcı

Demir çağı şehrinin kurulmasından önce burada bir yerleşmenin var olduğuna dair hiçbir emare yoktur. Oysa, Kerkenes Dağı'ndaki şehrin kuzey ucunun 8 km kadar kuzey-kuzeybatısında, Eğriöz Suyu vadisindeki Kuşaklı Höyük'te, önemli bir Hitit imparatorluk şehri yer almaktadır (**RESİM 6**). O nedenle, ikinci binyılda Kerkenes Dağı'nın ormanlık yukarı yamaçlarının üzerinde yükselen çıplak kaya çıkıntılarının oluşturduğu yalın granit zirvenin, yakındaki bu şehirle bağlantılı

---

4 Son dönemde yapılmış çalışmalara genel bir bakış için bkz. Summers 2009, Summers ve Summers 2010.

5 Kiremitlik Kale'den biraz daha yüksekçedir, ama onun kadar hâkim konumda ve heybetli değildir ve çevre araziden o kadar nefes kesici panoramalar sunmaz.

RESİM 2 Kerkenes Dağı'nın 1993'te Cloud 9 adlı insanlı sıcak hava balonundan görünümü. Üzerinde kuzeyden güneye 2,5 km boyunca uzanan demir çağı şehri; en güney ucunda, ortada tepede, demir çağı savunma surlarının arasındaki Kiremitlik; şehrin batısındaki yükselti doruklarında ise tümülüsler yer almaktadır. Kaynak: Kerkenes Arşivi.

Hitit kutsal dağlarından biri olduğu düşünülebilir (**RESİM 7**). Gurney, Kuşaklı'nın Zippalanda, dolayısıyla Kerkenes Dağı'nın da Hitit dağı Daha olduğuna kuvvetle işaret eden metinsel kanıtlar toplamıştır.[6] Ancak Mazzoni'nin Kuşaklı'da yürüttüğü yeni araştırma, bu noktada bir kanıya varmak için henüz erken olduğunu ima ediyor.[7]

MÖ ikinci binyılda dağın görüntüsü bugünkü çorak halinden epeyce farklıydı. Kanak Suyu havzasının tüm yukarı bölümünde, Kerkenes Dağı dahil tepe yamaçları meşeler ve kozalaklı ağaçlarla kaplıydı. Üzüm bağları ve meyve bahçeleri için uygun olmayan, ama meşe köklerinin granitteki çatlakların arasından yol bularak suya ulaşabildiği daha kayalık yamaçlarda orman kalıntıları halen mevcuttur (**RESİM 8, 9**). Demir çağı şehrinin yapımında şaşırtıcı miktarda çok kereste kullanılmıştır.

---

6 Gurney 1995. Ronald Gorny de doktora tezinde aynı sonuca varmıştır; bkz. Gorny 1997. Daha yakın zamanda yaptığı Zippalanda'yı Çadır Höyük'le, Daha Dağı'nı da vadinin öbür yanındaki alçak tepeyle özdeşleştirme denemesi ise dayanaktan yoksundur; bkz. Gorny 2005.

7 Mazzoni 2009.

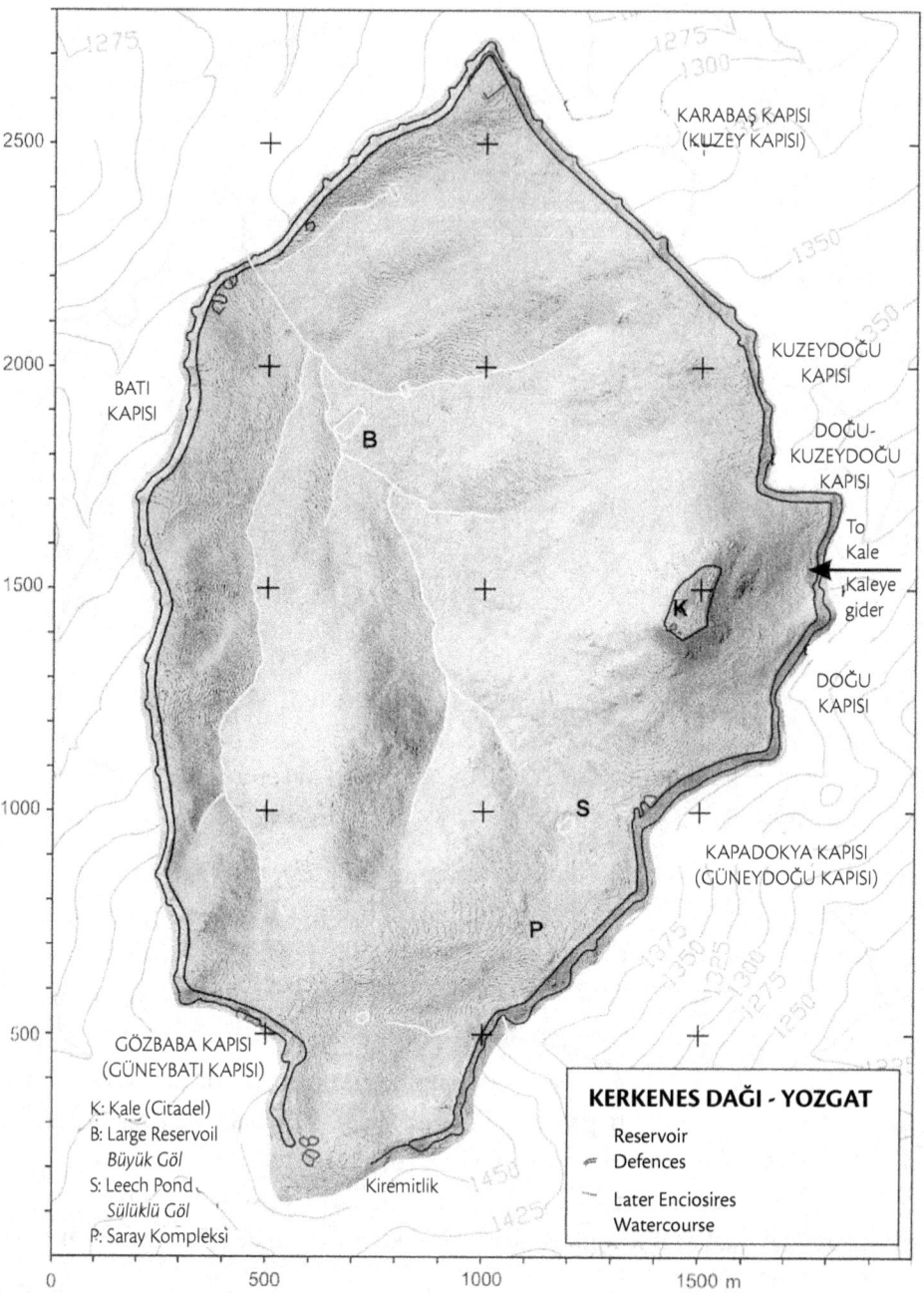

RESİM 3 Kerkenes Dağı'ndaki şehrin kabartma haritası; Sayısal Arazi Modeli (Digital Terrain Model, DTM). İşlem GIS tarafından ERDAS Imagine yazılımı kullanılarak sitin GPS yüzey araştırması verilerinden üretilmiştir. Kaynak: Kerkenes Arşivi.

RESİM 4 Kerkenes'in 1993'te Cloud 9 insanlı sıcak hava balonundan görünümü. 7 km uzunluğunda savunma surlarıyla kuşatılan demir çağı şehri 2,5 km²'lik mamur bir alanı kapsamaktadır. Yukarıda, ortanın biraz solunda Kale adıyla bilinen içkale görünmektedir. Kale'nin hemen altındaki koyu renkli leke ise, muazzam bir kıyı şeridi inşa edilerek oluşturulmuş bir rezervuar olan Büyük Göl'dür. Kaynak: Kerkenes Arşivi.

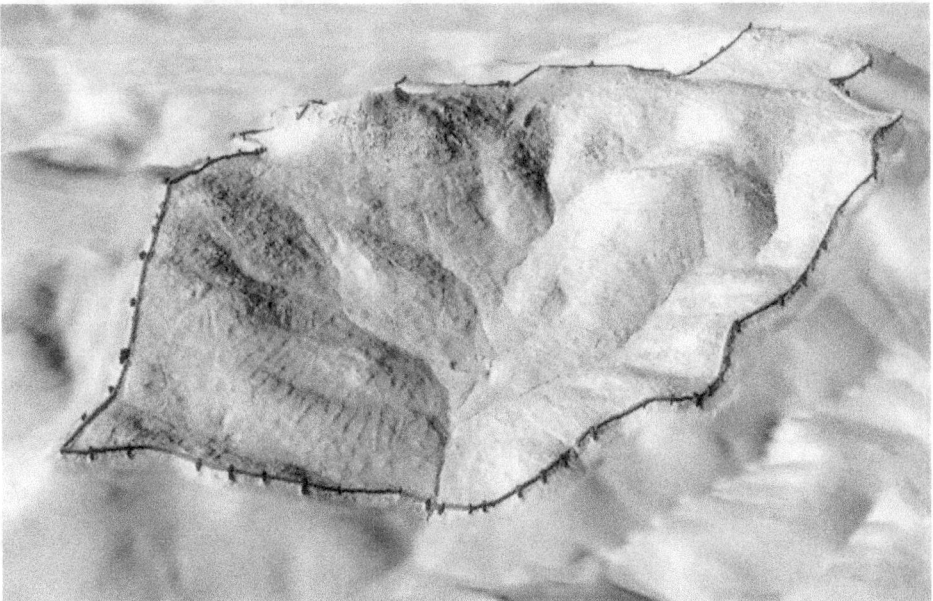

RESİM 5 Dijital olarak yeniden kurulmuş demir çağı savunma surlarıyla birlikte antik şehrin mevcut kalıntılarının Sayısal Arazi Modeli. Kaynak: Kerkenes Arşivi.

RESİM 6 Eğriöz Suyu kıyısındaki ağaçların ardında görülen karlar altındaki Kerkenes içkalesi ile Kuşaklı höyüğü. Kaynak: G.D. Summers.

RESİM 7 Kerkenes içkalesinin kışın kuzeydoğudan görünümü. Kaynak: G.D. Summers.

RESİM 8 Kerkenes Dağı'nda bir kayalıkta meşe ormanı kalıntısı. Kaynak: G.D. Summers.

RESİM 9 Kerkenes Dağı'nda bir granit kayalığı, demir çağı başkentinin kurulmasından önce içkalenin nasıl görünüyor olabileceğine dair ipucu vermektedir. Kaynak: G.D. Summers.

Yalnızca binaların duvar ve çatıları tahta iskeletli olmakla kalmamış, yedi kilometre uzunluğundaki taş savunma surlarının cephelerinde de çok sayıda tahta kiriş kullanılmıştır. İkinci binyılda Hitit Büyük Kralı'nın, bayram gezilerine çıktığında, ormanın içinden geçen yolu izleyerek, her türlü hava durumuna maruz kala kala yıpranmış çarpıcı granit çıkıntılarının oluşturduğu dağ zirvesinin eteğine geldiğini hayal edebiliriz. Burada muhtemelen artık var olmayan bir stel veya başka bir kült anıtının önünde dağı tazim ederdi. Bundan sonra güneydoğu yönündeki Çadır Höyük'e ilerler; oradan da, içinde ele geçen Asur Ticaret Kolonileri Çağı'na ait birkaç metin nedeniyle genellikle Hitit şehri Ankuva'yla özdeşleştirilen Alişar Höyük'e geçerdi. Demir çağına gelindiğinde ise, Kapadokya Kapısı olarak adlandırdığımız kapıdan başlayarak tam bu doğrultuda ilerleyen geniş, düz bir yol bulunmaktaydı. Bu yol günümüzde de apaçık biçimde görülmektedir ve ağaçlar olmasa, üzerinden arabayla geçilebilecek durumdadır (**RESİM 10, 11**). Bunun aslında Büyük Kral'ın Bahar Bayramı sırasında at arabasıyla geçtiği Hitit yolu olduğunu sanıyoruz.

İkinci binyılın ikinci yarısında kutsal dağda her ne inşa edilmiş olursa olsun, MÖ 600 yılına gelindiğinde, yani Hitit İmparatorluğu'nun çöküşünden 600 yıldan biraz daha fazla zaman geçtikten sonra, yolun ve tabii bir de gelip geçen yolcuların susuzluğunu gidermeye yetecek taze soğuk su kaynaklarının dışında ortada gözle görülür pek bir şey kalmamış olmalıdır.

O halde Kerkenes'teki bu yeni oluşumu nasıl anlamalıyız? Yeni gelenlerin kültürü, yukarıda da ifade ettiğimiz gibi, Frig kültürüydü. Frigya'dan –yani Orta Anadolu'nun batı kesiminde bir yerden– büyük bir insan göçünün olduğu hipotezinden başka bir alternatif gözükmemektedir. Bu insanların önderi veya önderleri, olağanüstü bir vizyonla, yeni başkentlerine yer olarak pınarları ve dereleri olan bu ağaçlarla kaplı ve dikkat çekici dağı seçmişti. Yeni gelenler sayıca öyle çoktu ki, şehrin surlarının çevrelediği 2,5 km^2'lik alanda işgal edilmedik, kullanılmadık yer kalmamış gibiydi. Yörenin halihazırdaki sakinlerinin kuvvet, kalıcılık ve hâkimiyetin vücut bulduğu bu cüretkâr yapının inşaatına işgücü, hayvan gücü, malzeme ve başka kaynaklar sağlamaya şu veya bu biçimde mecbur edildiklerine şüphe yoktur. Ancak, aşağıda da tartışacağımız gibi, ne surların içinde yaşayan bağımlı bir nüfus olduğuna dair bir delil, ne de şehir halkının homojen olduğuna ilişkin en azından dolaylı bir kanıt bulunmaktadır.

Demek ki bu yeni başkenti bir "ideal şehir" olarak düşünebiliriz. Bulunduğu konumun besbelli ki ideal bir yer veya en azından geniş ve karışık bir coğrafyada bulunabilen en iyi yer olduğu düşünülüyordu; gerçi Kerkenes'in çevreye hâkim, stratejik konumu da bu seçimde önemli bir rol oynamış olsa gerektir. Şehri kuranlar, bol bol olmasa bile yeterli miktarda suyu olan yüksek bir yer aramış olmalılar.

RESİM 10 Kapadokya Kapısı'na giden yol (işaretli). Kaynak: G.D. Summers.

RESİM 11 Kapadokya Kapısı'na giden yolun yukarı ucu. Kaynak: G.D. Summers.

Şehir surlarının içinden bakıldığında ise, içkale açık farkla şehir manzarasının en göze çarpan doğal unsuruydu; biz de şimdi bu noktaya değineceğiz.

Kerkenes'in Şehir Yapısı

Sokak Ağıyla Bağlantısı İçinde İçkale

Sokaklar ve ulaşıma dair halen yapmakta olduğu GIS çalışmasında Branting, insanların şehrin içinde nasıl hareket etmiş olabileceğine ilişkin bir dizi tahmin modeli üretmiştir.[8] Bunu yapabilmesi bir ölçüde, balon fotoğrafçılığı, *fluxgate* manyetometreyle jeofizik araştırması ve *close-contour* diferansiyel GPS ölçümü kullanılarak on yıldır yürütülen bir uzaktan algılama araştırmasından elde edilen verilerin kalitesi sayesindedir. Bu teknikler birlikte kullanıldığında, hem yüzeyin üç boyutlu simülasyonlarını, hem de gömülü yapıların ayrıntılı haritalarını elde etmeye imkân vermektedir.[9] Trafik yoğunluğunu belirlemek üzere sokakları, sokakların bağlantı ve eğimlerini inceleyen bu modeller, İngiltere'nin Cambridge şehrinde yayalar üzerine yapılan modern araştırmaları baz alır. Şehir halkının değişik kesimleri için yaş ve cinsiyet gibi faktörleri temel alan birçok farklı tahmin yapılabilmektedir. Bu yenilikçi araştırma, varış noktalarına olduğu kadar çıkış noktalarına da bakarak, insanların nereden gelip nereye gitmekte olduğunu göz önüne almaktadır. Branting'in çalışması, tahmini trafik akışına bağlı olarak, şehir içindeki alanların ve hatta tek tek semtlerin modellenebilmesine imkân sağlamıştır. Bu modeller elbette yaya trafiğiyle sınırlıdır; ancak, tekerlekli arabalar ve binek hayvanları için de benzer tahminlere imkân veren çalışmalar henüz yapılmamış olmakla birlikte, Kerkenes'in sokak planı gayet sağlam bir şekilde bilinmektedir. Bu araştırmanın bir getirisi de, şehrin yapısına ışık tutmuş olmasıdır. Mesela, hemen dikkat çeken çarpıcı bir bulgu, göründüğü kadarıyla sokaklardan hiçbirinin doğrudan içkaleye çıkmıyor oluşudur. Bunun yerine, sokaklar içkalenin çevresinden dolanmakta; güneyde yüksek bir bayır üzerinde kamusal yapılardan oluştuğu anlaşılan bir alana, batıda daha alçak dik yamaçlarda yer alan kentsel bloklar veya yapı topluluklarına, kuzey uçta ise kaya çıkıntılarının arasındaki küçük teraslara sıkışan yapılar ile kapalı alanlara açılmaktadır (**RESİM 12, 13**). Sarp olan doğu kenarının eteğinde bulunan pınarlar muhtemelen taş savunma surunun doğrultusunu da biçimlendirmiştir. Doğudaki sur, akropolisten geçerek savunmayı kolaylaştıracak bir hat çizmek yerine, topografik ayrımları takip eden bir çizgi izleyerek bu

---

8 Branting 2004.
9 Branting ve Summers 2002, Summers 2009. Branting'in tahmin modellerinin haritalarından bir seçki için bkz. Summers ve Summers 2010.

KERKENES DAĞI İÇKALESİ: ORTA ANADOLU'DA BİR DEMİR ÇAĞI BAŞKENTİ | 167

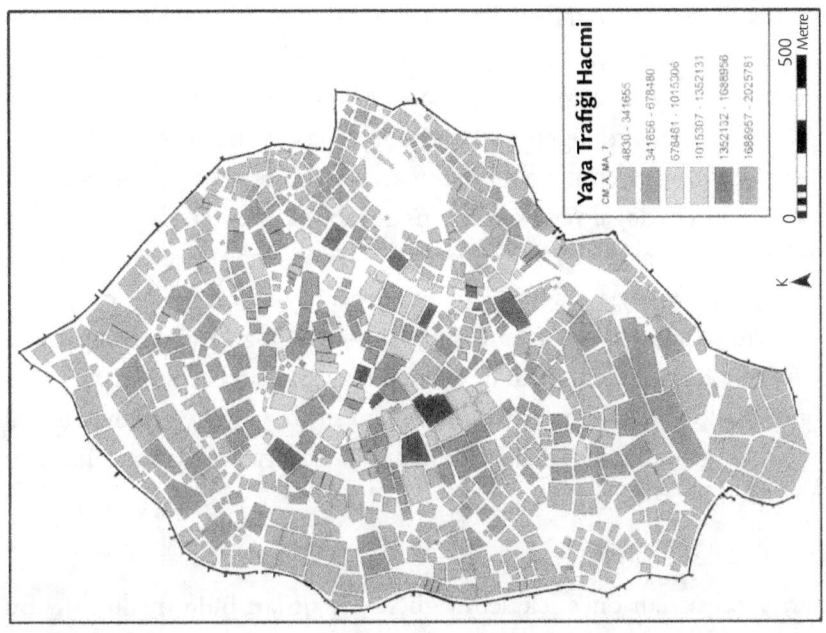

RESİM 13 İçkale ortanın sağına doğru, kentsel bloklarla ilişkisi içinde görülüyor. Kaynak: S.A. Branting.

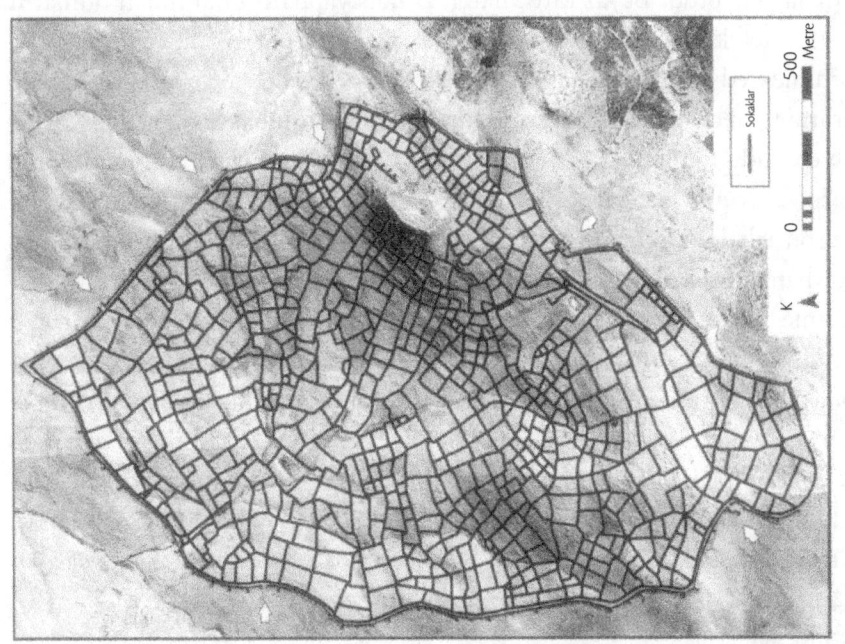

RESİM 12 Branting'in modeli içkaleye yaklaşan yaya trafiğinin pek fazla olmadığını göstermektedir. Kaynak: S.A. Branting.

su kaynaklarını içine alır ve Doğu Kapısı'nı güçlü kılmak amacıyla da kayalık bir tepecikten yararlanır (**RESİM 14, 15**).[10]

Doruğun üzerinde daha sonraları, Bizans döneminde yapılan tahkimat yüzünden, demir çağında içkaleye çıkan kaç yol bulunduğunu kesin olarak bilemiyoruz. Aşağıda ayrıntılarına değineceğimiz, Bizans öncesi dönemden kalma tahkimatların tarihine dair kanıtların belirsizliği meselesi sorunu daha da çetrefilleştiriyor. Demir çağında şehrin içinden içkalenin tepesine çıkmanın en kolay yolu, en azından bazılarında binalar bulunan doğal veya kısmen insan yapısı küçük terasların yer aldığı kuzey ucundan yaklaşmaktı. Ayrıca, güneyden giden ve ortaçağ kalesinin biricik girişine çıkan Bizans yoluyla aşağı yukarı örtüşen bir yol bulunduğu da elbette söylenebilir. Hem şehrin yedi kapısının üçünden –yani Doğu Kapısı, Kapadokya Kapısı ve Gözbaba Kapısı'ndan– hem de içkalenin ayağından batı surlarına kadar uzanan ve güneydeki yüksek tepelerin oluşturduğu sırt boyunca yer alan kamusal yapılar bölgesinden gelindiğinde içkalenin bulunduğu doruğa en kolay bu güneybatı köşesinden erişilebiliyordu.[11]

En Erken Tarihli İçkale Surları

Bizans hisarı yapılmadan önce içkalenin güçlü taş surları bulunmaktaydı. Bu surlar dikdörtgen taş bloklarla yapılmış sağlam duvarlar ile muhtemelen kulelerden meydana geliyordu. Beyaz kireç harçlı Bizans yapılarının altından bunların yalnızca ufak tefek kısımları, herhalde kulelerin ön cephelerinin temelleri gibi yerler görülmektedir. Bu kuru taş duvarların inşası kayalık tepeyi değiştirme ve biçimlendirme süreciyle el ele gitmiştir. Duvarın dış yüzüne bakacak şekilde Kale'yi çepeçevre dolandığı anlaşılan taş yüzeyli bir tahkimat duvarı tırmanmanın güç olduğu sarp ve düzgün bir yamaç meydana getirir. Yapımı önemli miktarda işgücü gerektiren bu içkale tahkimatlarının tarihi belirsizdir. Birkaç yıl önce bunların herhalde Ahamenişler dönemine tarihlendirilmesi gerektiği öne sürülmüştü. Bu tarihlendirme teklifi, her biri surları ile kulelerinin yanı sıra çok benzer taş yüzeyli tahkimat duvarlarıyla korunan ve hep birlikte bütünlüklü bir teritoryal kontrol sistemi oluşturdukları izlenimi veren yüksek rakımlı ve daha küçük boyutlu birkaç site ilişkin gözlemlere dayanıyordu. Bu sitlerden biri olan Tilkigediği Tepesi'nde muhtemelen Ahamenişler dönemine ait çok miktarda çömlek parçası ele geçmiştir.[12] Bu sisteme dahil olan bir diğer sit de, Kerkenes Dağı'nın en yüksek noktası olan ve şehrin güneybatı köşesinin 4 km kadar batısındaki dağ sırtının ucunda yer alan

---

10 Çayırezmez 2006.
11 Summers 2001.
12 Summers vd 1996, Summers 2001, Kealhofer vd 2010.

RESİM 14 Cloud 9 sıcak hava balonundan alınan bir görüntü şehir surlarının topografik ayrımları nasıl takip ettiğini gösteriyor: Surlar muhtemelen uzak uçtaki pınarları şehrin içine alacak şekilde Kale'yi kuşatan bir çizgi izlemektedir. Kaynak: Kerkenes Arşivi.

RESİM 15 Kiremitlik'ten şehir surlarının güneydoğu bölümü doğrultusunda bakıldığında orta mesafede görülen Kerkenes içkalesi. Kaynak: G.D. Summers.

Gözbaba'daki büyük tümülüstür.[13] Bu tümülüsün demir çağı başkentiyle ilişkili olduğuna şüphe yoktur. O nedenle, zirvesinde bulunan ve kule olduğu anlaşılan yapının taş temelleri, kule kaidesinin çevresindeki dik yamacın taş kaplama yüzeyi ve bunlarla ilişkili başka unsurlar ancak başkentin yıkılmasından sonra yapılmış olmalıdır; yüzeyde bulunan çömlek parçalarını güvenilir bir veri sayarsak, bu yapıları Helenistik dönem öncesine –yani Ahamenişler dönemine– tarihlendirebiliriz. Sur dipleri boyunca giden toprak ve çakıldan oluşmuş setlerin üzerindeki bu taş kaplamalar şehir surlarını güçlendiren ve güneydeki tepe sırtlarında bulunan kuleli yapıyı destekleyen taş rampalardan oldukça farklı niteliktedir. Gerçi bu yapıların, ikinci binyıldan kalma görkemli Yerkapı'dan orta demir çağı tarihli ve daha küçük boyutlu Südburg'a kadar uzanan ve Boğazkale'de de görülen bir geleneği sürdürdüğü söylenebilir. Demir çağı başkentinin bütün ömrü (yani aşağı yukarı MÖ 6. yüzyılın ilk yarısı) boyunca içkalenin her zaman tahkimatlara sahip olup olmadığı bilinmiyor. Bu sorunun cevaplanması arzu edilmekle birlikte, bu "Frig" içkalesinin kentsel bağlamı içindeki işlevini anlamamıza büyük bir katkı sağlamayacağı da bir gerçektir.

Kerkenes İçkalesinin İşlevi

İçkale şehir kurulduğu sırada muhtemelen altından kalkılamayacak kadar pahalı gelen büyük çaplı bir dönüşüme uğramadıkça yerleşime asla uygun olmayan sudan yoksun bir kayalık olmakla birlikte, zirvesinde bir kült yapısı keşfedilirse bu hiç de sürpriz olmaz. Aslında, burada yerel bir fırtına tanrısına tapınma pratiğinin devam etmiş veya yeniden canlandırılmış olması pek de zorlama bir varsayım olmayabilir.[14] Şehrin yıkılmasından önceki dönemde savunma tertibatına sahip olsa da olmasa da, Kerkenes'teki bu içkalenin şehirdeki gündelik faaliyetlerin odağı olarak görülemeyeceği açıktır. İçkalenin başlıca rollerinden biri, düşman şehir surlarını

---

13 Yakın zamanda, 2008 ve 2009 yıllarında, define avcıları bu tümülüste uzun tüneller açtılar. Herhangi bir gömüt odası bulunmamış gibi görünmekle birlikte, bu yasadışı tahribat, doğal kaya çıkıntılarının üzerindeki birikimlerin oluşturduğu aynı yörenin başka bazı sözde tümülüslerinden farklı olarak bu höyüğün tümden suni yollarla meydana getirildiğini doğrulamıştır.

14 Alaca Höyük'e yakın Kalehisar'ın zirvesinde, kitabesi olan bir Frig sunağı bulunmaktadır. Bu anıtın ve aslında Alaca Höyük'teki daha erken tarihli bitmemiş aslan heykellerindeki Eski Frigce yazıtların da, Kerkenes şehriyle çağdaş veya ondan birazcık daha geç tarihli olabileceği öne sürülmüştür. Kalehisar için bkz. Berndt-Ersöz 2006; yazıtlar için bkz. Brixhe ve Lejeune 1984. Alaca Höyük'ün aslan heykelleri için bkz. daha önceki çalışmalara atıflar da içeren Baltacıoğlu 1996. Baltacıoğlu, doğru olarak, bunların Hitit İmparatorluğu dönemine tarihlendiğini savunmuştur.

RESİM 16 Muhtemelen son çare olarak sığınak işlevi gören Kale; ön planda Kapadokya Kapısı görülüyor. Kaynak: G.D. Summers.

RESİM 17 Üzerinde Tarla, Sülüklü Göl ve Saray Kompleksi olan güney sırtı, solda Kale denen iç kalenin eteğinden başlayarak üst sağ tarafta içeri bakan kısımdaki Gözbaba Kapısı'na kadar uzanır.

aşacak olursa, şehir sakinlerinin son çare olarak kaçıp saklanacakları bir sığınak vazifesi görmek olmalıdır (**RESİM 16**).

Söz konusu sığınak işlevi, göreceğimiz gibi, geleneksel ilkçağ Yakındoğu veya Anadolu içkalelerinde rastlanan bir özellik değildi. Ama Kerkenes İçkalesi'ni daha geniş bir bağlama oturtmadan önce, kamu binalarının şehrin neresinde yer aldığını belirlemek ve onların şehir dokusu içindeki fiziki ilişkilerini kısaca incelemek gerekir.

Kamu Binaları Bölgesi

Kale'nin eteğinden batıya doğru, Gözbaba Kapısı dediğimiz yere kadar uzanan yüksek bir sırt bulunmaktadır (**RESİM 17**). Şehrin belli başlı kamu binalarının yer aldığı bu sırttan, şehrin kuzey ve güneyindeki toprakları, Kapadokya Ovası'nın ötesinde, yaklaşık 80 km uzaktaki Erciyes Dağı'nın karla kaplı doruğuna kadar geniş bir alanı görmek mümkündür. Bu bölgedeki en dikkat çekici unsur "Saray Kompleksi"mizin doğu ucundaki eğimli taş kaplı yüzeydir. Stratigrafik kanıtlar bu duvarın şehrin bu bölümündeki (günümüze kalan) en erken tarihli yapı olduğunu gösteriyor. Besbelli savunma amaçlı olan bu yapının Kapadokya Kapısı'nın önündeki çifte kulelerle olan benzerlikleri şüphesiz önem taşımaktadır. Bu *castellum* benzeri yapının şehir kurulduğu sırada bir müstahkem mevki olarak yapıldığı önerisi akla yakın görünmektedir. Her halükârda, çok geçmeden öyle bir değişikliğe uğramış ki yalnızca etkileyici görünüşlü doğu cephesi bütünüyle ayakta kalabilmiş. Batısındaki kentsel yapı bloğu kuzey cepheyle birleşecek şekilde genişletilmiş ve güneyindeki eğimli ve taş döşeli giriş kapısı taş terasların altına gömülmüş. Bu ikinci evrede, bir "arz odası" ile özenle yapılıp donatılmış başka bazı binalar inşa edilmiş. Son evrede ise, iki yanında devasa platformlar bulunan ve heykellerle süslenmiş anıtsal bir giriş kapısının tamamlanmasının üzerinden çok geçmeden bir yangın meydana gelmiş.[15] Bununla bağlantılı birkaç bulgu daha var. Saray Kompleksi'nde, ihtişamı artıran ve esasen savunma amaçlı olan yapının bu özelliğini arka plana iterek onu zenginlik ve özgüven saçar hale getiren bir dizi yenileme çalışması yapılmış.[16] Ayrıca, eğer jeofizik kanıtlara dair yorumlarımız doğruysa, büyük boyutlu olmakla beraber şehirdeki diğer pek çok geniş kentsel yapı bloğundan farksız olduğu belli olan bir bloğun anıtsal saray yapıları içeren bir komplekse dönüştüğünü de görmekteyiz. Bu saray yapıları içinde en dikkat çekici olanlar Arz Odası ile kesme granit yüzeyli ve büyük kumtaşlarıyla çevrelenmiş Kesme Taş Yapı'dır. Son olarak,

---

15 Draycott vd 2008. Görünen o ki yumuşak kumtaşından oyulmuş incelikli mimari unsurlar yanıp yıkıldıklarında henüz yeni ve bozulmamış haldeymişler.

16 Summers ve Summers 2008.

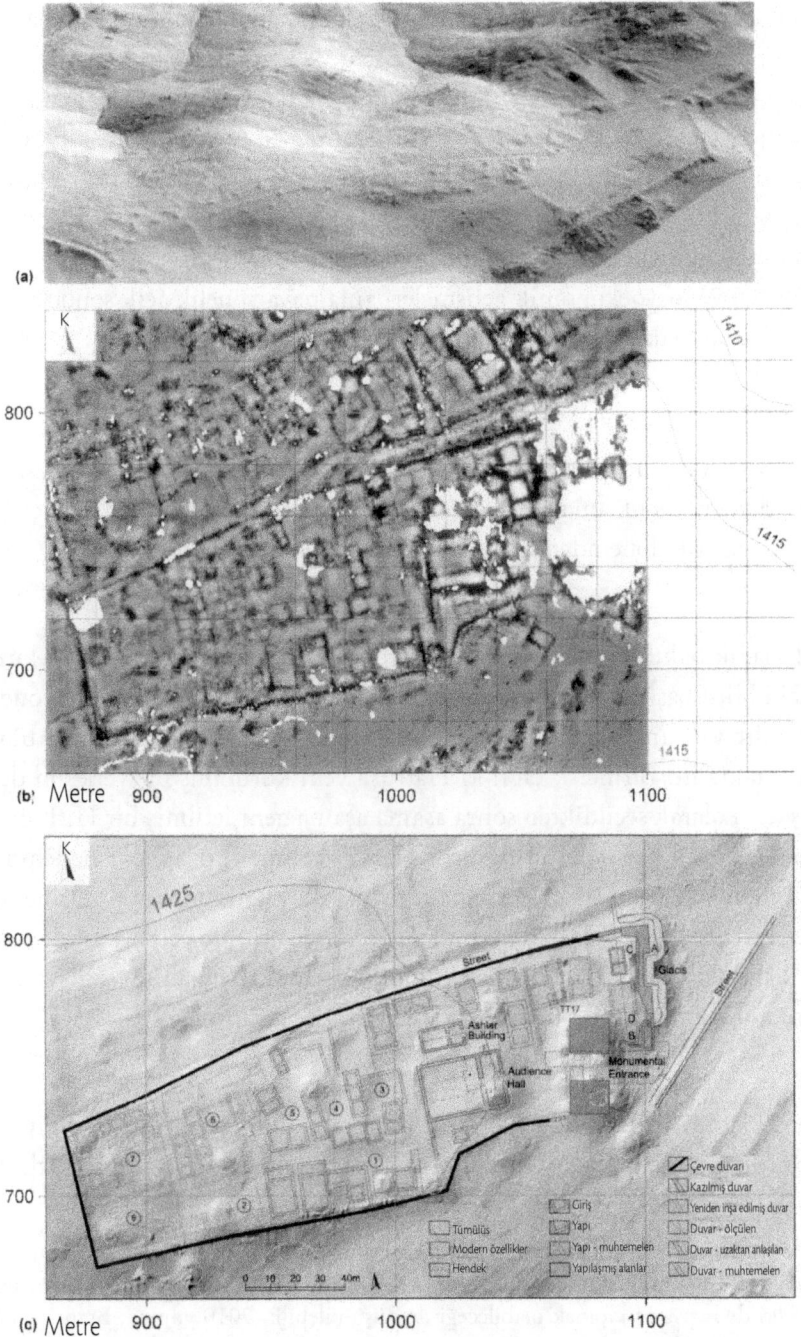

RESİM 18 Saray Kompleksi'nin yıkım sırasındaki halini uzaktan algılama yöntemiyle yeniden kurma denemesi; ne Anıtsal Giriş ne de kompleksi çevreleyen duvar savunmaya yönelik tasarlanmıştır. Kaynak: Summers ve Summers 2008'e dayanarak.

ne Saray Kompleksi'nde ne de onun içinde yer aldığı kamu binaları bölgesinin herhangi bir kısmında savunma tertibatı mevcuttu (**RESİM 18**). Demek ki yöneticiler şehir halkından kendilerine yönelik herhangi bir tehdit algılamamış, kendilerini onlardan hiçbir şekilde izole etme gereği görmemişlerdi. Eğer Saray Kompleksi'nin Anıtsal Giriş'i inşa edildiği sırada içkalede koruyucu bir tanrıya adanmış bir kült yapısı olsaydı, bu tanrısal koruma büyük yarı-ikonik taş idolleri olan gösterişli giriş avlusuna nakledilirdi gibi görünüyor.[17] Bu gözlemlerin Kerkenes'teki iktidar dinamiklerini ve sosyoekonomik gelişmeleri anlamaya yönelik açık sonuçları var; ancak bunlar bu makalenin kapsamı dışındadır.

Benzerlikler

Kerkenes'i ve içkalesini daha geniş bir perspektife oturtabilmek için, içkalesi olan başka şehirlerden küçük ama temsil değeri olan bir seçki yaptık. Geç tunç çağı ile başlayıp Helenistik dönemden tek bir örnekle bitiriyoruz.

Hattuşa

Yüzeysel olarak bakıldığında, Kerkenes'in topu topu 50 km kadar kuzey-kuzeybatısındaki Hitit başkenti Hattuşa'ya benzediği düşünülebilir. Oysa arada önemli farklar vardır ve bunlar muhtemelen görünürdeki benzerliklerden daha büyük önem taşımaktadır. Birincisi, tabii ki Hattuşa yeni kurulmuş bir yerleşim değil, Hitit başkenti olarak seçildikten sonra aşama aşama genişletilmiş bir Hitit-öncesi şehriydi.[18] İkincisi, Kerkenes'in başkent olarak seçilmesinin birkaç nedeninden biri çevre topraklar üzerindeki fiziki hâkimiyetiydi; Hattuşa ise tam tersine uzak mesafelerden görülemiyor, gizli ve bir parça korunaklı bir yerde bulunuyordu. Üçüncü olarak da, Hattuşa'daki içkale Büyük Kral'ın ikametgâhını ve diğer devlet binalarını koruyan güçlü bir savunma sistemiyle donatılmıştı.

Ankara

Maalesef Ankara'nın Frig dönemindeki durumuyla ilgili çok az şey biliyoruz. Pausanias'a göre, Ankara, Gordias'ın oğlu Midas tarafından kurulmuştu.[19] Arkeoloji

---

17 Kapadokya Kapısı'nda, basamaklı bir anıtın tepesinde yarı ikonik bir idol ile tamamen anikonik bir idol bulunmuştur. Şehrin çeşitli yerlerinde bulunan geniş salonların bazılarının veya belki de hepsinin tapınak olabileceği de düşünülebilir. 2010 yılında, Branting böyle bir binanın bir bölümünü kazmıştı.

18 En şaşaalı döneminde Hattuşa, Kerkenes'in büyüklüğüne yaklaşmıştı. Hattuşa'nın genişlemesinin tarihi ve niteliğine dair görüşler son yıllarda yeniden gözden geçirilmekle birlikte, şehrin gelişiminin ve büyümesinin birçok aşamada gerçekleştiği açıktır.

19 *Description of Greece* 1.4.5.

Roma dönemi şehir merkezinin altında Frig yerleşimine dair bazı kanıtları gün yüzüne çıkarmıştır, ama Ankara Kalesi'nin Frig dönemindeki hali hakkında hiçbir şey bilinmemektedir.[20] Ankara Kalesi'nin andezit doruğundan çıkmış bilinen Frig materyallerinin olmayışı belki de düşük arkeolojik görünürlüğün bir yansıması değil, Frig Ankara'sı ile Kerkenes arasındaki yakın benzerliğin bir işareti olabilir. Ancak burada spekülasyon alanına girmiş oluyoruz.

Gordion

Voigt bu kitaptaki makalesinde Frig Gordion'unu tartışıyor; bize düşen ise şehircilik konseptleri açısından Gordion ile Kerkenes arasında ortak pek bir şey olmadığını ifade etmektir. Aynı şeyi mimari bezeme açısından da söyleyebiliriz, ama seramikler, yarı ikonik idoller ve tümülüs gömütleri gibi konularda durum farklıdır. Ancak Gordion bir başkent olarak kurulmamış, herhalde Kerkenes'in kuruluşundan sadece birkaç onyıl sonra, muhtemelen Kroisos döneminde Lidya hegemonyası altına girerek bir başkente dönüşmüştü.

Midas Şehri

Bu makale bağlamında Midas Şehri'nden bahsetmek biraz konu dışına çıkmak gibi görülebilir. Gerek Midas Şehri'ndeki gerekse genel olarak Frig vadisindeki anıtsal mimari cephelerin çoğu ve muhtemelen hepsi Lidya dönemine tarihlendirilir, düz zirveli tepede yapılan kazılarda keşfedilen yerleşme ise Ahamenişler dönemine tarihlendirilmelidir.[21] Her halükârda, Midas Şehri, başkent olmak şöyle dursun, hiçbir zaman şehirli bir nüfusa sahip bir "şehir" bile olamamışa benziyor.

Göllü Dağ

Tıpkı Midas Şehri gibi, Göllü Dağ da kesinlikle şehir olmamış bir kült merkeziydi. Yine de İç Anadolu Platosu'nda bir Geç Hitit başkentinin neye benzediğine dair biraz fikir vermektedir. Topografyanın müsait olduğu yerlerde düz çizgili merkezi planlama göze çarpar.[22] Buranın Geç Hitit ve Hitit İmparatorluğu dünyaları arasında bir başka yakın bağın var olduğunu öne sürüyoruz. Göllü Dağ, burayı mesken tuttuğuna inanılan fırtına tanrısı Tarhun'a adanmış kutsal bir dağ, Tuwarnuwa

---

20 Frig yerleşmesine ilişkin çok az miktardaki bilgi Metin 2007'de kısaca özetlenmiştir; Ankara'daki Frig tümülüsleri için bkz. Tuna 2007.

21 Midas anıtının tarihi için bkz. Berndt-Ersöz 2006, s. 130. Ayrıca bkz. Munn 2006, s. 77-9, 143-5. Yazıt için bkz. Brixhe ve Lejeune 1984, M-01 a, s. 6-9. Frig krallarının karmaşık kronolojisi ile Midas adı Berndt-Ersöz 2008'de tartışılmıştır. Midas Anıtı'nın (Yazılıkaya) büyük kral Midas dönemine tarihlendirilmesi gerektiğine dair Strobel'in (2009) öne sürdüğü argüman ise diğer tüm kanıtlara aykırıdır.

22 Schirmer 2002.

Kralı ile maiyetinin kutsal bir Geç Hitit içkalesinde bayram kutlaması yaptığı yerdi; bu içkale sıradışı bir şekilde başkentin dışında bulunmaktaydı. Göllü Dağ muhtemelen Kerkenes'in kurulmasından birkaç onyıl önce terk edilmişti; gerçi Geç Hitit Tabal krallıklarının çöküşünün ne şartlarda gerçekleştiği bilinmemektedir.

Sardis

Lidya başkenti, Kerkenes'e en çarpıcı şekilde benzeyen yerdir.[23] Muazzam biçimde korunan bu kocaman şehir, Kerkenes'ten çok da fazla küçük değildi ve daha zengindi; ona hâkim konumda, çok etkileyici, yüksek ve sudan yoksun bir içkalesi vardı. İçkalenin aşağı kısımlarındaki taş kaplı büyük platformlar, bir şekilde Kerkenes Saray Kompleksi'ndeki Anıtsal Giriş'in her iki yanında bulunan taş kaplı platformları hatırlatır.[24] Yakın zamanda içkalede keşfedilen mimari terakotaların bir kült yapısının varlığına işaret ettiği sanılıyor,[25] ancak zikredilen platformlarla bağlantılı olsun veya olmasın, Lidya krallarının sarayları çok daha alçak yükseltilerde yer almışa benzemektedir.

İonya İsyanı sırasında, satrap Artaphernes içkalede direnebilmiş, Grekler burayı alamamıştı.

Priene

Helenistik dönemde Priene, askeri mimarların bir sığınma yeri olarak tasarladığı Teloneia adlı askeri bir akropolise sahipti. Burada da, devletin ana binaları değil ama, koruyucu bir tanrıya adanmış bir tapınak vardı.[26] Priene, günümüz Türkiye'sinin sınırları içinde bu tip Helenistik dönem içkale veya akropolisinin en etkileyici örneği olarak dikkat çeker.[27]

---

23 Sardis'teki akropolisin çizimleri Greenewalt vd 2003'te toplanmıştır. Ayrıca bkz. Cahill 2009, s. 113, 119-21. Genel olarak Sardis hakkında bilgi ve pek çok illüstrasyon için bkz. Cahill 2010.

24 Bu akıllıca gözlemler Cahill 2009'da yapılmıştır.

25 Bunlara ilk olarak Greenewalt 2009, s. 195, 204, resim 15'te dikkat çekilmiştir. Kişisel bir konuşmada, Nicholas Cahill bunların Perslerin fethinden sonraya tarihlendirilebileceğini bildirdi.

26 Ferla 2006, s. 51, 55, 58, 182-3'te çarpıcı resimler bulunmaktadır.

27 Genel olarak Helenistik dönem akropolisinin işlevi için bkz. Lawrence 1979, s. 126-36; Priene s. 134'te tartışılmıştır. Winter'a (1971, s. 31, n. 64 dahil) göre: "Nerede bir akropolis varsa, o genellikle dış surlar aşıldıktan sonra son bir direniş yeri olarak işlev görürdü."

Sonuçlar

Sonuç olarak, Kerkenes'te yeni, "ideal" bir başkentin kuruluşunu görmekteyiz. Başlangıçta, kentsel mekânın planlı bir şekilde irili ufaklı düz çizgili bloklara bölünmesi bir tür eşitlikçiliğin ifadesiymiş gibi görünür. Bu durum üç-dört nesil içinde değişecek, yönetici elit zenginlik, güç ve özgüveni yansıtan gösterişli binalar yaptıracaktır. Şehir surları çevreledikleri şehrin tümü için savunma işlevi görürken, içkale de –duvarlarla çevrili olsun olmasın– bu taş tahkimatlara duyulan güven boşa çıkacak olursa halka sığınak imkânı sağlıyordu. Kayalık zirveye de, belki önceki zamanlardan beri süregelen koruyucu kült özellikleri atfedilmişti; gerçi hükümdarlar Saray Kompleksi'nin girişine kült tasvirleri ekledikçe bunlar önemini kaybetmiş olabilir. Bu sonuçlar Frig Kerkenes'ini bu kitapta ele alınan Geç Hitit ve Urartu merkezlerinden ayırıyor. Ankara ile arasında bir benzerlik varsa da, Gordion'la yoktur. Demek ki Kerkenes yüzünü geç Hitit dünyasına ya da ilkçağ Yakındoğu'sunun içkalelerine değil, batıya, Sardis'e dönmüştü.

Kaynakça

Baltacıoğlu, H. (1996) "Alaca Höyük'te 1994 Yılında Yapılan Çevre Düzenlemesi ve Temizlik Çalışmaları," *VI. Müze Kurtarma Kazıları Semineri, 24-26 Nisan 1995, Didim* içinde, s. 91-106. Ankara: T.C. Kültür Bakanlığı.

Berndt-Ersöz, S. (2006) *Phrygian Rock-Cut Shrines: Structure, Function and Cult Practice.* Leiden, Boston: Brill.

_____ (2008) "The Chronology and Historical Context of Midas," *Historia* 57: 1-37.

Branting, S.A. (2004) *Iron Age Pedestrians at Kerkenes Dağ: An Archaeological GIS-T Approach to Movement and Transportation.* Yayımlanmamış doktora tezi. State University of New York at Buffalo.

Branting, S. ve Summers, G.D. (2002) "Modelling terrain: The Global Positioning System (GPS) survey at Kerkenes Dağ, Turkey," *Antiquity* 76: 639-40.

Brixhe, Cl. ve Summers, G.D. (2006) "Les inscriptions phrygiennes de Kerkenes Dağ (Anatolie Central)," *Kadmos* 45: 93-135.

Brixhe, Cl. ve Lejeune, M. (1984) *Corpus des inscriptions paléo-phrygiennes.* Paris: Éditions Recherche sur les Civilisations.

Cahill, N.D. (2009) "Mapping Sardis," *Love for Lydia: A Sardis Anniversary Volume Presented to Crawford H. Greenewalt, Jr.* içinde, der. N.D. Cahill, s. 111-24. Cambridge: Harvard University Press.

Cahill, N.D., der. (2010) *Lidyalılar ve Dünyaları: The Lydians and Their World.* İstanbul: YKY.

Çayırezmez, N.A. (2006) *Relationships between Topography and Kerkenes (Turkey), a GIS Analysis.* Yayımlanmamış yüksek lisans tezi. Orta Doğu Teknik Üniversitesi.

Draycott, C.M., Summers, G.D. ve Brixhe, Cl. (2008) *Kerkenes Special Studies 1: Sculpture and Inscriptions from the Monumental Entrance to the Palatial Complex at Kerkenes Dag, Turkey.* Chicago: The Oriental Institute of the University of Chicago.

Ferla, K., der. (2005) *Priene*, gözden geçirilmiş 2. basım. Cambridge, Londra: Harvard University Press.

Gorny, R.L. (1997) "Zippalanda and Ankuwa: The Geography of Central Anatolia in the Second Millennium B.C.," *Journal of the American Oriental Society* 117: 549-57.

_____ (2005) "Çadır Höyük: Zippalanda Reborn?" *The Oriental Institute News and Notes* 184: 9-12, 29-30.

Greenewalt, C.H. Jr. (2009) "Sardis Archaeological Research and Conservation Projects in 2007," *30. Kazı Sonuçları Toplantısı, 4. Cilt: 26-30 Mayıs 2008, Ankara* içinde, s. 191-204. Ankara: T.C. Kültür Bakanlığı.

Greenewalt, C.H. Jr., Cahill, N.D., Stinson, P.T. ve Yegül, F.K. (2003) *The City of Sardis: Approaches in Graphic Recording.* Cambridge: Harvard University Art Museums.

Gurney, O.R. (1995) "The Hittite Names of Kerkenes Dağ and Kuşaklı Höyük," *Anatolian Studies* 45: 69-71.

Kealhofer, L., Grave, P., Marsh, B., Steadman, S., Gorny, R.L. ve Summers, G.D. (2010) "Patterns of Iron Age Interaction in Central Anatolia: Three Sites in the Yozgat Region," *Anatolian Studies* 60: 71-92.

Lawrence, A.W. (1979) *Greek Aims in Fortification*. Oxford: Clarendon.

Mazzoni, S. (2009) "The Kuşaklı Höyük Survey," *Kerkenes News* 12: 10-1.

Metin, M. (2007) "Ankara (Ankyra) ve Frigler / Ankara (Ankyra) and the Phrygians," *Friglerin Gizemli Uygarlığı / The Mysterious Civilization of the Phrygians* içinde, der. H. Sivas ve T. Tüfekçi-Sivas, s. 93-7. İstanbul: YKY.

Munn, M. (2006) *The Mother of the Gods, Athens, and the Tyranny of Asia: A Study of Sovereignty in Ancient Religion*. Berkeley: University of California Press.

Pausanias. (1918) *Pausanias: Description of Greece*, çev. W.H.S. Jones ve H.A. Omerod. Cambridge: Harvard University Press; Londra: Heinemann.

Schirmer, W. (2002) "Stadt, Palast, Tempel: Charakteristika Hethitischer Architektur im 2. und 1. Jahrtausend v. Chr," *Die Hethiter und ihr Reich: Das Volk der 1000 Götter* içinde, s. 204-17. Stuttgart: Theiss.

Strobel, K. (2009) "Midas Şehri–Midasstadt: Fragen der historischen und chronologischen Interpretation des Komplexes und seiner Monumente," *Studies in Honour of Altan Çilingiroğlu: A Life Dedicated to Urartu on the Shores of the Upper Sea* içinde, der. H. Sağlamtimur, E. Abay, Z. Derin, A.Ü. Erdem, A. Batmaz, F. Dedeoğlu, M. Erdalkıran, M.B. Baştürk ve E. Konakçı, s. 641-56. İstanbul: Arkeoloji ve Sanat.

Summers, G.D. (1997) "The Identification of the Iron Age City on the Kerkenes Dağ in Central Anatolia," *Journal of Near Eastern Studies* 56: 81-94.

_____ (2001) "Keykavus Kale and associated remains on the Kerkenes Dağ in Cappadocia, Central Turkey," *Anatolia Antiqua* 9: 39-60.

_____ (2006) "Aspects of Material Culture at the Iron Age Capital on the Kerkenes Dağ in Central Anatolia," *Ancient Near Eastern Studies* 43: 164-202.

_____ (2008) "Periodisation and Terminology in the Central Anatolian Iron Age: Archaeology, History and Audience," *Ancient Near Eastern Studies* 45: 202-17.

_____ (2009) "The End of Chronology: New Directions in the Archaeology of the Central Anatolian Iron Age," *Tree-Rings, Kings, and Old World Archaeology and Environment: Papers Presented in Honor of Peter Ian Kuniholm* içinde, der. S.W. Manning ve M.J. Bruce, s. 239-51. Oxford, Oakville: Oxbow.

Summers, G.D. ve Summers, F. (2007) "Kerkenes Dağ," *Friglerin Gizemli Uygarlığı / The Mysterious Civilization of the Phrygians* içinde, der. H. Sivas ve T. Tüfekçi-Sivas, s. 115-26. İstanbul: YKY.

_____ (2008) "A Preliminary Interpretation of Remote Sensing and Selective Excavation at the Palatial Complex, Kerkenes," *Anatolia Antiqua* 16: 53-76.

_____ (2010) "From Picks to Pixels: Eighty Years of Development in the Tools of Archaeological Exploration and Interpretation, 1927-2007, at Kerkenes Dağ in Central Turkey," *Proceedings of the 6th International Congress on the Archaeology* of the Ancient Near East, May 5th-10th, 2008, "Sapienza"–Università di Roma, Volume 2: Excavations, Surveys and Restorations, Reports on Recent Field Archaeology in the Near East* içinde, der. P. Matthiae, F. Pinnock, L. Nigro ve N. Marchetti, L. Romano'nun katkılarıyla, s. 669-83. Wiesbaden: Harrassowitz.

Summers, G.D., Summers, M.E.F., Baturayoğlu, N., Harmanşah, Ö.H. ve McIntosh, E.R. (1996) "The Kerkenes Dağ Survey, An Interim Report," *Anatolian Studies* 46: 201-34.

Tuna, N. (2007) "ODTÜ Müzesi'nin Ankara Frig Nekropolü'nde Araştırma ve Kurtarma Kazıları / Research and Excavation at the Phrygian Necropolis in Ankara," *Friglerin Gizemli Uygarlığı / The Mysterious Civilization of the Phrygians* içinde, der. H. Sivas ve T. Tüfekçi-Sivas, s. 98-114. İstanbul: YKY.

Winter, F.E. (1971) *Greek Fortifications*. Londra: Routledge and Kegan Paul.

İçkale ve Şehir Olarak Gordion

MARY M. VOIGT

Bu bölüm, insanların yaşadığı, çalıştığı, oyun oynadığı ve kimi zaman da savaştığı bir yer olarak Gordion hakkında bildiklerimizin geniş bir özetini sunuyor. Temel amacım iki kapsamlı soruya cevap bulmak. İlki, yerleşmenin şekli ve organizasyonu zaman içinde nasıl değişti? İkincisi de, Gordion ne zaman büyük, yoğun ve çeşitlilik gösteren bir nüfusu barındıran bir merkez, yani bir "şehir" haline geldi? Bu soruları cevaplamak için, birbirinden çok farklı amaç, yöntem ve sonuçları olan iki ayrı arkeolojik araştırma devresinden edinilmiş bilgileri birleştirmek gerekiyor. Rodney S. Young'ın yürüttüğü birinci devre araştırmaları, sitin merkezindeki büyük yassı höyük üzerindeki geniş yekpare alanda (yaklaşık 2,7 ha) yapılan kazılara, bunun bitişiğindeki tahkimatlara ve ölülerle ilgili kanıtlara —tümülüslere ve mezarlıklara— odaklanmıştı. Benim yürüttüğüm ikinci devre araştırmaları ise Young'ın alan kazılarının ortaya koyduğu sıralama ve kronolojiyi daha iyi anlamak ve sit ile yörenin daha önce bilinmeyen kısımlarını keşfetmek amacıyla küçük çaplı kazılara odaklanmış, bölgesel yüzey araştırması da kazı yoluyla elde edilen verileri tamamlamıştır. Gordion'un ilkçağ peyzajındaki yerini belirleyebilmek amacıyla, ekonomik ve çevresel verilerin toplanmasına özel önem verilmiştir. Her ikisi de kendi zamanlarının ürünü olan iki arkeolojik yaklaşım birbirini bütünleyici niteliktedir ve ikisi de burada sunulan anlatı için vazgeçilmez bir temel teşkil eder.

Çoğu arkeolojik sitte olduğu gibi, elimizdeki bilgi çeşitleri dönemden döneme önemli ölçüde farklılık gösterir; bazı dönemler çok az bilinirken, bazıları olağanüstü iyi belgelenmiştir. Bilgi sosyal statüye göre de değişir: Yönetici elit hakkında söyleyebileceğimiz pek çok şey vardır, sıradan insanlar hakkında ise pek az. Mimari ve seramikler hakkında çok şey biliyoruz, ama insanların ne yediğini ve yiyeceklerini nasıl temin ettiklerini daha yeni yeni anlamaya başladık. Çevredeki yerleşmelerin konum ve büyüklüklerine ilişkin incelememiz de –ki bu, iktisadi ve siyasi sistemleri anlayabilmek için olmazsa olmaz bir unsurdur– daha yeni başladı.

Bu nedenle, burada varılan sonuçların pek çoğu spekülatiftir; bunlar, elimizdeki verilere ilişkin tartışmayı ilerletmek ve yeni ve verimli araştırma alanları seçebilmek amacıyla sunulmaktadır.

Sit ve Yerleşme Olarak Gordion

Eski Yunan ve Romalı tarihçilerin bıraktığı antik Gordion tasvirleriyle en iyi şekilde örtüşen arkeolojik sit alanı Orta Anadolu'daki Sakarya Irmağı'nda yer alır.[1] Bugün burası üç ayrı topografik alan olarak tarif edilebilir: Merkezdeki İçkale Höyüğü (Yassıhöyük); İçkale Höyüğü'nün kuzeyinde ve güneyinde bulunan müstahkem alçak alanlar, yani Aşağı Şehirler; ve İçkale Höyüğü'nün kuzeybatısındaki düşük rakımlı yükseltiye yayılmış geniş bir alan olan Dış Şehir (RESİM 1). İlk kazılar (1900-1973) yerleşmenin en göze çarpan kısımlarına odaklanmıştı: İçkale Höyüğü ile güneyinde ona bitişik Aşağı Şehir istihkâm sistemine (RESİM 2).[2] Daha yakın dönemde ise, kazılar, yoğun yüzey araştırmaları, jeofizik prospeksiyon ve sit topografyasının detaylı olarak incelenmesi sayesinde toplanan bilgiler site ilişkin oluşturduğumuz resmi ciddi ölçüde genişletti ve geliştirdi (RESİM 3-4).[3] Her bir topografik alanın, insan faaliyetlerinin yol açtığı arkeolojik depozit birikimleri veya eksilmeleriyle belgelenen farklı bir iskân tarihi vardır. Bu makalede, her bir ana iskân dönemi içerisinde bu süreçler temel hatlarıyla ortaya konacak, böylece yaklaşık 4000 yıllık bir dönem boyunca yerleşmenin şekil, büyüklük ve işlevinde meydana gelen

---

1 Yazarın Notu: Gordion'da yapılan bütün modern arkeolojik araştırmalar (1950-2006) Pennsylvania Üniversitesi Müzesi tarafından finanse edilmiş ve desteklenmiştir; College of William and Mary 1991'den beri ikinci bir sponsor olarak destek vermiştir; ayrıca, Ontario Kraliyet Müzesi 1994 ila 2002 arasında yapılan çalışmalara sponsorluk yapmıştır. 1988'den itibaren Gordion'da yapılan kazı ve yüzey araştırmaları, Beşeri Bilimler Ulusal Fonu (National Endowment for the Humanities), Kanada Sosyal ve Beşeri Bilimler Araştırma Konseyi, National Geographic Derneği, Ontario Kraliyet Müzesi, Kress Vakfı, IBM Vakfı ve Tanberg Trust'ın yaptığı hibelerle ve cömert hayırseverlerin kişisel bağışlarıyla desteklenmiştir. Yayınlarda kullanılan çizimler Sondra Jarvis, Carrie Alblinger ve Kimberly Leaman Insua tarafından hazırlanmış, 1988-89 kazılarının fotoğraflarını ise Laura Foos çekmiştir. Benim Gordion'da yaptığım araştırmayı mümkün kılan ve çalışmama ilham veren Robert H. Dyson, Keith DeVries, G. Kenneth Sams, T. Cuyler Young ve Brian Rose'a şükranlarımı sunuyorum. Bu makale, varlığını, yetmişinci doğumgünümde İstanbul'a gelmeye beni ikna eden Scott Redford'un ikna kabiliyeti ve ısrarına borçludur. Hem şehir, hem konferans, hem de makalenin yazımı harikulade deneyimlerdi; bu yolculuğu mümkün kıldığı için kendisine minnettarım.

Gordion'la ilgili ilkçağ metinlerine ilişkin kapsamlı tartışmalar için bkz. Körte 1897; Körte ve Körte 1904; Rose ve Darbyshire 2011.

2 Sams 2005; Voigt 2011.

3 Voigt 2011; Voigt vd 1997; Marsh 1999, 2012; Sams 1994, 2009, 2010, 2011.

İÇKALE VE ŞEHİR OLARAK GORDİON | 183

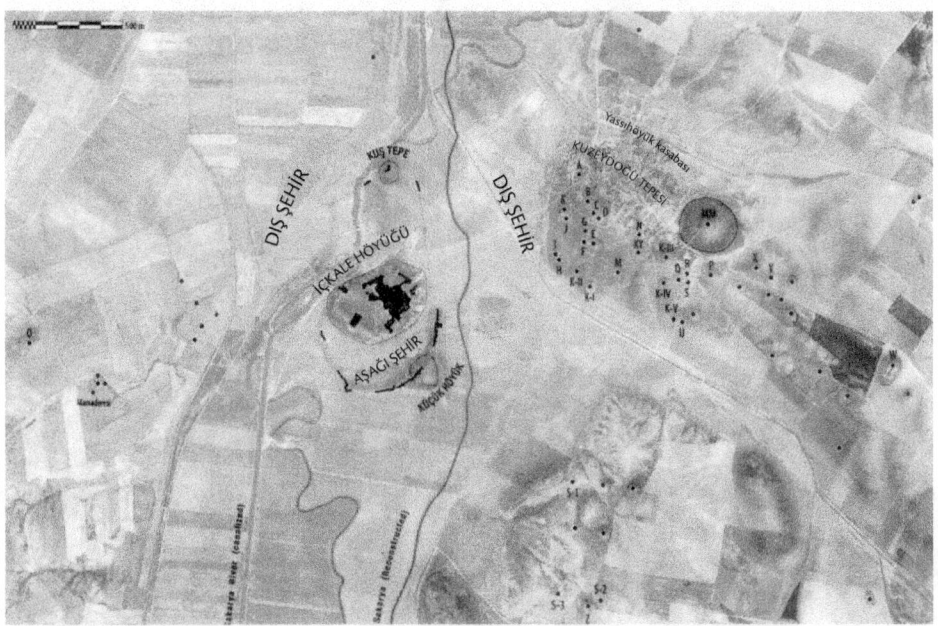

RESİM 1 Temel topografik alanları gösteren, sitin havadan görünümü. Kaynak: G. Pizzorno ve G. Darbyshire, Gordion Arşivi.

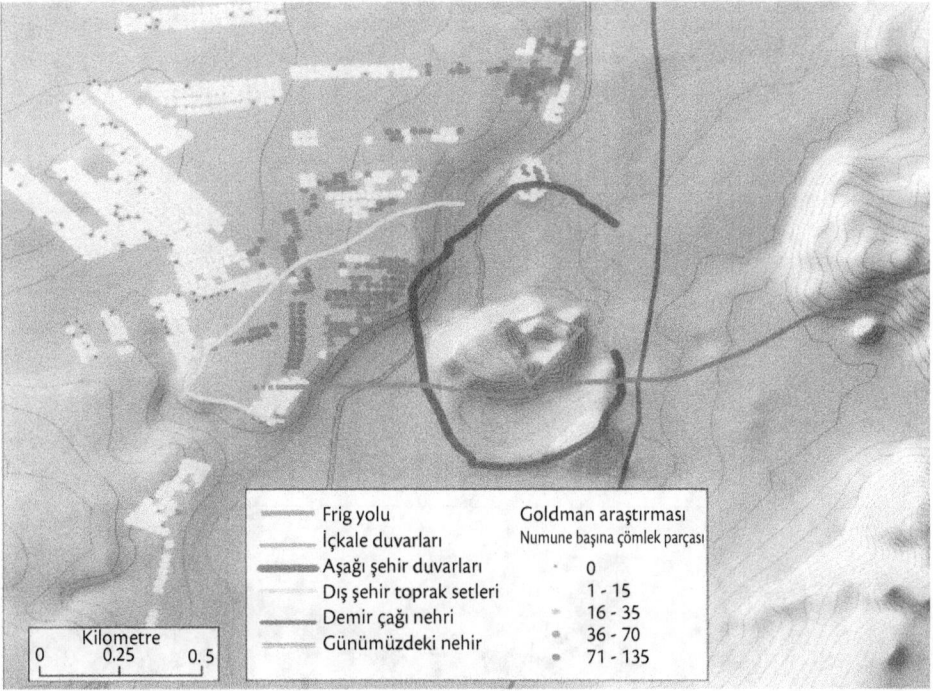

RESİM 3 Gordion İçkale Höyüğü'nün 1989'da havadan çekilen fotoğrafı. Kaynak: W. ve E. Meyers, Gordion Arşivi.

RESİM 2 Yoğun yüzey araştırmasının sonuçlarını gösteren harita. Kaynak: B. Marsh.

değişiklikler izlenmeye çalışılacaktır (**TABLO 1**). Ancak, Gordion için bir yerleşim tarihi kurma denemesine girişmeden önce, sitin çevresindeki modern peyzajı ve bu peyzajın ilkçağdakinden nasıl farklılaştığını bir parça anlamamız gerekiyor.

Değişen Bir Fiziki Peyzaj

Bir sitin büyüklüğüne ve biçimine ilişkin herhangi bir değerlendirme yapabilmek için, arkeolojik depozitlerin birikmesine veya eksilmesine yol açan çevresel faktörleri bilmek şarttır. Gordion özelinde Ben Marsh'ın yürüttüğü jeomorfolojik araştırma, son beş bin yıl içerisinde Sakarya vadisinde ırmak ile kollarının meydana getirdiği erozyon ve tortulanma sonucu önemli değişimler olduğunu belgelemiştir. Ancak, bu çevresel değişimler kesin surette "doğal" (örn. iklimsel) faktörlerden kaynaklanmamıştır; bunlar son tahlilde insan faaliyetlerinin –yani bitki örtüsünü bozan ve ortadan kaldıran toprak kullanım biçimlerinin, özellikle de çiftçilik, hayvan otlatma ve keresteciliğin– birer sonucudur.[4] Yerleşmelerin peyzajdaki dağılımı ve bu dağılımın değişen toprak kullanımına ilişkin bir araştırma açısından ne ifade ettiğine ilişkin bilgiler Gordion Bölgesel Yüzey Araştırması (GBYA) tarafından toplanmıştır. GBYA William Sumner tarafından 1987-88'de başlatıldı. Sumner, kamyon ve motosikletle araziyi dolaşıp Gordion çevresinde 8 mil yarıçaplı bir alana odaklanarak "tam kapsamlı bir bölgesel keşif faaliyeti" yürüttü; çalışmasının odak noktası en göze çarpan veya höyükleşmiş yerleşmelerdi.[5] Bölgesel yüzey araştırmasının Lisa Kealhofer tarafından yürütülen ikinci evresi (1996-2002) yoğun bir çalışmaydı ve hem höyükleşmemiş sitleri örneklemeyi hem de çevresel veri toplamayı amaçlayan yürüyüş kesitlerinden oluşuyordu.[6] Bu yüzey araştırmalarının sonucu olarak, Gordion merkezi etrafındaki 10 km yarıçaplı alanda bulunan en büyük sitlerin çoğunun, höyükleşmemiş veya kısmen gömülü sitlerin ise küçük ama sistematik bir örnekleminin, lokasyon, büyüklük ve tarih bilgilerine sahibiz. Kitabın bu bölümü sırf Gordion'a odaklanmakla birlikte, belirli dönemlere ait yerleşim örüntüsü bilgileri Gordion'u iktisadi ve siyasi bir bağlama oturtmak amacıyla kullanılacaktır.

---

4   Marsh 2005, 2012; ayrıca bkz. Miller 2010; Miller vd 2009.
5   Sams ve Voigt 1990, s. 82-3, resim 21.
6   Kealhofer 2005.

TABLO 1. Gordion Stratigrafik Sıralaması

YHSS Evresi	Dönem Adı	Yaklaşık Tarihler
0	Modern	1920'ler
1	Ortaçağ	MS 10.-16. yüzyıllar?
2	Roma	MS 1.-4. yüzyıllar
3A	Geç Helenistik	MÖ 260?-100
3B	Erken Helenistik	MÖ 333-260?
4	Geç Frig	MÖ 540'lar-333
5	Orta Frig	MÖ 800-540'lar
6A-B	Erken Frig	MÖ 900-800
7	Erken demir çağı	MÖ 1100-900
9-8	Geç tunç çağı	MÖ 1500-1200
10	Orta tunç çağı	MÖ 1800-1500

Gordion, kıvrım yapan Sakarya Nehri'nin meydana getirdiği alüvyon ovasında yer alır. Günümüzde nehir, sitin batısından ve kuzeyinden akarak, kuzeydeki Aşağı Şehir'in ortasından geçer (**RESİM 1-2**); sitin doğusunda bulunan ve neredeyse göze çarpan hiçbir özelliği olmayan alçak ova ise gitgide yükselerek, üzerinde yer yer tümülüsler ve mezarlıklar ile üstünkörü bilinen demir çağı yerleşmesinin (veya yerleşmelerinin) yer aldığı alçak bir bayır meydana getirir. Gerek "coring" yöntemi gerekse Marsh'ın nehir kenarlarında ve ovadaki diğer modern kesitlerde yaptığı inceleme Sakarya Nehri'nin yatağında değişiklikler olduğunu belgelemiştir; sınırlı sayıdaki radyokarbon tarihleri de modern dönemdeki menderesli nehir yatağının (Sakarya IV) ortaçağdan sonraki devirlerde –belki de 19. yüzyıl gibi geç bir tarihte– oluştuğuna işaret eder.[7] İlkçağda nehir (Sakarya I-III) yerleşmenin doğu ucu boyunca akıyor ve onu doğudaki bayırdan ayırıyordu.[8] Kazılar ve jeofizik prospeksiyon, İçkale Höyüğü'nün kuzeydoğu ucu ile kuzeydeki Aşağı Şehir'in yaklaşık yarısı da dahil olmak üzere, sitin geniş alanlarının Sakarya'nın şimdiki yatağı tarafından yok edildiğine dair net kanıtlar sunmaktadır (**RESİM 4-5**; ayrıca bkz. aşağıda).[9] Ayrıca, ilkçağdaki nehrin İçkale Höyüğü'nün doğu ucu ile güney-

---

[7] Marsh 1999; 2012, resim 3.2. Şimdiki nehir yatağının (Sakarya V) yer yer uzun düz bölümlerden oluşması 1967'deki taraklamanın sonucudur.

[8] Marsh 1999; 2012, resim 3.3.

[9] Sakarya Nehri'nin yatağındaki değişimler yüzünden, İçkale Höyüğü'nün ilkçağda kapladığı alanı kestirmek kolay olmamakla birlikte, höyük dikkate değer bir erozyona uğramamış gibi görünüyor. Kuzeydoğusundaki Erken ve Orta Frig (YHSS 6A ve 5) surlarının bazı

RESİM 4 Jeoprospeksiyon sonuçlarını gösteren harita, 2007-11. Kaynak: GGH ve B. Rose, 2011 GGH Raporu, Gordion Arşivi.

RESİM 5 Jeoprospeksiyon sonuçlarının bir yorumunu gösteren harita (2007-11); Aşağı Şehir surları siyah-beyaz noktalı çizgiyle gösterilmiştir. Kaynak: GGH ve B. Rose, 2011 GGH Raporu, Gordion Arşivi.

deki Aşağı Şehir'i de yavaş yavaş aşındırıp kemirdiğine işaret eden jeomorfolojik ve jeofizik kanıtlar mevcuttur.[10]

Sitin şekli değerlendirilirken dikkate alınması gereken ikinci çevresel faktör ise sedimantasyondur. Marsh'ın Gordion bölgesindeki erozyon ve sedimantasyonla ilgili çalışması, erken tunç çağının başından, yani MÖ yaklaşık 3000'den itibaren, yüksek yerlerdeki toprak yüzeylerinin ciddi şekilde alt üst olduğuna ve bunun sonucu olarak da Sakarya vadisinde depozit birikimleri oluştuğuna dair kanıtlar sunmuştur.[11] Gordion yakınındaki alanda, MÖ yaklaşık 1500 civarında ince bir alüvyon tabakası meydana gelmiş olmakla birlikte, yaklaşık olarak MÖ birinci binyılın ortalarına kadar birikme hızı çok yavaş seyretti; bu dönemde ise sedimantasyon hızı yüzyılda 15 santimetreye kadar arttı; hızın 20. yüzyıla kadar aynı şekilde devam etmesiyle, depozitlerin toplam derinliği 3,5 ila 5,2 metreyi buldu.[12] Bu nedenle, alt katmanlardaki arkeolojik kalıntılar (tıpkı ilkçağdaki nehir yatağı gibi) günümüzde derinlere gömülü durumdadır.

Değişen Bir Kültürel Peyzaj

Sitte erozyon ve sedimantasyon nedeniyle meydana gelen tahribat ve birikimlere ilişkin kanıtlar bir belirsizlik yaratsa da, Gordion'u bir içkale ve şehir olarak inceleyebilmek için belirli topografik ve fonksiyonel alanların her bir ana iskân dönemindeki büyüklüklerini hesaplamaya çalışmak gerekir. Günümüzde İçkale Höyüğü'nün tabanı yaklaşık 13 hektarlık bir alanı kaplamaktadır;[13] nehrin ve olağan yağışların yarattığı erozyona uğramadan önce bundan biraz daha geniş bir alana yayılıyor olsa gerektir. Günümüzdeki höyük yüzeyi, zaman içinde mekânın farklı şekillerde kullanılmış olmasının sonucu olarak çok engebelidir. En yüksek noktası, höyüğün güneybatı ucunda uzanan ve modern ova seviyesinin yaklaşık 18 m yukarısında yer alan sırttır.[14] Doğusunda, höyüğün tepesi daha düz ve daha

---

bölümleri günümüze ulaşmıştır. Kuzeybatısında ise bütün dönemlere ait surlar kesintiye uğrar, ama kuzeydeki Aşağı Şehir'in kalın surları höyüğün yanındaki nehir yatağında ivinti yerlerini oluşturduğundan, erozyon sınırlı ölçüdedir.

10 Marsh 2012; Ben Marsh ile kişisel iletişim, 2010; Sams 2011b, resim 6.
11 Marsh 2005, 2012, resim 3.2, 3.5.
12 Marsh 2012.
13 Ben Marsh ile kişisel iletişim, 2010.
14 İçkale Höyüğü'nün ilk kontur haritası 1950'de yapılmıştır (Young 1951, tablo II) ve son altmış yıl boyunca revize edilmiş olmakla birlikte, sitin yayımlanan tüm planları için temel teşkil etmeye devam etmektedir. Bu haritada 0 seviyesi en aşağıdaki kontur çizgisinin *üzerinde* yer almaktadır ve modern ova seviyesinden 1,6 m yüksekte ölçülmüştür (Pizzorno ve Darbyshire 2012).

RESİM 6 İçkale Höyüğü ile Güney Aşağı Şehir tahkimatlarının doğudan görünümü. Kaynak: Gordion Arşivi.

RESİM 7 Güney Aşağı Şehir'in İçkale Höyüğü'nden görünümü. Ortadaki büyük tepe olan Küçük Höyük'te, Pers kuşatmasından kalma bir höyüğün altında kısmen gömülü kalmış yüksek bir kale yer alır. Kaynak: Gordion Arşivi.

RESİM 8 Kuzey Aşağı Şehir'in küçük bir kale veya müstahkem bir höyük olan Kuş Tepe'den görünümü. Kaynak: Gordion Arşivi.

RESİM 9 Sakarya Nehri'nin ivinti yerlerinde göze çarpan Kuzey Aşağı Şehir surları. Kaynak: Gordion Arşivi.

alçaktır. İçkale'deki depozitin toplam derinliği bilinmiyor, ancak tabanı modern ova seviyesinin en az 3-5 m altında yer alıyor (bkz. aşağıda).[15]

Adının da ima ettiği gibi, İçkale Höyüğü tarihinin büyük bir kısmı boyunca tahkimatlarla çevrelenmişti. Höyüğün kuzeyinde ve güneyinde bulunan geniş Aşağı Şehir alanları da yine hatırı sayılır büyüklükte surlarla çevriliydi; bunlar sitin güney ve kuzey uçlarındaki yüksek kalelere bağlanıyordu (**RESİM 2, 5**). İstihkâm

---

15 Gordion'un haritalandırılmasıyla ilgili kapsamlı bir inceleme yakın zamanda tamamlanmıştır (Pizzorno ve Darbyshire 2012). Bu çalışma, insan ve alet hatalarının sonucu olarak araştırmalarda önemli yanlışlıklar yapıldığını belgelemiştir. Gerek harita ve planlarda verilen yüksekliklerdeki, gerekse jeolojik örneklere dayalı ölçümlerdeki belirsizlik derecesi göz önüne alındığında, her bir yükseklik ölçümünü en yakın metreye yuvarlamak hem arkeolojik depozitler arasında hem de bu depozitler ile ilkçağdaki ova seviyeleri arasındaki ilişkiye dair daha gerçekçi bir fikir verecektir (Gabriel Pizzorno ile kişisel iletişim, 2011).

sistemlerinin şeklen birbirine benzemesine rağmen, iki Aşağı Şehir'in birbirinden oldukça farklı olduğu kazılardan ve jeofizik testlerden anlaşılmaktadır. Öncelikle, güneydeki Aşağı Şehir'in surları ve kalesi, modern ova seviyesinden epeyce yüksekte yer alan kuzeydeki alanın tahkimatlarından daha heybetlidir; buna karşın, kuzeydeki Aşağı Şehir'i çevreleyen surlar sadece jeoprospeksiyon yöntemiyle plan olarak ve Sakarya Nehri'nin şimdiki yatağında ivinti yerleri olarak görülebilir (**RESİM 6-9**).[16] İkincisi, güneydeki Aşağı Şehir'in içinde bulunan arkeolojik depozitler hem çok derindir hem de modern ova seviyesinin ciddi ölçüde üzerine çıkar; kısmen bunun nedeni yapay bir platform veya terasın inşa edilmiş olmasıdır, ama güney alanının daha uzun süreli bir iskân geçmişi olması da muhtemeldir (bkz. aşağıda). Kuzeyde ise, Aşağı Şehir surları içerisinde kalan kısmın iskân edildiğine dair tek kanıt jeoprospeksiyondan elde edilmiştir. Üçüncü olarak, jeofizik prospeksiyonla belgelenen iskân yoğunluğu kuzeye kıyasla güneyde daha fazladır (**RESİM 4**). Marsh, ilkçağda Sakarya Nehri'nin (Aşağı Şehir'in doğu ucunda) yol açmış olabileceği muhtemel erozyonu da hesaba katarak, Aşağı Şehir surlarıyla çevrili toplam alanın yaklaşık 51 ha olduğunu tahmin etmektedir.[17]

Üçüncü topografik alan olan Dış Şehir, İçkale Höyüğü'nün kuzeybatısında bulunan alçak bir doğal yükseltiye yayılmıştır ve 72 hektarlık bir alanı kapladığı sanılmaktadır (**RESİM 1, 3, 10**).[18] Zeminde göze çarpan herhangi bir çıkıntı olmamakla birlikte, uydu görüntüleri bu alanın büyük bir bölümünün toprak bir setle çevrelenmiş olabileceğine işaret eder.[19] Andrew Goldman ve Keith Dickey tarafından yürütülen yoğun yüzey araştırmasında toplanan veriler, yerleşmenin Ankara ve Eskişehir arasındaki modern demiryolunun ötesine uzandığını göstermektedir (**RESİM 3**).[20] Var olduğu sanılan toprak set ile çömlek kırıklarının yoğun olarak bulunduğu alanlar arasındaki örtüşme derecesi çarpıcıdır. Kuzeybatıdaki bu alanda sınırlı ölçüde yürütülen kazılar (gübreleme veya diğer antropojenik faaliyetlerden kaynaklı olarak çevreye dağılmış kalıntıların aksine), yüzeyde ele geçen bu çömlek kırıklarının nispeten yoğun bir konut yerleşiminin sonucu olduğunu doğrulamıştır. Bu kırıntıların daha ötesinde ise, haritalandırılmayı ve sistematik olarak incelenmeyi bekleyen kaya mezarına benzer yapılar ile kesme taş duvarlar yer alır. Gordion'un Pizzorno ve Darbyshire tarafından yapılan en son haritası (**RESİM 1**), İçkale Höyüğü'nün kuzeydoğusunda müstahkem olmayan ikinci bir alanın veya

---

16 Marsh 2012, resim 1.
17 Ben Marsh ile kişisel iletişim, 2010.
18 Marsh 1999, s. 163-4.
19 Ben Marsh ile kişisel iletişim, 2009.
20 Sams 1994c, s. 471.

RESİM 10 İçkale Höyüğü'nün kuzeybatısındaki Dış Şehir. Kaynak: Gordion Arşivi.

Dış Şehir'in varlığını göstermektedir. Gerek bu alanın yüzeyinde gerekse sediment örneklerinde birtakım kültürel materyaller bulunmuş olmakla birlikte, antik bir yerleşimin varlığının doğrulanabilmesi için jeofizik prospeksiyon ve/veya kazı yapılmasına ihtiyaç vardır.[21]

Yerleşme Tarihi

Gordion'da yerleşime dair kanıtların en erken tarihli olanı MÖ üçüncü binyılın sonlarından, en geç tarihli olanı ise 1921 Sakarya Savaşı'ndan kalmadır. Bekleneceği gibi, en eski döneme ait kalıntılar sınırlı sayıda ve bölük pörçüktür; bu tabaka, daha sonraki iskân yıkıntılarının 7 ila 16 m kadar altında gömülüdür.[22] En geç ve en kolay erişilebilen dönemler de, Gordion'da çalışan arkeologların ilgisizliğinin sonucu olarak, yine pek az bilinmektedir. Bu makalede, tunç çağı ile demir çağından, yani MÖ yaklaşık 2300 ila 333 arasından kalma kanıtları ele alacağım. Her bir döneme ilişkin sunulan bilgiler, bunları toplayan araştırmacıların ilgi alanlarına bağlı olarak farklı noktalara odaklandığından, büyük bir çeşitlilik arz etmektedir.

---

21 Sediment örneklerinin lokasyonu için bkz. Marsh 1999, resim 1.
22 Bkz. aşağıda.

Tunç Çağı

Young höyüğün tarihiyle ilgilenmiş ve tarihöncesi (yani Frig öncesi) dönemlere dair bir örneklem toplamaya çalışmıştır.[23] 9. yüzyıl Erken Frig yıkım tabakasının altına derin sondajlar açarkenki temel amacı her ne kadar Friglerin kökeni ve oraya gelişine dair daha çok şey öğrenmek idiyse de, daha eski dönemlere de gerçek bir ilgi duymuşa benziyor; bu ilgi şüphesiz Machteld Mellink tarafından teşvik edilmişti. 1988'de başlayan yeni araştırmalar döneminde biz, binaları ortaya çıkaracak ve ekonomik verileri (bitki ve hayvan kalıntıları ile imalat artıklarını) toplamaya imkân verecek yatay bir açma vasıtasıyla demir çağı-tunç çağı geçişini incelemeyi amaçladık.[24] "Eski"/Young ve "yeni"/Voigt kazılarında benimsenen stratejiler birbirini tamamlar nitelikte olup, her ikisi de Gordion'un arkeolojik kayıtları içerisinde eşsiz bilgiler sunmuştur.

1960'larda, Mellink, Young ve Aubrey Trik, İçkale Höyüğü'nde üç derin sondaj kazısı yaptı.[25] Bu açmalar (PN-3/3A, Megaron 12/NCT, Megaron 10/NT) aşağı yukarı kuzeybatı-güneydoğu doğrultusunda, yani Young'ın Ana Kazı Alanı'nın kuzeydoğu ucuna paralel bir çizgi veya kesit boyunca sıralanmıştı. Bu açmalar nispeten birbirine yakın olmakla birlikte, stratigrafik olarak birbirinden ayrıydı (**RESİM 11**).[26] Her bir açma için Mellink ve Gunter belli başlı stratigrafik birimleri belirlemiş ve İçkale Höyüğü için bir seramik sıralaması oluşturarak bu ana stratigrafik birimlerin rölatif ve mutlak tarihlerini saptamıştı.[27] Yirmi yıl sonra Mellink, çağdaş seramikler içeren katmanların mutlak seviyelerini karşılaştırmak suretiyle,

---

23 Young 1962, s. 168; 1966, s. 275-8; ayrıca bkz. Gunter 1991.
24 Voigt 1994.
25 Tunç çağı sondajları için bkz. Gunter 1991. Bu konuda, Aubrey Trik'in öncü çalışmaları kayda değerdir. Bir mimar olarak yetişen ve Pennsylvania Üniversitesi Müzesi'nin Guatemala, Tikal'de yürüttüğü kazılarda saha yöneticisi olarak yer alan Trik, Gordion da dahil olmak üzere, müzenin Eski Dünya'da yürüttüğü pek çok saha projesinde çalışmıştır. PN-3 açmasında, arkeolojide rezistivite etüdü uygulamasının ilk denemelerinden birini gerçekleştirmiştir. Bkz. Gordion Notebook 98, s. 30-2.
26 Bu açmaların yerini gösteren tek plan Gunter 1991, plan 11'deki ek haritadır. Yayımlanmamış saha verilerine dayanarak bütün derin sondajların yerini gösteren yeni bir plan ise hazırlık aşamasındadır. Young sondajlarının havadan görüntüsü ile bunların Voigt Aşağı Açma Sondajı (AAS) ile olan ilişkisi için bkz. Rose ve Darbyshire 2011, resim 0.5. (Beyaz taş bloklarla dolu olan) Megaron 10, AAS'nin hemen sağında yer alır ve Young açmaları Megaron 10'un kuzeyinde bir hat boyunca sıralıdır.
27 Gunter 1991, s. 1-4, 109-10, tablo 1B-4; Young 1962, s. 168; Young 1966, s. 276-8, resim 23-6.

İÇKALE VE ŞEHİR OLARAK GORDİON | 193

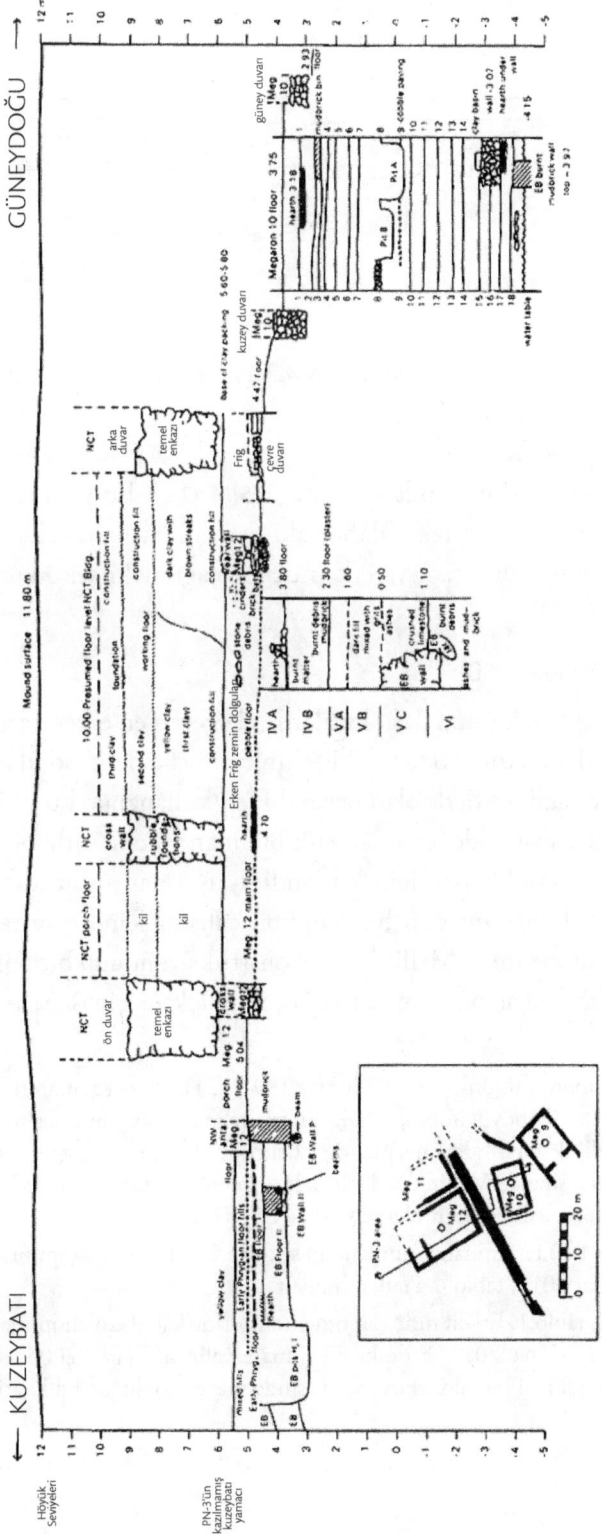

RESİM 11 Ana Kazı Alanı'ndaki tunç çağı sondajları. Kaynak: Gunter 1991'e dayanarak.

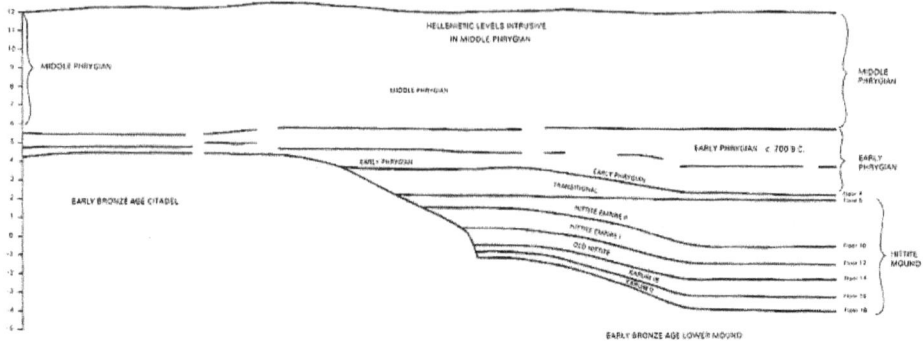

RESİM 12 M. Mellink'in yeniden kurduğu tunç çağı höyüğü kesiti. Kaynak: Gunter 1991'e dayanarak.

höyüğün hipotetik bir kesitini yeniden kurdu (**RESİM 12**).[28] Bu yeniden kurulan kesit, gerek Young'ın topladığı gerekse daha yakın tarihli kazılarda elde edilen ek verilerle birlikte höyüğün tunç çağı ve erken demir çağındaki şekline dair bilgi vermektedir.

Erken Tunç Çağı (MÖ 2300-2150)[29]

Gordion'da bir yerleşme olduğuna dair, kazılarda ele geçen en erken tarihli kanıt erken tunç çağından kalmadır (IIIA-B).[30] Mellink hem üç derin sondajdan elde edilen verileri hem de çağdaş sitlerle olan benzerlikleri kullanarak, bu yerleşmenin şeklini yeniden kurdu: Bitişiğinde bir aşağı şehir bulunan yüksek surlu bir höyük.[31] Bu rekonstrüksiyonu desteklemek için kullandığı argüman ustacadır ve şayet doğruysa, yerleşme şekli tarihine dair herhangi bir çalışma için önem taşır. Saha kayıtlarının yeniden incelenmesi Mellink'in rekonstrüksiyonunun bir bölümünde herhangi bir değişikliğe yol açmaz, ama surlarla çevrili içkale için öne sürdüğü ka-

---

28 Gordion tunç çağı raporunun önsözünde (Gunter 1991, s. 1), üç ana açmanın kesitleri ve aralarındaki bağlantılar ile höyüğün şekline ilişkin bir rekonstrüksiyon önerisini gösteren Ek bölümünün Mellink tarafından hazırlandığı belirtilir. 1980'lerin başında Üniversite Müzesi'nde çalıştığım sırada, Mellink'in birbiriyle eşleşen depozitlerde karşılaşılan bazı problemler hakkında söylediklerini dinleme şansına erişmiştim.

29 Gunter (1991, tablo 1-2) tarafından tanımlandığı şekliyle Gordion tunç çağı sıralamasının mutlak tarihleri, Yakar 2011, tablo 4.4'ten alınmıştır.

30 Gunter 1991, s. 102, tablo 1. Erken tunç çağının günümüzde kabul edilen mutlak tarihleri için bkz. Kealhofer ve Grave 2011. En eski ETÇ materyalinin, Marsh 2005'teki ölçüme göre, yaklaşık olarak üçüncü binyıldaki ova seviyesinde mevcut olduğuna dikkatinizi çekerim.

31 Gunter 1991, s. 109-10.

nıtlar problemlidir. Hemen aşağıda sunacağım ayrıntılı tartışma, neleri bildiğimizi ve gelecekteki kazılardan daha neler öğrenebileceğimizi göstermeyi amaçlamaktadır.

Young'ın derin sondajlarının en büyüğünde (PN-3/3A), höyük yüzeyinin yaklaşık 7 m aşağısında, ince bir demir çağı ("Frig") depozitinin altında, taş temelleri olan kerpiçten yapılmış bir ETÇ evine rastlandı (RESİM 13).[32] Bu en üstteki ETÇ iskân evresi, Young'ın İçkale Höyüğü için belirlediği 0 seviyesinin 5 m kadar üzerinde ya da başka bir deyişle üçüncü binyıl ovasının yaklaşık 10-12 m üzerinde yer alır; burayı çevreleyen aşağı şehrin en üst tabakaları ise ova seviyesinin 6-8 m üzerinde bulunur (RESİM 11).[33] Kazılarda ortaya çıkan iskân tabakalarının üzerinde hiçbir zaman başka bir tabakanın var olmamış olması teorik olarak mümkünse de, tarihöncesinde höyüğün çok daha yüksek olduğuna ve Friglerin yaptığı bir düzleştirme operasyonu nedeniyle törpülendiğine dair Young'ın vardığı sonuç hâlâ akla yakındır.[34] Frigler eski ETÇ merkez höyüğünün yalnızca 1 veya 2 metresini yok etmiş olsalar bile, höyük vaktiyle muhtemelen çevresindeki kırsal araziye hâkim konumdaydı.

Bir diğer mesele de, tunç çağı höyüğünün şekil ve büyüklüğünün belirlenmesiyle ilgilidir. PN-3/3A açmasındaki iskân tabakaları nispeten yatay konumda olmakla

---

32 Gunter 1991, s. 2-3, tablo 1, plan 3, levha 2-3.

33 İçkale Höyüğü'ndeki belirli stratigrafik kontekstler hakkındaki tartışmama Young'ın 0 seviyesinin üzerindeki yayımlanmış ölçümleri de dahil ederek bu kazılar hakkındaki son değerlendirmelerle karıştırılmasını önlemeyi amaçlıyorum. Arkeolojik depozitlerle ilkçağ arazi yüzeyi arasında ilişki kurmak için bu ölçümün düzeltilmesi gerekmektedir. Dolayısıyla, geç üçüncü binyıl tabakalarının üçüncü binyıl ovasından ne kadar yüksekte olduğunu belirlemek için, yayımlanmış/0 seviyesini baz alan ölçümü (0 seviyesinin 4,98 m üzerinde, Gunter 1991, s. 2; ayrıca bkz. Resim 11) almak ve buna şunları eklemek gerekir: (1) 1,6 m, yani 1950 yılı itibarıyla Young'ın 0 seviyesinin alttaki ova seviyesinden uzaklığı; ve (2) 3,1 ila 5,2 m, yani MÖ yaklaşık 2000'den MS 1950 yılına kadar biriken sediment miktarı. Bu ölçümlerin her biri için geçerli olan belirsizlik faktörleri nedeniyle (bkz. n. 15), bütün bu rakamlar en yakın metreye yuvarlanarak nihai hesap elde edilir (Young'ın 0 seviyesinden 5 m, 1950 ova seviyesinden 7 m ve üçüncü binyıldaki ova seviyesinden 10-12 m yüksekte).

34 Bkz. Young 1962, s. 168. Young ayrıca tunç çağı depozitlerinin demir çağında yerlerinden kaldırılıp "dolgu" olarak yeniden kullanılmış olmaları ihtimalinden de söz eder. Bu uygulama, derin inşaat çukurlarının doldurulduğu Orta Frig/YHSS 5 döneminde iyi belgelenmiştir (bkz. aşağıda). Young'ın saha notları hep, bu tür kontekstlerde, özellikle de İçkale Höyüğü'nün yakınında, "olağan olarak" tunç çağı çömlek kırıklarına rastlandığından bahseder. Aynı olgu 1989'da, Bina I:2'nin yapımıyla ilişkilendirilen dolgularda da gözlemlenmiştir. Elbette bu daha geç tarihli (8. yüzyıldan kalma) dolgu malzemesi Gordion'un uzağındaki höyüklerden elde edilmiş olmalıdır, zira ETÇ (ve belki OTÇ ve GTÇ) materyalinin PN-3/3A açmasının bulunduğu alandan kaldırılması geç 10. veya 9. yüzyılda (Erken Frig/YHSS 6B) gerçekleşmiş olsa gerektir.

RESİM 13 PN-3 açmasındaki erken tunç çağı mimarisinin güneydoğu yönüne bakarkenki görünümü. Hemen yukarısında Erken Frig/YHSS 6A döneminden Megaron 12, daha ileride de Megaron 12 derin sondajı görülür. Kaynak: Gunter 1991'e dayanarak.

birlikte, bunlar belli ki kabaca kuzey-kuzeybatıdan güney-güneydoğuya giden bir hat boyunca eğim yapan bir höyüğün ucuna yakın bir yerde bulunuyordu: Megaron 12/NCT sondajında, ETÇ materyali PN-3/3A açmasındaki en üst depozitlerin yaklaşık 4 m altında bulunmuş; Megaron 10/NB sondajında ise ETÇ materyaline PN-3/3A'nın yaklaşık 9 m altında rastlanmıştır. Bu yamacın varlığını doğrulayan bir başka gösterge de, süreksizlik gösteren bir diğer sırada, yani üç derin sondajın batısındaki açmalarda ortaya çıkar. Young Erken Frig/YHSS 6B dönemine ait "Kare Şeklindeki Kapalı Alan"ın içini kazdığında (**RESİM 14**), açmasının kuzey ucunda, demir çağı yüzeyinin hemen altında yine ETÇ materyali buldu; güneyde ise aşağı doğru eğim yapan bir yüzey bir ETÇ çukuruyla kesiliyordu.[35] Kare Şeklindeki Kapalı

---

35 Gordion Notebook 110, s. 74-81.

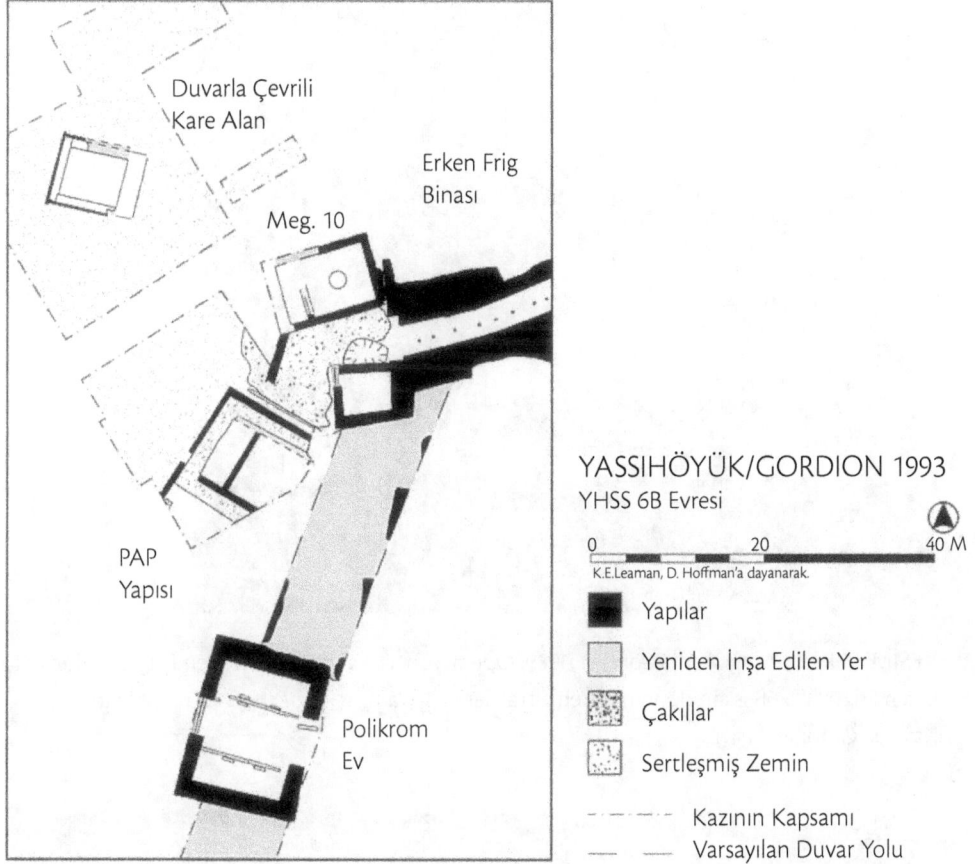

RESİM 14 Kare Şeklindeki Kapalı Alan ile 1988-89 Aşağı Açma Sondajı'nın yerini gösteren Erken Frig/YHSS 6B planı. Kaynak: Gordion Arşivi.

Alan'ın güneyinde gerçekleştirilen 1988-1989 Aşağı Açma Sondajı'nda, PN-3/3A'da rastlanan örnekle aşağı yukarı çağdaş olan bir Erken Frig yüzeyinden yaklaşık 3 m derinlikte hiçbir erken tunç çağı materyaline ulaşılamadı (**RESİM 15**).[36] Güneye doğru eğim yapan bu yüzeyi dikkate aldığımızda, merkezi ETÇ höyüğünün güney ucunun Young'ın Ana Kazı Alanı'nın içine pek de girmediği ve merkezinin kuzeyde olduğu sonucuna varabiliriz.[37] ETÇ Aşağı Şehri (ki en geç tarihli depozitleri üçün-

---

36 Aşağı Açma Sondajı'nın daha geç tarihli yapılara göre yerini gösteren havadan bir görüntüsü için bkz. Rose ve Darbyshire 2011, resim 2.10.

37 Mellink ETÇ höyüğünün merkezini PN3 açmasının batı ve güneybatısına konumlandırmıştır (Gunter 1991, s. 108). Kare Şeklindeki Kapalı Alan açmasının içinde bulunan

RESİM 15 Kesit, Aşağı Açma Sondajı, 1989. Operasyon 14'e ait bu kesitteki en üst depozitler Erken Frig YHSS 6B iskân dönemine, en alttakiler ise orta tunç çağı/YHSS 10'a tarihlendirilir. Kaynak: Gordion Arşivi.

RESİM 16 Bütün haldeki bir geç tunç çağı/YHSS 8 binasını gösteren Aşağı Açma Sondajı. Kaynak: Gordion Arşivi.

cü binyıl ovasının 6-8 m üzerinde yer alır) merkez höyüğün en az 20 m ötesinde uzanır (**RESİM 11-12**), ama bu alan ciddi ölçüde daha büyük olabilir.

Kanıtları zorlar ve yerleşmelerin genellikle kabaca yuvarlak planlı olduğunu varsayarsak, günümüze ulaşan ETÇ höyüğünün tepesinde aşağı yukarı 1-1,5 hektarlık bir yerleşim alanı olduğunu hesap edebiliriz. Bu alan tıklım tıklım evlerle dolu olsa bile, höyüğün tepesindeki nüfus az olsa gerektir; yine de, hem Megaron 12 hem de Megaron 10 sondajlarında, ETÇ iskân tabakalarının merkezi alanın güneydoğusuna doğru da uzandığını gösteren kanıtlar elde edilmiştir (**RESİM 11-12**).[38] Alçakta yer alan bu ETÇ depozitlerini anlamak için, öncelikle ETÇ katmanının yüksekteki kısmının, yani merkez höyüğün müstahkem, gerçek bir içkale olup olmadığını belirlememiz gerekir.

Megaron 12 Sondajı VC Seviyesi'nde, Mellink, yüksekliği 1,7 metreyi, açmanın içindeki kalınlığı da en az 1 metreyi bulan oldukça sağlam bir taş duvar veya temel kalıntısı buldu (**RESİM 11**). 1950'de bu duvarı bulduğunda, "sıradan bir ev için fazla büyük" olduğu gerekçesiyle, "geçici olarak" bunun bir istihkâm sisteminin parçası olduğuna hükmetti.[39] 1991'de Mellink duvarı ETÇ'na tarihlendirdi ve doğu-batı doğrultusunda uzandığını belirtti; sonra da bu mimari parçanın bir erken tunç çağı içkalesinin tabanını çevreleyen bir istinat duvarı olabileceği tahmininde bulundu.[40] Bu kurgu sorunludur ve iki sebepten ötürü reddedilmek zorundadır. Öncelikle, Mellink kendi saha notlarında, Megaron 12 (NCT-Kuzey Merkez Açma) VC Evresi duvarının (doğu-batı değil) kuzey-güney doğrultusunda uzandığını net bir şekilde belirtmiş ve bu yönelimi açıklamak için de manyetik kuzeyi gösteren bir kroki çizmiştir.[41] Dolayısıyla, kuzey-güney doğrultulu bu VC Evresi duvarı, ETÇ höyüğünün

---

eğimli yüzey ile 1988-1989 Derin Sondajı bu varsayımı devre dışı bırakır.

38 Mellink ETÇ höyüğünün merkezinin "PN-3/3A'nın batı ve güneybatısında" yer aldığını ileri sürmüştür (Gunter 1991, s. 109). Bu ancak Young'ın "kazı yönleri"ni kullanıyorsa bir anlam ifade eder: Young'ın kazı defterlerinde, kazı kuzeyi, manyetik kuzey/kuzeydoğuya tekabül ettiğinden, Mellink de manyetik kuzeybatı ve batıyı kastetmiş olmalıdır.

39 Gordion Notebook 5, s. 176.

40 Gunter 1991, s. 109.

41 Gordion Notebook 5, s. 73. Megaron 12'deki derin sondaj ile Kuzey Merkez Açma (NCT) derin sondajının yerleri Gordion Notebook 10, s. 27'de gösterilmiştir. Kuzey Merkez Açma'nın yönelimi için bkz. Gordion Notebook 5, s. 4, ve Young 1951, levha 2; ayrıca bkz. Pizzorno ve Darbyshire 2012, resim 2.7. Derin sondajın uzun ekseni belirgin bir biçimde kuzeydoğu-güneybatı, varsayılan ETÇ duvarı ise kuzey-güney doğrultusundadır. Demek ki yayımlanan kesit doğu-batı doğrultusundaydı; Gunter 1991, plan 11'in ima ettiği gibi kuzey-güney doğrultusunda değil. 1950 ile 1991 arasında yönelimin değişmesi, büyük bir ihtimalle Young'ın "kazı" kuzeyi ile manyetik kuzeyin birbirine karıştırılmasından kaynaklanmıştır. Young'ın kazı kuzeyini esas alırsak, Megaron 12 derin sondajının uzun ekseni

yeniden oluşturulan yamacına dik açı yapar. İkinci ve daha önemli olan nokta ise Mellink'in duvar için yaptığı ETÇ tarihlendirmesini kanıtlarla desteklemenin zor oluşudur. Mellink, saha notlarında, varlığı öne sürülen tahkimatın tarihinin "henüz belirlenemediğini" ifade eder,[42] ancak Kuzey Merkez Açma (NCT) seviye V'yi ve VC duvarına dayalı halde bulunan çömlekleri OTÇ/GTÇ dönemlerine tarihlendirir,[43] ki Gunter'in öne sürdüğü tarihlendirme de budur.[44] 1991'de Mellink, VC Evresi duvarının ETÇ höyüğünün tabanını çevreleyerek onu sınırladığını, daha sonra da sürüklenip taşınan veya höyükten aşağı atılan atıkların birikip duvara yığıldığını ileri sürdü.[45] Duvara yığılıp kalmış ETÇ tabakaları olduğuna dair herhangi bir kanıt bulunmadığı sürece bu erken tarihlendirme geçersizdir.

Eğer Megaron 12 VC duvarı höyüğü çevreleyen bir surun parçası değilse ve erken tunç çağından kalmamışsa, Mellink'in yeniden kurduğu höyük kesitinin şeklinin de değişmesi ve haliyle bu duvarın olduğu yerdeki dik inişin de ortadan kalkması gerekir (**RESİM 12**). Bunun yerine, PN-3/3A'daki günümüze kalmış en üst ETÇ depozitlerinin 6 metreden fazla aşağısında yer alan Megaron 12 Sondajı Seviye VI'da ve PN-3/3A katlarının yaklaşık 9 m altındaki Megaron 10 Sondajı Seviye 18'de bulunan ve tartışmasız olarak ETÇ'ye ait olan materyallerin varlığı, güneydoğuya doğru kademeli ama sürekli bir eğim olduğuna işaret etmektedir. Ek veriler olmadan, bu eğimin ETÇ höyüğünün her tarafında mı, yoksa yalnızca nehirden uzak kısımlarında mı olduğunu bilemiyoruz. Her halükârda, tarihinin önceki dönemlerinde yerleşmenin büyüklüğü, günümüze kalmış en geç tarihli katmanlar için hesaplanan 1-1,5 hektardan çok daha fazla olmalıdır.

Nüfus büyüklüğü ne olursa olsun, tunç çağında Gordion'un önemli bir yerleşme, belki de bir bölgesel merkez olmuş olması muhtemel görünüyor. Gordion Bölgesel Yüzey Araştırması'nda toplanan veriler, erken tunç çağı sitlerinin çoğu zaman Gordion'un doğusundaki tepelerin eteklerinde bulunan pınarlara yakın küçük yerleşmeler olduğuna işaret etmektedir.[46] Gordion'un sıradışı konumu, muhtemelen sitin doğusunda bulunan bayırlardaki bol su ve bereketli topraklara –yani çiftçiler ve hayvancılar için cazip kaynaklara– erişim avantajıyla ilintilidir.

---

    kuzey-güney, duvar da doğu-batı doğrultusunda olacaktır. Sitin grid planının olmayışı ve keyfi bir yön sisteminin kullanılması yüzünden Gordion'da ortaya çıkan haritalandırma problemlerinin daha geniş bir incelemesi için bkz. Pizzorno ve Darbyshire 2012.

42 Gordion Notebook 5, s. 176.
43 Gordion Notebook 10, s. 174, 176.
44 Gunter 1991, tablo 2.
45 Gunter 1991, s. 108.
46 Kealhofer 2005, s. 142, resim 11.4, tablo 11.

Aşağı vadi tabanındaki erken tarihli sitlerin daha sonra alüvyonların altında kalmış olması veya inşaat dolgusu için malzeme arayan Frigler tarafından yıkılmış olması mümkündür. Her halükârda, görünen o ki Gordion'da bir ETÇ yerleşmesinin kurulması muhtemelen ana ticaret ve nakliye yollarının yanındaki konumu sayesinde gerçekleşmiş, tüm Anadolu platosunda uzun mesafe ticaretinin geliştiği ve bölgesel merkezlerin ortaya çıkmaya başladığı bir çağ olan üçüncü binyılda bu konum Gordion'a avantaj sağlamıştı.[47]

Orta ve Geç Tunç Çağı (YHSS 10-8, MÖ 1800-1200)[48]

Mellink'in yeniden kurduğu kesitte, orta ve geç tunç çağı iskân tabakalarının eğim yapan ETÇ höyüğüne dayanacak şekilde yığıldığı ve nihayet geç tunç çağında, kazılan depozitlerin aşağı yukarı yatay hale geldiği görülmektedir (RESİM 12). 1988-1989 Aşağı Açma Sondajı'nda (Operasyon 14, Young'ın derin sondajlarının güneybatısında) elde edilen 9 metre uzunluğunda bir kesit, hem güney yönündeki aşağı doğru eğimi hem de geç tunç çağı/YHSS 8'de yatay bir yüzeyin ortaya çıkmasını sağlayan kademeli bir birikim sürecini teyit eder (RESİM 15).

Gordion'daki orta tunç çağı yerleşmesi hakkında neredeyse hiçbir şey söyleyemiyoruz, zira gerek Young gerekse Voigt kazılarında elde edilen arkeolojik bulgular son derece azdır. Ancak bu, Gordion yöresinin ve belki bizatihi Gordion'un ikinci binyıl başlarında gelişme göstermediğinin bir işareti olarak anlaşılmamalıdır. Gordion Bölgesel Yüzey Araştırması, orta tunç çağının, yerleşmenin genişlediği ve belki de sulamalı tarımın gelişmesiyle de bağlantılı olarak Sakarya Nehri'nin taşkın alanına doğru ilerlediği bir dönem olduğunu gösteriyor.[49]

Gordion'daki geç tunç çağı (YHSS 9-8) yerleşmesi ise spekülasyon alanından çıkıp daha dişe dokunur arkeolojik verilere dayalı yorumlar yapabilmemize imkân veriyor. Young'ın Megaron 10/NB Sondajı'nda bulunan yaklaşık 3 metrelik toplam derinliğe sahip geç tunç çağı depozitleri (5-11 Tabakaları; RESİM 11) seramiklere ve kronolojik sıralamaya ilişkin bilgi vermektedir.[50] Hem höyüğün şekline hem de iskân tabakalarının yapısına dair daha iyi bilgiler ise Voigt Aşağı Açma Sondajı'nın en derin kısmından gelir; burada, yaklaşık 2 m derinlikte çürümüş atık ve sonra da kerpiç tabakaları orta tunç çağı höyüğüne yaslanarak birikmiş ve aşağı yukarı yatay bir yüzey oluşturmuştur (RESİM 15). En geç tarihli GTÇ iskân tabakasının (Yassıhöyük Stratigrafik Sıralaması'nda 8. Evre) yaklaşık 130 m²'lik bir alanı te-

---

47 Steadman 2011.
48 Gunter 1991, tablo 1-2; Yakar 2011, tablo 4.6, 4.8.
49 Kealhofer 2005, s. 147, tablo 11.2.
50 Gunter 1991, s. 27-49, tablo 2.

mizlenmiş ve bütün halde bir mimari kompleks ortaya çıkarılmıştır: Kendine ait depolama çukurları olan yarısı gömülü bir bina (**RESİM 16-17**). Bu yapı için oluşturulan çukur veya "kiler" yaklaşık 1 m derinliğinde ve dikdörtgen planlı olup azami iç boyutları yaklaşık 6,8x3,4 metreydi. Kilerin duvarları taş kaplıydı ve yumuşak topraktan bir tabanı vardı. Binanın birinci katı ve onun üstü ahşaptan yapılmış olmalıdır; bu sonuca varılmasının nedeni, binanın kuzeybatı ve güneydoğu uçlarında ahşap bir katı taşıyabilecek geniş direk çukurları bulunması ve kilerin içinde çökmüş kerpiç yapı kalıntılarının olmayışıdır. Evin her iki uzun kenarında yer alan silindir biçimli çukurların dibinde fosilleşmiş bitki tabakalarının bulunması bunların tahıl (?) depoları olarak kullanıldığının kanıtıdır.

Young her ne kadar Megaron 10/NB Sondajı'nda duvar ve yer kaplama parçalarına rastladıysa da, GTÇ'na ait kalıntılarla herhangi bir tutarlı bina oluşturamadı.[51] Ancak ben Young'ın saha notlarını dikkatle okuduğumda Megaron 10/NB Tabaka 7-9'da en az bir çukur-evin yeniden kurulabileceğini düşünüyorum.[52] Var olması en muhtemel olan yapıda herhangi bir taş kaplama izine rastlanmamıştır, ancak aynı stratigrafik bölgede bulunan iki duvar parçasının da tek cepheli olması bunun Gordion'daki çukur-ev duvarlarının tipik bir özelliği oluğunu gösteriyor.[53] Young'ın sunduğu stratigrafik bilgiye dayanarak yaptığım yoruma bir başka destek de şu iki kanıttan gelmektedir: Meg 10/NB Tabaka 7-9, YHSS 8 çukur-eviyle aşağı yukarı aynı mutlak seviyededir ve varlığını öne sürdüğüm Young çukur-evi, YHSS 8'dekilere benzeyen iki geniş silindirik çukurla ilişkilidir.[54]

Megaron 10/NB sondajı da Aşağı Açma Sondajı'ndakilerden biraz değişik mimari kalıntılar ortaya çıkarmıştır. Young'ın saha notları GTÇ depozitlerinin her yerinde yanmış ve yanmamış kerpiç parçaları bulunduğunu bildirir; Kat 8 çukurlarıyla bağlantılı olduğu sanılan bir duvar parçası da taşlardan ve tuğla parçalarından yapılmıştır.[55] Aşağı Açma Sondajı'nda kerpiç mimarisinin varlığına dair tek gösterge

---

51 Örneğin bkz. Gunter 1991, plan 4.

52 Gordion Notebook 117, s. 80-94.

53 Kat 8 delinerek oluşturulmuş bir çukur-evin varlığını gösteren en iyi kanıt, Young'ın kendi açması içerisinde Kat 8'in düzgün bir çizgiyle kesintiye uğradığına ve kat zemini olmayan alandaki depozitin Kat 8'in üzerindekiyle (yani tabaka 7'yle) aynı olduğuna dair anlatımıdır. Bu çukurun Gunter'in tasvir ettiği (1991, plan 4) yer kaplamayla olan ilişkisi net değildir, ama kaplamanın düzgün kenarlarına bitişik olabilecek herhangi bir duvarın bulunmayışı da yine burada –bu kez taş tabanlı– bir çukur olduğunu akla getiriyor.

54 Gunter 1991, plan 4; Gordion Notebook 117, s. 89.

55 Gordion Notebook 117, s. 88-90.

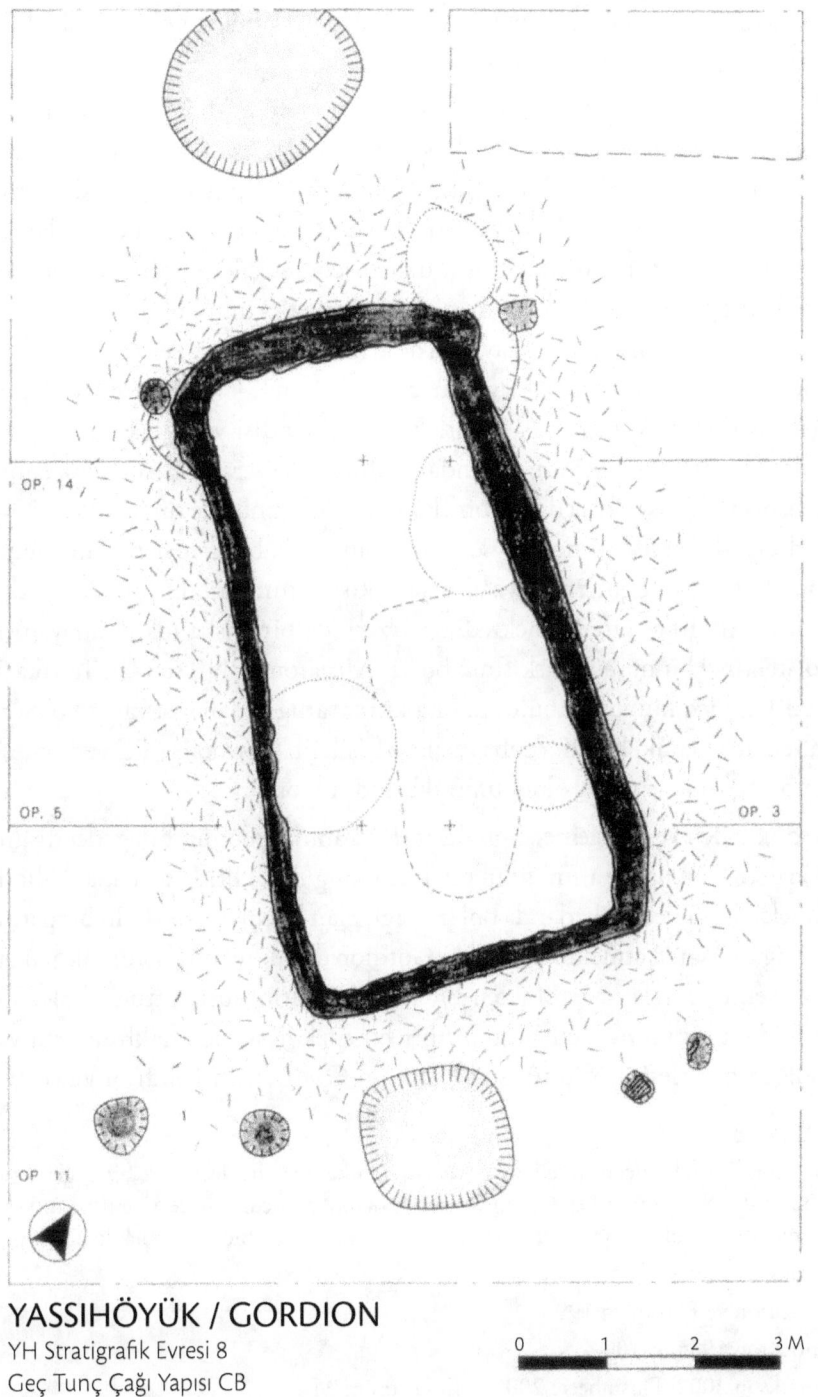

YASSIHÖYÜK / GORDION
YH Stratigrafik Evresi 8
Geç Tunç Çağı Yapısı CB

0 1 2 3 M

RESİM 17 Aşağı Açma Sondajı'nda bulunan geç tunç çağı/YHSS 8 binasının planı. Kaynak: Gordion Arşivi.

YHSS 9'dan, yani GTÇ sıralamamızın erken döneminden gelmektedir; burada sadece çökmüş kerpiç tabakaları görmekteyiz.[56]

Elimizde bütün halde tek bir bina örneği olduğundan, GTÇ/YHSS 8 Gordion'unda haneler arası büyüklük ve/veya zenginlik farkları hakkında hiçbir şey söyleyemiyoruz. Ancak, karmaşık bir toplum olduğuna dair başka kanıtlar mevcuttur. Öncelikle, GTÇ çömleklerinin büyüklük ve şekil bakımından standardize edilmiş basit çömlekler oluşu, uzman çömlekçiler tarafından seri olarak üretildiklerini gösterir ve bu çıkarım çömlekçi tekerleğinin kullanılmış olması ve çömlekçi damgalarının bulunmasıyla da desteklenmektedir.[57] Ayrıca, GTÇ/YHSS 9-8'de kullanılan kilin çoğu (yaklaşık yüzde 87'si) "yerel" kaynaklıdır, yani Gordion yakınlarından elde edilmiştir.[58] Henrickson (ki kendisi yakın zamanda yapılan kazılardan çıkan tunç ve demir çağından kalma yerel seramikleri analiz etmiştir) uzmanlaşma ve değiş tokuşa dayalı bir ekonomi olduğunu öne sürer.[59] İkinci olarak da, yerel olarak üretildiği neredeyse kesin olan bir kabın kenarına vurulmuş bir damgada Hitit hiyeroglifleriyle yazılmış bir kişi adının bulunması okuryazar bir yerel elitin varlığına işaret etmektedir.[60] Üzerinde bir başka (okunamayan) isim yazılı olan ikinci bir mühür baskısının bu kez Megaron 10/NB sondajı Tabaka 5'ten çıkan bir kavanoz kulpunda bulunması, okuryazarlığın daha da yaygın olduğunu (veya alternatif olarak, bir elit gruba mensup kişilerin Gordion GTÇ yerleşmesinin kazılan bölgesinde yaşamış olduğunu) düşündürüyor.[61]

Seramiklerden ve taş işlemeciliğinden gelen kanıtların birlikte değerlendirilmesi, Gordion'un bir imalat ve alım satım merkezi olduğuna, Hititlerle irtibat halinde ve muhtemelen bir dereceye kadar da onlara bağlı olan küçük bir devletin bir parçasını teşkil ettiğine işaret etmektedir. GTÇ Gordion'unun, geniş bir toprak parçasını haraç ve vergi yoluyla kontrol eden bir yönetici elitin yurt tuttuğu bölgesel bir merkez olduğunu tahmin edebiliriz. Eğer bu spekülasyonda haklılık payı varsa, hem bölgenin yerleşim örüntüsünde hem de Gordion'un kendi büyüklüğünde

---

56 Aşağı Açma Sondajı içerisinde geç tunç çağından kalmış olabilecek tek bir tuğla yapı bulunmaktadır. SEB Yapısı her tarafından erken demir çağı çukur-evleri tarafından kesilmiş durumdadır ve bulunduğu katla ilişkili, teşhise imkân veren hiçbir çömlek kalıntısı yoktur.
57 Henrickson 2002.
58 Henrickson ve Blackman 1996.
59 Henrickson 1994, s. 100-4.
60 Henrickson 2002; Dusinberre 2005, s. 40-1, resim 24.
61 Gunter 1991, kat. 381, levha 24; Dusinberre 2005, kat. 6, levha 15. Dusinberre Megaron 10/NB Tabaka 5'ten çıkan bu objeyi yanlış olarak orta tunç çağına tarihlendirmiştir; bkz. Gunter 1991, s. 43, tablo 2.

buna dair birtakım kanıtlar görmeyi bekleriz. Doğrusu, Gordion Bölgesel Yüzey Araştırması'nda toplanan veriler Gordion çevresindeki yerleşme sayısının OTÇ'den GTÇ'ye geçilirken hızla düştüğünü göstermektedir; Kealhofer da nispeten küçük olan yerleşmelerin terk edilmiş olabileceğini öne sürerek, geçici olarak bu olguyu Hititlerin iktisadi yayılmasına ve dolayısıyla daha büyük yerleşmelerin gelişmesine bağlar.[62]

Bir sonraki aşama, GTÇ Gordion'unun insanlar için bir çekim merkezi olduğunu göstermektir: Acaba bir içkale miydi ve çeşitlilik gösteren büyük bir nüfusu olduğunu belgeleyebilir miyiz? GTÇ yerleşmesinin şekli hakkında pek az şey söyleyebiliyoruz. Merkezi bir höyük veya içkale ile onun çevresinde ETÇ için öne sürülene benzer bir aşağı şehir olduğunu düşünebiliriz; ancak maalesef, yukarıda anlatılan Frig düzleştirme operasyonu, GTÇ'de olduğu varsayılan yüksek höyük veya içkaleyi tamamen değilse de kısmen yok etmiştir. Sit büyüklüğüne gelince, Young'ın derin sondajlarının güneybatısında 300 m kadar uzanan bir tarihöncesi (muhtemelen GTÇ) höyüğü olduğuna dair dolaylı kanıtlara sahibiz. 1950'de Young, Körte kardeşlerin de deneme yaptığı bir alan olan İçkale Höyüğü'nün güneybatı ucunda geniş bir açma oluşturdu (**RESİM 18**). Bu "Güney Açma"da ortaçağdan demir çağına kadar giden bir sıralamaya rastlandı, ama Young'ın ilgisini çekecek pek bir şey bulunmadığından açma terk edildi. 1989'da biz bu alanda kazıyı yeniden başlattık ve Young'ın çalışmalarından yararlanarak demir çağı (Orta Frig/YHSS 5) depozitlerini incelemeye koyulduk. 1993'te bu alanda yapılan bir derin sondaj (Operasyon 12) yaklaşık 5 metrelik Orta Frig/YHSS 5 kil dolgusunu geçerek Erken Frig/YHSS 6 yüzeyine ulaştı. Bu Erken Frig yüzeyi Young'ın İçkale Höyüğü için belirlediği 0 seviyesinin yaklaşık 3 m yukarısında bulunmaktadır; bu da onun 1950'deki ova seviyesinin 5 m kadar üzerinde ve ikinci binyıl ortalarındaki ova seviyesinden de 8-10 m yukarıda olduğu anlamına gelir.[63] Erken Frig/YHSS 6 döneminde yaklaşık 5 metrelik bir depozisyon olduğunu kabul etsek bile (ki bu, Young'ın Ana Kazı Alanı'ndaki kazılarına dayanan fazlasıyla cömert bir tahmindir), bu alanda birkaç metrelik bir tunç çağı iskân tabakasının var olması gerekir, yani günümüzdeki İçkale Höyüğü'nün büyük bir kısmından daha aşağıya uzanan bir tabaka. OTÇ'nin sonunda Gordion bölgesinde nüfusun azalmış olduğunu göz önüne aldığımızda, yerinden ayrılan nüfusun en azından bir kısmının GTÇ'de Gordion'a taşınarak nispeten büyük ve müreffeh bir bölgesel merkezin bir parçası haline geldiğini düşünebiliriz.

---

62 Kealhofer 2005, s. 147-8, tablo 11-1, resim 11-4.
63 Marsh 2005, resim 13.2; 2012.

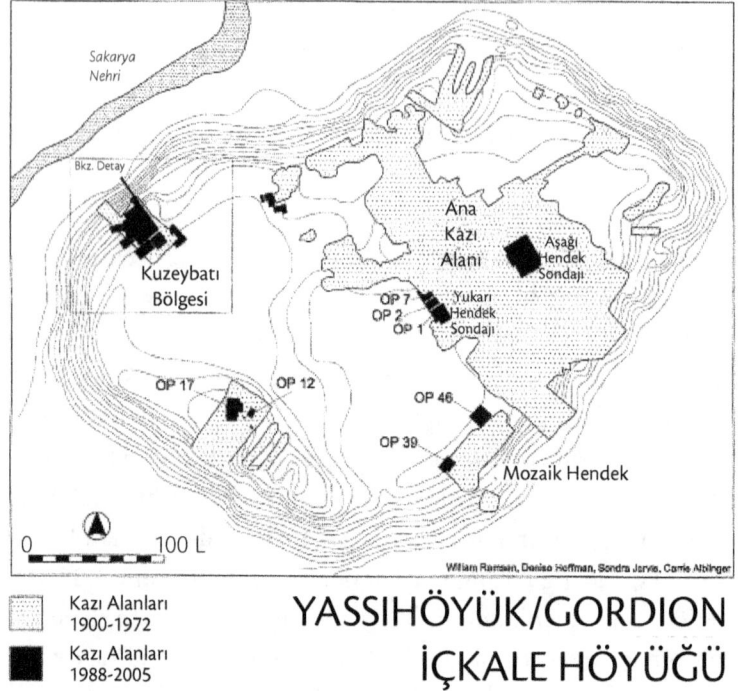

RESİM 18 İçkale Höyüğü'ndeki kazı alanlarını gösteren planda, batıdaki derin sondajın (Operasyon 12) yeri görünmektedir. Kaynak: Gordion Arşivi.

RESİM 19 Erken demir çağı/YHSS 7 yerleşmesinin planı. Kaynak: Gordion Arşivi.

Demir Çağı

Gordion en çok, hükümdarlarının İç Anadolu'nun büyük bir kısmına hâkim olduğu demir çağındaki iskân dönemiyle tanınır. Bu dönemde yerleşmenin şekil ve büyüklüğünün ciddi ölçüde değiştiği ise pek o kadar bilinmez. Gordion'daki en erken demir çağı yerleşmesi, geç tunç çağı sosyopolitik sisteminin MÖ yaklaşık 1100'de çökmesinin ardından ortaya çıktı. Çok daha küçük ve basit bir yerleşme ise daha sonra, muhtemelen göçle gelen Frigler tarafından kuruldu. Seçkinler için müstahkem bir alan olan içkalenin yapımıyla belgelenen Gordion'un siyasi ve ekonomik olarak yeniden büyüme dönemi, mevcut arkeolojik kanıtlardan anlaşılamayacak sebeplerle, oldukça ani bir şekilde başlamıştır. 9. ve 8. yüzyıllarda Frig hükümdarlarının hızla artan gücüne şimdi artık nadir yazılı kaynaklar da tanıklık ediyor, giderek daha incelikli hale gelen mimarileri ve şehre dönüşen yerleşmenin içindeki sosyal farklılaşma bu gücü açıkça ortaya koyuyordu. Bu şehir ile içkalesi siyasi çöküşe ve 6. yüzyılda fethedilmesine rağmen ayakta kaldı ve Ahameniş İmparatorluğu'nun bir parçası olarak gelişmesini sürdürdü. Gordion surlarının yıkılması ve şehrin ciddi ölçüde küçülmesi ise ancak Büyük İskender ve orduları tarafından Makedon egemenliği altına alınmasının sonucu oldu; bu makaledeki anlatı da bu olayla son bulmaktadır.

Erken Demir Çağı (YHSS 7, MÖ 1100-900)[64]

Gordion'da demir çağı başlangıcının en iyi belgelendiği yer Aşağı Açma Sondajı'dır; burada, geç tunç çağı/YHSS 8 iskân tabakasının hemen üzerinde, el yapımı çömleklerin katmanlaştığı (YHSS 7B) bir dizi küçük eve rastlandı (**RESİM 19**). Bu GTÇ/EDÇ geçişiyle birlikte, ev planı ve inşaat tekniklerinden insanların depo çukurlarını kazma ve çömleklerini yapma biçimlerine kadar maddi kültürün hemen her unsuru değişime uğrar. Gordion ekibi üyeleri maddi kültürdeki bu değişimi Frigce konuşan bir topluluğun Gordion'a gelişine bağlamış, bunu da YHSS 7 ile sonraki dönemler arasındaki sürekliliğe dayandırmıştır; Young'ın kazılarından çıkan erken demir çağından kalma el yapımı çömlekler üzerindeki incelemelere dayanarak ilk olarak Sams'ın yaptığı bir öneridir bu.[65]

YHSS 7'ye ait arkeolojik verilerin yorumu ise, iki stratigrafik alt-evreyi içeren karmaşık bir meseledir. Aşağı Açma Sondajı'ndaki binalar kabaca bir çember şekli çizen bir sıralama oluşturur; en erken tarihli olanları kuzeydoğuda, en geç tarihliler

---

64 Bu mutlak tarihler, daha iyi tarihlendirilen GTÇ ve DÇ evreleri arasındaki parantezde yer alan tahmini tarihlerdir.
65 Sams 1994b, s. 20-1; 1988; DeVries 1990, s. 372-3; Henrickson ve Voigt 1998; Voigt ve Henrickson 2000.

ise güneydoğudadır. Merkezde (yani batıda) ise planı ve inşaat tekniği bakımından bütün diğer YHSS 7 binalarından farklı olan Yanmış Saz Ev bulunmaktadır. Bu evlerle ilişkili seramikler de farklılık arz eder: Kuzeydoğudaki küme (YHSS 7B) erken demir çağına ait restore edilebilir el yapımı çömlek örnekleri içerir; batıdaki Yanmış Saz Ev (ki YHSS 7A'nın başlangıcını oluşturur), teknoloji ve biçim bakımından Erken Frig (YHSS 6) seramikleriyle yakından ilintili olan, erken demir çağına ait restore edilebilir devetüyü rengi çömlekleri ihtiva eder; en geç tarihli, yani güneydoğudaki evlerde ise her bir seramik geleneğinden restore edilebilir kaplar bulunmuştur. Depolama çukurları da benzer bir örüntü sergiler; en erken tarihli çukurlarda yalnızca demir çağından kalma el yapımı çömlekler yer alırken, en geç tarihli YHSS 7 çukurlarında her iki geleneğin de örneklerine rastlanmıştır.

YHSS 7'de inşa edilen iki ev türünü de dikkate alarak, Young'ın kazılarından YHSS 7 yerleşmesinin büyüklüğüyle ilgili bazı kanıtları bulup çıkarabiliriz. Erken demir çağına ait el yapımı çömleklerin nispeten çok sayıda örneğinin bir arada bulunmasıyla ayırt edilen ve "geçiş dönemi" olarak nitelenen GTÇ/EDÇ tabakaları, Megaron 12/NCT ve Megaron 10/NB sondajlarında gün yüzüne çıkarılmıştır.[66] Megaron 12/NCT Sondajı Seviye IVA'da büyük ve nispeten bütün halde kapların bulunması,[67] bunların birincil depozit niteliğinde olup, atık depozitlerinden alınmış değil, ev zemininde bırakılmış kaplar olduğunu göstermektedir. Çukur-evleri tespit etmek zor olabilir, ama Aşağı Açma Sondajı'ndan elde edilen kanıtları kullanarak, Young kazılarının kayıtlarında bu türden en az iki yapıyı geçici olarak teşhis edebiliriz. Bunlardan ilki Megaron 12/NCT Sondajı Seviye IVA-B'den gelmektedir. Mellink'in yaptığı Megaron 12/NCT Tabaka IVA planı, yanında bitişik bir zemin olan tek cepheli bir duvarı gösterir;[68] bu duvar, erken demir çağı YHSS 7B'de bulunan çukur-ev duvarlarının neredeyse tıpatıp aynısıdır (**RESİM 19**). Bu tahmini Tabaka IVA çukur-evi, bol miktarda yanmış tuğla ve "kül" içeren bir depozitin içinde açılmış, çukur-ev tabanının altında da devam eden bu depozit Tabaka

---

66 Sams 1994b, s. 14, 19-28, levha 1-7. Gunter 1991, s. 95. Young'ın derin sondajlarındaki depozitlerin "geçiş dönemi" olarak nitelenmesinin nedeni, büyük miktarlarda GTÇ/YHSS 8-9 çömlekleri ile el yapımı EDÇ çömlekleri içermeleridir. Böyle karışık depozitlere YHSS'de de rastlanmıştır, ama erken demir çağı 7. Evre evlerinin zeminlerinde bütün veya yarı-bütün kaplar bulunurken, aynı zeminlerde bulunan GTÇ çömlek parçaları birbirine uymamaktadır. Bu olguya ilişkin benim yorumum, GTÇ materyalinin YHSS 7 evlerinin harap olan duvarlarından geldiği yolundadır; bu duvarlar, ev için açılan çukurdan elde edilen toprakla yapılmıştır.

67 Örneğin bkz. Sams 1994b, levha 6, kat. 229.

68 Gordion Notebook 5, s. 151-8.

IVB olarak kazılmıştır.[69] Tabaka IVB'deki yanmış tuğla depozitinin tarihi halen belirsizdir,[70] ama IVA çukur-evinin tarihi YHSS 7 sınırları içerisindedir. İkinci bir yapı da, istisna teşkil eden YHSS 7 tarihli Yanmış Saz Ev'e benzer (**RESİM 19**). Young Erken Frig/YHSS 6A tarihli Megaron 5'in altında kalan bir mimari kalıntı grubunun parçası olan ve bir tümseğin üzerinde sıralanan bir dizi direk çukuruna rastladı.[71] Direk çukurları ile tümsek şüphesiz (bir çıkıntı üzerinde sıralanan direk çukurlarına sahip) Yanmış Saz Ev'in duvarlarını andırmakta ve her iki yapı da aynı yöne bakmaktadır. Eğer Young tarafından gün yüzüne çıkarılan iki yapı da gerçekten erken demir çağı/YHSS 7'den kaldıysa, yerleşmeyi 70-80 m kuzeye uzatarak toplam uzunluğunu yaklaşık 100 metreye çıkarıyorlar demektir.

Demir çağı yerleşmesi daha geç tarihli anıtsal yapıların altında gömülü olmakla birlikte, mimari, insan yapımı nesneler, tohumlar ve kemikler, erken demir çağı/YHSS 7 döneminde geniş çaplı bir tarım ve hayvancılık ekonomisine sahip nispeten küçük bir topluluğun varlığını gösteriyor.[72] GBYA yürüyüşlerinde yüzeyde çok az sayıda YHSS 7 tarihli çömleğin tespit edilmiş olması, bu dönemde Gordion'un nispeten izole bir durumda olduğu fikrini desteklemektedir.[73] Erken demir çağı yüzey kalıntılarının bulunmayışının seramiklerin korunma kapasitesi ve tipolojisinden kaynaklamış olması da bir dereceye kadar mümkündür: Yumuşak ve kırılgan YHSS 7 erken demir çağı el yapımı seramikleri narin olduğundan önceki ve sonraki dönemlerin iyi fırınlanmış kapları kadar iyi dayanamaz; erken demir çağının devetüyü rengi kapları ise iyi fırınlamıştır, ama bunları daha geç tarihli Erken Frig/YHSS 6 çömleklerinden ayırt etmek zordur. Alternatif olarak, YHSS 7 süresince iskân edilen pek çok sitin kısa süreyle iskân edilmiş yerler –örneğin hayvancılıkla uğraşan konargöçerlerin kullandığı kamp alanları– olması da mümkündür.

---

69 Gunter 1991, plan 11; Gordion Notebook 5, s. 162. Mellink'in notlarına dayanarak benim yaptığım yoruma göre, Tabaka IVA'ya atfedilen kazı materyali hem (daha geç tarihli) çukur-ev katından hem de onun içine oyulduğu (ve Tabaka IVB olarak kazılan) ortamdan gelmiştir. Kronolojik olarak birbirinden ayrı tabakaların (ikisi de IVA sayılarak) birbirine karıştırılması, Sams'ın (1994b, s. 14) gözlemlemiş olduğu IVA ve IVB'den el yapımı çömlek parçalarının birbiriyle eşleştirilmesi olgusuna açıklık getirir.

70 Sams 1994b, s. 14.

71 Young 1966, s. 272, resim 10-1.

72 Evre 7'deki geçim kaynaklarına ilişkin kanıtlar için bkz. Miller vd 2009.

73 Kealhofer 2005, tablo 11.1.

Erken Frig İçkalesi (YHSS 6B, MÖ 900-800)

Gordion'un yeniden küçük bir yerleşme olduğu dönem kısa sürdü. Birinci binyılın başlangıcına yakın, mekân kullanımındaki değişimle dikkat çeken yeni ve iddialı bir inşaat programına girişildi. Aşağı Açma Sondajı'ndaki erken demir çağı/ YHSS 7 evlerinin üzerinde, bir yandan kil yüzeyleri ile dolguları, bir yandan da beyaz taş kırıntılarından oluşan tabakalar birbirini izler; bu, taş işçiliği ve taş bina yapımından kaynaklanan inşaat artıklarının oluşturduğu bir birikimdir. Erken Frig dönemi veya YHSS 6B'nin bu kil ve taş kırıntısı tabakalarıyla başladığı, gerek Young'ın kazılarından gerekse 1988-1989 sondajından bilinmektedir. Kazılan YHSS 6B yerleşmesinin bir avlu etrafındaki düzgün yapılar ile güçlü bir tahkimat sistemini içeren yerleşim planının (**RESİM 14, 20**) ortaya koyduğu örüntü, Friglerin Gordion'daki egemenlik dönemi boyunca saray alanı ile içkalede sürdürülmüştür (YHSS 6A ve 5; bkz. aşağıda).

En erken dönem Frig içkalesinin mimari unsurları, YHSS 6B'nin en başından beri mevcuttur. Gün yüzüne çıkarılıp YHSS 6B'nin başlangıcına tarihlendirilen yapılar yalnızca tahkimat sisteminin parçalarıdır: Höyükten doğuya doğru açılan bir giriş yapısı (Erken Frig Binası veya EFB) ile EFB'nin güneybatısına doğru uzanan kalın bir tahkimat duvarı (**RESİM 14, 20**).[74] Tahkimatların içindeki alanda da binaların olduğu saptanmış, ancak bunlar günümüze kalmamıştır: Aşağı Açma Sondajı'ndaki ilk sert avlu zemininin üzerinde kuzeye ve batıya doğru yükselen beyaz yüzeyli bir kil dolgu vardır; bu dolgunun üzerinde inşa edilen binaların niteliği bilinmiyor, zira bunlar YHSS 6A Megaron 1 ve 2 tarafından temel seviyesinin altında dümdüz edilmiştir.[75] Erken Frig/YHSS 6B'nin sonuna, yani MÖ yaklaşık 900'e gelindiğinde, ilk giriş kapısı (EFB) bir miktar değiştirilerek İçkale'ye açılan dar bir yan giriş haline getirilmiş bulunuyordu. Önceki tahkimat duvarı delinerek açılan güneydoğudaki giriş yolunu ahşabın yanı sıra kırmızı, beyaz ve gri taşlardan yapılan yeni bir giriş binası ("Polikrom Giriş Yapısı") koruyordu artık.[76] Geçiş yolu aşağı yukarı doğu-batı doğrultusunda olan Polikrom Giriş Yapısı'nın yönü, batıda ve kuzeybatıda önemli yapıların olduğunu ima eder; ancak, bu alan kazılmamış halde, Erken Frig Yıkım Tabakası'nın (YHSS 6A-YT; bkz. aşağıda) iyi korunmuş kalıntılarının altında yatmaktadır. Bununla birlikte, giriş yapısının kuzeydoğusunda,

---

74 Erken Frig/YHSS 6B tahkimatlarına ilişkin bkz. Sams 1994b, s. 7-14; Voigt 1994, s. 270-2. Ayrıca bkz. DeVries 1990, s. 373-4, resim 2-3; Young 1964, s. 290-2, resim 32; Rose ve Darbyshire 2011, resim 0.6, 2.3.

75 YHSS 6B ve 6A'ya tarihlendirilen avlu dolguları Rose ve Darbyshire 2011, resim 2.4'te gösterilmiştir.

76 Young 1956, s. 260-1; 1960, s. 234-6; 1964, s. 290-1.

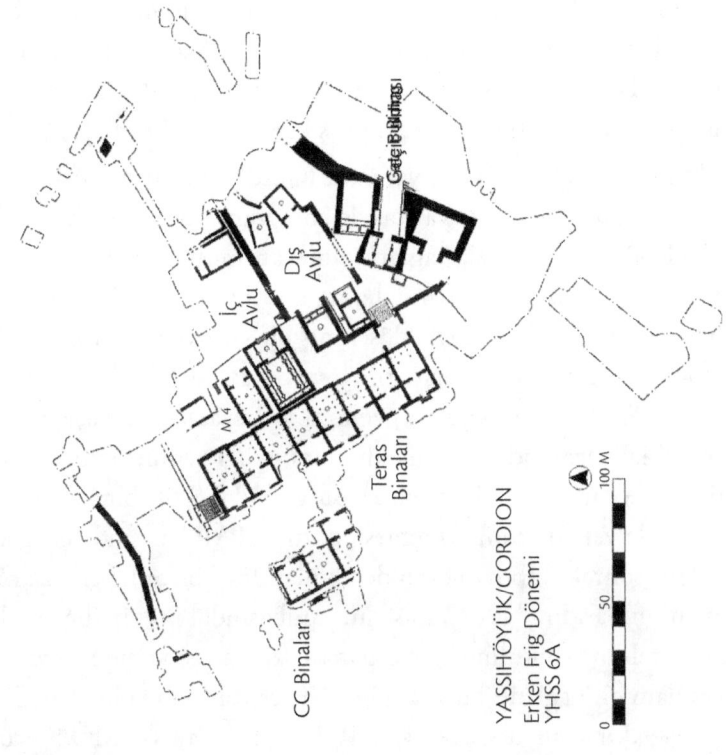

RESİM 21 Gelişmiş Erken Frig/YHSS 6A İçkalesi'nin planı. Kaynak: Gordion Arşivi.

RESİM 20 Hepsi beyaz taştan yapılmış Erken Frig/YHSS 6B binalarının güneye bakarkenki görünümü. Ön planda Kare Şeklindeki Kapalı Alan, Aşağı Açma Sondajı'nın ilerisinde ise kazılmakta olan PAP Yapısı görünüyor. Kaynak: Gordion Arşivi.

kazısı yapılmış megaronlar da vardır. En son haliyle YHSS 6B avlusunun sıkıştırılmış kil yüzeyinin bitişiğinde en az üç dikdörtgen bina bulunmaktaydı; bunlardan ikisi yeni giriş kapısıyla aynı yönelime sahiptir (Kare Şeklindeki Kapalı Alan ile Direk ve Poros/"Post and Poros" veya PAP Binası; **RESİM 20**). Üçüncü bina olan Megaron 10 ise bitişiğinde bulunan eski giriş kapısının (EFB) doğrultusunu izler.

Kare Şeklindeki Kapalı Alan'ın yalnızca (Gordion kazısını yürütenlerce "*poros*" diye adlandırılan) özel bir beyaz taş ile ahşaptan yapılmış olan temel seviyesi günümüze gelebilmiştir.[77] Fazla sağlam olmayan muhtemelen alçak duvarlarla çevrelenen PAP Binası ise bir parça daha iyi korunmuştur.[78] Kendi kapalı alanı içerisinde PAP, beyaz çakıl taşlarıyla döşenmiş bir yürüyüş yoluyla çevrelenmişti; güneybatısında ise birbirini izleyen kırmızı ve beyaz taş levhaların döşendiği bir yüzey vardı. PAP'ın kendisi, beyaz taş zemini ve beyaz taş ile ahşaptan yapılmış duvarları olan bir megarondu; burada ahşabın varlığı zemine oyulmuş deliklerle belgelenmiştir. PAP'ın ve belki de bütün bu geç YHSS 6B binalarının nispeten özenli bir işçilikle yapıldığının göstergesi, bazıları PAP kazısında ele geçen, ama birçoğu da daha sonraki yapılarda yeniden kullanılmış biçimli pervazlar ile inşaat bloklarının bulunmasıdır.[79] PAP Yapısı'nın yanıbaşındaki taş işçiliği artıkları arasında bulunan tek bir yontulmuş *poros* parçası, daha geç kontekstlerde ele geçen yontularla sağlam bir bağlantı kurmaya imkân veriyor.[80] Ya Polikrom Giriş Yapısı ya da kapıya en yakın olan megaron (yani PAP Yapısı), Sams'ın MÖ 10. yüzyıl sonlarında Karkamış veya Zincirli gibi sitlerde bulunan Suriye-Hitit kabartmalarına benzettiği bir dizi yontulmuş taş levha veya ortostatla süslenmişti.[81]

Gerek mimarinin büyüklüğü ve biçimi gerekse de doğudaki devletlere ait imge ve üslupların benimsenmesi YHSS 6B döneminde Gordion'da son derece hiyerarşik bir sosyal ve siyasi sistem olduğunu ima etmekle birlikte, bu sistemin şekline ilişkin net bir şey söylememize imkân verecek kanıtlardan yoksunuz. Gordion'da yalnızca, seçkinlere mahsus bir alanın mimarisi hakkında sınırlı bir bilgiye sahibiz ve bütün Erken Frig/YHSS 6 döneminde Gordion bölgesinde bildiğimiz tek sit de Gordion'dur.[82] Söyleyebileceğimiz tek şey, Frig YHSS 6B döneminin Erken

---

77 Young 1964, s. 291-2, resim 32.
78 Sams ve Voigt 1995, s. 370-3, resim 2, 4-7. Ayrıca bkz. Voigt ve Henrickson 2000, s. 46-8, resim 7; Rose ve Darbyshire 2011, resim 2.7a-b.
79 Sams 1994a.
80 Rose ve Darbyshire 2011.
81 Sams 1989.
82 Kealhofer 2005, tablo 11.2.

Frig YHSS 6A'da net bir biçimde devlet kurulmasıyla sonuçlanacak olan bir siyasi sürecin başlangıcını oluşturduğudur.

Erken Frig İçkalesi/YHSS 6A

Tahkimat duvarları ile Polikrom Giriş Yapısı hariç, İçkale'nin içinde bulunan ilk Erken Frig/YHSS 6B yapıları, 9. yüzyıl başlarında seçkinlere ait alanın yeniden yapım sürecinin bir parçası olarak yıkılmıştır. MÖ 800 civarındaki yangınla korunan ve Young'ın araştırmalarının odak noktasını oluşturan da bu ikinci Erken Frig evresidir (YHSS 6A).[83] 9. yüzyıl sonlarında yerleşmenin büyüklüğü şüphesiz artmış bulunuyordu; statü ve zenginlik farklarına ilişkin net arkeolojik kanıtlara da ilk kez bu dönemde ulaşıyoruz. Artık yerleşmenin içinde iki ayrı alan vardı: Doğuda surlarla çevrili içkale veya seçkinlerin bölgesi, batıda da tahminen sıradan insanların oturduğu alçak bir alan. Seçkin olmayanların yaşadığı batıdaki alanın yalnızca 2 metrekaresi kazılmışken, İçkale'nin 2 hektardan fazlası açığa çıkarılmış durumdadır.[84]

Erken Frig/YHSS 6A döneminde (**RESİM 21**), tahkimat sistemi yeniden şekillendirilerek genişletildi. Tahminen ova seviyesindeki kazılmamış bir giriş kapısına çıkan en eski İçkale kapısı (YHSS 6B Erken Frig Binası) artık kalın kil dolgu tabakalarıyla kaplanmış haldeydi (**RESİM 22**); bu dolgu İçkale içindeki düz alanı doğuya doğru bilinmeyen bir miktarda uzatmaktaydı.[85] İçkale'ye giriş yolu heybetli bir kapı kompleksiyle kontrol ediliyordu: (YHSS 6B'de inşa edilmiş olan) Polikrom Giriş Yapısı artık aşağı doğru eğim yaparak İçkale'den çıkan bir geçiş yolunun sonunda bulunuyordu; geçiş yolunun yanında da, beyaz kireçtaşından yapılmış iki büyük çatısız bina veya avlu vardı. Bu kapı kompleksinin asimetrik oluşu, kısmen yapımındaki aşamaları, ama aynı zamanda da kraliyet sembolizmini yansıtır. YHSS 6A kapı geçiş yolu kabaca kuzey-güney doğrultusunda olup, daha eski tarihli (YHSS 6B) Polikrom Giriş Yapısı'ndan geçen batı-kuzeybatı yönündeki

---

83 Erken Frig dönemi, mimarisi ve bina içeriklerinin keşfi, Young ve DeVries'in yazdığı başlangıç niteliğindeki pek çok raporda kayıtlıdır. Rose ve Darbyshire'in yayına hazırladığı yeni bir kitap (2011), metinlerden ağaç halkalarına kadar, yıkım tabakasının tarihlendirilmesine etki edebilecek kanıtları kapsamlı bir biçimde tartışmaktadır. Çoğu araştırmacı MÖ yaklaşık 800'de bir yangın olduğuna dair kanıtları ikna edici bulmuş ve MÖ 7. yüzyıl başlarında Kimmerlerin yağma yaptığından söz eden metinler ile yangın arasındaki hipotetik bağlantıya dayanarak Young'ın yaptığı tarihlendirmeyi reddetmiştir.

84 Erken Frig İçkalesi/YHSS 6 Gordion'dan çıkmış buluntuların en iyi bilinen kısmını oluşturduğundan, bu makale tek tek yapılarla ilgili yayınlara atıfta bulunmayacaktır. Kapsamlı bibliyografyalara sahip genel özetler için bkz. Sams 1995, Rose ve Darbyshire 2011.

85 Yeni doldurulan alan tahminen ta İçkale duvarlarına kadar doğu yönünde uzanıyordu; eğer öyleyse, bu toprak taşıma projesi muazzam bir boyuttaydı.

RESİM 22 YHSS 6B Erken Frig Binası'nın üzerindeki 6A kil dolgu tabakaları. Kaynak: Gordion Arşivi.

yoldan birazcık farklı bir yön izler. Kapı kompleksinin yapımı sırasında gerçekleşmiş olabilecek bu doğrultu değişikliği, İçkale'den çıkmakta olanlara Tümülüs W'nin net bir manzarasını sunmaktaydı.[86]

Öte yandan, kapı geçiş yolunun doğrultusu İçkale'nin Dış Avlusu'na girenlerin görüşünü engellemeye yarıyordu (**RESİM 21**). Polikrom Giriş Yapısı'ndan geçen orijinal yol içerideki megaronların uzun ekseniyle aynı doğrultudaydı ve YHSS 6B İçkalesi'ne girenler tahminen kapı giriş yoluna paralel veya dik konumdaki binalarla çevrelenen bir tür açık alana adım atıyordu. YHSS 6A girişinde ise, binalar ile avluların uzun eksenleri az çok tutarlı bir doğrultuda değiştirilmişti: Kuzeydoğu-

---

[86] Kapı geçiş yolu ile Tümülüs W arasındaki ilişki için bkz. Rose ve Darbyshire 2011, s. 159, not 7.4, resim 7.7. Eğer YHSS 6A kapı geçiş yolu ya yapımı sırasında ya da sonrasında değişikliğe uğradıysa, bu durum Kapı Kompleksi'nin iki garip unsurunu izah edebilir: Güney Avlusu'nun kuzeydoğu köşesinde ve Kuzey Avlusu'nun güneydoğu köşesinde bulunan ağır payandaları (Liebhart vd 2015).

güneybatı veya kuzeybatı-güneydoğu. Böylece, YHSS 6A İçkalesi'ne girenler boş duvarlarla karşılaşıyor ve Dış Avlu'ya ulaşmak için kuzeye veya TB Terası'na ulaşmak için güneye doğru (bkz. aşağıda) keskin bir dönüş yapmak zorunda kalıyorlardı.[87] Kralın ikametgâhına gelen ziyaretçilerin neden kör bir dönemece yönlendirildiğini anlamak zordur, ama belki de Frigler geçmişteki bir hükümdarın başarılarını simgeleyen bir manzaraya halihazırda kullanılan binaların görüntüsünden daha çok değer veriyorlardı.[88]

İkinci bir asimetri türü de, kapı yapısına bağlanan surların yer ve yönlerinde görülmektedir. Polikrom Giriş Yapısı'nın güneyinde, eski YHSS 6B surunun bir bölümü kullanım dışı kalarak yeni Güney Avlusu'nun önündeki bir teras tarafından kapatıldı; eski surun bu noktadan sonraki kısmı ise kullanılmayı sürdürmekte ve Güney Avlusu'nun kuzeybatı köşesinden itibaren devam etmekteydi.[89] Polikrom Giriş Yapısı'nın kuzeyinde ise, YHSS 6B suru tamamen yıkılmış ve Kuzey Avlusu'nun kuzeydoğu köşesinden itibaren yeni ve kalın bir duvar inşa edilmişti.[90] Kazı alanının kuzeydoğu, kuzeybatı ve batısında gün yüzüne çıkarılan içkale suru parçaları, surun seçkinlere veya saraya ait olan bu alanı çepeçevre kuşattığını göstermektedir.[91] Alan etrafında çember çizen surun kuzeybatı segmentindeki ilginç bir özellik de, belirgin segmentler halinde inşa edilmiş oluşudur (**RESİM 21**).[92] Sur çizgisindeki herhangi bir kesinti saldırganlara karşı potansiyel bir zaaf teşkil edeceğinden, YHSS 6A surlarının sadece savunma işlevi görmediğini öne sürebiliriz;

---

87 YHSS 6A'nın başlarında Polikrom Giriş Yapısı'nın kuzeybatısında ne olduğunu bilmiyoruz, ancak bu dönem içinde daha sonraları TB Terası inşa edildi. Ben TB Terası'nın güneydoğu ucuna çıkan ve İçkale Kapı Kompleksi'nden kolayca ulaşılan bir merdiven olabileceğini öne sürdüm (Resim 21). Bkz. Voigt 2012b.

88 Dönemeç sorununa ilk kez 1987'de Sams dikkatimi çekmişti.

89 YHSS 6B duvarının güney kısmı, Young tarafından gün yüzüne çıkarıldığı haliyle, alt sıralarına kadar yıkılmış durumdaydı. Bu alanda daha sonraki devirlere ait bir duvara rastlanmamış, Young da hiçbir zaman 6A surlarının güneye doğru devam ettiğini göstermemiştir. Daha sonraları Sams, YHSS 6B surunun bu alanda kullanılmaya devam ettiğini öne sürdü ki bu yorum YHSS 6A İçkalesi'ne ilişkin kavrayışımızda önemli bir boşluğu ortadan kaldırmıştır (Rose ve Darbyshire 2011, s. 159, n. 7.5).

90 Kuzeydoğuya doğru uzanan YHSS 6A duvarının son derece tuhaf olan konumu, aklıma Kuzey Avlusu'nun hemen kuzeyindeki önemli bir binaya hürmeten mi bu şekilde yapıldı sorusunu getiriyor. Ancak bu fikrin doğruluğunu sınamak mümkün değildir, çünkü YHSS 6A'nın sonuna doğru "Bitmemiş Proje" kapsamında bu alanda kocaman bir teras inşa edilmiştir. Bkz. aşağısı ve Voigt 2012b.

91 Erken Frig/YHSS 6A İçkalesi'ni bir saray alanı olarak ilk tanımlayan Young olmuştur (DeVries 1990, s. 379).

92 Bu segmentlere bölünme durumu en belirgin olarak DeVries 1990, resim 10-1'de yayımlanan daha detaylı planda görülmektedir.

yani, surlar iktidara erişimi kontrol etmeye yarayan bir araç oldukları kadar, siyasi gücün bir sembolü olarak da işlev gördüler. Surun segmentlere bölünmesi bize işgücünün nasıl mobilize edildiği hakkında da bir şey söyleyebilir: Belki de sur zorunlu hizmet yoluyla inşa edilmiş, her bir segment Frig topraklarının başka bir bölümünden gelen insanlar tarafından yapılmıştı.

Erken Frig/YHSS 6A İçkalesi'nin içinde, işlevsel olarak birbirinden farklı olup duvarlar ve seviye farklarıyla da fiziken birbirlerinden ayrılan üç alan tespit edilebilir: Polikrom Giriş Yapısı'nın kuzeyinde iki avlu etrafına yerleştirilmiş bir idari yapılar/konutlar kompleksi; güneybatıda avluların seviyesinin üzerinde yükselen iki uzun hizmet binası; kuzeyde ise daha geç tarihli bir binanın (Pers Frig Binası'nın) altında yatan bilinmeyen bir alan.[93] Giriş kapısından girince hemen içeride bulunan taş kaplama zeminli Dış Avlu'ya güneydoğu ve kuzeybatıda bitişik büyük megaronlar, taş veya kerpiçten inşa edilmiş, ahşap unsurları da olan, sazdan yapılma beşik (?) çatıları kille kaplı yapılardır.[94] Bu yapıların en incelikli olanı (Megaron 2), farklı renkteki çakıl taşlarıyla oluşturulmuş geometrik desenlerle süslü bir zemine sahiptir.[95] Bu binanın yumuşak taş duvarlarına kazınmış çok sayıdaki grafitide beşik çatılı binalar, kuşlar, hayvanlar ve bazen de insanlar gösterilmiştir.[96] Bu "çiziktirme taşlarının" amacı halen belirsiz olmakla birlikte, şahin ve aslan grafitileri Friglerin ana tanrıçası Matar'la bağlantılı olabilir. Üslup açısından, Roller bu çizimleri 9. yüzyılın ilk yarısından kalma Suriye-Hitit ortostatlarına bağlar.[97] Dış Avlu yapılarının fonksiyonu hakkında ise nispeten az şey biliyoruz, çünkü bunlardan hiçbiri içerikleri eksiksiz halde günümüze gelmiş değildir: Megaron 1 ve 2 muhtemelen yıkıma hazırlık amacıyla neredeyse tamamen boşaltılmıştır (bkz. aşağıda); Megaron

---

93 Young, Pers Frig Binası'nın Erken Frig döneminde inşa edildiğini ve daha sonra Orta Frig döneminde onarıldığını/kullanılmaya devam ettiğini düşünüyordu (1968, s. 234-45). Bu yorumu revize eden Sams, binanın Orta Frig döneminden önce kullanıldığına dair hiçbir kanıt görememektedir (kişisel iletişim, 2011).

94 Beşik çatıların varlığına dair en erken tarihli kesin kanıt Erken Frig/YHSS 6A döneminden kalmadır ve Megaron 2 duvarlarında bulunan grafitiden gelmektedir (Roller 2009, s. 15-6, resim 9a-b). Erken Frig/YHSS 6B'de var olmuş olması mümkün beşik çatılar için bkz. Sams 1994a. Erken Frig mimarisine ilişkin bir başka genel inceleme için bkz. Young 1960.

95 Megaron 1'de de çakıllardan yapılmış bir mozaik zemine ait parçalar, Megaron 9'da ise çakıllarla (belki de çakıl mozaiğiyle) kaplı bir zemin bulunmuştur (Young 1964, s. 290). Erken Frig döneminden kalma Gordion mozaiklerine ilişkin genel bir inceleme için bkz. Young 1965.

96 Roller 2011.

97 Roller 2008.

9 ve 10 boştur ve yanmamıştır; özel olarak Megaron 9 muhtemelen yangın zamanından önce yıkılmıştır.[98]

Kalın bir duvarla Dış Avlu'dan ayrılan İç Avlu'nun yanında da yine megaronlar bulunuyordu. Bunlardan en büyüğü, ahşap iç balkonlara sahip, özenle yapılmış bir yapı olan Megaron 3'tü; içindeki günümüze kadar korunmuş çok miktarda parçalanmış ve yakılmış nesnenin arasında, metal ve seramikten yapılma depolama ve servis kapları, gıda maddeleri, oyma ahşap eşyalar, fildişi kakma işçilik örnekleri, dokumalar ve demirden aletler vardı.[99] Bu bina muhtemelen Erken Frig/YHSS 6B döneminin büyük bir bölümünde bir kraliyet konutu olarak hizmet vermişti; bitişiğindeki yeni yapılan Megaron 4 ise (ki bu binanın yangından sonra alt üst edilmiş olmasına bakılırsa, içinde kurtarılmaya değer mallar mevcuttu) YHSS 6A'daki yıkım sırasında belki de geçici bir kraliyet ikametgâhı olarak kullanılmaktaydı.[100] Avlunun kuzeydoğu tarafındaki binalar (Megaron 11 ve 12) yanmamıştır ve ne şekilde kullanıldıklarına dair elimizde bir ipucu yoktur.

Erken Frig/YHSS 6 Dış Avluları'nın mimarilerini kıyasladığımızda, yine iktidarın teşhir edilmesine yönelik artan bir vurgu görülüyor. Görünen o ki YHSS 6B'de tek bir büyük avlu bulunmakta, İçkale kapısında veya hemen içerisinde yer alan, ziyaretçilerin görebileceği yapılar yontularla süslenmekteydi. YHSS 6A'da ise bu alan bölünmüş ve işlevsel olarak birbirinden farklı iki avlu ortaya çıkmıştır. Dış Avlu daha özenle yapılmıştır ve konumu dikkate alındığında, muhtemelen idari fonksiyonlara da sahip bir ziyaretçi kabul alanı olarak hizmet vermiş olmalıdır. Burayla ilişkilendirilen yontu yoktur, ancak çevresindeki dört binadan üçünde çakıllardan yapılmış yer mozaikleri vardı; dördüncü bina olan Megaron 10 diğerleri kadar yoğun biçimde süslenmiş olmamakla birlikte, onun da bir sembolik önemi olsa gerektir, zira her iki Erken Frig evresinde de kullanılmış, diğer YHSS 6B binaları yıkıldığında bile kullanılmaya devam etmiştir. Her ne kadar bu alanda bir tür kült binası olması gerektiği düşünülse de, böyle bir yapının varlığı herhangi bir şekilde kesinleşmiş değildir.[101] En büyük ve en zengin şekilde döşenmiş megaronların (3 ve

---

98 Voigt 2012b.
99 Bir özet için bkz. Sams 1995, s. 1151-2. Ayrıca bkz. Young 1962, s. 9-11.
100 MÖ 800'de daha yeni yapılmış olan Megaron 4, onu TB Terası'yla aynı seviyeye getiren bir dolgunun üzerine oturtulmuştu. Yangının olduğu sıralarda bir kraliyet konutu olarak kullanılmakta olabileceği fikrini bana DeVries önermiştir (kişisel iletişim, tarihsiz?). Bu öneri kanıtlara dayalı makul bir yorum olmakla birlikte, Megaron 4 nispeten küçük olduğundan, yeni ve daha büyük bir yapı olan Megaron 3'ün tamamlanmasına kadar geçici bir konut olmuş olabilir. Megaron 4'ten çıkan buluntular için bkz. Young 1964, s. 287.
101 Megaron 2'yi bir tapınak olarak yorumlayan argümanlara Sams 1995, s. 1156-7'de yer verilmiştir. Erken Frig dönemi Gordion'unda Friglerin başlıca tanrısal figürü Matar'a ait

4) yer aldığı İç Avlu kralın ikametgâhı olmalıdır. Dış Avlu ile İç Avlu'yu birbirinden ayıran büyük bir kapı inşa edilerek kamusal ve özel mekânların ayrıştırılması, giderek artan bir güvenlik endişesini yansıtıyor olabilir – hem kralın kendisini hem de saray halkını İçkale'ye kabul edilen insanlardan koruma kaygısıdır bu.[102]

Erken Frig/YHSS 6A dönemine ait yönetim ve saray kompleksinin batısında, avluların seviyesinin 2 m kadar üzerine çıkan yüksek bir teras vardı. TB Terası denen bu yerde, iki uzun hizmet binası (Teras Binası ile CC Binası ["Clay Cut"/ Kil Kesme]) geniş bir sokağın iki yanından birbirine bakardı.[103] Bu yapıların her biri, Erken Frig döneminde Gordion'da yerel üretim yapıldığına dair elimizdeki tek kanıtı oluşturan bir dizi megaron birimine bölünmekteydi.[104] Teras megaronlarında genellikle küçük bir antre içinde bir ocak bulunur ve çoğunun daha büyük iç odalarında çamur platformlar üzerine oturtulmuş sıra sıra öğütme taşları yer alır; ayrıca, kömürleşmiş tahıllar ve başka tohumlar ile çanak çömlek yığınları da bu yapıların yemek pişirme ve depolama alanları olarak işlev gördüğünü göstermektedir.[105] Tekstil üretimine dair kanıtlar arasında, çok sayıda ağırşak ve kısmen dokunmuş tekstil parçaları vardır.[106] DeVries bu odalarda çalışan insan sayısının 300 civarında olduğunu hesaplamıştır; bu kitle, hemen hemen kesinlikle kadınlardan ve belki de hükümdar ile sarayının hizmetindeki kölelerden oluşmaktaydı.[107] Teras megaronlarından ikisi (TB 1 ve 2), hem yemek pişirme gereçlerinden yoksun olmaları, hem de ithal edilmiş fildişi at koşumları, tunç kaplar ve hayvan heykelcikleri ile altın ve elektrum takılar gibi değerli nesneler içermeleri nedeniyle sıradışıdır.[108]

---

hiçbir imgenin bulunamadığına dikkatinizi çekerim (Roller 2007, s. 214); Erken Frig döneminde bir kültün varlığına dair elimizdeki en iyi kanıt Dümrek'teki dağ mabedindedir (Grave vd 2005).

102 Hükümdarlara fiziken erişme imkânlarının düzenlenip denetlenmesinde mimarinin oynadığı kritik role Steadman 2011b'de dikkat çekilmektedir.

103 "TB Terası" ismi, bu büyük yapıyı YHSS 6A yangını sırasında orada mevcut olan diğer teraslardan ayırt etmek amacıyla ortaya atılmıştır. Bkz. Voigt 2012b.

104 Bu uzun yapıların her birinin tepesini örten saz ve çamurdan yapılmış çatının şekli yoğun olarak tartışılmıştır. Bana kalırsa, düz veya tek eğimli çatı olması en kuvvetli ihtimaldir, çünkü (her biri bir megaron segmentini örten) bir beşik çatılar dizisi birbirine paralel bir dizi su yarıntısı oluşmasına sebep olacağından, çamurdan yapılmış yüzeyler için ciddi bir yağmur erozyonu riski yaratacaktı.

105 DeVries 1980, 1990, s. 386; Miller 2010; Sams 1995, 2005. Ayrıca bkz. Young 1960, resim 27-8, 1962, s. 164-5, resim 17-9.

106 Burke 2005; ayrıca bkz. DeVries 1990, s. 385, 387.

107 DeVries 1980, s. 40.

108 Young 1962, s. 162-165, resim 21-6.

Bu binaların Frig krallarına mevkidaşları ve tebaalarından gelen hediyelerin depolandığı hazine odaları olarak hizmet vermiş olması muhtemel görünmektedir.

YHSS 6B ve 6A dönemleri boyunca belgelenen değişimlerden de anlaşılacağı gibi, Frigler sürekli mevcut binaların yeniden biçimlendirilmesi ve yeni binaların yapımıyla meşgul olmuşa benziyor.[109] Bu tür değişiklikler Frig krallarının artan gücünün ve zenginliğinin bir göstergesi olarak görülebilir. Örneğin, YHSS 6A ortalarında terasın ve teras megaronlarının yapılması, büyük ölçekli depolama ve gıda işleme imkânlarını artırmış ve tahminen saraya bağlı insan sayısının artmasını kolaylaştırmıştır. Bu projeler (ve yanı sıra tümülüslerin yapımı), işgücünü mobilize etme kapasitesinin de arttığına işaret eder; bu süreç 9. yüzyılın sonuna doğru başlayan geniş çaplı bir inşaat projesiyle daha ileri bir aşamaya gelmiş ve 8. yüzyılda daha da büyük ölçekte devam etmiştir.

Erken Frig İçkalesi, Yıkım Tabakası (YHSS 6A-YT, MÖ 800)

9. yüzyılın sonuna doğru Frigler, MÖ 800'de meydana gelen büyük yangın nedeniyle kesintiye uğrayarak olduğu gibi kalan saray alanını yeniden biçimlendirmeye başladılar. Bu "Bitmemiş Proje"yi ilk tespit eden DeVries oldu, daha yakın zamanda da benim Young'ın saha notları üzerine yaptığım okumalar ek bilgiler sağladı.[110] Bitmemiş Proje'nin temel amacı, kapısı eski Erken Frig/YHSS 6A kapı kompleksi seviyesinin üzerinde olan yeni bir tahkimat sistemi inşa etmek ve Dış Avlu'yu çevreleyen binaların seviyesini yükselterek, onların yeni kapıdan biraz aşağıda, ama bitişikteki Teras Binası'ndan yüksekte olmasını sağlamaktı. Güneyden başlayarak sayarsak, öncelikle Polikrom Giriş Yapısı yıkıldı; Kapı Kompleksi'nin Kuzey Avlusu'ndaki kuzey ve güney duvarları kısmen yıkılarak, taşları Young'ın Set Duvarı dediği kapı giriş yolunu kapatan duvarın yapımında kullanıldı (**RESİM 23**). Giriş yolunun güney kısmına moloz taşınarak Set Duvarı'na dayanacak şekilde yığıldı. Aynı zamanda, kapıya yakın olan iç alanlara toprak döküldü ve moloz temeller üzerinde yeni bir yapının, Proto-Bina C'nin yapımına başlanıyordu. Proto-Bina C'nin tabanı, kuzeybatıda Megaron 1'in duvarlarına dayanarak inşa edilen yeni terasla (Basamaklı Teras) tahminen neredeyse aynı yükseklikte olacaktı; Basamaklı Teras'tan da eski TB Terası'na kısa bir merdivenle inilmekteydi. Bitmemiş Proje, MÖ 800'deki yangından sonra Orta Frig dönemi yeniden yapım çalışmalarına dahil edilecek pek çok unsuru içermekle birlikte, belli ki TB Terası'nda ciddi bir değişikliği kapsamıyordu. Bir bütün olarak baktığımızda, her iki inşaat dönemi

---

109 Bkz. Erken Frig/YHSS 6B'ye dair yukarıdaki tartışma ve DeVries 1990, s. 374-7, resim 3-5.
110 DeVries 1990; Voigt 2012b.

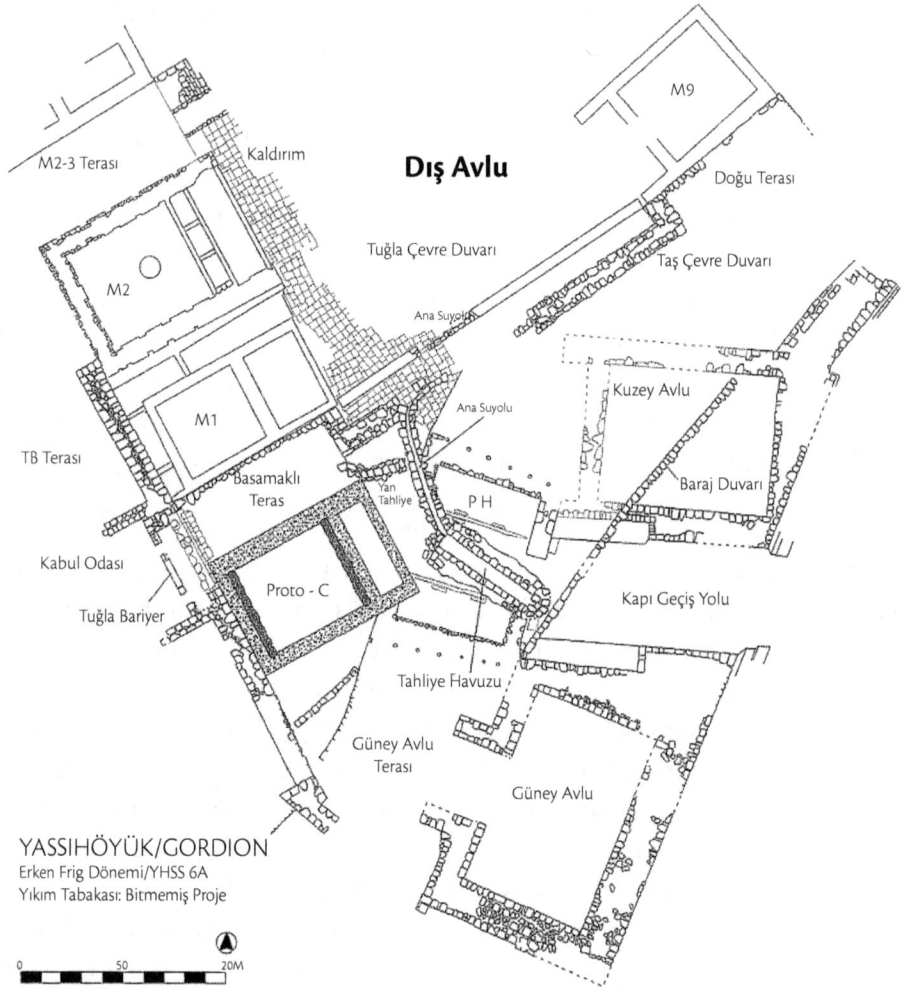

RESİM 23 İçkale Kapısı'nın yakınındaki alanda YHSS 6A Yıkım Tabakası'nın planı (Bitmemiş Proje). Kaynak: Gordion Arşivi.

de devam eden tek bir süreç olarak görülebilir, ancak Teras ve CC Binaları'nın yıkılması nedeniyle bu sürecin kapsamında bir değişiklik söz konusu olmuştur.[111]

---

111 Cevabı henüz bilinmeyen bir soru da, iki avlunun etrafında yapılması planlanan inşaatın ne boyutta olduğudur. Dış Avlu'nun yer döşemesinin sökülmüş ve çevresindeki binaların boşaltılmış olması, bu alanın yükseltilmek istendiğine işaret eder. Megaron 4'ün Megaron 3 taban seviyesinden yaklaşık 1,5 m yükseğe taşınmış bir platformun üzerinde bulunması, İç Avlu çevresindeki binaların da yenilenmesinin planlandığını akla getiriyor. Aksi takdirde, yükseltilen Dış Avlu, Megaron 4 ve TB Terası'nın arasında bir çukurda kalacaktı.

Erken Frig Yerleşmesi

İçinde kralın, saray halkının, işçilerin ve tahminen bir garnizonun barındığı Erken Frig İçkalesi hakkında pek çok şey biliyoruz, ama bu yeni yeni gelişen başkentte nüfusun geri kalanının yaşadığı alanlar hakkında ne söyleyebiliriz? İçkale'nin batısında bir yerleşmenin var olduğuna dair kanıtlar pek az olmakla birlikte ikna edicidir.[112] Operasyon 12 Derin Sondajı'nda biz İçkale Höyüğü'nün güneybatı ucuna yakın bir Erken Frig/YHSS 6A iskân tabakası olduğunu belgeledik (**RESİM 18**; ayrıca bkz. yukarıda). 1x4 metrelik açmanın içinde bulunan bir dış yüzey ile büyük bir ocak ve bununla bağlantılı Erken Frig/YHSS 6 çömlekleri, Young'ın 0 seviyesinin yaklaşık 3 m yukarısında yer alıyordu.[113] Bu yükseklik İçkale'nin içindeki YHSS 6A iskân tabakasının yüksekliğiyle karşılaştırıldığında, batıdaki yerleşmenin daha alçakta olduğu anlaşılıyor. Yükseklik farkları hakkında tam bir kesinlikle konuşmak iki sebepten ötürü imkânsızdır: Öncelikle, yukarıda ana hatlarıyla belirttiğim gibi, Gordion'daki yükseklik ölçümleri ciddi derecede hatalıdır; ikinci olarak da, kısmen teraslama yüzünden, ama aynı zamanda içindeki yokuşlar nedeniyle de, Erken Frig/YHSS 6A İçkalesi'nin çok engebeli bir yerleşme yüzeyi vardır.[114] Bununla birlikte, Young'ın 0 seviyesinin 4-5 m kadar üzerinde bulunan avlular ile onları çevreleyen binaların oluşturduğu bir örüntü söz konusudur. Dolayısıyla, İçkale'nin batısındaki yerleşme alanı, İçkale veya saray bölgesinin içindeki (teraslanmamış) alandan 1-2 m daha aşağıda yer alıyordu.

MÖ 9. yüzyılın ikinci yarısında İçkale Höyüğü'nün aşağısındaki tüm alanın iskân edildiğini varsaysak bile, bu, söz konusu yerleşmenin ETÇ şehrinden çok daha büyük olduğu anlamına gelmeyebilir; Erken Frig İçkalesi'nde yönetim ve şatafata hasredilen alan sebebiyle, belki de biraz daha az bir nüfusa sahipti. MÖ 800 civarında, azami yaklaşık 13 hektarlık bir alana yayılan Gordion'da yaşayan insan sayısının, yerleşmeyi bir "şehir" olarak nitelendirmeye yetecek kadar çok olması mümkündür.[115] Büyüklüğü ne olursa olsun, Erken Frig dönemi Gordion'unun

---

112 Yolun İçkale'yi (müstahkem olmayan) bir Erken Frig aşağı şehrinden ayırdığı fikri ilk olarak DeVries 1990, s. 379'da ortaya atılmıştır.

113 Amacımız yerleşmenin içindeki alanların yüksekliklerini kıyaslamak olduğundan, Young'ın belirlediği seviye yeterli bir ölçüttür ve yayımlanmış ayrıntılı bina planlarının çoğunda bu yükseklikler verildiği için kullanmakta fayda vardır. Yukarıda belirttiğim gibi, Young'ın 0 seviyesi çağdaş ova seviyesinden yaklaşık 5 ila 7 m yüksektedir.

114 Örneğin, Dış Avlu'dan Kapı Geçiş Yolu'na doğru inen sürekli bir eğim mevcuttur (Resim 20).

115 Bir yerleşmeyi "şehir" yapanın ne olduğuna dair tanımlar son derece değişkendir. Çoğu araştırmacı organizasyonel prensiplerin ve yerleşmenin bölge içerisindeki işlevinin kritik önem taşıyan özellikler olduğu konusunda hemfikirdir; keza, nispeten büyük bir nüfus da

net bir şekilde bir "başkent" veya yönetim merkezi olduğunu, işgücü üzerindeki hâkimiyete ve zenginlik kanıtlarına dayanarak anlayabiliriz; son derece hiyerarşik bir sosyal ve siyasal sistemin varlığı, höyüğün formuyla ilgili son bir hususa da yansımıştır. Orta Frig/YHSS 5 İçkalesi'nin batı duvarındaki bir derin sondajda, Young, duvarın yanı sıra ilerleyen bir bordürle sınırlandırılmış çakıl taşlı bir alan ile onun batısında daha alçak ve kaplamasız bir alan buldu (**RESİM 24**).[116] Orta Frig/YHSS 5 duvarı, aşağı doğru uzanan YHSS 6A duvarını bir kılıf gibi kaplamaktaydı. Erken Frig evlerinin bulunduğu batıdaki bölgenin Orta Frig yolundan en az 1 m yüksekte olduğunu göz önüne alırsak, Erken Frig İçkale suruna bitişik (daha alçak) bir Erken Frig yolu olduğunu varsaymakta bir sakınca yok gibi görünüyor. Dolayısıyla, İçkale'deki/seçkinlere mahsus ve Aşağı Şehir'deki/seçkin olmayanlara mahsus yerleşim alanları arasında, gayet net olarak fiziksel ve tahminen sembolik açıdan da önemli bir sınır bulunmaktaydı, ki bu sınır Orta Frig döneminde daha da belirgin hale gelecekti.

Son bir soru da Erken Frig başkenti ile kontrol ettiği topraklar arasındaki ilişkinin niteliğiyle ilgilidir. 9. yüzyıl Gordion'una yiyecek ve diğer organik kaynak akışının ne boyutta olduğunu belirleyemeyiz; ancak inorganik materyallere dayalı birkaç kanıt, hükümdarlarının vergi ve/veya haraç topladığına işaret etmektedir. YHSS 6A Yıkım Tabakası'ndan (yani İçkale'den) çıkan çok sayıda seramik örneği üzerinde yapılan, kilin kaynağını saptamaya yönelik bir inceleme, çok çeşitli şekil ve stillerde ortaya çıkan ve yerel menşeli olmayan kapların Erken Frig seramikleri arasında fevkalade yüksek bir oranda mevcut olduğunu gösterir.[117] Grave ve Kealhofer, bu kapların geniş bir coğrafi bölgeden gelen mal akışına ağırlık veren elit yiyecek pratiklerinin bir parçası olduğunu ileri sürmektedir. Kuzey Suriye'den gelen özgün fildişi ve metal ithalat malları şüphesiz Frig ve Kuzey Suriyeli liderler arasında bir irtibat ve belki de hediye alışverişi olduğunu göstermekle birlikte, YHSS 6A Yıkım Tabakası için yapılan yeni tarihlendirmenin ışığında bu tür ilişkileri yeniden değerlendirmeye henüz başladık.[118] Son olarak da, gerek tümülüs denen büyük mezar

---

çok önemlidir. Sorun şudur: Ne kadar büyük olmalı? Organizasyona odaklanılınca, şehir sakinlerinin sayısında çıta aşağı inmiş ve böylece içinde "birkaç bin insan" olan yerleşmeler bile şehir olarak tanımlanır olmuştur (Cowgill 2004, s. 525). Tanımlar ve şehir çalışmalarına yönelik arkeolojik yaklaşımlara ilişkin genel bir değerlendirme için bkz. Marcus ve Sabloff 2008 ve Cowgill 2004.

116 DeVries 1990, s. 394, resim 8, 29. Young, İçkale'yi çevreleyen surun bu segmentine "Batı Kapalı Alan Duvarı" derdi.

117 Grave vd 2009.

118 Bkz. Sams'ın çeşitli nesneler hakkındaki tartışması, Rose ve Darbyshire 2011.

İÇKALE VE ŞEHİR OLARAK GORDİON | 223

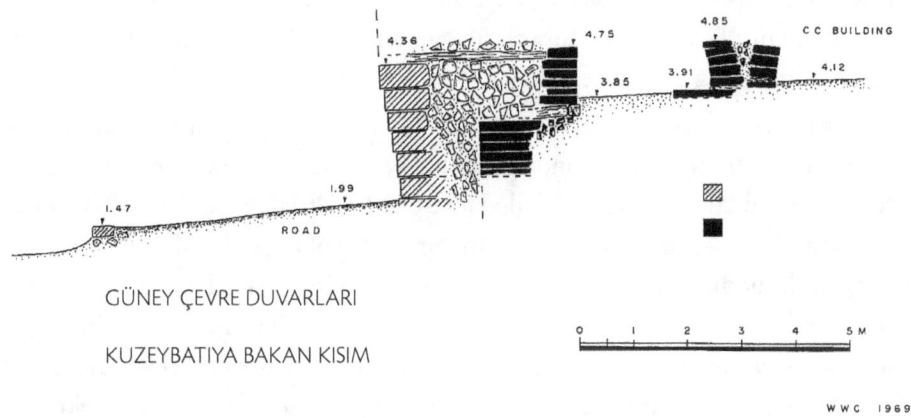

RESİM 24 Batıdaki İçkale duvarı ile bitişiğindeki yolun kesiti. Kaynak: Gordion Arşivi.

RESİM 25 Orta Frig/YHSS 5 İçkalesi'nin planı. Kaynak: Gordion Arşivi.

höyüklerinin yapımı,[119] gerekse 9. yüzyıl sonlarında saray alanını dönüştürecek bir inşaat projesinin başlatılması, insanların zamanı ve işgücü üzerinde etkileyici bir hâkimiyet kurulduğunu gösteriyor.

Özetlemek gerekirse, 9. yüzyılın sonunda Gordion, bölgesel bir yönetimin, belki de toprağa dayalı bir devletin önde gelen bir yerleşmesi veya başkentiydi. Yine de nüfusu nispeten küçük olabilir: İçkale Höyüğü'nün altındaki yaklaşık 13 hektarlık alanın dışında yerleşim olduğuna dair hiçbir kanıt yoktur ve bu alanın yarısından fazlasını seçkinlerin konutları ile yönetim ve hizmet binaları kaplamaktaydı. Kabaca bir tahminde bulunursak, Gordion nüfusunun birkaç bin kişiden fazla olması pek muhtemel görünmüyor. Kuzey ve güneydeki Aşağı Şehirlerde bir Erken Frig/YHSS 6 iskân tabakası bulmamız halinde bu resim elbette ciddi ölçüde değişecektir.

Orta Frig Şehri (YHSS 5, MÖ yaklaşık 800-540)

Gordion'un yalnızca etkileyici bir içkaleye sahip bir yönetim merkezi değil, büyük bir nüfusu barındıran bir merkeze dönüşmesi ve iskân kanıtlarının sitin tüm topografik alanlarında bulunur hale gelmesi 8. yüzyılda gerçekleşti. Bu topografik bölgelerin toplam alanı Marsh tarafından 136 ha olarak hesaplanmıştır; bu öyle büyük bir alandır ki, kısıtlı bazı dönemlerdeki sınırlarına dair daha kesin veriler olmadan da bu yerleşmeyi pekâlâ meşru bir şekilde şehir olarak değerlendirebiliriz. 8. yüzyıl içerisinde meydana gelen iktisadi ve siyasi gelişmeler hakkında yeterli bilgimiz olmadığından, şehrin ne zaman ve neden böylesine büyüdüğüne dair bir fikir ortaya atamıyoruz;[120] ama Orta Frig/YHSS 5 şehrinin formu ve içindeki

---

119 Erken ve Orta Frig dönemlerine ait mutlak tarihlerdeki değişikliklerle beraber, "Erken Frig" dönemine ait olduğu söylenen birçok tümülüs (ki bunlar, İçkale Höyüğü'ndeki iskân tabakalarıyla olan benzerliklerine dayanılarak değil, hep bağımsız olarak tarihlendirilmişlerdir) Orta Frig/YHSS 5 dönemine atfedilmiştir (Rose ve Darbyshire 2011, resim 7.9-10). Erken Frig/YHSS 6 döneminden Tümülüs W'nun yayını için bkz. Young 1981; ayrıca bkz. Liebhart vd 2015.

120 Orta Frig/YHSS 5 dönemine ilişkin henüz kapsamlı bir inceleme yapılmamış olması nedeniyle, makalenin bu bölümü yayımlanmış raporlara ve benim kendi kazılarıma dayanmaktadır. Bu kaynaklar ışığında dönemi üç alt-evreye ayırmak mümkündür, ancak alt-evreleri resmi bir öneri olarak sunabilmek için önce defterleri derinlemesine okumak ve İçkale'nin içindeki ayrı ayrı yapıların kronolojilerine ilişkin bilgi toplamak şarttır. DeVries'in Orta Frig dönemine dahil ettiği materyalin (1990, s. 399-400) şimdi Yassıhöyük Stratigrafik Sıralaması'nda Geç Frig/YHSS 4 dönemine atfedildiğine dikkat çekmek isterim. DeVries dönemler arasındaki sınırı belirlerken, 1988'de anladığı şekliyle İçkale'nin içindeki sıralamaya dayanmıştı. Yeni tanımlama ise, hem mimaride ve İçkale'nin içindeki mekân kullanımında meydana gelmiş ve tarihleri iyi bilinen değişimlere (Voigt 1994, s. 275-6), hem de İçkale'nin dışındaki alanlardan elde edilen bilgilere dayanmaktadır.

değişik mekân kullanım biçimleri hakkında birçok şey söyleyebiliriz.[121] Özellikle ilginç olan olgu, Erken Frig yerleşmesinde gözlemlediğimiz örüntülerin Orta Frig döneminde sürdürülerek genişletilmesi veya değiştirilmesidir.

Gordion sıralamasındaki çoğu dönem için olduğu gibi, Orta Frig/YHSS 5 dönemi için de en fazla bilgi, Friglerin bir sokakla birbirinden ayrılan iki yüksek höyük meydana getirdiği şehir merkezinden (Yassıhöyük) gelmektedir. En önemli yapılar yine Doğu Höyüğü veya İçkale'de yapılmaya devam etmiş, ama bu alan aynı yükseklikteki bir Batı Höyüğü'nün yaratılmasıyla dengelenmiştir.

İçkale'nin içinde, Erken ve Orta Frig dönemleri arasındaki devamlılık unsurları uzun zamandır bilinmektedir (RESİM 25);[122] yakın zamanda yapılan analizler de kanıtları güçlendirmiştir. Erken Frig İçkalesi'nin son evresinin (YHSS 6-YT) daha iyi anlaşılmasıyla birlikte, ben MÖ 800'deki yangının birbirinden ayrı ve değişik iki proje arasında bir fasıla değil, devam eden bir inşaat projesinde meydana gelen bir kesinti olarak görülebileceğini öne sürdüm. Bu sürece ilişkin en iyi kanıt İçkale'nin içinden geliyor. Yukarı Açma Sondajı'ndan anlaşıldığına göre, Orta Frig/YHSS 5 dönemi, kimi yanmış kimi yanmamış bina duvarlarının tesviye edilerek düz bir platform haline getirilmesiyle başlar.[123] Sonunda bu platformun üzeri 3 ila 5 metre kalınlığında ve yarım milyon metreküp hacminde olduğu hesap edilen bir toprak dolgu tabakasıyla örtüldü.[124] Dolguyla birlikte yeni yapıların moloz temelleri de atıldı;[125] molozun üzerinde ise duvarın uzun ekseni boyunca sıralanan

---

121 Voigt 2007; ayrıca bkz. Rose ve Darbyshire 2011, resim 0.10, 2.12.

122 Bu devamlılığı açıklamak kolay değildi, zira Young Erken Frig Yıkım Tabakası ile "Pers" veya "Arkaik" dediği dönemdeki yeniden yapım faaliyetleri arasına yaklaşık 150 yıllık bir aralık koyuyordu; onun ortaya attığı problemi meslektaşları çözmeye çalışmış, ancak başaramamıştır (bkz. Voigt 2009). Gordion'un yeni kronolojisi sayesinde (Rose ve Darbyshire 2011), bu problem ortadan kalkmış bulunuyor.

123 Yangın ile İçkale içinde yeniden inşa sürecinin başlaması arasında geçen süre hakkındaki argümanlar için bkz. Voigt 2001, 2007. Yeni yapıların hangi sırayla inşa edildiğine ilişkin, Young, Orta Frig/YHSS 5 Kapı Binası'nın yakınlardaki E ve C binalarından önce yapıldığını gözlemlemiştir (1995, s. 4). Bitmemiş Proje de bu alana odaklandığından, Friglerin İçkale'nin diğer kısımlarına kıyasla tahkimatlara ve Dış Avlu'ya öncelik vermiş olmaları muhtemel görünüyor. Orta Frig/YHSS 5 projesinin ne kadar sürede bitirildiği bilinmemekle birlikte, Operasyon 12 sondajındaki bir ilk zeminle ilişkilendirilen cilalı siyah çömlekler (Henrickson 1994, resim 10.8a) ile Güney Kiler'de bulunan parçalar arasındaki benzerlik sürecin uzun sürdüğünü gösteriyor.

124 Yangın geçiren Erken Frig/YHSS 6A İçkalesi'nin üzerine örtülen dolgu miktarı Peter Kuniholm tarafından yarım milyon m^3 olarak hesaplanmıştır (kişisel iletişim, 2009). Dolgunun tarifi için ayrıca bkz. Young 1955, n. 12.

125 Moloz ile dolgunun eşzamanlı olarak dökülmesinden Young 1962, s. 156'da sıklıkla bahsedilmiştir; Young bu olgunun "pek çok yerde" karşımıza çıktığını belirtir. Ayrıca bkz.

RESİM 26 Orta Frig/YHSS 5 dönemine ait dolgular ve moloz temeller. Kaynak: Gordion Arşivi.

kısa kütüklerin oluşturduğu tabaka yer alıyor, bu da moloz dolguyla birlikte ağır kesme taş duvarları destekliyordu (**RESİM 26**).[126] Bütün kapı kompleksi ile İçkale'yi çevreleyen surlar da moloz temeller üzerine yerleştirilmişti. Young, kapı binasının taş duvarlarının 3 m yüksekliğe kadar çıktığını ve bunun üzerinde kerpiç bir üstyapı bulunduğunu belirtir; A Binası'nın duvarlarında da kerpiç kullanıldığı söylenmektedir.[127] Bu iddialar için kanıt gösterilmemiştir, bununla birlikte, kerpicin büyük tahkimat duvarlarının üstyapısında kullanıldığı Aşağı Şehir'de net olarak belgelendiğinden,[128] İçkale tahkimatlarında da kullanılmış olması akla yakındır;

Glendinning 1996, s. 13, n. 48. Net olmayan nokta ise, moloz temellerin kil tabakasının içine sonradan yerleştirildiği örnekler (mesela C2 Binası, Resim 30) karşısında dolgu/moloz çağdaşlığının kronolojik açıdan önemini Young'ın fark edip etmediğidir. YHSS Yukarı Açma Sondajı'nda, Bina I:2'nin moloz temelleri kille birlikte dökülmüş, stratigrafik olarak daha geç tarihli bir duvar ise kilin içine sonradan atılmış çakıl taşlarından oluşan sığ temel üzerine inşa edilmiştir (Voigt ve Young 1999, resim 7).

126 Orta Frig/YHSS 5 mimarisinin genel bir tarifi için bkz. Young 1955.
127 Young 1953, s. 19-22, resim 12-4, 17; 1955, s. 1-2.
128 Young 1953, s. 26-9, resim 19-21; 1958, s. 140; Edwards 1959, s. 264, resim 4; Rose ve Darbyshire 2011, resim 1.3.

ancak İçkale içindeki megaronlar ile diğer yapılardaki kullanımının daha iyi belgelenmesi gerekmektedir.[129]

Bitmemiş Proje'nin fark edilip anlaşılması, Erken Frig Yıkım Tabakası/YHSS 6A-YT ile Orta Frig/YHSS 5 yeniden inşa süreci arasında mimarlık teknolojisinde çok ciddi bir dönüşüm meydana geldiği yolundaki eski görüşü zayıflattı. Gordion'da Orta Frig/YHSS 5 dönemini karakterize eden neredeyse tüm mimari unsurlar Erken Frig/YHSS 6 döneminde de bulunabilir, ancak bazı unsurların kullanılma biçimi ve sıklığında değişiklikler söz konusudur. Yukarıda gördüğümüz gibi, kil dolguların kullanımı Erken Frig/YHSS 6B'de başlar;[130] MÖ 800'deki yangından önce Kapı Kompleksi yakınlarına hem kil hem de taş dolgular yerleştirilmiş bulunuyordu.[131] Hem Erken hem Orta Frig dönemlerinde, duvarlar taş cepheli ve moloz dolgulu olarak inşa edilmekteydi. YHSS 6B'ye ait Polikrom Giriş Yapısı'nda, farklı kaya tipleri yan yana getirilerek örülmüş çok-renkli duvarlar kullanılmıştı; Bitmemiş Proje/YHSS 6A-YT'nın bir parçası olarak yapılan duvarlar ise çok-renkli olmakla kalmaz, aynı zamanda Orta Frig/YHSS 5 döneminin çok karakteristik bir unsuru olan kare biçimli bloklardan oluşur.[132] Moloz temeller belli ki YHSS 6A'nın sonlarında ortaya

---

129 Çamurdan yapılmış duvarlar net kanıtlar bırakır; bunlar, hem duvarların ömrü boyunca (gerek yıpranan ve yenilenen duvar sıvalarından gerekse yıpranan tuğlalardan gelen) aşınıp dökülmüş çamurun oluşturduğu tabakalar, hem de artık kullanılmamaya başladığında kendiliğinden düşmüş veya kasten yıkılmış karmakarışık devrik tuğlalar şeklinde görülür. Yukarı Açma Sondajı'nda, Bina I:2'yle ilişkilendirilebilecek bir kerpiç inşaat kanıtına rastlanmamıştır. Young'ın saha notlarının yeniden incelenmesi sayesinde, megaronlarda kerpiç üstyapıların bulunduğunu doğrulayacak veya çürütecek stratigrafik kanıtların elde edilmesi mümkün olabilir.

130 Gordion'daki inşaat dolgularından çoğu zaman "kil" diye bahsedilse de, Orta Frig/YHSS 5 döneminde kullanılanlar ya temiz alüvyonal depozitlerden ya da tunç çağı höyüklerinden alınmış iskân artıklarından oluşmaktadır. Tunç çağı höyük kalıntıları en çok Kapı Kompleksi yakınlarında kullanılmış gibi görünüyor, ama Yukarı Açma Sondajı'nda (Operasyon 1) Bina I:2'nin temellerine dayanmış halde de bulunmuştur. Şunu da belirtmek isterim ki, Orta Frig inşaatlarının anlaşılmasında karşılaşılan güçlüklerden biri, muhtemelen binanın yenilenmesi, yeniden biçimlendirilmesi veya ciddi ölçüde yeni baştan yapılmasıyla bağlantılı olarak, aynı alanın birden fazla defa doldurulmuş olabileceği gerçeğidir. Bu durum özellikle Dış ve İç Avluların etrafındaki yapılar ile A Binası için geçerli gibi görünüyor. Örneğin bkz. Resim 11'de kaydedilen stratigrafi ile Sams ve Burke 2008, resim 5. Bu son resimde, büyük bir Orta Frig/YHSS 5 duvarının hem moloz hem kesme taş sıralarının talan edilerek ortadan kaldırılmasıyla oluşmuş bir çukurun solunda dolgular görülmektedir.

131 Voigt 2012b.

132 Bitmemiş Proje'de belgelenen renkli kesme taşlar (ve yanı sıra kil dolguların kullanımı) şüphesiz Young'ın Erken Frig/YHSS 6A-YT dönemi Gordion'unu anlamasını güçleştiren faktörlerdi. Ayrıca bkz. Voigt 2009, 2012b.

çıkmış bir yenilik olup Bitmemiş Proje'nin Proto-Bina C'sinde kullanılmıştır.[133] Erken Frig/YHSS 6 duvarlarının ortak bir unsuru olan ahşap, hem kerpiç ve taş yapıların dikey destekleri ile kirişlerinde, hem de en azından bazı duvarlarda taş blokların temelleri olarak karşımıza çıkar.[134] Orta Frig/YHSS 5 İçkalesi'nde bol miktarda ahşap kullanımı söz konusudur: Kısa kütük dizileri moloz temellerin üzerine yerleştirilmiş ve bazen de duvar cephelerinde, taş sıralarının arasında kullanılmıştır.[135] Elbette, ahşap kullanımının en belirgin olduğu yer tümülüslerdeki mezar odaları, özellikle de Tümülüs MM'deki mezar odasıdır[136] ve uzun zamandır var olan bir problemin çözümünü de MM sağlayabilir: Bazı Orta Frig/YHSS 5 binalarında çakıllarla kaplı veya sıvalı bir zemin yer alırken, diğerlerinde yerleşme tabanı olarak yorumlanabilecek bir yüzey bulunmaz. Bu eksiklik, içeride bulunan beyaz çalışma yüzeyi veya kil yüzeyinin üstüne Tümülüs MM'dekine benzer bir tahta zeminin yerleştirilmiş olmasıyla izah edilebilir.[137] Uzun tahta parçalarından oluşan ve belki de kütüklerden meydana gelen bir tabana oturtulan yer döşemeleri, bina tadilat göreceği zaman yerlerinden sökülüp yeniden kullanılabilir veya bina terk edildiğinde alınıp kurtarılabilirdi.[138]

Tamamlanmış Orta Frig/YHSS 5 İçkalesi'ne dönersek, tahkimatların yeriyle binaların yerleşim düzenindeki süreklilik o kadar fazlaydı ki, Young, Orta Frig/YHSS 5 yapılarını rehber olarak kullanmak suretiyle, onların Erken Frig/YHSS 6A'daki öncüllerinin yerlerini tespit etmeye çalıştı (**RESİM 21, 25**).[139] Yine de, Erken ve Orta Frig içkalelerinin yerleşim düzenleri arasında küçük ama önemli farklar vardır; yerleşme planının daha muntazam hale gelmesi ve mimarinin standardize edilmesi sonucunu doğuran değişiklikler de bunlara dahildir. Bu farkların en belirgin olduğu yer tahkimat sistemidir. Yeni yapılan Orta Frig/YHSS 5 Kapı Binası,

---

133 Voigt 2012b.

134 Bir Erken Frig/YHSS 6A taş duvarında yer alan benzer kütük dizileri için bkz. Young 1968, s. 234, resim 21, 29, ve DeVries 1990, resim 16.

135 Nispeten iyi korunmuş Orta Frig/YHSS 5 taş yapılarında (Kapı Binası, A, C ve E Binaları) ahşap kullanımını belgeleyen betimleme ve fotoğraflar için bkz. Young 1953, resim 23-4; 1955, resim 2. Ayrıca bkz. Sams ve Burke 2008, s. 332-3, resim 10.

136 Young 1981; Liebhart vd 2015.

137 "Çalışma yüzeyi" diye adlandırılan, beyaz taş kırıntılarının oluşturduğu ince tabakalar, Orta Frig binalarında yaygındır; ama bu katmanların sertleşmiş bir yüzeyi olmadığı gibi, onlarla ilişkilendirilen atıklara da rastlanmaz; bu nedenle, genellikle inşaat faaliyetlerinin bir ürünü olarak yorumlanmışlardır; taş blokların yontulmasıyla ortaya çıkan ince taş parçalarından ibarettirler.

138 Bkz. örneğin A Binası segmentlerinden birinin antresi, Sams ve Burke 2008, resim 5.

139 Young 1960, s. 236.

İÇKALE VE ŞEHİR OLARAK GORDİON | 229

RESİM 27 Orta Frig/YHSS 5 Kapı Binası ve şev (ön planda). Kaynak: Gordion Arşivi.

güzel simetrisiyle, Erken Frig/YHSS 6A Kapı Kompleksi'nin tuhaf açıları ve yapısal zaaflarıyla güçlü bir kontrast oluşturur (**RESİM 21, 25**).[140] Orta Frig/YHSS 5 surları, (Erken Frig/YHSS 6A döneminde olduğu gibi) kırık segmentler halinde değil, düz ve kesintisiz duvarlar şeklinde ilerler. Çarpıcı olan bir başka nokta da, Orta Frig/

---

140 "Kapı Kompleksi" terimi, Erken Frig/YHSS 6A yapısını meydana getiren –her biri biraz farklı bir tarihe sahip– bir dizi birimi (yani Polikrom Giriş Yapısı, iki avlu ve avlular arasındaki geçiş yolunu) ifade etmek için son zamanlarda benimsenmiş bir tabirdir.

YHSS 5 Kapı Binası'yla ilişkili yeni unsurlardır. Binaya güneybatı yönünden bitişik olup tahkimatların bir parçası gibi duran yeni bir yapı vardır: Ara duvarları ortak altı megarondan oluşan bir dizi (A Binası). A Binası birimlerinin antreleri İçkale'nin iç tarafına bakarken, arka duvarları da İçkale Kapısı'na yaklaşanlara uzun ve birleşik bir cephe görüntüsü sunmakta ve belki de surlardan ayırt edilemez görünmekteydi. Kapı Binası'nın kuzeydoğusunda ise bir duvar kompleksi vardır ve buradaki duvarlardan bazıları kapıya çıkan bir yolla bağlantılıdır.[141] Kapının önünde, surlara paralel olarak her iki yönde ilerleyen ve nereye kadar uzandığı bilinmeyen dik bir şev yer alıyordu; bu unsur, moloz, kil ve tahta karışımı bir temelin üzerine kesme taş blokların sarp bir "merdiven" oluşturacak şekilde yerleştirilmesiyle oluşturulmuştu (**RESİM 27**).[142]

İçkale'nin içinde, Orta Frig/YHSS 5 inşaatlarını yapanlar yine megaron planını tercih etmiştir, ama artık megaronların görünümü daha muntazamdır. Günümüze kaldığı kadarıyla, megaron duvarlarının hepsi birbirine benzer taş bloklardan yapılmış gibi görünmektedir; Erken Frig/6A-YT İçkalesi'ndeki taş ve kerpiç karışımı duvarların yerini bunlar almıştır. Ayrıca, Orta Frig/YHSS 5 bina planlarının birbirlerine benzerlikleri de daha fazladır. Örneğin H Binası nispeten büyük ve geniştir, ama (öncülü olduğu sanılan) Erken Frig dönemindeki Megaron 3 gibi ayrıksı durmaz (**RESİM 21, 25**). Dengeli bir intizam söz konusudur ve binalar arasındaki işlev farklılıkları, gerek kare şeklinde yapıların (örneğin D ve E Binaları) gerekse de yemek pişirme ve belki de depolama amacıyla kullanılan yarısı gömülü yapıların (Bina I:2 kileri ve Güney Kiler) eklenmesiyle sağlanmıştır.[143] Orta Frig döneminde eklenen yepyeni bir unsur, İçkale'nin kuzeybatı bölümündeki kocaman binadır (PPB-Pers Frig Binası). PPB'nin eşi benzeri olmayan bir planı vardır. Hücresel yapısı ve bu hücrelerden yalnızca iki tanesinin bir kapıyla birbirine bağlı oluşu,[144] binanın çok miktarda malzemenin depolanması amacıyla kullanılmış olabileceğini akla getirir ki bu da bir içkalede, özellikle de güçlü bir hükümdarın sarayında olması beklenen bir hizmet birimidir.

Orta Frig/YHSS 5 İçkale planı ve yapısında sembolik bir işlev görmüş olabilecek unsurlar ise, kimi zaman çok belirgin, kimi zaman da belli belirsiz şekilde karşımıza çıkar. Yüksekliğin bir hiyerarşi göstergesi olarak kullanılması çok rastlanan

---

141 Bu duvarlar henüz tam olarak anlaşılamadığından, yayımlanmış Orta Frig Gordion'u planlarında yer almaz.

142 Kapının, yolun ve şevin tarifi için bkz. Young 1956, s. 252-4, resim 11-3.

143 Diğer Orta Frig/YHSS 5 binalarına göre iyi korunmuş olan bu sıradışı yapıların tarifi için bkz. Young 1955, E Binası; Voigt 1994, I:2 kileri; ve DeVries 2005, 2008, Güney Kiler.

144 Young 1968, s. 234-5, resim 3. Ayrıca bkz. DeVries 1990, s. 395, resim 29.

bir olgudur. 9. yüzyılda, Gordion'un Erken Frig/YHSS 6A dönemi hükümdarları giderek artan güçlerini dünyaya duyurmak için, ova seviyesinin üzerinde, çevreye hâkim konumda kocaman bir kapı yapısı inşa ettiler; buradan giren ziyaretçiler nispeten kısa bir rampayı çıkarak seçkinlere ait alana ulaşıyordu. MÖ 800 civarına gelindiğinde, artık yeterince büyük bir işgücüne hükmeden Gordion hükümdarları, bu kapı yapısını moloz ve kille doldurarak[145] Orta Frig/YHSS 5 yeniden inşa süreci içerisinde tamamlanacak olan yeni bir kapının temellerini hazırlamaya başladılar. Orta Frig/YHSS 5 Kapı Kompleksi, İçkale'ye girmeye çalışanları en az dört yolla etkileyip ürkütüyordu. Birincisi, Orta Frig kapı geçiş yolunun tabanı Young'ın 0 seviyesinin 9 m kadar üzerinde bulunuyor ve ilkçağ ova seviyesine de yaklaşık 14-16 m tepeden bakıyordu (RESİM 27).[146] İkincisi, kolayca çıkılamayacak kadar dar basamakları olan şev, yükseklik ve dolayısıyla kudret izlenimine katkıda bulunuyordu. Üçüncü olarak, ova seviyesinden kapı giriş yoluna çıkan güzergâh artık dümdüz gitmiyor, Kapı Binası'nın güneydoğusunda molozdan yapılmış bir terasa çıkan yol sistemini izliyordu; bu yol tam olarak anlaşılmamış olmakla birlikte, en üst bölümü kapının Kuzeydoğu Avlusu'nun dış duvarı boyunca ilerliyor, böylece kapının girişinde bir kavis meydana getiriyordu (RESİM 28). Dördüncü olarak ise, duvarların ve şevin yapımında kullanılan farklı renklerdeki taşlar, gücü daha ince yollarla hatırlatmaktaydı. Kapı Binası'nın kendisi, hâlâ güneşte ışıl ışıl parlayan beyaz alçı taşından yapılmış duvarlara sahipti. Yol boyunca uzanan duvarlar, göründüğü kadarıyla rastgele bir biçimde yerleştirilen kırmızı, yeşil, beyaz ve kahverengi taşlardan yapılmış, şevin kazılan bölümü ise farklı renklerde dikey şeritler halinde inşa edilmişti (RESİM 27, 29-30). Gordion'daki inşaatlarda kullanılan taşların kökenlerine dair McClain'in yürüttüğü jeolojik araştırma, her bir rengin başka bir kökenden, yani başka bir taşocağından geldiğini gösteriyor.[147] Dolayısıyla, farklı renkteki şeritler, Friglerin kontrol ettiği yerleri veya belki de taş kaynaklarının yakınında yaşayan insanların sağladığı işgücü ve malzemeleri temsil etmektedir.

Bütün İçkale'nin planında veya tek tek bina planlarında başka farklılıklar da gözlemlenebilir. Kapı Binası'ndan başlarsak, 8. yüzyılda Dış Avlu'ya erişim kolaylaştırılmıştır. Erken Frig/YHSS 6A döneminde, kapıdan içeri giren biri ken-

---

145 Voigt 2012b.

146 Verilen bu yükseklik, kapı inşaatının Gordion yöresinde ciddi ölçüde birikim oluşmaya başlamadan önce gerçekleştiği varsayımına dayanır (MÖ yaklaşık 720; Marsh 2012). 1955'teki kazıda, kapı önündeki şev, yer altı su seviyesine dek kazılmış, yani modern ova seviyesinin tahminen 2-3 m altına kadar takip edilmiştir.

147 Taş yapı malzemeleri ile kökenlerine yönelik araştırma 1992'de yapılmıştır (Sams 1994c, s. 472). Benim renk ile köken arasındaki ilişki hakkında kullandığım ifade, McClain'in vardığı ilk sonuçlara dayanıyor (kişisel iletişim, 1992).

RESİM 28 Giriş yolunun yanındaki duvarlarıyla Orta Frig/YHSS 5 dönemi kapı kompleksi. Verilen sayılar, Orta Frig/YHSS 5 ve Erken Frig/YHSS 6A Kapı Binaları'nı belirtmektedir. Kaynak: Gordion Arşivi.

RESİM 29 Dış Avlu'yu çevreleyen duvarda Orta Frig/YHSS 5 dönemi duvar işçiliği. Kaynak: R.H. Dyson, Gordion Arşivi.

RESİM 30 Orta Frig/YHSS 5 dönemi Kapı Binası'nın kuzeydoğusundaki çok-renkli duvarlar. Kaynak: R.H. Dyson, Gordion Arşivi.

RESİM 31 Orta Frig/YHSS 5 dönemine ait C1 (solda) ve C2 binaları. Kaynak: Gordion Arşivi.

disini nispeten küçük üçgen bir alanda buluyor ve boş duvarlarla karşılaşıyordu; Dış Avlu'ya girmek zor değildi, ama bunun için kuzeye doğru nispeten keskin bir dönüş yapmak gerekiyordu.[148] Orta Frig/YHSS 5 kapısından giren ziyaretçi ise, kendisini doğrudan avluyu görebileceği geniş bir açık alanda buluyordu. Öte yandan, Dış Avlu'nun iki yanındaki alanlara giriş çıkış imkânı daha kısıtlı hale gelmişti. Erken Frig/YHSS 6A döneminde, ziyaretçi belli ki kapının her iki yanına doğru yürüyebilir, ister merdivenden çıkarak TB Terası'na gider,[149] ister Dış Avlu megaronlarının kuzeydoğusundaki alana yönelirdi. Orta Frig/YHSS 5 döneminde Dış Avlu, kuzeydoğudaki binalara gidiş yolunu kapatan ve güneybatıya erişimi kısıtlayan sağlam bir duvarla çevriliydi. Hem Orta Frig/YHSS 5 döneminin başında İçkale'nin içinde inşa edilmiş duvarların çoğu temellerine kadar sökülüp yağmalanmış olduğu,[150] hem de bu çağdan kalmış, yanında atık depoziti olan az sayıda dış yüzey tespit edildiği için, binaların işlevlerine ilişkin tartışmalar büyük ölçüde belirli bir varsayıma dayanır; o da, yanmış YHSS 6A binalarının şekil ve içerikleriyle belgelenen fonksiyonel farklılıklarının onların üzerine inşa edilen benzer yapılarda da aynen devam ettirildiği varsayımıdır. Eğer bu analojiyi kabul edersek, Orta Frig/YHSS 5 İçkalesi'ne gelen ziyaretçilerin bir kamusal alana (bir idari ve belki de ritüel mekâna) kabul edildiğini, ama artık net bir şekilde konut ve çalışma alanlarının dışında bırakıldıklarını varsayabiliriz. "Kamusal" Dış Avlu[151] ile İç Avlu'nun etrafındaki kraliyet ikametgâhı arasındaki ayrım daha kuvvetli hale getirildi: Dış ve İç Avlular arasındaki giriş noktası Orta Frig/YHSS 5 yeniden inşa döneminde daha fazla vurgulandı ve nispeten basit (ama sağlam) YHSS 6A dönemi kapısının yerine, Young'ın "küçük bir pilon veya kapı binası" olarak nitelendirdiği bir geçit inşa edildi.[152]

Daha önce de olduğu gibi, kamusal alana özel alandan daha fazla önem verilmiş gibi görünüyor; bu argüman Dış Avlu'nun etrafındaki yapıların sonraki tarihinde dikkat çeken iki unsura dayanır. Öncelikle, C ve E gibi binalar Orta Frig döneminde defalarca yeniden yapılırken (**RESİM 31**),[153] diğer Orta Frig/YHSS 5 yapıları

---

148 Kapının iç tarafındaki bu açık erişim YHSS 6A boyunca devam etmemiştir. Bu dönemin sonlarında yapılan Taş Çevre Duvarı, ya Polikrom Giriş Yapısı'ndan Dış Avlu'ya erişimi engelliyor ya da bir kapı yardımıyla sınırlı bir erişim sağlıyordu (Voigt 2012b, resim 8.8-8.9). Taş Çevre Duvarı, Bitmemiş Proje kapsamında yıktırılmıştır.
149 Bu merdivenin varlığına dair argüman Voigt 2012b'de sunulmuştur.
150 Örneğin bkz. Young 1962, s. 155-6.
151 Bu niteleme, Dış Avlu megaronlarının büyüklüğüne dayanarak, ilk kez Young 1956, s. 254'te kullanılmıştır.
152 Young 1960, s. 236.
153 Young 1955, s. 3-8.

kullanılmamaya başlamıştır. İkinci olarak ise, terakota çatı kaplama sistemleri MÖ 600 civarında Gordion'a getirildiğinde,[154] Kapı Binası'nda ve Dış Avlu'nun çevresine dizilmiş yapılardan bazılarında bu çatı türünün uygulandığı ileri sürülebilir. Bu konsekte dayalı bir argüman değildir, zira İçkale'de belgelenmiş tüm kiremitler daha geç tarihli kontekstlerden gelmektedir. Bir Geç Frig/YHSS 4 yapısını (Mozaikli Bina) süslemek için üç ayrı çatının parçalarından yararlanılmıştır; başka yerlerde ise bunlar ya ufak tefek yapı malzemeleri olarak kullanılmış ya da atık olarak bir köşeye bırakılmıştır.[155] Yine de, Sardis'ten çıkan ve sağlam biçimde tarihlendirilen kiremitlerle olan paralelliklere dayanarak, bunların Orta Frig döneminde imal edilip ilk kez o dönemde kullanıldığı kesin olarak söylenebilir.[156] Başlangıçta, Young, kiremitlerin büyük Kapı Binası'nın süslemesinde veya belki de çatısında kullanıldığı fikrini ortaya atmıştı.[157] Young gibi ben de Kapı'nın ve Dış Avlu yapılarının büyüklüklerine, özellikle de Kapı Binası, Bina C:2 ve Bina G'nin devasa temellerine dayanarak (**RESİM 31**), kiremitleri bu binalarla ilişkilendiriyorum.[158] Ayrıca, Erken Frig/YHSS 6A dönemine ait çakıl taşı mozaik zeminli Megaron 1 ve 2'nin yerine yapılmış olmalarından ötürü, C ve G Binaları'nda da süsleme olabileceğini öne sürebiliriz.

Erişim meselesine geri dönersek, Orta Frig/YHSS 5 İç Avlusu, güneybatısındaki hizmet binaları (Bina I:1, I:2, N, T, W, vs.) ile kuzeybatısındaki PPB'den yeni yapılan duvarlarla yalıtılmıştı. Ancak krala ait "özel" mekânlara insanların, hayvanların ve erzakın getirilebileceği bir yol olması lazımdı; bu nedenle Orta Frig İçkalesi'nin ikinci bir kapısının olması gerektiği fikri Young'ın uzun süre benimsediği bir fikirdir.[159] Dış ve İç Avlular arasındaki bariyerin geliştirilmesiyle de birlikte, seçkinlerin oturduğu alanda genel bir izolasyon ya da artırılmış güvenlik örüntüsü söz konusudur. Bu izolasyon net bir şekilde kral ile saray halkının artan gücünü yansıtmakla birlikte,

---

154 Glendinning 1996, 2005.

155 Young'ın mimari terakotalara rastladığı kontekstlerin tam bir listesi için bkz. Glendinning 1996, s. 15-28. Benim kendi kazılarımda bu tür kiremitlerin bulunduğu en erken kontekstler 6. yüzyıl ortalarından kalmadır. Atıldıktan sonra yeniden kullanılmış kiremitlere İçkale'nin yanı sıra Batı Höyüğü ile Aşağı Şehir'de de rastlandığını belirtmekte yarar vardır.

156 Glendinning 2005, s. 94, 97.

157 Young 1953, s. 21-2.

158 Temel ve duvarların sağlamlığı ile ağır kiremit çatılar arasındaki ilişkiye Sams dikkatimi çekmişti.

159 Erken Frig/YHSS 6A İçkalesi'nde ikinci bir kapı olması ihtimaline ilişkin tartışma için bkz. Voigt 2012b. Orta Frig/YHSS 5 İçkalesi için orada öne sürülen argümanlar daha da kuvvetlidir.

İçkale sakinleriyle nüfusun geri kalanı arasında giderek büyüyen sosyoekonomik farklılıktan kaynaklanan çatışma potansiyelini de gösteriyor olabilir.

İçkale/saray/seçkinlerin alanı ile Orta Frig/YHSS 5 şehrinin başka kısımları arasındaki farklar, bina planları, inşaat yöntemleri ve bina içeriklerindeki önemli farklılıklara dayanarak, mimari yoluyla kolayca belgelenebilir. En iddialı Orta Frig projesi (İçkale'yi hariç tutarsak), Doğu/İçkale Höyüğü'nden birazcık küçük olan Batı Höyüğü'nün yapımıdır. Batı Höyüğü'ne iki yerde rastlanmıştır: İçkale Höyüğü'nün güneybatı ucunda (Young'ın Güney Açması ile Operasyon 12'de) ve İçkale Höyüğü'nün kuzeybatı köşesinde (Kuzeybatı Alanı, Operasyon 30 ve 29'da) (**RESİM 18**). Orta Frig/YHSS 5 Batı Höyüğü'nün Doğu Höyüğü/İçkale'ye kıyasla ne yükseklikte olduğunu belirlemek iki sebepten ötürü zordur. Öncelikle, yukarıda da belirttiğim gibi, mutlak yüksekliklerle ilgili ciddi sorunlar mevcuttur; bunlar, özellikle Young'ın Ana Kazı Alanı'ndan uzak alanları karşılaştırırken baş gösterir. İkinci olarak, Doğu/İçkale Höyüğü'nde Orta Frig/YHSS 5 döneminde gerçekleşen birden fazla inşaat evresine yeni yeni inşaat dolguları eşlik ettiğinden, "kilin tepe noktası" için kaydedilen mutlak seviyeler ille de höyüğün başlangıçtaki, yani 8. yüzyıldaki seviyesine tekabül etmeyebilir (bkz. **RESİM 11**). Şimdilik söyleyebileceğimiz tek şey, Batı Höyüğü'nün yapıldığı sırada Doğu Höyüğü'yle eşit veya neredeyse eşit yükseklikte olduğudur; bu çıkarım, YHSS 5 dolgusunun tepe noktasının Young'ın 0 seviyesinden yaklaşık 8-9 m, ilkçağdaki ova seviyesinden de 13-15 m kadar yukarıda olmasına dayanır.[160]

Orta Frig/YHSS 5 şehrinin merkezindeki ikiz höyüklerin arasında, Erken Frig/YHSS 6 aşağı şehrini anlatırken açıkladığım gibi, yanında çakıl taşı döşeli bir yürüme yolu bulunan kuzeybatı-güneydoğu doğrultulu sokak yer alıyordu (**RESİM 24**).[161] Sokak ve sınırlarıyla ilgili birçok belirsizlik söz konusudur; ancak yerleşmenin şekil ve işlevine yönelik tartışma açısından üç soru önem arz eder: Birincisi yolun

---

160 Operasyon 12 derin sondajında, kil yaklaşık 5 m derinliğinde olup YHSS 6A'ya tarihlendirilen bir yüzeyin üzerine oturmaktaydı (bkz. yukarıda). Kuzeybatı Alanı'nda (Operasyon 30 basamaklı açması), tepesi Young'ın 0 seviyesinden yaklaşık 10 m yüksekte bulunan steril kil dolgu 3 metreden fazla derine iniyordu; bunun altında ise sıkı bir moloz dolgu tabakasına rastlanmıştı (Voigt 2007, resim 13-4). Basamaklı açmalar, özellikle de çok küçük olanları, stratigrafi için her zaman güvenilir bir rehber değildir. Yakın zamanda yeniden incelenen saha kayıtlarının ışığında, Operasyon 30 basamaklı açmasındaki stratigrafiyle ilgili yapılan önceki yorumların (Voigt ve Young 1999, s. 209) doğru olmadığı anlaşılıyor. Bozulmuş dolgularla bozulmamış olanları ayırt edebilmek ve bunların yakın zamanda keşfedilen kuzeydeki Aşağı Şehir'le olan ilişkisini anlayabilmek için bu alanın daha fazla incelenmesine ihtiyaç vardır.

161 Bkz. DeVries 1990, resim 9.

ne genişlikte olduğu sorusudur. Young'ın yaptığı ve İçkale duvarlarının yaklaşık 20 m batısına kadar uzanan kazılarda kil dolguya rastlanmamıştır; dolayısıyla, en azından kuzeybatı ucunda, yol çok geniş olsa gerektir (RESİM 32). İkinci soru ise Batı Höyüğü'nün kenarlarındaki yüzeyle ilgilidir: Doğu veya İçkale Höyüğü'nün güneybatı kenarında yer alan sokağın yanı başındaki duvara benzeyen (RESİM 25), Batı Höyüğü'nün kenarını sınırlayan bir duvar var mıydı? Bir tür yüzey kaplamasının varlığı kuvvetle muhtemeldir, çünkü koruma olmadan, kolay ufalanan kil kısa zamanda aşınırdı.[162] Üçüncüsü, Batı Höyüğü'nün tepesine insanlar acaba nasıl çıkıyordu? Höyüğün yerleşme yüzeyi yoldan 5 m yüksekte, ilkçağ ova seviyesinden ise çok daha yukarıda bulunmaktaydı. Höyüğün günümüzdeki konturları düşünüldüğünde (RESİM 2), özellikle de sokağın kuzey ucunda höyüğün kuzey kenarının güneydoğuya doğru yaptığı kavis göz önüne alındığında, bu noktada yukarı çıkan bir yokuşun var olması mümkün görünüyor.

Batı Höyüğü yapıldıktan sonra (ki yığılan dolgu miktarına bakılırsa, bu MÖ 800'deki yangından onyıllar sonra olabilir), Frigler höyüğün yüzeyini farklı farklı planlar ve inşaat yöntemleri kullanarak yaptıkları büyük binalarla kapladılar. Kazı yapılan sınırlı alanda zeminlerin ve onlarla bağlantılı atık depozitlerinin korunmuş olması en azından bina fonksiyonları ve mekân kullanımına ilişkin bir miktar bilgi veriyor. Orta Frig/YHSS 5 Batı Höyüğü'nün kuzey ucunda (Operasyon 29), Doğu Höyüğü'ndeki büyük megaronlara benzer şekilde inşa edilmiş, kilin içine oturtulmuş moloz temellere sahip en az bir resmi bina vardı (RESİM 33).[163] Bu yapı sonraları açılan çukurlar yüzünden yıkılmıştır ve kazılan alan yapının planını belirlemek için çok küçüktür; yine de, sırf inşaat yöntemlerine bakılarak, bir tür idari veya "kamusal" işleve sahip olduğundan söz edilebilir. Orta Frig/YHSS 5 döneminin sonuna doğru, bu binanın yakınında, moloz temellere ve küçük çakıl taşlarıyla kaplı bir zemine sahip bir konut yapısı inşa edilmiştir (RESİM 34).[164] Batı Höyüğü'nün merkez batı kısmında (Operasyon 12/17) bulunan sağlam taş duvarlı evler de yine Orta Frig/YHSS 5 dönemindeki ilk inşaat evresinin ürünüdür (RESİM 35). Bu alanda birden fazla bina seviyesi mevcuttu ve bunlarla ilintili materyaller bina sakinlerinin zenginliğinin göstergesidir. En erken tarihli evde zeminin altına yerleştirilmiş pitosların içinde (RESİM 36), Güney Kiler'de bulunanlara benzer kaliteli çömlek kaplar bulunmuştur; bunların üzerindeki grafiti yazılar, belki de aşağı rütbeli memurlar ile tüccarlardan oluşan okuryazar bir kullanıcı kitlesinin

---

162 Sitteki modern erozyon süreçlerine yönelik gözlemlerimize dayanarak, Sams ve ben birbirimizden bağımsız olarak bu sonuca ulaştık.
163 Voigt 2007, resim 15.
164 Sams ve Voigt 2004, resim 2-3.

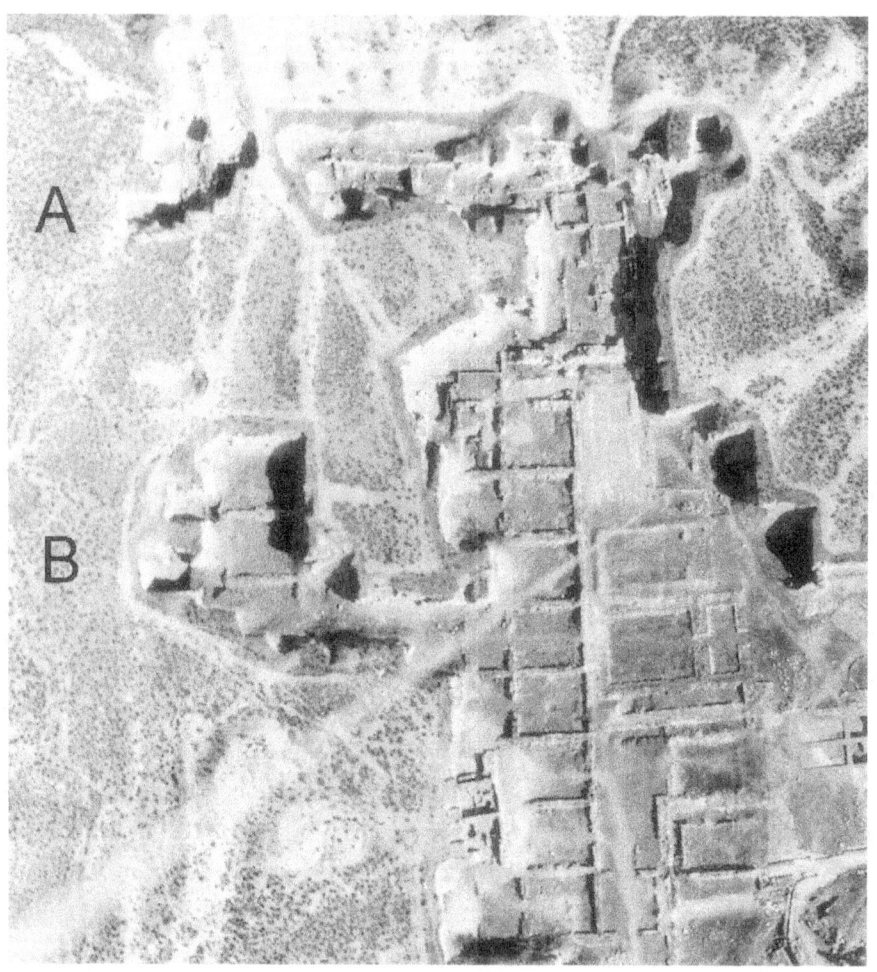

RESİM 32 İçkale/Doğu Höyüğü ile Batı Höyüğü (A ve B olarak işaretli) arasındaki kazı alanının havadan görünümü. Kaynak: W. ve E. Meyers, Gordion Arşivi.

varlığına işaret etmektedir.[165] Bu alandaki en geç tarihli YHSS 5 depoziti ise, kimisi yerel kimisi ithal edilmiş kaplar, hayvan kemikleri, bir at koşum takımı ve altın parçalarıyla dolu çok büyük bir çukurdur ve göründüğü kadarıyla, Perslerin Gordion'u fethi sırasında bir hane halkının depoladığı eşyalardan oluşmaktadır.[166]

Orta Frig/YHSS 5 dönemi yüksek höyükleri arasındaki geniş sokak, kuzeyde ve güneyde müstahkem Aşağı Şehirler'e çıkar (**RESİM 5**). Güneydeki Aşağı Şehir, hem kazılar hem de jeofizik prospeksiyon sayesinde nispeten iyi belgelenmiştir. Bu

---

165 Henrickson 1994, resim 10.7; Sams ve Voigt 1991, resim 14-5.
166 Sams ve Voigt 1998, s. 684-7, fotoğraf 8; DeVries 2005, s. 47-50, resim 4.10-11, 13.

RESİM 33 Kuzeybatı Alanı, Operasyon 29'da bulunan Orta Frig/YHSS 5 dönemine ait anıtsal binanın moloz temelleri. Kaynak: Gordion Arşivi.

RESİM 34 Kuzeybatı Alanı, Operasyon 29'da bulunan Orta Frig/YHSS 5 dönemine ait moloz temelli ev. Kaynak: Gordion Arşivi.

RESİM 35 Operasyon 12'de bulunan Orta Frig/YHSS 5 dönemi evleri ile derin sondajın yeri (solda). Kaynak: Gordion Arşivi.

RESİM 36 Operasyon 12'de bulunan Orta Frig/YHSS 5 dönemi ev zeminleri ile kil dolgu. Büyük depolama küpleri en erken tarihli zeminin içine yerleştirilmiştir. Kaynak: Gordion Arşivi.

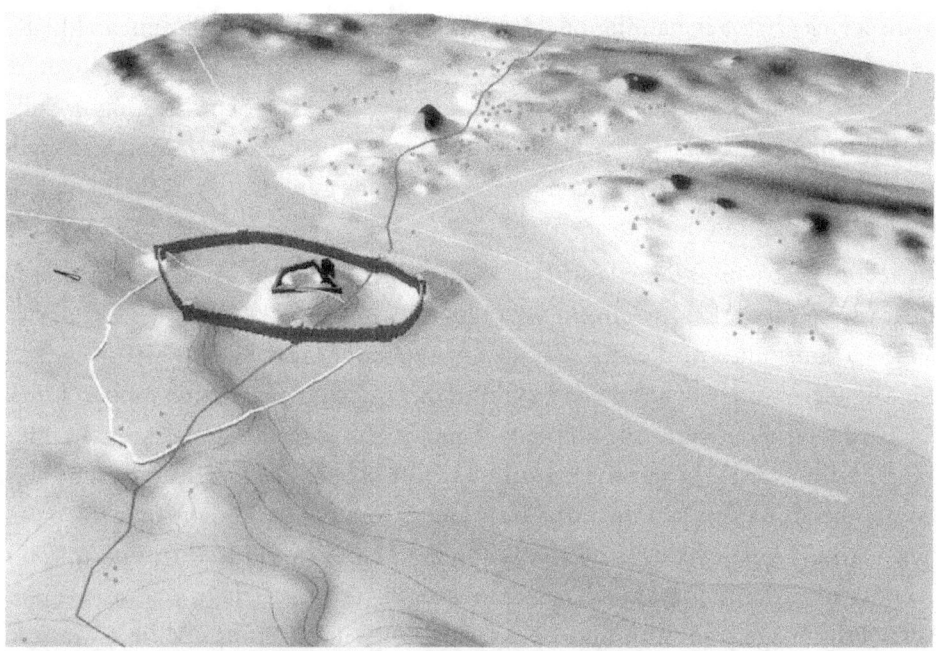

RESİM 37 Orta Frig tahkimatlarının rekonstrüksiyonu. Kaynak: B. Marsh.

RESİM 38 Güneydeki Aşağı Şehir'in doğu bölgesinde bulunan anıtsal yapılar (A Alanı, Operasyon 27). Kaynak: Gordion Arşivi.

alanı çevreleyen 3,5 m kalınlığındaki muazzam surların üzerinde düzenli aralıklarla yerleştirilmiş kare şeklinde burçlar, surun merkezi noktası olan Küçük Höyük'te ise kerpiç bir kale yer alır (RESİM 2, 4-5).[167] Güneydeki Aşağı Şehir ile Doğu/İçkale Höyüğü'nün doğu uçları Sakarya Nehri'ne komşuydu (RESİM 5, 37). Marsh, jeofizik prospeksiyon sonuçlarını kullanarak, nehrin üzerinde güneydeki Aşağı Şehir'e çıkan bir köprü olduğunu öne sürmüştür.[168]

Jeoprospeksiyon, güneydeki Aşağı Şehir'in içinde, birbirini kesen sokaklarla dolu yoğun bir yerleşim alanının var olduğunu gösteriyor (RESİM 4-5). Orta Frig/YHSS 5 döneminde merkezdeki yüksek höyüklerde görülen doğu ve batı arasındaki fonksiyonel ayrım belli ki burada da tekrarlanmıştır. Doğu bölümde yapılan sınırlı kazılarda, bir teras içerisinde bulunan ve moloz temellere oturan kesme taştan bir binanın iki evresi gün yüzüne çıkarılmıştır (RESİM 38).[169] Düzgün taş örgülü bir istinat duvarı terasın batı duvarına bitişik olup, onu alçak bir alan veya sokaktan ayırıyordu. Taş yapıyla terasın Orta Frig/YHSS 5 dönemindeki durumlarının bir rekonstrüksiyonuna dayanarak, yapının önemli bir bina olduğu öne sürülebilir. Orta Frig Aşağı Şehir'inin batı bölümü de dolgu üzerine inşa edilmişti; ancak dolgunun toplam derinliği bilinmemektedir.[170] Bu dolgunun üstünde, küçük taşlardan oluşan temellerin üzerine oturtulmuş kerpiç yapılar yer almaktaydı (RESİM 39).[171] Küçük odalarında ocaklar ve depolama küpleri bulunduğundan, bu yapıları ev olarak nitelendirebiliriz; ama aynı zamanda, buralarda küçük ölçekli üretim yapıldığını gösteren kanıtlar da mevcuttur ve bunlar hem bir evin yanında bulunan taş kaplama yerin üzerindeki bir takı kalıbı hem de kemik ve boynuzdan obje imalatı artıkları olarak karşımıza çıkar. Daha büyük ölçekli üretim ise güneyde, Aşağı Şehir surlarının dışında yapılmış, burada bulunan iki aşamalı bir seramik fırını Mellink tarafından gün yüzüne çıkarılmıştır.[172]

---

167 Edwards 1959, s. 264; Rose ve Darbyshire 2011, resim 1.3-1.4; Young 1953, s. 26-9; resim 19-21; 1957, s. 324, resim 14; 1958, s. 140-1.

168 Ben Marsh ile kişisel iletişim, 2009.

169 Voigt ve Young 1999, s. 211, resim 15-8.

170 İçkale Höyüğü ile güneydeki Aşağı Şehir'de bulunan mimari kalıntılar arasında jeoprospeksiyonla görülebilen iskân edilmemiş boş bir alanın mevcut olması (Resim 5) hâlâ açıklanmaya muhtaç olmakla birlikte, bu durum dolguların yerleştirilmesiyle ilgili olabilir. İskân edilmiş alan iskân edilmemiş arazi şeridinden daha yüksekte olduğundan, kazılarda ortaya çıkarılan (ve yüksekte bulunan) yapılarda kullanılmış dolguların (alçakta yer alan) iskân edilmemiş arazi şeridinden elde edilmiş olması mümkündür.

171 Voigt ve Young 1999, s. 211-4, resim 19-22.

172 Henrickson 1994, s. 112; Johnston 1970.

Güneydekinden daha küçük olan kuzeydeki Aşağı Şehir, yalnızca yüzeydeki kalıntılar ve jeofizik kanıtlarla belgelenmiştir (**RESİM 5**). Günümüzde Sakarya Irmağı'nın yatağında ivinti yerleri oluşturan ağır taş duvarlar küçük bir höyüğe (Kuş Tepe'ye) bağlanmakta, burası da güneydeki Küçük Höyük'ün yansıması gibi, kuzeyinde bir kuşatma höyüğü bulunan küçük bir kaleden ibaret görünmektedir (**RESİM 9, 40**). Sitin bu bölümünün hangi tarihten kaldığını kesin olarak bilemiyoruz, ama tahkimatların şekli ve güneydeki Aşağı Şehir'le genel bir simetri oluşturması ona yakın bir tarihte yapıldığını akla getiriyor ve bu yapıları nispeten uzun Orta Frig/YHSS 5 dönemi içerisine yerleştirmemize imkân veriyor.

İçkale Höyüğü'nün kuzeyi ile batısında, kuzeydeki Aşağı Şehir'in de batısında bulunan bayırlarda bir Dış Şehir yer alır (**RESİM 3, 5, 37**). Burada şimdiye kadar gün yüzüne çıkarılan bütün haldeki tek (?) YHSS 5 yapısı, bakir toprağın içinde açılmış bir çukur-evdir; ancak, bunun yakınlarında, taş temeller üzerine oturan kerpiç duvar parçaları da bulunmuştur.[173] Yüzey seramikleri Dış Şehir'in büyük olduğu izlenimini verir ve çömlek kırıklarının en yoğun olduğu alanın sınırları yaklaşık olarak jeomorfolog Ben Marsh'ın keşfettiği alçak toprak sete tekabül eder (**RESİM 3, 37**). Kapsamı yüzey araştırmasıyla saptanan Dış Şehir'in tamamının Orta Frig/YHSS 5 döneminde iskân edilip edilmediği şimdilik belirlenememekte ve içindeki yapılaşmanın ne yoğunlukta olduğu da bilinmemektedir; örneğin, evlerin aralarında bahçeler bulunabilir ki bu da sırf iskân edilen alanın büyüklüğüne bakılarak yapılan nüfus tahminlerini ciddi ölçüde etkileyecek bir durumdur.

Orta Frig döneminde Gordion 1 km^2'nin epeyce üzerinde (Marsh'ın tahminlerine göre yaklaşık 140 hektarlık) bir alanı kaplıyordu. Nüfus yoğunluğu için muhafazakâr tahminleri kullansak bile, her halükârda bir şehir olarak kabul edilmesi gerekir. Orta Frig/YHSS 5 Gordion'unun yönetici eliti, kendi haraç ve/veya vergi toplama hakkının hem bir ürünü hem de sembolü olan bir içkalenin yenilenmesi ve geliştirilmesi için ciddi büyüklükte bir işgücünü mobilize edebiliyordu. Gordion'un çevresindeki bölge, köyleri olduğu kadar nispeten büyük şehirleri de desteklemekteydi –ki bu, kentsel devletlerde tipik bir yerleşim örüntüsüdür– ve azami nüfusuna Orta Frig/YHSS 5 döneminde ulaşmıştı.[174] Yukarı Açma Stratigrafik Sondajı'ndan çıkan bitki ve hayvan kalıntıları bu nüfusun nasıl beslendiği hakkında fikir vermektedir; nitekim, sulama yapıldığına ilişkin kanıtlarla da birlikte, YHSS 5 tarım faaliyetlerinin yoğunlaştığı bir dönem olarak nitelendirilir.[175] Tarihsel olarak saptandığı gibi

---

173 Voigt ve Young 1999, resim 23; Sams ve Voigt 1995, s. 376-7, resim 10-2.
174 Kealhofer 2005, s. 148; Lisa Kealhofer ile kişisel iletişim, 2011; William Sumner ile kişisel iletişim, 1988.
175 Miller 2010, s. 66, resim 5.25; Miller vd 2009.

RESİM 39 Güneydeki Aşağı Şehir'in batı bölgesinde (B Alanı) bulunan konut yapıları. Geç Frig/YHSS 4 döneminde yapılan çukur-evler Orta Frig kerpiç evlerinin içine oyulmuştur. Kaynak: Gordion Arşivi.

RESİM 40 Kuş Tepe'nin İçkale Höyüğü'nden görünümü. Kaynak: Gordion Arşivi.

Orta Frig dönemi Gordion'unun arkeolojik kalıntılarında da temsiliyet bulan bu dönem hükümdarları arasında, ülkenin en büyük kralları Gordias ile hem Yunan hem de Asur metinlerinde sözü edilen Midas yer alır. Yazılı kaynaklarda geçen isim ve tarihler pek çok insanın gözünde gerçekliği oluştursa da, Erken ve Orta Frig dönemi insanlarının gücü ve yaratıcılığı ile içkale ve şehirlerinin yapımı hakkında birincil kanıtları sağlayan, esas olarak arkeolojik kayıtlardır.

Geç Frig Dönemi/YHSS 4

7. yüzyıl boyunca Frig hanedanının gücü azaldı; MÖ 7. yüzyılın sonu veya 6. yüzyılın başına gelindiğinde, Orta Frig/YHSS 5 Gordion'u, Alyattes veya Kroisos'un krallığına fiilen dahil edilmediyse bile, güçlü bir Lidya etkisi altına girmiş bulunuyordu.[176] Orta Frig/YHSS 5 döneminin sonu yaklaşık olarak şehrin Persler tarafından fethedildiği MÖ 540'lara tekabül eder. Bu olay, Küçük Höyük kalesinin karşısında kocaman bir kuşatma höyüğünün yapılması, kalenin yakılıp yıkılması ve güneydeki Aşağı Şehir'de kaleye yakın evlerin terk edilmesi ile arkeolojik olarak belgelenmiştir.[177] Şehrin başka yerlerinde dönemler arasındaki kopukluğu tespit etmek daha zordur, zira bazı yapılar kesintisiz olarak iskân edilmeye devam etmiş ve neredeyse 6. yüzyılın sonuna kadar maddi kültürde temel bir süreklilik görülmüştür.

Geç Frig/YHSS 4 evresi yaklaşık olarak Ahamenişlerin Orta Anadolu'ya hâkim olduğu döneme denk gelir; bu dönemde Gordion artık önemli bir siyasi merkez değildir ve yazılı kaynaklarda anılmaz olmuştur. Hâlâ bir şehir olduğuna dair kanıtları, içinde imalat ve ticaret yapıldığına ilişkin bol miktarda veriyi bize arkeoloji sunar. Siyasi ve ekonomik değişimlerin en net görüldüğü yer Geç Frig/YHSS 4 İçkalesi'dir. Gerek arkeolojik depozitlerin niteliği (bunları "alt üst edilip karıştırılmış" olarak tarif etmek en uygunudur) gerekse de Young'ın ilgisizliği yüzünden, bu bölgeyi daha yeni yeni anlamaya başlıyoruz.[178] 1988-1989 Yukarı Açma Sondajı, Young'ın Ana Kazı Alanı'ndaki stratigrafik süreçleri bir parça anlamamızı sağlamış, Young'ın saha kayıtlarının Fields tarafından incelenmesi sonucunda da Attika çömleklerine dayanarak Dış ve İç Avlular'daki mimariye ilişkin kronolojik

---

176 Sams 2011a, s. 612-4; Mellink 1991, s. 648-9.

177 Güneydeki Aşağı Şehir tahkimatlarının yıkıntıları arasında, MÖ 6. yüzyıl ortalarından kalma Attika'dan gelmiş ithal mallar bulunmaktaydı (Young 1953, s. 29; DeVries 2005, s. 51, resim 4.14). Aşağı Şehir B Alanı'ndaki evlerde de benzer ithal malları bulunuyordu, ancak bu yapılar yakılmamış, terk edilmiştir.

178 Fields (2010, s. 21-36) Young'ın saha kayıtlarını analiz etmeye çalışan herkesin karşılaştığı sorunlardan, özellikle de yaklaşık olarak Geç Frig/YHSS 4 dönemine tarihlendirebileceğimiz bu depozitlerden bahseder.

bir çerçeve çizilebilmiştir.[179] Yüzeysel olarak, dışarıdan bakıldığında, geç 6. yüzyıl İçkalesi 7. yüzyıl İçkalesi'nden ciddi bir farklılık göstermez, zira belli ki tahkimat sistemi değiştirilmeden kalmıştır. Kapının iç tarafında, Dış Avlu'nun çevresindeki bazı Orta Frig/YHSS 5 binaları (mesela C2 Binası), geç 6. ve erken 5. yüzyıllarda hâlâ iskân edilmekteydi ve ayrıca özenle süslenmiş yeni bir bina (Boyalı Ev) yapılmıştı.[180] Tahminen, Dış Avlu eskiden olduğu gibi hâlâ idari ve belki de dini faaliyetlerin mekânı olarak işlev görüyordu. İç Avlu ise pek yenilenmiş sayılmaz;[181] dolayısıyla, Pers yönetiminin görevlileri Gordion'da ikamet ediyor idiyse, önceki hükümdarlarla aynı tarzda bir yaşam sürmemişler demektir.

5. yüzyılın ikinci çeyreğine gelindiğinde, İç ve Dış Avlular'ın üzerini örten alan, inşaat malzemelerinin çıkarıldığı bir taşocağı haline geldi ve avlulara ait kalıntıların hem üzerine hem de içine küçük yapılar inşa edildi.[182] Bu yapıların birçoğu, içlerinde metal ve taş işlemeciliğine dair kanıtlar bulunan yarı gömülü atölyelerdi (**RESİM 41**).[183] Kapının güneybatısında yeni bir idari yapı veya konut olan Mozaikli Bina da bu sıralarda inşa edilmiş gibi görünüyor; A Binası'na yönelik bir yeniden

---

179 Fields (2010) Geç Frig/YHSS 4 Dış ve İç Avluları'nın bulunduğu alandaki değişime ilişkin ilk tutarlı görüşü ortaya koymuştur. Yaptığı çıkarımlar sağlam olmakla birlikte, hem Young'ın örnekleminin tamamı hem de yakın zamanda gün yüzüne çıkarılan materyaller kullanılarak rötuşlanmasına ihtiyaç vardır. Spesifik olarak belirtmek gerekirse, Dış Avlu'daki binaların en geç evrelerinin tarihlendirilmesi ve özellikle de C Binası'nın tarihi hakkında farklı düşünüyoruz. Ben C Binası'nın ikinci inşaat evresini (C2), gerek kullanılan tekniklere gerekse de YHSS Yukarı Açma Sondajı'nda bulunan daha iyi tarihlendirilmiş bir duvarla olan benzerliklerine dayanarak, Orta Frig/YHSS 5 döneminin ikinci yarısına (MÖ yaklaşık 600'e) tarihlendirirken, Fields tek bir Attika kökenli ithalat malına dayanarak C2'yi 5. yüzyıl ortalarına ve YHSS 4'e tarihlendirmektedir. Duvar resimlerinin stiline dayalı olarak MÖ 520-490 civarına tarihlendirilen Boyalı Ev ile C2 arasındaki mimari bağlantılar nedeniyle, onun bu tarihlendirmesi kronolojik problemlere yol açmaktadır (Fields 2010, s. 38-41, 44-5). Bu makalede C2 Binası'nın yapım tarihini Orta Frig/YHSS 5 olarak veriyorum, ancak Young'ın (1955, s. 8) Geç Frig/YHSS 4 tarihli olması gereken C'nin daha geç bir evresinden (C3 Binası) bahsettiğini de belirtmekte fayda var.

180 C Binası için bkz. Voigt 2012b ve Fields 2010, s. 38-43; bu yayınlarda, saha kayıtlarına ve daha önceki yayınlara ilişkin referanslar da bulunmaktadır. Boyalı Ev için bkz. Fields 2010, s. 43-7 ve Mellink 1980. Boyalı Ev'den elde edilen duvar resimleri şimdilerde Susanne Berndt-Ersöz tarafından inceleniyor.

181 Fields 2010, s. 76.

182 Yarı gömülü yapıların, yani "kilerlerin", Young'ın Ana Kazı Alanı içerisinde Geç Frig/YHSS 4 döneminin karakteristik unsuru olduğu zaman zaman söylenmekle birlikte, 1988-1989 Yukarı Açma Sondajı'nda sağlam taş duvarları olan yer seviyesinde yapılar bulunmuştur.

183 Fields 2010, s. 77, resim 17-30; Edwards 1959, s. 265-7; Voigt 1994, s. 275, levha 25.7.3-4; Voigt ve Young 1999, resim 7, 24-5.

İÇKALE VE ŞEHİR OLARAK GORDİON | 247

RESİM 41 İçkale'de bulunan YHSS 5'ten kalma Bina I:2'nin temelleri oyularak içerisine inşa edilmiş Geç Frig/YHSS 4 atölyesi. Kaynak: Gordion Arşivi.

RESİM 42 Batı Höyüğü'nde (Operasyon 17) yer alan Geç Frig/YHSS 4 çukur-evi. Kaynak: Gordion Arşivi.

biçimlendirme faaliyeti de bu yeni inşaatla ilintiliydi.[184] Moloz temelleri, taş duvarları, çakıltaşı mozaikli zeminleri ve sütunlarıyla Mozaikli Bina, Geç Frig/YHSS 4 döneminde inşa edilmiş en incelikli yapıdır.[185] DeVries ve Glendinning binanın tam olarak hangi tarihte yapıldığını belirsiz bulmuştur,[186] ancak Young'ın 5. yüzyıl sonu veya 4. yüzyıl başı şeklinde yaptığı ilk tarihlendirme,[187] üç ayrı Orta Frig/YHSS 5 yapısından alınmış mimari terakotalardan oluşan çatısı düşünüldüğünde, şimdi akla yakın görünmektedir.[188] Eğer gerçekten de, yukarıda öne sürdüğüm gibi, orijinal çatılar Dış Avlu'daki megaronlarda (örneğin, C2 ve G2 Binaları'nda) bulunmuş idiyse, Fields'ın çalışması kiremitlerin yeniden kullanılmış olabileceği son tarih olarak MÖ 5. yüzyılı işaret etmektedir.[189]

Hâlâ İçkale'den geniş bir sokakla ayrılan Batı Höyüğü, Geç Frig/YHSS 4 dönemine ait muhtemelen idari işlevli yapılar, sağlam yapılmış evler ve endüstri araçlarıyla ilgili kanıtlar sunar. Kuzeybatı Alanı'nda, moloz temelli anıtsal yapı (Operasyon 29) yıkılmış ve yerine ilk aşamada bir dizi yarı gömülü oda oluşturulmuştur (**RESİM 42**).[190] Güneydoğuda, sağlam yapılı Orta Frig/YHSS 5 evi, Geç Frig/YHSS 4 dönemi boyunca kullanılmaya devam etmiş, yeniden biçimlendirilmiş ve yenilenmiştir; YHSS 4'ün sonlarında ise, bir başka yarı gömülü bina (ev?) yapılmıştır. Buranın da güneydoğusunda (Operasyon 36) ve güneybatıda (Operasyon 34) inşa edilen bir dizi büyük yapının varlığını temsil eden izler, genellikle yalnızca zeminleri ve yerinde bırakılmış birkaç duvar bloğu ile sökülüp götürülen kısımlarından artakalan ve kimisi yalnızca birkaç santimetre derinliğindeki çukurlarından ibarettir.[191] Birden fazla ocaklı bir mutfağı olan bir bina, bir tür kışla veya işçi koğuşu izlenimi vermektedir (**RESİM 43**). Operasyon 29 ve 36'daki kazılarda, batı/güneybatı yönünde eğim yapan ve kuzeybatıda duvarlarla sınırlandırılmış bir dizi sıvalı ve yanmış yüzey fark edilmiştir (**RESİM 43-44**).[192] Bu unsurların ne işlev gördüğü bilinmemektedir,

---

184 Glendinning 1996.
185 Young 1953, s. 11-4, resim 6-8. Sams ve Voigt 1997, plan 7; Sams ve Burke 2008, resim 8-9.
186 Glendinning 1996; Keith DeVries ile kişisel iletişim, 1998.
187 Young 1953, s. 11.
188 Glendinning 1996, 2005.
189 Fields 2010, s. 77-8, resim 17. Fields ayrıca, mekân kullanımındaki bir değişikliğe dayanarak, Dış Avlu'nun terk edilmesi ile Mozaikli Bina'nın yapımı arasında bir bağlantı olduğunu öne sürüyor.
190 Sams ve Voigt 2004, s. 195-6, resim 3-4. Kuzeybatı Alanı'ndaki derin sondaj (Operasyon 29 ve 36) Codella tarafından analiz edilmektedir.
191 Voigt ve Young 1999, s. 223-30, resim 12, 26, 29-30.
192 Ayrıca bkz. Voigt ve Young 1999, resim 30.

RESİM 43 Batı Höyüğü, Operasyon 36'da yer alan Geç Frig/YHSS 4 tarihli bina ile endüstri kalıntıları. Bu yapının duvarları neredeyse tamamen sökülüp götürülmüştür, ama konturları hâlâ yer döşemesinde ve sökülen kısımlardan artakalan çukurlarda görülebilmektedir. Kaynak: Gordion Arşivi.

RESİM 44 Batı Höyüğü, Operasyon 29'da yer alan Geç Frig/YHSS 4 endüstri kalıntıları. Geç Frig/YHSS 4 döneminin büyük bir bölümü boyunca yenilenen eğimli yüzeyler, ne olduğu bilinmeyen, ancak belli ki önemli bir işlev görmekteydi. Kaynak: Gordion Arşivi.

ancak bunlar MÖ 5. ve 4. yüzyıllar boyunca yeniden kaplanarak kullanılmıştır. Geç Frig/YHSS 4 kalıntılarının çok daha iyi korunduğu Batı Höyüğü'nün batı ucunda (Operasyon 17) gün yüzüne çıkarılan iki evden biri yer seviyesinde, (daha geç tarihli olan) diğeri ise yeraltında (bir çukur-ev olarak) inşa edilmiştir.[193]

Merkez höyüklerin ötesine baktığımızda, Geç Frig/YHSS 4 döneminde yerleşime ilişkin kanıtlarımızın çoğu sıradan konutlardan ibarettir. En iyi korunmuş evler, o dönemde halen müstahkem olan güneydeki Aşağı Şehir'de yer alıyordu.[194] B Alanı'ndakiler büyüklük ve döşeme bakımından çeşitlilik göstermekle birlikte, hepsi de yarı gömülü, bazen de Orta Frig/YHSS 5 evlerinin iyice içine sokulmuş durumdaydı (**RESİM 39**).[195] Aşağı Şehir B Alanı içerisinde korunma imkânının zayıf oluşu, yine Orta Frig/YHSS 5 yapılarına kadar uzanan, binaların sökülüp yağmalanması olgusunun sonucuydu. Bu bölgedeki Geç Frig/YHSS 4 binalarından bazıları yarı gömülü yapılardır, ancak bunlar arasında zemin seviyesinde inşa edilerek kısmen korunmuş büyük bir yapı ile bir tür endüstri aracı (bir fırın?) da bulunmaktadır. Dış Şehir'de ise, kesin olarak Geç Frig/YHSS 4 dönemine tarihlendirilebilecek taş temelli bir binanın bir bölümü, İçkale Höyüğü'nün kuzeyindeki bayırda gerçekleştirilen kontrollü bir kazıyla belgelenmiştir.[196] Dış Şehir'de uzun bir hat boyunca aceleyle kazılıp yeniden doldurulmuş bir sulama hendeğinde de, benzer taş duvarların yanı sıra, aşağı yukarı kesintisiz bir şerit halinde uzanan bir yer kaplaması gün yüzüne çıkarılmıştır. Bu evlerin tarihleri halen belirsiz olmakla birlikte, Dış Şehir'in bu bölümünde yüzeyden toplanan çanak çömleğin çoğu belli ki Geç Frig/YHSS 4 döneminden kalmadır ve burada aralarında bahçeler bulunan evlerin değil, yoğun bir yerleşimin söz konusu olduğuna işaret etmektedir.

Kazılar, Geç Frig/YHSS 4 dönemi Gordion'unun artık siyasi bir merkez olmadığını, ama yine de, muhtemelen hem bir üretim merkezi olarak hem de ana ticaret ve ulaşım yolları üzerindeki konumundan ötürü hâlâ büyük ve müreffeh bir şehir olmaya devam ettiğini göstermektedir. Doğu ve Batı Höyükleri ile güneydeki Aşağı Şehir'de bulunan atölyelerde taş, kemik, fildişi ve metal objeler üretildiğine ilişkin kanıtlar elde edilmiştir. Bu tür malların karşılığında, cam, Yunanistan ve Lidya'dan

---

193 Voigt ve Young 1999, s. 224-5, 227, resim 22-8; Sams ve Voigt 1997, fotoğraf 3-4; fotoğraf 4'ün yanlış etiketlendirildiğine dikkatinizi çekerim.

194 Aşağı Şehir'in kerpiç surlarının dışındaki çürüme tabakaları, ancak Geç Frig/YHSS 4 evleri terk edildikten sonra birikmeye başlamıştır.

195 Voigt ve Young 1999, s. 232-3, resim 31-7.

196 Voigt ve Young 1999, s. 233-4, resim 38.

kaliteli çömlekler ve Yunan şarapları gibi ürünler alınmaktaydı.[197] Ahamenişlerin egemenliğindeki Gordion büyüleyici bir yerdi: Friglere ait yerli maddi kültür öğeleri, bir yandan İran kökenli yeni seramik formları ile at koşum takımı unsurları, bir yandan Lidya tarzı boyalı seramikler yeniden kullanılarak bezenmiş bir bina, bir yandan da Yunanlıların İon üslubunda yapılmış çok-renkli duvar resimleriyle süslü bir odayla yan yana ve bir arada bulunuyordu. 1988'den beri gün yüzüne çıkarılmış materyallerin ön analizi, gerek konut yapılarının biçim ve içeriklerinde gerekse yiyecek kalıntılarında farklılıklar olduğuna işaret etmektedir.[198] Böylece, ilk defa Gordion yerleşmesi içerisindeki iktisadi ve belki de etnik çeşitliliği –yani şehir yerleşmelerinin tanımlayıcı özelliklerini– belgeleyebiliyoruz.

Sonsöz: İçkale ve Şehir Olarak Gordion'un Çöküşü

Büyük İskender'in MÖ 334/3'teki ziyaretine tanıklık eden hiçbir arkeolojik kalıntı yoktur, ancak Pers İmparatorluğu'nun çöküşüyle birlikte Gordion'un önemi ve refah seviyesi de geriledi ve yerleşmenin şekli ciddi ölçüde değişti. Erken Helenistik/ YHSS 3B döneminde İçkale'yi çevreleyen surlar artık kullanılmamaya başlandı ve üzerlerine evler yapıldı.[199] Doğu ve Batı Höyükleri arasındaki sokak doldurularak onun da üstüne evler inşa edildi.[200] Dış Şehir'deki sınırlı kazı faaliyetleri bu dönemde orada bir yerleşmenin varlığını gösteren hiçbir kanıt ortaya koyamazken, güneydeki Aşağı Şehir ise bir mezarlık haline gelmişti.[201] Böylece, MÖ 4. yüzyıl sonlarına gelindiğinde, Gordion bir kez daha küçük ve önemsiz bir şehre, hâlâ yüksekliğiyle dikkat çeken, ama artık ne bir içkaleye sahip ne de şehir sayılacak kadar büyük olan bir yerleşmeye dönüşmüştü.

---

197 DeVries 2005; Jones 2005. Gordion'dan çıkan Yunan çömlekleri Lynch tarafından yayımlanmıştır, ithal amforalar ise Lawall tarafından yayımlanacaktır.

198 Her ikisi de zooarkeolog olan Dandoy ve Zeder (2005) sitin ana topografik alanlarından elde edilen yiyecek kalıntılarının çeşitlerinde görülen farklılıkların istatistiksel açıdan önemli olduğunu ortaya koymuştur.

199 DeVries 1990, s. 400-1. Gordion'daki Helenistik mimarinin ayrıntılı planları, Minnesota Üniversitesi'nde yazdığı doktora tezi kapsamında Wells tarafından hazırlanmaktadır.

200 DeVries'in 1987'de dikkatimi çektiği bu evler bugün hâlâ görülebiliyor.

201 Sams ve Voigt 1996; Voigt vd 1997; Selinsky 2005; Voigt 2012a, 2013.

Kaynakça

Burke, B. (2005) "Textile Production at Gordion and the Phrygian Economy," *The Archaeology of Midas and the Phrygians* içinde, der. L. Kealhofer, s. 69-81. Philadelphia: University of Pennsylvania Museum.

Cowgill, G.L. (2004) "Origins and Development of Urbanism: Archaeological Perspectives," *Annual Review of Anthropology* 33: 525-49.

Dandoy, J. ve Zeder, M. (2005) "The Use of Nonparametric Statistics to Analyze Faunal Remains at Gordion, Turkey." Gordion Arşivi'nde bulunan elyazması. Philadelphia: Pennsylvania University Museum.

DeVries, K. (1980) "Greeks and Phrygians in the Early Iron Age," *From Athens to Gordion: The Papers of a Memorial Symposium for Rodney S. Young* (University Museum Papers 1) içinde, der. K. DeVries, s. 33-50. Philadelphia: University of Pennsylvania Museum.

_____ (1990) "The Gordion Excavation Seasons of 1969-1973 and Subsequent Research," *American Journal of Archaeology* 94: 371-406.

_____ (2005) "Greek Pottery and Gordion Chronology," *The Archaeology of Midas and the Phrygians* içinde, der. L. Kealhofer, s. 36-55. Philadelphia: University of Pennsylvania Museum.

_____ (2008) "The Age of Midas at Gordion and Beyond," *Ancient Near Eastern Studies* 45: 30-64.

Dusinberre, E.R.M. (2005) *Gordion Seals and Sealings: Individuals and Society* (University Museum Monograph 124; Gordion Special Studies III). Philadelphia: University of Pennsylvania Museum.

Edwards, G.R. (1959) "The Gordion Campaign of 1958: Preliminary Report," *American Journal of Archaeology* 63: 263-8.

Fields, A. (2010) *The Late Phrygian Citadel of Gordion, Turkey: A Preliminary Study*. Yayımlanmamış yüksek lisans tezi. Cincinnati Üniversitesi.

Glendinning, M. (1996) "A Mid-Sixth-Century Tile Roof System at Gordion," *Hesperia* 65: 99-119.

_____ (2005) "A Decorated Roof at Gordion: What Tiles are Revealing About the Phrygian Past," *The Archaeology of Midas and the Phrygians* içinde, der. L. Kealhofer, s. 82-100. Philadelphia: University of Pennsylvania Museum.

Gunter, A.C. (1991) *The Bronze Age* (University Museum Monograph 73; Gordion Excavations Final Reports III). Philadelphia: The University Museum.

Grave, P., Kealhofer, L. ve Marsh, B. (2005) "Ceramic Compositional Analysis and the Phrygian Sanctuary at Dümrek," *The Archaeology of Midas and the Phrygians* içinde, der. L. Kealhofer, s. 149-60. Philadelphia: University of Pennsylvania Museum.

Grave, P., Kealhofer, L. Marsh, B., Sams, G.K., Voigt, M.M. ve DeVries, K. (2009) "Ceramic Production and Provenience at Gordion, Central Anatolia," *Journal of Archaeological Science* 36: 2162-76.

Henrickson, R.C. (1994) "Continuity and Discontinuity in the Ceramic Tradition of Gordion during the Iron Age," *Proceedings of the 3rd International Anatolian Iron Age Symposium (Van, 1990)* (British Institute of Archaeology at Ankara Monograph 16) içinde, der. D. French ve A. Çilingiroğlu, s. 95-128. Oxford: Oxbow Books.

_____ (2002) "Hittite Pottery and Potters: The View from Late Bronze Age Gordion," *Across the Anatolian Plateau* (Annual of the American Schools of Oriental Research 57) içinde, der. D.C. Hopkins, s. 123-32.

_____ (2005) "The Local Pottery's Craft at Phrygian Gordion," *The Archaeology of Midas and the Phrygians* içinde, der. L. Kealhofer, s. 124-35. Philadelphia: University of Pennsylvania Museum.

Henrickson, R.C. ve Blackman, M.J. (1996) "Hellenistic Production of Terracotta Roof Tiles Among the Ceramic Industries at Gordion," *Oxford Journal of Archaeology* 18: 307-26.

Henrickson, R.C. ve Voigt, M.M. (1998) "The Late Bronze Age-Early Iron Age Transition at Gordion," *Proceedings of the Thracian-Phrygian Conference* içinde, der. N. Tuna, s. 79-107. Ankara: Orta Doğu Teknik Üniversitesi.

Johnston, R.H. (1970) *Pottery Practices During the 6th-8th Centuries B.C. at Gordion in Central Anatolia: An Analytical and Synthesizing Study*. Yayımlanmamış doktora tezi. Pennsylvania State University.

Jones, J.D. (2005) "Glass Vessels from Gordion, Turkey: Trace and Influence along the Royal Road," *The Archaeology of Midas and the Phrygians* içinde, der. L. Kealhofer, s. 101-17. Philadelphia: University of Pennsylvania Museum.

Kealhofer, L. (2005) "Settlement and Land Use: The Gordion Regional Survey," *The Archaeology of Midas and the Phrygians* içinde, der. L. Kealhofer, s. 137-48. Philadelphia: University of Pennsylvania Museum.

Kealhofer, L. ve Grave, P. (2011) "The Iron Age of the Central Anatolian Plateau," *The Oxford Handbook of Ancient Anatolia: 10,000-323 B.C.E.* içinde, der. S.R. Steadman ve G. McMahon, s. 415-42. Oxford: Oxford University Press.

Liebhart, R., Darbyshire, G., Erder, E., ve Marsh, B. (2015) "A Fresh Look at the Tumuli of Gordion," *Tumulus as Sema: Space, Politics, Culture and Religion in the First Millenium BC* (Proceedings of the International Symposium TumulIstanbul, 1-3 June 2009) içinde, der. O. Henry ve U. Kelp. Berlin: de Gruyter.

Marcus, J. ve Sabloff, J.A. (2008) "Introduction," "Part I: The City's Past and Future" bölümüne giriş, *The Ancient City* içinde, der. J. Marcus ve J.A. Sabloff, s. 3-28. Santa Fe: School for Advanced Research.

Marsh, B. (1999) "Alluvial Burial of Gordion, an Iron Age City in Anatolia," *Journal of Field Archaeology* 26: 163-75.

_____ (2005) "Physical Geography, Land Use, and Human Impact at Gordion," *The Archaeology of Midas and the Phrygians* içinde, der. L. Kealhofer, s. 161-71. Philadelphia: University of Pennsylvania Museum.

_____ (2012) "Reading Gordion Settlement History from Stream Sedimentation," *The Archaeology of Phrygian Gordion* içinde, der. C.B. Rose. Philadelphia: University of Pennsylvania Museum.

Miller, N.F. (2010) *Botanical Aspects of Environment and Economy at Gordion, Turkey* (University Museum Monographs 131; Gordion Special Studies V). Philadelphia: University of Pennsylvania Museum.

Miller, N.F., Zeder, M.A. ve Arter, S.R. (2009) "From Food and Fuel to Farms and Flocks: The Integration of Plant and Animal Remains in the Study of Ancient Agropastoral Economies at Gordion, Turkey," *Current Anthropology* 50: 915-24.

Pizzorno, G.H., ve Darbyshire, G. (2012) "Mapping Gordion," *The Archaeology of Phrygian Gordion* içinde, der. C.B. Rose. Philadelphia: University of Pennsylvania Museum.

Roller, L. (2007) "Towards the Formation of a Phrygian Iconography in the Iron Age," *Anatolian Iron Ages 5: Proceedings of the Fifth Anatolian Iron Ages Colloquium* (British Institute of Archaeology at Ankara Monograph 31) içinde, der. A. Çilingiroğlu ve G. Darbyshire, s. 125-30. Londra: British Institute of Archaeology.

_____ (2008) "Early Phrygian Sculpture: Refining the Chronology," *Ancient Near Eastern Studies* 45: 188-201.

_____ (2009) *The Incised Drawings from Early Phrygian Gordion* (Gordion Special Studies IV; Museum Monograph 130). Philadelphia: University of Pennsylvania Museum.

_____ (2011) "Phrygia and the Phrygians," *The Oxford Handbook of Ancient Anatolia: 10,000-323 B.C.E.* içinde, der. S.R. Steadman ve G. McMahon, s. 560-78. Oxford: Oxford University Press.

Rose, C.B. ve Darbyshire, G., der. (2011) *The Chronology of Early Phrygian Gordion*. Philadelphia: University of Pennsylvania Museum.

Sams, G.K. (1989) "Sculpted Orthostates at Gordion," *Anatolia and the Ancient Near East: Studies in Honor of Tahsin Özgüç* içinde, der. K. Emre, B. Hrouda, M. Mellink ve N. Özgüç, s. 448-54. Ankara: [Türk Tarih Kurumu Basımevi].

_____ (1994a) "Aspects of Early Phrygian Architecture at Gordion," *Anatolian Iron Ages 3: The Proceedings of the Third Anatolian Iron Ages Colloquium held at Van, 6-12 August 1990* (British Institute of Archaeology at Ankara Monograph 16) içinde, der. A. Çilingiroğlu ve D.H. French, s. 211-20. Ankara: British Institute of Archaeology in Ankara.

_____ (1994b) *The Early Phrygian Pottery* (The Gordion Excavations, 1950-1973: Final Reports IV; University Museum Monograph 79). Philadelphia: University of Pennsylvania Museum.

_____ (1994c) "Gordion, 1992," *15. Kazı Sonuçları Toplantısı*, 1. cilt, s. 467-79.

_____ (1995) "Midas of Gordion and the Anatolian Kingdom of Phrygia," *Civilizations of the Ancient Near East* içinde, der. J. Sasson, s. 1147-59. New York: Scribner.

_____ (1996) "Work at Gordion in 1994," *17. Kazı Sonuçları Toplantısı*, 1. cilt, s. 433-53.

_____ (2005) "Gordion: Exploration over a Century," *The Archaeology of Midas and the Phrygians* içinde, der. L. Kealhofer, s. 10-21. Philadelphia: University of Pennsylvania Museum.

_____ (2009) "Gordion, 2007," *30. Kazı Sonuçları Toplantısı*, 3. cilt, s. 139-50.

_____ (2010) "Gordion, 2008," *31. Kazı Sonuçları Toplantısı*, 3. cilt, s. 289-302.

_____ (2011a) "Anatolia: The First Millennium B.C.E. in Historical Context," *The Oxford Handbook of Ancient Anatolia: 10,000-323 B.C.E.* içinde, der. S.R. Steadman ve G. McMahon, s. 604-22. Oxford: Oxford University Press.

_____ (2011b) "Gordion, 2009," *32. Kazı Sonuçları Toplantısı*, 2. cilt, s. 462-73.

Sams, G.K. ve Burke, B. (2008) "Gordion, 2006," *29. Kazı Sonuçları Toplantısı*, 2. cilt, s. 329-42.

Sams, G.K. ve Voigt, M.M. (1990) "Work at Gordion in 1988," *11. Kazı Sonuçları Toplantısı*, 2. cilt, s. 77-105.

_____ (1991) "Work at Gordion in 1989," *12. Kazı Sonuçları Toplantısı*, 1. cilt, s. 455-70.

_____ (1995) "Gordion Archaeological Activities, 1993," *16. Kazı Sonuçları Toplantısı*, 1. cilt, s. 369-92.

_____ (1997) "Gordion 1995," *18. Kazı Sonuçları Toplantısı*, 1. cilt, s. 475-97.

_____ (1998) "Gordion 1996," *19. Kazı Sonuçları Toplantısı*, 1. cilt, s. 681-701.

_____ (2004) "Gordion 2002," *25. Kazı Sonuçları Toplantısı*, 1. cilt, s. 195-206.

Selinsky, P. (2005) "A Preliminary Report on the Human Skeletal Material from Gordion's Lower Town Area," *The Archaeology of Midas and the Phrygians* içinde, der. L. Kealhofer, s. 117-23. Philadelphia: University of Pennsylvania Museum.

Steadman, S.R. (2011a) "The Early Bronze Age on the Plateau," *The Oxford Handbook of Ancient Anatolia: 10,000-323 B.C.E.* içinde, der. S.R. Steadman ve G. McMahon, s. 229-59. Oxford: Oxford University Press.

_____ (2011b) "Take Me to Your Leader: The Power of Place in Prehistoric Anatolian Settlements," *Bulletin of the American Schools of Oriental Research* 363: 1-24.

Voigt, M.M. (1994) "Excavations at Gordion, 1988-89: The Yassıhöyük Stratigraphic Sequence," *Proceedings of the 3rd International Anatolian Iron Age Symposium (Van, 1990)* (British Institute of Archaeology at Ankara Monograph 16) içinde, der. D. French ve A. Çilingiroğlu, s. 265-93. Oxford: Oxbow Books.

_____ (2005) "Old Problems and New Solutions: Recent Excavations at Gordion," *The Archaeology of Midas and the Phrygians* içinde, der. L. Kealhofer, s. 22-35. Philadelphia: University of Pennsylvania Museum.

_____ (2007) "The Middle Phrygian Occupation at Gordion," *Anatolian Iron Ages VI* içinde, der. A. Sagona, s. 311-33. Louvain: Peeters.

_____ (2009) "The Chronology of Phrygian Gordion," *Tree Rings, Kings and Old World Archaeology* içinde, der. S. Manning ve M.J. Bruce, s. 319-27. Ithaca: Cornell University Press.

_____ (2011) "Gordion: The Changing Political and Economic Roles of a First Millennium B.C.E. City," *The Oxford Handbook of Ancient Anatolia: 10,000-323 B.C.E.* içinde, der. S.R. Steadman ve G. McMahon, s. 1069-95. Oxford: Oxford University Press.

_____ (2012a) "Human and Animal Sacrifice at Galatian Gordion: The Uses of Ritual in a Multi-Ethnic Community," *Sacred Killing: The Archaeology of Sacrifice in the Ancient Near East* içinde, der. A. Porter ve G. Schwartz. Winona Lake: Eisenbrauns.

_____ (2012b) "The Unfinished Project of the Early Phrygian Destruction Level," *The Archaeology of Phrygian Gordion* içinde, der. C.B. Rose. Philadelphia: University of Pennsylvania Museum.

_____ (2013) "The Violent Ways of Galatian Gordion," *The Archaeology of Violence: Interdisciplinary Approaches* içinde, der. S. Ralph, s. 203-31. Albany, N.Y.: State University of New York Press.

Voigt, M.M. ve Henrickson, R.C. (2000) "The Formation of the Phrygian State: The Early Iron Age at Gordion," *Anatolian Studies* 50: 1-18.

Voigt, M.M., DeVries, K., Henrickson, R.C., Lawall, M., Marsh, B., Gürsan-Salzman, A. ve Young, T.C., Jr (1997) "Fieldwork at Gordion: 1993-1995," *Anatolica* 23: 1-59.

Voigt, M.M. ve Young, T.C., Jr (1999) "From Phrygian Capital to Achaemenid Entrepot: Middle and Late Phrygian Gordion," *Iranica Antiqua* 34: 191-241.

Yakar, J. (2011) "Anatolian Chronology and Terminology," *The Oxford Handbook of Ancient Anatolia: 10,000-323 B.C.E.* içinde, der. S.R. Steadman ve G. McMahon, s. 56-93. Oxford: Oxford University Press.

Young, R.S. (1951) "Gordion—1950," *University Museum Bulletin* 16: 3-20.

_____ (1953) "Progress at Gordion, 1951-1952," *University Museum Bulletin* 17: 2-39.

_____ (1955) "Gordion Preliminary Report, 1953," *American Journal of Archaeology* 59: 1-18.

_____ (1956) "The Campaign of 1955 at Gordion: Preliminary Report," *American Journal of Archaeology* 60: 249-66.

_____ (1957) "Gordion 1956: Preliminary Report," *American Journal of Archaeology* 61: 319-31.

_____ (1960) "The Gordion Campaign of 1959: Preliminary Report," *American Journal of Archaeology* 64: 227-43.

_____ (1962) "The 1961 Campaign at Gordion," *American Journal of Archaeology* 66: 153-68.

_____ (1964) "The 1963 Campaign at Gordion," *American Journal of Archaeology* 68: 279-92.

_____ (1965) "Early Mosaics at Gordion," *Expedition* 7: 4-13.

_____ (1966) "The Gordion Campaign of 1965," *American Journal of Archaeology* 70: 267-78.

_____ (1968) "The Gordion Campaign of 1967," *American Journal of Archaeology* 72: 231-42.

_____ (1981) *Three Great Early Tumuli* (Gordion Excavation Reports 1; University Museum Monograph 43). Philadelphia: The University Museum of the University of Pennsylvania.

Sinope ve Karadeniz'deki Bizans İçkale ve Kaleleri

JAMES CROW

> Savunma pozisyonlarına gelince, bir hükümet tipi için iyi olan şeyin bir başka hükümet tipi için iyi olmadığını hatırlamakta yarar var. Yüksekte bir içkale (akropolis) hem oligarşi hem monarşi için uygundur, düz bir ova da demokrasi için; ama bunların ikisi de aristokrasiye uygun değildir, çünkü aristokrasi bir dizi müstahkem mevkii tercih eder.
>
> (Aristoteles, *Politika*, 7.11)

Anadolu'nun uzun dönem arkeolojisi içerisinde, kaleler ve müstahkem yerleşmeler tunç çağından Osmanlı dönemine değin yerleşim arkeolojisinin önde gelen bir unsuru olmuştur. Yalnızca Asya (Asia) senatoryal eyaletinin kuruluşundan MS 3. yüzyıl sonunda Tetrarşi denen yeni imparatorluk düzeninin gelişine kadar olan dört yüz yıllık Roma dönemi bir anomali teşkil eder. Helenistik dönemde özellikle Güney ve Batı Anadolu, bol miktarda görkemli ve uzun şehir surları ile kale yapımına sahne olmuştu.[1] Afrodisias gibi Roma döneminde kurulan yeni yerleşmeler ise çoğu kez surlardan yoksun ve açık olarak inşa edildi; Batı ve Güney Anadolu'nun büyük bir kesiminde Roma şehirleri, *stoa*'lar, hamamlar ve tiyatroların yapımında kendini gösteren benzeri görülmemiş bir şehirli hayırseverlik çağından yararlandı. MS 3. yüzyılın sonunda yine şehirlerin tahkim edildiği bir dönem başladı; en belirgin örnekleri Nicomedia (İzmit) ve Nicaea'da (İznik) görülen bu uygulama seçilmiş bazı şehir merkezlerinde de sürdürüldü.[2] MS 6. yüzyılın ikinci yarısına gelindiğinde, Anadolu şehirlerinde şehir tahkimatları olağan hale gelmişti; 7. ila 9. yüzyıllar arasındaki döneme damgasını vuran işgal ve yağmaların getirdiği daha

---

1 Bkz. McNicol 1997; Lorentzen vd 2010.
2 Nicaea surlarına ilişkin bir tartışma için bkz. Crow 2001, s. 90-1; Nicomedia için bkz. Foss 1986; Afrodisias surlarına dair, yeni tahkim edilmiş geç ilkçağ şehirlerinin yaratılmasında yeni valilerin aktif rol aldığını öne süren bir inceleme için bkz. De Staebler 2008.

sıkıntılı zamanlarda da bu örüntü devam etti.[3] Yeni başlayan Bizans dönemindeki bu tahkimatlar değişen ihtiyaç, ihtiras ve patronajları yansıtır ve arazi anıtları olarak Anadolu'nun arkeolojik varlığı içinde en göze çarpan kalıntılardan birini teşkil eder.[4] Gerek kentsel gerek kırsal kesimde olsun, yeni tahkim edilmiş yerlerin çeşitliliği içinde, çoğu kez yükseklerde konumlanmış müstahkem kapalı iç alanlara yönelik bir rağbet dikkati çeker. Yazının başındaki alıntıdan da anlaşıldığı gibi, bu yeni bir tasarım sayılmaz; ancak Doğu Roma İmparatorluğu'nda içkalelerin ilk kullanılmaya başlaması, ya Balkanlar'da –özellikle 5. yüzyılın ikinci yarısında Bulgaristan'daki Köstendil (antik Pautalia) ile Makedonya Cumhuriyeti'nde Üsküp'e yüksekten bakan Markovi Kuli'de– ya da Fırat'ın orta kısmında yer alan Halabiye-Zenobia gibi sınır bölgelerinde olmuştur.[5] Kısa süre öncesine kadar, Bizans şehir tarihi ve yerleşim çalışmalarını basitçe *polis*'ten *kastro*'ya geçiş paradigmasıyla çerçeveleme eğilimi vardı.[6] Oysa şimdi artık şehir merkezlerinin erken ortaçağın zorluklarına değişik yollarla karşılık verdikleri ve bunun da daha büyük başarı ve başarısızlıklarla sonuçlandığı açıktır. Siyasi ve bölgesel gelişmeler bütün Bizans dünyasında kasaba ve şehirlerin gelişimini şekillendirmiş, bazılarının geç ilkçağ şehir merkezlerinin pek çok unsurunu muhafaza etmesine, bazılarının da küçülerek mezra boyutuna gelmesine sebep olmuştur.[7] Bu döneme ait Anadolu içkalelerinin en iyi bilinenlerinden biri Ankara'nın iç tahkimatlarıdır; muhtemelen 7. yüzyılın ikinci yarısından kalma bu mazgallı burç ve bedenler modern şehre yukarıdan bakar; daha geç tarihli ve daha uzun bir dış sur ise I. Nikephoros dönemine (802-811) tarihlendirilebilir.[8] Bizans Ankara'sının günümüze ulaşan kalıntıları, klasik dönemdeki eski şehrin büyüklüğüne kıyasla, şehrin izlerinin kapladığı alanda ciddi bir küçülme olduğunu ima etmekle birlikte, kentsel değişimin ne düzeyde

---

3   Niewöhner 2010; Bizans tahkimatlarının konum ve mimari formlarındaki çeşitliliğe ilişkin bkz. Foss ve Winfield 1986.
4   Bkz. Crow 2009; Türkiye'nin kuzeyindeki müstahkem kır sitlerine ilişkin bir araştırma için bkz. Matthews ve Glatz 2009, s. 190-9.
5   Köstendil için bkz. Dinčev 2007, s. 519, resim 41; Markovi Kuli için bkz. Mikulčić 2002; Halabiye için bkz. Lauffray 1983.
6   Yakın tarihli görüşlerin bir değerlendirmesi için bkz. Wickham 2005, s. 626-30 ve Brubaker ve Haldon 2011, s. 538-64; ayrıca bkz. Niewöhner 2007'deki yorumlar.
7   *Thema* başkentleri ve kalelerine dair bir tartışma için bkz. Crow 2009, s. 28-30, resim 3.
8   Bkz. Foss ve Winfield 1985, s. 133-4, 143'teki tartışma; Stephen Mitchell'ın Bizans Ankara'sıyla ilgili yeni bir çalışması ise hazırlık aşamasındadır. Bir dizi Bizans kale şehrinin karşılaştırmalı boyutları Crow ve Hill 1995, resim 3'te gösterilmiş, Crow 2009, resim 2'de yeniden basılmıştır; ancak resimde ima edilenin aksine, Amorion surlarının küçülmesi 9. yüzyıldaki Arap kuşatmasından sonradır.

olduğunu veya Bizans döneminde mevcut surların içindeki ve dışındaki toplam yerleşim alanını nicelik olarak belirlemek mümkün değildir.

Bizans şehirciliğinin çarpıcı bir yönü, Anadolu'nun güney ve batı iç bölgelerinde bulunan pek çok şehrin aksine, özellikle Ege ve Karadeniz kıyılarındaki şehirlerde şehir yapılarının muhafaza edilebilmiş olmasıdır. Karadeniz kıyısında Bizans döneminin başlıca şehirleri Heracleia Pontica (Ereğli), Amastris (Amasra), Sinope (Sinop) ve Trapezus (Trabzon) idi. Ereğli'nin surlarıyla anıtlarından günümüze ulaşan, bildiğimiz örnekler nispeten azdır, ama diğer üç şehirde, surlar ve kiliseler de dahil olmak üzere belli başlı anıtlar az çok incelenmiş durumdadır.[9] Bu makalenin amacı, Sinop içkalesinin surlarına ilişkin kanıtları gözden geçirmek, bu surlar ile tahkimatların yapıldığı tarih ve bağlamı ele almak ve son olarak da şehrin içkale istihkâmlarının yapısal tarihinin şehrin ilkçağ ve ortaçağ tarihine nasıl bir katkı sunabileceğini değerlendirmektir. Sinop içkalesi tahkimatlarının klasik dönemdeki hali de dahil olmak üzere daha ayrıntılı bir incelemesi, Redford'un Selçuklu kitabelerine ilişkin monografisinde yer alır.[10]

Sinop'un Bizans dönemi tarihi ve anıtlarına ilişkin daha önce yapılmış en temel inceleme olan Anthony Bryer ve David Winfield'ın çalışması, şehir tarihinin bir özetini verir, muhiti ve şehrin klasik dönemde muhtemelen sahip olduğu ızgara planı tartışır ve farklı inşaat tiplerinin karşılaştırılmasına dayanarak surların güncel bir kronolojisini sunar.[11] Batıdaki içkalenin önemini takdir etmekle birlikte, içkale alanının güney yarısında yüksek güvenlikli bir cezaevinin, kuzeyinde de askeri kışlanın varlığı yüzünden, bu çalışma daha ayrıntılı bir incelemeden yoksun kalmıştır.

Antik Sinope şehri anakarayla doğudaki geniş Boztepe yarımadası arasındaki daracık arazi şeridi üzerinde yer alır. Günümüzdeki anacadde, batı ucundan doğudaki içkale bedenine kadar doğu-batı doğrultusunda 760 m kadar uzanmaktadır; öte yandan, modern müzenin yanında bulunan ve Serapis tapınağı denen yapı ve muhtemelen geç ilkçağdan kalma bir hamam kompleksi olan Balat ile mozaik ve villa kalıntıları gibi antik çağdan kalan izler, günümüze ulaşmış ortaçağ sur hattının

---

9 Trabzon için bkz. Bryer ve Winfield 1985'teki kapsamlı inceleme; Sinop'un surları ile önemli bir anıtına ilişkin kanıtları da aynı yayında tartışırlar (Bryer ve Winfield 1985, s. 69-88). Ayrıca, içkalenin yeni bir planı ile Selçuklu kitabelerinin bir incelemesi için bkz. Redford 2011. Amasra için bkz. Marek 1993; Crow ve Hill 1990; 1995. Ereğli'ye ilişkin, Laurens'in suluboya resimleri için bkz. Eminoğlu 1998, s. 115-8, önceki çalışmaların bir özeti ile plan için bkz. Akkaya 1994.

10 Sinop içkalesi tahkimatlarını incelemek üzere beni davet ettiği, ulaşamadığım plan ve fotoğrafları sağlamakta yardımcı olduğu ve kendisiyle gerek sitte gerekse daha sonra yaptığım değerli tartışmalar için Scott Redford'a müteşekkirim.

11 Bryer ve Winfield 1985, s. 67-79.

doğusunda bulunmuştur. Güney tarafta surlar ana limana bakar; bunun kuzeyinde ise daha küçük tali bir liman yer alır.[12] Antik şehrin batı ucunda, ortasında batı-doğu doğrultusunda uzanan belirgin bir yükselti bulunan geniş bir arazi şeridi şehri anakaraya bağlar (RESİM 1). Bu yükselti şimdi oldukça düzdür ama kuzey tarafta dik bir şekilde alçalır ve kuzey kıyısının yanındaki geç ortaçağdan kalma ana kapıya tepeden bakar. Yükseltinin güney yanında, kuzey-güney doğrultulu bir teras duvarı yamaç eğimini kesintiye uğratarak vaktiyle Selçuklu tersanesi olan eski cezaevinin iç alan sınırını belirler. Doğuda zemin, içkalenin doğu duvarı ile hendeğine gelmeden alçalır; bunların ötesinde ise günümüz sokaklarında muhafaza edilen antik yol ızgarasının izlerini fark etmek mümkündür. Berzahı bir yanından öbür yanına kesen ilkçağdan kalma batı bedeninin toplam uzunluğu, ortaçağdan kalma kuzey kapısından (Kumkapı T29)[13] tersanenin güneybatı köşesindeki burca (T31) kadar 340 metredir. Bu çizgi berzahı kat eden en kısa yol olmamakla birlikte, anakarayla bağlantı yeri üzerindeki yüksek zeminden yararlanarak bedenin batıdaki daha yüksek bir zemin tarafından gölgede bırakılmasını engeller. Ana duvar, dörtgen içkalenin batı bedenini teşkil eder ve orta yükseltinin yüksekte kalan kuzeybatı köşesinde bulunan Kule 30'dan güneybatı köşesindeki Kule 31'e kadar toplam 273 m boyunca uzanır. Ortaçağda içkaleye giden ana yol kuzey kıyısının hemen üzerindeydi ve içkalenin kuzeybatı ucu bu yola tepeden bakmaktaydı. Bu yolun (günümüzde Barbaros Caddesi) sur içinde kalan kısmına içkalenin kuzey duvarı hâkimdi ve içkalenin kuzeydoğu köşesinin hemen altında bir de iç kapı bulunmaktaydı; yol muhtemelen eskiden mevcut olan yol şebekesiyle birleşmek üzere bu iç kapıdan güneydoğuya dönüyordu.[14]

İçkalenin güney yarısını kaplayan yüksek güvenlikli cezaevi 1990'ların sonunda kapatılmıştır ve günümüzde şehrin popüler bir ziyaret mekânıdır. Gözetleme kuleleri ve çelik kapıları iç ve dış surlarda araştırma ve inceleme yapmayı artık engellememektedir. Bryer ve Winfield'ın gözlemlerinden bu yana meydana gelen bir başka önemli değişiklik de, ana batı duvarının dış yüzünün geniş ölçüde temizlenerek kısmen restore edilmesi olmuş, ayrıca içkalenin kuzeybatı köşesindeki otogar da kaldırılmıştır. Serbest erişim ve alanın temizlenmesi sayesinde, antik limana bakan

---

12 Bryer ve Winfield 1985; klasik dönemden kalma kanıtlar yakın zamanda Barat 2010'da gözden geçirilmiştir.

13 Bütün kuleler Bryer ve Winfield 1985, plan 4'e göre numaralandırılmıştır. Başka kulelerden bahsedildiğinde bunlar Bryer ve Winfield'ın yaptığı saat yönünün tersine sıralamayı izleyerek T30A, T30B, vs. diye adlandırılmıştır. Böylece, batı bedenindeki kulelerin numaraları T30, T30A-T30E ve T31 şeklinde sıralanır.

14 Bryer ve Winfield 1985, resim 4, T40'ın yanında; bkz. Özcanoğlu 2007, s. 123'te iç kapıyı gösteren 1858 tarihli kurşunkalem eskizi.

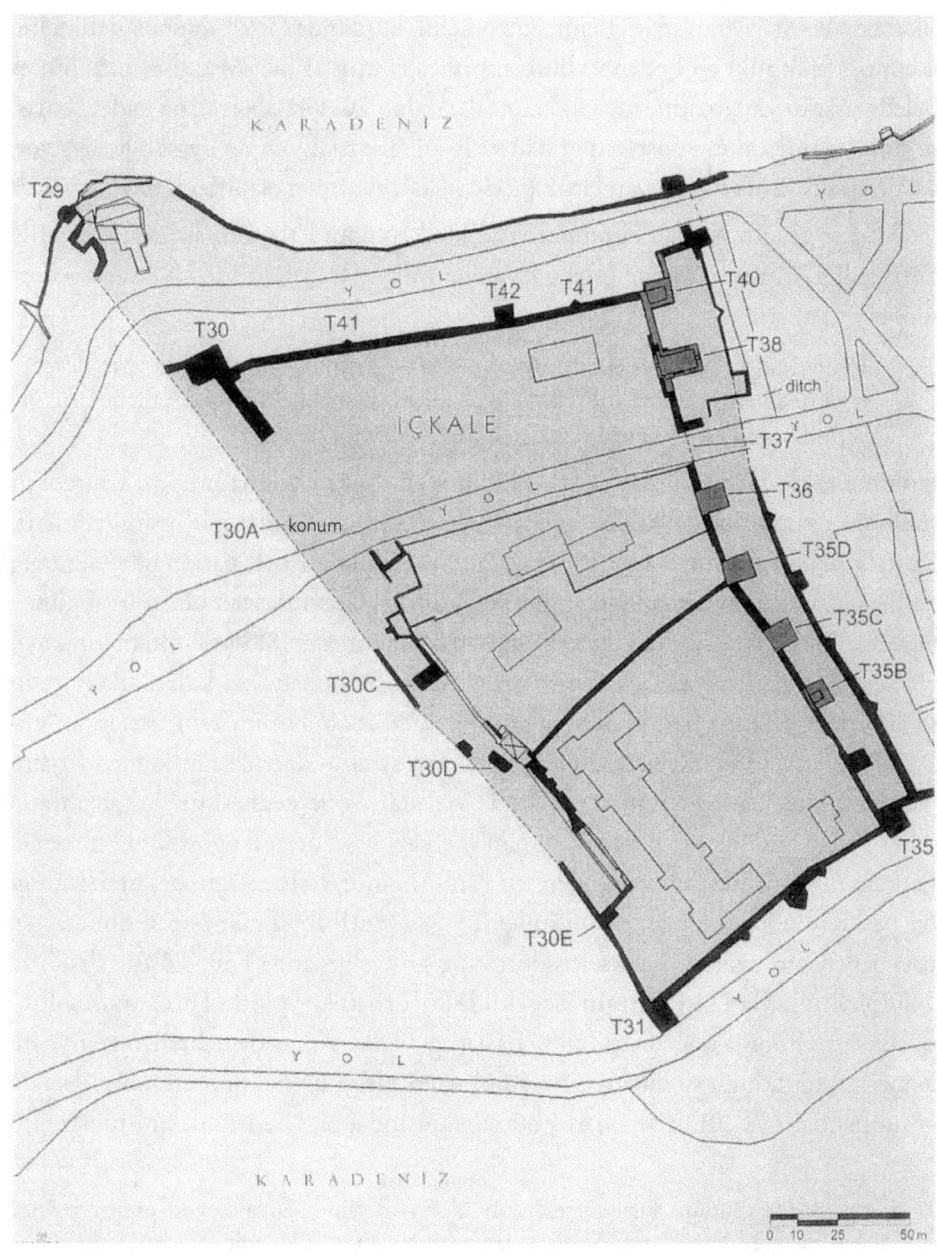

RESİM 1 Sinop içkalesinin planı. Kaynak: Redford 2011'e dayanarak, R. Snyder'in yazılarıyla.

Kule 31'in bulunduğu güneybatı köşesinden başlayıp yamaç boyunca kuzeye doğru çıkarak yükseltiyi aşan ve içkalenin en görkemli burcunda (T30) son bulan dikkatle işlenmiş taş örgülü bir beden ve burçlar ortaya çıkmıştır (**RESİM 2**).[15] Ayrıca, Sinop Belediyesi'nin yayımladığı 19. yüzyıl ortalarından 20. yüzyıl ortasına kadar şehrin ve surların durumunu gösteren gravür ve fotoğraflardan oluşan değerli koleksiyon da Sinop surlarına ilişkin yapılacak incelemelere yardımcı olabilecek niteliktedir.[16]

Fransız gezgin Xavier Hommaire de Hell suluboya ressamı Jules Laurens ile birlikte 1847 Ağustos'unda Sinop'u ziyaret etmişti. Hommaire de Hell surlara dair şunları yazmıştı:

> İçkaleden de bahsetmeliyim; bunun dört bir yanda güzel kemerlerle desteklenen geniş gezinti yolu dikkate şayandır. Eşsiz bir özelliği de, duvarların birinde görülen Yunanca tercümeli Türkçe bir kitabedir.[17]

Hommaire de Hell'in gezi yazıları ölümünden sonra yayımlanmış ve Laurens'ın suluboya resimlerine dayanılarak yapılan güzel bir gravür dizisiyle resimlenmiştir. Laurens'ın başka suluboya resimleri de Paris'te bulunan École nationale supérieure de Beaux-Arts'daki bir koleksiyonun parçasıdır.[18] Gravürlerden biri şehrin güney tarafını, limanın üzerinden içkaleye doğru bakışı resmeder (**RESİM 3**). Bu manzarada, yüksek bir kulenin, yani içkalenin kuzeybatı köşesinde ayakta kalan ana burcun (T30) içkale alanına hâkim olduğu görülmektedir; ama resim aynı zamanda "güzel kemerler"i, yani ana bedenin iç cephesi boyunca sıralanan sağır kemer dizisini olduğu kadar, batı duvarının ortasında yer alan ve iç cephesinin üst kısmında şehre bakan yüksek bir kemer bulunan merkezi bir burcu da gösterir. Bu sahne, Laurens'ın şehrin doğu bedeninden ana caminin minaresine doğru bakarak yaptığı bir başka suluboya resimle de bütünlenir.[19] 1847 tarihli bu manzara resimlerinde, batı bedeninin üzerinde yükselen dört burç gösterilmiştir (T30, T30B, T30C ve T30D). Bunlardan biri belirgin bir şekilde kuzeybatı köşesidir (T30); onun solunda, duvarın limana doğru alçalmaya başladığı yerde, yukarıda belirtilen geniş açık kemerin bulunduğu ve duvar seviyesinin üzerinde yükselen burcun kalıntıları da görülmektedir (T30D); bu iki ana burcun arasında, batı bedeni ile onun mazgallı

---

15 Sinop Müzesi müdürü Fuat Dereli'ye, bunların ve yakın zamanda eski otogar yerinde yapılan kazının fotoğraflarını çoğaltma izni verdiği için özellikle minnettarız.

16 Özcanoğlu 2007.

17 *Je dois égalment signaller la citadelle, remarquable pour la large esplanade qui s'appluie sur de beaux arceaux en plein ceinture. Chose singulier, on voit, sur l'une de murs une inscription turque avec la traduction grecque.* Hommaire de Hell 1854, s. 346-7.

18 Eminoğlu 1998.

19 Eminoğlu 1998, s. 131.

RESİM 2 Kule 31 ile bedenin görünümü. Kaynak: Bryer ve Winfield 1985'e dayanarak.

RESİM 3 Laurens'ın 1847 tarihli Sinop panoramasından içkale ile antik limanı gösteren detay. Kaynak: Hommaire de Hell 1854'e dayanarak.

korkuluk duvarının üzerinde görülen iki kule daha vardır.[20] Bu ziyaretten sonraki altı yıl içinde, Rusların Osmanlı donanmasına düzenlediği ağır saldırı şehrin kısmen harap olmasına ve içkalenin güney bedeninde (halen belirgin olan) tahribata yol açarken, Sinop (seyyahların yazılarından da anlaşıldığı gibi) Avrupalıların ilgisine eskisi kadar mazhar olamamaya başladı.[21] Altı gün süren Rus bombardımanından kısa bir süre sonra batı bedeninin güney kısmı ile limanı güneybatı yönünden betimleyen bu dönemden kalma bir manzara resminde, çokgen biçimli büyük bir kuleyle birlikte, limana inen iç ve dış duvarların belirgin çizgileri, ön planda ise harap olmuş, parçalanmış gemilerin kalıntıları görülür.[22] Kule besbelli ki Laurens'ın iki manzara resminde de görülen ana kuledir (T30D), ancak burada dış taraftan resmedilmiştir. Bu kulenin, içkalenin yukarı bölümünü aşağıdaki cezaevi yerleşkesinden ayıran teras duvarının hemen kuzeyinde ve beden üzerindeki açık kemerin önünde yer alan kule kalıntısına denk düştüğü söylenebilir. Sonraki tarihlerde restore edildiğine ilişkin kanıtlara rağmen, bu teras duvarı belli ki daha önce değilse bile ortaçağda içkale alanında yapılan düzenlemelerin bir parçasıdır (teras duvarının batı ucunun Helenistik dönemden kalma bedenin iç cephesine bitişik olduğu her ne kadar aşikârsa da); ayrıca, bu duvardan içkalenin aşağı kısmına doğru çıkıntı yapan iki kulenin izleri mevcuttur. Önemli bir nokta da, içkalenin iki kapalı alanını birbirine bağlayan bir geçit veya kapının varlığına dair hiçbir kanıtın günümüze ulaşmamış oluşudur; aralarında ufak bir geçit yolunun olması akla yakın olmakla birlikte, bunları muhtemelen son derece farklı işlevleri olan birbirinden ayrı kapalı alanlar olarak görmek gerekir. Selçuklu dönemi ve sonrasında, aşağıdaki alan tersaneydi.[23] Gerek Laurens'ın manzara resimleri gerekse birçok gravürde, Kule 30'un güneyindeki bedenin hemen içerisi, Hommaire de Hell'in "dört bir yanda güzel kemerler" diye bahsettiği, içkalenin batı bedeninin arka kısmı boyunca uzanan sürekli bir kemer dizisi olarak görülebilir. En erken tarihli fotoğraflar 1900 civarından kalmadır ve bedenin iç cephesini bu belirgin sıra kemerler ve kuzeybatı burcuyla (T30) birlikte net bir şekilde gösterirler. Erken tarihli bir anlatı, bu yapıyı daha sonraki "Ceneviz" yapılarından ayırarak "Roma" dönemi eserlerinden biri olarak nitelemiştir; *History of Ancient Sinope* adlı kitabını

---

20 Burada yayımlanan ve güneyden bakan gravürde (Resim 3) tek bir geniş kule varmış gibi görünüyor; ancak, Laurens'ın doğudan bakan suluboya resmi iki ayrı kuleyi göstermektedir; daha sonra yapılan gravürler de ortadaki 30B ve 30C kulelerini gösterir (Özcanoğlu 2007, s. 24, 115).

21 Figers 2010, s. 143-4.

22 Özcanoğlu 2007, s. 29.

23 Bkz. Crow 2014.

hazırlarken şehri ziyaret etmiş olan Robinson ise, bedenin arkasındaki sıra kemerlerin bir su kemeri sisteminin, muhtemelen Plinius'un sözünü ettiği sistemin bir parçası olduğu yanılgısına düşmüştür; oysa yerçekimine dayalı bir sistem için bu öneri pek akla yakın değildir.[24]

Geçmişteki gezginlerin anlatıları ile görsel kayıtlarını halen ayaktaki duvara ilişkin çağdaş gözlemlerle birleştirmek suretiyle, Sinop'taki batı bedeninden günümüze kalan kısmın, şehrin geç Helenistik dönem surlarının çoğu tespit edilmemiş kalıntıları olduğunu göstermek mümkündür; bunlar, kuzey Anadolu ve Karadeniz çevresinde bu dönemden kalma en iyi durumdaki tahkimatlar olup, kıyaslanabilecekleri tek örnek Kırım'daki Hersones'tir. Bu surlar büyük bir ihtimalle Pontus krallarınca, yani ya başkentini Amaseia'dan Sinope'ye taşıyan Pharnakes ya da daha sonraki hükümdarlar tarafından yaptırılmıştı. Günümüze kalan bu şehir tahkimatlarının büyüklüğü şaşırtıcı olmamalıdır, zira bir Pontuslu ve Augustus'un çağdaşı olan Strabon da Sinope şehrini "surlarla güzelce çevrenlmiş" diye tarif etmiştir.[25] Özetle, Sinop'ta günümüze ulaşan tahkimatların ilk evresi, arka tarafında sıra kemerler bulunan tek bir bedenden ibaretti. Pontus krallarının savunma yapıları berzahın bir ucundan öbür ucuna yüksek bir duvar biçiminde uzanan ve en az beş-altı tane dörtgen biçimli muazzam burçla kesilen muhteşem bir ön cephe oluşturmaktaydı. Bu yapının ana giriş kapısı bilinmiyor; Kule 30D'nin arkasında halen mevcut olan kemerli giriş ise (bkz. aşağıda) sonradan eklenmiş olabilir. Onarım ve restorasyonlar sayesinde neredeyse iki bin yıl boyunca Sinope'nin kara yönünden güvenliğini sağlayacak olan bu hat, geç ilkçağ ve ortaçağdaki banilerin ayakta kalan klasik dönem tahkimatlarından nasıl yararlandıklarına dair önemli bir hatırlatmadır.[26]

Sinope, Caesar'ın MÖ 47'de Zela'da (Zile) kazandığı zaferden sonra bir Roma kolonisi haline geldi ve Roma imparatorluk dönemi boyunca önemli bir ticaret merkezi olmayı sürdürdü. Batı Anadolu'da yeni kurulan şehirlerin aksine Karadeniz'deki şehirlerin kendi kentsel savunma sistemlerini korudukları varsayılabilir, ancak Sinop'un tahkimatlarında bu döneme atfedilebilecek herhangi bir inşaatın kanı-

---

24 Von Schweger-Lerchenfeld, alıntı yapan Martin 1998, s. 178; Robinson 1906, s. 264. Su kemeri kanalları ve su kaynaklarına ilişkin kanıtlar Barat 2010, s. 47-9'da ele alınmıştır; ancak (Robinson'u da yanıltan) fotoğraflardaki sözde su kemeri aslında batı bedeninin sıra kemerleridir; kapsamlı bir tartışma için bkz. Crow 2014.

25 *i polis teteichistatai kalos*; Geogr. 12. 546.

26 Klasik dönem surları Barat 2010, s. 44-5'te ele alınmıştır. Barat, Lonca Kapısı tabanının, batı bedeninden önceye tarihlenen klasik dönem inşaatının ilk evresini oluşturduğunu ileri sürer (2010, s. 45). Kesit resimleriyle birlikte daha ayrıntılı bir tartışma Crow 2014'te yer almaktadır.

tına rastlanmaz.²⁷ 3. yüzyıl ortalarından itibaren, Karadeniz'in güney kıyısındaki şehirler denizden gelen yağma tehdidine giderek daha fazla maruz kalır oldu, halbuki sonraki iki yüzyılda imparatorluğun doğu yarısı için esas tehlike Tuna'nın öte yakasından veya doğudaki Sasani İmparatorluğu'ndan gelmiştir. Kuzey deniz surlarında Kule 26 ve Kule 24 arasındaki duvar ve burçlardan alınan ilkçağ kereste örnekleri dendrokronoloji yöntemiyle yaklaşık 490'a tarihlendirilmiş olmakla birlikte,²⁸ harçlı moloz örgü tipi nedeniyle bu surların daha sonra yapılmış olduğu düşünülebilir. Tarihsel kaynaklardan, Anadolu'daki olaylarda olduğu kadar, imparatorluğun Karadeniz bölgesini hâkimiyeti altında tutmasında da Sinope'nin önemli bir rol oynamaya devam ettiği net olarak anlaşılır. II. Tiberios döneminde, Perslere karşı Türklerle ittifak kurmak amacıyla 579 yılında Sinope'den Hersones'e bir elçilik seferi düzenlendi.²⁹ 7. yüzyıl sonları ile 8. yüzyıl boyunca Doğu ve Orta Anadolu Arap akınları yüzünden büyük bir baskı altına girdiğinde, Sinope uzaklığı ve topografyası sayesinde ciddi bir tehditten büyük ölçüde korunabildi. Ne var ki, şehrin büyük Armeniakon *thema*'sıyla askeri bağlantılarını sürdürdüğü açıktır, zira VI. Konstantinos ve annesi Irene'yi hedef alan 793'teki başarısız komplonun ardından, Sinope piskoposu Gregorios da *thema*'nın iki *turmach*'ıyla birlikte idam edildi ve yalnızca dokuz yıl sonra, Konstantinopolis'te bir soylu ve *sakellarios* olan Sinopeli Leo Irene'nin devrilmesine yardımcı oldu.³⁰ Anadolu'daki son büyük Arap istilasında, 838'de Amorion'un düşüşü esnasında gelişen olaylarda Sinope şehri de rol oynadı. Aynı yıl, daha önce Bizanslılarla ittifak kurmuş olan bir grup Hürremî Sinope'yi işgal ederek liderleri Theophobos'u imparator ilan etti; Treadgold önemli bir güç teşkil eden bu topluluğun sayısının 30.000'i bulduğunu iddia eder.³¹ Burada, platodaki askeri faaliyetlerin meydana geldiği esas alanlardan uzakta, şehrin taktiksel açıdan güçlü konumundan yararlandılar. İki yıl sonra, imparator Theophilos müzakereler sonucu onlara af çıkarabildi ve Hürremî kuvvetleri Anadolu

---

27 Kuzey ve Doğu Anadolu'da MS 100'den önceki dönemde yapılan belirli Roma imparatorluk müdahaleleri, *opus reticulatum* denen duvar kaplama tekniğinin kullanılmasından anlaşılabilir; Samosata'daki şehir surları ile büyük bir "bazilika"da (Özgüç 2009, s. 33-4, tablo 90-1, 94-6) ve Amastris'teki "Çarşı"-Bedesten'de (Marek 2003, Resim 134-6) bu teknik kullanılmıştır.

28 Kuniholm vd 2015. Bir kitabe Zeno'nun hükümdarlık döneminde Hersones surlarındaki bir burçta inşaat yapıldığını bildirmektedir; bkz. Minns 1913, s. 650, no. 23.

29 Vasiliev 1936, s 74. Elçilik seferini Menandros anlatır; çevirisi için bkz. Blockley 1985, s. 171-3.

30 Theophanes 1997, s. 664, 655.

31 Treadgold 1998, s. 301.

thema'larına dağıtıldı.³² 9. yüzyılın ortalarında meydana gelen kayda geçmiş son bir Arap akınından sonra Sinope huzura kavuştuysa da, Bizanslıların Malazgirt'te yenilmesi ve Anadolu'da siyasi durumun giderek değişmesi sonucu bir kez daha Müslümanların hâkimiyetine girdi ve 1214'ten itibaren Selçuklu egemenliği altında kaldı.³³ Tarihi boyunca Sinope'nin yüzü karadan ziyade denize dönük oldu; geç Roma ve Bizans dönemlerinde de, Kırım'la ve özellikle de müstahkem Hersones şehriyle olan bağlantısı hayati önem taşıdı.³⁴ Nitekim bu bağlantıyı 6. yüzyıl sonlarında II. Tiberios'un Türklere gönderdiği diplomatik heyetin Sinope üzerinden Hersones'e geçerek ilerlediğini bildiren Menandros Protektor'un anlatısında görmüştük. Hersones piskoposuna bağlı görevli Anastasios'un daha sonra Kule 29'da yeniden kullanılan mezar taşı da bu bağlantının sürdüğünü ima eder.³⁵ Bizans donanma birliklerinin Sinope'de konuşlandığına dair spesifik bir atıf bulunmamakla birlikte, antik liman ile bitişiğindeki kapalı alan (aşağı içkale) arasındaki ayrım buranın, gerek Hersones limanı gerekse Karadeniz kıyısı üzerinde batıda yer alan Amastris limanına benzer bir şekilde, denizcilikte önemli bir rol oynadığına işaret eder.³⁶

Bryer ve Winfield, Sinope'ye yönelik incelemelerinde, içkalenin doğu ve kuzey duvarlarında yer alan kitabelerin sırasından çıkarsanan içkalenin ana duvarlarının bu Selçuklu işgali dönemine ait olmadığı yargısını sorgulamaz. Ancak, kitabelerle mevcut içkale duvarları arasında kurulan bu doğrudan bağlantıyı Redford yakın zamanda yaptığı çalışmasında sorgulamış³⁷ ve içkale duvarlarından elde edilen yapısal kanıtların yeniden gözden geçirilmesi çağrısında bulunmuştur. Helenistik dönemden kalan batı bedenine ilişkin tartışmada da gördüğümüz gibi, içkale şehrin doğudaki ana merkezine tepeden bakan yüksek bir alanı kaplamakta ve batı-doğu doğrultusunda uzanan teras duvarıyla birbirinden ayrılan biri yukarıda ve biri aşağıda iki kapalı alandan oluşmaktadır. Şehrin Pontus Krallığı döneminde yapılmış (Mithridatik) bir içkalesinin var olduğuna dair hiçbir doğrudan kanıt yoktur ve klasik kaynaklarda da böyle bir bilgiye rastlanmaz. Bazı Helenistik dö-

---

32 Brubaker ve Haldon 2011, s. 408-10.
33 Bryer ve Winfield 1985, s. 71.
34 Bryer ve Winfield 1985, s. 70.
35 Bryer ve Winfield 1985, s. 74-5; kitabe no. 4, n. 44; Bryer ve Winfield Sinope ve Hersones piskoposlukları arasındaki yakın ilişkiye dikkat çekmiştir.
36 Amastris için bkz. Crow ve Hill 1995; Hersones limanı ve tahkimatlarının bir planı için bkz. Minns 1913, plan 7 (s. 493'ün karşısında) ve resim 338. Ana limanın yakınında bulunan İsaakios Komnenos'a ait 1059 tarihli bir kitabe *praitorion*'a çıkan bir giriş kapısında çalışma yapıldığını kaydeder (Minns 1913, s. 504-6, 650, no. 24).
37 Redford 2011.

nem krallıklarında aşağıdaki ana şehre yukarıdan bakan bir akropolis bulunduğu doğrudur ve bunun Anadolu'daki en iyi örneği Attalosların saray, kütüphane ve cephaneliğinin aşağıdaki şehre yukarıdan baktığı Pergamon'dur, ancak bu prensibin her yerde uygulandığını varsaymak için bir neden bulunmaz. Var olduğu şekliyle içkale şehir yönünden güvende olabilir, ama kara yönünden saldıran bir düşman için ilk saldırı hattını oluşturur ve bu nedenle de bir kraliyet içkalesi ve sarayı için uygun bir yer olması pek muhtemel değildir.[38]

İçkale dört yanından duvarlarla korunmuştur. Batısında, daha önce ele aldığımız, Helenistik dönemden kalma ana beden yer alır. Güneyinde, mevcut duvarlar sonradan Selçuklu tersanesinin yapılmasıyla değişikliğe uğramış, Selçuklu tersanesinin bir parçası olarak eklenen iki büyük sivri kemer bu duvarları kuzey ve doğu duvarlarından farklılaştırmıştır.[39] Kuzey bedeni Kule 30 ile içkalenin kuzeydoğu köşesinde bulunan Kule 40 arasında uzanır. Eski otogarın bulunduğu düzlükten kıyı yolu olan Barbaros Caddesi'ne doğru zemin çok dik bir biçimde alçalır; duvar bu dik yamacın tepe ucunda inşa edilmiştir. Yakın zamanda duvara bol miktarda yapılan dolgulara rağmen, yapım tekniğinin niteliği net olarak anlaşılmaktadır. Duvar ve burçlar, bazılarının eski binalardan devşirildiği belli olan, kimisi sütun gövdelerinden alınmış büyük taş bloklarla inşa edilmiştir. Duvar yüzeyinde taşlar düzgün sıralıdır, ama blokların boyutları çeşitlilik arz eder. Üzerinde iki tane üçgen biçimli kule veya çıkıntı (T41 ve T43) ile daha büyük ve dikdörtgen biçimli çıkıntılı bir burç (T42) yer alır. Batıya doğru, T42 ile T43'ün aşağı yukarı ortasına denk gelen yerde, duvarın aşağı yüzünde görülen kemerli açıklık muhtemelen bir kapıdan ziyade T42'nin eşi olan ikinci bir dikdörtgen burcun girişidir; duvarın bu bölümü zaten diğer yerler kadar özgün haliyle korunmuş değildir. T43'ün hemen batısında duvar yüzeyi taş örgünün özenli ve dekoratif niteliğini gözler önüne sermektedir. Uzun kesilmiş bloklar bir sıra uçları bir sıra da yan yüzleri görünecek şekilde dizilmiştir ve her bir sıradaki bloklar bir başları bir kenarları dışarı bakacak şekilde yatırılmıştır. Bazı sıralarda dikdörtgen blokların arasından sütun gövdeleri çıkmaktadır. Yapıcılar üçgen kulenin ucunda düzgünce kesilmiş devşirme bloklar kullanmaya özen göstermişlerdir (**RESİM 4**). T43'ün doğusunda taş blok sıraları daha muntazam olmakla birlikte, sıraların enlerinde dikkate değer farklar bulunmakta ve bazılarında bir uzun bir kısa kenar dizilimi devam etmektedir. Bunun net olarak görüldüğü T42'de cepheyi süsleyen iki büyük sütun gövdesi ile üzerinde merkezi

---

38 Barat bir dizi benzer özelliğe sahip daha erken tarihli bir klasik içkale olduğu argümanını ileri sürer (2010, s. 49-52), ancak hiçbir net yapısal kanıt bulunmadığından bu bir hipotez olarak kalmaktadır.

39 Bkz. Crow 2014.

bir haç ve iki yanında kemerler içinde iki başka haç bulunan devşirme bir mermer levha yer alır. Bu blok burcun doğu köşesine yerleştirilmiştir ve devşirme olmakla birlikte kötülüğe karşı koruma amacıyla kullanıldığı düşünülmelidir (**RESİM 5**). Bu inşaat tarzı T41'de ve köşe burcu olan T40'ta da devam eder. Koyu renkli taşlardan oluşan farklı bir dekoratif kuşağın hava şartlarının etkisiyle aşınarak içeri göçmüş tek bir sıra halinde duvar yüzeyi ve T40 boyunca devam ettiği görülebilir. Yukarıda anlatılan büyük taş blokların üzerindeki sıralarda küçük moloz taşlarıyla yapılmış onarımlar göze çarpar.

Modern şehre bakan doğu bedeninin bir iç duvarı, bir de önünde taş kaplama ıskarpa ve ters ıskarpasıyla bir hendek bulunan dış duvarı vardır. T39 ve T35 köşe burçları arasında yedi adet dikdörtgen biçimli çıkıntılı burç bulunur; bunlardan biri (T37) şehre giden modern yola (Sakarya Caddesi) yer açmak için yıkılmıştır. Kuleler 17 ila 20 metre aralıklarla dizilmiştir; aynı zamanda hendeğin ıskarpasını da oluşturan dış duvar ana duvarın 13 ila 20 metre önünde konumlandırılmıştır. Dış duvarda bir dizi dikdörtgen kule ile ters ıskarpada da bulunan üçgen çıkıntılar yer alır; bu duvara, içkalenin içinden geçen modern yolla aşağı yukarı aynı hizada bulunan ahşap bir köprüden geçilirdi.[40] Ana giriş olan Lonca Kapısı (T38), içkalenin kuzeydoğu köşesinin (T39) yanında bulunan en büyük burçtadır. Bu beden ile kapı kulesinin görünüşü Laurens'ın suluboya resmi ile gravürü dolayısıyla iyi bilinmektedir (**RESİM 6**).[41] Kuzey bedeni düzgün sıralı büyük taş bloklardan oluşan gayet yalın bir cepheye sahiptir; oysa doğu bedenine gelince, dış yüzde ve özellikle burçlarda devşirme bloklar benzer biçimde kullanılmakla birlikte, taş işçiliğine dekoratif amaçlı devşirme mimari malzemenin "mebzul miktarda" kullanılması damga vurur. Nasıl ki kuzey bedeninde (T43'ün batısı ve doğusunda) duvarlar farklı uzunluktaysa, doğu bedeni ve burçlarında da farklılıklar bulunur. Yani, kuzeydoğu köşe burcu (T39) ile ana kapı (T38) arasındaki duvar muntazam sıralı büyük taş bloklarla örülmüştür; klasik kalıplı devşirme bloklardan oluşan bir sıra kuzeydeki duvarın bir kısmı boyunca ilerleyerek burcun üç yanında devam eder ve Lonca Kapısı'nın güneye bakan duvarındaki girişin üzerinde bulunan yüksek sağır kemerin bindirme taşını meydana getirerek son bulur. Bu kapı, doğu bedenindeki en büyük çıkıntılı burç olan Kule 38'de bulunmaktadır. Selçukluların mevcut tahkimatlara yaptığı en kapsamlı müdahale olan bu kapıda, girişin üzerinde Selçukluların Suriye'den getirdiği bir form olan tepe mazgalının varlığına dair kanıt bulunmakla birlikte, temel planı ve yapısı daha önceki Bizans evresine aittir. Giriş

---

40 Kurşunkalemle yapılmış 1855 tarihli bir eskiz için bkz. Özcanoğlu 2007, s. 123.

41 Suluboya resim için bkz. Eminoğlu 1998, s. 133; Marek 2003, kitabın başındaki resimli sayfa; gravür için bkz. Hommaire de Hell 1854, tablo 27; Martin 1998, resim 2.

RESİM 4 Kuzey taraftaki beden ile üçgen biçimli T41 kulesi. Kaynak: Yazarın fotoğrafı.

güney yandadır ve içeri doğru 90 derece döner; bu, aynı zamanda gerek Amasra'nın doğu kapısında gerekse ana kapıdan girilince bir ön avluya, oradan da şehrin içkalesine dönülen Ankara Kalesi'nde gördüğümüz kavisli giriş kapılarının bir örneğidir.[42] Kule 37 büyük ölçüde yok edilmiştir, ama Laurens'ın manzara resmi hemen kuzeyindeki duvarda olduğu gibi, bu burcun doğu cephesinde de özenle işlenmiş bir devşirme taş dizisinin olmadığını göstermektedir. Bu bezeme bir sonraki burç olan T36'da yeniden ortaya çıkar; bu burcun ayrıca kalın bir devşirme taş dizisi de vardır, ama bunun üzerinde dış köşelerden çıkıntı yapan incelikle işlenmiş iki adet çıkma desteği bulunmaktadır. Kule 35C'nin kuzeyinde, duvardaki bir giriş kapısı şehirden aşağı içkaleye girmeye imkân verir. Süslü devşirme malzemeler daha sonraki burçlarda da devam etmekle birlikte, doğu bedeninin kuzey bölümündeki kadar tutarlı bir örüntü izlemez. Bu özellikle Laurens'ın T35C burcunu gösteren manzara resminde açıkça görülmektedir (**RESİM 6**); bu burcun doğu yüzüne Korint nizamında bir sütun başlığı ile birtakım başka devşirme parçalar yerleştirilmiştir. Devşirme malzemenin kullanımı, pek çok yuvarlak ve oval sütun gövdesinin yatay

---

42 Crow ve Hill 1995, s. 262, 264; Foss ve Winfield 1985, s. 134, resim 9a.

RESİM 5 T42'deki haç süslemeli devşirme taş bloğu gösteren detay. Kaynak: Yazarın fotoğrafı.

vaziyette duvarın iç kısmına doğru sokulduğu iç cephede de belirgindir (**RESİM 7**); ancak, buradaki kullanım dekoratif olmaktan ziyade faydacı bir amaç taşır. Belli ki Roma döneminden kalma bir dizi çok önemli bina yıkılmıştı veya zaten harap olduklarından içkale duvarlarının inşaatında yeniden kullanılmaya müsait haldeydiler. Klasik dönemde ve sonrasında kullanılan limana bakan güney bedeni ise tarif ettiğim kuzey ve doğu bedenlerindekine benzer bir örüntü izlemekle birlikte, buraya tersanenin bir parçası olarak iki kocaman Selçuklu kemeri ile daha sonra bir Osmanlı beşgen kulesinin eklendiğine ve 1853'teki Rus bombardımanında hasar gören güney deniz surunun dış yüzeyinin büyük oranda yenilendiğine dair net kanıtlar bulunmaktadır.

Batı bedeninin Helenistik evresinden yukarıda zaten bahsetmiştik; ancak, burada sonradan önemli onarımlar yapıldığına dair yeterli kanıtlar ile gerek kuzeydeki deniz kapısı Kule 29'da gerekse de güneydeki limanın yakınlarında göze çarpan ortaçağda yapılmış ek çalışmalara ilişkin deliller mevcuttur. Ana duvardakine benzer izodom duvar örgüsü "eğik" burcun (T29) iç kısmının altında, denizin yanındaki girişin arkasında görülebilir. Burada, Kumkapı deniz kapısıyla birlikte bir dış duvarın

RESİM 6 Laurens'ın doğu taraftaki bedeni gösteren resmi; kuzeye, Lonca Kapısı'na doğru bakarken, ön planda T35C burcu, sağ tarafta ise dış sur görülmektedir. Kaynak: Hommaire de Hell 1854'e dayanarak.

olduğu ve bunun arkasında da kapıya yukarıdan bakan halen mevcut yüksek burç (T29) ile birlikte bir iç duvarın bulunduğu açıktır; yüksek bir istinat duvarı kapıya çıkan yola siper olmaktadır. İç burcun doğu yüzüne raptedilmiş devşirme bir Bizans mezar kitabesi aşağıda incelenecektir. Her ne kadar ana bedenin bulunduğu hatla T29 arasından günümüzde modern bir yol (Barbaros Caddesi) geçmekteyse de, Laurens'ın suluboya resmi T30'dan kuzeydeki T29'a ve kuzeybatı deniz kapısına uzanan dik ve yüksek bir duvarı açıkça göstermektedir.[43] Bu duvarın ana hatları T29'un güney yüzünde görünür haldedir ve burçla duvar iki ana yapım evresi olduğunu gösterir; alt kısımlarda devşirme blokların kullanıldığı ana evre ile yukarıda harçlı küçük moloz taşlarının kullanıldığı ikinci evre. Kapının dış cephesi de aynı şekilde iki ayrı evreyi gözler önüne serer; düzenli bloklardan oluşan birinci evre ile iki pencere boşluğunun ve mevcut mazgallı siperlerin yapımında küçük moloz taşların kullanıldığı sonraki evre. Güneye doğru yükseltiyi tırmanan dış duvarın izlediği hat kesin olarak bilinmiyor, ama ana yolun (Sakarya Caddesi) güneyindeki kısmı görülüyor; biz de, duvarın kuzey kısmı ile burada bulunan kapının, iç ve dış duvarların Kule 30D'den itibaren aşağı doğru indiği görülen 1853 tarihli liman manzarasındaki gibi olduğunu varsayabiliriz.[44]

Kule 30'un güneyinde klasik dönem sonrası yapılan güçlendirme çalışmaları ve restorasyonlar, burcun hemen güneyindeki sıra kemerlerde ve eski otogarın asfaltı altından gün yüzüne çıkarılan bir sonraki kemer dizisinde görülebilir. Her iki kemer dizisi de kısmen duvarla kaplanmıştı; Kule 30A'da ise iç kısım sonradan büyük oranda taşlarla doldurulmuş ve ayrıca burcun güneybatıdaki dış kısmına ek bir taş örgü yapılmıştı (**RESİM 8**). Bu güçlendirme çalışmalarının çoğunda, duvarların klasik evresinde kullanılan ince yonu taşlardan çok farklı olan kabaca yontulmuş koyu renkli taşlar kullanılmıştır. Bunların T40'ta da kullanıldığını, burç cephesinin yukarılarında bulunan tek bir koyu renkli taş dizisinin nasıl yıpranıp aşındığını görmüştük. Duvarların kuzey bölümünde, sıra kemerlerin içinde yapılan bu güçlendirme çalışmalarının birçoğu 20. yüzyılın başında temizlenmişti; bunlar, yukarıda da belirtildiği gibi, erken tarihli fotoğraflarda bağımsız olarak ayakta duran bir dizi kemer olarak görülmektedir.[45] Duvarın dış yüzünde sonradan yapılan çalışmalara ilişkin en iyi kanıt, Kule 30D'deki daha erken tarihli bir kemerin önünde görülmektedir. Bu burcun biçimi, kemerin ilerisinde duran, harçlı molozdan inşa edilmiş yamuk biçimindeki çekirdek yapısı sayesinde günümüzde biliniyor. Bu unsuru, burada daha önce var olan dikdörtgen biçimli ve kenarları

---

43 Bryer ve Winfield 1985, levha 9b, 11a; Eminoğlu 1998, s. 131.
44 Özcanoğlu 2007, s. 29.
45 Özcanoğlu 2007, s. 107a, 110a.

RESİM 7 T35C ve T35B burçları arasında kalan doğu bedeninin iç tarafında, yeniden kullanılmış sütun tamburları gibi devşirme malzemeler görülmektedir. Kaynak: Yazarın fotoğrafı.

RESİM 8 Eski otogarın altının kazılmasıyla ortaya çıkarılan batı bedeninin görünümü. Arka planda: T30 ile kuzey bedeni. Ön planda: Helenistik dönem sıra kemerlerinin iki blok derinliğindeki dar duvarı. Arkada, daha koyu renkli düzensiz bloklar kullanılarak yapılmış daha sonraki kalınlaştırmanın kalıntıları vardır (arka plandaki arabanın yanında). Kaynak: F. Dereli.

yamuk açılı burcun, üzerindeki ince işçilikli izodom duvar örgüsü ortadan kaldırıldıktan sonra kalan moloz çekirdeği olarak anlamak doğru olur. Çekirdek yapı duvarla kemere 2,7 metre kala son bulur ve aradaki alan büyük bir ihtimalle Lonca Kapısı'na benzer bir plana sahip kavisli bir giriş kapısının geçit yoludur; ancak burada izodom taş örgülü yan duvarlar da ortadan kalkmıştır. Bu burcun tahkimatlar açısından önemini gösteren bir unsur da, Laurens'ın içkale manzarasında görülen, burcun arka yüzünde ve korkuluk duvarının üzerindeki yarım daire biçimli geniş açıklıktır (bkz. **RESİM 3**).

Sonraki restorasyonlar bedenin içeri bakan yüzünde de belirgindir. Teras duvarının ve T30D'nin güneyinde bilhassa yüksek olan duvar en az 13 metreye kadar çıkmaktadır ve burada daha önce var olan Helenistik döneme ait geniş bir kemer dizisinin yerini daha dar iki kemer dizisi almıştır; bunlardan birinin tuğladan yapılmış kemeri halen ayaktadır. Bunun da güneyinde, üçüncü bir payandanın ardından, iki tane dar ve tepesi taş örgülü kemer dizisinin var olduğuna dair kanıtlar mevcuttur. Bu noktanın ötesinde ise sıra kemerlerin varlığına ilişkin hiçbir kanıt bulunmamakla birlikte, bedenin iç cephesi uzun bloklardan örülmüştür, dış cephe ise incelikle işlenmiş izodom taş örgüsünü korumaktadır. Kule 30E'den sonra, ana beden çizgisi batıya doğru dönerek dış duvarın eski hattını izler; içkalenin güney ve doğu duvarları gibi, bu duvar da taş bloklardan inşa edilmiştir.

Gerek kuzey ve doğu bedenlerinin gerekse bütün içkalenin kronolojisini belirlemek için, inşaat evrelerine ilişkin iç kanıtları dikkate almak, bu tahkimatları bulundukları yörenin ve Anadolu'nun geniş bağlamına oturtmak ve daha geniş bir tarihsel bağlamdaki kanıtları gözden geçirmek gerekir. Öncelikle iç kanıtlara bakalım: Kuzey bedenindeki Kule 42'de, üzerinde bir haç ve onun iki yanında kemerler içinde iki haç bulunan daha erken tarihli bir Hıristiyan rölyefi bilinçli olarak yeniden kullanılmıştır. Onu çevreleyen taşların aksine, bu rölyef göründüğü kadarıyla beyaz mermerden yapılmıştır ve ortasındaki haçın tabanında ince ince işlenmiş şeritler, üst tarafında da başka süslemeler yer almaktadır. Aslen bir lahit parçası olması mümkün olan mermer levha, duvarın köşe taşı olmadan önce bir çeşme veya havuzun parçası olarak yeniden kullanılmış olabilir.[46] Kule 29'un doğu yüzünde, yer seviyesinden yaklaşık 10 m yüksekte bulunan haç kabartmalı ve kitabeli bir taş Bryer ve Winfield tarafından kayda geçirilmiştir.[47] Bir bina kitabesi olması beklenebilecek bu parça, Hersones piskoposuna bağlı bir görevlinin karı-

---

46 Haçın tipi doğru bir tanımla *crux florida* diye nitelenmiştir; bkz. Flemming 1969. Alternatif olarak, bu motifler kilise döşemelerinde de kullanılmış olabilir; bu konuda yaptığımız tartışma için Philipp Niewöhner'e minnettarım.
47 Bryer ve Winfield 1985, s. 74-5, tablo 2A ve B.

sının defnedildiğini kaydeden yeniden kullanılmış bir mezar kitabesiydi. Parça, burcun doğu yüzünde, inşa tekniğinin değiştiği yere yaklaşık olarak denk gelen bir noktada taştan bir arka plan üzerine yerleştirilmiştir. Tıpkı Kule 42'deki mermer levha gibi, bu taş da tahkimatları koruma ve kutsama amacı taşıyordu. Ama burçların dış yüzünde yüksek bir konumda bulunduklarından, bu taşlar sonraki hükümdarlar ile Sinop sakinlerinin pek de ilgisini çekmemiş olsa gerektir. Bununla birlikte, her ikisi de, gerek ana deniz kapısının yanındaki burcun gerekse içkalenin kuzey bedenindeki esas inşaat evresinin Bizans dönemi bağlamına oturtulmasına yardımcı olur.

İçkalenin doğu bedeninin inşası kuzey bedeninin yapımıyla pek çok ortak yöne sahipse de, iki duvar sistemi arasında hem benzerlikleri hem de farklılıkları teşhis etmek önemlidir. Batı duvarı gibi doğu duvarı da saldırıya nispeten daha açık durumdadır; dolayısıyla, birbirine yakın burçları vardır ve bir dış duvar ile hendeğe sahiptir. Dikdörtgen biçimler ile dış duvarda üçgen çıkıntılardan oluşan kule formları repertuvarı kuzey bedenindekinin aynısı olduğu gibi, büyük devşirme blokların kullanıldığı temel inşaat şekli de kuzey bedenine uymaktadır. Aralarındaki temel fark, devşirme malzemenin, özellikle de tek sıra halinde dizilen devşirme blokların, duvarı süslemek amacıyla çeşitli noktalarda epeyce istisnai bir biçimde kullanılmış olmasıdır. Burada belirtilmesi gereken önemli bir nokta, Laurens'ın gravüründe çok net olarak görüldüğü gibi, duvar boyunca ve burçların yan ve ön yüzlerinde devam eden bu devşirme taş dizisinin, Amasra ve Nicaea'dan bildiğimiz tarzda, duvarın tepede korkuluk duvarıyla birleştiği yerde değil, duvarın üçte ikisi nispetinde zeminden yüksekte ve yukarısında toplam duvar yüksekliğinin üçte biri olanında pay kalacak şekilde yerleştirilmiş olmasıdır. Buna uygun olarak, duvarcılar özellikle silme bloklarını seçmişlerdir. Bu konuda en çarpıcı örnekler Lonca Kapısı çevresinde –ama kapının güneyinde değil– ve köşelerinde çıkma destekleri de olan Kule 36'da bulunmaktadır. Belli ki bu işlemenin, ortaçağ Sinope'sinin askeri mimarları için, inşaat programlarının bu bölümünde bir anlam ve önemi vardı;[48] ama yapının bütününe baktığımızda, kuzey ve doğu duvarlarının aynı inşaat planının parçası olmadığını düşündürecek hiçbir veri yoktur. Haç kabartmalı mermerin kuzey duvarındaki T42'de ve mezar kitabesinin T29'da konumlandırılma biçimi, kuzey, güney ve doğu duvarlarının dahil olduğu bu evrenin Bizans dönemine tarihlendirilebileceğini ve hakkında sağlam kanıtlar bulunan Selçuklu restorasyonundan önceki devre ait olduğunu kuvvetle ima eder. Şekil itibarıyla, Roma döneminden

---

48 Papalexandrou (2003) 9. yüzyılda yapılan Skiprou Kilisesi'nde devşirme malzemenin kullanımını değerlendirir. Devşirme malzemeler ile Orta Bizans dönemi tahkimatlarına ilişkin buna benzer pek az çalışma vardır; bkz. Bakirtzis ve Oreopoulos 2001.

mimari kalıntıların daha sonraki Bizans tahkimatlarında kullanılması olgusunun en yakın örneği, Karadeniz kıyısı üzerinde batıda yer alan ve günümüzde adı Amasra olan Amastris şehrinde görülebilir. Akropolisin ve Boztepe adasının tahkimatları, dikdörtgen burçlar ve kavisli giriş kapılarıyla korunan iç ve dış duvarlardan ve adaya çıkan büyük bir köprü ile girişten oluşur.[49] Tarihlendirilmeleri için kilit önemde bir kanıt, bir Arap akını sırasında kırsal bölge sakinlerinin sığınak yeri olarak şehrin tahkimatlarının zikredildiği Amastris Piskoposu Georgios'un velayetnamesidir; böylece, velayetnamenin meydana getirildiği zaman olan 9. yüzyılın başı ve ortası arasındaki dönem bir *terminus ante quem* (son tarih) teşkil eder. Amasra surlarında Roma döneminden anıtsal duvar taşları yoğun olarak yeniden kullanılmıştır ve bu özellikle Boztepe'nin girişinin iç kısmında gayet iyi belgelenmiş durumdadır.[50] Bu kapıdan bir başka spesifik unsur da, biçimli blok taşların kapının tepesini çevreleyen bir saçak oluşturmak üzere yeniden kullanılmış oluşudur. Buna çok benzer bir devşirme malzeme kullanımı, Nicaea surlarının restore edilen ve 727 sonrasına tarihlendirilebilecek bölümünden (T70-T72) bilinmektedir.[51] Hem Nicaea hem de Amasra'da, biçimli saçağın korkuluk duvarının hemen altında kullanılmış olması kasıtlı olarak Konstantinopolis'teki Altın Kapı'nın görünümünü çağrıştırır. Nicaea'daki kitabede burçtan *pyrgos kentinarios* olarak söz edilir; Amasra'da ise saçak Bizans dönemi taş köprüsünden Boztepe adasına geçişi sağlayan özenle süslenmiş kule kapısının üzerinde bulunmaktadır; ana akropolisten ayrı, bağımsız bir müstahkem mevki olan bu adada, bir donanma üssüyle bağlantılı askeri yapıların izlerinin bulunması mümkündür. Nicaea'daki tarihlendirilmiş çalışmayla arasındaki yakın benzerlik, Amasra Boztepe kapısı ve ona bağlı duvarın da yine 8. yüzyıl tarihli olabileceğini akla getirir. Amasra'daki diğer önemli tahkimatlar da birtakım ortak unsurlara sahiptir, ancak Boztepe ve Nicaea'daki T70-72'de görülen özenli süslemeden yoksundurlar. Böylece, arkeolojik çalışmaların birleştirilip velayetname kanıtlarıyla karşılaştırılması yoluyla, Amasra tahkimatlarının muhtemelen 800 yılı civarından önce yapıldığını öne sürmek mümkündür.[52] Bu da demek oluyor ki, şehrin surları ile iç kapısında sergilenen Ceneviz armaları serisi yalnızca şaşaalı kolonyal prestij ifadeleri olup günümüze ulaşan geniş tahkimatların ayrılmaz bir parçası değil, onlara sonradan yapılan bir eklentiden ibaretti.

---

49 Crow ve Hill 1990, 1995; Marek 1993.

50 Crow ve Hill 1990, s. 12-3; Marek 1993, tablo 20.4; ayrıca bkz. Laurens'ın suluboya resmi, Eminoğlu 1998.

51 Kule 70'teki yeniden yapım çalışması III. Leo ile V. Konstantinos'un bir kitabesine dayanarak tarihlendirilebilir; bkz. Foss ve Winfield 1985, s. 90, 100, resim 27, 29.

52 Crow ve Hill 1995, s. 258, 260-1.

Sinop'taki Selçuklu kitabelerine ilişkin yakın zamanda yaptığı çalışmada Redford, Sinop'un 1214'te Selçuklularca fethedilmesine ilişkin İbn Bîbî'nin tarihsel anlatısına dikkat çekmiştir. Birbirinden farklı kitabelerin tanıklık ettiği inşaat programı bir yeniden yapımı değil, içkale duvarlarının tüm dokusuna yönelik olarak 1215 yazında tamamlanan bir dizi onarımı kaydetmektedir.[53] Böylesi bir onarım programı, örneğin Lonca Kapısı'nın güneyindeki duvar ile onun yanındaki burçta devşirme taş dizisinin eksik olması gibi, içkale dokusu içerisindeki yerinden oynama durumlarını açıklayabilir. O halde, içkalenin kuzey ve doğu bedeninin genel görünümü ile daha önceden mevcut olan antik şehrin batı bedeninin restorasyonu, 7. ve 9. yüzyıllar arasındaki Bizans istihkâm programlarının boyut ve ihtirasının bir başka örneğini sunmaktadır. Söz konusu dönem içinde, bu çalışmalar yazılı kaynaklarda nadiren belgelenmiş olduğundan, kronolojileri bir muamma olarak kalır.[54] Sinop'ta, gösterişli doğu cephesiyle birlikte içkalenin yapılış bağlamı, 838 ila 840 arasında Hürremî topluluğunun buradaki mevcudiyeti ve kumandanları Theophobos'un hükümdar olma hırsı olabilir. Ne var ki, başka arkeolojik kanıtların bulunmayışı nedeniyle bu bir spekülasyon olarak kalmaktadır ve her halükârda Sinop içkalesi Anadolu'daki başka yöresel merkezlerde görülen bir örüntüye uyar. Toplam alanı bakımından (hem aşağı hem yukarı bölümleriyle beraber) Sinop içkalesi Ankara Kalesi'ne yakın, belki ondan biraz daha küçüktür;[55] bu da onun önemli bir askeri merkez olmakla birlikte, yeni bir imparatorluk başkenti olamayacağını ima eder. Bu saptama da, Bizans şehir ve kalelerinde bulunan müstahkem surlarla çevrili birbirinden ayrı alanların spesifik işlevlerinin neler olduğu sorusunu beraberinde getirir. Acaba bu işlevler, her ikisi de 6. ve 7. yüzyıllardan kalma Sırbistan'daki Caričin Grad'da (Justiniana Prima) bulunan yukarı müstahkem alan veya Xanthos akropolisi gibi,[56] temel dini ve idari rollerle mi sınırlıydı? Ancak şu var ki bu örnekler Sinop'a kıyasla önemli ölçüde küçüktür ve Anadolu içkalelerinin hiçbirinde kazı yapılmadığından, yakın zamanda jeofizik araştırmalar yapılan Avkat (Euchaita) yukarı şehri hariç hiçbirinin iç mekânları hakkında bir şey bilinmemektedir. Ankara gibi bazılarının halen yoğun olarak iskân ediliyor olması, antik şehir standartlarına göre küçük olsalar bile, surların dışında yaşayan daha geniş bir topluluğun bağlı olduğu bir şehir merkezini teşkil etmiş olabilecekleri anlamına gelir.

---

53 Redford 2011, s. 128, 140.
54 Başlangıç niteliğinde bir liste şu yayında sunulmuştur: Foss ve Winfield 1986, s. 131-40.
55 Her iki kapalı alan da düzensiz dörtgen biçimindedir: Ankara 320x135 m, Sinop ise 273x157 metredir; her iki ölçüm de Google Earth'ten elde edilen maksimum boyutları ifade eder.
56 Ćurčić 2010, s. 209-12, resim 217, 218.

Yukarıda da belirttiğim gibi, Sinop'taki iki kapalı alanın birbirinden farklı fonksiyonları olması muhtemeldir: Antik limanın yanında bulunan güneydeki aşağı alan, şehir tarafından sınırlı erişimi ve deniz tarafındaki ana girişiyle, bir donanma üssünün odağı olarak hizmet vermiş olabilir.[57] Yukarı içkalenin batıdaki girişi (T30D) ile şehir yönündeki girişi (Lonca Kapısı) doğu ve batı duvarlarında asimetrik olarak konumlandırılmıştı. Euchaitalı Aziz Theodoros'un mucizeleri, şehir halkının güvenlik amacıyla *ochyromata*'ya (içkaleye) çekildiğini bilhassa belirtir.[58] Ancak, Sinop açısından Hersones'le yapılacak bir karşılaştırma daha öğretici olabilir; burada limana yakın bir yerde bulunan 11. yüzyıldan kalma bir kitabe spesifik olarak bir *praitorion*'a atıfta bulunur.[59] Bu Latince terimin bu bağlamda tam olarak ne anlama geldiği belirsiz olmakla birlikte, bir idari askeri fonksiyonla veya üst düzey bir askeri görevlinin ikametgâhıyla ilgili olması muhtemeldir. Hersones'teki antik limana bakan, sonradan yapılmış ve çok iyi tahkim edilmiş kapalı alan olması ihtimal dahilinde olan bu yapı, Sinop ve Amasra'daki müstahkem "içkaleler"le karşılaştırılabilir bir örnek gibi görünmektedir.[60]

Sinop'ta, özenle yapılmış bir çifte duvar ile hendek, yüksekteki içkaleyi doğusunda ve aşağısında bulunan şehirden ve daha ötedeki Boztepe'nin güvenli konumundan ayırır. Google Earth'ten bakıldığında, modern şehir halen Helenistik ve Roma dönemi şehrinin sokak planının muhafaza edildiğini gösteren bir ızgara plana sahip görünmektedir.[61] Böylesi bir devamlılığa Anadolu şehirlerinde ender rastlanır; ancak buradaki devamlılık, klasik bir şehir düzeninin Bizans ve Selçuklu dönemlerinde de varlığını koruduğu anlamına gelir ki bu olguya Karadeniz'in kuzey kıyısındaki Hersones'te yapılan kazılarda da rastlanmıştır.[62] Bu, her iki sitte de müstahkem iç alanların dışında şehir yaşamının devam ettiğini ve içkalenin farklı bir role sahip ayrı ve kendine özgü bir yer olabileceğini ima eder. Aynı zamanda, şehir surlarının hangi tarihte yapıldığı sorusunu da akla getirir. Yukarıda belirtildiği gibi, kuzey bedenindeki T26'dan elde edilen dendrokronolojik tarih, yapının MS 5. yüzyılın sonlarında veya bundan kısa bir süre sonra inşa edildiğini göstermektedir; bu da,

---

57 Bkz. Bryer ve Winfield 1985, resim 4'te işaretlenen Sinop antik limanında yapılan çalışmalara dair kanıtlar.

58 Trombley 1985. Avkat'taki jeofizik ve yüzey araştırmalarının sonuçları için bkz. Elton vd 2009.

59 Bkz. dipnot 36.

60 Amasra'daki askeri üssün müstahkem köprü ve giriş kapısıyla ulaşılan Boztepe adasında yer almış olmasının muhtemel olduğunu belirtmek gerekir; bkz. Crow ve Hill 1995. Sinop ve Hersones'te, her ikisi de limanla yakından ilişkili, birbirine benzer içkaleler bulunmaktadır.

61 Izgara plan Bryer ve Winfield 1985, s. 75-6'da tartışılmıştır.

62 Hersones'teki ızgara planı için bkz. Bortoli ve Kazanski 2002; Minns 1913, plan 7.

şehrin geç ilkçağ boyunca ve sonrasında hep surlarla çevrili olduğunun bir göstergesi olabilir. Elbette Sinop'ta gördüklerimiz, Bizans Trabzon'unda gözlemlenen yukarı şehir-aşağı şehir (ve içkale) örüntüsüyle çelişmez; gerçi Trabzon'un sonradan kazandığı önem ve 1204'ten sonra büyük ölçüde yeniden yapılmış olmasının eski kalıntıların çoğunu anlaşılmaz hale getirdiğini belirtmek gerekir.[63] Trabzon'la bir başka açıdan da karşılaştırma yapmak anlamlı olacaktır. Rumca konuşan Hıristiyan nüfusun 1922'ye kadar ayrılmadığı bu şehirde, dikkate değer sayıda kilisenin varlığına ilişkin kanıtların yanı sıra günümüze kalmış pek çok örnek mevcuttur.[64] Şehir surlarının içinde ve dışında hiçbir kilisenin kalmadığı Sinop'la tezat oluşturan bir durumdur bu.[65] Amasra'da kilise sayısı Trabzon'dakinden çok daha az olmakla birlikte, bu şehir de Trabzon gibi 1461'de Fatih Sultan Mehmed tarafından fethedilmiş olup kiliseleri camiye dönüştürülmüş olarak varlığını sürdürmüştür.[66] Belli ki, 13. yüzyılda başlayan Sinop'taki İslamlaşma süreci çok daha büyük ölçüde tamama ermiş ve batıdaki içkalenin restore edilen duvarlarına ek olarak şehir merkezinde büyük bir Selçuklu camii ve medresesinin inşa edilmesiyle sonuçlanmıştır.

---

63 Bryer ve Winfield 1985, s. 187-95; resim 41.
64 Trabzon'daki kiliselerin listesi için bkz. Bryer ve Winfield 1985, s. 248-50.
65 Sinop'taki daha geç tarihli kiliseler için bkz. Bryer ve Winfield 1985, s. 75.
66 Bryer ve Winfield 1985; Eyice 1954. 19. yüzyılda, Sinop'taki Rum cemaati ortaçağdan kalma şehir surlarının doğusunda yaşıyordu.

Kaynakça

Akkaya, T. (1994) *Heracleia Pontike (Karadeniz Ereğlisi)'nin Tarihi Gelişimi ve Eski Eserleri.* İstanbul: Troya Yayıncılık.

Bakirtzis, N. ve Oreopoulos, P. (2001) *An Essay on Byzantine Fortification, Northern Greece, 4th-15th c.* Atina: Kültür Bakanlığı, Bizans ve Bizans-Sonrası Anıtlar Genel Müdürlüğü.

Barat, C. (2010) "Le ville de Sinope: réflexions historiques et archéologiques," *Ancient Civilizations from Scythia to Siberia* 16: 25-64, 533-6.

Blockley, R.C. (1985) *The History of Menander the Guardsman: Text and Translation.* Liverpool: Francis Cairns.

Bortoli, A. ve Kazanski, M. (2002) "Kherson and Its Region," *The Economic History of Byzantium* içinde, der. A. Laiou, s. 659-65. Washington DC: Dumbarton Oaks.

Brubaker, L. ve Haldon, J. (2011) *Byzantium in the Iconoclast Era, c. 650-850: A History.* Cambridge: Cambridge University Press.

Bryer, A. ve Winfield, D. (1985) *The Byzantine Monuments and Topography of the Pontos.* Washington DC: Dumbarton Oaks.

Crow, J. (2009) "Byzantine Castles or Fortified Places in Paphlagonia and Pontos," *Archaeology of the Countryside in Medieval Anatolia* içinde, der. T. Vorderstrasse ve J. Roodenberg, s. 25-44. Leiden: NINO.

―――― (2014) "Sinop, the Citadel Walls: Description and Commentary," *Legends of Authority: The 1215 Seljuk Inscriptions of Sinop Citadel* içinde, der. S. Redford, s. 21-60. İstanbul: Koç Üniversitesi Yayınları.

Crow, J. ve Hill, S. (1990) "Amasra, a Byzantine and Genoese Fortress on the Black Sea," *Fortress* 2: 3-15.

―――― (1995) "The Byzantine Fortifications of Amastris in Paphlagonia," *Anatolian Studies* 45: 251-65.

Ćurčić, S. (2010) *Architecture in the Balkans from Diocletian to Süleyman the Magnificent.* New Haven: Yale University Press.

Elton, H., Haldon, J.F., Newhard, J. ve Lockwood, S. (2009) "Avkat Archaeological Project, 2007-2008," *Araştırma Sonuçları Toplantısı* 27/3: 29-51.

Eminoğlu, M., der. (1998) *Jules Laurens'in Türkiye Yolculuğu.* İstanbul: YKY.

Dinchev, V. (2007) "The Fortresses of Thrace and Moesia in the Early Byzantine Period," *The Transition to Late Antiquity on the Danube and Beyond* içinde, der. A. Poulter, s. 479-547. Londra: British Academy.

Eyice, S. (1954) "Deux anciennes églises byzantines de la citadelle d'Amasra," *Cahiers archéologiques* 7: 97-105.

Figes, O. (2010) *Crimea, the Last Crusade.* Londra: Allen Lane.

Flemming, J. (1969) "Kreuz- und Pflanzenornament," *Byzantinoslavica* 30: 88-115.

Foss, C. ve Winfield, D. (1985) *Byzantine Fortifications: An Introduction*. Pretoria: University of South Africa.

Garlan, Y. (1974) *Recherches de poliorcétique grecque*. Paris: de Boccard.

Hommaire de Hell, X. (1854-60) *Voyages en Turquie et en Perse, exécuté par ordre du gouvernement français pendant les années 1846, 1847 et 1848*. Paris: P. Bertrand.

Ivison, E. (2000) "Urban Renewal and Imperial Revival (730-1025)," *Byzantinische Forschungen* 26: 1-46.

Kuniholm, P., Pearson, C.L., Wazny, T.J. ve Griggs, C.B. (2015) "Of Harbors and Trees: The Marmaray Contribution to a 2367 Years Oak-Tree-Ring Chronology from 98 Sites for the Aegean, East Mediterranean, and Black Seas," *Istanbul and Water* içinde, der. P. Magdalino ve N. Ergin, s. 47-90. Leuven: Peeters.

Lauffray, J. (1983) *Halabiyya-Zenobia, place forte du limes oriental et la haute-Mésopotamie au VIe siècle*. Paris: Librairie orientaliste Paul Geuthner.

Lawrence, A.W. (1979) *Greek Aims in Fortifications*. Oxford: Oxford University Press.

Lorentzen, J., Pirson, F., Schneider, P. ve Wulf-Reidt, U., der. (2010) *Aktuelle Forschungen zur Konstruktion, Funktion und Semantik antiker Stadtbefestigungen = Byzas* 10. İstanbul: Deutsches Archäologisches Institut.

Marek, C. (1993) *Stadt, Ära und Territorium in Pontus-Bithynia und Nord-Galatia* (Istanbuler Forschungen Band 39). Tübingen: Ernst Wasmuth.

_____ (2003) *Pontus et Bithynia: Die römischen Provinzen im Norden Kleinasiens, Orbis Provinciarium*. Mainz: Philipp von Zabern.

Martin, M.E. (1998) "Some Miscellaneous Notes on the Town and Antiquities of Sinop, Mainly from Travellers," *Anatolian Studies* 48: 175-80.

Matthews, R. ve Glatz, C. (2009) *At the Empires' Edge: Project Paphlagonia, Regional Survey in North-Central Turkey* (BIAA Monograph 44). Londra: British Institute at Ankara.

McNicol, T. (1997) *Hellenistic Fortifications from the Aegean to the Euphrates*. Oxford: Oxford University Press.

Mikulčić, I. (2002) *Spätantike und frühbyzantinische Befestigungen in Nordmakedonien: Städte-Vici-Refugien-Kastelle*, der. M. Konrad. Münih: Bayerische Akademie der Wissenschaften.

Minns, E.H. (1913) *Scythians and Greeks: A Survey of Ancient History and Archaeology on the North Coast of the Euxine from the Danube to the Caucasus*. Cambridge: Cambridge University Press.

Niewöhner, P. (2007) "Archäologie und die 'Dunklen Jahrhunderte' im byzantinische Anatolien," *Post-Roman Towns: Trade and Settlement in Europe and Byzantium*, Vol. 2, *Byzantium, Pliska and the Balkans* içinde, der. J. Henning, s. 119-57. Berlin: De Gruyter.

_____ (2010) "Byzantinische Stadtmauern in Anatolien: Vom Statussymbol zum Bollwerk gegen die Araber," *Aktuelle Forschungen zur Konstruktion, Funktion und Semantik antiker Stadtbefestigungen* = *Byzas* 10 içinde, der. J. Lorentzen, F. Pirson, P. Schneider ve U. Wulf-Reidt, s. 239-60. İstanbul: Deutsches Archäologisches Institut.

Redford, S. (2010) "Sinop in the Summer of 1215: The Beginning of Anatolian Seljuk Architecture," *Ancient Civilizations from Scythia to Siberia* 16: 125-50.

Robinson, D.M. (1906) *Ancient Sinope*. Baltimore: Kessinger.

Özcanoğlu, Z.Z. vd, der. (2007) *Geçmişin Fotoğraflarıyla Sinop Tarihi*. Sinop: Sinop Belediyesi Kültür Yayınları.

Özgüç, N. (2009) *Samsat, Sümeysat, Samosata, Kumaha, Hahha, Hahhum: Bir Başkent ve Kalenin Uzun Yaşamının 6000 Yıllık Döneminden Kesitler*. Ankara: Türk Tarih Kurumu.

Papalexandrou, A. (2003) "Memory Tattered and Torn: Spolia in the Heartland of Byzantine Hellenism," *Archaeologies of Memory* içinde, der. S.E. Alcock ve R. van Dyke, s. 56-79. New York: Blackwell-Wiley.

von Schweger-Lerchenfeld, A. (1887) *Zwischen Donau und Kaukasus*. Viyana: Hartleben.

De Staebler, P.D. (2008) "The City Wall and the Making of a Late-Antique Provincial Capital," *Aphrodisias Papers 4: New Research on the City and its Monuments* (Journal of Roman Archaeology Supplement Series 70) içinde, der. C. Ratté ve R.R. Smith, s. 284-318. Portsmouth: Journal of Roman Archaeology.

Theophanes (1997) *The Chronicle of Theophanes the Confessor: Byzantine and Near Eastern History, AD 284-813*, Giriş, Notlar ve çev. C. Mango ve R. Scott, G. Greatrex'in yardımıyla. Oxford: Clarendon Press.

Treadgold, W. (1988) *The Byzantine Revival*. Stanford: Stanford University Press.

Trombley, F. (1985) "The Decline of the Seventh-Century Town: The Exception of Euchaita," *Byzantine Studies in Honor of Milton V. Anastos* içinde, der. S. Vryonis jr, s. 65-90. Malibu: Undena Publications.

Vassiliev, A. (1936) *The Goths in the Crimea*. Cambridge: The Mediaeval Academy of America.

Wickham, C. (2005) *Framing the Early Middle Ages: Europe and the Mediterranean, 400-800*. Oxford: Oxford University Press.

Blakhernai Sarayı ve Savunması

NESLİHAN ASUTAY-EFFENBERGER

1147 yılında İkinci Haçlı Seferi ordusuyla surların dışında konaklayan ve İmparator Manuel I. Komnenos (1143-1180) tarafından zaman zaman şehre girmesine izin verilen Odo de Deuil,[1] Konstantinopolis'in kuzeybatı köşesinde bulunan (bugünkü Ayvansaray) Blakhernai Sarayı'nı şu cümlelerle anlatır (RESİM 1, 3):

> Burada Blakhernai denen saray bulunmaktadır. Temeli alçaktadır, ama sanatkârane bir konstrüksiyonla zarifçe yükseltilmiştir. Sakinleri, sarayın üç taraftan ayrı manzaralar görüyor olmasından dolayı üç kere ödüllendirilmişlerdir. Çünkü saray hem denizi, hem karayı, hem de şehri görmektedir.[2]

1147 yılı, Blakhernai Sarayı'nda Manuel I. Komnenos'a ait ilk inşa faaliyetlerinin devam ettiği ve bazı birimlerin bitirildiği tarihtir.[3] Saray kompleksinden günümüze ulaşan parçaların çoğu da, Odo de Deuil'in hayranlıkla bahsettiği alt yapılara ait kalıntılardır.[4]

Blakhernai bölgesinin önem kazanması İmparator Markianus (450-457) ve eşi Pulcheria'nın Theotokos Kilisesi'ni[5] inşa ettirmeleriyle başlamış ve zamanla gelişen saray Marmara Denizi sahilindeki Büyük Saray'a alternatif olmuştur.[6] En erken saray birimleri, kaynakların verdiği bilgilere göre, adı geçen kilisenin hemen

---

Grekçe metinlerin çevrilmesindeki yardımları için Profesör Johannes Niehoff-Panagiotidis'e ve Türkçe metnin son halini gözden geçiren Mehmet Kâmil Örünük'e teşekkür ederim.

1   Odo de Deuil'le ilgili olarak bkz. Macrides 2002, s. 194.
2   Odo de Deuil, s. 64: *Ibi palatium quod dicitur Blasserna fundatur quidem in humili, sed sumptu et arte decenti proceritate consurgit et triplici confinio triplicem habitantibus iocunditatem offerens mare, campos urbemque visibus alternis despicit.* İngilizce çevirisi, s. 65.
3   Magdalino 1993, s. 117, 118; ayrıca bkz. Asutay-Effenberger 2007, s. 122-123.
4   Bu bölgede yapılmış eski bir kazı için bkz. Dirimtekin 1959, s. 18-31.
5   Janin 1969, s. 161-171. Bugünkü kilisenin ve kilise arsasının, Bizans devrindeki durumu yansıtmamakla beraber bu alanın topografik çıkış noktası olarak alınması yanlış olmaz.
6   Büyük Saray hakkında en yeni çalışmalardan biri için bkz. Bardill 2006, s. 5-45.

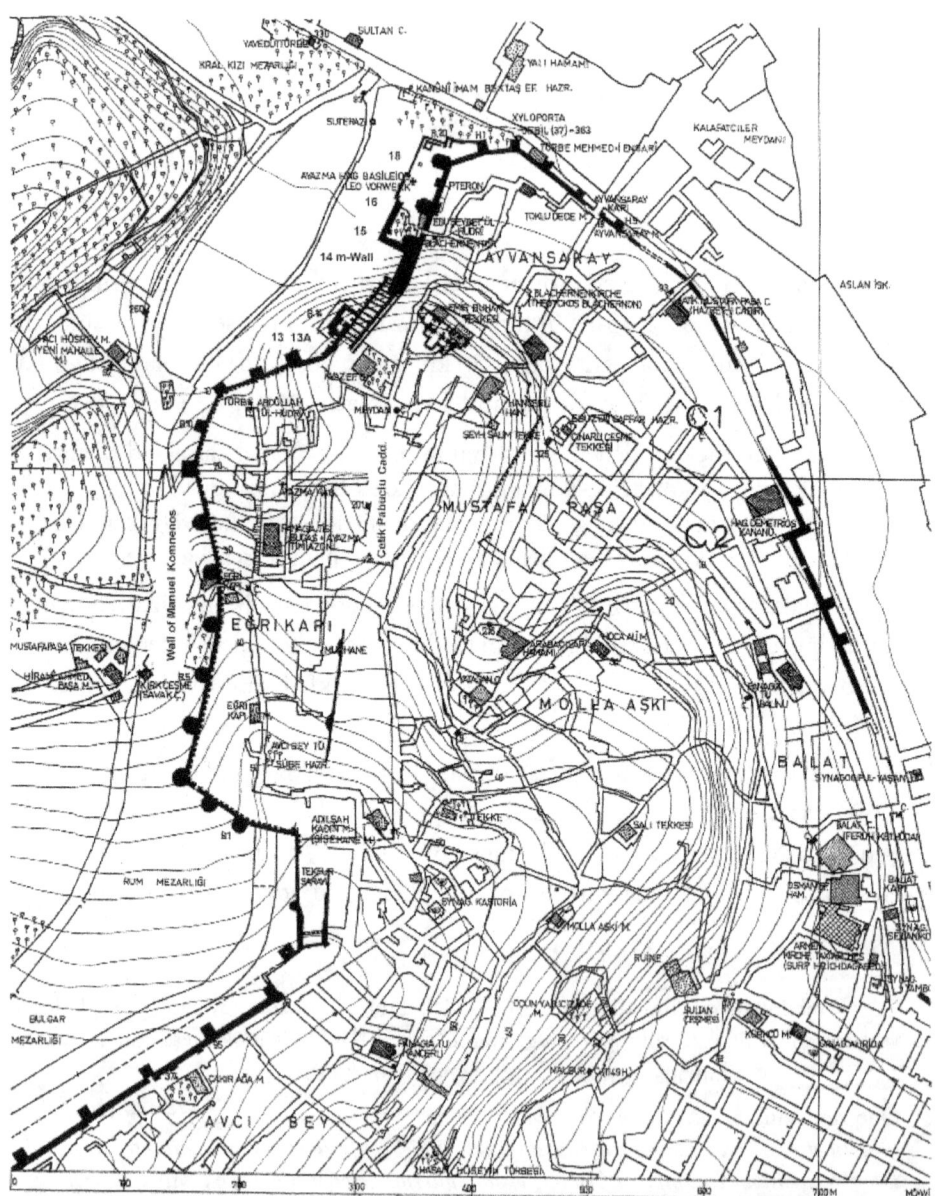

RESİM 1 Blakhernai (Ayvansaray) bölgesinin haritası. Kaynak: Müller-Wiener 1977.

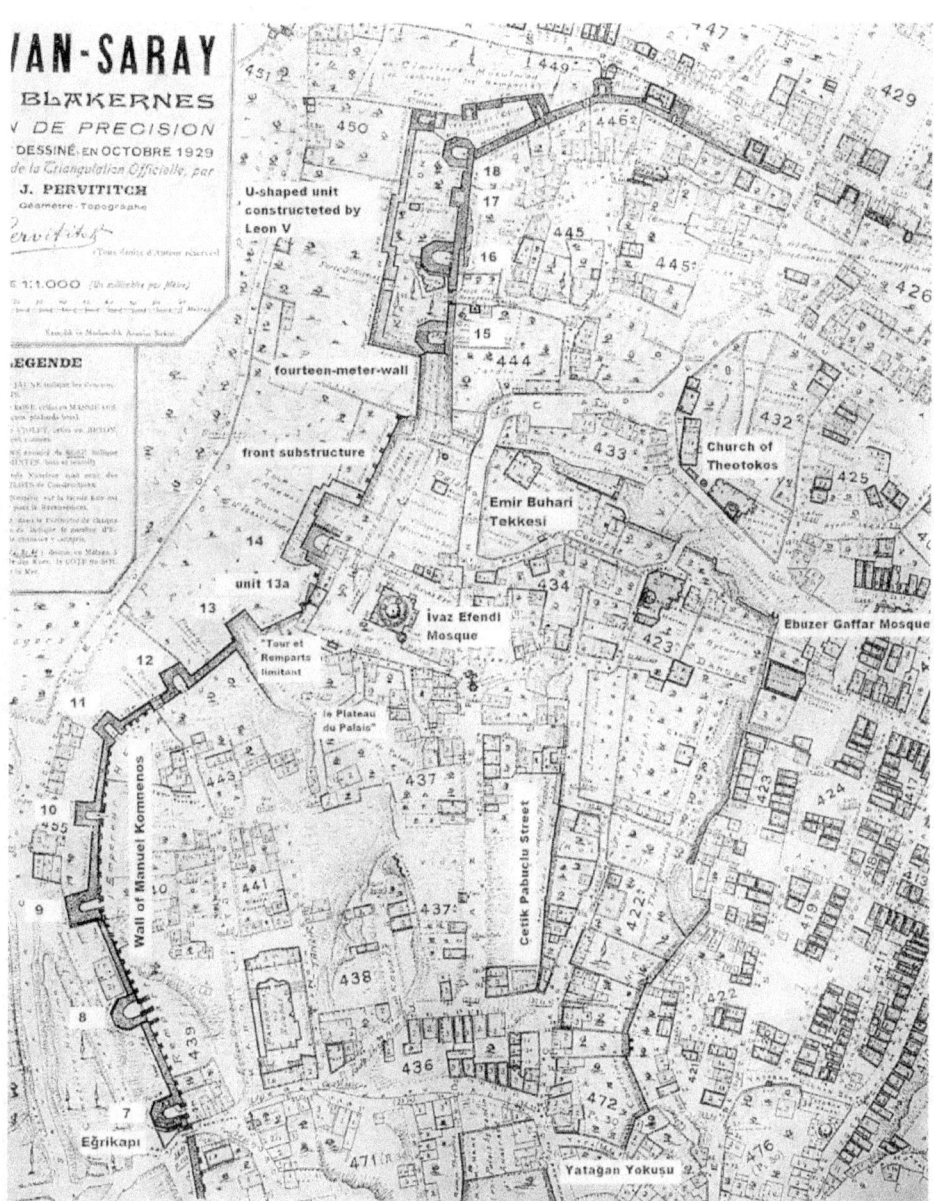

RESİM 2 Blakhernai bölgesinin haritası. Kaynak: Pervititch 2001'den değiştirilerek.

RESİM 3 Blakhernai surları. Kaynak: Yazarın fotoğrafı.

RESİM 4 Manuel Komnenos surları, Kule 1-3, güneyden. Kaynak: Yazarın fotoğrafı.

güneyinde inşa edilmiştir.[7] Yerlerinin günümüz topografik şartlarında belirlenmesi ve mimarileriyle ilgili fikir yürütülmesi şimdilik imkânsız görünmektedir. Bugün gözlemlenebilen alt yapıların çoğu 12. yüzyıla aittir. Sarayı koruyan surların kayda değer bir bölümü ise hâlâ ayaktadır. Bu nedenle, ilk olarak buradaki en erken sur kalıntılarının tarihleriyle ilgili kısa bir giriş yapılacaktır.

Yakın zamana kadar Blakhernai bölgesinin tarihi geç Roma devrine kadar indirilmiştir. Bu düşüncenin nedeni, 425 yıllarında yazılmış *Notitia Urbis Constantinopolitanae*'da bulunan bilgilerdir. Esere göre, 5. yüzyıldan önce Konstantin surlarının dışında,[8] kendine ait bir savunma sistemi olan ve 14. Bölge olarak anılan bir mıntıka bulunmaktadır.[9] 16. yüzyılda İstanbul'a gelen zoolog seyyah Petrus Gyllius şehri ve anıtları eski kaynakların yardımıyla gezmiş ve *Notitia*'da sözü edilen 14. Bölge'nin Blakhernai olması gerektiğine karar vermiştir.[10] Bu görüş daha sonra biliminsanlarınca kabul edilmiş ve bölgedeki bazı sur kalıntıları Roma devrine tarihlendirilmiştir. Bu eski savunma hattının bazı parçaları Tekfur Sarayı içinde ve Mumhane civarında hâlâ mevcuttur (**RESİM 1**). Bazı kısımlar payandalı alt yapının arkasında kalmıştır (makalede kısaca "ön alt yapı") (**RESİM 1, 2**). Diğer bir fragman "ön alt yapı" ile ilk Theofilos Kulesi (Kule 15)[11] arasındaki perde duvarı teşkil eder (aşağıda daha etraflı değinilecek) (**RESİM 1, 2, 3**). Bir diğer bölümü ise Theofilos'a ait ilk kule (Kule 15) ile ikinci kule arasındaki perde duvardır (**RESİM 1, 2**). Uzun süre kabul gören teoriye göre, Tekfur Sarayı mıntıkasından başlayıp Mumhane üzerinden Haliç'e devam eden hat, Theotokos Kilisesi'nin güneyinden doğuya döner, Demetrios ὁ Κανάβης Kilisesi'nin arkasında daha eski bir sur parçası ile birleşir ve oradan güneye yönelerek tekrar Tekfur Sarayı mıntıkasına ulaşır. İmparator II. Theodosios'a ait (408-450) kara surlarının ise Tekfur Sarayı civarında son bularak eski surlarla birleştiği varsayılmıştır.[12]

2007 yılında yayımlanan kitabımda, bu sur parçaları ve Theodosios surlarıyla ilişkileri detaylı olarak tartışılmış, eski savunma hattının Theofilos'un ikinci ku-

---

7 Erken tarihli yapılar ve kaynaklar için bkz. Janin 1964, s. 124-125; Magdalino 2007, s. 82-83.
8 Konstantin surlarının güzergâhı için bkz. Asutay-Effenberger ve Effenberger 2008, s. 13-44; Asutay-Effenberger ve Effenberger 2009, s. 1-36.
9 *Notitia*, s. 240-241.
10 Gyllius, IV, 3, 196 ve IV, 5, 203; Grélois 2007, s. 431-432.
11 Kuleler Manuel Komnenos'un ilk kulesinden başlamak üzere güneyden kuzeye doğru numaralandırılmıştır.
12 Meyer-Plath ve Schneider 1943, s. 100; Theodosios surlarının Tekfur Sarayı'ndan sonraki muhtemel güzergâhı için bkz. Asutay-Effenberger 2007, s. 27.

lesinin (Kule 16) arkasından doğuya dönerek Theotokos Kilisesi'nin kuzeyinden Demetrios ὁ Κανάβης Kilisesi mıntıkasına ulaşması gerektiği düşünülmüştür.[13] Sözü edilen surların, hem duvar tekniği hem de yazılı kaynaklar ışığında incelendiklerinde, Roma devrine tarihlendirilmeleri mümkün değildir.[14] Cyril Mango'nun iki ayrı makalesinde öne sürdüğü gibi, Blakhernai bölgesinin 14. Bölge olması çok şüphelidir ve surların Roma devrine inmiyor olması da Mango'yu doğrular.[15]

Tartışma konusu surlar, 626 yılında vuku bulan Avar kuştamasından sonra İmparator Herakleios (610-641) tarafından, Theotokos Kilisesi'ni korumak amacıyla inşa ettirilmiş duvarlar olmalıdır.[16] O halde, bu tarihlerde yeni yeni gelişmeye başlayan Blakhernai Sarayı 7. yüzyılın ilk çeyreğinin sonuna kadar hâlâ savunmasızdır. 7. yüzyıla ait duvarlar daha sonraki devirlerde yeni eklerle güçlendirilmiştir. Bugün hâlâ görülebilen ekler, İmparator V. Leo'nun (813-820) 813 yılında gerçekleşen Bulgar kuşatması esnasında yaptırdığı U şeklinde bir duvar (**RESİM 2, 3**),[17] İmparator II. Mikhail (820-829) ve oğlu Theofilos (829-842) tarafından U şeklindeki duvara ekletilen güney kanat ve bu birimlerin hemen arkasındaki devasa Theofilos kuleleridir (Aşağıda sadece numaralarıyla anılacaklardır: Kule 15, 16 ve 18) (**RESİM 1, 2, 3**).[18] Daha sonra, 12. yüzyılın ilk yarısında, Manuel I. Komnenos tarafından, Tekfur Sarayı mıntıkasından başlayıp büyük alt yapıya kadar yay çizerek inen surlar inşa ettirilmiştir (**RESİM 1, 2, 4**).[19]

Herakleios, V. Leo veya II. Mikhail'in saray kompleksine de yapılar ekletip ekletmedikleri bilinmez. Theofilos'un kızları için yaptırdığı Karianos (τά Καριανοῦ) adlı sarayın da ne konumu ne de mimarisiyle ilgili herhangi bir veri vardır.[20] Özetle, surların bazı parçaları hariç, 12. yüzyıldan önceye ait ve genelde Theotokos Kilisesi'nin hemen güneyinde inşa edilmiş yapılardan hiçbiri bugün yoktur. Surlara en büyük ilaveyi yaptıran Manuel Komnenos'a ait yüksek saray da (ὑψιρεφῆ δόμον veya ὑπερύψηλους δόμος) zaman içinde tarihi topografyadan

---

13 Asutay-Effenberger 2007, s. 13-27, özellikle s. 25.
14 Kaynaklarda adı geçen "Pteron"la ilgili bir tartışma için bkz. Asutay-Effenberger 2007, s. 21-27.
15 Mango 1986, s. 1-3; 2002, s. 449-455.
16 Asutay-Effenberger 2007, s. 24-27.
17 Meyer-Plath ve Schneider 1943, s. 119.
18 Meyer-Plath ve Schneider 1943, s. 119-121.
19 İnşa tarihiyle ilgili tartışma için bkz. Asutay-Effenberger 2007, s. 122-123.
20 Janin 1964, s. 132; sarayın diğer bazı erken birimleriyle ilgili olarak bkz. Macrides'in bu kitaptaki makalesi.

silinmiştir.²¹ Elimizde bugün büyük ve komplike bir resimden sadece birkaç parça kalmıştır. Bunların birbiriyle, özellikle surlarla ilişkileri ve bu doğrultuda tarihlendirilmeleri, bize resmin tamamını vermese bile, en azından parçaları anlama ve doğru yorumlama imkânı verebilir. O yüzden, aşağıda ilk olarak surlara entegre edilmiş olmaları muhtemel bazı yapılara değinilecektir.

Mikhail Psellos ve İoannes Zonaras'ın kronikleri, Blakhernai Sarayı'nda 11. yüzyıl ortalarında var olması gereken bir yapıyla ilgili bazı bilgiler verir, ancak yazmış oldukları satırlar bugüne kadar bu bağlamda tartışılmamıştır. İsyankâr Leo Tornikes'in, İmparator Konstantinos IX. Monomakhos'a (1042-1055) karşı giriştiği mücadeleyi anlatan Psellos, imparatorun surların dışında cereyan eden olayları izlediği anlardan şu şekilde bahseder:

> Kuşatılmış vaziyetteki imparator, hâlâ yaşadığını düşmana göstermek için imparatoriçeyle birlikte, imparator kostümü içinde, sarayın göze batan bir biriminde zorlukla nefes alarak ve hafifçe inleyerek oturdu. Buradan ordunun sadece yakınında bulunan ve tam karşısına gelen yerdeki bölümünü görebiliyordu.²²

İmparatorun bulunduğu mekândan kendini düşmana gösterebilmesi için, bu birimin surlara çok yakın, hatta surlara entegre edilmiş olması gerekir. Sadece yakınına ve karşısına düşen yerleri görebiliyor olması ise görüş açısının herhangi bir şekilde engelleniyor olduğunu düşündürür. Zonaras'ın aynı olaylar hakkındaki satırları bu birimin surlarda aranması gerektiği fikrini doğrulamakla kalmaz, konumu ve mimarisi hakkında biraz daha fazla ipucu verir:

> Ama Hükümdar heybetli bir şekilde bir imparatorluk dairesinde oturuyordu, ki bu daire diğer bütün dairelerden daha öndedir ve şehrin önündeki ovaya doğru çıkıntı yapar. Buradan hem düşmanı görebiliyor hem de kendini onlara gösterebiliyordu (...) Düşmanlardan biri onu hedef alıp ona doğru bir ok attığında imparator neredeyse büyük bir tehlikeye maruz kalmak üzereydi. Ok imparatora ulaşmadı, genç bir hizmetkâra saplandı. Gerçi bu atış onun için de öldürücü değildi, ama imparatorun adamları korkarak oradan uzaklaştılar, imparator da tahtını başka bir yere taşıttı.²³

---

21 Bkz. aşağıda dipnot 63.
22 Psellos, VI, 21, § 109, 1-7: Ἐκεῖνοι μὲν οὕτως· ὁ δέ γε αὐτοκράτωρ πολιορκούμενος ἔσωθεν, ἵνα τέως ὀφθείη τῷ ἐναντίῳ στρατεύματι ζῶν, ἐσθῆτι βασιλικῇ κοσμηθεὶς ἐπί τινος προβεβλημένου τῶν ἀνακτόρων οἰκήματος ἅμα ταῖς βασιλίσι καθῆστο, ὀλίγον μὲν ἐμπνέων, βραχὺ δ' ἀναστένων, καὶ τοσοῦτον ὁρῶν τοῦ στρατεύματος ὁπόσον εἱστήκει ἐγγύς τε καὶ κατὰ μέτωπον; Profesör Diether Roderich Reinsch'a bu satırların Almanca çevirisini yaptığı için teşekkür ederim.
23 Zonaras 1841-44, 1879, III, s. 628.10-13: καὶ αὐτὸς δὲ ὁ αὐτοκράτωρ ἔν τινι τῶν βασιλικῶν θαλάμων προβεβλημένῳ τῶν ἄλλων κεὶ ἐπὶ τὸ πρὸ τῆς πόλεως ἐστραμμένῳ

Bilindiği gibi Zonaras kroniğinde Mikhail Psellos ve İoannes Skylitzes'ten yararlanmıştır.[24] Ama binayla ilgili verdiği bilgi Psellos'unkinden daha detaylıdır. Skylitzes de Tornikes'in saldırısını benzer kelimelerle anlatır, ancak bu esnada imparatorun bulunduğu mekânla ilgili bilgi vermez.[25] Zonaras'ın tüm bu detayları hangi kaynaktan almış olabileceği sorusuna filolog veya tarihçiler cevap verebilir. Bizim için önemli olan, satırlarının Psellos'u tamamlamasıdır. Özetle, çatışma Blakhernai surlarının hemen önünde cereyan etmektedir; burada en azından balkonu tarla yönüne çıkıntı yapan bir mekân mevcuttur, hemen yanında görüntüyü engelleyen bazı başka yapılar olmalıdır. Bu veriler ışığında yeniden surlara dönersek: Konstantinos IX. Monomakhos devrinde "ön alt yapı" daha inşa edilmemiş, saray ve surlar Komnenoslar devrindeki görüntülerini almamıştır. O halde bu mekân en batıda, eski surların herhangi bir yerine entegre edilmiş olmalıdır.

Surların 11. yüzyıl ortalarındaki durumunu gözümüzün önünde canlandırdığımızda ve bu birimin yanında görüntüyü engelleyebilecek bazı yapılar olduğunu varsaydığımızda, akla gelebilecek ilk yer Leo duvarları ve Theofilos kulelerine komşu bir nokta olacaktır. Şüphesiz, bu tarihte surların başka yerlerinde de kuleler mevcuttur ve aradığımız yapı onlara da komşu olabilir, ama Theofilos kulelerinin aşağı yukarı erken döneme ait sarayların çoğunun bulunduğu çizgiye, Theotokos Kilisesi'nin hizasına düşüyor olması, burayı başlangıç noktası kabul etmenin yanlış olmayacağını düşündürür (**RESİM 1**).

Gerçekten de 15 nolu kule ile "ön alt yapı" arasında enteresan bir duvar mevcuttur. 14 m kalınlığındadır (Bundan sonra "14 Metre Duvar" olarak anılacak).[26] Güney kısmı "ön alt yapı"nın içine uzanır. Şehir tarafındaki kabuğu, yukarıda da değinildiği gibi, 7. yüzyıla ait duvarların devamıdır (**RESİM 5**).[27] Tarla tarafından bakıldığında, 9. yüzyıl başında Leo duvarlarına eklenen birimin güney kanadının bu duvarlar içinde kaybolduğu açıkça fark edilir (**RESİM 6**).[28] O halde duvarın ba-

---

πεδίον καθῆστο βασιλικῶς, ἵν' ὁρῷη τοὺς ἐναντίους καὶ ὁρῷτο αὐτοῖς [...] Zonaras 1841-44. 1879, III, s. 629.7-13: ὁ δέ γε βασιλεὺς μικροῦ ἂν ἐκινδύνευσε· τῶν γάρ τις ἐναντίων τόνδ' ἐπιτοξάζεται καὶ βέλος ἀφίησι κατ' αὐτοῦ, τὸ δ' ἀκλευτῆσαν τοῦ βαλίσεως βάλλει μειράκιόν τι τῶν θαλαμηπολούντων, ἀλλ' οὐδ' ἐκείνῳ καιρία γέγονεν ἡ ἐκ τοῦ βέλους πληγή· οἵ γε μὴν περὶ τὸν βασιλέα δείσαντες αὐτίκα μετέστησαν, κἀκεῖνος αὐτὸς ἄλλοσέ πῃ τὸν θῶκον μετήνεγκεν.

24 Trapp 1986, s. 10-13.
25 Skylitzes 1973, s. 439.9-13 ve s. 440.
26 Asutay-Effenberger 2007, s. 19.
27 Asutay-Effenberger 2007, s. 19-21.
28 Asutay-Effenberger 2007, s. 20; bu durum özellikle alt kısımlarda belirgindir. Üst bölümler daha sonra tamir görmüştür.

RESİM 5 14 Metre Duvar, doğudan. Kaynak: Yazarın fotoğrafı.

RESİM 6 14 Metre Duvar, batıdan. Kaynak: Yazarın fotoğrafı.

RESİM 7 14 Metre Duvar ve ön alt yapı, batıdan. Kaynak: Yazarın fotoğrafı.

RESİM 10 Theofilos Kulesi (No. 15), güney cephe. Kaynak: Yazarın fotoğrafı.

RESİM 8 14 Metre Duvar, tonoz, kuzeyden. Kaynak: Yazarın fotoğrafı.

RESİM 9 Dikey duvar, kuzeyden. Kaynak: Yazarın fotoğrafı.

tıdan kalınlaştırılması 9. yüzyılın ilk yarısından sonra olmuştur. Meyer-Plath ve Schneider, kalınlaştırma işleminin Komnenoslar devrine ait "ön alt yapı"nın inşası esnasında gerçekleştirildiğini söylerler.[29] Bu pek olası görünmemektedir: Bu iki yapının duvar tekniği farklıdır. Özellikle duvarın tarla tarafına bakan yüzü, inşa tekniği açısından Theodosios surlarının 10. yüzyılda inşa edilmiş bölümlerini hatırlatır (RESİM 6).[30] Bunun dışında "14 Metre Duvar"ın üzerinde tahribata uğramış bir tonoz parçası görülmektedir (RESİM 8).[31] Bu tonoz kuzey-güney yönündedir, "ön alt yapı"nın tonozları ise doğu-batı doğrultusundadır.[32]

Ayrıca "ön alt yapı"nın en kuzeydeki iki mekânı "14 Metre Duvar"a yaslanır (RESİM 1, 7). "14 Metre Duvar"ın "ön alt yapı"dan önce kalınlaştırıldığı açıktır. "Ön alt yapı" mevcut duvar göz önüne alınarak inşa edilmiş ve bu yüzden en kuzeydeki mekânlar kısa tutulmuştur. Duvarın kalınlaştırılma işlemi 12. yüzyıldan öncesine aittir, daha doğrusu duvar en son şeklini 10. yüzyılda almış olmalıdır.

Hem duvarın aşırı kalınlığı hem de tonoz, bu birimin bir alt yapı sakladığını gösterir.[33] Şehir tarafından gelen dikey bir duvar, doksan derece bir açıyla "14 Metre Duvar" ile birleşir (bugün görülebilen en güney noktada) (RESİM 1). Neredeyse tamamen yeni tamir edilmiş olan duvarın en alt kısmında bir Bizans kemerinin izleri fark edilir (RESİM 9). Dikey duvar daha doğudaki saray alt yapılarına ait kalıntılarla aynı hizadadır. Şüphesiz, bu birim "ön alt yapı"nın kuzey dış duvarıdır. "14 Metre Duvar"ın altındaki dehlizler daha sonra büyük alt yapıya entegre edilmiş olmalıdır. "14 Metre Duvar", üzerinde tarla yönüne doğru çıkıntı yapan bir balkona sahip küçük bir belvedere taşıyor olabilecek tek yerdir. 15 no'lu kulenin "14 Metre Duvar" ile komşu cephesinde sonradan genişletilmiş bir açıklık mevcuttur, ki bu kuleden belvedereye girişi sağlıyor olmalıdır (RESİM 10). Eğer bu düşünceler doğruysa, bu alt yapı saray kompleksinden günümüze ulaşan en erken birim olarak görülmelidir. Eğer böyleyse, "14 Metre Duvar"ın İmparator Konstantinos IX. Monomakhos'un

---

29 Meyer-Plath ve Schneider 1943, s. 116.
30 Duvar tekniği için bkz. Asutay-Effenberger 2007, s. 176.
31 Asutay-Effenberger 2007, s. 20; Meyer-Plath ve Schneider bu tonozu o zamanki şartlarda büyük olasılıkla görememişlerdir.
32 Meyer-Plath ve Schneider 1943, levha 58. "Ön alt yapı"nın hemen arkasındaki eski surların kasemetlarına ait tonozlar ise buna göre daha doğudadır. Bkz. Meyer-Plath ve Schneider 1943, s. 115, resim 30.
33 Meyer-Plath ve Schneider, 20. yüzyılın ilk yarısında yaptıkları araştırmalar esnasında, duvarın üzerinde, "ön alt yapı"nın hemen arkasına gelen yerde, derinliği 12 metreyi bulan ve bazı dehlizlere açılan bir kuyu tespit etmişlerdir. Bkz. Meyer-Plath ve Schneider 1943, s. 117. Doksanlı yıllarda buradaki bir bahçede hâla görülebilen bir kuyu, son yıllarda zemine dökülen betonun altında kalmıştır.

Tornikes'le yaşadığı sorun esnasında kullandığı belvedereyi taşıyan ünite olduğunu kabul etmek yanlış olmaz.

Blakhernai surlarına entegre edilmiş olması gereken bir yapıdan bahseden diğer bir kaynak, Anna Komnena'nın *Aleksiad* adlı eseridir. Anna, Nisan 1097'de gerçekleşen bir olayı anlatırken, ilk önce İmparator Aleksios I. Komnenos'un (1081-1118) Haçlı ordusunun Blakhernai surlarına gerçekleştirdikleri saldırılar esnasında gösterdiği soğukkanlılıktan söz eder: "İmparator hiçbir şekilde silahlanmadı; balık pulu şeklindeki plakalardan yapılmış zırhını giymedi, eline ne kalkan ne mızrak aldı, ne de kılıç kuşandı, tam tersine asil bir ifadeyle tahtında kendinden emin bir şekilde oturdu."[34] Birkaç satır sonra, dolaylı olarak, imparatorun bu sırada bulunduğu konumla ilgili ipucu verir: "Onlar [Latinler] onu dinlemediler, tam tersine savaş sıralarını takviye ettiler ve birbiri ardına ok atmaya başladılar. Böylece, imparatorun tahtına yakın bir yerde duran biri göğsünden isabet aldı."[35]

Gerçi dışarıdan atılan okların imparatorun yakınına kadar ulaşması bize, yukarıda Konstantinos IX. Monomakhos ile ilgili anlatılan hikâyeyi hatırlatır ve bu tasvirin sürekli kullanılan edebi bir topos olduğunu düşündürür, ama okla ilgili anekdot bir topos olsa dahi anlatılan hikâye gerçektir. İmparatorun olayları surlara yakın bir yerden izliyor olması da topos gibi görünmemektedir. Aleksios'un içinden düşmanın hareketlerini takip ettiği birim nerede olabilir? Bu esnada imparator "14 Metre Duvar"ın üzerindeki belvedereyi kullanmış da olabilir, ama bu birimin o dönemde hâlâ mevcut olduğuna dair bir kanıtımız yoktur. Aleksios I. Komnenos'un 1093 senesinden önce Blakhernai Sarayı'na bazı yapılar ekletmiş olduğu bilinmektedir.[36] Aynı imparatora ait bir yapı geç devir kaynaklarında Ἀλεξιακὸς Βασιλικὸς Τρίκλινος olarak geçer.[37] Anna'nın verdiği bilgiler ışığında Aleksios'a ait yapılardan en az birinin (eğer hepsi ayrı ayrı yapılırsa) surlara yakın bir yerde aranması yanlış olmaz.

---

34 Anna Komnena, X, s. 310.2-5: ὁ δὲ βασιλεὺς ὡπλίσατο μὲν οὐδαμῶς οὐδὲ φολιδωτὸν περιεβάλετο θώρακα οὐδὲ σάκος οὐδ' ἔγχος ἐνηγκαλίσατο οὐδὲ ξίφος περιεζώσατο, ἀλλ' ἑδραίως ἐπὶ τοῦ βασιλικοῦ ἐσταλμένος καθῆστο θρόνου.

35 Anna Komnena, X, s. 310.17-20: οἱ δὲ οὐ μόνον οὐχ' ὑπείκοντο, ἀλλὰ καὶ κατεπύκνουν μᾶλλον τὰς φάλαγγας συχνὰς τὰς βολὰς πέμποντες, ὡς καὶ τινα τῶν ἀγχοῦ τοῦ βασιλικοῦ θρόνου ἱσταμένων κατὰ τὸ στέρνον πλῆξαι.

36 Kaynaklar için bkz. Magdalino 2007, s. 76; ayrıca bkz. Macrides'in bu kitaptaki makalesi, s. 318-320.

37 Geç devir kaynakları için bkz. Tinnefeld 2000, s. 277, dipnot 5; Macrides'in bu kitaptaki makalesi, s. 318-320.

RESİM 11 Manuel Komnenos surları, Kule 11-12, batıdan. Kaynak: Yazarın fotoğrafı.

RESİM 12 Duvar 13a ve Cloisonné duvar, güneybatıdan. Kaynak: Yazarın fotoğrafı.

RESİM 13 Cloisonné duvar, batıdan. Kaynak: Yazarın fotoğrafı.

Bugünkü arkeolojik veriler akla ilk önce "ön alt yapı"yı getirir. Ancak bugün görülen alt yapılar Manuel Komnenos surlarının özellikle kuzey kısmı (**RESİM 11**) ve "ön alt yapı"ya güneyden komşu, İvaz Efendi Camii'nin hemen hemen altına düşen payandavari bir duvar ile (13a olarak adlandırılacaktır) aynı teknik kullanılarak inşa edildiğini gösterir (**RESİM 12**, soldaki birim). Hepsinde almaşık duvar tekniği görülür, ancak taş dizileri arasında tuğla sıraları vardır. Üç veya dört sıralı tuğla hatıllardaki en belirgin özellik ise 10 cm'yi geçen harç tabakası ve arkasına gizlenmiş tuğla dizisidir. Bugün görülebilen alt yapıların çoğu Manuel Komnenos'a ait olmalıdır.[38] Bu durumda Anna'nın dolaylı olarak işaret ettiği yapı başka bir yerde aranmalıdır.

Aleksios Komnenos devrinde civarda hâlâ eski surlar yükselmektedir. Bu surların bugün görülebilen hiçbir noktasında eski bir alt yapıya ait iz bulunmaz. Manuel Komnenos surları ile "ön alt yapı" arasında uzanan birimler ise enteresandır: Manuel Komnenos surlarının 12 no'lu kulesinden sonra gelen perde duvar, düzensiz taşlarla tuğla kullanılmaksızın inşa edilmiştir. Theodosios surlarının 15. yüzyılda tamir edilmiş birimlerini hatırlatır.[39] Gerçekten de bir zamanlar burada var olan bir kitabe 1441 tarihini verir.[40] Bu bölüm, büyük ihtimalle 12. yüzyıla ait bir perde duvarın yerine yapılmıştır. Duvarın bitiminde, kuzeyde 13 no'lu kule bulunur. 1441 tarihli perde duvardan eski, Manuel Komnenos'a ait birimlerden yenidir (**RESİM 17**).[41] Kulenin hemen arkasında tamamen değişik duvar dokusuna sahip bir birim başlar (**RESİM 12**, sağdaki birim, 13). Taş sıralarında *cloisonné* teknik, tuğla hatıllarda gizli tuğla tekniği görülür. Duvar kuzeydeki 13a'ya kadar, biraz diyagonal olarak devam eder ve bunun arkasında kaybolur. Gizli tuğla tekniği kullanımı 11. yüzyıl sonu ve 12. yüzyıla işaret eder, ancak Manuel Komnenos'a ait olan 13a'dan daha önce yapılmış olduğu kesindir. 13a bunun hemen önüne eklenmiştir (**RESİM 12**).[42]

Cloisonné duvar 13 no'lu kulenin güney köşesi hizasından şehre doğru döner (**RESİM 14**). Şehir istikametine yönelen duvar parçası Alexander van Millingen tarafından Mumhane duvarlarının devamı olarak gösterilmiş,[43] Jacques Pervititch'in haritasında Mumhane duvarlarından bağımsız bir birim olarak verilmiştir (**RESİM 2**).[44]

---

38 Asutay-Effenberger 2007, s. 124-125.
39 Duvar tekniği için bkz. Asutay-Effenberger 2007, s. 178.
40 Meyer-Plath ve Schneider 1943, s. 140, no. 59.
41 Bu konuda bir tartışma için bkz. Asutay-Effenberger 2007, s. 131-134.
42 Asutay-Effenberger 2007, s. 131.
43 Van Millingen 1899, s. 115'in karşısı.
44 Pervititch 2001, s. 173.

Meyer-Plath ve Schneider çizimlerinde burayı moloz yığınının altında göstermişler,[45] Schneider daha sonraki bir çalışmasında duvarı çizimine eklemiş ve girintili çıkıntılı olarak doğuya doğru uzatmıştır.[46] Bugün duvarın hemen arkasındaki platformda evler vardır ve bu evlerin sakinleri alttaki bazı dehlizleri hâlâ kullanmaktadır. *Cloisonné* duvarın parçalarının Komnenoslar devrine ait bir alt yapının batı ve güney dış duvarları oldukları açıktır, ancak Manuel Komnenos'a ait yapılardan daha eskidirler. Yeri ve tarihi göz önüne alındığında bu birim Anna Komnena'nın dolaylı olarak sözünü ettiği yapı olmaya en uygun adaydır. Başka bir deyişle, bu erken Komnenos birimi "Aleksios'a ait bir bina"nın alt yapısı olabilir (Bundan sonra "erken Komnenos alt yapısı" olarak anılacak[47]).

12 no'lu kulenin güneyinde başka bir alt yapı görülmez. Tartışma konusu birim, Blakhernai Sarayı'nın (en azından Eğrikapı'nın kuzeyindeki alanın) en güneydeki alt yapısı olmalıdır. Pervititch'in haritasında bu bölüme doğru olarak "Tour et remparts limitant de Plateau Palais" olarak not düşülmüştür (**RESİM 2**).[48] Yukarıda da belirtildiği gibi Blakhernai kompleksinin ilk binalarının daha kuzeyde, Theotokos Kilisesi'ne komşu bir mıntıkada yoğunlaşıyor olmasına karşın, saray en geç "erken Komnenos" devrinde güneye doğru genişlemiş olmalıdır. Ancak erken ve geç yapılar arasındaki fiziki bağlantı ve teraslar hakkında kesin bir şey söylemek zordur. Erken Komnenos devrine ait alt yapının üzerinde yükselen binaların mimari özellikleri de karanlıktadır.

Burada bir soru daha ortaya çıkar: Adı geçen erken birim nasıl korunmaktadır? Haliç'e doğru inen Mumhane duvarları belli bir noktada "ön alt yapı"nın içinde kalan parçalarla birleşiyor olmalıdır (**RESİM 1**). Bu noktanın tam yeri için bugün sadece hipotezler öne sürülebilir. Bunlar ya "erken Komnenos alt yapısı" altında bir yerde ya da 13a'nın hemen arkasında birleşiyor olmalıdır. Arazinin topografik durumu ve Mumhane duvarlarının gidiş yönü ikinci ihtimali daha güçlü kılar. Ayrıca 13a'nın boyutları ve konumu, arkasında bazı birimler saklıyor hissi uyandırmaktadır. Eğer ikinci ihtimal doğruysa, eski surlar sözü edilen alt yapının kuzey sınırını belirliyor olmalıdır. Ancak bu durum surların bu parçasının stratejik fonksiyonunu artık yitirmiş olduğunu gösterir. Bu sorulara burada yapılacak

---

45 Meyer-Plath ve Schneider 1943, levha 40.
46 Schneider 1951, Blakhernai Planı.
47 Ancak İmparator İoannes II. Komnenos'un (1118-1143) Blakhernai Sarayı'ndaki inşa faaliyetleriyle ilgili hiçbir bilgi olmadığı da unutulmamalıdır. Bu yüzden burada sadece "erken Komnenos" terimini kullanmayı tercih ettim. Bu yapının kesin olarak saptanması başka araştırmalardan sonra söz konusu olacaktır.
48 Pervititch 2001, s. 173.

RESİM 14 Cloisonné duvar, şehir kısmı. Kaynak: Yazarın fotoğrafı.

RESİM 15 Blakhernai Kilisesi'nin arkasındaki alt yapılar. Kaynak: Yazarın fotoğrafı.

arkeolojik araştırmalardan sonra cevap verilebilir, ama seçeneklerden hangisi doğru olursa olsun, "erken Komnenos yapıları" güney savunma hattının dışında kalıyor gözükmektedir. Khoniates, Manuel tarafından inşa edilen duvarların "Blakhernai Sarayı'nı korumak" üzere yapıldığını belirtir.[49] Bu erken Komnenos birimi, Tekfur Sarayı mıntıkasından başlayıp bir yay çizerek 13 no'lu kuleye kadar inen Manuel Komnenos surlarının yapımından sonra tamamen savunma hattının içine alınmış olmalıdır.

Ancak surların böylesine sert bir yokuş üzerindeki (deniz seviyesine göre güneyde 50 m üzeri, en kuzeyde 20 m kadar) güzergâhı Manuel'in bu yapıyla sadece mevcut birimleri korumayı değil, bazı ek alanlar kazanmayı da planladığını göstermektedir (**RESİM 1**). Alt yapı kalıntılarının bulunduğu bölge ile daha güneyde bir tepe üzerinde yükselen Tekfur Sarayı arasında Bizans döneminde ne gibi yapıların yer aldığı pek bilinmez. Ama surların güzergâhı neticesinde kazanılan vadi, Meyer-Plath ve Schneider'in Khoniates'in bazı satırlarını hatırlatarak belirttikleri gibi, askeri faaliyetler, özellikle birliklerin toplanması için kullanılmış, buradaki kapılardan da gerektiğinde savunma amaçlı çıkışlar yapılmış olmalıdır.[50] Bu civarda bazı askeri binaların bulunduğu düşünülebilir.

Bu mıntıka dışındaki saray birimlerinin çoğu, yukarıda da belirtildiği gibi, Eğrikapı'nın kuzeyinde gelişir, Emir Buhari Tekkesi civarında yoğunlaşır. "Ön alt yapı"ya ait parçalar en kuzeyde birtakım girinti ve çıkıntılarla Emir Buhari Tekkesi hizasından doğuya doğru devam ederler.[51] Duvarlarda pencereli nişler göze çarpar (**RESİM 15**).[52] Bu duvara bitişik, daha alçak seviyede de bazı tonozlar bulunmaktadır. Büyük ihtimalle bunlar merdivenlere ait alt yapılardır, ancak gerçek fonksiyonları kapsamlı bir temizlik çalışmasından sonra ortaya çıkacaktır. Duvarın en doğu ucunda geç devre ait tamir ve payandalar görülür. Düzensiz taşlarla ve tuğlasız olarak yapılmış tamir geç Palaiologos dönemine veya erken Osmanlı devrine ait olmalıdır.[53] Bu hattın Blakhernai Sarayı'nın kuzey sınırını meydana getirdiği kesindir (alt seviyedeki tonozlu birimler hariç).[54] Duvar Ebuzer

---

49 Khoniates 1975, s. 384.35-38.
50 Khoniates 1975, s. 384.35-38; krş. Meyer-Plath ve Schneider 1943, s. 101.
51 Grubun büyük bir bölümü Emir Buhari Tekkesi ile "ön alt yapı" arasındaki yeni caddenin yapımı sırasında yıktırılmış olmalıdır.
52 Özellikle bugünkü merdivenlerin batısında (kilisenin hemen güneyi) bulunan iki niş diğerlerinden daha iyi durumdadır. 1,70 metre (ilk niş) ve 1,78 metre (ikinci niş) enlerindeki bu nişlerin arasındaki payeler 1,50 ve 1,40 m genişliğindedir.
53 Duvar tekniği için bkz. Asutay-Effenberger 2007, s. 178.
54 En azından alt yapılar üzerinde yükselen birimlerin.

RESİM 16 Doğudaki alt yapılar, doğudan. Kaynak: Yazarın fotoğrafı.

Gaffar Camii'nin hemen batısından güneye döner.[55] Güzergâhı Pervititch'in haritasında gösterilmiştir (**RESİM 2**).[56] Bugün önüne inşa edilmiş evlerin arasından görülür, payandalar da birkaç yerde hâlâ fark edilir. Dış kaplaması büyük ölçüde harap durumda olmasına rağmen, Manuel Komnenos'a ait diğer birimlerin duvar dokusuyla olan benzerliği, özellikle yer yer gizli tuğla tekniği göze çarpar (**RESİM 16**). Yatağan Yokuşu'na kadar devam eden hat, Eğrikapı hizasında batıya döner. Bu hat Blakhernai Sarayı'nın doğu sınırıdır. Batıya dönen parça belli bir yerde "erken Komnenos yapısı" ile birleşiyor olmalıdır.

Sözü geçen hatlar Blakhernai Sarayı'nın Manuel Komnenos devrindeki (Eğrikapı'nın kuzeyinde bulunan birimlerin) aşağı yukarı sınırlarını ve genişliğini

---

55 Meyer-Plath ve Schneider 1943, s. 122'de B harfiyle işaretlenmiş ve 1100 yılına (veya öncesi) tarihlendirilmiştir. Yazarlar bunun güneyindeki bir parçayı ise C harfi ile işaretleyerek 1200'e tarihlendirirler. Bu iki parça Pervititch'in haritasında da (s. 173) görüldüğü gibi aynı duvara aittir; Schneider 1951, Blakhernai Planı'nda duvarı Pervititch'inkine benzer şekilde gösterir; Ebuzer Gaffar Camii'nin içindeki tonoz kalıntısı için bkz. Özgümüş ve Dark 2003, s. 19.

56 Pervititch 2001, s. 173.

göstermektedir.⁵⁷ Bu limitler içindeki saray kompleksinin durumu coğrafi veriler yardımıyla daha iyi anlaşılır. Pervititch haritasında, bugünkü Çetik Pabuçlu Sokak yakınında, doğudaki duvara paralel payandalı başka bir duvar daha gösterilmiştir (**RESİM 2**).⁵⁸ Bu parçanın ön yüzü batı tarafıdır. Bu birimle doğudaki duvar arasındaki platformun denizden yüksekliği 37,1, 35,65 ve 32,04 metre arasında değişir. Ön alt yapıya doğru yükseklik on metreden fazla azalır.⁵⁹ Meyer Plath ve Schneider, artık görülemeyen Çetik Pabuçlu Sokak'a komşu duvarların yüksekliğini 10-12 metre, Ebuzer Gaffar Camii'nin batısındaki duvarların yüksekliğini ise 11 metre olarak verirler.⁶⁰ Bu iki duvar arasındaki platform alt yapılar silsilesinin en yüksek noktasını oluşturmaktadır. Bu yükseklik aklımıza Khoniates'in "ὑψιρεφῆ δόμον" ve "ὑπερύψηλους δόμους" olarak adlandırdığı sarayı getirir.⁶¹ Khoniates tarafından sözü edilen yapı, Manuel I. Komnenos'un eşi Bertha von Sülzbach (Irene) için yaptırdığı birimdir. Khoniates'in çatıyla ilgili verdiği bilgi doğrultusunda mimarisiyle ilgili bazı yorumlar yapılmış ve yapı araştırmacılar tarafından Blakhernai kompleksinin değişik yerlerinde aranmıştır.⁶² Ancak eserlerinde antik kadim Yunan edebiyatına sık sık göndermeler yapan Bizanslı entelektüel Khoniates'in ne demek istediği kanımca bir filoloğun yardımıyla çözülmelidir. Khoniates'in eseriyle ilgili etraflı bir çalışma yapmış olan Johannes Niehoff-Panagiotidis'in bu makale için kaleme aldığı aşağıdaki dipnottan anlaşılacağı üzere, Khoniates'in tanımlaması metafordur ve yapıyla ilgili kesin bilgiler için paralel kaynaklara ihtiyaç vardır.⁶³

---

57 Tekfur Sarayı'nın şehir tarafında, alt kısımlarda yer yer gizli tuğla tekniği görülür. Bu durum, Palaiologoslar devrine ait sarayın yerinde Komnenoslara, özellikle Manuel'e ait bir yapı olabileceğini düşündürür. Gerçi gizli tuğla tekniği Palaiologoslar devrinde de zaman zaman kullanılmıştır, ama sarayın üst kısımlarında görülmez. Ayrıca Manuel Komnenos'a ait surların Tekfur Sarayı mıntıkasından başlıyor olması da bu görüşü desteklemektedir. Bunun dışında Mumhane surlarının hemen doğusunda Tekfur Sarayı yönüne (Adilşah Kadın Camii'ne) doğru giden bir duvar bulunmaktadır (bkz. Schneider 1951, Blakhernai Planı). Duvar bugün görünmez, ama Manuel devrinde Eğrikapı'nın güneyinde de saraya ait bazı birimlerin olabileceğini düşündürür.

58 Meyer-Plath ve Schneider 1943, s. 122'de bu parça A harfi ile işaretlenmiş ve 1200'e tarihlendirilmiştir.

59 Pervititch 2001, s. 173; Meyer-Plath ve Schneider 1943, s. 87-88; krş. Müller-Wiener 1977, s. 302, resim 344.

60 Meyer-Plath ve Schneider 1943, s. 122.

61 Khoniates 1975, s. 271.44 ve s. 544.12.

62 Krş. Asutay-Effenberger 2007, s. 122, dipnot 534.

63 "Niketas Khoniates eserinde Blakhernai Sarayı'nda bulunan bir birim için ὑψιρεφῆ δόμον (s. 271, 44) ve ὑπερύψηλους δόμους (s. 544, 12) tanımlamalarını kullanır. Her iki tanım da edebidir. Sübstantif olarak δόμος şiirseldir. Antik metinlerde ise sıfat olarak (Xenophon, *Anabasis* 3.5.7; Arrian, *Anabasis Alex.* 1.5.12) dağ anlamında kullanılır. Khoniates tarafın-

Geç devre ait kaynaklarda "aşağıdaki saray" ifadesi de göze çarpar.[64] Bu bir metafor gibi görünmemektedir. Hemen başka bir soru akla gelir: Bu fark neye göre belirlenmiştir? Eğrikapı'nın kuzeyinde, değişik seviyelerde yükselen saray birimlerine göre mi, yoksa bir tepe üzerinde bulunan ve muhtemelen Blakhernai kompleksine dahil olan Tekfur Sarayı'na göre mi? Bu sorunun aydınlatılması ayrı bir araştırma gerektirmektedir. "Aşağıdaki Saray"a ait bir kapı, Ruth Macrides'in makalesinde belirttiği gibi Theotokos Kilisesi civarında olmalıdır.[65] Kaynaklarda sözü geçen, özellikle Khoniates'in bahsettiği Saray'a ait başka ana ve yan kapıların ise bugün artık ne sayısının ne de yerlerinin belirlenmesi mümkündür.[66] Ancak Khoniates'in bir pasajında en azından bir kapının aşağı yukarı konumu hakkında bir ipucu bulunur: 1200 yılında İoannes Aksuchos Komnenos'un İmparator III. Aleksios'a (1195-1203) karşı başlattığı isyanla ilgili satırlarda, İoannes'in yakalanıp öldürülmesinden hemen sonra cansız gövdesinin Blakhernai Sarayı'nın güney kapısının önüne koyulduğunu ve imparatorun bu cansız bedeni saray binalarından birinin penceresinden seyrettiğini yazar.[67] Schneider'in de kabul ettiği gibi, bugün Eğrikapı'ya uzanan cadde ufak değişikliklerle eski Bizans caddesinin devamıdır.[68] Khoniates'in sözünü ettiği kapı, sarayın bugünkü Yatağan Yokuşu'nun köşesinden batıya kıvrılan duvar parçası üzerinde, Eğrikapı'ya uzanan caddede bulunuyor olmalıdır.[69]

Blakhernai Sarayı'nda gerçekleşen birçok olay ve seremoni Macrides'in bu kitaptaki makalesinde etraflı olarak ele alınmış, sarayın özellikle Palaiologoslar dönemindeki rolüne değinilmiştir. Kaynaklarda sözü edilen geç devir eklerinin konumları da şimdiki topografik şartlarda pek tespit edilemez gözükmektedir. Kompleksin batısında yükselen birkaç birim ise Komnenoslardan sonra da birtakım binaların

---

dan kullanılan ilk tanım açıkça Homeros'a gönderme yapar, ki bu, kontekste (krş. δ 179, manc., app. van Dieten; ayrıca bkz. van Dieten, app. s. 40 ve 48'e ait ekler), daha doğrusu Andronikos'un Odysseus olarak stilize edilmesine uygun bir kullanımdır (krş. Gaul 2003, s. 623-660). Bu tanımlamadan yola çıkarak arkeolojik bir yargıya varmak bana son derece problemli gözükmektedir." Johannes Niehoff-Panagiotidis'e bu notu için içtenlikle teşekkür ediyorum.

64 Kaynaklar için bkz. Macrides'in bu kitaptaki makalesi, dipnot 52.
65 Bkz. Macrides'in bu kitaptaki makalesi, s. 319.
66 Khoniates 1975, s. 440.86.
67 Khoniates 1975, s. 527.71-72 ve s. 528.73-76.
68 Schneider 1951, s. 96.
69 Buna rağmen alt yapının Eğrikapı'ya kadar uzandığı düşünülemez. Çünkü Eğrikapı'nın önündeki alan yukarıda da belirtildiği gibi askeri amaçla kullanılmıştır ve bu bölgede surlara hemen komşu bir alt yapı da mevcut değildir.

surlara entegre edilmeye devam ettiğini gösterir. Bunlardan biri, İsaakios Angelos kulesi olarak adlandırılan ve "ön alt yapı"nın hemen önüne inşa edilmiş olan 14 no'lu kuledir (RESİM 1, 2).[70] Khoniates'in verdiği bilgileri hatırlatır, ki yazara göre İmparator İsaakios II. Angelos (1185-1195/1203-1204) hem Blakhernai Sarayı'nın savunmasına katkıda bulunacak hem de kendisine ikamet etme olanağı sağlayacak bir kule belvedere yaptırmış, inşasında da yoğun olarak devşirme malzeme kullanmıştır.[71] Şehir tarafından Blakhernai Sarayı'nın diğer parçalarına bağlanan yapının orijinalde ön ve yan cephelerinde konsol olarak kullanılmış devşirme sütunlara oturan balkonları olduğu bellidir. Kuzey cephe, önüne inşa edilmiş daha geç bir kuleden ötürü bugün görünmemektedir. 14 no'lu kuleye ait olması gereken bir kitabe daha sonra buna güneyden komşu 13 no'lu kulede devşirme olarak kullanılmıştır; İsaakios II. Angelos'un adını ve 1186/87 tarihini verir.[72] Bu kulenin yapılmasıyla Blakhernai Sarayı batıya doğru biraz daha kaydırılmış, neredeyse Leo duvarlarıyla aynı hizaya gelmiştir.

Surlara benzer eklerin Palaiologoslar devrinde de yaptırıldığı görülür: 14 no'lu kuleye kuzeyden komşu kulenin dışında, 13 no'lu kule de geç Bizans dönemi yapısıdır ve şüphesiz belvedere olarak kullanılmıştır (RESİM 1, 17).[73]

Özetle, Blakhernai surları zaman içinde saray kompleksinin mekânları konumuna gelmiş, yeni eklerle de saray batıdan Komnenoslar dönemi hattının dışına taşmıştır. Kısa bir süre önce yazdığım bir makalede surlara entegre edilmiş bazı kuleleri belli bir yaşam tarzıyla ilişkilendirmiş ve bu binaların birer seyran köşkü olarak inşa edildiğine değinmiştim.[74] Böyle bir fonksiyonları olduğu kesindir.[75] Ancak barış zamanlarında seyran köşkü olarak kullanılan bu yapılar, savaş durumlarında Bizans ordusunun başkomutanı olan imparatora tarla tarafında cereyan eden olayları izleme ve ordusuna buradan doğru taktik verebilme olanağı sunmaktadır.[76] Benzer durum "14 Metre Duvar" üzerindeki belvedere ve batıdaki diğer alt yapılar üzerinde yükselen binalar için de söz konusudur.

---

70 Meyer-Plath ve Schneider 1943, s. 114-117.
71 Khoniates 1975, s. 442.38-44.
72 Kitabe için bkz. Meyer-Plath ve Schneider 1943, s. 140, no. 60.
73 Krş. dipnot 41.
74 Asutay-Effenberger 2008, s. 169-184.
75 Balkonlarla ilgili bir yorum için bkz. Macrides'in bu kitaptaki makalesi, s. 331-332.
76 Başka bir Palaiologos kule belvedere'si Theodosios surlarının en güney ucunda yükselmektedir. Çok büyük ihtimalle İmparator İoannes V. Palaiologos tarafından inşa edilmiş olan ve "Poliknion" olarak anılan kompleksin parçasıdır. Bu konuyla ilgili bir tartışma için bkz. Asutay-Effenberger 2007, s. 110-117.

RESİM 17 Kule No. 13, batıdan. Kaynak: Yazarın fotoğrafı.

Yüzyıllar içinde, doğal afetler, iç karışıklıklar ve maddi olanaksızlıklar neticesinde alelacele tamir edilen surlar ve saray, Bizans'ın son dönemine doğru eski ihtişamını kaybetmiştir.[77] 1453 yılından önce ise Blakhernai bölgesinde imparator ailesinin oturabileceği tek bir birim kalmıştır. Geç devre ait birçok görsel kaynak ve İstanbul'un fethini anlatan birçok kronik, artık bir tek imparator sarayından

---

77 Bkz. Tinnefeld 2000, s. 277-285.

RESİM 18 Tekfur Sarayı, kuzey. Kaynak: A. Effenberger'in fotoğrafı.

bahseder. Bu birim, Osmanlı metinlerinde "Tekfur Baladı" olarak geçen Tekfur Sarayı'dır.[78] Bizans imparatorlarının 4. yüzyılda Marmara Denizi kıyısındaki Büyük Saray'da başlayan serüvenleri zaman içinde Blakhernai Sarayı'nda devam etmiş ve Manuel Komnenos surlarına komşu bu küçük yapıda son bulmuştur (**RESİM 1, 18**). Ancak Blakhernai bölgesiyle ilgili tartışmalar, bölgede geniş çaplı bir arkeolojik araştırma yapılmadan son bulmayacak gibi görünmektedir.

---

78 Tekfur Sarayı'nın Bizans'ın son yıllarındaki fonksiyonu ve bu konudaki kaynaklar için bkz. Asutay-Effenberger 2007, s. 134-142.

Kaynakça

Anna Komnena (1969) *The Alexiad of Anna Comnena*, çev. E.R.A. Sewter. Londra: Penguin.

_____ (2001) *Anna Komnene, Alexias* (Corpus Fontium Historiae Byzantinae, Ser. Berolin. 40), der. D.R. Reinsch ve A. Kambylis. Berlin, New York: de Gruyter.

Asutay-Effenberger, N. (2007) *Die Landmauer von Konstantinopel-Istanbul: Historisch-topographische und baugeschichtliche Untersuchungen*. Berlin, New York: de Gruyter.

_____ (2008) "Spuren seldschukischen Lebensstils in der imperialen Architektur Konstantinopels im 12. Jahrhundert," *Grenzgänge im östlichen Mittelmeerraum: Byzanz und die islamische Welt vom 9. bis 13. Jahrhundert* içinde, der. U. Koenen ve M. Müller-Wiener, s. 169-184. Wiesbaden: Ludwig Reichert.

Asutay-Effenberger, N. ve Effenberger, A. (2008) "Eski İmaret Camii, Bonoszisterne und Konstantinsmauer," *Jahrbuch der Österreichischen Byzantinistik* 58: 13-44.

_____ (2009) "Zum Verlauf der Konstantinsmauer zwischen Marmarameer und Bonoszisterne und zu den Toren und Straßen," *Jahrbuch der Österreichischen Byzantinistik* 59: 1-36.

Bardill, J. (2006) "Visualizing the Great Palace of the Byzantine emperors at Constantinople: Architecture, text and topography," *Visualisierung von Herrschaft* içinde, der. F.A. Bauer = *Byzas* 5: 5-48.

Dirimtekin, F. (1959) "Les fouilles dans le région des Blachernes," *Türk Arkeoloji Dergisi* 9: 8-31.

Gaul, N. (2003) "Andronikos Komnenos, Prinz Belthandos und der Zyklop: Zwei Glossen zu Niketas Choniates' Chronikē diēgēsis," *Byzantinische Zeitschrift* 96: 623-660.

Grélois, J.-P. (2007) *Pierre Gilles: Itinéraires byzantins* (Collège de France – CNRS Monographies 28). Paris: Association des Amis du Centre d'Histoire et Civilisation Byzance.

Gyllius, Petrus. (1561) *Petri Gylii De topographia Constantinopoleos et de illius antiquibatitus libri quatuour*. Lyon: [tarih bilinmiyor].

Janin, R. (1964) *Constantinople Byzantine: Développement urbain et repertoire topographique*, 2. baskı. Paris: Institut Français d'Etudes Byzantines.

_____ (1969) *Le géographie écclesiastique de l'Empire Byzantin, première partie: Le siege de Constantinople et le Patriarchat œcuménique, vol. 3: Les églises et les monasteries*, 2. baskı. Paris: Centre National de la Recherche Scientifique.

Khoniates, Niketas. (1975) *Nicetae Choniatae Historia* (Corpus Fontium Historiae Byzantinae, Ser. Berolin. 11), der. A. van Dieten. Berlin, New York: de Gruyter.

Macrides, R. (2002) "Constantinople: The Crusaders' Gaze," *Travel in the Byzantine World* içinde, der. R. Macrides, s. 193-212. Aldershot: Ashgate.

Magdalino, P. (1993) *The Empire of Manuel I Komnenos, 1143-1180*. Cambridge: Cambridge University Press.

_____ (2007) *Studies on the History and Topography of Byzantine Constantinople*. Aldershot: Ashgate.

Mango, C. (1986) "The Fourteenth Region of Constantinople," *Studien zur spätantiken und byzantinischen Kunst: Friedrich Wilhelm Deichmann gewidmet* içinde, der. O Feld ve U. Peschlow, s. 1-5. Bonn: Rudolf Habelt.

_____ (2002) "Le Mystère de la XIVe Région de Constantinople," *Mélanges Gilbert Dagron* (Travaux et Mémoires 14) içinde, s. 449-455. Paris: Association des Amis du Centre d'Histoire Civilisation de Byzance.

Meyer-Plath, B. ve Schneider, A.M. (1943) *Die Landmauer von Konstantinopel, bearbeitet im Auftrag der Deutschen Forschungsgemeinschaft*, cilt 2 (Denkmäler antiker Architektur 8). Berlin: de Gruyter.

van Millingen, A. (1899) *Byzantine Constantinople: The Walls of the City and Adjoinig Historical Sites*. Londra: John Murray.

Müller-Wiener, W. (1977) *Bildlexikon zur Topographie Istanbuls: Byzantion-Konstantinupolis-Istanbul bis zum Beginn des 17. Jahrhunderts*. Tübingen: Ernst Wasmuth.

Notitia. (1962) *Notitia dignitatum accedunt notitia Urbis Constantinopolitanae et laterculi provinviarium*, der. O. Seeck. Frankfurt am Main: Klostermann. Orijinal edisyon, Berlin: Weidmann, 1876.

Odo de Deuil. (1948) *De profectione Ludovici VII in orientem*, der. ve çev. V.G. Berry. New York: Columbia University Press.

Özgümüş, F. ve Dark, K. (2003) İstanbul *Ayvansaray ve Balat Semtlerinde Yapılan Arkeolojik Yüzey Araştırması ile Yedikule'de Yapılan Ek Çalışmalar*. Londra: Late Antique Research Group.

Pervititch, J. (2001) *Jacques Pervititch Sigorta Haritalarında İstanbul/Istanbul in the Insurance Maps of Jacques Pervititch*. İstanbul: Axa Oyak.

Psellos [Psellus], Michael. (1926, 1928) *Chronographie*, 2 cilt, der. E. Renauld. Paris: Sociéte d Édition "Les Belles Lettres".

_____ (1966) *Fourteen Byzantine Rulers: The Chronographia of Michael Psellus*, çev. E.R.A. Sewter. Londra: Penguin.

Schneider, A.M. (1951) "Die Blachernen," *Oriens* 5: 82-120.

Skylitzes, Johannes. (1973) *Ioannis Scylitzae Synopsis Historiarum* (Corpus Fontium Historiae Byzantinae, Se. Berolin. 5), der. I. Thurn. Berlin, New York: de Gruyter.

Tinnefeld, F. (2000) "Der Blachernenpalast in Schriftquellen der Palaiologenzeit," *Studien zur Byzantinischen Kunst und Geschichte: Festschrift für Marcell Restle* içinde, der. B. Borkopp ve T. Steppan, s. 277-285. Stuttgart: Anton Hiersemann.

Trapp, E. (çev., 1986) *Militärs und Höflinge im Ringen um das Kaisertum: Byzantinische Geschichte von 969 bis 1118 nach der Chronik des Johannes Zonaras* (Byzantinische Geschichtsschreiber 16), çeviren, sunan ve açıklayan E. Trapp. Graz, Viyana, Köln: Styria.

Zonaras, Johannes. (1841-44, 1879) *Epitome Historiarum*, cilt 1-2, der. T. Büttner-Wobst; cilt 3, der. M. Pinder. Bonn: Weber.

Bizans Döneminde Konstantinopolis İçkalesi

RUTH MACRIDES

Bin yılı aşkın bir süre Bizans İmparatorluğu'nun başkenti olan Konstantinopolis hep tek bir imparatorluk sarayıyla, Byzantion şehrini yeniden kurup ona kendi adını veren imparator I. Konstantinos'un (s. 324-37) Büyük Saray'ı ile özdeşleştirilir. Şehrin güneydoğu ucundaki bu saray, çok yakınında yer alan ve onunla bağlantılı olan katedral ve hipodromla birlikte şehrin törensel merkezini meydana getirmekteydi. Burada, devletin başındaki imparator ile kilisenin başındaki patrik birbirlerine komşu olarak yaşardı. Ayasofya ile Hipodrom, biri üstü örtülü bir geçit,[1] diğeri de saraydaki sarmal bir rampanın tepesinde bulunan imparator locası *kathisma* sayesinde sarayla irtibat halindeydi.[2] İmparator *kathisma*'dan baktığında şehir halkıyla yüz yüze gelirdi.

Büyük Saray her ne kadar Konstantinopolis'e dair modern literatürü tekeline almışsa da, imparatorluğun sonraki yüzyıllarından kalma kaynaklarda giderek artan bir sıklıkla Konstantinopolis'in kuzeybatı köşesinde, yani Büyük Saray'ın çaprazında ve şehrin ucunda yer alan Blakhernai Sarayı'nın adı geçmektedir.[3] 13. yüzyıldan başlayarak, 15. yüzyılda imparatorluğun sona erdiği tarihe kadar, bu saray imparatorların başlıca ikametgâhı oldu ve genellikle "saray" anlamında kullanılan terimlerle –*palation, anaktora, basileia*– anılsa da, hem Bizanslı hem de yabancı yazarlar tarafından "kale" (*phrourion*), "hisar" (*kastelion, chatel*) ve "içkale" (*kala*) olarak da adlandırıldığı oldu.[4]

---

1 Mango 1959, s. 87-91.
2 *Kochlias* için bkz. Guilland 1969, s. 465.
3 Müller-Wiener 1977, s. 223-4 ve s. 302'deki harita; Janin 1950, s. 124-130; Schneider 1951, s. 82-120, özellikle 99-101; Runciman 1975, s. 277-83; Tinnefeld 2000, s. 277-85; Magdalino 2007, I. inceleme, s. 76-84; XII. inceleme, s. 1-14.
4 İçkale için bkz. İbn Battuta 1962, c. 2, s. 508: "Tepenin üstünde küçük bir içkale ile sultanın sarayı yer alır"; *phrourion* için bkz. Kantakuzenos 1828-32, c. 2, s. 611.21-2; *kastelion* için bkz. Kantakuzenos 1828-32, c. 2, 612.1; Gregoras 1829-55, c. 3, s. 242.23; hisar için bkz. Villehardouin 1938, c. 2, §250, s. 52.

Şimdiye dek iki saray arasındaki ilişki pek incelenmediği gibi, Blakhernai'in hangi sebeplerle 13. yüzyılda imparatorların ana ikametgâhı haline geldiği ve bunun imparatorun şehirdeki varlığı ile törenlere nasıl bir etkisinin olduğu pek az araştırılmıştır. Kuzeybatı köşesinde imparatorluk gücünü teşhir etmeye imkân veren hiçbir anıt yoktu: Ne oyunlar veya at yarışları için açık alanlar, ne de büyük bir kilise mevcuttu. Gerçi sarayın yakınında içinde Bakire Meryem'in başörtüsünün saklandığı bir kutsal kalıntı şapeli bulunan ünlü Theotokos Blakhernitissa kilisesi vardı;[5] ancak bu kilise, İoannes Kantakuzenos'un da orada taç giymek durumunda kaldığında fark ettiği üzere, nispeten küçüktü ve kalabalık grupların toplanmasına uygun değildi. Kantakuzenos'un çağdaşı Gregoras'ın belirttiği gibi, "ikinci en iyiydi" ancak.[6] Aslında, imparatorların şehrin törensel merkezinden uzaklaşarak şehrin kuzeybatı köşesine taşınmaları, şehre sırtlarını dönüp bir içkale-sarayın duvarları ardına çekildikleri izlenimini veriyor. Yazılı kaynakların sarayın içindeki imparatorun dışarıda cereyan eden bir sahneyi izlemesine dair betimlemeleri de bu tecrit izlenimini güçlendirmektedir; seyredilen sahne ister Konstantinos Monomakhos'un saltanatında tahta el koyan Leo Tornikes'in dizdiği taburlar,[7] ister III. Aleksios'un Dördüncü Haçlı Seferi sırasında 1203'te izlediği bir çarpışma,[8] ister VIII. Mikhail'in 1281'de saltanatının sonunda yaptığı zafer kutlamasında esirlerin resmigeçidi,[9] isterse imparatorluğun son onyıllarında bir düğün kutlaması vesilesiyle düzenlenen turnuva olsun.[10] Bu metinler, ikametgâh olduğu kadar bir müstahkem mevki ve gözlem kulesi işlevi de gören bir sarayı betimliyor gibidir.

Blakhernai Sarayı, görünümü, Büyük Saray'la ilişkisi, hem bir ikametgâh ve kale hem de tören mekânı olarak başkent içindeki işlevi halen araştırılmaya muhtaç konulardır. Her iki saraya ilişkin etraflı arkeolojik incelemelerin yapılmamış oluşu

---

5 Meryem Ana'ya hürmet göstermek için önemli bir merkez olan bu bazilika hakkında bkz. Janin 1969, s. 161-70; başörtüsü için bkz. Weyl Carr 2001, s. 59-93; Shoemaker 2008, s. 53-74. Bakire Meryem'in Blakhernai'daki "giysi parçası"nın ne olduğu 10. veya 11. yüzyıla kadar netleşmiş değildi. Ayrıca bkz. aşağıda n. 55.

6 Gregoras 1829-55, c. 2, s. 787.15-788.6; Kantakuzenos 1828-32, c. 3, s. 29.14-30.3.

7 IX. Konstantinos "sarayın çıkma bir odasında imparatoriçelerle birlikte (ἐπὶ τινος προβεβλημένου τῶν ἀνακτόρων οἰκήματος) oturmaktaydı"; Psellos 1926-8, c. 2, VI. Kitap, 109.1-4 (s. 21).

8 III. Aleksios "muazzam yükseklikteki binalarda oturup olan bitenleri seyrediyordu"; Khoniates 1975, s. 544.9-13.

9 "Yukarıda [...] Blakhernai Sarayı'nda duruyordu"; Pakhymeres 1984-2000, c. 2, s. 651.8-24.

10 Bertrandon de la Brocquière'e göre, imparator ile imparatoriçe "pencerelerdeydi." Bkz. Kline 1988, s. 106.

nedeniyle,[11] bu yapılara dair en iyi rehberleri onlarla ilgili olarak yazılmış teşrifatnameler teşkil etmektedir. Büyük Saray'a dair *Merasimler Kitabı* uzun süredir ilgi görüp inceleniyor. Tören protokolleri ile anlatımlarının geniş bir koleksiyonu olan bu kitap, 10. yüzyılda imparator VII. Konstantinos Porphyrogenetos'un öncülüğünde derlenmiş ve onun ölümünden sonra da genişletilmişti.[12] 19. yüzyıl başlarında Bonn'da yapılan basımında 807 sayfa tutan bu muazzam eser,[13] sarayın içindeki resmigeçit güzergâhlarını ortaya koyarken, içlerinde törenlerin düzenlendiği ve imparatorluk sarayı mensuplarının gündelik rutin içinde imparatorun huzuruna çıkmaya veya başka toplantılara giderken içinden geçtikleri oda ve mekânları isim isim belirtmektedir. Tören protokolleri ile anlatımlarının birçoğu, törenin diğer herhangi bir unsurundan ziyade saraydaki lokasyonlara vurgu yapar.[14] Böylece, *Merasimler Kitabı* ve diğer yazılı kaynakların yardımıyla, tarihçiler geniş ve dağınık Büyük Saray kompleksi içindeki oda ve mekânların birbirleriyle ilişkisini bir ölçüde yeniden kurabildiler.[15]

Blakhernai Sarayı'nın rekonstrüksiyonu için de benzer bir yaklaşım benimsenebilir. Bu sarayın teşrifatnamesi olan, 14. yüzyıl ortalarında yazılmış ve yazarı araştırmacılarca Pseudo-Kodinos olarak bilinen bir metin, sarayın şehrin yaşantısındaki önemini daha iyi anlamak amacıyla kullanılabilir. Pseudo-Kodinos'un metni Blakhernai Sarayı'nı 14. yüzyılın ilk yarısındaki şekliyle anlatır. Metinde sözü edilen son imparator, uzun bir iç savaşın ardından tahta geçen VI. İoannes Kantakuzenos'tur (s. 1347-54). Editörü Jean Verpeaux tarafından *Saray Makamları Üzerine Bir Risale* olarak adlandırılan eser, saray görevlilerini hiyerarşik düzenlerine göre sıralayarak kıyafetlerini betimler, görevlerini ana hatlarıyla açıklar ve Noel arifesinden başlayarak saraydaki törenleri bir bir anlatır.[16] Törenleri tasvir ederken, Pseudo-Kodinos ritüellerin yerine getirildiği mekânlara değinir. Üç odadan bahseder.

---

11 Büyük Saray'da 1935-8 ve 1952-4 yıllarında kazı yapılmıştır. Bkz. Brett, Martiny ve Stevenson 1947; Talbot Rice 1958. Blakhernai için bkz. Dirimtekin 1959, s. 18-31.

12 Bury 1907, s. 209-27, 417-38; Featherstone 2004, s. 113-21; Moffatt 1995, s. 377-8; Kresten, Holdon 1990 içinde, s. 37, n. 8; Sode 2010.

13 Reiske 1829, I. ve II. Kitap: c. 1; yorum notları c. 2; Vogt 1967, c. 1-2: yalnızca I. Kitap'ın Fransızca çevirisi ile yorumu.

14 Featherstone 2006, s. 47-61.

15 Bardill 2006, s. 5-48; ana odaların birbirlerine göre pozisyonlarını gösteren bir diyagram için bkz. s. 9.

16 Pseudo-Kodinos 1966.

Bunlar hem bir huzura kabul/taht odası hem de yemek odası işlevi gören *triklinos*, imparatorun özel dairesi olan *kellion* veya *kellia* ve saray kilisesi olan *ekklesia*'dır.[17]

Pseudo-Kodinos'un anlattığı törenlerin az sayıda odada ve sıkışık mekânlarda icra edilmesi dikkat çekicidir, özellikle de Büyük Saray'ı meydana getiren dağınık kompleksle karşılaştırıldığı zaman. Zira Büyük Saray'da törenlerin büyük bir bölümü, Magnaura, Consistorium, On Dokuz Sedirli *Triklinos* gibi tek tek adları bilinen çok sayıda mekân ve odadan geçen karmaşık güzergâhları izlerdi.[18] Ancak Clarili Robert'in Blakhernai Sarayı tasviri, bu sarayın da bir zamanlar tıpkı Büyük Saray gibi geniş ve dağınık bir kompleks olduğuna işaret ediyor. Konstantinopolis'in 1204'teki fethinden sonra kaleme aldığı metinde Robert, Blakhernai'in "birbiriyle bağlantılı 200 veya 300 odadan" oluştuğunu ve 20 şapelinin olduğunu söyler. Büyük Saray'a dair tasviri de bunun aynısıdır. Yalnızca oda ve şapellerin sayısı bakımından diğerinden ayrılır: 500 oda ve 30 şapel.[19] Eğer Robert'in ifadesi Blakhernai'in 1204'teki gerçek durumunu yansıtıyorsa, 14. yüzyılın ortalarında sarayın küçülmüş halde olduğu muhakkak demektir. 14. yüzyılın siyasi ve iktisadi gelişmeleri, Türklerin zaferler kazanarak ilerleyişi, iki iç savaş ve veba, bu sonuca varmayı destekleyecek yeterli gerekçelerdir.

1203'te Haçlıların gelişi sırasında Blakhernai Sarayı'nın nasıl bir yer olduğunu belirlemeye yardım edebilecek olan kaynak, 14. yüzyıl ve daha öncesine ait yazılı kaynaklarla birlikte Pseudo-Kodinos'tur. Onun avlu (*aule*) tasviri sarayın yapısına dair ipucu verir. Pseudo-Kodinos sarayın içinde yalnızca üç odadan bahseder, onları da genel yaftalarla anar; ama sarayın avlusuna gelince, çok daha fazla sayıda yapı ve nesneden adlarıyla ve daha spesifik bir şekilde söz eder. Avludaki bu yapı ve nesneler başka kaynaklarda da belirtildiğinden, bunları tarihlendirmek ve sarayın bu bölümünü belirli bazı imparatorlarla ilişkilendirmek mümkündür. Böylece var olduğu devrin son yüzyıllarında, imparatorların ana ikametgâhı olduğu dönemde saraydaki yaşamın bir resmi ortaya konabilir.

Avlu, Pseudo-Kodinos'un aktardığı Noel, Epifani ve Paskalya'dan önceki Pazar teşrifatları ile imparatorun taç giydiği günün ertesinde *epikombia*'nın yani para

---

17 Magdalino 2007, XII. inceleme, s. 1-14, Pseudo-Kodinos'un törenlerinin gerçekleştiği fiziksel mekâna dair şimdiye dek yapılmış ilk ve tek çalışmadır. *Triklinos* için bkz. Pseudo-Kodinos 1966, s. 189.19-20; *kellion* için bkz. Pseudo-Kodinos 1966, s. 189.9; 190.18-9; 224.19; *ekklesia* için bkz. Pseudo-Kodinos 1966, s. 195.9-10; 197.4-6; 221.8; 224.8-9.
18 Featherstone 2007, s. 81-112; odalar ve adları için bkz. Bardill 2006, s. 9.
19 Clarili Robert 2005, §83 (Blakhernai); §82 (Büyük Saray).

keselerinin dağıtılması işleminin yapıldığı mekândır.[20] Bu törenlerle bağlantılı olarak, Pseudo-Kodinos avluya bakan ve içinde Aziz Georgios'un (Aya Yorgi) bir duvar ikonu bulunan Tanrı'nın Annesi Nikopoios'a ("Zafer Getiren") adanmış bir şapelden bahseder.[21] Ayrıca imparatorun dairesini kiliseye bağlayan ve Paskalya'dan önceki Pazar töreni için merkezi öneme sahip yükseltilmiş bir galeri veya geçit olan *peripatos*[22] ile Noel ve Epifani bayramlarında kullanılan dört sütunlu yüksek bir yapı olan *prokypsis*'ten söz eder.[23] Ayrıca saray alanına girişi sağlayan bir kapıdan da –*Ta Hypsela*, "Yüksek Yerler"– bahsetmektedir.[24]

Bakire Meryem Nikopoios şapelinin önündeki Aziz Georgios ikonu, sarayın 14. yüzyıldaki hali ile 13. yüzyıldaki saray yaşantısı arasında bağlantı kurar. İkonun II. Andronikos (s. 1282-1328) devrinde geçen hikâyesi Nikephoros Gregoras tarafından aktarılmıştır. Gecenin bir vakti, sarayın içinde veya etrafında hiçbir at veya bekçinin olmadığı bir sırada, II. Andronikos bir at kişnemesi işitir. Etrafta hiçbir at olmadığından çevresindekilere bu sesin ne olduğunu sorar; onlar da bunun şehit Georgios'un sürdüğü ve "vaktiyle" muhteşem sanatçı Paulos'un yaptığı atın sesi olduğu cevabını verirler. Bunun üzerine Andronikos sözlü olarak aktarılan bir hikâyeyi hatırlar: Latin imparatoru II. Baudouin (s. 1228-61) başkenti Andronikos'un babası VIII. Mikhail Palaiologos'a (s. 1259-82) kaybetmek üzereyken aynı at aynı şekilde kişnemiştir.[25]

Bu anlatıdan, hem Latin imparatoru II. Baudouin'in hem de ondan sonra II. Andronikos'un Blakhernai Sarayı'nın aynı kısmında, Aziz Georgios'un atının duyulabileceği kadar avluya yakın binalarda yaşadığı anlamı çıkarılabilir.[26] Ayrıca, Aziz Georgios ikonu ve belki onun duvarına resmedildiği şapel ikonu yapan sanatçı Paulos'a referansla tarihlendirilebilir ki bu kişinin 12. yüzyıl sonlarında Evergetis

---

20 Pseudo-Kodinos 1966, s. 197.24-6 (Noel); s. 226.22-228.3 (Noel, Epifani, Paskalya'dan önceki Pazar); s. 271.6-10 (*epikombia* dağıtımı).
21 Pseudo-Kodinos 1966, s. 227.12-5, s. 227.28-228.1, s. 271.6-10.
22 Pseudo-Kodinos 1966, s. 224.6-9, 11.
23 Pseudo-Kodinos 1966, s. 197.25-6.
24 Pseudo-Kodinos 1966, s. 231.9-10; s. 243.23-244.1, 5-6. Pseudo-Kodinos saray avlusunun giriş kapısı ile *Ta Hypsela*'yı birbirinden ayırır. Ta Hypsela'nın "dışarıda" (ἐκτός) olduğunu belirtir (Pseudo-Kodinos 1966, s. 231.6-10); bu ifade "Yüksek Yerler"in sırf avlu kapısı olmadığına, saray alanının dış giriş kapısı olduğuna işaret eder. Bkz. aşağıda s. 324.
25 Gregoras 1829-55, c. 1, s. 303.11-305.6. Hem bu hikâye hem de kehanet niteliğinde kişnemelere dair başka örnekler için bkz. Costanza 2009, s. 1-24.
26 Gregoras 1829-55, c. 1, s. 304.24-305.3.

Manastırı'nın çeşmesinin üzerindeki kubbenin iç tarafını resimlemesiyle bilinen Otrantolu Paulos olduğu öne sürülmüştür.[27]

Konstantinopolis'in son Latin imparatoru II. Baudouin'in Blakhernai Sarayı'nda yaşadığı başka kaynaklardan da biliniyor. Georgios Pakhymeres'in belirttiğine göre, Baudouin 1261 Temmuz'unda şehirden kaçtığı zaman Blakhernai Sarayı'ndan Büyük Saray'a geçmiş, oradan da bir gemiye binmişti.[28] Baudouin'in Blakhernai'da oturduğuna dair başka göstergeler de Pakhymeres'in sarayın 1261'deki durumuyla ilgili ifadelerinden çıkmaktadır. VIII. Mikhail şehri 57 yıllık Latin yönetiminin ardından yeniden Bizans'a kattığı vakit, önce Büyük Saray'a yerleşmiş, bu esnada da Blakhernai temizlenip yenilenmişti, zira bu sarayın duvarları "duman ve İtalyan isiyle" kaplanmış vaziyetteydi. Pakhymeres sarayın bu halini Baudouin ve birlikte yemek yediği misafirlerinin kaba saba ve yontulmamış oluşuna bağlar.[29]

O halde, her ne kadar II. Baudouin'in Blakhernai'da yaşadığına dair göstergeler mevcutsa da, onun ana ikametgâhının burası olduğu kesin değildir.[30] Halbuki, 1204'e kadar Büyük Saray'ın bu işlevi gördüğüne şüphe yoktur. Latinlerin fethinden önceki yüzyıllarda her çiçeği burnunda ve güvensiz imparatorun bu sarayı işgal etme kaygısı buna bir kanıt olarak görülebilir; aynı şey tahtı ele geçirmeyi deneyenler için de söz konusuydu.[31] Aynı şekilde, Mart 1204'te Haçlılar tarafından yapılan imparatorluğu paylaşma planında her iki saray da seçilecek Latin imparatoruna tahsis edildiği halde,[32] imparator seçileceğini uman Latin ordusu lideri Bonifacio del Monferrato şehri fetheder etmez Büyük Saray'a yerleşmiş,[33] I. Baudouin'in de 1204'te taç giymesinden sonra kaldığı yer yine Büyük Saray olmuştu.[34]

VIII. Mikhail ve halefleri Blakhernai'ı ana ikametgâhları yaptılar. Mikhail'in aynı zamanda bu sarayı restore ettirdiği, o esnada da kendisinin Büyük Saray'da

---

27 Otrantolu Paulos için bkz. Magdalino ve Rodley 1997, VII. inceleme, s. 432-46, özellikle s. 434.

28 Pakhymeres 1984-2000, c. 1, s. 199.12-7. Ayrıca bkz. Baudouin'in "acele Büyük Saray'a gittiğini" bildiren Akropolites §85, s. 182.26-7.

29 Pakhymeres 1984-2000, c. 1, s. 219.5-9. Ayrıca bkz. Gregoras 1829-55, c. 1, s. 87.22-3; s. 88.12-4.

30 Tıpkı Bizans imparatorları gibi, Latin imparatorları da her iki sarayı kullanmaya ve yaşamlarını oralarda sürdürmeye devam ettiler. Her bir sarayın kilisesine de ruhbanlar atadılar. Bkz. van Tricht 2011, s. 257, 310.

31 Magdalino 1978, s. 111.

32 Tafel ve Thomas 1964, c. 1, s. 447: "palacium Blacherne et Buccam leonis." Villehardouin 1938, §234, s. 35-7.

33 Villehardouin 1938, §249, s. 51.

34 Clarili Robert 2005, §96-7; Villehardouin 1938, §263, s. 69-71.

kaldığı biliniyor. Bu restorasyon çalışmasının boyutları tartışmalıdır. Mikhail, Ayasofya ile ilgili 1272 tarihli fermanında (*khrysobullos*) bu çalışmaya değindiğinden, tarihçiler tamiratların "önemli boyutta" olduğunu düşünmektedir.[35] Tamirat ve yenileme işleminin tamamlanmasının 1261'den 1271'e kadar on yılı bulduğu sanılıyor. Ancak, en geç 1265 itibarıyla Mikhail'in saraya yerleşmiş bulunduğu veya saray odalarını kullanmakta olduğu açıktır. O yıl Aleksiakos *triklinos*'unda bir sinod toplamıştı. Patrik Arsenios imparatorla görüşmek için saraya at sırtında gelmiş, bundan kısa bir süre sonra da, 1265'te, patriklikten istifa etmişti.[36] O nedenle, VIII. Mikhail'in Blakhernai'da yaptırdığı iş on yıllık bir çalışmanın ima ettiği kadar geniş boyutlu değil gibi görünüyor.

Mikhail'in oğlu II. Andronikos'un ise, Blakhernai Sarayı'nın Gregoras'ın hikâyesinde geçen avluya yakın kısmında oturmakla kalmadığı, saraya yeni binalar da eklediği bilinmektedir. Nikephoros Ksanthopoulos *Kilise Tarihi* adlı eserinin önsözünde, dört sütun üzerinde yükselen "bir açıkhava platformu"nun yapımını Andronikos'a mal eder ki bu yapının Pseudo-Kodinos'tan bildiğimiz *prokypsis* olduğu düşünülebilir. Noel ve Epifani bayramlarında imparatorlar bu yüksek platformda, suni ışıkla aydınlatılmış halde gözükürlerdi.[37]

Yine bir başka binanın yapımı da Ksanthopoulos tarafından Andronikos'a atfedilmiştir:

> Ebat olarak çoğu [bina]dan daha büyüktür; güzellik ve sağlamlık bakımından da neredeyse hepsini geçer, çünkü müthiş bir aydınlık ve parıltıyla ışıl ışıldır. Zarif kapı ve portikleriyle, buraya her gün gelenleri adeta nezaketle karşılayıp selamlar.[38]

Bunun hangi bina olduğu kesin olarak bilinmemektedir; ancak Kantakuzenos ve Gregoras'ın eserlerinde geçen, II. Andronikos'un torunu III. Andronikos'un (s. 1328-41) emriyle hapsedildiği, Kantakuzenos'un annesinin de Savoylu Anna'nın naip yönetimi tarafından hapis tutulduğu yer ya burası ya da Andronikos'un yaptırdığı başka bir bina idi. Bu bina, II. Andronikos'un yaptırdığı *prokypsis* yapısının da bulunduğu avluda yer almaktaydı. Kantakuzenos *Tarih*'inde iktidara gelmesinden önceki iç savaş sırasında, annesinin Savoylu Anna'nın naip yönetimi tarafından sabık

---

35 Söz konusu *khrysobullos* için bkz. Zepos ve Zepos 1962, c. 1, s. 665. Mikhail'in restorasyon çalışmasına ilişkin bkz. Talbot 1993, s. 250-1; Ćurčić 2000, s. 11.
36 Pakhymeres 1984-2000, c. 2, s. 341.23-345.12; s.344, n. 1; tarih için bkz. Failler 1981, s. 160-4; karş. Tinnefeld 2000, s. 278 ve n. 10.
37 PG 145, kol. 585 B; Magdalino 2007, I. inceleme, s. 13. Pseudo-Kodinos için bkz. Pseudo-Kodinos 1966, s. 197.24-6.
38 PG 145, kol. 585 CD; Magdalino 2007, XII. inceleme, s. 13-4'te verilen çevirisi.

imparator II. Andronikos'un yaptırdığı bir saray binasına hapsedildiğini belirtir.[39] Gregoras ise bu hapis yeri hakkında daha fazla ayrıntı vermektedir. Kantakuzenos'un annesi "imparatorluk sarayının avlusunun ortasındaki" bir binada tutulmuştu ve buradan Noel arifesinde yeni taç giymiş V. İoannes "sarayın dış mekânında yer alan ve kendisinden önceki imparatorların o günde bulunmayı âdet haline getirdikleri yapıda" yerini aldığı sırada onu alkışlayan kalabalığı duyabiliyordu.[40] Bu pekâlâ II. Andronikos'un yıllar önce hapsedildiği bina olabilir, çünkü onun tutulduğu yer de saray avlusundaydı. Gregoras kadınların çamaşır yıkamak için akar sudan yararlanmak üzere istedikleri zaman avluya girmelerine izin verildiğini; eşek, at, inek, tavuk gibi civardaki hayvanların da özgürce avluda dolaşabildiğini yazar. Böylelikle, torunu yaşlı imparatoru aşağılayıp onunla alay etmiş oluyordu.[41]

Hasılı, Pseudo-Kodinos'un anlattığı törenlerin geçtiği avlu, bütün o 12. yüzyıl çağrışımlarıyla beraber 14. yüzyılın başka kaynaklarında da yer alır. Aynı avluda, II. Andronikos'un yaptırdığı ve üzerinde kendisinin ve V. İoannes (s. 1341-91) de dahil olmak üzere haleflerinin toplanan kalabalığa göründüğü *prokypsis* platformu bulunmaktaydı. Mevcut kanıtlar, bu avluya bakan bir bina veya binaların II. Baudouin'den V. İoannes'e kadar bir dizi imparatora ev sahipliği yapan sarayı teşkil ettiğini gösteriyor. Pseudo-Kodinos'un sözünü ettiği son imparator olan VI. İoannes Kantakuzenos'a (s. 1347-54) gelince, resim o kadar net değildir. 1347'de, iç savaşın sonunda yerleşmek üzere saraya geldiğinde, en iyi binalarda imparatoriçe Anna ile oğlu V. İoannes'in oturduğunu gördü:

> Yaşayabileceği uygun bir yer yoktu [...] imparatoriçe Anna imparatorluk yaşantısına yaraşır binalara çoktan yerleşmiş olduğundan, onu ve oğlu imparator İoannes'i oralardan çıkarmadı...[42]

Bunun yerine Kantakuzenos "sabık imparator Aleksios'un kocaman *triklinos*'unun yanındaki binalara, daha doğrusu viranelere" yerleşti.[43] Yani 11. yüzyıl sonunda I. Aleksios Komnenos tarafından yaptırılan ve Aleksiakos *triklinos*'u denen salonun yanında veya yakınında oturmaya başladı.[44] Aleksiakos sarayın Kantakuzenos'a ait olan kısmında yer alıyordu.[45] Bu *triklinos* Kantakuzenos'un taht odası olmuş

---

39 Kantakuzenos 1828-32, c. 2, s. 164.20-165.2.

40 Gregoras 1829-55, c. 2, s. 616.16-617.9.

41 Gregoras 1829-55, c. 2, s. 431.14-432.5.

42 Gregoras 1829-55, c. 2, s. 783.24-784.8 içerisinde 784.3-5'te; Magdalino 2007, XII. inceleme, s. 4'teki çevirisi.

43 Gregoras 1829-55, c. 2, s. 784.8-10.

44 Gautier 1971, s. 220; Magdalino 1993, s. 116.

45 Magdalino 2007, inceleme XII, s. 4'te öne sürülmüştür.

olabilir; 1351'de bir kilise konsiline başkanlık ederken bu geniş salonu kullandığı kesindir.[46] VIII. Mikhail ve I. Andronikos'un sırasıyla 1265 ve 1294'te topladığı sinodlar da *triklinos*'ta yapılmıştı.[47] Komnenoslardan kalma bu salon demek ki en azından VIII. Mikhail döneminden beri sarayın sürekli kullanılan bir kısmında yer alıyordu.[48]

Yine de, sarayın Kantakuzenos'a ait bölümüyle Anna ve V. İoannes'in yaşadığı kısmı arasındaki ilişki anlaşılamamaktadır. Aleksiakos Kantakuzenos'un taht odası idiyse, V. İoannes, Blakhernai'da yapıldığı bilinen diğer tek Komnenos *triklinos*'unu kullanmış olabilir; bu Niketas Khoniates ve Tudelalı Benjamin'in sözünü ettiği, I. Manuel Komnenos'a ait olan *triklinos*'tu.[49] Pseudo-Kodinos'un metninde geçen *triklinos* ile avlunun Anna ve V. İoannes'in sarayı olduğu güvenle söylenebilir ise de,[50] Kantakuzenos'un *triklinos*'unun yeri o kadar kesin değildir.

Palaiologosların Komnenoslara ait saray binalarını korudukları kanıtlarıyla ortaya konmuş durumdadır. Bunlar Blakhernai'ın bulunduğu tepede inşa edilmiş, alt yapılar üzerinde yükselen binalardı.[51] Bu alan 14. yüzyıl kaynaklarında geçen "akropolis" idi. 1354 yılının olaylarını aktaran Gregoras, V. İoannes'in şehre girip saraya ulaşmasını anlatırken, "aşağı sarayın" kapısının Blakhernitissa kilisesi tarafına baktığını ve yukarıdaki hisara, yani *kastelion*'a geçit verdiğini ifade eder.[52] Bu kapı Pseudo-Kodinos'un Blakhernitissa'ya çıktığını söylediği sarayın dış kapısı, yani *Ta Hypsela*'dır.[53]

Yukarıdaki açıklamanın da gösterdiği gibi, 13. yüzyılda ve 14. yüzyıl başlarında kullanılan bazı saray binalarının hangileri olduğu belirlenebilir. Ancak, bu binaların bir bütün olarak sarayla nasıl bağlantılı olduğunu, hatta sarayın ne büyüklükte olduğunu dahi bilmek güçtür. Clarili Robert'in tasviri geniş bir binalar kompleksini

---

46 Gregoras 1829-55, c. 2, s. 898.4-9. Par. gr. 1242, varak 5v'de, imparatoru 1351 sinodu olduğu sanılan bir kilise toplantısına başkanlık ederken gösteren bir resim vardır. Bkz. Spatharakis 1976, tablo 86; Drpić 2008, s. 221.

47 Pakhymeres 1984-2000, c. 2, s. 339.23-341.1; s. 343.28-9 (1265); c. 3, s. 209.26-211.7 (1294).

48 Bkz. aşağıda s. 334.

49 Khoniates 1975, s. 334.48-9; Tudelalı Benjamin 1907, s. 13; Magdalino 2007, IV. inceleme, s. 4-5. Bu *triklinos* belki de Marc. gr. Z. 524, varak 108v'de sözü edilen yerdir; bu kısmın bir çevirisi ve yorumu için bkz. Magdalino ve Nelson 1982, s. 140-2.

50 Bkz. yukarıda s. 317-8.

51 Müller-Wiener 1977, s. 223, resim 256; Asutay-Effenberger 2007, s. 135.

52 Gregoras 1829-55, c. 3, s. 242.19-24.

53 Bkz. yukarıda s. 315 ve n. 22.

akla getiriyor, ama onun Blakhernai Sarayı ile Büyük Saray'ı neredeyse aynı şekilde anlatması gözleme dayalı bir betimleme yerine basmakalıp ifadelerden oluşan bir tarif yaptığına işaret ediyor.[54] Blakhernai Sarayı binalarının 12. yüzyıldan önceki hali hakkında kanıt azdır. *Merasimler Kitabı*'nda dört *triklinos*'un adı geçmektedir; bunlar, I. Leo tarafından (s. 457-74) Konstantinopolis'e getirilen Bakire Meryem'in giysi parçasını saklamak üzere Blakhernitissa kilisesine bir kutsal kalıntı şapelinin (*soros*) eklendiği 5. yüzyılın sonlarından itibaren bu kiliseye bitişik olarak inşa edilmiş salonlardır.[55] Bakire Meryem yortusunda Blakhernai semtini ziyaret eden imparator ile saraylılar bu salonlarda ağırlanırdı. *Merasimler Kitabı* Theotokos, *Hypapante* veya Arınma (2 Şubat) ve Meryem'in Göğe Yükselişi (15 Ağustos) gibi önemli yortulardaki teşrifatla ilişkili olarak dört *triklinos*'tan bahseder: Kutsal *Soros triklinos*'u, adını I. Anastasius'tan (s. 491-518) alan *Anastasiakos, Danoubios* ve *Okeanos*.[56] *Merasimler Kitabı*'ndan sonraki kaynaklarda bu salonlardan bir daha bahsedilmezse de, saray 11. yüzyıldan itibaren artan bir sıklıkla kaynak metinlerde anılmaktadır.[57]

Sarayın 13. yüzyıldan önceki büyüklüğü kazı yapılmadığı sürece net olarak bilinemeyecek olmakla beraber, kesin olan bir şey var. Geç Bizans dönemine ait Blakhernai Sarayı'nın onu Büyük Saray'dan ayıran belirgin bir özelliği vardı: Yüksekliği. Saray binalarına dair 12. yüzyıldan kalma anlatımlar her şeyden çok bu özelliği vurgular. Sarayda inşa edilen –bazılarının I. Manuel tarafından yaptırıldığı söylenen, bazısı da belirli bir kişiye atfedilmeyen– binalar, "yüksek tonozlu",[58] "fazlasıyla yüksek",[59] "her yandan bakıldığında hayranlık uyandırıcı bir bina",[60] "Blakhernai'ın bulunduğu tepenin üstünde",[61] "kule"[62] gibi sözlerle tarif edilmiştir. Dördüncü Haçlı Seferi sırasında Villehardouin Blakhernai için "yüksekte bir saray"

---

54 Bkz. yukarıda s. 314-15. Clarili Robert'in Konstantinopolis tasviri için bkz. Macrides 2002, s. 193-212.

55 Mango 2001, s. 17-25, özellikle s. 17-21. 10. ve 11. yüzyıllarda başörtüsü olduğu kabul edilen "giysi parçası" için bkz. yukarıda n. 5. Blakhernai'ın kilisesi için bkz. Janin 1969, s. 161-70.

56 Reiske 1829, s. 148.20-1; s. 149.9-10; s. 152.16, 21-2; s. 154.4; s. 155.6-7; s. 542.15-6, 17; s. 543.4, 20; s. 759.7-8. Janin 1950, s. 124-5; Müller-Wiener 1977, s. 223-4.

57 Bkz. aşağıda s. 325-26.

58 Khoniates 1975, s. 271.43-5. Bu pasajın ve aşağıda n. 59'da referans verilen Khoniates'in sonraki ifadelerinin farklı bir yorumu için Asutay-Effenberger'in bu kitaptaki makalesine bakılabilir, s. 304-5, n. 59.

59 Khoniates 1975, s. 544.12-3.

60 Jeffreys 1987, s. 49-50: περιβλεπτότατον ... δόμον.

61 Magdalino ve Nelson 1982, s. 140-2.

62 Khoniates 1975, s. 442.38-44.

demişti.[63] Başka yazarlar da, saraydan bakıldığında görülen manzaradan bahsederken binaların yüksekliğine dolaylı olarak değinirler. Sarayı 12. yüzyılın ortasında, İkinci Haçlı Seferi sırasında Konstantinopolis'e geldiğinde gören Odo de Deuil, "Üç yanındaki ortam sayesinde, içinde oturanlara hem denize, hem tarlalara, hem de şehre bakmanın üçlü zevkini verebiliyor," yorumunda bulunmuştur.[64]

Demek ki 12. yüzyılda Blakhernai Sarayı, alçak binaları, açık alanları ve bahçeleri olan Büyük Saray'dan tamamen farklı bir görünüme sahipti. Komnenosların yüksek binalarının tek blok tipinde "kule gibi saraylar" olduğu öne sürülmüştür;[65] bu da genellikle batıdaki ortaçağ saraylarıyla özdeşleştirilen bir stildir.[66] Anadolu'da, Nymphaion'daki 13. yüzyıl Laskaris sarayı –ki Konstantinopolis'teki tahtta Latin imparatorları otururken yapılmıştı– ile Tekfur Sarayı olarak bilinen ve 13. yüzyıl sonlarına tarihlendiği düşünülen Blakhernai'ın güneyindeki Palaiologos sarayı, yüksek tek blok tipinin daha geç tarihli örnekleri olarak gösterilmiştir.[67] Nymphaion'daki saray (RESİM 1) kaleye benzeyen görünümünü üç katından ilkini meydana getiren kesme taş bloklardan alırken, Tekfur Sarayı (RESİM 2) şehrin kara surlarının oluşturduğu iki sıra savunma hattının arasına sıkıştırılmıştır.[68] Anadolu'daki saray günümüzde araziye bakmaktadır; Tekfur Sarayı ise dikdörtgen biçimli geniş ve kapalı bir avluya açılır. Eskiden Nymphaion'daki sarayın bu tarz saray binalarının ilk örneği olduğu ve alçak profilli "atrium evi" planına dayalı eski gelenekten kopuşa işaret ettiği düşünülürdü.[69] Bugün ise tek blok tipinin kökeninin bu saraydan daha eskiye dayandığı ve daha yaygın olduğu kabul edilmektedir. Romanos Lekapenos'un Myrelaion'daki sarayı, avlulu tek blok tipinin Konstantinopolis'teki erken bir örneği olarak anılır.[70] Bu mimari form Mistra'daki despotluk sarayının yanı sıra, orta Bizans döneminde imparatorluğun başka yerlerinde yapılmış elit olmayanlara ait evlerde de görülebilir.[71]

---

63 Faral 1973, c. 1, §182, s. 184.
64 Berry 1948, s. 64-5.
65 Bouras 2007, s. 110.
66 Çağaptay 2010, s. 358.
67 Mango 1965, s. 330-6; Müller-Wiener 1977, s. 244-7; Bouras 2007, s. 105-12; Ćurčić ve Hadjitryphonos 1997 içinde Ahunbay'ın makalesi, s. 248-51; Buchwald 1979, s. 264-8; Çağaptay 2010, s. 357-62. Trabzon'da akropolis üzerine inşa edilen 13. yüzyıl sarayı bu tanıma uymaktadır. Bkz. Bryer ve Winfield 1985, s. 184-5.
68 Foss ve Winfield 1986, s. 64-5; Ćurčić 2000, s. 12-4.
69 "Atrium evi" planı için bkz. Lavin 1962, s. 1-27.
70 Striker 1981, tablo 26, 68.
71 Ćurčić ve Hadjitryphonos 1997 içinde Bouras'ın makalesi, s. 242-3; Ousterhout 2005, s. 211-32; Çağaptay 2010, s. 359 ve n. 15-7.

RESİM 1 Nymphaion'daki sarayın kalıntıları, Kemalpaşa, İzmir. Kaynak: Yazarın fotoğrafı.

Kanımca Pseudo-Kodinos'un bahsettiği merasimlere sahne olan yer, bir avluya bakan ve geniş bir kabul salonu, özel daireleri ve saray kilisesi ile birlikte tek bir yapıdan oluşan bu saray binası tipi idi. Bu mimari bağlam içerisinde, Pseudo-Kodinos'un mekânlardan pek az bahsetmesi farklı bir anlam kazanıyor. Merasimlerin icra edildiği alanların daha sınırlı oluşunun, şimdiye dek olduğu gibi, imparatorluğun içinde bulunduğu koşulların giderek zorlaştığına delil olarak yorumlanması gerekmez;[72] bunun yerine, bütün hareketin Pseudo-Kodinos'un işaret ettiği gibi hepsi de aynı katta yer alan *triklinos*, saray kilisesi ve *kellion* arasında geçtiği tek bir bina olan Blakhernai Sarayı'nın mekânsal konfigürasyonunun bir göstergesi olarak okunabilir.[73] Bu sarayın sunduğu mekânın nispeten dar oluşu

---

72 Bu yorum için bkz. Grabar 1971, s. 200-1; Magdalino 2007, IV. inceleme, s. 1-6; Magdalino 2011, s. 141.

73 Pseudo-Kodinos, *triklinos*'un imparatorun dairesi ve saray kilisesi ile bağlantılı veya onlara bitişik olduğunu bildirir: Pseudo-Kodinos 1966, s. 189.8-9 ile 190.17-9; s. 234.13-7; s. 237.6-11. Saray kilisesi ile *triklinos*'un yan yana oluşu şeklinde bir mekânsal düzenlemeye Aleksiakos *triklinos*'una ilişkin olarak Pakhymeres de işaret etmektedir (1984-2000, c. 2, s. 343.28-30). Ćurčić 1987, s. 125-44, II. Roger'in Sicilya'daki Cappella Palatina'sında hükümdar salonu ile şapelin yan yana olmasını "köklerini Konstantinopolis'teki saray mimarisinden alan unsurlar" olarak görür. Örnek olarak Büyük Saray'daki Khrysotriklinos'u

RESİM 2 Tekfur Sarayı'nın kalıntıları. Kaynak: Yazarın fotoğrafı.

Pseudo-Kodinos'un bir yerden bir yere hareketten neredeyse hiç bahsetmeyişine de yansımaktadır. Tekfur Sarayı, Mistra ve Trabzon'da olduğu gibi, Blakhernai'da da salon veya *triklinos* üstteki bir katta yer alıyordu.[74] Blakhernai Sarayı'na girenlerin *triklinos*'un bulunduğu kata çıkmaları gerekiyordu, ama bu üst kata çıktıktan sonra *triklinos*'a varmak için geriye artık nispeten dolaysız ve kısa bir yol kalıyordu. Buna mukabil, Büyük Saray içerisinde bir yerden bir yere gidiş *Merasimler Kitabı*'nda anlatılan teşrifatın önemli bir kısmını oluşturmaktadır.[75] Saray görevlileri ile diğerleri gidecekleri noktaya varmak için labirente benzer koridorlarda ilerleyerek koca koca alanlardan ve bir sürü odadan geçerler.

Peki Blakhernai'daki saray ortamı, alt yapılar üzerinde yükselen yüksek binalar ve sarayın akropoliste yer alması, imparatorların şehirdeki görünürlüğünü, saray ahalisini ve kendilerini halka sunuş biçimlerini nasıl etkiliyordu? Palaiologos imparatorları saraya kapanmış, halkın gözünden uzakta, sırf saray görevlilerinin

---

    zikrediyor, ancak bu binanın sekizgen biçimi onu Blakhernai Sarayı'ndaki Komnenos *triklinos*'una kıyasla daha belirsiz bir model yapmaktadır.

74 Bkz. Ćurčić ve Hadjitryphonos 1997 içinde Ahunbay'ın makalesi, s. 248; Ćurčić ve Hadjitryphonos 1997 içinde Bouras'ın makalesi, s. 242.

75 Macrides 2011, s. 230-2. Ayrıca bkz. yukarıda s. 278-9.

gördüğü merasim rutinleriyle mi meşgul oluyorlardı? Pseudo-Kodinos'un anlattığı gibi, merasimler şüphesiz sarayda, herkesin giremeyeceği kapalı bir mekânda veya açıkhavada, avluda gerçekleştiriliyordu. Saray kompleksinin dış kapısı *Ta Hypsela* imparatorun merasim faaliyetlerinin de sınırını belirliyordu. Bakire Meryem Hodegetria'nın ikonu Büyük Perhiz dönemi için *ton Hodegon* manastırından saraya getirildiğinde, imparator onu saray avlusunun kapısında karşılamaya çıkardı. Paskalya günü ikon tekrar saraydan çıktığında ise imparator ta sarayın dış kapısına kadar ona eşlik ederdi.[76] İmparator saray kilisesinde, nadiren de kapının hemen dışında bulunan yakındaki Blakhernitissa'da ayinlere katılırdı.[77] Noel arifesi ve Epifani'de, saray avlusundaki *prokypsis* adlı yapıya çıkardı.[78] Paskalya'dan önceki Pazar günü, kendi özel odaları ile saray kilisesini birbirine bağlayan ve avlunun içinde yükseltilmiş bir geçit veya galeri olan *peripatos*'tan geçerdi.[79] *Merasimler Kitabı*'ndan iki örnek vermek gerekirse, imparatorun hipodromda halkla buluşması ve şehir sokaklarındaki gösteriler gibi merasimler bu tören rutininde eksikti.[80]

Ne var ki, *Merasimler Kitabı*'na yansıdığı kadarıyla önceki yüzyıllardaki halin zıddı olan bu kısıtlama ve yalıtılmışlık izlenimi, merasimin mahiyetinin yanlış anlaşılmasından kaynaklanmaktadır. Öncelikle, 14. yüzyıldaki merasimlerin belirgin şekilde dışarıya kapalı oluşu, yani merasimin izleyicilerinin şehir halkı olmayıp bizzat merasimi icra edenler olması, imparatorluğun doruk noktası olan 10. yüzyılda dahi imparatorluk merasimlerinin bir özelliğidir.[81] Pseudo-Kodinos'un aksine *Merasimler Kitabı* esas olarak tören alaylarıyla ilgili olabilir, ancak bu alayların birçoğu şehrin sokaklarında değil, sarayın içinde gerçekleşirdi. Aynı şekilde, şehrin kuzeybatı köşesiyken imparator ayinlere yakındaki Bakire Meryem Blakhernitissa kilisesinde bile değil de, çoğunlukla saray kilisesinde katılıyor idiyse, şehrin gü-

---

76 Pseudo-Kodinos 1966, s. 231.1-12. İkon için bkz. Angelidi ve Papamastorakis, 2000, s. 385. *Ta Hypsela* kapısı için bkz. yukarıda s. 315.

77 İmparator Blakhernitissa'ya yılda iki defa, *Hypapante* (Arınma) yortusu olan 2 Şubat'ta ve Theotokos'un Giysisini (Elbisesini/Başörtüsünü) Emanet Bırakması yortusu olan 31 Ağustos'ta giderdi. Bkz. Pseudo-Kodinos 1966, s. 243.17-8, s. 246.1-5. Pseudo-Kodinos ya da yararlandığı kaynak, 31 Ağustos'ta Khalkoprateia kilisesinde yapılan Kuşağın Emanet Bırakılması ayini ile 2 Temmuz'da Blakhernitissa'da yapılan Elbisenin/Başörtüsünün Emanet Bırakılması ayinini birbiriyle karıştırmıştır.

78 Pseudo-Kodinos 1966, s. 197.1-8 ve 220.8-10.

79 Pseudo-Kodinos 1966, s. 224.5-226.4.

80 Bu Grabar ve Magdalino'nun görüşüdür, referans için bkz. yukarıda n. 72.

81 Cameron 1987, s. 130-2; Shepard 2001, s. 20.

neydoğu ucundayken de, imparator ayinlere sarayının bir geçitle bağlı olduğu Ayasofya'da katılıyordu, o da ancak yılda birkaç kere.[82]

İkincisi, şehrin bu iki bölümü, bir uçtan diğerine gidip duran imparatorlar nedeniyle her zaman birbiriyle bağlantılıydı. Oradan oraya gidip gelme alışkanlığı, Palaiologos imparatorları Blakhernai'a temelli yerleşmeden yüzyıllar önce oluşmuştu. Blakhernitissa'daki büyük Meryem Ana'ya hürmet merkezi imparatorla saraylıları buraya çekiyor, Kutsal Bakire yortularını kutlamak ve kilisenin yakınındaki ayazmada yıkanmak için atla veya gemiyle Blakhernai semtine geliyorlardı.[83] İmparator Theofilos (s. 829-42) Cuma günleri şehri bir baştan bir başa geçmesiyle ünlüydü; yol boyunca tebaasının taleplerini de dinler, adalet dağıtırdı. İmparator şehirden geçtiği sırada, güzergâhı üzerinde çeşitli noktalarda ricacılar ondan yardım dilerdi.[84] Sonraki imparatorlarca da sürdürülmesi niyetiyle bu alışkanlığı o tesis etmiş olabilir.[85] Saray işlerini görmek üzere imparatorun Büyük Saray'dan çıkıp Blakhernai Sarayı'na gittiğine dair en erken tarihli dolaysız ifadeye 11. yüzyıl sonlarında rastlıyoruz. Mikhail Attaleiates, Botaneiates'in 1078 yılında iktidara gelmesiyle ilgili olarak, imparator VII. Mikhail'in "Pazar günü Blakhernai Sarayı'nda, bütün senato da onunla birlikteyken, işlerin yürütülmesine nezaret ettiğini", o esnada şehir halkının da Ayasofya'da ayinde olduğunu aktarır.[86]

Attaleiates iki yerin birden kullanıldığına, her iki sarayın da yönetim merkezi olarak işlev gördüğüne dair kanıt sunuyor. Belki 11. yüzyıldan önce de aynı şey söz konusuydu. Komnenoslar ile haleflerinin iki saray arasında gelip gittiği, her iki sarayda da kilise sinodları toplayıp yabancı hükümdarları kabul ettiği 12. yüzyıl içinse daha çok kanıt bulunmaktadır.[87] 12. yüzyılda da her iki saraya *arkheion* denmekle birlikte, Büyük Saray'ın aksine Blakhernai'da arşiv olduğuna dair başka kanıt yoktur.[88]

---

82 McCormick 1986, s. 227-8: "Bu büyük binanın modern imgelemde tuttuğu önemli yer, bizi erken ortaçağda imparatorun buradaki ayinlere ne kadar nadiren, yılda topu topu altı-yedi defa katıldığını unutmaya itiyor."
83 Reiske 1829, s. 148.20-1; s. 149.9-10; s. 152.16, 21-2; s. 154.4; s. 155.4; s. 155.6-7; s. 542.15-6, 17; s. 543.4, 20; s. 551-6. Janin 1950, s. 124-5.
84 Macrides 2004, s. 356-70.
85 Bkz. aşağıda s. 326. Grumel 1931, s. 129-46; Janin 1969, s. 166; Pencheva 2006, 5. bölüm; Magdalino 2007, I. inceleme, s. 82-3.
86 Attaleiates 1853, s. 256.11-9; 2002, s. 184.25-185.3.
87 Magdalino 1978, s. 112.
88 Khoniates *arkheion* kelimesini her iki saray için de kullanır: örn., s. 347.42 (Büyük Saray), s. 347.58 (Blakhernai). Bu terim "saray" ile eşanlamlı ise de, Pseudo-Zonaras'ın 12. yüzyıl tarihli sözlüğü *arkheion*'u *khartophylakeion*, yani "kamuya ait belgelerin tutulduğu yer,

Konstantinopolis'te yönetim merkezi olarak tek bir imparatorluk sarayı olduğu fikri öyle güçlüdür ki tarihçiler hep 12. yüzyılda imparatorların Blakhernai'a "taşındığını" söyleyegelmişlerdir ve hâlâ da bunu söylerler. Oysa, yukarıda belirtilen kanıtların da gösterdiği gibi, söz konusu olan bir "taşınma" değil, iki saray arasında gidip gelme meselesidir. 13. yüzyılda imparatorlar gerçekten Blakhernai'a yerleştiğinde de iki saray arasındaki geliş-gidiş devam etmiştir.

13. yüzyıl ile 14. yüzyıl başlarından kalma yazılı kaynaklar imparatorlarla patriklerin şehri bir uçtan bir uca geçmesinden bahseder. Patrik İoannes Bekkos öğleden sonra uykudan uyandığında imparatorun yakınında olabilmek için Khora (Kariye) Manastırı'nda kalmış, orada tebaadan biri adına imparatordan ricada bulunmuştu.[89] Ayasofya şehrin düşüşüne kadar taç giyme törenlerinin yapıldığı kilise rolünü korudu.[90] Taç giymesinden sonraki gün, IX. Mikhail Büyük Saray'da kardeşi İoannes'i despotluğa getirmiş, sonra da para keselerini dağıtmaya Blakhernai'a gitmişti.[91] İmparator II. Andronikos mukabele ile okunan bir duayı yönettikten sonra hipodromda durarak, büyük bir kitleye hitaben, yaptığı yargı reformlarını anlatmıştı.[92] Aynı imparator Büyük Saray'da bir sinod toplamış ama deprem yüzünden toplantı sona erince meclis Blakhernai'da yeniden bir araya gelmişti.[93] Hem II. Andronikos hem de VI. İoannes Kantakuzenos kazandıkları başarılar için şükretmek üzere saraydan veya saray alanından *ton Hodegon* manastırına yürüyerek gitmişlerdi.

Kantakuzenos Porphyrogenetos'un Blakhernai Sarayı yakınlarındaki evinden çıkarak agoranın ortasından yürüdüğünü net olarak belirtir.[94] Demek ki geç dönem

---

yahut saray" olarak tanımlar: Pseudo-Zonaras 1967, c. 1. Büyük Saray'da tutulan arşiv hakkında bkz. Magdalino 2007, I. inceleme, s. 45; Magdalino 2011, s. 139-40.

89 Pakhymeres 1984-2000, c. 2, s. 517.23-521.15.
90 Pseudo-Kodinos 1966, s. 252.1-7; s. 269.19-25; s. 271.1-3; bkz. yukarıda s. 325.
91 Pakhymeres 1984-2000, c. 3, s. 221.18-223.4.
92 Pakhymeres 1984-2000, c. 3, s. 261.16-28. Failler (1999, s. 260, n. 4) metinde geçen *hippodromion*'un Büyük Saray'ın "kapalı hipodromu" olduğunu düşünüyor. Bu "kapalı hipodrom" hakkında bkz. Guilland 1969, s. 116-210. Oysa Pakhymeres dua kafilesinin *hippodromion*'a kadar gittiğini ve herkesi alabilecek kadar geniş bir yer olduğu için orada durduğunu belirttiğinden, ben bu kelimeden hipodromu kastettiği anlamını çıkarıyorum.
93 Pakhymeres 1984-2000, c. 3, s. 151.16-9.
94 Pakhymeres 1984-2000, c. 3, s. 255.24-257.9; Kantakuzenos 1828-32, c. 2, s. 607.11-8. Tekfur Sarayı olduğu çoğunlukla kabul gören "Porphyrogenetos'un evi" için bkz. Mango 1965, s. 335; Mango 1991, s. 2021-2; Asutay-Effenberger 2007, s. 134-42. Asutay-Effenberger, esasen metinsel kaynaklara dayanarak, Tekfur Sarayı'nın 14. yüzyıl ortalarından itibaren Bizans imparatorlarının ikametgâhı olduğunu öne sürmektedir. Ne var ki, eğer Tekfur Sarayı'nın "Porphyrogenetos'un evi" olduğu kabul edilecekse, Kantakuzenos ile

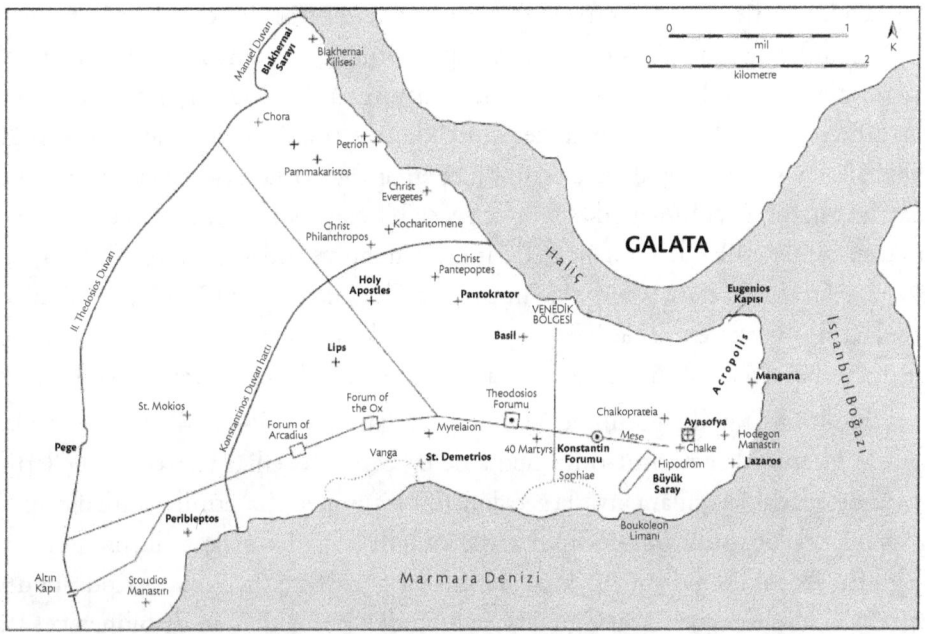

RESİM 3 Konstantinopolis haritası. Kaynak: H. Buglass'ın haritası.

Bizans imparatorları 14. yüzyılın ortalarına kadar şehrin sokaklarında görülmekle kalmıyorlardı, aynı zamanda Büyük Saray ile çevresindeki diğer anıtsal yapıları da "terk etmiş" değillerdi. Sadece şimdi şehrin kuzeybatısındaki bir merkezden gelinerek ziyaret edilen şehrin güneydoğu ucu olmuş, böylece 1204 öncesindeki durum tersine çevrilmişti.

Pseudo-Kodinos'un metni ayrıca imparatorla saraylıların sarayın kapalı kapıları ardında kalmadıklarını da gösterir; zira merasimler Blakhernai ile şehrin diğer kısımları arasında köprü kuruyordu. Pseudo-Kodinos şehrin her tarafında birçok kilise ve manastırda yapılan yortu kutlamalarına imparatorun katıldığına dair kanıtlar sunmaktadır (**RESİM 3**). İmparator bu yerlere at sırtında gitmiş olsa gerek,[95] böylece geçit güzergâhında yol kenarına dizilen halk tarafından görülebiliyordu; gerçi Pseudo-Kodinos bu güzergâhtan bahsetmemiştir.

Savoylu Anna ve V. İoannes'in yaşadığı sarayın ondan ayrı ve farklı bir yer olması gerekir. Kantakuzenos (1828-32, c. 2, s. 607.18-20), iç savaşın sonunda şehre girişini anlatırken, bu iki yeri birbirinden ayırmaktadır.

95 Pseudo-Kodinos 1966, s. 243.20-244.8. Karş. Berger 2001, s. 85 ve onu izleyen Kafescioğlu 2005, s. 39.

Pseudo-Kodinos imparatorun şehir içindeki hareketine ilişkin, dolaylı da olsa, başka kanıtlar da sunmaktadır; bunu da imparatorun tebaasının taleplerini toplamak üzere yola çıktığında her zaman yanında bir grup at bulundurmasının nedenini tartışırken yapar. Bu geleneğin kökenini açıklamak amacıyla, yukarıda belirtildiği gibi haftada bir kere Büyük Saray'dan Blakhernai'a at sırtında gitmeyi âdet edinmiş olan imparator Theofilos'un döneminde geçen bir olayı nakleder. İmparatora yolculuğu sırasında eşlik eden müzik aletlerini ne zaman ve neden çalındıklarını sayar. 14. yüzyıl imparatorları, 9. yüzyılda imparator Theofilos'un yaptığı gibi, kendilerini tebaalarının istek ve taleplerine açık hale getirirken, imparatoru şehrin içinde ve dışında tebaasıyla yüz yüze getiren yüzlerce yıllık bir geleneğe iştirak ediyorlardı.[96]

Hipodromda halka görünme âdetinin uygulanmayışı Pseudo-Kodinos'un aktardığı 14. yüzyıl merasimlerinin herhalde en çarpıcı özelliği ve bazı tarihçilerin gözünde önceki yüzyıllara kıyasla geç dönem Bizans merasimlerinin sınırlı oluşunu gösteren tek unsurdur. Hipodrom artık sarayın şehir halkıyla buluşma noktası değildir. Ancak, şimdi bu işlevi saray avlusu görmektedir. Pseudo-Kodinos'un teşrifat kitabının ortaya koyduğu gibi, avlu, başka kaynaklardan da bilinen çeşitli yapıların bulunduğu ve bazı merasimlerin icra edildiği yerdir. Avluda üç önemli yortu –Noel, Epifani ve Paskalya'dan önceki Pazar– imparatorun yüksek bir yere, *prokypsis* ve *peripatos*'a çıkarak izleyicilere göründüğü gösterilerle kutlanır.[97] Şehir sakinleri en azından *prokypsis* merasimlerinde hazır bulunuyordu.

Prokypsis merasiminin en ayrıntılı anlatımı Pseudo-Kodinos'tadır, ama Gregoras da, Kantakuzenos'un annesinin sarayın aynı avlusundaki hapishane binasından işittiği genç imparator V. İoannes'in 1341'deki *prokypsis*'inden bahsederken merasimin bir tarifini verir.[98] Pseudo-Kodinos'a göre, Hz. İsa'nın doğumu ve vaftizine adanan yortularda, saray kilisesindeki ayinden sonra imparator en göz kamaştırıcı giysileri içinde ve başında tacıyla, saray avlusunda özel olarak inşa edilmiş bir platforma çıkardı. Bu yüksek yapı dört sütun üzerinde durmaktaydı. İmparator hazır olduğunda işaret verilirdi. Perdeler açılır, büyük bir mumun suni ışığı altında, imparatorun dizlerinden yukarısı görünür hale gelirdi. Bir korkuluk bacaklarını gizler ama aynı zamanda ellerinde mum ile bir kılıç tutan diz çökmüş iki adam da korkuluğun arkasında kalırdı. İmparatorun dramatik şekilde belirmesiyle birlikte, okuyucular, 25 Aralık ise Hz. İsa'nın doğumunu, 6 Ocak ise Hz. İsa'nın vaftizini kutlayan ilahiler ile "nice yıllara"yı söylemeye başlardı. İlahi söyleyenler ile müzik

---

96 Macrides 2004, s. 356-70.
97 Macrides 2013.
98 Bkz. yukarıda s. 283.

aletleri birbiri ardından işitilirdi. Yapının önünde, yerde, sancaklar tutan saray mensupları, baltalarıyla imparatorun muhafızları, din adamları ve müzisyenler dururdu.[99] Pseudo-Kodinos bunların yanı sıra başka insanların, mesela şehir sakinlerinin de hazır bulunduğuna dair hiçbir imada bulunmamaktadır. Halbuki Gregoras 1341'de insan kalabalıklarının Blakhernai Sarayı'nın avlusuna toplandığını anlatır ve onların avluya doğru gidişini denizde dalgaların kaynaşmasına benzetir.[100]

İmparatorun yüksek bir yerden ansızın görünmesi âdetinin kökeninin imparatorun hipodromdaki locası *kathisma*'ya dayandığı ileri sürülmüştür. Orada da imparator adeta saraydaki bir balkondan halka görünürdü, zira *kathisma* sarayın bir parçasıydı ve hipodroma doğru bir çıkıntı oluşturmaktaydı. Bu hipodrom buluşmalarının yerini *prokypsis* merasiminin aldığı savunulabilir. Ancak, imparator *prokypsis*'te yılda sadece iki kez görünürdü ve göründüğü izleyici kitlesi de, Gregoras'ın anlatımındaki "kalabalıklar" ne kadar çok olursa olsun, asla hipodromda toplanan kitlelerin büyüklüğüne erişmiş olamaz. *Prokypsis* imparatorla halkın hipodromdaki buluşmalarının bir muadili değildi; bu, Palaiologos döneminde imparatorluğun merasim geleneğine bir aykırılık gören araştırmacıların altını çizdiği bir noktadır. Şehrin 1204'teki fethiyle hipodromdaki toplantılar son bulmuştu.[101]

Ne var ki, şehir düşmese ve hipodromun bakır heykelleri Latinler tarafından sökülüp alınmasaydı da, bu anıtsal yapıyla özdeşleşmiş merasimin yine yavaş yavaş seyrekleşerek gözden düşeceğine dair göstergeler vardır. Daha 10. yüzyılda bile değişimler olduğu anlaşılabiliyor. *Merasimler Kitabı*'na sonradan eklenen bir kısım olan 946'da Tarsus elçilerinin ziyareti onuruna düzenlenen yarışların tasviri, 10. yüzyıldaki biçimiyle yarışlara dair bir tablo ortaya koymaktadır. Bu tablo, şehrin kuruluş yıldönümünde yapılan yarışlara ilişkin aynı eserdeki altı bölümün çizdiği resme taban tabana zıttır; bu bölümler daha eski kaynaklardan unsurlar içerdiğinden 10. yüzyıldaki durumu yansıtmamaktadır. 946'daki yarışlar "şatafatlı giysileri sergilemek için bir bahaneden ibaret gibi görünür; kimsenin spora itibar ettiği yoktur." "Taraftar grupları tezahüratçılar ve dansçılar olarak sırf bir süs işlevine indirgenmiş durumdadır."[102] Ayrıca, 10. yüzyıl itibarıyla, hem günlük hem de yıllık olarak daha az hipodrom gösterisi olmaktaydı. Paskalya'dan sonraki ikinci hafta, Konstantinopolis'in 11 Mayıs'taki doğumgünü ve karnaval haftası olmak üzere üç gösteri yine yapılmaya devam ediyordu. Onun dışında, düğünler, zaferler

---

99 Pseudo-Kodinos 1966, s. 197.6-199.2; s. 202.14-204.23. Pseudo-Kodinos'un *prokypsis* merasimi anlatısı, bir yortu günü merasimi için bilinen en uzun teşrifatı teşkil ediyor.

100 Gregoras 1829-55, c. 2, s. 616.23-617.1; s. 617.8-9; s. 617.24-618.1.

101 Magdalino 2011, s. 139-42.

102 Featherstone 2006, s. 58.

ve yabancı hükümdarların ziyaretleri gibi özel günlerde de gösteri düzenleniyordu, ancak bu gösterilerin "düzenli olarak yapıldığına dair hiçbir emare yoktur."[103] Featherstone'un kanaatine göre, "...bir zamanlar hükümdarın halkla buluştuğu ve taraftar gruplarının yarışlar ile gündemdeki meseleleri heyecanla takip ettikleri bir yer olan Hipodrom [...] 10. yüzyıla gelindiğinde, yıl içindeki belli tarihler ile özel günlerde basmakalıp merasimlerin tekrarlandığı adeta müzelik bir parçaya dönüşmüş bulunuyordu."[104] Karnaval zamanı yine oyunların düzenlendiği 12. yüzyıl sonlarında bile, III. Aleksios hipodroma gitmek yerine yeni evli kızları ve damatlarıyla Blakhernai'da kalmış ve hem onların hem de küçük bir akraba grubu ile yakın hizmetkârların eğlenmesi için orada bir tiyatro tertip etmişti. Sarayın avlusunda da at yarışı parodisi oynanmış, bir adam at kılığına girmiş, bir orgun körüğü de hipodromdaki viraj noktası yerine geçmişti.[105] Bu örnek, Palaiologos merasimlerinin alametifarikası olan küçük boyutlu ve daha kapalı gösteri mekânlarının, başlangıcı 1204'ten önceki yüzyıllarda aranması gereken bir olgu olduğuna işaret ediyor gibidir. Aslında, 1204, o zamana kadar şehirde ve merasimlerde gerçekleşmekte olan tedrici değişimi görmemizi engeller niteliktedir.

Prokypsis ve *peripatos* merasimlerinin bir unsuru olan, imparatorun yüksek bir yerden kendini göstermesine yönelik vurgunun Palaiologosların merasim geleneğine getirdiği bir yenilik olduğu söylenemez; nitekim sırf imparatorun *kathisma*'da ve Büyük Saray'ın terasında görünmesi âdeti bile bunun aksini kanıtlamaya yeter de artar.[106] Yine de, Palaiologos merasimlerindeki yükseklik unsurunun üzerinde durmaya değer. Noel-Epifani ve Paskalya'dan önceki Pazar günlerinde imparatorun yüksek bir yerden görünmesine ek olarak şu iki örneği de verebiliriz: Taç giymeden önce kalkanın üzerinde havaya kaldırılması ve yeni taç giymiş imparator ile imparatoriçenin Ayasofya'nın galerisinden kendilerini göstermeleri. Pseudo-Kodinos'un aktardığı taç giyme töreni teşrifatı, az sonra taç giyecek olan imparatorun taç giyme merasiminin sabahında bir kalkan üzerinde nasıl havaya kaldırıldığını anlatır.[107] Roma'nın askeri pratiğine uygun olarak, yüzyıllar boyu, yeni imparator olan kişi bir kalkanın üzerinde havaya kaldırılarak alkışlanmıştı.[108] Ama bir şey değişmişti. Önceki yüzyıllarda, kalkanın üzerinde havaya kaldırma eylemi, ister sahada ister

---

103 Mango 1981, s. 344-7.
104 Featherstone 2006, s. 58.
105 Khoniates 1975, s. 508.83-509.17.
106 Reiske 1829, c. 1, s. 278-302; Magdalino 2011.
107 Pseudo-Kodinos 1966, s. 252.1-255.22.
108 Bu âdetin kökenleri için bkz. Teitler 2002, s. 501-9.

sarayda olsun, genellikle yerde yapılırdı.[109] Halbuki şimdi, Ayasofya'nın güneydoğu köşesinde bir patriklik binası olan Thomaites'teki bir açıkhava galerisinde gerçekleşiyordu.[110] İnsanlar töreni seyretmek için aşağıda, kilisenin avlusu olan Augusteon'da toplanmıştı. Bu değişikliğin bir nişanesi olarak imparator şimdi kalkanın üzerine oturmuştu;[111] zira yüksek bir yerde havaya kaldırıldığından, oturma pozisyonunda bile görülebiliyordu.

Taç giydikten sonra da, imparator ile imparatoriçe Ayasofya'nın galerisine çıkmış ve perdeler çekilip de göründüklerinde, orada toplanmış insanlar tarafından alkışlanmışlardı.[112] Halbuki *Merasimler Kitabı*'na göre, yeni taç giymiş imparator zemin katta, yükseltilmiş tahtına oturmuş halde, devlet görevlilerinin *proskynesis*'ini kabul ederdi.[113]

Merasimdeki bu değişikliklere yapılan ilk atıflar 13. yüzyıl sonlarındandır. VIII. Mikhail'in yeni taç giyen oğlu II. Andronikos için 1272'de çıkardığı bir belgede, *peripatos* ile *prokypseis*'ten söz edilir.[114] III. Ioannes Vatatzes ile genç gelin Anna-Constanza'nın 1241'de evlenmesini kutlamak amacıyla yazılan şiirler, yeni evlenen imparator ile imparatoriçe çiftinin bir balkon veya galeriden izleyicilere görünmesine ilk kez atıf yaparlar.[115] 1254'te II. Theodoros kalkanın havaya kaldırılması sırasında oturur halde olduğu söylenen ilk imparatordur.[116] Bu değişikliklerin çoğu 13. yüzyılda ilk defa veya yeniden merasim düzenine eklenmiş görünüyor, çünkü kaynaklarda belirtilmeleri ilk kez o devirde olmuştur. Öte yandan, daha eskiden ortaya çıkmış da olabilirler.

Prokypsis ise 13. yüzyıldan önce ortaya çıkmış bir merasim örneğidir. Bu kelime ilk kez VIII. Mikhail'e ait 1272 tarihli belgede görülüyor olsa da, merasimin yapılmaya başlanması I. Manuel Komnenos'a atfedilmiştir. Ancak, onun zamanında,

---

109 Dagron 2003a, s. 59-69. Bunun istisnaları 491'de I. Anastasius ile 518'de I. İustinos örnekleridir. Her ikisi de sarayın yüksek bir çıkması olan *kathisma*'da havaya kaldırılmıştır. Reiske 1829, c. 1, s. 423.3-4; s. 427.17.

110 Pseudo-Kodinos 1966, s. 254.26-255.1; s. 255.20-3; Guilland 1969, c. 2, s. 14-27, 40-54.

111 καθεσθείς: bkz. Pseudo-Kodinos 1966, s. 255.21.

112 Pseudo-Kodinos 1966, s. 269.1-20.

113 *Proskynesis*'te devlet görevlileri imparatorun iki dizini öper; bkz. Reiske 1829, c. 1, s. 193.7-20.

114 Heisenberg 1923, s. 38.15-7.

115 Heisenberg 1923, s. 104.94-108.

116 Akropolites, c. 1, §53, s. 105.20-1. İmparatorun kalkanın üzerinde "ayakta durması" hakkında, bkz. Reiske 1829, s. 423.7 (491'de I. Anastasius).

hem töreni hem de onun ana dayanağı olan yüksek platformu ifade eden bu terim kullanılmıyordu; merasim de Noel ve Epifani'yle ilişkilendirilmiş değildi. Bu âdeti Manuel'in başlattığına dair kanıtlar rasgele birkaç edebi parçadan alınmıştır; bunlar, yeni bir binanın yapıcısı, kazandığı bir zaferi kutlayan muzaffer komutan ve "yeni icra edilen merasimin" mucidi olarak imparatoru öven bazı dizelerdir. Bu şiirlerde, belirmek, ortaya çıkmak anlamına gelen προκύπτω fiili, sahneye, bir diske ve güneşle özdeşleştirilen imparatora yapılan atıflarla bağlantılı olarak kullanılmıştır.[117] Manuel'in başka merasimlerden bilinen çeşitli öğelerle –ışık, çekilen perdelerin ardından aniden ortaya çıkmak, yüksekte bir kürsü gibi– Blakhernai'daki yeni saray binalarının sunduğu yeni bağlamı birbirine ekleyerek yepyeni bir tören yarattığı fikri cazip görünüyor. Blakhernai'ın yüksek binaları da böylesi bir gösteriye uygundu.[118]

Aslında, halkla buluşma noktası işlevini gören yalnızca içindeki *prokypsis* yapısıyla birlikte avlu değildi. Sarayın kendisi de, pencereleri ve balkon çıkıntılarıyla birlikte, imparatorun kendisini tebaasına gösterebileceği mekânlar sunmaktaydı. Sarayın içinden dışarıda olup bitenleri seyreden imparatorları anlatan yazarlar, imparatorların aynı zamanda dışarıdaki insanlar tarafından görülmek istediğini açıkça ifade ederler. "Sağ olduğunu düşmana göstermek için," Konstantinos Monomakhos, "imparator giysilerini kuşanmış bir halde, sarayın bir balkonunda imparatoriçelerle birlikte oturuyordu."[119] VIII. Mikhail Palaiologos "yukarıda, Blakhernai Sarayı'nın göze çarpan bir yerinde durup batıya, denize doğru baktı; böylece hem kendi görecek hem de bulunduğu tarafa bakanlar tarafından kolayca görülebilecekti."[120] Monomakhos örneğinde, Psellos'un belirttiğine göre, imparator tahtı gasp eden Leo Tornikes'in birlikleri tarafından kuşatılmış durumdaydı. İkinci örnekte ise VIII. Mikhail bir zaferi kutlamaktaydı. O halde, Blakhernai Sarayı imparatoru ve yanındakileri koruyan bir müstahkem mevki olarak işlev görmüş olabilir, ancak aynı zamanda

---

117 Jeffreys 1987, s. 38-53. Jeffreys'in önerisine göre (s. 42), söz konusu "disk" "muhtemelen merasimde kullanılan aydınlatma teknolojisinin bir parçası, belki de ışığı ana karakterin üzerine odaklamaya yarayan daire şeklinde bir yansıtıcıydı." VIII. Mikhail zamanındaki Noel ve Epifani *prokypseis*'ini kutlamak amacıyla yazılan dizelerde, hem ışıkla ilgili imgeler hem de yüksek bir yerden görünme eylemine yönelik atıflar yaygındır. "Disk" kelimesi bir kez geçmektedir: bkz. Boissonade 1962, c. 5, s. 163.2.

118 Jeffreys 1987, s. 50, merasim için "yüksek bir balkonun uygun olduğunu" ileri sürüyor. Törenin amacına uygun olarak inşa edilen bir yapıdan ilk bahseden Ksanthopoulos olmuş ve yapıyı II. Andronikos'a atfetmiştir. Bkz. yukarıda s. 316-7.

119 Psellos 1926-8, c. 2, VI. Kitap, 109.1-4 (s. 21). Bu pasajla ilgili olarak bkz. yukarıda s. 312 ve n. 7; ayrıca bkz. Asutay-Effenberger'in bu kitaptaki makalesi, s. 290.

120 Pakhymeres (1984-2000, c. 2, 651.8-12) birkaç kez seyircilerden söz eder; bkz. özellikle 651.14, 26. Ayrıca bkz. yukarıda s. 312. Buradaki "deniz" Haliç'tir. Bkz. Failler, c. 2, s. 650-1, n. 3.

bir teşhir yeri olarak da kullanılmıştır. Bu sarayın pencere ve balkonları, kendisi de esasen sarayın bir balkonu olan hipodromun *kathisma*'sı ile aynı vazifeyi görüyordu. Tıpkı Büyük Saray'da olduğu gibi Blakhernai'da da imparatorun halka görünmek için saraydan çıkmasına gerek yoktu.[121]

Bu makalede, merasim âdetleri açısından 1204'ün hep düşünülegeldiği kadar kesin ve çarpıcı bir kırılma noktası olmadığı savunuldu. 13. yüzyıldan çok önce başlayan bir süreç içerisinde, merasim geleneği daha küçük çaplı, halka daha az açık, daha mahrem performanslar yönünde bir evrim geçirmişti.[122] 1204, iki ana imparatorluk sarayını kullanma paterni açısından da dramatik bir kopuş teşkil etmemiştir. Şehirde ve şehir dışında pek çok saray olmasına rağmen,[123] Büyük Saray ile Blakhernai bunların en önemlileri olarak kaldı; imparatorluğun paylaşılması sırasında Latin imparatoruna yalnızca bu ikisi tahsis edildi;[124] ayrıca, Pseudo-Kodinos'un verdiği hiyerarşik unvan listesinin gösterdiği gibi, kendilerine bir *prokathemenos*, yani saray görevlisinin atandığı saraylar sadece bu ikisi oldu.[125] Yalnızca bu iki saray "arşiv" olarak anılmıştır.

Ne var ki, bu iki imparatorluk sarayının statüsünde 1204'ten sonra önemli bir değişiklik oldu. Bizanslıların şehri geri almasından itibaren, bütün yeni hükümdarların girip ele geçirmeye çalıştığı saray artık Büyük Saray değil, Blakhernai idi. Palaiologos devri Konstantinopolis'inde Blakhernai imparatorluk gücünün merkez üssüydü.

Peki neden böyle bir değişiklik oldu? "İznik imparatorluğunda" doğup büyümüş olan VIII. Mikhail daha önce hiç görmediği şehre geldiğinde, "kadim âdet ve gelenekleri" şehre ve imparatorluğa yeniden kazandırmak istemişti. Kısa bir süre sonra da "Yeni Konstantinos" olarak anılır oldu.[126] Beklerdik ki Yeni Konstantinos Konstantinos'un sarayında yaşasın. O saray çok mu kötü bir durumdaydı ki imparator Blakhernai'a yerleşmeyi tercih etti? Aslına bakılırsa, durum bunun tam tersi gibi görünüyor. Pakhymeres, Blakhernai'ın onarım ve temizliğe ihtiyacı olduğunu, bu yüzden de, şehre giren Mikhail'in oturmak için Büyük Saray'a gittiğini belirtir.

---

121 Blakhernai'daki balkonlara ilişkin metinsel kanıt bulunmamakla birlikte, Tekfur Sarayı'nın doğu tarafında, şehre bakan yönde, geniş bir balkonun kalıntıları mevcuttur. Bu balkona iki yanında birer pencere olan bir kapıdan giriliyordu. Bkz. Ćurčić 2000, s. 16.
122 Cameron 1987, s. 131: "Hipodromda yapılan halka açık büyük imparatorluk gösterileri yerlerini imparatorluk sarayındaki özel merasimlere bırakmaya başlıyordu."
123 Janin 1950, s. 123-36, 143-5, 147-8, 150-3.
124 Bkz. yukarıda n. 32.
125 Pseudo-Kodinos 1966, s. 139.17-20.
126 Macrides 1994, s. 270-5.

Sorunun cevabı, Blakhernai Sarayı'nın "içkale" olarak anılmasında saklı olabilir. Bizans imparatorları, şehrin kuzeybatı köşesinde müstahkem şehir surlarıyla çevrelenmiş olan[127] sarayı Büyük Saray'dan daha güvenli bulmuş olabilirler. Ancak Pakhymeres yine bunun böyle olmadığını gösteriyor. Blakhernai'ın temizlenmesi gerekliliği bir yana, Mikhail'in 1261 Temmuz'unda Büyük Saray'a yerleşme sebebini "kargaşa halindeki bir şehre ilk defa giren bir imparator için yeterince güvenli oluşu" diye açıklıyor.[128] Büyük Saray gerçekten de, 10. yüzyılda II. Nikephoros Phokas tarafından yaptırılan yüksek duvarlarla çevrelenmiş, böylece imparator yukarı terasın eski binalarını aşağı terastakilerden ayırmıştı. Öfkeli şehir sakinleri onu bir "tiran akropolisi" oluşturmakla suçlamıştı. 14. yüzyıl ortalarında şehri ziyaret eden Novgorod'lu Stefan saray duvarlarının şehir surlarından uzun olduğunu bildirir.[129]

Demek ki VIII. Mikhail'in içkaleye yerleşme kararında güvenlik meselesi önemli rol oynamışa benzemiyor. İşin aslı şu ki, "kadim âdet ve gelenekleri" –daha doğrusu, Komnenosların âdet ve geleneklerini– yeniden canlandıran imparator, Blakhernai'daki Komnenos binalarına yerleşmeyi ve Komnenosların o ortamda icra ettiği merasimleri icra etmeyi seçmişti.

Bu makaledeki Blakhernai Sarayı incelemesi, farklı farklı dönemlerde sarayın değişik özelliklerinin öne çıkarıldığını göstermektedir. 11. yüzyıldan önce saray, Bakire Meryem yortularını kutlamak için Theotokos'un kilisesini ziyaret eden imparatorların uğrak yeri olmuşa benziyor. 11. yüzyıl sonları ve 12. yüzyıldan itibaren, Blakhernai, Büyük Saray'ın yanı sıra ikinci bir imparatorluk ikametgâhı ve yönetim merkezi olarak anılmıştır. 13. yüzyıldan itibaren ana ikametgâh olmuş, bir kale olarak nitelenmesi olgusu ise ancak 14. yüzyıl kaynaklarında ortaya çıkmıştır. Sarayı bu şekilde anan geç dönem Bizans yazarları bu ifadeyi ancak tahtı gasp etmeye çalışanlar ile meşru hükümdarların onu ele geçirme denemelerini anlatırken kullanmışlardır. Zira onlar için Blakhernai bir müstahkem mevki idi.[130]

---

127 Ćurčić 2000, s. 13-4; Asutay-Effenberger'in bu kitaptaki makalesi, s. 298-305.
128 Pakhymeres 1984-2000, c. 1, s. 219.9-10.
129 Skylitzes 1973, s. 275.77-85; Mango 1997, s. 42-5; Featherstone 2006, s. 58-9; Novgorodlu Stefan, Majeska 1984 içinde, s. 38-9.
130 Kantakuzenos 1828-32, c. 2, s. 611.21-612.1; Gregoras 1829-55, c. 2, s. 775.2-3, 11-3; c. 3, s. 242.23.

Kaynakça

Akropolites, George. (1903) *Georgii Acropolitae Opera*, 2 cilt, der. A. Heisenberg, düzeltilmiş yeniden basımı P. Wirth. Leipzig: Teubner.

Asutay-Effenberger, N. (2007) *Die Landmauer von Konstantinopel-Istanbul*. Berlin, New York: Walter de Gruyter.

Attaleiates, Michael. (1853) *Historia*, der. I. Bekker. Bonn: Weber.

_____ (2002) *Miguel Ataliates Historia*, der. I. Pérez Martín. Madrid: Consejo Superior de Investigaciones Científicas.

Bardill, J. (2006) "Visualizing the Great Palace of the Byzantine Emperors at Constantinople: Architecture, Text and Topography," *Visualisierung von Herrschaft* içinde, der. F.A. Bauer = Byzas 5: 5-48.

Benjamin of Tudela [Tudelalı Benjamin]. (1907, yeniden basım 1970) *The Itinerary of Benjamin of Tudela*, der. ve çev. M.N. Adler. Londra: Feldheim.

Berger, A. (2001) "Imperial and Ecclesiastical Processions in Constantinople," *Byzantine Constantinople* içinde, der. N. Necipoğlu, s. 73-87. Leiden: Brill.

Boissonade, J.F., der. (1962) *Anecdota Graeca*, 5 cilt, yeniden basım. Hildesheim: G. Olms.

Bouras, Ch. (2007) "Architecture in Constantinople in the Thirteenth Century," *Byzantine Art in the Aftermath of the Fourth Crusade* içinde, der. P.L. Vocotopoulos, s. 89-104, s. 105-12. Atina: Academy of Athens [Yunanca].

Brett, G., Martiny, G. ve Stevenson, R.B.K. (1947) *The Great Palace of the Byzantine Emperors*. Londra: Oxford University Press.

Bryer, A. ve Winfield, D. (1985) *The Byzantine Monuments and Topography of the Pontos*. Washington DC: Dumbarton Oaks Center for Byzantine Studies.

Buchwald, H. (1979) "Lascarid Architecture," *Jahrbuch der Österreichischen Byzantinistik* 28: 261-96.

Bury, J.B. (1907) "The Ceremonial Book of Constantine Porphyrogennetos," *English Historical Review* 22: 209-27, 417-39.

Çağaptay, S. (2010) "How Western Is It? The Palace at Nymphaion and Its Architectural Setting," *Change in the Byzantine World in the Twelfth and Thirteenth Centuries* içinde, der. A. Ödekan, E. Akyürek ve N. Necipoğlu, s. 357-62. İstanbul: Vehbi Koç Vakfı.

Cameron, A. (1987) "The Construction of Court Ritual: The Byzantine Book of Ceremonies," *Rituals of Royalty: Power and Ceremonial in Traditional Societies* içinde, der. D. Cannadine ve S. Price, s. 106-36. Cambridge: Cambridge University Press.

Costanza, S. (2009) "Nitriti come segni profetici: cavalli fatidici a Bisanzio (XI-XIV sec.)," *Byzantinische Zeitschrift* 102: 1-24.

Ćurčić, S. (1987) "Some Aspects of the Cappella Palatina in Palermo," *Dumbarton Oaks Papers* 41: 125-44.

_____ (2000) "Late Medieval Fortified Palaces in the Balkans: Security and Survival," Μνημείο και Περιβάλλον / *Monument and Environment* 6: 11-41.

Ćurčić, S. ve Hadjtryphonos, E., der. (1997) *Secular Medieval Architecture in the Balkans 1300-1500 and its Preservation*. Thessalonike: Aimos, Society for the Study of the Medieval Architecture in the Balkans and its Preservation.

Dagron, G.; Binggelli, A., Featherstone, M. ve Flusin, B. ile birlikte. (2000) "L'organisation et le déroulement des courses d'après le *Livre des cérémonies*," *Travaux et Mémoires* 13: 3-180.

Dagron, G. (2003a) *Emperor and Priest*, çev. J. Birrell. Cambridge: Cambridge University Press.

_____ (2003b) "Trônes pour un empereur," *Byzantium: State and Society* içinde, der. A. Avramea, A. Laiou ve E. Chrysos, s. 179-203. Atina: Institouto Vyzantinon Ereunon, Ethniko Hidryma Ereunon.

van Dieten, J.-L. (1975) *Nicetae Choniatae Historia*. Berlin, New York: Walter de Gruyter.

Dirimtekin, F. (1959) "Les fouilles dans la région des Blachernes," *Türk Arkeoloji Dergisi* 9: 8-31.

Downey, G. (1957) "Nikolaos Mesarites: Description of the Church of the Holy Apostles at Constantinople," *Transactions of the American Philosophical Society* 47: 855-924.

Drpic, I. (2008) "Art, Hesychasm, and Visual Exegesis: Parisinus Graecus 1242 Revisited," *Dumbarton Oaks Papers* 62: 217-47.

Failler, A. (1981) "Chronologie et composition dans l'histoire de Georges Pachymère," *Revue des Etudes Byzantines* 39: 145-249.

Featherstone, M. (2004) "Further Remarks on the *De Cerimoniis*," *Byzantinische Zeitschrift* 97: 113-21.

_____ (2006) "The Great Palace as Reflected in the *De Cerimoniis*," *Visualisierung von Herrschaft* içinde, der. F.A. Bauer = *Byzas* 5: 47-61.

_____ (2007) "ΔΙ' ΕΝΔΕΙΞΙΝ: Display in Court Ceremonial (*De Cerimoniis* II, 15)," *The Material and the Ideal: Essays in Medieval Art and Architecture in Honour of Jean-Michel Spieser* içinde, der. A. Cutler ve A. Papaconstantinou, s. 75-112. Leiden: Brill.

Foss, C. ve Winfield, D. (1989) *Byzantine Fortifications: An Introduction*. Pretoria: University of South Africa.

Gaul, N. (2007) "The Partridge's Purple Stockings: Observations on the Historical, Literary and Manuscript Context of Pseudo-Kodinos' Handbook on Court Ceremonial," *Theatron: Rhetorische Kultur in Spätantike und Mittelalter* içinde, M. Grünbart, s. 69-103. Berlin, New York: Walter de Gruyter.

Gautier, P. (1971) "Le synode des Blachernes (fin 1094): étude prosopographique," *Revue des Etudes Byzantines* 29: 213-84.

Grabar, A. (1971) "Pseudo-Codinos et les cérémonies de la court byzantine au XIVe siècle," *Art et Société à Byzance sous les Paléologues* içinde, s. 195-221. Venedik: Stamperia di Venezia.

Gregoras, Nikephoros. (1829-55) *Nicephori Gregorae Byzantina Historia*, 3 cilt, der. L. Schopen (1.-2. cilt), I. Bekker (3. cilt). Bonn: Weber.

Grumel, V. (1931) "Le 'miracle habituel' de Notre-Dame des Blachernes à Constantinople," *Echos d'Orient* 30: 129-46.

Guilland, R. (1957) "Le palais du *kathisma*," *Byzantinoslavica* 18: 39-76.

_____ (1969) *études de Topographie de Constantinople Byzantine*, 2 cilt. Berlin, Amsterdam: Akademie Verlag Berlin ve Adolf M. Hakkert.

Haldon, J.F., der. (1990) *Three Treatises on Imperial Military Expeditions*. Viyana: Verlag der Österreichischen Akademie der Wissenschaften.

Heisenberg, A. (1920) "Aus der Geschichte und Literatur der Palaiologenzeit," Sitzungsberichte der Bayerischen Akademie der Wissenschaften, *Philosophisch-philologische und historische Klasse*, s. 3-144. Münich: Verlag der Bayerischen Akademie der Wissenschaften.

İbn Battuta. (1962) *The Travels of Ibn Battuta*, çev. H.A.R. Gibb, 2. cilt. Cambridge: Hakluyt Society.

Janin, R. (1950) *Constantinople Byzantine*. Paris: Institut Français d'Etudes.

_____ (1969) *La géographie ecclésiastique de l'empire byzantin*, 3. cilt: *Les Eglises et les Monastères*, 2. basım. Paris: Centre National de la Recherche Scientifique.

Jeffreys, M. (1987) "The Comnenian prokypsis," *Parergon* n.s. 5: 38-53.

Kafescioğlu, Ç. (2005) "Reckoning With An Imperial Legacy: Ottoman and Byzantine Constantinople," *1453: λωσή της Κωνσταντινούπολης και η μετάβαση από τους μεσαιωνικούς στους νεώτερους χρόνους* içinde, der. T. Kiousopoulou, s. 25-36. Herakleion: Panepistemiakes Ekodeis Kretes.

Kantakouzenos, John [Kantakuzenos, İoannes] (1828-32) *Ioannis Cantacuzeni ex Imperatoris Historiarum Libri IV*, 3 cilt, der. L. Schopen. Bonn: Weber.

Kazhdan, A.P. vd, der. (1991) *Oxford Dictionary of Byzantium*, 3 cilt. New York, Oxford: Oxford University Press.

Kline, G.R. (1988) *The Voyage d'Outremer by Bertrandon de la Broquière*. New York: P. Lang.

Lavin, I. (1962) "The House of the Lord: Aspects of the Role of Palace Triclinia in the Architecture of Late Antiquity and the Early Middle Ages," *Art Bulletin* 44: 1-27.

Macrides, R. (1994) "From the Komnenoi to the Palaiologoi: Imperial Models in Decline and Exile," *New Constantines: The Rhythm of Imperial Renewal in Byzantium, 4th-13th Centuries* içinde, der. P. Magdalino, s. 269-82. Aldershot: Ashgate.

_____ (2002) "Constantinople: The Crusaders' Gaze," *Travel in the Byzantine World* içinde, der. R. Macrides, s. 193-212. Aldershot: Ashgate.

_____ (2004) "The Ritual of Petition," *Greek Ritual Poetics* içinde, der. D. Yatromanolakis ve P. Roilos, s. 356-70. Washington DC, Cambridge: Center for Hellenic Studies.

_____ (2007) *George Akropolites: The History*. Oxford: Oxford University Press.

_____ (2011) "Ceremonies and the City: The Court in Fourteenth Century Constantinople," *Royal Courts in Dynastic States and Empires: A Global Perspective* içinde, der. J. Duindam, T. Artan ve M. Kunt, s. 217-35. Leiden: Brill.

_____ (2013) "Inside and Outside the Palace: Ceremonies in the Constantinople of the Palaiologoi," *The Byzantine Court: Source of Power and Culture – Papers from the Second International Sevgi Gönül Byzantine Studies Symposium* içinde, der. Ayla Ödekan, Nevra Necipoğlu ve Engin Akyürek, s. 165-170. İstanbul: Koç Üniversitesi Yayınları.

Magdalino, P. (1978) "Manuel Komnenos and the Great Palace," *Byzantine and Modern Greek Studies* 4: 101-14.

_____ (1991) *Tradition and Transformation in Medieval Byzantium*. Aldershot: Variorum.

_____ (1993) *The Empire of Manuel I Komnenos, 1143-1180*. Cambridge: Cambridge University Press.

_____ (2007) *Studies on the History and Topography of Byzantine Constantinople*. Aldershot: Ashgate.

_____ (2011) "Court and Capital in Byzantium," *Royal Courts in Dynastic States and Empires: A Global Perspective* içinde, der. J. Duindam, T. Artan ve M. Kunt, s. 131-44. Leiden: Brill.

Magdalino, P. ve Nelson, R. (1982) "The Emperor in Byzantine Art of the Twelfth Century," *Byzantinische Forschungen* 8: 123-83. [Yeniden basımı: Magdalino 1991]

Majeska, G.P. (1984) *Russian Travelers to Constantinople in the Fourteenth and Fifteenth Centuries*. Washington DC: Dumbarton Oaks Center for Byzantine Studies.

Mango, C. (1959) *The Brazen House: A Study of the Vestibule of the Imperial Palace of Constantinople*. Kopenhag: I Kommission hos Munksgaard.

_____ (1981) "Daily Life in Byzantium," *Jahrbuch der Österreichischen Byzantinistik* 31: 337-53.

_____ (1991) "Tekfur Sarayı," *Oxford Dictionary of Byzantium*, 3. cilt içinde, s. 2021-2. Oxford: Oxford University Press.

_____ (1993) *Studies on Constantinople*. Aldershot: Ashgate.

_____ (1997) "The Palace of the Boukoleon," *Cahiers archéologiques* 45: 41-50.

_____ (2000) "Constantinople as Theotokoupolis," *Mother of God: Representations of the Virgin in Byzantine Art* içinde, der. M. Vassilaki, s. 17-25. Atina ve Milano: Benaki Müzesi ve Skira.

McCormick, M. (1986) *Eternal Victory: Triumphal Rulership in Late Antiquity, Byzantium and the Early Medieval West*. Cambridge, Paris: Cambridge University Press.

_____ (1991) *"De Ceremoniis," Oxford Dictionary of Byzantium*, 1. cilt içinde, s. 595-7. Oxford: Oxford University Press.

Moffatt, A. (1995) "The Master of Ceremonies' Bottom Drawer: The Unfinished State of the *De Ceremoniis* of Constantine Porphyrogennetos," *Byzantinoslavica* 56: 377-88.

Müller-Wiener, W. (1977) *Bildlexikon zur Topographie Istanbuls*.Tübingen: Ernst Wasmuth.

Munitiz, J.A. (1984) *Nicephori Blemmydae Autobiographia Sive Curriculum Vitae*. Louvain: Brepols.

Nicol, D.M. (1968) *The Byzantine Family of Kantakouzenos (Cantacuzenus), ca. 1100-1460*. Washington DC: Dumbarton Oaks Center for Byzantine Studies.

_____ (1993) *The Last Centuries of Byzantium, 1261-1453*, 2. basım. Cambridge: Cambridge University Press.

Odo of Deuil [Deuilli Odo]. (1948) *De Profectione Ludovici VII in Orientem*, der. ve çev. V.G. Berry. New York: Columbia University Press.

Ousterhout, R. (2005) "The Oecumenical Character of Byzantine Architecture: The View from Cappadocia," *Byzantium as Oecumene* içinde, der. E. Chrysos, s. 211-32. Atina: Ethniko Idryma Ereunon Instituto Byzantion Ereunon.

Pachymeres, George [Pakhymeres, Georgios]. (1984-2000) *Georges Pachymérès: Relations Historiques*, 5 cilt, çev. A. Failler. Paris: Belles Lettres.

Pentcheva, B.V. (2005) *Icons and Power: The Mother of God in Byzantium*. University Park: Pennsylvania State University.

Psellos, Michael. (1926-8) *Chronographie*, 2 cilt, der. ve çev. E. Renauld. Paris: Belles Lettres.

Pseudo-Kodinos. (1966) *Pseudo-Kodinos Traité des Offices*, der. J. Verpeaux. Paris: Centre nationale de la recherche scientifique.

Pseudo-Zonaras. (1808/1967) *Iohannes Zonarae Lexicon*, 4 cilt, der. J.A.H. Tittmann. Leipzig: Crusius; yeniden basım Amsterdam: Hakkert.

Reiske, J.J. (1829) *Constantini Porphyrogeniti Imperatoris De Cerimoniis Aulae Byzantinae*, 2 cilt. Bonn: Weber.

Robert of Clari [Clarili Robert]. (1924) *La conquête de Constantinople*, der. P. Lauer. Paris: E. Champion.

_____ (2005) *La conquête de Constantinople*, der. P. Noble. Edinburgh: University of Edinburgh Press.

Runciman, S. (1975) "Blachernae Palace and Its Decoration," *Studies in Memory of David Talbot Rice* içinde, der. G. Robertson ve G. Henderson, s. 277-83. Edinburgh: Edinburgh University Press.

Schneider, A.M. (1951) "Die Blachernen," *Oriens* 4: 82-120.

Shepard, J. (2001) "Courts in East and West," *The Medieval World* içinde, der. P. Linehan ve J.L. Nelson, s. 14-36. Londra, New York: Routledge.

Shoemaker, S.J. (2008) "The Cult of Fashion: The Earliest *Life of the Virgin* and Constantinople's Marian Relics," *Dumbarton Oaks Papers* 62: 53-74.

Simpson, A. (2009) "Narrative Images of Medieval Constantinople," *Niketas Choniates: A Historian and a Writer* içinde, der. A. Simpson ve S. Efthymiadis, s. 185-207. Cenevre: La Pomme d'Or.

Skylitzes, Ioannis. (1973) *Ioannis Scylitzae Synopsis Historiarum*, der. I. Thurn. Berlin, New York: Walter de Gruyter.

Sode, C. (2010) "Sammeln und Exzerpieren in der Zeit Konstantins VII. Porphyrogennetos: Zu den Fragmenten des Petros Patrikios im sogenannten Zeremonienbuch," *Encyclopaedic Trends in Byzantium* içinde, der. P. van Deun ve C. Macé, s. 161-76. Louvain: Orientalia Lovaniensia Analecta.

Spatharakis, I. (1976) *The Portrait in Byzantine Illuminated Manuscripts*. Leiden: Brill.

Striker, C.L. (1981) *The Myrelaion (Bodrum Camii) in Istanbul*. Princeton: Princeton University Press.

Tafel, G.L.Fr. ve Thomas, G.M. (1856, yeniden basım 1964) *Urkunden zur älteren Handels- und Staatsgeschichte der Republik Venedig*, 2 cilt. Viyana, yeniden basım Amsterdam: Adolf Hakkert.

Tartaglia, A. (2000) *Theodorus II Ducas Lascaris Opuscula Rhetorica*. München: K.G. Saur.

Talbot Rice, D., der. (1958) *The Great Palace of the Byzantine Emperors, Second Report*. Edinburgh: Edinburgh University Press.

Talbot, A.-M. (1993) "The Restoration of Constantinople under Michael VIII," *Dumbarton Oaks Papers* 47: 243-61.

Teitler, H. (2001) "Raising on a Shield: Origin and Afterlife of a Coronation Ceremony," *International Journal of the Classical Tradition* 8: 501-21.

Tinnefeld, F. (2000) "Der Blachernenpalast in Schriftquellen der Palaiologenzeit," *Λιθόστρωτον: Studien zur byzantinischen Kunst und Geschichte, Festschrift für Marcel Restle* içinde, der. B. Borkopp ve T. Steppan, s. 277-85. Stuttgart: Anton Hiersemann.

van Tricht, F. (2011) *The Latin* Renovatio *of Byzantium: The Empire of Constantinople (1204-1228)*. Leiden: Brill.

de Villehardouin, Geoffrey. (1938) *La conquête de Constantinople*, 2 cilt, der. E. Faral. Paris: Les Belles Lettres.

Vogt, A. (1935-40, yeniden basım 1967) *Le Livre des Cérémonies*, 4 cilt. Paris: Les Belles Lettres.

Weyl Carr, A. (2001) "Threads of Authority: The Virgin Mary's Veil in the Middle Ages," *Robes and Honor: The Medieval World of Investiture* içinde, der. S. Gordon, s. 59-94. New York: Palgrave.

Xanthopoulos, Nikephoros Kallistos. (1904) "Nicephori Callisti Xanthopuli Ecclesiasticae Historiae Libri XVIII," *Patrologia Graeca* içinde, der. J.-P. Migne, s. 145-6. Paris: Garnier.

Zepos, J. ve Zepos, P. (1931, yeniden basım 1962) *Jus Graecoromanum*, 8 cilt. Atina: Aalen.

Memâlik ve Memâlîk: Anadolu Selçuklu İçkalelerinin Süsleme ve Kitabe Programları

SCOTT REDFORD

Ortaçağ İslam dünyasında içkalelerin yaygınlaşması Türk kökenli hanedan ve orduların gelişine bağlanmıştır, zira Levant ve Anadolu şehirlerinde içkalelerin (yeniden) inşası hem Türk valileri ile garnizonlarının askeri gücünü, hem de onların kendi tebaaları olan şehir halkından etnik, dilsel ve hatta mezhepsel açıdan farklı oluşlarını ifade etmekteydi. Ne var ki Anadolu şehirleri zaten Bizanslılar tarafından inşa edilmiş içkalelere sahipti; o nedenle en azından Anadolu bağlamında, yönetim yapısı ile şehir düzeni arasındaki bu bire bir uygunluk sorgulanmaya açıktır: Bölgeyi fetheden Anadolu Selçuklu kuvvetleri hiç kuşkusuz halihazırda mevcut içkaleleri kullanmaktan memnundu, ancak bu yapıları Selçukluların etnik ve dini farklılığının ifadesi olarak tanımlamak doğru değildir.[1]

Bu makalenin başlığındaki kelimeler, bu dönemde söz konusu olan ikili bir olguya işaret ediyor. Küçük ve orta büyüklükteki birçok devlet (*memâlik*: devlet veya krallık anlamına gelen kelimenin çoğulu), daimi ordularının mensupları ve

---

Yazarın notu: Bu makale kısmen 2008'de Sinop içkalesi ile Sinop Müzesi'nde ve 2011'de Bayburt içkalesinde yapılan epigrafik ve mimari çalışmalara dayanmaktadır. Bu çalışmalar için izin veren T. C. Kültür ve Turizm Bakanlığı'na teşekkür ederim.

1 Örneğin bkz. Grabar 1978, s. 68; Bacharach 1991, s. 123 (Bu kaynak, içkale kullanımının "dönüm noktası"nı 12. yüzyılın başları ve ortalarında Suriye ve Kuzey Irak'ta hüküm süren Zengî hanedanı dönemine tarihlendirmektedir); Rabbat 2010, s. 59-61. Bizans şehirlerinin istihkâmı hakkında yapılmış pek çok inceleme olmasına karşın, 8. yüzyıldan itibaren içkalenin Bizans şehrinin bir parçası olarak önem kazanması ve rolüne dair hiçbir inceleme bulamadım. Belki de, dikkate değer bir istisna olan Ankara hariç, bu durumun nedeni tarihsel kaynak ve kitabelerin eksikliğidir. Benzer bir argüman Doğu İslam dünyasındaki *kuhendîz/şehristân* için de kullanılabilir: Bunların ayakta kalan örneklerinin ortaçağ Türk hanedanları tarafından yeniden kullanılması, farklılığı mı, işe yarar olanı kullanma ihtiyacını mı, yoksa bu ikisinin arasında bir şeyi mi ifade etmekteydi? Selçuklu içkaleleri, kitabeleri ve süsleme programları hakkında yakın zamanda yazdıklarım için bkz. Redford 2011, 2010b.

saray emîrleri olarak istihdam etmek üzere, giderek artan oranda köle-askerlere (*memâlîk*: memlûk/memlük kelimesinin çoğulu) dayanır oldu. Köle-askerler askeri ve siyasi gücün geleneksel kaynaklarıyla rekabet halindeydi: Selçuklular için bunlar çoğunlukla göçebe Türkmenler, Eyyûbîler içinse sultanların ve taşradaki iktâ sahiplerinin hizmetinde olan Türkmen ve Kürt aşiretleriydi. Her iki durumda da, sürekli orduların gelişmesi, geleneksel olarak sultana dönemsel askeri hizmet sağlayan taşranın kentsel veya kırsal kesimlerinin oluşturduğu çevreyi merkezle karşı karşıya getirdi. İçkaleler de böylece, ortaya çıkan bu dinamik ve çekişmeli düzenin merkezleri olarak yeniden önem kazandı.

Bu makale, günümüzde Türkiye ve Suriye'nin bulunduğu topraklarda 11. yüzyıl sonlarındaki Selçuklu fetihlerinden yüz yılı aşkın bir süre sonraki belirli ve sınırlı bir döneme –yani 13. yüzyılın ikinci, üçüncü ve dördüncü onyıllarına– ait içkalelerle ilgili mimari ve epigrafik kanıtları ele alıyor. O devirde artan ticaret, bu bölgede bulunan küçük ve orta büyüklükteki birçok devleti zenginleştirdi; Dördüncü Haçlı Seferi ile Moğolların gelişi arasındaki dönemde de nispeten az sayıda büyük ölçekli sefer düzenlendi. 13. yüzyılın başlarında, içkale duvar ve kapılarındaki kitabe programları, kısmen köle kökenli emîrlerden oluşan yönetici seçkinler ile sultanın bizzat kendisi arasındaki mücadeleyi görsel olarak dışavurmaktaydı; zira merkez, çevreye karşı olduğu kadar, kendi içinde de mücadele halindeydi.[2]

Burada aynı zamanda, ara sıra daha doğuya ve batıya da göz atarak, Suriye ile Anadolu arasındaki dinamik hakkında bir fikir vermeyi amaçlıyorum. Kullanacağım ana kanıtlar, çok kısıtlı bir zaman diliminde Eyyûbî topraklarında (Halep 1192-1215, Şam 1202-17, Kahire 1204, Harran 1190'lar) ve Selçuklu Anadolu'sunda (Bayburt 1213, Sinop 1215, Antalya 1216, Konya 1220'lerin başı, Alanya 1220'lerin sonları) sıfırdan veya yeniden inşa edilen içkalelerin kitabe ve süsleme programları arasında ilişki kurmayı deniyor. O dönemde yeniden inşa edilen daha pek çok başka içkale (Kayseri, Sivas, Erzurum ve diğerleri) varsa da, sözünü ettiğim şehirler bize diğerlerinden daha fazla kanıt sunmaktadır. Bu yazıda, başka bir çalışmada bu malzemenin bir kısmını kullanırken yaptığım gibi kronolojik bir çizgi izlemek yerine, içkale duvarlarındaki kitabe ve süsleme programlarını incelerken şu tema veya konuları ele alacağım: (1) gerçek olanla ideal olanın karşılaştırılması; (2) izleyici kitlesi: görünürlük/okunabilirlik; (3) hiyerarşiler; (4) görsel rejimler; ve (5) kule ve burçlar. Büyük oranda tematik olan bir yaklaşımın, içkale kuleleri, duvarları ve

---

2 El-Cezîre'nin (yukarı Mezopotamya) kuzeyi ve batısı, Suriye, Filistin ve Mısır'da hüküm süren Eyyûbî sultanlığı, örgütlenme ve yönetim bakımından merkezi yapıdaki bir devletten ziyade bir konfederasyondu. Yine de, bu makalede tartışılacağı gibi, sultanlarından biri olan Âdil'in merkezileşme çabalarında içkale önemli bir rol oynamıştır.

kapılarının o dönemdeki iktidar hiyerarşilerinin seçkin ifadesini bulduğu mahaller olarak kullanımına olduğu kadar, bu projeler arasındaki benzerlik ve farklılıklara, projelerin hamilerine ve içkalelerin yeniden kullanımı olgusuna da ışık tutacağını umuyorum.

Suriye ve Anadolu

Asıl konumuzun tartışmasına giriş olarak, Eyyûbî Suriye'si ile Selçuklu Anadolu'su arasındaki ilişkiye dönerek, bu meseleyi hem bu coğrafi alanlarla ilgili genellemeler, hem de kültür alışverişinin mekanizması açısından değerlendirmek istiyorum. Bu yazının arka planında büyük oranda bu iki devlet ve bölge arasındaki bağlantılar yer alıyor. Bu bağlantılar, önde gelen Suriye şehirleri olan Halep ve Şam'dan Selçuklu Anadolu'suna mimar göçü ile ilgili olduğu kadar, inşa projelerinin kronolojisiyle de ilgilidir. Yukarıda belirtildiği gibi, Selâhaddin'in oğlu Zâhir Gazi döneminde Halep içkalesinin yeniden yapılması, bu emîrin 1215'teki ölümüyle büyük ölçüde sona erdi. Amcası Sultan Âdil'in Şam içkalesini yeniden inşası ise 1217'de bitti (bu sultan Busra, Kahire ve Harran gibi başka yerlerdeki içkaleleri de yeniden yaptırdı). Halep ve Şam içkalelerinin inşa tarihleri, her iki Eyyûbî şehrindeki inşaat faaliyetlerinin 1210'ların başları ile ortalarında doruğa ulaştığına kuvvetle işaret ediyor. Bu projeler üzerinde çalışan askeri mimarlar, bu onyılın sonlarına doğru, komşu Anadolu topraklarında yeniden güç kazanan Selçuklu devletinin kendilerine ihtiyaç duyduğu bir zamanda, pekâlâ boşta kalmış olabilirler. Öyleyse Eyyûbî hükümdarları onları gönderdi mi? Yoksa kendileri mi iş bulmak için gittiler? Bu soruların cevabı bilinmiyor; ancak –yaptıkları binalardan olduğu kadar, o binaların üstünde veya yakınında bulunan kitabelerden ve üzerinde çalıştıkları inşaat projelerinin öneminden de anlaşıldığı üzere– mimarların üstün nitelikli oluşu, bana Selçuklu sultanı İzzeddin Keykâvus (s. 1211-19) döneminde başlayıp kardeşi ve halefi Alâeddin Keykubad (s. 1219-37) döneminde devam eden bir devletler arası bağlantı olduğunu düşündürüyor.

Suriye'deki içkale inşaatlarının kronolojisi Selçuklu Anadolu'sunda gördüğümüz resimle de uyumludur; zira Anadolu'da 1210'ların sonları ve 1220'lerde –argümanımıza uygun bir biçimde, biri Halep'ten, biri Şam'dan gelen– Suriyeli iki mimar görev yaptı. Bunlardan ilki olan Ebû Ali bin Ebî'r-Rehâ bin el-Kettânî el-Halebî (yani "Halepli"), mimar isimlerinin kitabe kaydında belirgin şekilde yer almadığı Suriye'den gelmiş bilinmeyen bir mimar olmakla birlikte, 1215'e tarihlenen Sinop içkalesinin ana kapısı olan Lonca Kapısı'ndaki iki kitabede adıyla zikredilmiştir.[3]

---

3   Bu makalenin ekinde, bu tarihten Alanya'daki Kızıl Kule'de adının tekrar belirgin biçimde belirtildiği 1226'ya kadar olan dönemde Ebû Ali'nin Selçuklu Anadolu'sundaki kariyeri hakkında bazı önerilerde bulunacağım.

RESİM 1 Konya içkalesi. Kaynak: De Laborde'a (1836) dayanarak.

Selçuklu Anadolu'sunda çalıştığı bilinen ikinci Suriyeli mimar, Muhammed ibn Havlân ed-Dımaşkî'dir (yani "Şamlı"). İbn Havlân'ın adı, 1220'de Konya'nın şehir ve içkale surları ile aynı zamanda inşa edilen içkale camii olan Alâeddin Camii'nin ana cephesindeki bir kitabede yer almaktadır. De Laborde, artık var olmayan bu surları 19. yüzyıl başlarında kayda geçirmiştir. Onun gravürleri, Alâeddin Camii'nin dış cephesindekine olduğu kadar Şam içkalesindekilere de benzeyen, kemerli, büyük kitabeleri resmeder (**RESİM 1**). Her ne kadar bu kitabeler artık yoksa da, bu mimarın camiin dış cephesinin yanı sıra Konya'nın şehir surlarının yapımıyla da ilgilenmiş ve onları yapabilecek maharette zanaatkârları yanında getirmiş olması akla yakındır. Cami ile şehir surları arasındaki bağlantının bir başka dolaylı göstergesi de, her iki projedeki inşaat amirinin aynı kişi olduğuna dair elimizdeki kitabe kanıtıdır. Bu iki mimarın Konya içkalesinin yapımında birlikte çalışmış olmaları da elbette mümkündür.[4]

---

4 Konya içkalesindeki, üzerinde *Ayâz mütevellî* yazan kitabe ile Alâeddin Camii'ndeki *elmütevellî Ayâz el-Atâbekî* yazılı kitabe için sırasıyla bkz. Duran 2001, s. 54 ve 44. Sultan II. Gıyâseddin Keyhusrev'in (s. 1237-46) Antalya içkalesi duvarlarında bulunan, Eyyûbî tarzında, çok büyük iki kitabesi, babasının Konya kitabelerinin birer türevidir. Bu kitabeler 1244-45 tarihlidir ve Konya içkalesindekilerin bir taklidini Antalya içkalesinin dış surlarında –1243'te Kösedağ Savaşı'nda onları yenilgiye uğratarak Selçuklu topraklarının

O halde, Haçlılar çağındaki "silahlanma yarışı"nın askeri mimarideki ana üssü olan Suriye'den kitabelerle ve teknik konularla ilgili bilgi transferinin ne şekilde gerçekleştiği, adları kitabe kayıtlarıyla günümüze kalmamış başka mimarlardan olamasa da, bu iki mimarın varlığından anlaşılabilir. İbn Havlân'ın kitabelerin ötesinde nasıl bir katkısının olduğu saptanamamaktadır; buna karşılık Ebû Ali, Eyyûbîlere özgü kitabe tarzlarının yanı sıra, kapı-üstü tepe mazgalı (*slot machicolation*) denen bir savunma unsurunu Selçuklu askeri mimarisine ilk getiren kişi olmuştur. Alanya'da 1226'da yapımına başlanan Kızıl Kule ve Tophane Kulesi'nde gördüğümüz, Suriye'de de rastlanan askeri mimarlık tasarımına ait birçok başka unsuru da yine ilk o getirmiştir. Bu nedenle, en azından Ebû Ali'nin esas olarak askeri alanda çalışan bir mimar olduğu düşünülebilir.[5]

Öyleyse, bu yazının temalarından biri, Suriye'de konumlanmış bir merkezle Anadolu'da konumlanmış bir çevre arasındaki ilişki olarak görülebilir. Bu iki Sünni Müslüman devlet arasındaki ilişki, bir kıskançlık ve öykünme ilişkisiydi. Ele aldığımız dönemdeki her iki Selçuklu sultanı da Suriye'yi işgal etti ve Sultan Alâeddin Keykubad, Eyyûbî sultanı Âdil'in bir kızıyla evlendi. Yukarıda adı geçen iki Suriyeli mimarı, Selçuklu saraylarının çini işlerini yapan seramik ustalarını da içeren bu üst düzey trafiğin bir parçası olarak görmek mümkündür.[6]

Selçuklu devletinin İslam dünyasının merkezi bölgelerinin dışında yer almasına ve Suriye'ye kıyasla bu topraklarda İslami kültürün daha yeni oluşuna rağmen, Anadolu başlı başına bir merkezdi ve köklerini Bizans geçmişinden alan kendi geleneklerine sahipti; Anadolu şehirleri ile içkalelerinin Bizanslı dokusunda son derece

---

doğu yarısını işgal edip geri kalanı da bir bağımlı devlete dönüştürmüş olan Moğollardan uzakta– sergileme denemesi olarak görülebilir, bkz. Yılmaz ve Tuzcu 2010, s. 34-9.

5 Rogers (1976) Selçuklu Anadolu'sunda "mimar" teriminin, günümüzdeki anlamından farklı olarak, inşaat amiri veya müteahhit anlamına geldiğini öne sürmüştür. Ebû Ali'nin adının hem Sinop hem de Alanya'da belirgin şekilde belirtilmesi ve Sinop'takinde Allah'tan onu korumasının istenmesi nedeniyle, Rogers şunu savunur: "Anadolu Selçuklu kitabelerinden bildiğimiz hiçbir zanaatkâr kendisi veya başkaları için dua istememektedir. El-Kettânî'nin [metinde aynen] adı Selçuklu döneminin ikinci en önemli donanma üssü olan Alanya'nın surlarında da yer alıyor, bu da onun mimar değil, döneminin en önde gelen müteahhidi olduğunu ima etmektedir." (s. 97-8). Umarım, burada öne sürüldüğü gibi, çalışmalarının askeri mimarlıkla olan yakın özdeşliği, onun gerçekten de bir mimar, tam olarak söylemek gerekirse Suriye'de eğitim görmüş bir askeri mimar olduğu yolundaki iddiamı destekler. Gerçek her ne olursa olsun, kayda değer olan şu ki, Ebû Ali Suriye'deki pratiğe uyarak kitabelerinde kendisinden "mimar" olarak söz etmezken, Sinop'taki üç diğer inşaatçı bu terimi kullanır. Ona kıyasla, bunlar müteahhit olması daha muhtemel kişilerdir.

6 Kubadâbâd çinileriyle Suriye seramikleri arasındaki üslup benzerliklerine ilk dikkati çeken Soucek olmuştur (Bornstein ve Soucek 1981, s. 40-1).

belirgin olan bir geçmişti bu. Selçuklu hanedanı Bizans İmparatorluğu'nun doğu topraklarının fatihi, şehirlerinin –ve onlarla birlikte, içkalelerinin– mirasçısıydı. Bizans'tan kalma içkaleler Selçuklulara ait bütün belli başlı Anadolu şehirlerinin başlıca öğesiydi ve Anadolu'daki Bizans içkalelerinin kendileri esasen bu şehirlerdeki bina kalıntılarından devşirilmiş parçalardan oluşturulmuştu. Ankara ve Sinop gibi şehirlerin içkalelerinde bulunan dekoratif devşirme parçalar –ister lahit, ister mimari yontu, isterse kule ve kapılarda yeniden kullanılan başka objeler olsun– bu şehirlerin görsel manzarasının göze çarpan bir unsuruydu.[7]

Anadolu Selçuklu içkalelerinin kule ve kapı duvarlarında bolca sergilenen kitabeler, devşirme parçalar ve amaca göre yapılmış yontuların izleyiciler üzerindeki etkisini değerlendirirken, Müslüman veya gayrimüslim olsun, Anadolu'nun şehirli ahalisinin böylesi bir geleneğe Bizans pratiği dolayısıyla aşina olduğunu hatırlamak gerekir. Selçuklu Anadolu'sundan kalan yalnızca bir kitabede, askeri mimarlıkla uğraşan bir Hıristiyanın adı geçmektedir: Sinop içkalesinin yeniden yapımında görev almış, Honaz valisinin emrinde bir inşaat müteahhidi (bu örneğe mahsus, "mimar"ı böyle çevirdim) olan Sebastos adlı bir kişi. Pek çok yerli Hıristiyan yapı ustası ve mimar inşaatçılık mesleğinde yer alarak, Suriyeli mimarların getirdiği değişimin yanı sıra, inşaat pratiği ve malzemeleri açısından devamlılığın sürmesini sağlamış olmalıdır.[8]

Eyyûbî-Selçuklu dinamiği, aynı zamanda her iki devletin kendi içlerindeki merkezkaç ve merkezcil güçler açısından da incelenebilir. Mugīsüddin Tuğrul Şah'ın kuzeydoğu Anadolu şehri Bayburt'un içkalesinde bulunan 1213 tarihli kitabeleri,

---

7 Bu gelenek Komnenoslar dönemine dek devam etmişe benziyor. İznik/Nicaea surlarındaki Kule 106 burcunun 1097 kuşatmasından sonraki yeniden yapımında sıra sıra devşirilmiş Selçuklu mezar taşları kullanılması kanaatimce rastlantı değildir; bkz. Schneider ve Karnapp 1938, tablo 48; Foss 1998, s. 154-8.

8 Angarya uygulamasının olduğu varsayımına yol açan gerekçeler için bkz. Redford 2011, s. 257. Eyyûbî ve Selçuklu pratiklerinin çakıştığı, Suriye ile Anadolu arasındaki el-Cezîre bölgesinde, 13. yüzyılda Eyyûbî hükümdarları şehir ve içkale surlarında figüratif rölyefler kullanmak şeklindeki Kuzey Mezopotamya âdetini devam ettirmişlerdir. İlginç bir şekilde, Artuklu başkentlerinden biri olan Diyarbakır'daki kitabe ve yontu çalışmaları esas olarak içkale duvarlarında değil, Yedi Kardeş ve Ulu Beden burçlarıyla şehir kapılarında bulunmaktadır. Vaktim olsaydı, bu makaleyi bölgedeki Eyyûbî kitabeleri ve yontularının yanı sıra Artuklu içkalelerini de inceleyecek şekilde genişletmek isterdim. Sinop'ta üç emîr, onardıkları kule ve/veya beden duvarının yapımında çalışmak üzere birer mimar görevlendirmişlerdi. Bunlardan biri Sebastos adında bir kimseydi. Sinop özelinde, bunca taşra valisinin maiyetlerinde mimarlar bulundurduğunu düşünmek güçtür ve bu emîr/valiler gerçekten de maiyetlerinden birinin onarım ve yeniden yapım işlerini organize etmesine ihtiyaç duyuyorlardı: Dolayısıyla, terim burada inşaat müteahhidi gibi bir anlama gelmektedir.

eski düzeni, Sultan II. Kılıcarslan'ın egemenliği altındaki şehirleri 1180'lerde oğulları arasında paylaştırmasından kalan son izleri temsil etmektedir – bir bakıma, amcaların, kuzenlerin ve yeğenlerin ülkenin değişik yerlerine hükmettikleri Eyyûbî konfederasyonunun yapısını andıran bir paylaştırmaydı bu. Âdil'in sultan olduğu dönemdeki (1201-18) inşaat faaliyetleri, babalarının izinden giderek, merkezinde sultanın olduğu bir siyasi yapının iktidar simgeleri olarak içkaleleri ön plana çıkaran Selçuklu sultanları İzzeddin Keykâvus ve Alâeddin Keykubad'ın çabalarına paralel görülebilir.[9]

Gerçek ile İdeal

Anadolu Selçuklu içkalelerinin süsleme ve kitabe programları, seçkinlerden, özellikle de kendi adlarının kitabelerde gözükmesi ayrıcalığını elde etmek için kendi ceplerinden veren emîrlerden oluşan hiyerarşik düzenin ince ayarlı göstergeleridir. Gördükleri lütfun derecesi –ki bugün buna hükümdara erişebilirliklerinin derecesi denebilir– sultanın kitabelerinin yer aldığı kapılardan inceden inceye çıkarsanırdı. En erken ve en eksiksiz örneğimiz olan Sinop'taki kitabelerin oluşturduğu kalabalık resim, şu imgeleri çağrıştırıyor: Afrasiyab, Leşker-i Bâzâr, veya daha yakınlardaki Gu' Kummet ve Kahire saraylarının freskleri ya da üzerlerinde konumlarını simgeleyen objeler taşıyan saraylıların sıkışık halde çevresine dizildiği, ortada oturan sultanı resmeden sayısız çağdaş kakma metal işi (**RESİM 2**). Elbette bu konumlandırma düzeninde imgeler değil, kitabeler sıralanıyordu: Devlet emîri mi? Askeri emîr mi? Büyük bir şehrin valisi mi? Senin kitaben buraya. Küçük bir şehrin valisi mi? Şuraya. Bu düzen sürekli değişim halinde olduğundan, kitabeleri incelemek –ki bunlar çoğunlukla kalıplaşmış ifadelerden oluşan inşa kitabeleridir– bir düzen hissinin yanı sıra, belki kişisel, ama aynı zamanda kurumsal da olan bir rekabet hissi uyandırır.[10]

---

9 Gerçekten de, Kahire içkalesinin inşa kitabesi, kardeşi Selâhaddin'in saltanatı döneminde Âdil'in içkale inşaatının denetimiyle (*nazar*/nezâret) ilgilendiğini bildirmektedir; bkz. *Répertoire chronologique d'épigraphie arabe* (bundan böyle RCEA), c. 9, no. 3380. Aynı kitabe onun tahtın bir sonraki sahibi, yani "veliaht" olduğunu tasdik ederek içkale kitabelerinin otoriteyle bağlantısının bir başka örneğini sunar. Âdil sultan olduğunda tekrar bu içkaleyle ilgilenmiş, gerek Şam içkalesi gibi yerlerde kullandığı türden muazzam kulelerle, gerekse başka yollarla onu güçlendirmiştir.

10 Leşker-i Bâzâr için bkz. Schlumberger 1978; Afrasiyab içkalesindeki Karahanlı saray freskleri için bkz. Karev 2004; Gu' Kummet rölyefleri için bkz. Reitlinger 1938, s. 151-3 ve Whelan 1988, s. 222; Memlük sultanı Baybars'ın Kahire içkalesindeki sarayında bulunan emîr resimleri için bkz. Rabbat 2010, s. 67-8. Resim 2'deki imgenin bulunduğu Anadolu Selçuklu yapımı kakma şamdan Melikian-Chirvani 1982, s. 361-3'te yayımlanmıştır.

RESİM 2 Kakma bezeme detayı, Anadolu Selçuklu şamdanı, Victoria ve Albert Müzesi, Londra, envanter no. 547.1899. Kaynak: T. Majeed tarafından yapılan çizim.

Hem stil hem de içerikte görülen oynama ve aykırılıklara karşın, bu kitabelerin –araştırmacılar tarafından hemen yalnızca topografik veya prosopografik bilgileri bulup çıkarmak için yararlanılan– kalıplaşmış metinleri, merkezi otoritenin işleyişini gözler önüne sermektedir. Sultanın emrindeki kalemiye teşkilatı (*dîvânü'l-inşâ'*), efendilerini en iyi şekilde gösterecek elkap, nesep ve onomastik formüllerini; gerçek olayları yansıtan ayarlamalarla birlikte, kalıcı ve ideal özellikleri vurgulayan bir ibare ve unvan kombinasyonunu titizlikle düzenlerdi. Hepsi aşağı yukarı birbirinin çağdaşı olan on beş kitabesiyle Sinop'un zengin kitabe programı bu noktada da örnekler sunmaktadır. Biri sultanın ana kitabesi, diğeri Malatya askeri valisinin kitabesi olmak üzere, iki örnekte görülen unvanlar, Arapçanın doğru kullanımı ve kaligrafi, hep Eyyûbîlerle olan yakınlığı göstermektedir (**RESİM 3**). Sultanın unvanları, genelden özele doğru, kafiyeli üçlemeler şeklinde ilerler. Sultan, "İslam'ın ve Müslümanların Dayanağı, Kâfir ve Müşriklerin Katili, Kralların ve Sultanların Kıvancı" olarak nitelendirilmiştir (burada kafiye *müslimîn-müşrikîn-selâtîn* arasındadır). Sonra Allah'la başlayan (Arapçada Allah/-*illâh*'la biten) üç unvanı sıralanır: "Allah'ın Topraklarının Sultanı, Allah'a İnananların Koruyucusu, Allah'ın Halifesinin Yardımcısı." Bunlar ilk üçlemedekinden daha somut özelliklerdir, çünkü gerçek topraklara, gerçek tebaalara ve gerçek otorite sahiplerine atıfta bulunmaktadırlar ki sonuncusuyla kastedilen Bağdat'taki Halife'dir. Bunun ardından, sultan, "Rûm (Anadolu), Suriye ve Ermenistan Topraklarının Sultanı" olarak adlandırılır – bu sanki daha da ayağı yere basan bir tanımdır: Gerçekçi, ama bu üç bölgeden ikisinin hatırı sayılır bir kısmıyla Suriye'nin hiçbir tarafının Selçuklulara tabi olmadığı düşünülürse tam da değil. Bundan sonra ise bir zarf cümleciği gelir: *berren ve bahren*, "karadan ve denizden", Sinop'un liman statüsüne ve aslında o sırada hanedanın elindeki tek liman şehri oluşuna gönderme yapar.[11]

Sinop'ta bulunan bir başka sultan kitabesi ise daha doğrudandır, çünkü bunda şehrin yakın zamandaki fethiyle ilgili olarak sultana yeni bir unvan verilmiştir: *Sultânü'l-berr ve'l-bahr*, Karanın ve Denizin Sultanı. Ertesi yıl, Akdeniz limanı Antalya'nın fethinden sonra, kalemiye teşkilatı bu unvanı hemen ikili hale getirdi ve böylece bu şehirdeki bir kitabede sultan için *Sultânü'l-berr ve'l-bahreyn*, yani "Karanın ve *İki* Denizin Sultanı" ifadesi kullanıldı.[12]

O halde, gerçek –yani emîrlerin makam uğruna ufak tefek çekişmeleri– ile saltanat idealini –yani sultanın övgü dolu elkabıyla ifade edilen ebedi şan ve şerefini– karşılaştırmak pek de anlamlı olmayacaktır. Bu karşıtlık, yine Sinop'ta bulunan kitabe kanıtlarıyla daha da zayıflar; zira bunlar, sultanın kalemiye teşkilatının elinden ne kadar kitabe metni çıkarsa çıksın, emîrlerin de kendi maiyetlerinde kâtipleri olduğunu ve bunların kendi hamilerinin taleplerini karşıladığını ortaya koymaktadır. Emîrlerin kitabelerine ekleyebilecekleri şeylerin çok daha sınırlı olmasına rağmen, Sinop'ta, örneğin içkale duvarlarının yeniden yapımına sundukları katkıyı olduğundan fazla gösterecek şekilde metinleri değiştirdikleri olmuştur. Bazı emîrler kitabelerini dini sloganlarla başlatmışlardır; biri de, şehrin düşüşüyle ilgili, Farsça şiir formunda, ayrı bir manzum kitabe eklemiştir.

Selçuklu başkenti Konya'nın içkale duvarlarında da, bir yanda ideal bir sultan ve devlet tasavvuru ile diğer yanda jeopolitik gerçeklikler arasındaki gerilim gözler önüne serilmektedir. Konya'nın günümüze kalmamış Eyyûbî tarzı büyük kitabelerinde, şüphesiz Suriye'nin elkap, yazı ve tasarım gelenekleri benimsenmeye devam edilerek, sultan bir kez daha, Sinop'ta olduğu gibi, Büyük Selçuklu ve halifelik kökenli şaşaalı Sünni İslam unvanlarıyla donatılmıştır (**RESİM 1**).

---

11 *RCEA*, c. 10, no. 3767. Bu aynı zamanda benim metin alanı kazınmış olan *RCEA*, c. 10, no. 3774 için yaptığım yeni, henüz yayımlanmamış okumadır.

12 *RCEA*, c. 10, no. 3761 (Sinop) ve no. 3757 (Antalya), 29. satır. İkincisinin ayrı bir kitabe olduğunu savunuyorum. İki kutsal yer (Haremeyn) olan Mekke ve Medine'nin koruyuculuğunun temel bir İslami görev oluşu nedeniyle, unvanlarda ikili formun kullanımının Müslüman hükümdarlar için özel bir cazibesi vardır.

RESİM 3 Hüsâmeddin Yûsuf'un kitabesi, Sinop içkalesi, 1215. Kaynak: T. Karasu'nun fotoğrafı.

RESİM 4 Kaloyân Mafrozom'un kitabesi, Konya içkalesi. Günümüzde Konya'daki İnce Minareli Medrese'de bulunmaktadır. Kaynak: S. Yalman'ın fotoğrafı.

Konya'nın içkale duvarlarının, sultanların inşa kitabelerinin yanı sıra Kuran'dan, hadislerden, İran'ın milli destanı *Şâhnâme*'den ve hikmet edebiyatından alıntılarla süslendiğini biliyoruz. Bunlar Anadolu Selçuklu devletinin meşruiyet temellerini göstermek amacıyla seçilmiş olmalıdır – şüphe yok ki devletin olabildiğince ideal bir sunumuydu bu. Sultanın adlarıyla unvanlarını gösteren yeni, büyük ölçekli, şeritli bir kitabe formunu da buna ekleyin; (günümüze kalan bağlamsal bilgilerin eksikliğine rağmen) sultan burada, kendi başkentinde, bir Sünni İslam devletinin başı ve merkezi olarak, doğu İslam dünyasının İrani kültürüyle ilişkisi içinde sunulmuştur. Başka bir çalışmada, bol miktarda devşirme heykel kullanılmasının, bu meşrulaştırma çabasını Anadolu'nun geçmişine de uzatarak, bu geçmişi esasen egemen hanedana mal ettiğini öne sürmüştüm.[13]

Konya'da ve onu izleyen dönemdeki içkale ve tahkimat inşaatları sırasında Alâeddin Keykubad, emîrlerin epigrafik mevcudiyetini azaltmayı sürdürdü. Konya'da günümüze kalan emîr kitabeleri küçük ve kısadır. Emîrler, Alanya'daki üç kitabede çok kısaca zikredilmiş (bkz. aşağıda s. 365), Kayseri içkalesindeki iki kitabede ise hiç anılmamışlardır; tarihli olan tek kitabe de 1224'ten kalmadır. Emîrlerin Konya'daki küçük kitabelerine karşılık, Konya içkalesinde bulunan bir emîr kitabesi sultanınki kadar büyük harflerle ve onunkiyle aynı stilde yazılmıştır (**RESİM 4**). Bu kitabede adı geçen emîr birçok açıdan sıradışıydı. Emîrdi, ama köle *değildi*; pek çok köle emîrin muhtemelen olduğu gibi Hıristiyan kökenli değil, *düpedüz* Hıristiyandı. Bu kitabe, Emîr Komnanûs Kaloyân Mafrozom, diğer adıyla İoannes Maurozomes olarak bilinen birine aitti. Bu kişi, Dördüncü Haçlı Seferi'nden sonraki kargaşa sırasında Selçuklulara katılan Bizanslı bir generalin, yeni devletinde gözünü yükseklere dikerek kızını sultanla evlendiren ve bir Selçuklu eyalet valisi olan Theodoros Maurozomes'in oğlu olmalıdır. Bu kitabe, Selçuklu sultanlığının hedeflediği idealler kadar, *Realpolitik*'in de bir örneği olarak görülebilir. O dönemde Selçuklu sultanı, Bizans İmparatorluğu'nun eski egemen hanedanının soyundan gelen biriyle kendi devleti arasındaki bağlantıyı öne çıkarmak ve böylece, Konstantinopolis'in Dördüncü Haçlı Seferi'nde fethedilmesinin ardından gelen veraset mücadelesinde kendi iddiasını ortaya koymak istemiş olmalıdır.[14]

Bu gözle bakıldığında, Emîr Maurozomes'in kitabesini Konya içkalesinin yapımını çevreleyen siyasi şartların bir örneği olarak görmek ve Selçuklu devletinin temellerini ideal şekilde betimleyen dini ve edebi kitabelerle tezat içinde ele almak mümkündür. Bununla birlikte, Maurozomes kitabesi kendince bir hırs ve emel

---

13 Redford 1993, s. 148-56.
14 Redford 2010a, s. 48-50.

ifadesi olarak da görülebilir – zira, her ne kadar geleneksel İslami kitabe kalıpları kullanılarak Arapça yazılmışsa da, bu kalıplarla ifade edilenden farklı bir Selçuklu devleti tasavvurunu ima eden bir geleceğe işaret etmektedir.

İzleyici Kitlesi: Görünürlük/Okunabilirlik

Anadolu Selçuklu sultanlığı nüfusunun çoğunun muhtemelen hâlâ Hıristiyan olduğu bir devirde, ülke Müslümanlarının çoğu Arapça bilmez ve tüm dillerde okuryazarlık oranı son derece sınırlıyken, bu içkalelerin kule ve kapılarında bulunan, kalıplaşmış ifadelerle dolu, çoğunlukla Arapça yazılmış kitabeleri kim okuyabiliyordu, okuyanlar kimlerdi? Peki, bu şehirlerin ahalisinin okuryazarlık oranını, dini durumunu ve konuştuğu dilleri bile bile, Selçuklu seçkinleri neden kitabeleri yazdırmak, oydurmak ve sergilemek için bunca zahmete girdi? Konya'daki kitabelerin büyük ölçekli oluşu, diğer içkale programlarında bulunan görünürlük ve okunabilirlik sorununu çözmüşe benziyor. Ne var ki Bayburt, Sinop ve Antalya içkalelerinin daha eski tarihli kitabe programlarının tamamında, okunabilirlik problemini çözmeye yönelik çaba harcandığını, Arap alfabesi bir otorite simgesi olmakla birlikte, kitabelerin sırf genel anlamda bir İslami yazı olarak değil, bizatihi okunmak üzere konduğunu gösteren pek çok işaret vardır.[15]

Bu yolda bir başka gösterge de, Alanya'da, her ikisi de asıl yerleşim yeri olan limandan uzakta bulunan iki içkaledir. Sultan sarayını da içine alan, denize bakan taraftaki içkalede hiçbir kitabe yoktur. Kara tarafına bakan ve garnizonu barındıran içkalenin ise tek bir kitabesi vardır. Alanya'daki Selçuklu kitabeleri, bunların yerine, şehir kapıları ile belli bir bölgenin duvar ve kulelerinde yoğunlaşmıştır; öyle ki, rıhtımın yanında, onun ana tahkimatları olan Tophane Kulesi ile Kızıl Kule arasında kalan üçgen biçimindeki müstahkem alanı bir çeşit "üçüncü içkale" olarak düşünmek mümkündür (**RESİM 5**).

Alanya'da olduğu gibi, içkale kitabeleri genellikle şehre dönük şekilde konumlandırılırdı. 1213-14 Bayburt ve 1216 Antalya içkale kitabelerinin tamamı ile 1215 Sinop içkalesi kitabelerinin çoğu, şehir sakinlerinden oluşan bir izleyici kitlesine bakacak şekilde yerleştirilmiştir. Bunlar, Alanya kitabelerinin en az birinde olduğu gibi, gerçek ya da hayali düşmanları hedef almaz. Şehir sakinleri ile Selçuklu seçkinleri arasındaki etnik, dini ve dilsel farklılıklara rağmen, bir hedef kitlenin var olduğunu varsaymak gerekir; bu kitle, Arapça bilen ve belki emîrlerin maiyetinde

---

15 Ettinghausen (1974), İslami kitabelerdeki okunabilirlik meselesinin en kolayca erişilebilen incelemesini sunmaktadır. S. 303'te, "yine de bazı kitabelerin çoğunlukla okunmadan kaldığına dair bazı göstergeler" olduğunu öne sürer.

RESİM 5 Alanya'nın liman yanındaki surlarla çevrili bölgesi ile Kızıl Kule'nin Tersane'den görünümü. Kaynak: F. Açıkalın'ın fotoğrafı.

bulunan bir avuç yerli eşraftan, emîrler için çalışan kâtiplerden, içkale duvarlarının yapım ve tamirat süreçleri ile kitabelerin yerleştirilmesi sırasında orada bulunan taş ustalarından ibaret olsa bile. Bir başka muhtemel izleyici grubu da, cami ve medreselerde istihdam edilen hatip ve müderrislerden oluşan ulema mensupları olabilir. Alanya'da (o dönemde çok nadir görülen türden) tamamen dini içerikli bir kitabe, Bizans döneminden kalma liman savunma sistemine ait göze çarpan bir kuleye yerleştirilmiştir (**RESİM 6**). Burada dini inanç ifadelerinin konumlandırılışının iki tarafa yönelik olduğu düşünülebilir: Bu kuleyi önceki rejimle özdeşleştiren yerli Hıristiyanlara; bir de, kule denize baktığı için, suyun öte yanındaki Lusignan Kıbrıs'ına.[16]

Sinop ve Bayburt'ta ise kitabelerin pratik bir işlevi de vardır: Şehri yeni efendisiyle tanıştırmak. Bayburt'ta, Erzurum'daki Selçuklu melikinin saray ağası (*üstâdüddâr*) olmanın yanı sıra, ordu kumandanı (*isfehsâlâr*) ve garnizon komutanı (*kûtvâl*) da olan köle emîr Ziyâeddin Lü'lü', şehre ve kapılarına bakacak şekilde hepsi içkalenin güney cephesinde bulunan ve efendisi Mugīsüddin Tuğrul Şah'ın

---

16 Yardım 2002, s. 90-1.

RESİM 6 Limana yakın bir kulede bulunan dini içerikli kitabe, Alanya. Kaynak: F. Açıkalın'ın fotoğrafı

ad ve unvanlarını taşıyan kitabelerin altına kendi adını yazdırdığı kitabeleri yerleştirmişti. Muhtemelen kendi ikametgâhının bulunduğu, içkalenin en yüksek kısmına açılan kapının yanındaki kulenin üzerinde bulunan kitabede, adı ve daha prestijli olan saray unvanı başka her yerde olduğundan daha büyük ve efendisi olan Erzurum melikinin üstteki kitabede yazılı ad ve unvanlarından da büyük olarak yazılmıştır (**RESİM 7**). En azından bu kapıdan geçen birtakım kişilerin bu kitabeyi görüp okuması amaçlanmış olmalıdır.[17]

---

17 *RCEA*, c. 10, no. 3737.

RESİM 7 Bayburt içkalesinden iki kitabe, altta Ziyâeddin Lü'lü'yü üstâdüddâr olarak zikreden kitabe ile üstte Mugīsüddin Tuğrul Şah'tan bahseden karışık dilli kitabe. Kaynak: Yazarın fotoğrafı.

RESİM 8 Simre valisi Bedreddin Ebû Bekir'in çift dilli kitabesi, Sinop içkalesi, 1215. Kaynak: T. Karasu'nun fotoğrafı.

Sinop'ta, Selçuklulara ait tek Arapça-Yunanca çift dilli kitabe, diğer bütün kitabelerden aşağıda, içkalenin ana giriş kapısı olan Lonca Kapısı'nın bulunduğu kulenin ön cephesinde yer alır (**RESİM 8**). Bu yeni fethedilmiş şehrin valisinin ikametgâhı içkalenin bu bölümünde bulunuyordu; kitabe de onu Sinoplulara tanıtmaktadır. İlginç bir şekilde, söz konusu kişi, yani Bedreddin Ebû Bekir, Sinop'un yeni valisi olarak değil —öyle olduğunu daha sonraki bir kitabeden biliyoruz— komşu şehir Simre'nin valisi olarak anılmaktadır. Kitabe ayrıca yeni sultanın adını da vermektedir.[18]

Bu örnekler birer istisnadır. Kabul etmek gerekir ki Selçuklu içkalelerindeki kitabelerin çoğu öyle küçük yazılıdır ve kule veya beden duvarının o kadar yukarılarına yerleştirilmişlerdir ki insan Arapça bilse bile bu kitabelerdeki yazıları kolay kolay okuyamaz. Çoğu kapı kitabesi (Bayburt, Antalya ve tabii ki Konya'daki kapıların yanı sıra ve duvarların kendileri de dahil olmak üzere) kayıp olduğundan, kapı üstlerindeki kitabelerin daha okunaklı olarak tasarlanmış olması mümkündür. Ne var ki, Alanya ve Sinop'ta günümüze kalmış kapı üstü kitabelerde, boyut bakımından pek bir değişiklik yoktur. Yapı ustaları/hamiler/yazıcılar, tablet formatı (ya da Antalya örneğinde, sütun gövdesi kesiti) ile duvar ve kulelere tablet kitabe yerleştirme pratiğini, ancak kule veya duvarlar yeni yapıldığında ya da tamamen yeniden yapıldığında bırakmıştır. Bu pratik, Suriye'den ithal edilmiş, işgörür bir çözüm olarak görülebilir.

Bunların çağdaşı olan Bizans'taki istihkâm kitabelerine baktığımızda da yine görünürlük ve okunabilirlik konusunda bir aldırışsızlık gözümüze çarpar. Komnenos ve Laskaris dönemlerine ait pek çok kitabe, taştan değil tuğladan yapılmıştır; bu nedenle de okunmaları zordur. Üstüne üstlük, birçoğu da şiirseldir. Selçuklu ve Bizans kitabe pratikleri arasında bir ilişki olsun olmasın ve okunabilirlik endişeleri de ne kadar gerçek olursa olsun, Selçuklu programlarının temel meselesinin, yukarıda bir saray sahnesine benzettiğim, emîrlerle sultan arasındaki mekânsal ilişki olduğu fikrini yabana atmak bana güç geliyor. Bu mekânsal ilişki makro ve mikro ölçeklerde ifade edilmiştir. Asıl mesele, birinin kitabesinin, kapıların üstünde veya yakınında bulunan sultanın kitabelerine ne kadar yakın olacağıdır. Daha az önemli olan mesele ise –ki bu, aynı ilkenin küçük boyutta bir yansımasından ibarettir– tek tek kitabelerin içinde kendini gösterir. Bu, genel olarak, hangi emîrin adını sultanın kitabesinde zikrettirmeyi başaracağı sorunudur. Özel olarak, Sinop'ta bu meselenin vardığı nokta, Lonca Kapısı'nın üstünde bulunan sultanın ana kitabesinin devlet emîrinin, müteahhidin ve mimarın adları metnin

---

18 *RCEA*, c. 10, no. 3765.

ana gövdesinin çevresinde konumlandırılacak şekilde düzenlenmesi olmuştur; öyle ki, adeta kitabenin kendisi, sağında devlet emîri, solunda müteahhit ve aşağısında mimar olmak üzere, görevlileri huzuruna kabul eden sultanı temsil etmektedir. İsimlerin bu sıralanma biçimi aşağıdan görülmesine göre *değil* –ki o durumda, protokole göre, en yüksek rütbeli görevlinin buradaki gibi kitabenin sol tarafında değil, sağında olması gerekirdi– metnin kendisine nispetledir (**RESİM 9**).[19]

Hiyerarşiler

Hiyerarşi konumla, konum da görünürlükle ilintilidir. Sultanların kitabeleri en görünür noktalara yerleştirilirdi: Kapıların üstüne ya da yanlarına. Bir sadrazam olmadığı için, sultanın kitabelerine yakınlığa göre oluşan hiyerarşi, emîrlerin rütbe ve mevcudiyetlerinin değişen düzenine tabiydi. Saray unvanları olan emîrler, sultan hariç diğer herkesten rütbece üstündü; belli başlı şehirlerin askeri valileri (*subaşı, isfehsâlâr*), askeri unvanları olmayan büyük şehirlerin çoklu valilerinden daha üst rütbeliydi; küçük şehirlerin tek valileri ise yönetici sınıfın en önemsiz kesimini oluşturuyordu.

Bizzat sultana ait olan bir kitabede adı geçiyor olmak, yüksek statünün bir başka göstergesiydi. Sinop'ta, Hüsâmeddin Yûsuf'un önemli bir şahsiyet olduğunu, kitabesinin Lonca Kapısı'nın bulunduğu ve üzerinde iki sultan kitabesi olan kulenin yanındaki kulede yer almasından anlıyoruz. Hüsâmeddin Yûsuf'un kitabesi uzundur ve onu önemli bir şehir olan Malatya'nın askeri valisi olarak anmaktadır. Bütün bu debdebeye ilaveten, sultanın Lonca Kapısı'nda bulunan ana kitabesinde inşaata katkıda bulunan kişi olarak adının geçmesine izin verilmiştir. Devlet emîri Sinâneddin Tuğrul'un ismi de hem orada hem de aynı kapının iç kısmında bulunan başka bir sultan kitabesinde geçer, ama onunki kenara yazılmıştır. Emîrlerin adlarından önce gelen tipik elkap, "güçsüz köle" anlamına gelen ve sultanın yüceliğine karşın emîrin zavallılığını belirtmeyi amaçlayan *el-'abdü'z-za'îf*'ti. Hüsâmeddin'in öneminin bir başka ölçütü de, bu elkabın ne kendi kitabesinde ne de adının geçtiği sultana ait kitabede kullanılmış oluşudur. Onun yerine, adından önce askeri unvanı zikredilmiştir. Bir sonraki yıl yaptırdığı Antalya kitabesinde ise bu elkaba ancak kısmen döner; burada ondan kısaca *'abd* (kul, köle) diye söz edilmiştir.

---

19 *RCEA*, c. 10, no. 3774. Çağdaş Bizans istihkâm yapılarının da sınırlı bir potansiyel izleyici kitlesine yönelik kitabeleri vardı; binanın yapımına ilişkin nispeten süssüz kitabelerin yanı sıra, şiirsel olanları da olurdu. Theodoros Laskaris'in 1208'de Nicaea/İznik'te yaptırdığı büyük kulenin onu Babil Kulesi'ne benzeten şiirsel yapım kitabesi için bkz. Foss ve Winfield 1986, s. 96; Schneider ve Karnapp 1938, s. 52.

RESİM 9 Sinop içkalesinde, Lonca Kapısı'ndaki girişin dış tarafının üzerinde bulunan tahrif edilmiş sultan kitabesi; ana metin bloğunun solunda Emîr-i Dâd Sinâneddin Tuğrul'un, sağında Hasan bin Yâkub'un, altında da mimar Ebû Ali'nin adları kenar yazıları olarak yer almıştır, 1215. Kaynak: T. Karasu'nun fotoğrafı.

RESİM 10 Bahâeddin Kutluğca'nın kitabesi, Sinop içkalesi, 1215. Kaynak: T. Karasu'nun fotoğrafı.

Hiyerarşi, konum ve unvanın yanı sıra uzunluğu da belirlemekteydi. Emîr ne kadar önemli biriyse, kitabesinde adının yer aldığı son satırın üzerinde sultanın unvanları ve ona yönelik dualar da o kadar çok arz-ı endam ederdi. 1225'te Antalya'daki bir inşaat seferberliği sırasında, tüm emîrler epigrafik olarak neredeyse eşit biçimde sıralanmış, kitabeleri aşağı yukarı aynı boyutta ve uzunlukta yapılmıştır. Ne var ki, bir grup tahkimat duvarı ile kulesinin yeniden inşası ile ilgili olan aynı projeye atıfta bulunduğu anlaşılan, aynı tarihli bir başka kitabe çok daha uzundur. Diğer emîrler o şekilde sıralanıp adlarının önüne "güçsüz köle" anlamındaki elkap konurken –*şarâbsâlâr*, yani sultanın şarap mahzenlerinin amiri anlamındaki saray unvanına sahip bir emîre ait olan– bu kitabenin başında, özgün bir formül olan ve memlûk denen köle-askerlerin en önemsizi anlamına gelen *ekallü'l-memâlik* sözü bulunmaktadır.[20]

Bu kitabe programlarında, yazı stilleri arasındaki hiyerarşiyi de görmek mümkündür. Konya'da sultanın büyük, uzun, şeritli kitabesi ile emîrlerin küçük, kısa, tablet biçimli kitabeleri arasındaki boyut ve format farkından bahsetmiştim. Emîr Maurozomes'in kitabesi bu ikisinin arasında bir yerdeydi: Tablet formunda, ama ancak sultanın kitabesine denk bir boyut ve stilde yapılmıştı. Bu iki kitabede yazı stiline heybet veren tek şeyin yazının düşey unsurları olan harf saplarının (*hastae*) uzatılması olmayışı dikkate değerdir. Uzatılan harf saplarının haşmetli ritmini ihmal etmeden –ki bu stil yüzyılın ileriki dönemlerinde *muhakkak* adlı yazı stiline evrilecektir– burada, özellikle kûfîye benzer arkaik görünümlü *kef* harflerinde kendini gösteren ve Kuran yazmaları geleneğinden beslenen bir oranları koruyarak yazıyı büyütme çabası olduğu görülebilir.

Yazı stillerinin hiyerarşisiyle ilgili bir başka ilginç nokta da, Eyyûbî tarzı ve pratiğinin gelişiyle ilgilidir. Sözünü ettiğim, Suriye'nin Eyyûbî gelenekleriyle ilişkilendirilebilen Selçuklu kitabeleri ile ilişkilendirilemeyen Selçuklu kitabeleri arasındaki kalite ve içerik farkıdır. Neredeyse yüz yıl önce yazan van Berchem bu iki yazı stilini "Eyyûbî neshi" ve "Selçuklu neshi" olarak adlandırmış ve bu stil farkını, üzerinde "Eyyûbî neshi"nde kitabeler bulunan yapıların inşaatında çalışan Eyyûbî mimarlarının varlığına bağlamıştı. Sinop, Antalya, Alanya ve tahminen Konya'daki sultan kitabeleri Suriye'nin Eyyûbî stilinde yazılmıştı. Bunları yazanlar herhalde Suriyeliydi, çünkü iyi düzenlenmiş ve orantılı yazılmış olmalarının yanı sıra (ki bunlar Selçuklu kitabelerinde her zaman bulunmayan özelliklerdir), istikrarlı bir biçimde Arapçaya üstün bir hâkimiyet ortaya koymakta, standart for-

---

20 Bu kitabe için bkz. Redford 2010, s. 308-10.

müllerin dışına daha sıklıkla çıkmakta ve diğer Selçuklu kitabelerinde her zaman görülmeyen ortak özellikler ile kafiyeye dayalı bir akış mantığı sergilemektedirler.

Selçuklu Anadolu'sundaki Eyyûbî tarzı kitabelerin en göze çarpan "klasik örnekleri" Sinop'ta (Lonca Kapısı girişinin dış tarafı üzerinde) ve Alanya'da (Kızıl Kule'de) bulunan büyük sultan kitabeleridir. Antalya içkale surlarının üzerinde yer alan sultana ait fetihname kitabesi de Arapçaya üstün bir hâkimiyet ve Anadolu Selçuklu epigrafik teamüllerinden farklı bir yazı stili sergiler. Ne var ki, ben bu kitabedeki farklılığın yazı stilinin hiyerarşik kullanımına bir örnek olmadığını düşünüyor ve fetihnamenin hem metninin hem de yazısının sultanın kalemiye teşkilatında görev alan ve anadili Arapça olan birinin yuvarlak hatlı yazısından kaynaklanmış olabileceğini öne sürmüş bulunuyorum.[21]

Sinop'un emîr kitabelerinde, yazı stili aşağı yukarı hep aynı olduğundan, yazı stilinden kaynaklanan bir hiyerarşi değil, ama ilginç bir şekilde "güzel yazı"ya dayalı bir hiyerarşi vardır; süslemeler ve öteki kıvrımlar yazıya haminin statüsüne uygun miktarda eklenmiştir. Bu, stilin ve zarafet etkisi yaratmak için gereken zamanın statüye göre ayarlanmasının bir örneğidir. Burada söz konusu olan ücretli yazıcı, bir kitabede "el-Bahâ'î" –yani Kayseri valisi Bahâeddin Kutluğca'nın kölesi– olarak anılan Necmeddin Yavaş el-Kayserevî (Kayserili Eli Ağır Necmeddin) adlı biriydi. Bu yazıcının iki kitabede imzası vardır ve efendisine ait olan bir üçüncü kitabeyi de stil özellikleri nedeniyle ona atfedebiliriz. Tahmin edileceği gibi, en özene bezene ve bilhassa "süslü püslü" yapılmış olan kitabe efendisine ait olandı: Bu, bildiğimiz yaylarla süslenmişti (hani şu oklarla birlikte kullanılan ve ortaçağda doğu ve merkezi İslam sanatında bir hükümdarlık alameti olan nesnelerle; **RESİM 10**). "Kalite" bakımından bundan hemen sonra, Simre valisi için yapılmış bir kitabe gelir – onun yukarıda bahsettiğimiz çift dilli kitabesi. Bunun süslemeleri vardır, ama Kayseri valisinin kitabesindekinden daha azdır (**RESİM 8**). Kalite bakımından üçüncü sıradaki ise, Kayseri valisinin emrinde çalışan bir müteahhit için yapılmış olan kitabedir; herhangi bir süslemesi olmayan bu kitabenin harfleri de çok daha basit biçimlidir (**RESİM 11**). Burada üç kitabe, üç farklı boyut ve üç değişik karmaşıklık derecesine karşın yalnızca bir yazıcı görmekteyiz.[22]

Yazı stiline göre oluşan hiyerarşiye son bir örnek de Bayburt'tan verebiliriz. Yukarıda belirttiğim gibi, burada Erzurum'da hükümran olan Selçuklu melikinin saray ağası ve aynı zamanda şehrin garnizon komutanı olan köle-asker Ziyâeddin

---

21 Redford ve Leiser 2008, s. 116-8.
22 *RCEA*, c. 10, no. 3769 (Kayseri), no. 3765 (Simre) ve no. 3760 (müteahhit). Bu kitabelerin düzeltilmiş bir okuması için ayrıca bkz. Redford 2010b. Yazı stiline dayalı hiyerarşiye örnek olan Bayburt'taki iki kitabeden biri için, bkz. *RCEA*, c. 10, no. 3737.

MEMÂLİK VE MEMÂLİK: ANADOLU SELÇUKLU İÇKALELERİNİN SÜSLEME VE KİTABE PROGRAMLARI | 361

RESİM 11 Mimar Mübârizeddin'in kitabesi, Sinop içkalesi, 1215. Kaynak: T. Karasu'nun fotoğrafı.

Lü'lü' tarafından bir dizi kitabe yaptırılmıştı. Normal Selçuklu pratiğinin bir istisnası olarak, Bayburt kitabeleri çiftler halinde yapılmıştır: Üst tarafında sultanın adları ve unvanları, alt tarafında da inşaatı yürüten veya finanse eden emîrin adı yazılı tek bir kitabe yerine, Ziyâeddin'in ayrı ve nispeten küçük olan kitabeleri efendisinden bahseden kitabelerin altında bulunmaktadır.

Bayburt, 1202'de Selçuklular tarafından fethedilinceye değin bağımsız Saltuklu hanedanlığının başkenti olan Erzurum'un idaresi altındaki topraklarda yer almaktaydı. Selçukluların Erzurum valisi Mugīsüddin Tuğrul Şah, emîr olan diğer valilerin aksine, Selçuklu hanedanının bir üyesi ve sultanın amcasıydı; kâğıt üzerinde üstü olan Konya'daki sultan karşısında giderek özerkliğini, hatta bağımsızlığını kazandı. Bayburt'taki kitabeler onu genellikle *melik* (hükümran hanedanın eyalet valisi) olarak anar; oysa resmi unvanı öyle olmakla birlikte başlı başına bir sultandı da. Rakibi olan Sinop'taki yeğeninin kitabelerinin aksine, Tuğrul Şah'ın Bayburt'taki kitabelerinin çoğu vasat parçalardır: Hepsi de, Sinop'ta veya Selçuklu topraklarının başka yerlerinde olduğu gibi mermerden değil, daha yumuşak olan yerel taştan oyulmuş ve taş kitabelerde kullanılan yazı stilinden ziyade el yazısına yakın bir yazıyla yazılmıştır. İkisi Tuğrul Şah'ı, biri de karısı olduğu tahmin edilen birisini anan üç kitabe haricinde, bunlar küçük ve kargacık burgacık yazıtlardır.

İslam dünyasının kıyısında köşesinde kalmış, yalıtılmış bir hanedan olan Saltukoğulları, yalnız Müslüman beyliklerle değil, Hıristiyan olan Ermeni, Gürcü ve Rum beylikleriyle de komşuydu. Belki bu yüzden, belki de öylesi daha pratik olduğundan, Erzurum ve çevresinde Saltuklu dönemi ve sonrasından kalan birçok İslami kitabe taştan oyulmamış, taşa hakkedilmiştir. Bu, olağan İslami pratiğe aykırı, ama çağdaş Hıristiyan Ermeni ve Gürcü epigrafisine uygun bir uygulamadır.[23]

Bayburt'ta Ziyâeddin bu pratiği devam ettirdi: Ona ve efendisine ait olup günümüze kalan yirmi bir kitabeden yalnızca üçü hakkedilmemiştir. "Standart" İslami pratiğe göre kabartma şeklinde oyulan ikisi, güneydoğuda, kapı olması muhtemel bir yerin yakınında bulunmaktadır. Bunlar inşa kitabeleri olduklarından, burada sultan olarak anılan Mugīsüddin'in adları ve unvanlarıyla başlarlar. Altlarında da, her ikisi de hakkedilmiş olan Ziyâeddin'in ayrı kitabeleri yer almaktadır (**RESİM 12**). "Doğru" yazıt tipinin bu kitabelere mahsus olarak kullanılmış oluşu, "acele ve yalapşap" iş yapma durumlarında bile –ki yukarıda belirttiğim yumuşak taşın yanı sıra, birtakım imla hataları ile başka uygunsuzluklar da mevcuttur– "norm"un unutulmadığını gösterir.

İlginç bir şekilde, içkalenin güneydoğusundaki iki "normal" kitabe, yuvarlak hatlı standart Anadolu Selçuklu pratiğine uymamaktadır. Kabartma olmalarına rağmen, köşeli harf formları Selçuklu'dan ziyade Saltuklu pratiğine yakındır. Bu

---

23 Üzerinde Salduk (Saltuk) ismi yazılı olan, ama yazar tarafından Selçuklu devrine, daha net söylemek gerekirse 1232'ye tarihlendirilen, Micingird içkalesinden bir kule kitabesi için, bkz. Konyalı 1960, s. 495, 511. Konyalı, Erzurum'un dışındaki Ezirmik'ten, 13. yüzyılın sonlarına tarihlendirilen, hakkedilmiş bir mezar taşının bir suretini de vermektedir (1960, s. 456-7). Bu genellemeyi Ahlat merkezli Ahlatşahlar hanedanını da kapsayacak şekilde genişletmek mümkündür: Orada da, 12. yüzyılın sonlarına tarihlendirilen mezar taşlarında aynı hakketme stili göze çarpar. Örnekler için bkz. Karamağaralı 1992, s. 39-40, 84; nesih stilinde "itinasız" olarak hakkedilmiş mezar taşı kitabeleri için bkz. s. 20.

RESİM 12 Bayburt içkalesinden iki kitabe; üstteki Mugīsüddin Tuğrul Şah'tan, alttaki de Ziyâeddin Lü'lü'den bahsetmektedir. Kaynak: Yazarın fotoğrafı.

nedenle, Bayburt'taki bu iki nispeten geleneksel İslami kitabenin dahi yerel geleneğe uygun göründüğünü söyleyebiliriz. Erzurum'daki mini-Selçuk devletinin –ve onun Bayburt'taki uzantısının– asi yapısı dikkate alındığında, belki de Tuğrul Şah ile vekilinin, metinlerinde hükümdarın atalarını uzun uzadıya sıralayarak Selçuklu soyunu göklere çıkaran kitabelerinde bir yandan da belirgin biçimde farklı bir epigrafi tarz ve tekniğini ön plana çıkarmış olması şaşırtıcı değildir. Bu da yine, üç sultan kitabesinden birinin yerine yeni atanan valininkinin konduğu ve emîrlere ait isim ve detayların bolca bulunduğu Sinop'takinin zıddı bir durumdur.[24]

Bayburt'ta son bir stil hiyerarşisi örneği daha var; o da komşu Mengücüklü hanedanının beyi Fahreddin Behram Şah'ın kızı olan Hâlisetü'd-Dünya ve'd-Dîn'e ait bir kitabede bulunmaktadır. Bu Mengücüklü prensesinin buradaki göze çarpan kule kitabesi, araştırmacıların onun Tuğrul Şah'ın karısı olduğunu düşünmelerine yol açmıştır. Büyük ve olağanüstü yüksek kabartmalı olan kitabenin tepesinde koruyucu bir de silme vardır (**RESİM 13**). Muhtemelen içkalenin en yüksek bölümünde yer alan garnizon komutanının ikametgâhının bir parçası olan büyük bir kulenin şehre bakan dış cephesinin ortasına yerleştirilmiştir. Kulenin taş işçiliğinin çevredeki kule ve beden duvarlarınınkiyle bağdaşmaması ve etraftaki bu diğer tahkimat yapıları üzerine prensesin kocası olduğu sanılan vali ile onun emîrine ait kitabeler serpiştirilmiş oluşu bize şunları düşündürüyor: Bir, bu kulenin restorasyon projesinin diğer kısımlarından önce yapılmış olduğunu; iki, Hâlisetü'd-Dünya ve'd-Dîn'in kulenin parasını kendi cebinden karşıladığını ve üç, böylece kendi hamiliğini içinden çıktığı hanedanın yakınlardaki topraklarıyla ilişkilendirmenin bir yolunu bulmuş olabileceğini. Bu yazı stilini başka yerlerdeki Mengücüklü kitabeleriyle bire bir eşleştirmek güçtür, ancak birçok yönden çarpıcı derecede değişik olan bu kitabenin, hem tarz hem de içerik bakımından ve özellikle de Tuğrul Şah'la ve Selçuklu hanedanının herhangi bir koluyla açık veya örtük hiçbir bağlantı kurmayışı açısından, aşağı yukarı aynı zamanda yapılmış olduğu sanılan içkaledeki diğer kitabelerden mümkün olduğu kadar farklı olması ve böylece onların arasından sıyrılması amaçlanmıştır.[25]

Son bir hiyerarşi türü de dil ile ilgilidir. Selçukluların yönetim dili her ne kadar Farsçaysa da, ortaçağ İslam dünyasının geri kalanında da olduğu gibi, neredeyse tüm kitabelerin dili Arapçaydı. Yine de Farsça, kitabe kayıtlarına kıyısından köşesinden ve ilginç yollarla sızmıştır. Her şeyden önce, pek çok Selçuklu kitabesinin Arapça metninin içinde birçok izafe, yani Farsça isim tamlaması örneği geçer. Bayburt kitabelerinde Arapça belirlilik takısının (*el-*) kullanılmayışı ve başka düzensizlikler, bazen neredeyse züppelik derecesini bulan Farsça özentisinin önemli göstergeleridir.

---

24 *RCEA*, c. 10, no. 3735. Redford 2011'i yazdıktan sonra, *RCEA*, c. 10, no. 3770'in son satırını çözmeyi başardım. Bu kitabede Sinop valisi Bedreddin Ebû Bekir'in adı geçiyor. Bu, Sinop'taki kitabeler arasında mermer yerine kireçtaşına oyulmuş tek örnektir; oyuğuna tam oturmaması ve iki yanında yukarıda belirtilen aslan başı motiflerinin bulunması, bu kitabenin buraya sultana ait olması gereken başka bir kitabenin yerine konduğunu göstermektedir.

25 Hâlisetü'd-Dünya ve'd-Dîn'in kitabesi için bkz. Beygu 1936, s. 243.

RESİM 13 Hâlisetü'd-Dünya ve'd-Dîn'e ait kitabe, Bayburt İçkalesi. Kaynak: Yazarın fotoğrafı.

Bayburt'tan tek bir örnek vermek gerekirse, (görünüşte Arapça olan) bir kitabenin başlangıcında bulunan "ibtidâ-yı 'imâret[-i] burc" sözünün bir anlam ifade edebilmesi için (birincisi zaten yazılmış, ikincisi de burada köşeli parantez içinde gösterilen) Farsça izafelere ihtiyaç vardır. Farsça olarak okunduğunda, bu söz "burcun yapımının başlangıcı..." anlamına gelir. Buradaki bütün kelimeler Arapça kökenli olmakla birlikte aynı zamanda Farsçada da bulunurlar ve dilbilgisi açısından bu kitabenin başlangıcı Farsçadır (**RESİM 7**, üstteki kitabe). Kitabenin gerisi hatasız Arapça olduğundan, o kısmı belirli bir metinden kopyalamadan önce başlangıç kısmını o sırada uydurmuşlar gibi görünüyor.[26] İkinci olarak, zaman zaman Farsça Büyük Selçuklulardan miras kalan unvanlar yoluyla da Arapça kitabelerin içine sızabilmektedir. Alanya'da, Alâeddin Keykubad "Kişver-güşâ," yani Memleketler Fatihi olarak anılır. Üçüncüsü, yine Alanya'da, sultanın kitabelerinin tümü Arapça iken, emîrlerine ait dört istihkâm kitabesinden ikisi Farsçadır.[27] Son ama yine önemli olan bir başka nokta da, Farsçanın, tahkimat yapılarındaki Selçuklu kitabelerinin büyük çoğunluğunu oluşturan inşa kitabelerinde değil, manzum kitabelerde kullanılışıdır. Yukarıda belirttiğim gibi, Sinop'ta fethi kutlayan Farsça bir kitabe vardır

---

26 Bkz. *RCEA*, c. 10, no. 3737; metin burada kısmen düzeltilmiştir.

27 *Kişver-güşâ* için bkz. Lloyd ve Rice 1958, s. 57. Alanya'daki emîr kitabeleri için bkz. Lloyd ve Rice 1958, s. 60, no. 16, 17. No. 17'nin Yardım tarafından yeni bir okuması yapılmıştır; Yardım 2002, s. 113. Bir başka okuma için bkz. Redford 2010, s. 304-6.

ve bulunduğu yerde yazılmış olmalıdır. Ayrıca, Selçuklu başkenti Konya'nın içkale duvarlarının *Şâhnâme*'den alıntılarla süslendiğini de biliyoruz.[28]

Bu örneklerden, Arapçanın din ve hukuk dili olarak itibarlı durumu ile Farsçanın ikincil konumunu anlayabiliyoruz. Ne var ki, Selçuklu devletinin temel yönetim dili olan Farsça, Selçuklu sarayı ve Selçuklu şehirlerinde anadili Farsça olanların varlığının da etkisiyle, Arapçadan çok daha yaygın kullanılıyor olmalıydı. İdari işlerde kullanılması, bu dilin Arapçaya kıyısından köşesinden nüfuz ederek Arapça kitabelerdeki Farsça gramer yapılarında ve kimi zaman da alt rütbeli bir emîrin kitabesinde kendini göstermesine yol açmıştır. Yine de, Farsçanın Arapça karşısındaki bu "tahripkâr" kullanımı, Sinop ve Konya'daki manzum kitabelere yansıyan edebi prestiji yanında gölgede kalmıştır.

Görsel Rejimler

Ele almak istediğim son tematik kategori belki de en karmaşık olanıdır: Yazının, devşirme parçalar ve yeni yapılmış heykeller ile fresk boyalı veya sırlı çini süslemelerin renk ve desenleri gibi diğer görsel anlatım biçimleriyle yan yana gelerek içkale duvarlarının süsleme programlarına nasıl anlam kattığı.

Söze güç sembollerinden başlayayım. Bunların ilki, mütevazı bir örnek olan, Korint nizamında, devşirilmiş sütun veya yarım sütun başlığıdır. Bu mimari unsur, istikrarlı bir biçimde, Sinop'tan Antalya'ya Selçuklu kitabelerinin üzerine yerleştirilmiştir. Ortaçağ Anadolu'sunda hayat ağacı/palmet ve yaşayan haç gibi bitki motifli güç ve egemenlik sembollerine duyulan ilgi dikkate alındığında, bu pek de şaşırtıcı olmamalıdır. İlginç olan, böylelikle –sütun başlığının üzerine yerleştirildiği kitabenin sahibi– yaşayan bir Müslüman hanedan ile, şimdi yeniden değer kazanan bu objeyi üreten önceki rejimler arasında doğrudan bir ilişki kurulmasıdır. Bir başka deyişle, Selçukluların antik kabartma ve heykellerden ilhamla aslan, melek, kartal gibi çeşitli motifler taşıyan yeni parçalar yaptırmasına ve Selçuklu binaları ile içkale duvarlarının dış cephelerindeki küçük sütunların tepesine Korint sütun başlıklarının taklitleri konmasına rağmen, Helenistik dönem ve Roma dönemi Korint başlıkları asla taklit edilmemiş, yalnızca yeniden kullanılmıştır.[29]

Bir başka güç sembolü de, Hıristiyan dininin başlıca simgesi olan ve dolayısıyla ille de askeri mimarlıkla ilişkilendiremeyeceğimiz haçtır. Ne var ki, Arap istilacıların

---

28 Farsça şiirlerin bir mimari kitabede bildiğim ilk kullanımı, Sultan II. Kılıçarslan tarafından muhtemelen 1170'lerde Konya'da yaptırılan Selçuklu hanedanına ait mezar kulesinde bulunan, kısmen günümüze kalmış bir kitabededir.

29 Bursalı 2010, s. 69-72.

geliş yönü olan güneye bakan kulelerinde oyma haçlar bulunan 9. yüzyıldan kalma Ankara içkalesi ile Ani'nin aynı dönemden kalma duvarlarında yer alan çeşit çeşit haçların da gösterdiği gibi, haçlar tahkimat yapılarının üzerinde koruyucu tılsımlar olarak kullanılmışa benziyor. Selçukluların Bizans kiliselerinde apsis bölümünü veya başka yerleri ayıran paravanları –özellikle de ahalisi Selçuklulara karşı ayaklanmış olan Antalya'da– muhtemelen Hıristiyanlara karşı zafer ve tahakküm sembolleri gibi kullanması şaşırtıcı değildir. Gerçi bu yorumu fazla abartmamak için şunu da belirtmek gerekir ki Antalya'nın yeniden fethi sırasında şehirdeki metropolit kilisesi camiye *çevrilmemişti*; çok iyi bilindiği gibi, 1221'de fethedilen Alanya ile Selçuklu başkenti Konya'nın içkalelerindeki kiliseler de dönüştürülmeden kalmıştır. Antalya'da, Selçuklu ordu kumandanı Hüsâmeddin Yûsuf'un kitabesinin iki yanında (haçsız olmakla birlikte) bulunan oyma apsis paravanı (*templon*) parçalarının, bu komutanın şehri yeniden fetheden orduya mensup olmasından ötürü, savaş ganimetlerinin sergilendiğini gösteriyor olabilir. Halbuki, Antalya'da Bizans kilise rölyeflerinin bir kitabenin iki yanına konarak yeniden kullanıldığı iki başka örnek için benzer bir yorumda bulunmak güçtür. Bu kitabelerden biri Hüsâmeddin Yûsuf'unkinden kısa bir mesafe ötededir. Onunkinden yedi yıl sonra, yukarıda tartıştığımız Antalya'daki bir iç surun yeniden yapım projesinin bir parçası olarak yaptırılmıştır. Bir sultan kitabesi olmakla birlikte, bir emîrden de bahseder ve bir kulenin ön cephesinde yer alır. Hüsâmeddin Yûsuf'unki gibi bunun da iki yanında devşirilmiş Bizans paravan parçaları vardır. Ancak buradaki parçalar son derece belirgin haç motiflerine sahiptir (**RESİM 14**).[30] Aynı duvarda bulunan bir başka kitabenin yanında ise, birinin üzerinde oyma bir haç motifi olan çıkmalar ile onu çepeçevre kuşatan ve Bizans Hıristiyan mimarisine ait yontular olduğu hemen ayırt edilen, yeniden kullanılmış parçalar bulunmaktadır (**RESİM 15**).

1225-26 tarihli her iki kitabe de, sanki bir mihraba yerleştirilmiş gibi, sivri kemer biçiminde yapılmıştır. Çevresindeki unsurlarla bir bütün olarak düşünüldüğünde, her bir kitabe –belirgin biçimde İslami olan içeriği ve şekli, haçlar da dahil olmak üzere besbelli Hıristiyan unsurlarıyla birlikte– Selçuklu elitini oluşturan emîrler zümresinin bir yansıması gibidir: Kendi de Hıristiyan bir anneden doğan Müslüman bir sultan adına ülkeyi yöneten, Müslümanlar ile dönme Hıristiyanların karışımından oluşan bir topluluk. Gerçekten de, sözünü ettiğim son kitabe, Anadolulu Hıristiyan bir şecereye sahip olduğu anlaşılan bir emîrin adını vermektedir: Kalûk (Galûg). "Aksak" anlamına gelen Ermenice kelimenin küçültmeli biçiminden gelen Kalûk, köle emîrlere fiziksel özelliklerinden birini tarif eden isimler verme

---

30 Redford 2008, s. 177-83.

âdetine uygun bir örnektir. Bu yorumu zorlamak istememekle birlikte, özellikle bu inşaat seferberliği sırasında, üzerinde son derece belirgin haç motifleri olan devşirilmiş kilise kabartmalarının şehrin en büyük kilisesine ve şüphesiz hatırı sayılır bir Hıristiyan nüfusa sahip olan bölgesine bakan bir tahkimat duvarı üzerinde kullanılmış olmasının dikkate değer olduğunu düşünüyorum. Bu, duvar ve kulelerinde fetihnâme kitabesinin ağır İslami söylemi sergilenen içkaledeki durum ile tezat içindedir. İslam ve Hıristiyanlık motiflerinin bu karışımı, hem Konya ve Alanya'da, hem de burada, yani Antalya'daki içkalelerde gördüğümüz, Hıristiyan kiliselerini İslami binalarla "çerçeveleme" pratiğinde de karşılığını bulmuştur.[31]

Bu haçlar iki şekilde yorumlanabilir: Birincisi münferit bir vaka olarak, ikincisi de daha genel anlamda Anadolu'da egemenlik altına alınmış Hıristiyan topluluklara sahip çıkılması ve onlarla uyum içinde yaşanması açısından. Elimizde eksiksiz durumda olan çok az program olduğundan genelleme yapmak güç, ancak zeki okur bakış açımı çoktan tahmin etmiştir: Kilise ve haç gibi şeyleri sırf dini anlamda düşünmeye meyilliysek de, bunlar Bizans idaresiyle sıkı sıkıya bağdaştırılıyordu ve sahiplenilmelerini Bizans egemenlik geleneklerinden yararlanılarak uyarlanmaları şeklindeki genel politikanın bir parçası olarak görmek mümkündür. Ayrıca, yukarıda da işaret ettiğim gibi, bu, bölgedeki ortaçağ Hıristiyan pratiğinin bir parodisi olarak da görülebilir.

Devşirilmiş kalıntıların Sinop, Konya, Antalya ve daha az olarak Alanya'daki içkale duvarlarının programlarında önemli ölçüde yer almasına rağmen, Bayburt içkalesinin duvar ve kulelerinde bambaşka bir yaklaşım ve estetik benimsenmiştir. Bayburt'ta, devşirilmiş mimari unsurlar yerine, düzinelerce sırlı seramik kâse ve

---

31 Tekinalp 2009, s. 148-67. Köleleri fiziksel görünümlerine göre adlandırma âdeti için bkz. Redford 2010, s. 305-7. Galûğ/Kalûk'un muhtemel anlamı hakkında şu paragrafı yazdığı için Rachel Goshgarian'a teşekkür ederim: "Ermenicede, *gał* aksak demektir. ł harfi (*ghad*), Modern Ermenicede Alman ve Fransız 'r'sinin telaffuzunu almışsa da, Klasik Ermenicede sert bir 'l' olarak telaffuz edilirdi. Klasik ve Orta/Modern Ermenicede (sırasıyla) '*ak*' ve '*uk*' veya '*ik*' ekleri küçültme ekleridir. Bildiğim kadarıyla ortaçağda Arap alfabesiyle yazılan Ermeni isimleri hakkında hiçbir çalışma yapılmamış olmakla birlikte, '*Kałuk*'un 'aksakçık' anlamındaki Ermenice '*gałak*' veya '*gałuk*' kelimelerinin bir transliterasyonu olması gayet mümkündür. Sanatçı, zanaatkâr ve yazarlara takma isimler vermek şeklinde bir ortaçağ Ermeni geleneği vardır. Örneğin, 13. yüzyıl sonlarında yaşamış bir rahip ve şair olan Yovhannēs Erznkac'i (Erzincanlı Yovhannēs), ya "mavi gözlü" ya da "kısa boylu" anlamına gelen '*pluz*' adını almıştı. 13. yüzyılda yaşamış (ve esas olarak Ermenistan'ın Syunik yöresinde faaliyet gösteren) tanınmış *xačkar* (taştan haç anıtı) ustası ve elyazmaları ressamı, küçük mum anlamındaki 'Momik' ismiyle anılırdı. 14. yüzyılda yaşamış tarihçi Step'anos Orbelean Momik hakkında, 'Taş ona balmumu gibi geldiğinden, ona *Momik* [küçük mum] adını takacağız,' diye yazmıştır."

MEMÂLİK VE MEMÂLİK: ANADOLU SELÇUKLU İÇKALELERİNİN SÜSLEME VE KİTABE PROGRAMLARI | 369

RESİM 14 Sultan Alâeddin Keykubad dönemine ait, iki yanında üzerinde haçlar bulunan devşirme kabartmalar olan kitabe, Antalya tahkimatları, 1225-1226. Kaynak: T. Karasu'nun fotoğrafı.

RESİM 15 Sultan Alâeddin Keykubad dönemine ait Emîr Kalûk'tan bahseden kitabe, Antalya tahkimatları, 1225-1226. Kaynak: T. Karasu'nun fotoğrafı.

çini, yukarıda sözü geçen kitabelerin yanı sıra, içkalenin şehre bakan duvarına raptedilmiştir.[32] Bu seramik eklentiler ancak kitabelerle bir arada düşünüldüğünde anlam kazanmaktadır. Tahribat ve restorasyon birçok kule ve beden duvarı cephesini kısmen harap etmiş (ve elbette orijinal kapılar da artık yok) olsa da, bütün sultan kitabelerinin yanlarına, üstlerine ve altlarına çini ve kâselerin üçgenler oluşturacak biçimde raptedildiğini bir genelleme olarak söylemek mümkündür (**RESİM 16**). Bu üçgen kompozisyonların, gerek Selçuklular gerekse diğer Müslüman hükümdarlar tarafından sıklıkla kullanılan çintemani deseninin üç beneğine tekabül ettiği fikrindeyim: Bu desen kedigillerin postlarında yer alan desenlerin bir soyutlamasıdır. Böylece, kitabe kayıtlarında mevcut en uzun Selçuklu şecerelerinin ve *Kemâl-i Âl-i Selçûk* (Selçuklu Hanedanının En Yetkin/Mükemmel Mensubu) gibi unvanların defalarca kullanıldığı Bayburt kitabelerinin ısrarla altını çizdiği Selçukluların meşruiyeti mesajı, ortaçağ Anadolu'sundaki Müslüman hanedanlarla özdeşleşmiş olan çintemani üçgeniyle tekrar tekrar yan yana getirilmek suretiyle pekiştirilmiştir.[33]

Yukarıda, hiyerarşilerle ilgili bölümde, Saltukoğulları döneminde geliştirilen ve Mugīsüddin Tuğrul Şah tarafından devam ettirilen yöresel bir kitabe tarzının var olduğunu ileri sürmüştüm. Aynı şekilde, yuvarlak ve kare biçimli seramiklerin binalara raptedilmesinin de yöresel bir süsleme üslubu olduğunu savunmak mümkündür – 13. yüzyılda yapılmış şehir surlarında kâselerin bulunduğu, batıda Divriği'den doğuda Ani'ye kadar uzanan bir alandaki binalarda bu üslup görülmektedir. Ani şehir surlarının iki ayrı kısmında, haç biçimleri oluşturacak şekilde raptedilmiş, sur taşlarından daha koyu renkli olan taş bloklar ile yuvarlak seramik eklentilerin bir arada kullanıldığı desenler bulunmaktadır (**RESİM 17**). Yoksa çintemani üçgenleri, Ani'de olduğu gibi, surlarda belirgin haç motifleri kullanılmasına verilmiş bir karşılık mıydı? Ani surlarındaki kitabelerin çoğu 1208-31 tarihlerinden kalma olup, o sırada Ani'de hüküm süren Kürdo-Ermeno-Gürcü Mkhargrdzeli hanedanı döneminde surların yeniden inşası sırasında yaptırılmıştır.[34]

---

32 Beygu, Bayburt içkalesinin duvarlarında mor ve mavi çini parçalarının bulunduğunu 1930'ların başında fark etmişti (1936, s. 240). Bu çini ve kâselerin oyuklarının halen duruyor olmasına karşın, seramik parçaların biri dışında hepsi kayıptır.

33 Çintemani için bkz. Bernardini 1995; ayrıca bkz. Redford 2005.

34 Emîr Kameröddin'in Divriği'deki kümbetinin silmesi altında bulunan yuvarlak oyuklar için bkz. Gabriel 1931-34, c. 2, s. 188; Mengücük Gazi'nin Kemah'taki kümbetinin ön cephesinde yer alan dört yuvarlak türkuvaz renkli sırlı kâse için bkz. Pancaroğlu 2009, s. 178. Demiriz (1973) bunları daha sonraki örneklerle ve Yunanistan, Balkanlar ve İtalya'daki *bacini* olgusu ile ilişkilendiriyor, ancak yuvarlak çini eklentiler ile kâseler arasında doğru dürüst bir ayrım yapmaması, bence bu olgunun onun makalesinin gösterdiğinden daha dar kapsamlı olduğuna işaret ediyor. Bu referanslara dikkatimi çektiği için Oya Pancaroğlu'na

RESİM 17 Ani şehir surları. Yuvarlak türkuvaz seramik eklentilerle birlikte haç motifleri oluşturan siyah taşların süslediği, 13. yüzyılda yeniden yapılmış beden duvarı. Kaynak: Yazarın fotoğrafı.

RESİM 16 Aşağıda solda Ziyâeddin Lü'lü'nün iki kitabesi ile yanında çintemani üçgeni oluşturan (artık kaybolmuş) yuvarlak seramik eklentilerin tutturulduğu üç dairesel oyuğun bulunduğu kule, Bayburt içkalesi. Kaynak: Yazarın fotoğrafı.

Bayburt içkalesinin seramik dekorasyonunda türkuvaz ve mor kullanılmış oluşuna herhangi bir değer atfetmiyorum, çünkü kuprozlu ve manganezli sırlar o devirde en çok kullanılan türlerden ikisiydi. Ancak Alanya şehir surlarının boyalı süslemelerine baktığımızda, fresk bezemelerde kullanılan (beyaz dışındaki) tek renk olan (hematitten elde edilen) koyu kırmızıya bir anlam atfedebiliriz. Bu rengin, Bizanslılar ve Moğollar gibi birbirinden çok farklı toplumlarda saltanat rengi olarak kullanılan kırmızı tonu ile özdeş olduğunu düşünüyorum. Kırmızı fresk boyalı desenler, Alanya'daki Selçuklu bahçe köşklerinin iç ve dış duvarlarında ve Selçuklu sarayının içinde bulunduğu içkalenin dört bir tarafında bulunmaktadır. Oysa, bunların şehir surlarındaki kullanımı ana kapı olan Orta Kapı'da yoğunlaşır. Bütün bu mekânlarda yalnızca iki sade desen yer almaktadır: dama deseni ile zikzak (ayrıca, bazı duvarlara taş duvar örgüsünü taklit eden çizgili desenler boyanmıştır).[35]

---

teşekkür ederim. Kürdo-Ermeno-Gürcü terimi Minorsky 1953, s. 138'den alınmıştır. Ani surlarındaki Ermenice kitabelerden yaptığı çevirileri benimle paylaştığı için St. Andrews Üniversitesi'nden Tim Greenwood'a minnettarım.

35 Redford 2000, s. 87-90. Uzunçarşılı, doğu Türk hanedanlarına mensup hükümdarların kırmızı şemsiye (*çetr*), kırmızı çadır ve kırmızı çizme kullandıklarına ve Anadolu Selçuklu sultanlarının da kırmızı çizme (*edik*) giydiklerine dair kanıtlar toplamıştır (1941, 29-30).

Türkiye'nin güney kıyılarında bu desenlere sahip pek çok kırmızı boyalı süslemenin var olması, bizi bunun da, Bayburt içkalesinin seramikleri gibi, yöresel bir olgu olduğunu düşünmeye sevk ediyor. Ancak aynı desenlere Orta Anadolu çinilerinde, hele aynı dönemde yapılan Kubadâbâd'dakilerde rastlayınca, fresk boyalı süslemelerin burada, dondurucu soğuğun nadiren görüldüğü güney kıyılarının mutedil havası sayesinde bu kadar bol miktarda bulunduğu izlenimini ediniyoruz; bir tahminde bulunmak gerekirse, öyle sanıyoruz ki imkân olsa, başka yerlerdeki Selçuklu şehir ve içkale surlarının (ve öteki yapılarının) hepsi değilse de pek çoğu benzer şekilde boyanmış olacaktı.[36]

Alara Kalesi'nin kapısında dikkatimizi çeken ve ortada kocaman tek gözü olan bir figürü gösteren resim bizi iki kanıya götürüyor: Bir, şehir surlarındaki süslemelerin koruyucu tılsım özelliği olduğuna (ki İbn Bîbî de bu kanıyı doğrulamaktadır) ve iki, boyayla yapılan bazı süslemelerin devşirilmiş veya yeni yapılmış kabartmaların "ikame"si olarak görülebileceğine.[37]

Kuleler ve Burçlar

Eyyûbî sultanı Âdil, Eyyûbî devletinin diğer şehirlerinde hüküm süren, tabi konumdaki aile üyelerine, başkentinin içkalesindeki başka başka kulelerin yapımını finanse ettirmiştir. Şam içkalesinin beş defa saldırıya uğradığı 1190'lardaki uzun iç savaş döneminin ardından, Âdil başkentinin içkalesini bütünüyle yeniden inşa ettirmeye girişti. Günümüze ulaşan kitabelerden biri hariç hepsi sultanın kendisine aittir ve finanse edilme şekline rağmen içkale muntazam bir biçimde –ve besbelli bir mimari bütünlük içinde– inşa edilmiştir. Eyyûbî sülalesini başkent içkalesinin bu merkezileşmiş epigrafik ve mimari düzenine dahil etmenin simgesel anlamı açıktır. Selçuklu Anadolu'sundan farklı olarak, tek bir istisna dışında bu melikler üstlendikleri masraf karşılığında kitabelerde yer alamamışlar ve kitabesi olan tek bağımlı melikin de adının önüne normalde emîrler için kullanılan mütevazı bir unvan getirilmiştir.[38]

Foss, "daha önce uzun süre morun olduğu gibi, bu dönemde de kırmızı[nın] imparatorluk haşmetinin rengi" olduğuna dikkat çeker (1996, s. 156, n. 3). Ayrıca imparatorun kırmızı ayakkabı, kırmızı giysi, kırmızı çadır ve kırmızı mürekkep kullandığına dair Bizans kaynaklarını zikreder.

36 Kubadâbâd çinilerindeki zikzak desenleri için bkz. Arık 2000, s. 158-9; ayrıca bkz. Krabbenhoeft 2011.

37 Alara kalesi için bkz. Lloyd ve Rice 1958, s. 48.

38 Âdil döneminden kalma kitabeler için bkz. Soberheim 1922, s. 1-8. Kennedy onun "Eyyûbî hanedanına mensup düşük rütbeli meliklere birer kule yaptırdığını ve kulelerden birinin Hama meliki tarafından yaptırıldığını gösteren bir kitabenin günümüze ulaştığı-

Bir tahkimat yapısının ayrı ayrı kulelerinin yapım masraflarını seçkin sınıfın mensuplarına ödetme âdeti Âdil'in Şam'daki icraatlarıyla başlamadı. Bu âdetin Anadolu Selçuklu topraklarından günümüze kalan ilk örneği, Konya içkalesi surunun daha erken tarihli bir versiyonunda bulunan ve 600/1203-4'e tarihlendirilen bir kuledir. Anadolu'daki Selçuklu sultanları masrafları hanedan üyeleri arasında değil, yüksek rütbeli emîrler arasında paylaştırdılar. Emîrler kulelerin yapımını karşılamak zorunda kaldıkları ve üstlerine de adlarını kondurdukları için, sonuçta ortaya çıkan kitabe ve devşirme malzeme kombinasyonlarını en azından kısmen her bir emîrin arzu ve zevklerini yansıtan kompozisyonlar olarak görebiliriz – tıpkı emîrlerin kitabelerinin meydana getirilişiyle yakından ilgilendiklerini düşündüğümüz gibi. Sinop'ta bu "kule cephesi kompozisyonları"nın en iyi korunmuş olanı Kayseri subaşısı Bahâeddin Kutluğca'nınkiydi (**RESİM 18**). Bu kulede, kitabeler ve

---

nı" yazmıştır (1994, s. 182). Rabbat 13. yüzyılın sonraki yıllarında yaşamış tarihçi İbn Şeddâd'ın yazdığı bir pasajı şöyle tercüme etmiştir: "[Eyyûbî hükümdarı] el-Melikü'l-Âdil Şam'ı aldığında, içkaleyi yıktırdı ve yeniden yapılması işini de emîrleri arasında paylaştırdı. İçkaleyi on iki tane kocaman kulesi olacak şekilde planladı ve her bir emîrin bir kuleyi yaptırmasını emretti. .../... İçkalenin yeniden inşası, Âdil'in emîrlerinin harcadığı büyük paralar sayesinde büyük bir başarıyla tamamlandı" (2000, s. 63). Bu pasaj yeniden yapım sürecinin Konya'da gördüğümüz durumla olan benzerliğini gözler önüne seriyor; orada da yeni sultan içkalenin inşasını kendi otoritesini emîrlerine kabul ettirmenin bir yolu olarak kullanmıştır. Ancak, Sauvaget, içkalede Halep mimari geleneğine ait pek çok unsurun bulunduğuna dikkat çekerek, Âdil'in içkale projesine, o sırada Halep'te kendi içkalesini yaptırmakta olan yeğeni ve mağlup ettiği rakibi Zâhir Gazi tarafından muhtemelen önemli katkılarda bulunulduğunu ileri sürer: *"Pour expliquer un tel échange de formules artistiques entre les deux groupes de monuments, il suffirait d'invoquer une fois de plus l'humeur vagabonde des artistes musulmans; il nous semble plutôt en relation avec un fait historique précis: la collaboration des princes ayyoubides; vassaux d'al-Malik al-'Adil, à la construction de la citadelle. En dehors des assertions des chroniqueurs, le seul témoin qui nous en ait été conservé est l'inscription de la tour H, au nom d'Al-Manşûr de Hama"* ["Bu iki yapı grubu arasında böylesi bir sanatsal formül alışverişini açıklamak için, Müslüman sanatkârların gezginlik âdetini bir kez daha hatırlatmak yeterli olacaktır. Ancak bu belirli bir tarihsel olguyla da oldukça ilişkili görünüyor: El-Melikü'l-Âdil'e bağlı Eyyûbî meliklerinin içkalenin yapımına katkıda bulunması. Tarihçilerin iddiaları dışında, günümüze ulaşan tek tanık Hama meliki Mansûr'un adını taşıyan H kulesindeki kitabedir."] (1930, s. 225-6). Bu bilgi, içkalenin inşa masraflarının sultanın emîrlerinin boyunu aştığını ve Eyyûbî konfederasyonunun diğer şehirlerini yöneten aile üyelerinin sırtına yüklendiğini kuvvetle ima eder. Humphreys'e göre, "Şam içkalesi askeri açıdan çok önemli bir yapıydı ve 658/1260'ta Moğollar karşısında bile değerini ispatlayacaktı. Ancak Sauvaget'nin dikkat çektiği gibi, yapımı askeri olduğu kadar siyasi de bir eylemdi. Bağımlı meliklerden birinin isyan etmesi durumunda içkale Âdil'e güvenli bir sığınma noktası oluşturuyor ve –daha önemlisi– Âdil melikleri içkalenin yapımına katılmak durumunda bırakarak kendisine olan teslimiyet ve sadakatlerinin somut bir ispatını sunmaya zorluyordu" (1977a, s. 148).

RESİM 18 Bahâeddin Kutluğca'nın kitabesinin (Resim 10) yer aldığı kulenin dikey kesiti, Sinop içkalesi. Kaynak: Ankara'daki Ka.Ba. Mimarlık tarafından yapılan fotogrametrik çizim.

devşirme malzemeler hiyerarşik ve neredeyse simetrik bir biçimde bir araya getirilmiştir. Üzerinde Kuran'dan bir alıntının yazılı olduğu devşirme bir silme, cephenin en üstünde yer alır. Onun altında inşa kitabesi bulunmaktadır. Bunun altında ise, üzerinde Yunanca bir yazıt bulunan, yeniden kullanılmış bir Roma dönemi silmesi kule cephesini bir baştan bir başa kat eder. Bu kompozisyonu bir Korint sütun başlığı tamamlar. Böylece, dini kitabe, Selçuklu inşa kitabesi ve Yunanca bir kitabe, önem ve sıralarına göre bir hiyerarşi içinde bir araya gelmiş gibi görülebilir. Hepsinin altında da bitkisel bir unsur (Korint sütun başlığı) filizlenir. Bütün bu kompozisyon bir de Antalya'da tekrarlanmış ve şüphesiz Konya'daki kitabe, kabartma ve devşirme parça manzumesiyle daha da karmaşık bir düzeye ulaşmıştır; ne var ki ben, bütün bir mimari ve süsleme düzeni içerisinde, yine de emîrlerin bireysel tercih ve zevklerinin bir payının olduğunu düşünüyorum – tercih sürecine dair hemen hemen hiçbir şey bilmiyor olmamıza rağmen.[39]

---

39 Konya'daki kitabe için bkz. Duran 2001, s. 33. Antalya kulesinin fotoğrafları için bkz. Yılmaz ve Tuzcu 2010, s. 136, 139.

Emîrleri kulelerle ilişkilendirmenin diğer, bambaşka yolları var: Bu, 13. yüzyılın başlarında bölgede gerek içkalelerin içinde, gerekse içkalelerdeki inşaat faaliyetleri ile bağlantılı olarak, çok büyük boyutlu kule tipinin, yani burcun yükselişidir. Önemli oranda köle-askerlerden oluşan daimi garnizonların ortaya çıkışının bu dönemde içkale ve burçlar ile süslemelerinin önem kazanmasındaki tek etken olduğunu iddia etmiyorum. Ancak, 13. yüzyıl başlarında Kahire'den Sinop'a kadar içkalelerin güçlendirilmesi, yeniden inşa edilmesi, süslenmesi ve genişletilmesinin Diyarbakır, Alanya ve Kayseri gibi şehirlerin surlarındaki kritik dönemeçlerde çokkatlı devasa burçların yapılmasıyla el ele gitmiş olması çarpıcıdır. Bu muazzam genişlemeyle yaratılan mekânlarda kimler görev yapıyordu?

Günümüzde, ordu ve garnizonların boyut ve kompozisyonlarına dayalı açıklamalar yerine teknolojik izahlar genel olarak kabul görmektedir. Chevedden, o dönemde büyük kulelerin inşa edilmesinin tek nedeninin mancınığın bir savunma silahı olarak ortaya çıkışı ve yayılması olduğunu, bu kulelerin temel işlevinin de bu büyük fırlatma aletlerinin konuşlandırıldığı üs vazifesi görmek olduğunu iddia etmiştir.[40] Askeri mühendislikte uzman olmamakla birlikte, ben Chevedden'in kule büyüklüklerindeki şaşırtıcı artış için öne sürdüğü genellemeci açıklamayı kulelerin tasarımıyla bağdaştırmakta güçlük çekiyorum. Kahire ve Şam içkalelerinde gördüğüm kule bölümleri –ve ayrıca, Alanya'daki Kızıl Kule ve Tophane Kulesi ile Diyarbakır'daki Ulu Beden ve Yedi Kardeş burçları– Selâhaddin'in Fustat surlarındaki kulelerde de bulunan ve bu nedenle muhtemelen Suriye kökenli olan üst kat tasarımının aynısına sahiptir. Bu kulelerin en üst katı, kale mazgallarının hizasından birkaç metre aşağıda bulunan çukur bir avlu ile onu çevreleyen yükseltilmiş bir duvar üstü yürüyüş yerinden oluşan açık bir mekândır. Kanımca, bu çukur avlu, kulelerin bu boyutta oluşunun güya tek nedeni olan büyük mancınıkların etkili biçimde kullanımı için hiç de uygun bir mekân değildir. Böyle bir mimari düzenleme avluya konan mancınığı korusa bile, teknolojiden pek anlamayan benim gözümde, aletin manevra kabiliyetini sınırlandırmış ve onu kullananların hedeflerini görmesini engellemiş olsa gerektir.[41]

Yine de, gerek içkalelerden ayrı, gerekse onların bir parçası olarak büyük kulelerin ortaya çıkmasında mancınığın bir etken olduğunu varsayalım. Peki, diğer etkenler neler olabilir? Rice, 12. yüzyılda biri şehrin biri de içkalenin olmak üzere iki Harran valisinin var olduğundan bahseden yazılı kaynaklara atıfta bulunmuştur, ki bu âdet

---

40 Chevedden 1999.

41 Hanisch Şam içkalesinin bazı kulelerinin tepesine büyük savaş makinelerinin nasıl bir yöntemle çıkarıldığı üzerine kafa yormuştur (2005, s. 87).

Eyyûbîler döneminde de devam etmişti.[42] Hanisch de Şam içkalesinde, her biri ayrı bir kapıya bağlanan iki ayrı divanhane olduğunu tespit etmiş ve birinin askeri garnizon komutanı, diğerinin de şehrin sivil valisi için olduğunu ileri sürmüştür.[43] Herzfeld, Halep'teki içkale komutanının şehrin valisi karşısındaki özerk konumunu gösteren bir törenden söz etmiştir.[44] İbn Bîbî ise, Sinop içkalesindeki bir garnizon komutanından (*kûtvâl*) bahseder. Kendi kendisini üç kitabeyle ödüllendiren ayrı bir (askeri) valiye sahip olduğu anlaşılan Sinop'taki kitabelerde bu kişinin adı geçmez. Bayburt'ta ise durum farklıdır, zira yerel vali muhtemelen aynı zamanda garnizon komutanıdır da: Ziyâeddin Lü'lü' buradaki kitabelerde *kûtvâl* unvanını iki kez kullanır. Eğer gerçekten de halihazırda içkalelerde ayrı bir komuta yapısı var idiyse ve hem Eyyûbî hem de Selçuklu devletleri kendi yönetimlerini merkezileştirmeye ve sultanın hâkimiyetini güçlendirmeye çalışıyorlardıysa, neden hem başkentlerinin hem de taşra şehirlerinin içkalelerini bu kadar muazzam boyutta ve bu şekilde genişletmeye kalktılar? Askeri teknoloji ve taktiklerdeki değişimin önemini yadsımaksızın burada şunu öne sürmek isterim ki, yazılı kaynakların yanı sıra bu makalede bahsi geçen kitabe kayıtlarındaki ipuçları, içkalelerin bu dönemde genişletilmiş daimi garnizonlara hizmet vermesi nedeniyle de genişletildiğini göstermektedir.[45]

Şam içkalesinin yenilenmesi esnasında büyük köşe kulelerinin inşa edilmesi, o dönemdeki daha genel bir eğilimin bir parçası olarak görülebilir. Daimi orduların artan önemi nedeniyle, burç denen büyük kule tipi, ortaçağ İslam dünyasında

---

42 Harran içkalesinde ayrı, şehirde ayrı vali bulunması hakkında, bkz. Rice 1952, s. 45.

43 Hanisch, Harran içkalesinin genişletilmesini Âdil'in 12. yüzyıl sonlarında oradaki hükümranlığına tarihlendirerek, onun daha sonra Şam içkalesindeki çalışmaları için bu içkalenin bir model olduğunu düşünmüş ve bütün bunları Âdil'in daimi/kişisel ordusu için fazladan alana ihtiyaç duyulmasına bağlamıştır (2007a, s. 210).

44 Herzfeld, İbnü'ş-Şıhne'nin içkale komutanları ile şehrin valisinin katıldığı bir töreni anlattığı bir pasajı naklederek şu yorumda bulunmuştur: "*Il semble que cette cérémonie indique une restriction des droits du gouverneur quand il s'agit de la citadelle*" ["Öyle görünüyor ki bu tören, içkale söz konusu olduğunda valinin yetkilerinin sınırlı olduğuna işaret etmektedir."] (1954, c. 2, s. 78, n. 5).

45 Humphreys Eyyûbî döneminde Şam'da bir içkale valisi ile bir de şehir valisi olduğundan söz etmiştir (1977, s. 284), ancak bu ayrımın ne zaman başladığı net değildir. Kulelerin büyüklüğündeki muazzam artışın yanı sıra, bu yapıların ikametgâh niteliğinin olduğuna dair başka göstergeler de var mıdır? Creswell Kahire içkalesinde, Hanisch de Şam'daki "Langturm" tipi kulelerde tuvaletler bulunduğunu belirtmiştir (2007b, s. 263), ancak Hanisch aynı zamanda orada bacaların veya yemek pişirme imkânı olduğuna dair başka göstergelerin olmadığına da dikkat çekmiştir. Şam içkalesindeki iki divanhane ve işlevleri için bkz. Hanisch 1996, s. 90-3.

Mezopotamya, Suriye, Mısır ve Anadolu'nun askeri mimarlık dağarcığına girmişti. Şam içkalesinin bütün kuleleri daha da görkemli kulelerin yapılmasından hemen sonra genişletilirken, Kahire içkalesinde mevcut kulelerin büyüklüğü de iki katına çıkarıldı. Halep'te içkalenin bulunduğu tepenin riskli durumu Şam'daki kadar büyük kulelerin yapılmasına imkân vermemiş olabilir, ancak giriş kapısının bulunduğu yapı büyüklük açısından onları aratmaz. Aslında, öyle görünüyor ki bu yapıdaki her bir kapı bir başka görevlinin sorumluluğunda yapılmıştır. Aynı dönemde Harran içkalesi de dört poligonal köşe kulesini birbirine bağlayan bir galeri katı eklenerek bütünüyle yeniden inşa edilmişti. Bu içkalelerin genişletilip yeniden düzenlenmesinin köle-askerlerin artışına bağlı olarak garnizonların büyümesinden ne ölçüde kaynaklandığı sorgulanmaya açıktır. Humphreys, Eyyûbî döneminde Şam'daki emîrlerin yarıdan fazlasının köle kökenli olduğunu hesaplamıştır.[46] Sinop'ta ise, kayıtlarda adı geçen on beş emîrden sadece dördünün köle kökenli olduğu saptanabilmekte, ancak bunlar önemli makamlara gelmiş insanlardan oluşmaktadır. Memlûk sultanı Kalavun'un 1270'lerde Kahire içkalesi kulelerinde köle-askerlerden meydana gelmiş büyük bir birlik bulundurduğu iyi bilinir – o askerlere de bu nedenle burç kelimesinden gelen Burcî Memlûkleri adı verilmiştir. Sourdel-Thomine Şam içkalesi kulelerinin ikametgâh işlevi de gördüğüne dikkati çekmiş, ama bunların genişletilerek yeniden yapımı ile Kalavun'un aynı yüzyılın sonraki yıllarında Memlûk devletinde yapacağı değişikliklere benzer olarak Eyyûbî devlet yapısında ortaya çıkmış olabilecek değişimler arasında bağlantı kurmamıştır.[47] Şurası kesin ki bu kulelerin daha önceleri pek önemsenmeyen bir konut özelliği vardır ve benim kanaatime göre bu, Âdil'in içkale garnizonlarını büyütme politikası yürüttüğüne işaret eder. Bacharach köle ordularındaki büyümenin süvari sınıfının eğitiminden kaynaklandığını öne sürmüştür; eğer doğruysa, bu da hem içkalelerin dikkate değer ölçüde genişlemesini hem de büyük burçların yapılmasını daha iyi anlamamıza yardımcı olacaktır:

> İçkalelerin kullanılma biçimiyle ilişkisi açık olmayan ikinci bir faktör, İslami orduların nitelik ve organizasyonundaki değişimdir. Önceleri bu ordular köle kökenli olan maaşlı süvari ve piyadelerden oluşurken, yeni Müslüman ordularda askerler yine köle kökenli olmakla birlikte, piyade unsuru ortadan kalkmıştı. Böylece Selçuklu, Zengî, Eyyûbî hanedanlarının ve diğer hanedanların orduları, kısmen memlûk kısmen de hür süvarilerden oluşuyor, bunların hür olanları da çoğunlukla göçebe kökenli oluyordu. Bu yeni

---

46 Humphreys 2004.
47 Sourdel-Thomine 1986, s. 1316, 13. yüzyılda "savunma kısımlarını güçlendirmek, ama aynı zamanda da büyük birlikleri sürekli olarak barındırmaya müsait geniş ve ferah mekânlar oluşturmak amacıyla kulelerin devasa boyutlara ulaştığı[nın] görül[düğünü]" belirtmiştir.

nesil hükümdarlar, içkalelerin yanı sıra, süvarilerinin talimi için kullanılan resmigeçit alanları da oluşturdular. Piyadeler kuşatmalarda (ve muhafız olarak saraylarda) görev yapsalar da, merkezi bir askeri kuvvet niteliğinde değillerdi.[48]

Bildiğim kadarıyla, özgün giriş yolu günümüze kalmış olan tek içkale Halep'tekidir. Tıpkı Hospitalier şövalyelerine ait, aynı dönemden kalma Hısnülekrâd (Krak Şatosu) ve Merkab kalelerinde olduğu gibi, Halep içkalesinin giriş yolu da, savunmanın gerektirdiği kıvrım ve dönemeçlerin at, eşek veya katırların gündelik giriş çıkış ihtiyacı tarafından dengelendiği yolunda şüpheye yer bırakmaz: Geniş, az eğimli, basamaklı yol, insanlardan ziyade binek hayvanları için yapılmıştır.

Kayseri ve Diyarbakır'da, büyük burçlar içkalelerden uzakta, şehir surlarının kritik dönemeçlerinde yer almaktadır. Sultan İzzeddin Keykâvus'un bugün Yoğun Burç olarak bilinen Kayseri'deki burcunun kitabesi tarihsiz olsa da, bu hükümdarın ancak 1216 yılı başında kullanmaya başladığı Karanın ve İki Denizin Sultanı unvanını içerdiğinden, burcu bu tarih ile sultanın 1219'da ölümü arasına tarihlendirebiliyoruz. Gabriel, bu burcun Kayseri şehir surlarının dönemeçlerinde yer alan birkaç benzer burçtan yalnızca biri olduğu fikrini ileri sürmüştür.[49] Alanya'daki Kızıl Kule'nin de (1226) benzer şekilde bir garnizona ikametgâh işlevi gördüğü düşünülebilir.

Ne var ki, bu burçların en iyi bilinen ve en büyük olanları Diyarbakır'da bulunmaktadır. Bunlar 605/1208-9'a tarihlendirilen Ulu Beden burcu ile tarihlendirilemeyen ancak içkalede de inşa kitabeleri bırakmış olan Diyarbakır'ın Artuklu hükümdarı el-Melikü's-Sâlih'e (s. 1200/1-1222/23) atfedilen Yedi Kardeş burcudur. Diyarbakır'da, hem bu kulelerin tasarımı, hem de hükümdarın kitabelerde öne çıkması Eyyûbî âdetlerini akla getirir. Halbuki, bütün bu tarihler, Selçuklu Anadolu'sunun kitabe kayıtlarında emîrlerin öneminin arttığı döneme tekabül etmektedir. Askeri emîrlerle saray emîrleri arasındaki muğlak çizgiyi bile ayırt etmek güçtür – ikisi arasındaki örtüşmenin bir örneği, Erzurum melikinin kulu olan ve yukarıda belirttiğim gibi kendisinden ordu kumandanı (*isfehsâlâr*), saray ağası (*üstâdüddâr*) ve garnizon komutanı (*kûtvâl*) gibi unvanlarla söz eden Ziyâeddin Lü'lü'nün içkale kitabelerinde bulunabilir.

---

48 Bacharach 1991, s. 125-6.
49 Diyarbakır'daki Ulu Beden burcu için bkz. Gabriel 1940, s. 115-21; Diyarbakır'daki Yedi Kardeş burcu için bkz. Gabriel 1940, s. 121-5; Kayseri'deki Yoğun Burç için bkz. Gabriel 1931-4, c. 1, s. 22; Kayseri'deki Yoğun Burç'un kitabesi için bkz. Halil Edhem 1334 (1915-6), s. 41; Şam içkalesindeki Eyyûbî kuleleri için bkz. Hanisch 1996, 2007a; Âdil'in Kahire içkalesine yaptığı eklemeler için bkz. Creswell 1959, resim 1, 3, s. 12, 39; Suriye ve Filistin'den başka örnekler için bkz. Chevedden 1999.

Ancak, burç ile içkaleyi birbirini karşıtı gibi görmek hata olur: Şüphesiz, içkaleler hükümdara ait asker garnizonlarına –bunlar köle kökenli olsun olmasın– kışla görevi görmeye devam etti. Alanya'da limanı koruyan Kızıl Kule ile Tophane Kulesi'ni görmüştük; Alanya kayasının üzerinde ise, biri denize bakan ve sarayı içine alan, biri de karaya bakan ve garnizonu barındıran olmak üzere iki içkale bulunmaktadır. Bütün Selçuklu şehirlerinde olduğu gibi, buradaki içkalelerin de tarihi Selçuklulardan önceye dayanır. Bu kuralın başlıca istisnası Konya'dır; burada, eski şehrin kurulduğu ve günümüzde Alâeddin Tepesi diye bilinen tepenin üzerinde yer alan içkale, daha çok bir yönetim üssü, ikamet yeri ve tören merkezi olarak kullanılmış olmalıdır, çünkü şehrin kenarında değil merkezinde bulunduğundan şehri dışarıdan gelen saldırılara karşı koruma görevi görmüyordu. Alâeddin Keykubad'ın, içkale ve şehir surlarını yeniden yaptırdığı sırada, surların iki tarafına da yayılan ve Zindankale olarak bilinen, nispeten küçük, kapalı bir içkale alanı ekletmesi muhtemelen bu sebepten kaynaklanmıştır. Her iki içkalede de –köle kökenli olsun olmasın, atlı olsun olmasın– pek çok emîr bulunmasına rağmen, şehrin "devamlı" garnizonunun bu ikinci içkalede konuşlanmış olması muhtemeldir.[50]

Suriye ve el-Cezîre'de içkalelerin genişletilmesinin, Anadolu'da içkalelerin yeniden yapılmasının ve Alanya, Kayseri ve Diyarbakır gibi şehirlerde burçların önem kazanmasının oralarda hüküm süren hanedanlara ait orduların değişen kompozisyonları ile ne ölçüde ilişkili olduğu cevaba muhtaç bir sorudur. Yine de ben, mimari verilerin kesin bir biçimde ortaya koyduğu devamlı garnizonların boyutlarındaki artış ile yapılarındaki değişikliğin, Anadolu Selçuklu saflarındaki köle-askerler hakkında bildiklerimizle birleştirilebileceğini düşünüyorum. Aralarında pek çok hür doğmuş Müslüman da bulunmakla birlikte, bu makalede Anadolu Selçuklu seçkin sınıfındaki köle unsuru üzerine vurgu yaptım.[51]

Eyyûbî ve erken Memlûk orduları hakkında yazan Humphreys, Eyyûbî hükümdarlarına bağlı Kıpçak köle-askerlerin sayısındaki artışı belli bir yükseliş grafiğiyle açıklamakta temkinli davranarak, bir noktada sayılarının artması mümkün olduğu

---

50 Bu iki içkaleyi 18. yüzyıl sonlarına ulaşan şekilleriyle gösteren bir plan için bkz. Niebuhr 1837, c. 3, levha 8. Konya Mevlana Müzesi son zamanlarda Zindankale'nin bulunduğu yerde kurtarma kazıları yapmış, ancak bu kazıların sonuçları henüz yayımlamamıştır.

51 Hâlâ aşılamamış bir makalesinde, Bombaci (1978) esas olarak tarihçi İbn Bîbî'den, ama onun yanı sıra başka kaynaklardan da, Selçuklu ordusunun değişen düzenine ilişkin kanıtlar toplamıştır. Makalesinin hatırı sayılır bir bölümünü Selçukluların bağımlı ve paralı kuvvetleri kullanmasına ayırmıştır ki bunlar burada ele alınan içkalelerin mimarileri ile kitabeleri üzerinde herhangi bir etki meydana getirmemiş gelişmelerdir.

için arttıklarını söylemiştir.[52] Ne var ki, Anadolu Selçukluları ile Eyyûbîleri aynı yolda davranmaya iten sebepler arasında, savaşçı gücünün büyük bir kısmı uzun zamandır göçebelerden toplanan askerlere dayanan bir orduyu profesyonelleştirme ve sadakatini koruma arzusu gibi bir benzerlik olsa gerektir. 13. yüzyıl ortalarında Anadolu'yu ziyaret eden İbn Saîd, Türkiye'nin kuzey-orta kısmındaki Kastamonu yöresinin hem at hem de köle kaynağı olduğunu açıkça belirtmiştir.[53] Bu, Cahen'i ve başkalarını Anadolu Selçuklularının daha pahalı olan Kıpçaklara ihtiyacı olmadığını ve onların Eyyûbîlerden farklı olarak, ordularındaki köle unsurunu Kastamonu gibi yerlerden toplanan Anadolulu Hıristiyanlardan meydana getirdiklerini iddia etmeye yönelten sebeplerden biri olmuştur.[54] Acaba Kastamonu, tıpkı Kilikya Ermeni Krallığı gibi, tam da atlarla köleleştirilebilir insanların bu çakışması nedeniyle mi tercih edilmişti?

Sonuç

13. yüzyılın ilk otuz yılı içerisinde Selçuklu Anadolu'sundaki içkale duvarlarının (yeniden) yapımı ve süslenmesine büyük çaba ve para sarf edildi. Ben bu makalede, renk, desen, kabartma, devşirme parça ve kitabelerin karmaşık ve sıklıkla görsel olarak başarısız, değişken karışımının sebebinin, iktidar merkezinin içkale olmasına ve bu iktidarın gerek emîrlerin kendi arasında, gerekse emîrlerle sultan arasında rekabet sebebi olup paylaşılamamasına bağlanabileceğini öne sürdüm. Ayrıca, fikirlerin, tekniklerin ve insanların dolaşımını dikkate alarak Eyyûbî ve Selçuklu topraklarındaki gelişmeler arasında uzun uzadıya bir kıyaslama yapmayı denedim; bir yandan da farklı elit yapıları ile farklı mimari, dekoratif ve epigrafik düzenlemeler arasında ilişki kurmaya çalıştım.

---

52 Humphreys'e göre, "Sâlih'in yeni politikasının temel sebebi, böylesi bir politikanın ilk defa onun döneminde mümkün olmasıydı" (1977, s. 96). "Net Nüfus Sayımına Göre Eyyûbî Döneminde Şam'daki Askeriye Mensuplarının Kişisel Statüleri" başlıklı bir tabloyu değerlendirirken, Humphreys şunu savunmaktadır: "Kişisel statüsü belirlenemeyen tüm kişilerin memlük olduğunu varsaysak bile (ki bu çok düşük bir ihtimaldir), askeri amirlerin nereden baksanız yüzde 50'si hür doğmuş insanlardı" (Humphreys 1989, s. 158).

53 İbn Saîd'e göre, "[y]üksek dağlardan inen ırmağın doğusunda, adını çevresinde bulunan ağaçların türünden alan Ak Kavak Nehri vardır; onun doğusunda ise Rûm diyarının limanlarından biri olan, Müslümanlara ait ünlü Kastimûniyâ (Kastamonu) şehri bulunmaktadır.../... Bu şehrin çevresinde bin Türkmen hanesi (*beyt*) olduğu söylenir; buradan at, katır ve köle (*memâlîk*) ihraç ederler" (1970, s. 195).

54 Cahen 1968. Rabbat, 14. yüzyıl Memlük tarihçisi Nüveyrî'ye referans vererek, Eyyûbî topraklarına yapılan ilk büyük çaplı Kıpçak köle ithalini 1229'u takip eden yıllara tarihlendirmiştir (2010, s. 4, n. 6).

Görmesi ne kadar zor olsa da, içkale kule, duvar ve kapılarındaki kitabe ve kabartma unsurları esasen görülmek üzere yapılmış ve hem birbirleriyle ilişkileri, hem de bulundukları kasaba ve şehirlerin sakinlerine sunuluşları belli bir mekânsal mantığa göre şekillenmişti. Bu süsleme programları ortaçağ İslam şehirlerine ilişkin temel bir gerçeği yansıtmaktaydı: İçkale iktidar ve otorite merkeziydi ve sakinleri orada bulunsa da bulunmasa da sahip oldukları iktidarın sürekli görsel olarak ifade edilmesi gerekiyordu. Devamlı ordunun gücü artınca, ikametgâhı olan içkalenin de önemi arttı. Metinsel kanıtların yokluğuna, daha doğrusu giderek daha da büyük bir köle-asker bileşenine sahip devamlı ordu/garnizonların oluştuğuna işaret eden metinsel kanıtların yokluğuna rağmen, öyle inanıyorum ki bu gelişmenin genelde sanıldığından daha eskiye giden kökenleri olduğunu ve 13. yüzyılın ilk onyıllarında başladığını gösterecek kadar kuvvetli mimari kanıtlara sahip bulunmaktayız.

Ek 1

Ebû Ali Bin Ebî'r-Rehâ Bin El-Kettânî El-Halebî'nin Kariyeri Üzerine Notlar

Bu makalede, kitabesi Konya içkalesinin camii olan Alâeddin Camii'nin dış cephesinde bulunan Şamlı mimar Muhammed ibn Havlân'ı bu şehrin içkale duvarlarının yapımıyla ilişkilendirdim. Kitabeler her iki projeyi de 1220 yılına bağlamaktaysa da, caminin yeniden yapımı sultanın selefi olan kardeşi tarafından bir önceki yıl başlatılmış olmalıdır. Muhammed ibn Havlân'ın daha sonraki kariyeri hakkında tek bilgimiz Aksaray yakınlarındaki Sultan Hanı'ndan gelmektedir. Bu kervansaray 1229 tarihlidir ve onun adı yazılı bir kitabesi vardır. Bu da Selçuklu Anadolu'sundaki kariyerinin 1220'li yıllar boyunca sürdüğünü gösterir.[55]

Aynı şekilde, Ebû Ali'nin de Selçukluların hizmetinde uzun bir kariyeri olmuşa benziyor. İlk işi, yukarıda anlatıldığı gibi, Sinop'ta ve 1215 tarihlidir. On yılı aşkın bir süre sonra, 1226'da, Alanya'nın Kızıl Kule'sinde adını tekrar görüyoruz. Bu süre içerisinde nelerle meşguldü acaba?

Sinop'ta oluk biçimli tepe mazgalının kullanımından bahsederken, Alâeddin Camii ve Aksaray yakınındaki Sultan Hanı'nın yapımında çalışan Muhammed ibn Havlân'ın aksine, Ebû Ali'nin esas olarak bir askeri mimar olduğunu öne sürdüm. Eğer kitabelerin belirttiği gibi Ebû Ali Sinop'taki işini 1215'te bitirdiyse, 1216'nın ilk aylarında Antalya içkale duvarlarının onarımı veya yeniden yapılmasında çalışmaya müsait olmalıydı. Maalesef, Antalya'nın şehir ve içkale kapılarından hiçbiri günümüze kalmadığı için, Ebû Ali'nin Sinop'ta yaptığı gibi orada da oluk biçimli

---

55 Muhammed ibn Havlân için bkz. Bayburtluoğlu 1993, s. 141-45; Sönmez 1989, s. 220.

tepe mazgalını kullanıp kullanmadığını bilmiyoruz (Günümüze ulaşan resimler yeterince net olmadığından seçilemiyor, ancak orada böyle bir mazgalın bulunması mümkündür). 1216 Antalya inşaatını Ebû Ali'nin memleketi Halep'e bağlayan, askeri mimarlık tekniklerinden ziyade, kitabe yapım pratiğidir. Söz konusu pratik, sütun gövdesi kesitlerinin (sütun tamburlarının) yuvarlak tabanlarının kitabe yüzeyi olarak kullanılmasıdır ki bunu Zengî sultanı Nûreddin'in Halep içkalesinde bulunan ve birçok sütun kesitinden oluşan kitabesinde de görüyoruz. Bu pratiğin Antalya'da belirgin şekilde uygulanması eğer gerçekten Ebû Ali'nin işin içinde olduğunu gösteriyorsa, bunu Alanya'daki Tophane Kulesi'nde de tekrar ettiği söylenebilir – limanın öte tarafındaki Kızıl Kule'yle arasındaki yapım benzerliklerinden ötürü bu kule de ona atfedilmelidir. Kanıt yokluğu yüzünden, Ebû Ali'nin 1210'ların sonu ve 1220'lerde Selçukluların emrinde bir ve belki de tek "devlet askeri mimarı" olarak çalışıp çalışmadığını bilemiyoruz; bunun bir sebebi de, hepsinin içkale ve şehir surları bu dönemde yapılmış/yeniden yapılmış, ancak geçen zaman içinde yok olmuş veya önemli ölçüde yeniden inşa edilmiş olan Sivas, Konya ve Kayseri gibi yerlerdeki mimari ve kitabe kalıntılarında bulunan boşluklardır. Ne var ki, Kızıl Kule'nin mimarisi ile Eyyûbî sultanı Âdil'in önceki yirmi yıl içinde bir ara yaptırmış olduğu Harran içkalesinin merkez çekirdekli, çokgen biçimli kuleleri arasındaki yakın benzerlik Ebû Ali'nin Eyyûbî askeri mimarlığına son derece vâkıf olduğunu ortaya koyuyor. Merkez çekirdek tasarımını Alanya'da uygularken, merkezi bölümü sarnıç olarak kullanmış, merdivenleri ise yanlara almıştır; böylece Kızıl Kule'den şehir surlarına doğrudan erişmek mümkün olmuştur.

Kaynakça

Arık, R. (2000) *Kubad Abad*. İstanbul: Türkiye İş Bankası.

Bacharach, J. (1991) "Administrative complexes, palaces, and citadels: Changes in the loci of medieval Muslim rule," *The Ottoman City and its Parts* içinde, der. I. Bierman, R. Abou-el-Haj ve D. Preziosi, s. 111-28. New Rochelle: Aristide Caratzas.

Bayburtluoğlu, Z. (1993) *Anadolu'da Selçuklu Dönemi Yapı Sanatçıları*. Erzurum: Atatürk Üniversitesi.

Bernardini, M. (1995) "Lo pseudo-cintamani e l'emblema di Tamerlano," *L'arco di fango che rubo la luce alle stele: Studi in onore di Eugenio Galdieri per il suo settantesimo compleanno* içinde, der. M. Bernardini, F. Cresti, M. V. Fontana, F. Noci ve R. Orazi, s. 15-38. Lugano: Edizioni Arte e Moneta SA.

Beygu, A. (1936) *Erzurum Tarihi, Anıtları, Kitabeleri*. İstanbul: Bozkurt Basımevi.

Bombaci, A. (1978) "The army of the Saljuqs of Rum," *Annali dell'Istituto Universitario Orientale di Napoli* 38: 343-69.

Bornstein, C. ve Soucek, P. (1981) *Meeting of Two Worlds: The Crusades and the Mediterranean*. Ann Arbor: University of Michigan Museum of Art.

Bursalı, M. (2010) "Bir Merkez Sembol Olarak Bizans ve Selçuklu Döneminde Hayat Ağacı Motifi," *Proceedings of the First International Sevgi Gönül Byzantine Studies Symposium* içinde, der. A. Ödekan, E. Akyürek ve N. Necipoğlu, s. 69-72. İstanbul: Vehbi Koç Vakfı.

Cahen, C. (1968) *Pre-Ottoman Turkey: A General Survey of the Material and Spiritual Culture and History, c. 1071-1330*. New York: Taplinger. [*Osmanlılardan Önce Anadolu*, Tr. çev. Erol Üyepazarcı, der. Ayşen Anadol. İstanbul: Türkiye Ekonomik ve Toplumsal Tarih Vakfı, 2000.]

Chevedden, P. (1999) "Fortifications and the development of defensive planning during the Crusader period," *The Circle of War in the Middle Ages* içinde, der. Donald J. Kagay ve L.J. Andrew Villalon, s. 33-43. Woodbridge, Suffolk: The Boydell Press.

Combe, E., Sauvaget, J. ve Wiet, G., der. (1939) *Répertoire chronologique d'épigraphie arabe*. Cilt 10. Kahire: IFAO.

Creswell, K.A.C. (1978 [1959]) *The Muslim Architecture of Egypt*, yeniden basım. Hacker: New York.

Demiriz, Y. (1973) "Mimari Süslemede Renk Unsuru Olarak Kullanılan Keramik Çanaklar," *Sanat Tarihi Yıllığı* 5: 175-208.

Duran, R. (2001) *Selçuklu Devri Konya Yapı Kitabeleri (İnşa ve Ta'mir)*. Ankara: Türk Tarih Kurumu.

Edhem, H. (1334 [1915-6]) *Kayseri Şehri*. İstanbul: Matbaa-i Orhaniye.

Ettinghausen, R. (1974) "Arabic epigraphy: Communication or symbolic affirmation?" *Near Eastern Numismatics, Iconography, Epigraphy and History: Studies in Honor of George C. Miles*, der. D. K. Kouymjian, s. 297-317. Beyrut: American University in Beirut.

Foss, C. (1996) *Nicaea: A Byzantine Capital and its Praises*. Brookline: Hellenic College Press.

_____ (1998) "Byzantine responses to Turkish attack: Some sites of Asia Minor," *AETOS: Studies in Honour of Cyril Mango* içinde, der. I. Sevcenko ve I. Hutter, s. 154-71. Stuttgart, Leipzig: B. G. Teubner.

Foss, C. ve Winfield, D. (1986) *Byzantine Fortifications*. Pretoria: University of South Africa.

Gabriel, A. (1931-4) *Monuments turc d'Anatolie*. 2 cilt. Paris: E. de Boccard. [*Kayseri Türk Anıtları*. Tr. çev. A. A. Tütenk. Ankara: Güneş Matbaacılık, 1954. 2. basım: Kayseri: Kayseri Enstitüsü Derneği Yayınları, 2009.]

_____ (1940) *Voyages archéologiques dans la Turquie orientale*. Paris: E. de Boccard.

Grabar, O. (1978) "The architecture of power: Palaces, citadels and fortifications," *Architecture of the Islamic World* içinde, der. G. Michell, s. 48-79. Londra: Thames & Hudson.

Hanisch, H. (1996) *Die Ayyūbidischen Toranlagen der Zitadelle von Damaskus*. Wiesbaden: Dr. Ludwig Reichert Verlag.

_____ (2005) "Die Zitadelle von Harran," *Egypt and Syria in the Fatimid, Ayyubid and Mamluk Eras IV* içinde, der. U. Vermeulen ve J. Van Steenbergen, s. 185-310. Leuven: Peeters.

_____ (2007) "Der Langturm als neuer Turmtypus im aiyubidischen Wehrbau, dargestellt an einem Linienturm der Zitadelle von Damascus," *Egypt and Syria in the Fatimid, Ayyubid and Mamluk Eras V* içinde, der. U. Vermeulen ve K. D'hulster, s. 183-234. Leuven: Peeters.

_____ (2007a) "Die Zitadelle von Damascus, 14/635-1410/1995," *Egypt and Syria in the Fatimid, Ayyubid and Mamluk Eras V* içinde, der. U. Vermeulen ve K. D'hulster, s. 235-305. Leuven: Peeters.

Herzfeld, E. (1954-56) *Matériaux pour un Corpus Inscriptionum Arabicarum, deuxième partie, Syrie du nord: inscriptions et monuments d'Alep*. Kahire: IFAO.

Humphreys, R.S. (1977) "The emergence of the Mamluk army," *Studia Islamica* 45: 67-99.

_____ (1977a) *From Saladin to the Mongols*. Albany: State University of New York Press.

_____ (1989) "Politics and architectural patronage in Ayyūbid Damascus," *The Islamic World from Classical to Modern Times: Essays in Honor of Bernard Lewis* içinde, der. C. E. Bosworth, C. Issawi, R. Savory ve A. L. Udovitch, s. 151-74. Princeton: The Darwin Press.

Ibn Saîd (1970) *Kitâbü'l-Cuğrafiyye*. Beyrut: el-Mektebetü't-Ticârî.

Karamağaralı, B. (1992) *Ahlat Mezartaşları*. Ankara: Kültür Bakanlığı.

Karev, Y. (2005) "Qarakhanid wall paintings in the citadel of Samarqand: First report and preliminary observations," *Muqarnas* 22: 45-84.

Kennedy, H. (1994) *Crusader Castles*. Cambridge: Cambridge University Press.

Konyalı, İ. H. (1960) *Abideleri ve Kitabeleri ile Erzurum Tarihi*. İstanbul: Ercan Matbaası.

Korn, L. (2004) *Ayyūbidische Architektur in Ägypten und Syrien: Bautätigkeit im Kontext von Politik und Gesellschaft, 564-658/1169-1260.* Heidelberg: Heidelberger Orient-Verlag.

Krabbenhoeft, N. (2011) *A Veneer of Power: Thirteenth Century Seljuk Frescoes on the Walls of Alanya and Some Recommendations for their Preservation.* Yayımlanmamış yüksek lisans tezi, Koç Üniversitesi.

De Laborde, L. (1836) *Voyage de l'Asie Mineure.* Paris: Firmin Didot.

Lloyd, S. ve Brice, W. (1951) "Harran," *Anatolian Studies* 1: 77-111.

Lloyd, S. ve Rice, D. S. (1958) *Alanya ('Alā'iyya).* Londra: British Institute of Archaeology at Ankara.

Melikian-Chirvani, S. (1982) *Islamic Metalwork from the Iranian World, Eighth-Eighteenth Centuries.* Londra: Victoria and Albert Museum.

Minorsky, V. (1953) *Studies in Caucasian History.* Londra: Taylor's Foreign Press.

Niebuhr, C. (1837) *Reisebeschreibung nach Arabien und andern umliegenden Ländern.* Hamburg: Friedrich Perthes.

Pancaroğlu, O. (2009) "The mosque-hospital complex in Divriği: A history of relations and transitions," *Anadolu ve Çevresinde Ortaçağ* 3: 169-98.

Rabbat, N. (2010) *Mamluk History Through Architecture*, Londra: I.B. Tauris.

Redford, S. (1993) "The Seljuks of Rum and the Antique," *Muqarnas* 10: 148-156. ["Anadolu Selçukluları ve Antik Çağ," çev. Ali Ova. *Cogito* 29 (2001): 48-60.]

_____ (2000) *Landscape and the State in Medieval Anatolia: Seljuk Gardens and Pavilions of Alanya, Turkey.* Oxford: BAR. [*Anadolu Selçuklu Bahçeleri (Alanya/Alaiyye)*, çev. Serdar Alper. İstanbul: Eren, 2008.]

_____ (2005) "A grammar of Rum Seljuk ornament," *Mésogeois* 25-6: 283-310.

_____ (2008) "A newly read inscription on the walls of Antalya, Turkey," *Muqarnas* 25: 177-83.

_____ (2010) "Some problems of Anatolian Seljuk inscriptions from Antalya and Alanya," *Bizans ve Çevre Kültürler: Prof. Dr. S. Yıldız Ötüken'e Armağan* içinde, der. S. Doğan ve M. Kadiroğlu, s. 304-10. İstanbul: Vehbi Koç Vakfı.

_____ (2010a) "Maurozomes in Konya," *Proceedings of the First International Sevgi Gönül Byzantine Studies Symposium* içinde, der. A. Ödekan, E. Akyürek ve N. Necipoğlu, s. 48-50. İstanbul: Vehbi Koç Vakfı.

_____ (2010b) "Sinop in the summer of 1215: The beginning of Anatolian Seljuk architecture," *Ancient Civilizations from Scythia to Siberia* 16: 125-49.

_____ (2011) "City building in Seljuk Rum," *The Seljuks: Politics, Society, and Culture* içinde, der. C. Lange ve S. Mecit, s. 256-76. Edinburgh: Edinburgh University Press.

Redford, S. ve Leiser, G. (2008) *Victory Inscribed: The Seljuk* Fetiḥnāme *on the Citadel Walls of Antalya, Turkey / Taşa Yazılan Zafer: Antalya İçkale Surlarındaki Selçuklu Fetihnâmesi.* İstanbul: AKMED.

Reitlinger, G. (1938) "Medieval antiquities west of Mosul," *Iraq* 5: 143-56.

Rice, D. S. (1952) "Medieval Harran: Studies on its topography and monuments, I," *Anatolian Studies* 2: 36-84.

Rogers, J. M. (1976) "Waqf and patronage in Seljuk Anatolia," *Anatolian Studies* 26: 69-103.

Sauvaget, J. (1930) "La citadelle de Damas," *Syria* 11: 59-90, 216-41.

Schlumberger, D. (1978) *Lashkari Bazar: Une résidence royale ghaznévide et ghoride*. Paris: DAFA.

Schneider, A. M. ve Karnapp, W. (1938) *Die Stadtmauer von Iznik (Nicaea)*. Berlin: Archaeologisches Institut des Deutschen Reiches.

Sinclair, T. A. (1990) *Eastern Turkey: An Architectural and Archaeological Survey*. Londra: Pindar Press.

Soberheim, M. (1922) "Die Inschriften der Zitadelle von Damaskus," *Der Islam* 12: 1-28.

Sönmez, Z. (1989) *Başlangıçtan 16. Yüzyıla Kadar Anadolu Türk-İslam Mimarisinde Sanatçılar*. Ankara: Türk Tarih Kurumu.

Sourdel-Thomine, J. (1986) "Military architecture in the Islamic Middle East," "Burdj" maddesinin altında, *Encyclopaedia of Islam*, 2. basım, cilt 1, s. 1315-24. Leiden: Brill.

Tekinalp, V. M. (2009) "Palace churches of the Anatolian Seljuks: Tolerance or necessity?" *Byzantine and Modern Greek Studies* 33: 148-67.

Uzunçarşılı, İ. H. (1941) *Osmanlı Devleti Teşkilâtına Medhal*. İstanbul: Maarif Matbaası.

Whelan, E. (1988) "Representations of the *Khāṣṣakiyah* and the origins of Mamluk emblems," *Content and Context of Visual Arts in the Islamic World* içinde, der. P. Soucek, s. 219-53. University Park: Pennsylvania State University Press.

Yardım, A. (2002) *Alanya Kitabeleri*. İstanbul: İstanbul Fetih Cemiyeti.

Yılmaz, L. ve Tuzcu, K. (2010) *Antalya'da Türk Dönemi Kitabeleri*. Haarlem: Turkestan and Azerbaijan Research Center.

Yazarlar

Carolyn Chabot Aslan, Koç Üniversitesi Arkeoloji ve Sanat Tarihi Bölümü'nde doçent.

Charles Brian Rose, Pennsylvania Üniversitesi'nde Klasik Çalışmaları ve James B. Pritchard Arkeoloji profesörü, ayrıca Üniversite Arkeoloji ve Antropoloji Müzesi'nin Akdeniz kısmında başküratör.

Mehmet-Ali Ataç, bağımsız akademisyen.

Özlem Çevik, Trakya Üniversitesi Arkeoloji Bölümü'nde doçent.

Altan Çilingiroğlu, daha önce Ege Üniversitesi Arkeoloji Bölümü'nde profesördü.

Timothy P. Harrison, Toronto Üniversitesi Yakın ve Orta Doğu Medeniyetleri Bölümü'nde profesör.

Aslı Özyar, Boğaziçi Üniversitesi Tarih Bölümü'nde profesör.

Geoffrey D. Summers, Mauritius Üniversitesi'nde yarı-zamanlı öğretim üyesi ve Chicago Üniversitesi Doğu Çalışmaları Enstitüsü'nde araştırma görevlisi.

Françoise Summers, daha önce Orta Doğu Teknik Üniversitesi Mimarlık Bölümü'nde görevliydi.

Mary M. Voigt, William & Mary Koleji Antropoloji Bölümü'nde fahri profesör.

James Crow, Edinburgh Üniversitesi'nde Klasik Arkeoloji profesörü.

Neslihan Asutay-Effenberger, Ruhr-Universität Bochum'a bağlı Sanat Tarihi Enstitüsü'nde doçent.

Ruth Macrides, Birmingham Üniversitesi Bizans, Osmanlı ve Modern Yunan Çalışmaları Merkezi'nde Bizans Çalışmaları okutmanı.

Scott Redford, Londra Üniversitesi Doğu ve Afrika Çalışmaları Okulu Sanat ve Arkeoloji Tarihi Bölümü'nde Nasser D. Khalili İslam Sanatı ve Arkeolojisi profesörü.

Nina Ergin, Koç Üniversitesi Arkeoloji ve Sanat Tarihi Bölümü'nde doçent.

Dizin

A

'Ain Dara 117, 130-1
Abydos 21, 25
Adana 116, 135, 137, 152
Adanava/Hiyava 115, 136-7, 152
Adilcevaz, Kef kalesi 84, 86
Âdil, I. (Eyyûbî sultanı) 12, 342-3, 345, 347, 372-3, 376-8, 382
Aeneis 64
Afrodisias 257
agora 30, 38-9, 326
Ahameniş(ler) 207
Ahlatşahlar 362
Aias 27, 36, 38
Aineias 38
Akdeniz 11, 64, 113, 128, 135, 151, 152, 349, 387
Akhilleus 27-8, 31, 39
akropolis 28, 39, 158, 176, 257, 268, 319, 321
Akropolites, George 316, 331, 335, 338
Aksaray, Sultan Hanı 381
Alaca Höyük 120, 133, 140, 154, 170, 178
Alâeddin Camii 344, 381
Alâeddin Keykubad 343, 345, 347, 351, 365, 369, 379
Alâeddin Tepesi 379
Alalah/Tel Açana 60, 118-9, 122

Alanya 15, 342-3, 345, 351-4, 356, 359-60, 365, 367-8, 371, 375, 378-9, 381-2, 385-6
Alara kalesi 372
Aleksios, III. 304, 312, 330
Aleksios Komnenos, I. 298, 318
Alexandreia Troas 30
Alişar (Höyük) 133, 164
Altın Kapı 12, 277
Amanos Dağları 69
Amasra/Amastris 259, 270, 276-7, 279-81
Amastris Piskoposu Georgios 277
Amorion 258, 266
Amuk 121-3
Anastasius, I. 320, 331
Andronikos, II. 315, 317-8, 326, 331-2
Andronikos, III. 317
Ani (şehir) surları 367, 370-1
Ankara 15, 92-3, 111, 131-2, 142, 174-5, 177-80, 190, 253-5, 258, 270, 278, 282-3, 341, 346, 367, 374, 383-6
Ankara Kalesi 175, 270, 278
Ankuwa 178
Anna Komnena 296, 299, 308
Antalya 342, 344, 349, 352, 356-7, 359-60, 366-9, 374, 381-2, 385-6
Antigonos, I. 30
Antiokhos Hieraks 35
Appianos 37

apsis paravanı (templon) 367
Arami hükümdarı Zakkur 117
Arap 258, 266-7, 277, 352, 366, 368
Arap alfabesi 352
Arapça 352, 356, 360, 364-6
arkaik dönem 23
Armeniakon 266
Arne/Tel Aarane 119
Artuklu 346, 378
aslan (figürü) 71, 120-1, 125, 133, 143, 147, 170, 216, 364, 366
Aslanlı Kapı 117, 120
Asur (devlet) ---annal metinleri/geleneği 2, 5, 9, 11-3, 51-3, 55-62, 64-6, 69, 71, 73-4, 81, 90, 98, 102, 119, 125, 128, 137-8, 150, 152, 164, 245
Asurnasirpal, II. 2, 55, 59, 60-3, 74, 119
Asur (şehir) 2, 5, 9, 11-3, 51-3, 55-62, 64-6, 69, 71, 73-4, 81, 90, 98, 102, 119, 125, 128, 137-8, 150, 152, 164, 245
Asur (tanrı) 2, 5, 9, 11-3, 51-3, 55-62, 64-6, 69, 71, 73-4, 81, 90, 98, 102, 119, 125, 128, 137-8, 150, 152, 164, 245
Asur Tapınağı 59
Asur Ticaret Kolonileri Çağı 164
aşağı şehir 194, 205, 280
Athena 27-30, 32, 35-7, 46-50
Athena İlias 28-30, 32, 35-6
Athenaion 30, 34
Athena tapınağı ---Lindos'taki ---Likya, Phaselis'teki 27
Atina 21, 30, 33, 35-6, 45-6, 281, 335-6, 338, 339-40
Atinalılar 28
Attaleiates, Mikhail 325, 335
Attika 245-6
Augustinus 37

Avarikus/Varikas 115
Ayanis (Ağartı) ---dış şehri ---Kalesi 5, 84, 87-91, 93, 95-105, 107-111
Ayasofya 311, 317, 325-6, 330-1
Azativatas 115-6, 120, 150, 152
Aziz Georgios 315

B

Babil 51, 56-9, 65-7, 357
Baudouin, I. 316
Baudouin, II. 315-6, 318

Bağdat 349
Bahâeddin Kutluğca 358, 360, 373-4
Balkanlar 19, 258, 370
Baybars 347
Bayburt 341-2, 346, 352-3, 355-6, 360-5, 368, 370-2, 376
bazalt 68, 117, 125, 128, 134, 138, 145-6, 150, 152
beden(ler) 262, 264, 268-70, 275, 346, 356, 364, 370-1
Bedreddin Ebû Bekir 355-6, 364
Bit Adini 119
bīt-ḫilāni 69, 71, 138
Bitmemiş Proje 215, 219-20, 225, 227-8, 234
Bizans 5, 11-3, 39, 95, 168, 257-9, 267, 269, 273, 276-9, 281, 285, 295, 301, 304-7, 311, 316, 320-1, 326-8, 334, 341, 345-6, 351, 353, 356-7, 367-8, 372, 383, 385, 387
Bizanslı(lar) 303, 311, 345, 351
Blakhernai Sarayı 5, 12-3, 285, 290-1, 296, 299, 301-5, 307, 311-7, 320-3, 325-6, 329, 332, 334
Botaneiates [Nikephoros, III.] 325
Bouleuterion 30, 36, 38, 41

Boztepe 259, 277, 279

Brahmanlar/*brahmanik* 65, 74

Burcî Memlükleri 377

burç(lar) [ayrıca bkz. kule(ler)] 258, 262, 268, 269-71, 273, 376-7, 379

Büyük İskender 207, 251

Büyük Saray 285, 307, 311-4, 316, 320-3, 325-7, 328, 330, 333-4

Büyük Selçuklu(lar) 349

C-Ç

Caesar, Julius 37, 265

Ceneviz 264, 277

Clarili Robert 314, 316, 319-20, 339

Çadır Höyük 159, 164, 178

Çambel, Halet 48, 116, 118, 130, 133-40, 143-9, 151, 154-5

Çanakkale Boğazı 30, 37-8

çift dilli kitabe/yazıt 356

Çine kült heykeli 152

çini(ler) 345, 366, 370

çintemani 370-1

çiviyazısı 153

çömlek(ler) 23, 25, 80-1, 95, 102, 128, 168, 170, 190, 195, 204, 208-9, 218, 237, 243

çukur-ev(ler) 202, 208-9, 250

D

Daskyleion 28

Dayfe Hatun 10

De Laborde 344, 385

Demetrios ὁ Καναβης Kilisesi 289-90

demir çağı 9, 13, 80-1, 84, 90, 113-5, 117-8, 121-2, 125, 133, 140, 157, 159, 161, 163, 170, 186, 192, 195-6, 204-10

DeVries, K. 182, 207, 210, 213, 215, 217-9, 221-2, 224, 228, 230, 236, 238, 245, 248, 251-2, 256

Dış Şehir(ler) 182, 190-1, 243, 250-1

Dicle (Nehri) 13, 57-9

Divriği 370, 385

Diyarbakır 346, 375, 378-9

Domuztepe 118-9

Dördüncü Haçlı Seferi 312, 320, 342, 351

Dümrek (Simois) Çayı 20, 218, 252

E

Ebû Ali 343, 345, 358, 381-2

Ege (Denizi) 25, 48, 113, 122, 147, 152, 154-5, 259, 387

Eğrikapı 299, 301-4

Eğriöz Suyu 158, 162

Eiduru Dağı 95

Eiduru (tanrı) 93, 95, 111

ekal mašarti 52-3, 60

ekklesia 314

Elam 73

Elbistan Steli, Karahöyük 116

El-Cezîre 342

el-Melikü's-Sâlih 378

Emîr Kamerüddin 370

emîr(ler) 346-7, 351, 353, 360-1, 365, 379

Epifani 314-5, 317, 324, 328, 330, 332

epigrafi(k) 363

epikombia 314-5

Ereğli 259

Erken Transkafkas kültürü 80

Ermeni 362, 368, 380

Ermenice 367-8, 371

Ermenistan 349, 368

Erzurum 80-1, 342, 353-4, 360-3, 378, 383-4

Euchaita/Avkat 278, 283

Euchaitalı Aziz Theodoros 279

Evergetis Manastırı 315

Eyyûbî(ler) 10, 13, 342-7, 349, 359-60, 372-3, 376-8, 380, 382

Eyyûbî neshi 359

F

Fahreddin Behram Şah 364

Farsça 349, 364-6

Fatih Sultan Mehmed 43, 280

fetihnâme 368

Fırat (Nehri) 79, 114, 140, 258

fırtına/hava tanrısı/Tarhun(zas) 66, 170, 175

Filistin 61, 342, 378

fresk(ler) 366, 371-2

Frigce 157, 170, 207

Frig(ler) ---Erken Frig ---Orta Frig ---Geç Frig 12-3, 157, 164, 170, 174-5, 177, 180, 186, 192, 195-8, 205, 207-19, 221-50

G

Gaius Flavius Fimbria 37

Geç Hitit 5, 12-3, 113-5, 119-21, 125, 128-9, 138, 175-7

geometrik dönem 24, 26

Gıyâseddin Keyhusrev, II. 344

Gordias 174, 245

Gordion 5, 12-3, 175, 177, 181-3, 185-92, 194-214, 216-8, 220-7, 229-33, 235, 238-41, 243-7, 249-56

Gordion Bölgesel Yüzey Araştırması (GBYA) 185, 200-1, 205

Göllü Dağ 175-6

grafiti 157, 237

Gregoras 311

Gregoras, Nikephoros 311-2, 315-9, 328-9, 334, 337

Gürcü 362, 370-1

Gyllius, Petrus 289, 308

H

haç(lar) 269, 271, 275, 366-8, 370-1

Haçlılar 316, 345

Haçlı ordusu 296

Hadrianus 38

Halabiye-Zenobia 258

Haldi 98, 103

Halep 10, 117, 119, 140, 342-3, 373, 376-8, 382

Haliç 289, 299, 332

Halife 349

halifelik 349

Hâlisetü'd-Dünya ve'd-Dîn 364, 365

Hama 120, 372-3

Hamat 116, 119

Harran 342-3, 375-7, 382, 384-6

Hasan bin Yâkub 358

Hattuşa 60, 113, 133, 137, 140, 174

hayvancılık 108, 209

Hektor 39-40

Helenistik (dönem) 10-2, 27-31, 35-7, 158, 170, 174, 176, 186, 251, 257, 264-5, 267-8, 271, 274-5, 279, 366

Helios 33, 35

Herakleios 41, 290

Herodotos 21, 27, 64

heykel 12, 37, 126, 138, 351

Hıristiyan 275, 280, 346, 351-2, 362, 366-8

Hıristiyanlık 39, 368

hipodrom 326, 329

Hitit 5, 12-3, 17, 60, 64, 69, 113-5, 117-21, 125, 128-9, 133-4, 138, 140, 143, 150, 152-3, 158-9, 164, 170, 174-7, 204, 212, 216

Hitit ikonografisi 117

hiyeroglif 204

Hiyeroglif Luvi dili/Luvice 151

Homeros/Homerik 17, 19, 27, 30, 38, 64, 152, 304

Hommaire de Hell, Xavier 262-4, 269, 272, 282

Horsâbad (Dur Şarrukin) 51, 53, 56-8, 60, 66-9

Hürremî 266, 278

Hüsâmeddin Yûsuf 350, 357, 367

Hypapante 320, 324

I-İ-J

Irak 341

Irene 154, 266, 303

Iulianus 39

ızgara 88-9, 259, 279

Izgın Steli 116

İbn Bîbî 10, 15, 277, 372, 376, 379

İbn Havlân 344-5

İbn Saîd 380

İçkale Höyüğü (Gordion'da) 182-3, 186, 188-92, 195, 205-6, 221, 224, 236-7, 242-4, 250

ideal şehir 164

idol 174

İkinci Haçlı Seferi 285, 321

ikonografi 139, 153

İlyada 19, 30, 37, 64

İoannes Aksuchos Komnenos 304

İoannes Kantakuzenos, VI. 312-3, 318, 326

İoannes Komnenos, II. 267, 285, 288-90, 296-9, 301-4, 307-8, 318-9, 323, 331, 334, 338, 356

İoannes, V. 318-9, 326, 328

İoannes Vatatzes, III. 331

İon(ya) 36, 251

İran(i) 80, 84, 88, 251, 351

İsaakios Angelos, II. 305

İsaakios Komnenos 267

İsa, Hz. 13, 328

isfehsâlâr 353, 357, 378

İslam(i) 9, 12, 14, 341, 345, 348-9, 351, 360, 362, 364, 368, 376, 381, 386, 388

İştar Tapınağı 59

İznik İmparatorluğu 41

İzzeddin Keykâvus 10, 343, 347, 378

jeofizik prospeksiyon/jeoprospeksiyon 182, 186, 191, 238, 242

K

Kadeş Savaşı 61, 64

Kafkasya 80, 84, 88

Kahire 15, 94, 342-3, 347, 375-8, 383-4

Kalavun 377

kalemiye teşkilâtı (*dîvânü'l-inşâ'*) 348

Kaloyân Mafrozom 350-1

Kalûk 367-9

kanatlı güneş kursu/kursları 61

Karadeniz 5, 13, 257, 259, 265-7, 276, 279, 281

Karahanlı saray freskleri 347

Kara Menderes (Skamandros) Çayı 20

Karatepe/Azativataya/Aslantaş 5, 115-6, 118-20, 128, 130, 133, 135-7, 140, 154-5

Karianos (sarayı) 290

Karkamış 60, 113-4, 116-8, 120, 128, 140, 212
Kar Tukulti-Ninurta 51, 56, 58-9, 67
Kastamonu 380
kastelion 311, 319
kastron 12
kathisma 311, 329-31, 333, 337
Kayseri 342, 351, 360, 373, 375, 378-9, 382-4
Kealhofer, Lisa 168, 179, 185, 194, 200-1, 205, 209, 212, 222, 243, 252-3, 255
kellion/kellia 314, 322
Kemah 370
Kerkenes 5, 13, 157-64, 166, 168-70, 172, 174-80
kerpiç 17, 95, 98, 139-40, 142-3, 201-2, 204, 226-8, 230, 242-4, 250
Kerson 281
Khoniates, Niketas 301, 303-5, 308, 312, 319-20, 325, 330
Khora (Kariye) Manastırı 326
khrysobullos 317
Kılıçarslan, II. 347, 366
Kıpçak 380
Kırım 265, 267
Kızıl Kule 343, 345, 352-3, 360, 375, 378-9, 381-2
Kilikya 135-7, 152, 380
Kilikya Ermeni Krallığı 380
klasik antikçağ 9
Koinon/Troas Koinonu 28, 30, 35
Komnenos(lar) 267, 285, 288-90, 296-9, 301-4, 307-8, 318-9, 323, 331, 334, 338, 356
Konstantinopolis 5, 11-3, 43, 266, 277, 285, 311, 314, 316, 320-2, 326-7, 329, 333, 351

Konstantinos, I. 311
Konstantinos Monomakhos, IX. 312, 332
Konstantinos Porphyrogenetos, VII. 313
Konstantinos, VI. 266
Konya 9, 11, 342, 344, 349-52, 356, 359, 362, 366-8, 373-4, 379, 381-3, 385
Korint (sütun başlığı) 270, 366, 374
Kösedağ Savaşı 344
Köstendil (Pautalia) 258
Kroisos 157, 175, 245
Ksanthopoulos, Nikephoros 317, 332
Kserkses (Pers kralı) 27
Kubadâbâd (çinileri) 345, 372
kudurru 66-7
kule(ler) [ayrıca bkz. burç(lar)] 136
Kur'an 351, 359, 374
Kuşaklı (Höyük) 133, 158-9, 162, 178-9
Kuş Tepe 189, 243-4
kutsal ağaç (Asur motifi) 59
kûtvâl 353, 376, 379
Küçük Höyük 189, 242-3, 245
Kürdo-Ermeno-Gürcü Mkhargrdzeli hanedanı 370-1
Kybele 27, 36
Kyros (II., Büyük) 157

L

La Brocquière, Bertrandon de 312, 337
Lakiş 70-1
Laskaris dönemi 321, 356-7
Laskaris sarayı 321
Latince 279
Latin(ler) 22-3, 315-6, 321, 333, 340
Laurens, Jules 259, 262-4, 269-70, 272-3, 275-7, 281
Lemnos (Limni) 25

Leo, I. 320

Leo Tornikes 291, 312, 332

Leo, V. 290

Lesbos (Midilli) 25

libasyon 24, 60, 73, 120, 125

libasyon kabı/kapları 60

Lidya 25, 157, 175-6, 245, 250-1

Livius 37

Lokris(li) 36

Lonca Kapısı 265, 269, 272, 275-6, 278-9, 343, 356-8, 360

M

Malatya 113, 116-7, 120, 130-1, 155, 348, 357

Malatya/Melid 15, 114, 116

Manuel Komnenos, I. 288-90, 297-9, 301-3, 307, 319, 331, 338

Markianus ve eşi Pulcheria 285

Markovi Kuli 258

Marsh, Ben 179, 182, 184-6, 188, 190-1, 194, 205, 224, 231, 241-3, 252-3, 256

mazgallı duvarlar (sembol olarak) 9, 56

Mazzoni, S. 115, 117-21, 125, 131, 159, 179

megaron(lar) 125, 212, 218, 230

Mekke ve Medine 349

Mellink, Machteld 48, 131, 139, 147, 151-2, 154-5, 192, 194, 197, 199-201, 208-9, 242, 245-6, 254

memlük 342, 359, 378, 380

Memlük 347, 377, 380

Menandros (Protektor) 266-7

Mengücük Gazi 370

Mengücüklü 10, 364

Merasimler Kitabı 313, 320, 323-4, 329, 331

Meryem Ana/Bakire Meryem 312, 325

metop(lar) 33

Mezopotamya 11-3, 51-3, 56-8, 65, 71, 74, 342, 346, 377

Mısır 61, 64, 71, 90, 342, 377

Mısırlılar 61

Midas 174-5, 178-9, 245, 252-5

Midas Anıtı (Yazılıkaya) 175

Midas Şehri 175, 179

Mikhail, II. 290

Mikhail, IX. 326

Mikhail, VIII. (Palaiologos) 312, 315-7, 319, 331-4

Misis 134-6, 152

Mistra 321, 323

Mithradates Savaşları 37

Moğollar 371, 373

Mopsos (hanedanlığı) 116, 152

mozaik(ler) 42, 216, 235, 259

Mugīsüddin Tuğrul Şah 346, 353, 355, 361, 363, 370

muhakkak (yazı stili) 19, 314, 359

Mumhane 289, 298-9, 303

Muvatalli, II. 64

mühür baskısı/bulla(lar) 102

mühürler 95

Müslüman(lar) 345-6, 349, 362, 366-7, 370, 373, 377, 379

N

Necmeddin Yavaş el-Kayserevî 360

Nicaea (İznik) 257, 276-7, 346, 357, 384, 386

Nicomedia (İzmit) 257

Nikephoros, I. 258

Nikephoros Phokas, II. 334

Nimrud (Kalhu) 2, 51-2, 55-7, 59-60, 62-3, 66, 72, 75, 77

Ninive 51, 54, 56, 60, 68-71, 73, 77, 80

Noel 313-5, 317-8, 324, 328, 330, 332
Notitia Urbis Constantinopolitanae 289
Novgorodlu Stefan 334
Nymphaion 321-2, 335

O

Odeion 31, 38, 40
Odo de Deuil/Deuilli Odo 285, 309, 321
ortaçağ 9, 12-3, 168, 259, 276, 321, 341, 364, 368, 370, 376, 381
ortostat(lar) 53, 60, 125, 139-40, 146, 150
Osmanlı 257, 264, 271, 301, 307, 386-7

P

Pakhymeres, Georgios 312, 316-7, 319, 322, 326, 332-4, 339
Palaiologos(lar) 301, 305, 315, 321, 323, 325, 329-30, 332-3
Palistin/Patina Krallığı 114, 121, 128, 130
Panamuva, I. 116
Paskalya 314-5, 324, 328-30
Patrik Arsenios 317
Patrik İoannes Bekkos 326
Patroklos 27
Paulos (Otrantolu) 315-6
Pausanias 28, 174, 179
Pergamon 268
peripatos 315, 324, 328, 330-1
Pers(ler) 27-8, 157, 189, 216, 225, 230, 246, 251
Pharnakes 265
Pınar Mağarası 41
Plinius 265
Pontus(lu) 265, 267, 282
poros 212
Priamos 30, 64
Priene 176, 178

prokypsis 315, 317-8, 324, 328-9, 332, 337
Propylaion 33, 35
proto-geometrik dönem 24, 26
Psellos, Mikhail 291-2, 309, 312, 332, 339
Pseudo-Kodinos 313-5, 317-9, 322, 324, 326-31, 333, 336, 339
Pteria 157

R

Ramses, II. 61, 64
Ramsesler devri/dönemi 61, 64
Roma (İmparatorluğu) 5, 12, 17, 21, 23, 34, 37-43, 93, 111, 131, 175, 180, 186, 257-8, 264-7, 271, 276-7, 279, 289-90, 330, 366, 374
Romalı(lar) 182
Romanos Lekapenos'un Myrelaion'daki sarayı 321
rölyef(ler)/kabartma(lar) 2, 11, 60, 71, 73, 134, 139-40, 143, 146, 148-9, 151, 275
Rum 280, 362, 383, 385
Rûm 349, 380
Rumca 280
Rusa, II. 88, 95, 98
Rusa şehri/Rusahinili Eiduru-kai 96
Rus(lar) 264, 271

S-Ş

Sakarya (Irmağı) 182, 185-6, 188-91, 201, 242-3, 269, 273
Sakarya Savaşı 191
Sakçagözü 118-9, 129
Sakçagözü/Lutibu 118-9, 129
Saltuklu 361, 362
Sardis 176-8, 235
Savoylu Anna 317, 326
Schliemann 21, 35

Sebastos 346
Selâhaddin 343, 347, 375
Selçuk Hatun 10
Selçuklu(lar) 5, 10, 12, 259-60, 264, 267-8, 271, 276-7, 279-80, 341-9, 351-3, 356, 359-67, 370-4, 376-81, 383, 385
Selçuklu neshi 359
Semadirek 25
seramik 24, 28, 81, 192, 208, 222, 242, 251, 345, 368, 370-1
Seti, I. 61
Severus hanedanı 38
sfenks(ler) 143
Sfenksli Kapı 120, 133, 140
Sıkızlar 117
Side 10-1, 15
Sigeion 20-1, 27-8, 45, 49
Simre 355-6, 360
Sinahheriba 68-71
Sinâneddin Tuğrul 357-8
sinod(lar) 317, 326
Sinop 12-3, 259, 261-5, 276-83, 341-3, 345-50, 352-3, 355-62, 364-6, 368, 373-7, 381-2, 385
Sinopeli Leo 266
Sivas 179-80, 342, 382
Skylitzes, İoannes 292, 309, 334, 340
sondaj(lar) 192, 199, 205, 248
Sos Höyük 80-1, 93
Strabon 21, 25, 27-8, 37, 265
stratigrafi(k) 227, 236
subaşı 357
Sumner, William 185, 243
Suriye 12-3, 51, 57, 60, 69, 74, 80, 113-4, 118, 138-40, 143, 153, 212, 216, 222, 269, 341-3, 345-6, 349, 356, 359, 375, 377-9

Suriyeli 222, 343-6
Sümer 65-6
Sümer Kralları Listesi 65
Sünni 345, 349, 351
Süphan Dağı 95-6, 108
Şâhnâme 351, 366
Şalmanezer [III.] (Kalesi) 52, 60, 81
Şam 11, 13, 342-4, 347, 372-3, 375-8, 380
Şamşi-Adad, I. 53, 56
şarâbsâlâr 359
Şarrukin, II. (Sargon) 53, 65-7, 69, 137

T

Ta Hypsela 315, 319, 324
tapınak(lar) 13, 24, 27, 35, 37-9, 58-60, 67, 82, 90-1, 95, 98, 100, 102-3, 117-9, 125, 174, 176, 217
tarım(sal) 79, 84, 135, 157, 209, 243
tarihöncesi 9, 118, 192, 205
Teb 64
Tekfur Sarayı 2, 289-90, 301, 303-4, 307, 321, 323, 326, 333, 338
Tel Ahmar/Musavari/Til Barsip 119, 129
Tel 'Azaz/Hazazu 120
Tel Fekhariyah/Sikani 118-9
Tel Halaf/Gozan 118-9, 121, 140
Tell Brak'taki Naram-Sin sarayı 57
Tel Rifa'at/Arpad 114, 119, 129
Tel Tayinat/Kunulua 118-22, 124, 127-8
Tenedos (Bozcaada) 25, 44
tepe mazgalı 345
terakota(lar) 235
Teumman 73
Thasos (Taşoz) 25
thema 266-7
Theodoros, II. 279, 331, 351, 357

Theodoros Laskaris [I.] 357
Theodoros Maurozomes 351
Theodosios, II. 289, 295, 298, 305
Theofilos 289-90, 292-3, 325, 328
Theophobos 266, 278
Theotokos Kilisesi 285, 289-90, 292, 299, 304
Thomaites 331
Tiberios, II. 41, 266-7
Tiglat-pileser, III. 66
Tilmen Höyük 119, 140, 142
Tophane Kulesi 345, 352, 375, 379, 382
Toros Dağları 79, 118, 135-6
Trabzon 259, 279-80, 321, 323
Trik, Aubrey 192
triklinos 314, 317-20, 322-3
Troas 22, 25, 27-8, 30, 35-7, 39, 41
Troya (İlion) 5, 12, 17-23, 25-31, 34-8, 40-3, 64, 133, 281
Troyalı(lar) 28
Troya Projesi 18, 20-3, 26, 31, 34, 40-3
Troya Savaşı 28, 36-7, 64
Tudelalı Benjamin 319, 335
Tukulti-Ninurta Destanı 59
Tukulti-Ninurta, I. 51, 56, 58-9, 67, 76
tunç çağı ---erken (ETÇ) ---orta (OTÇ) ---geç (GTÇ) 9, 17, 21, 24-5, 27-8, 30-1, 33, 35-6, 69, 80, 113, 117-8, 120-2, 151-2, 174, 186, 191-201, 203, 205, 207, 227
Tuşpa 82, 86, 88, 95, 107-8
tümülüs(ler) 175, 222, 224
Türkçe 2, 262, 285
Türkiye 1-3, 7, 11, 79, 92-3, 133-4, 157, 176, 258, 281, 342, 372, 380, 383
Türk(ler) 15, 92, 131-2, 134, 155, 254, 283, 308, 336, 341, 371, 383-4, 386

Türkmen(ler) 342, 380

U-Ü

Ugarit 60
Ulu Beden burcu 378
Urartu(lar) 5, 13, 81-2, 84, 88-95, 98, 102-3, 105, 108-11, 177, 179
üstâdüddâr 353, 355, 379

V-W

Van 56, 58, 80-2, 84, 86, 88-9, 92-5, 103, 253-5, 298, 384
van Berchem 359
Van Gölü 80-1, 84, 103
Villehardouin 311, 316, 320, 340
Voigt, Mary M. 175, 182, 185, 192, 201, 207, 210, 212, 215, 217-9, 224-8, 230-1, 234-8, 242-3, 246, 248, 250-3, 255-6, 387
Wilusa 17, 48

Y

Yakın Doğu 56, 147
Yassıhöyük/(Gordion) İçkale Höyüğü 182, 201, 224-5, 255
Yedi Kardeş burcu 378
Yeni Asur 5, 9, 11-3, 51-3, 56-60, 65-6, 69, 71, 74, 119, 125, 128, 138
Yesemek 117
Yoğun Burç 378
yontu(lar) 35, 113, 115, 117, 129, 133, 139, 153, 217, 346
Young, Rodney S. 181-2, 188, 192, 194-7, 199, 201-2, 205, 207-10, 212-3, 215-9, 221-2, 224-8, 230-1, 234-7, 242-3, 245-6, 248, 250, 252, 256
Yukarı Anzaf kalesi 84-5
yukarı şehir 128, 279

Yunanca/Grekçe 262, 335, 356, 374
Yunanistan 27, 36, 250, 370

Z
Zâhir Gazi 10, 343, 373
Zela/Zile 265
Zengî hanedanı/sultanı 341
Zernaki Tepe 87-9, 93
ziggurat 59-60
Zincirli/Sam'al 114, 117-20, 128-9, 132, 138, 212
Zindankale 379
Ziyâeddin Lü'lü' 353, 360, 376
Zonaras, İoannes 291-2, 309, 325-6, 339

www.ingramcontent.com/pod-product-compliance
Lightning Source LLC
Chambersburg PA
CBHW080755300426
44114CB00020B/2731